DICTIONNAIRE

DE LA

JURISPRUDENCE DE LA COUR ROYALE

DE CAEN.

DICTIONNAIRE

DE LA

JURISPRUDENCE

DE LA COUR ROYALE DE CAEN,

1801 — 1841,

Avec renvois aux recueils de MM. DALLOZ et SIREY-DEVILLENEUVE, ainsi qu'au *Journal des Arrêts des Cours Royales de Rouen et de Caen*, et au *Recueil de la Jurisprudence de la Cour Royale de Caen*, pour toutes les décisions de la Cour Royale de Caen qui se trouvent rapportées dans ces différents Recueils,

Par Médéric DE GUERNON,

DOCTEUR EN DROIT , AVOCAT A LA COUR ROYALE DE CAEN.

TOME PREMIER.

CAEN,

IMPRIMERIE ET LITHOGRAPHIE DE PAGNY,

Rue Froide , 23.

1841.

L'idée de cet ouvrage appartient à celui qui écrit ces quelques lignes. A lui donc la responsabilité devant l'auteur et devant le public.

Voilà déjà cinq ans, il engagea M. de Guernon à entreprendre le *Dictionnaire de la Jurisprudence de la Cour*, depuis 1801 ; il fallait un homme de talent, et ce qui, de notre temps, est plus rare peut-être, un homme de courage et de persévérance. — Il pensa que ce serait une étude fort utile à un jeune avocat, et que le livre obtiendrait nécessairement un grand succès dans le monde judiciaire, surtout en Normandie.

Et, en effet, la Cour de Caen tient sans contredit le premier rang parmi nos Cours royales ; elle fut toujours renommée par la science de ses magistrats si dévoués au droit et à la justice, et par son barreau, si éminemment jurisconsulte (l'un des derniers venus, il nous est permis de lui rendre cet hommage), et un barreau fort, fait aussi la force d'une Cour souveraine. Les arrêts de la Cour, arrêts de principes et fortement motivés, ont donc une grande importance doctrinale, et il est fort intéressant pour tous ceux qui s'occupent de droit d'avoir l'état et l'histoire de leur jurisprudence. Mais, pendant longues années, la Cour n'eut pas de Recueil spécial, et c'est à peine si de loin à loin on trouve quelques arrêts épars dans les grands Recueils, Sirey, Dalloz, ou le *Journal du palais*.—Ce rapprochement des arrêts rendus par une même Cour, sur une matière ou sur une question fait assister le jurisconsulte aux hésitations, aux vicissitudes, au développement et au progrès de la jurisprudence. — N'est-il pas aussi curieux de comparer la jurisprudence d'une Cour royale à la jurisprudence de la Cour de Cassation ?

Mais c'est surtout dans le ressort de la Cour de Caen, et même dans le ressort de la Cour de Rouen, que l'utilité, nous dirions même la nécessité de ce livre est incontestable.

Avant de se jeter dans l'aventure d'un procès, un plaideur tiendrait beaucoup à savoir quelles sont les chances qui l'attendent, et ce que pensent de son affaire les magistrats qui doivent en définitive le juger. On ne peut le demander aux juges, on le demande tout naturellement aux jugements. Mais les avoués et les avocats de première instance ne savent bien souvent que répondre ; sur beaucoup de points ils sont pris au dépourvu : force est bien de s'adresser à un avocat de la Cour, et encore tous ne sont pas initiés au mystère ; les *anciens*, comme autrefois les praticiens à Rome, peuvent seuls assurer au plaideur qu'ils lui donnent le mot de l'énigme. Tous ceux qui ressortissent à la Cour, magistrats, avocats et avoués, doivent donc sans cesse éprouver le regret de ne pas avoir sous la main, et à leur disposition, la jurisprudence de la Cour.

La Cour de Caen et la Cour de Rouen se partagent la juridiction du parlement et de la Coutume de Normandie. Seules, elles ont eu à juger ces questions de droit normand qui ne sont pas encore épuisées. En pareille matière on ne peut demander d'autorités qu'aux arrêts de Caen et de Rouen. N'est-ce pas aussi une grande chance de succès dans le ressort de la Cour royale de Rouen ?

Voilà ce que nous disions à M. de Guernon. Il nous crut et se mit à l'œuvre. Depuis cinq ans nous l'avons vu travailler sans relâche, et sans cesse nous avons admiré son courage, bien digne des encouragements de la magistrature et du barreau.

Il lui a fallu compulser les plumitifs de la Cour depuis quarante ans, lire tous les arrêts qu'elle a rendus, extraire et formuler les points de droit, et ce n'est pas chose facile que d'extraire et de formuler les principes que renferme un plumitif.

M. de Guernon avait à craindre que quelques questions ne lui échappassent. Heureusement il a pu contrôler son travail par les notes de M. Delisle, qui a rendu tant de services à la science et à ses confrères. M. Delisle avait-il relevé un arrêt que par hasard il avait omis ? il vérifiait et réparait l'omission. M. Delisle avait-il entendu un arrêt autrement qu'il ne le faisait ? il recourait à la minute, et ne se prononçait qu'après avoir pesé avec soin tous les termes de l'arrêt. Grâces à cette contre-épreuve, le dépouillement a été aussi complet et l'analyse aussi exacte qu'il est permis de l'exiger.

M. de Guernon n'avait encore que les matériaux ; il lui restait à les mettre en œuvre. Classer les arrêts dans l'ordre le plus méthodique et en même temps le plus favorable aux recherches ; telle était la seconde diffi-culté , et elle était immense; nous pouvons affirmer que M. de Guernon s'en est tiré constamment avec bonheur. Il a tenu à se rapprocher des di-visions de nos Codes ; c'est l'ordre légal, et il n'est permis à personne de l'ignorer. Il a tenu compte aussi des divisions adoptées dans le Diction-naire de M. Armand Dalloz; c'est un livre qui , à une époque où l'on a tant besoin de science prompte et facile , se trouve dans presque toutes les bibliothèques , et dont les divisions , par conséquent , sont déjà familières à tous.

Nous savons gré aussi à M. de Guernon de ne pas avoir multiplié à l'excès les divisions qui fatiguent et égarent souvent le pauvre lecteur, en le renvoyant sans cesse d'un mot à l'autre.

En tête de chaque matière , un sommaire parfaitement fait indique les divisions et les subdivisions. Au commencement de chaque division se pré-sente d'abord l'arrêt qui proclame le principe fondamental , c'est-à-dire le principe qui domine et éclaire toute la matière ; puis suivent les espèces et les nuances, et sur chaque question , les arrêts sont indiqués dans leur ordre chronologique.

Quand l'arrêt a formulé nettement le point de droit, et cela se rencontre souvent, l'auteur a grand soin de copier le texte et de distinguer par des guillemets la rédaction du juge de son analyse.

Si un arrêt se trouve publié dans le nouveau Recueil des arrêts de Caen, ou même dans les grands Recueils de Sirey ou de Dalloz , le Dictionnaire l'indique ; c'est de la patience , sans doute; mais c'est une patience qui rend de grands services , et dont il faut tenir compte à l'auteur.

De tout point donc l'exécution nous a semblé parfaite et le succès assuré-M. de Guernon nous avait soumis son premier volume , et il nous avait demandé une préface ; nous avons écrit ce que nous éprouvions et ce que nous espérions ; ce n'est pas là sans doute une préface , mais le public nous le pardonnera, et nous prions l'auteur d'accepter ce témoignage de notre vive et déjà ancienne amitié.

A. TROLLEY.

EXPLICATION DES SIGNES ET ABRÉVIATIONS.

Arr. signifie ARRÊT.

Art. signifie ARTICLE.

C. civ signifie CODE CIVIL.

C. com. ou *comm.* signifie CODE DE COMMERCE.

C. inst. cr. signifie CODE D'INSTRUCTION CRIMINELLE.

C N. signifie COUTUME DE NORMANDIE.

C p. ou *pén.* signifie CODE PÉNAL.

C. pr. signifie CODE DE PROCÉDURE CIVILE.

C. R. 10, 54. signifie JOURNAL DES ARRÊTS DES COURS ROYALES DE ROUEN ET CAEN (¹), tome 10, page 54.

D. A. 11. 699, n° 1. signifie DALLOZ, *Recueil Alphabétique*, tome 11, page 699, numéro 1.

D. p. 28. 2. 54. signifie DALLOZ, *Recueil périodique*, tome 28, deux ième partie, page 54.

Rej. signifie ARRÊT DE REJET PAR LA CHAMBRE DES REQUÊTES (²).

R. P. 4. 189. signifie RECUEIL PÉRIODIQUE de la *Jurisprudence de la Cour royale de Caen* (³), tome 4, page 189.

S. 15. 1. 131, signifie SIREY (*Recueil général des Arrêts*), tome 15, première partie, page 131.

1ʳᵉ 24 juillet 1811, *Pinot*, rej. S. 15. 1. 131. signifie ARRÊT DE LA PREMIÈRE CHAMBRE RENDU LE 24 JUILLET 1811, DANS L'AFFAIRE *Pinot*. Le pourvoi formé contre cet arrêt a été rejeté, et se trouve dans Sirey, tome 15, 1ʳᵉ partie, page 131.

Les guillemets indiquent les articles empruntés à la rédaction du juge. Lorsque plusieurs arrêts sont notés à la suite du passage guillemeté, c'est toujours de celui qui se trouve en tête que le passage a été textuellement extrait.

---

(1) Ce Recueil est composé de 15 volumes. Il a paru depuis l'année 1824 jusqu'à l'année 1831. Nous avons adopté le signe C. R. pour l'indication de cet ouvrage, parce que c'est celui que les auteurs du *Journal des arrêts des Cours royales de Caen et Rouen* ont eux mêmes toujours employé pour le désigner.

(2) Toutes les fois qu'un arrêt de la Cour royale de Caen a été l'objet d'un pourvoi en cassation, nous indiquons soit le rejet du pourvoi, soit la cassation de l'arrêt; dans le premier cas, nous nous contentons d'indiquer le volume et la page où se trouve, dans l'un des Recueils, l'arrêt de rejet; dans le second cas, nous indiquons de plus la date de l'arrêt de cassation.

(3) Ce Recueil est celui qui paraît depuis 1837; il comprend maintenant quatre volumes entiers, le cinquième, qui paraît actuellement par livraisons, sera bientôt complet. Nous avons aussi renvoyé à ce cinquième volume pour tous les arrêts qui étaient publiés avant que nous ne missions sous presse.

DICTIONNAIRE

DE LA

JURISPRUDENCE DE LA COUR ROYALE

DE CAEN,

1801.—1841.

A.

ABSENCE.—ABSENT.

ABANDON.
V. Droits civils, servitude.

ABORDAGE.
V. Assurance, avarie.

ABOUTISSANT.
V. Exploit, saisie immobilière, vente.

ABROGATION.
V. Contrainte par corps, époux normands, femme normande, loi, mariage avenant, prêtres déportés.

ABSENCE.—ABSENT.
(Cod. civ., liv. 1, tit. iv.)

§. I. — *Présomption d'absence.*

§. II. — *Déclaration d'absence. — Droits éventuels qu'elle confère.—Envoi en possession.*

§. III. — *Effets de l'absence, quant à la surveillance des enfants.*

§. IV. — *Des militaires absents.*

ABSENCE.—ABSENT , §. I.

§. I. — *Présomption d'absence.*

1. — La Cour peut se déterminer, entre autres motifs, sur le vœu de la famille pour la nomination d'un curateur aux biens d'un présumé absent. On choisit celui qui ne réclame pas de salaire, de préférence à celui qui en réclame. — 1re, 3 mars 1824, *héritiers Mouillard.*

2. — Est valable l'assignation commise à un présumé absent auquel la justice a nommé un curateur, si cette assignation a été donnée au domicile qu'il occupait lors de sa disparition, et qui dans le moment est occupé par ses frères et sœurs. — 1re, 24 juillet 1811, *Pinot. — Rej.* — S. 15, 1, 131.

3. — L'administrateur ou curateur du présumé absent peut, après avoir interjeté appel, représenter l'absent dans

1

ABSENCE. — ABSENT, §. II.

l'instance sur appel.—*même arrêt Pinot; loc. cit.*

§. II. — *Déclaration d'absence. — Droits éventuels qu'elle confère.—Envoi en possession.*

4. — Les tiers intéressés peuvent être appointés à prouver par témoins que l'absent vivait encore à une époque postérieure à celle qui est déterminée par le jugement de déclaration d'absence. — 1re, 27 décembre 1824, *Noel.*

5. — « Il n'existe aucune différence entre le cas d'absence présumée et celui d'absence déclarée, toutes les fois qu'il ne se présente pas d'héritiers, de sorte que, dans ce cas, l'administrateur nommé par la justice aux biens d'un individu présumé absent, continue ses fonctions en cas d'absence déclarée.»—1re, 5 mars 1828, *Jarry.* — C. R. 10, 54.

6. — En Normandie, l'absence donnait lieu à l'ouverture provisoire du douaire. — *Aud. solen.*, 19 janvier 1826, *Fabut.* — C. R. 6, 96.

7. — Les droits éventuels de survie peuvent être exercés indépendamment même du refus que ferait l'héritier présomptif de se faire envoyer en possession provisoire. — *même arr.*

8. — L'action en récompense sur les biens du mari normand et en recours subsidiaire contre les tiers-détenteurs des biens dotaux ou extra-dotaux de la femme, aliénés pendant le mariage, n'est pas un droit subordonné à la condition du décès du mari, et il n'y a pas nécessité pour l'intenter, de prouver soit le dé-

ABSENCE. — ABSENT, §. II.

cès du mari, soit de faire déclarer son absence. (Art. 540 et 542 C. pr., et 123 C. c.)—2°, 9 mai 1840, *Merrel.*—R. P. 4, 189.

9. — Sur cette action, les tribunaux peuvent nommer un notaire pour représenter le mari présumé absent, et le notaire ainsi désigné a, aux termes des articles 112 et 113 C. civ., non-seulement le droit d'administrer les biens, mais il a aussi qualité pour agir et défendre au nom du présumé absent, toutes les fois que les circonstances l'exigent. — *m. arr.*

10. — Une fois ouvert, le droit de réclamer l'envoi en possession des biens d'un absent se transmet héréditairement comme tout autre droit non exclusivement attaché à la personne. — Il ne faut pas, en effet, le considérer comme un simple pouvoir d'administrer, comme un simple mandat conféré uniquement dans l'intérêt de l'absent ; il offre des avantages réels à l'envoyé en possession, dont celui-ci peut faire profiter ses héritiers ou ayant cause.—1re, 7 juin 1830, *Douesnel.* — C. R. 13, 658.

11.—La réception de la caution à fournir par les héritiers présomptifs doit être faite par le tribunal et non par le ministère public. — 4°, 6 mars 1821, *Bazin.*

12. — L'héritier envoyé en possession qui jouit de bonne foi au préjudice d'un cohéritier, ne fait pas siens les fruits échus avant le jugement d'envoi en possession. Ces fruits appartiennent au véritable héritier. —1re, 21 juin 1825, *Lefèvre.*

13. — La femme mariée qui veut faire annuler la vente de ses biens dotaux par

ABSENCE. — ABSENT, §. III et IV.

elle consentie depuis la disparition de son mari, n'a pas à prouver l'existence de son mari au moment de la vente ; c'est à l'acquéreur qui veut repousser l'action à prouver la mort du mari à ce même moment. — 2ᵉ, 22 février 1826, *Alexandre.* — C. R. 7, 189.

§. III. — *Effets de l'absence quant à la surveillance des enfants.*

14. — L'art. 142 Cod. civ. ne s'applique qu'au cas de disparition absolue ; il est spécialement inapplicable au voiturier qui, par une conséquence de son état, est obligé de faire de longs voyages, mais dont le défaut de nouvelles n'est pas d'ailleurs établi. — 1ʳᵉ, 27 juin 1831, *Pariet.*

§. IV. — *Des militaires absents.*

15. — Les lois spéciales aux militaires n'ont eu d'autre but que d'empêcher que les militaires ne fussent dépouillés durant leur absence des biens qu'ils possédaient avant leur départ : elles ne s'appliquent pas au cas de partage de succession qui leur seraient échues pendant leur absence. L'art. 136 C. civ. reste sans limitation à cet égard ; lui seul doit être appliqué. — 2ᵉ, 21 août 1818, *Cauvigny.*

16. — Les héritiers présomptifs d'un militaire absent, qui se sont fait envoyer en possession de ses biens, n'ont le droit d'exiger les arrérages de rentes viagères constituées au profit et sur la tête de l'absent, qu'en justifiant de son existence. — 2ᵉ, 23 juillet 1829, *Mefoulon.* — C. R. 13, 308.

ABUS DE BLANC SEING.

V. Actes respectueux, douaire, exploit, maire, saisie immobilière, succession.

TABLE SOMMAIRE.

ABUS DE BLANC SEING.

1. — Les tribunaux peuvent, d'après les circonstances et la forme extérieure d'un acte, rejeter cet acte comme contenant l'abus d'un blanc seing. — 2ᵉ, 6 décembre 1811, *Thenard ;* — 2ᵉ, 13 janvier 1815, *Barbot.*

2. — Ils peuvent également décider, d'après les circonstances, si le tiers qui a rempli un blanc seing a usé d'un droit légitime, ou s'est rendu coupable de l'abus d'un blanc seing. — 4ᵉ, 19 mai 1812, *Lenormand.*

3. — Le juge peut ordonner une expertise à l'effet de reconnaître si un acte a été écrit sur un blanc seing. — 2ᵉ, 16 mars 1820, *Couvrechef.*

4. — Il peut ordonner une expertise et

ACQUÉREUR.

une preuve testimoniale pour constater un abus de blanc seing. — 2°, 8 juin 1820, *Loisel.*

5. — L'abus de blanc seing, en effet, est considéré comme un fait de dol qui peut être établi par témoins ou par des présomptions non légales, même sans commencement de preuve par écrit. — 2°, 14 floréal an XIII, *Lebaron* ; — 2°, 1er février 1806 ; — 1re, 4 février 1811 ; — 1re, 26 mars 1813 ; — 1re, 20 mai 1813 ; 2°, 13 février 1818, *Ledanois.*

6. — Il en est *spécialement* ainsi si les présomptions résultent de la forme de la pièce (*suprà*, n° 1er) et des réponses du porteur de cette pièce. — 2°, 14 floréal an XIII, *Lebaron.*

V. Compétence commerciale, preuve testimoniale, simulation.

ABUS DE CONFIANCE.

V. Détournement, saisie immobilière.

ACCEPTATION.

V. Acquiescement, communauté, désistement, donation, effet de commerce, offres, succession.

ACCESSION.

V. Propriété.

ACCESSOIRE.

V. Acte de commerce, chose jugée, compétence, degré de juridiction, hypothèque, jugement, legs, propriété, saisies, servitude, usufruit, vente.

ACHAT.

V. Acte de commerce, commissionnaire, compétence commerciale, vente.

ACQUÉREUR.

V. Compétence administrative, hypo-

ACQUIESCEMENT, §. I.

thèque, ordre, saisie immobilière, surenchère, vente.

ACQUÊT.

V. Communauté, contrat de mariage.

ACQUIESCEMENT.

§. I. — *Capacité pour acquiescer.*

1. — Le curateur à une succession vacante n'étant que l'administrateur de cette succession, ne peut renoncer d'avance à l'appel d'un jugement qui va intervenir,

ACQUIESCEMENT, §. I.

lorsque cet appel serait permis. — 1re, 11 juin 1821, *Laleu*.

2. — « Le mandat qu'un maire a reçu du conseil de préfecture pour plaider, ne lui confère pas le pouvoir d'enlever le droit d'appel à la commune dont il défend les intérêts. Son acquiescement au jugement de première instance n'oppose donc aucun obstacle à l'appel de ce jugement, tant que le délai dans lequel la loi veut qu'il ait lieu n'est pas expiré. » 1re, 24 juin 1835, *commune de Gacé*.

3. — Un préfet peut-il acquiescer à une demande mobilière formée contre l'état ? — Ne peut-il au moins acquiescer au jugement qui condamne l'état ? (LL. du 3-6 avril 1791 et 10 vendém. an IV, art. 5. — Décret du 23 février 1814, art. 3. — Ordonnance du 14 septembre 1822, art. 7.) — *R. P.* 1, 170.

4. — Aucune loi n'autorise un préfet à abandonner l'effet d'un jugement rendu eu faveur du domaine sur une question de propriété. Lors donc qu'il acquiescerait à l'appel porté par la partie adverse, celle-ci n'en serait pas moins bien fondée à poursuivre l'audience et à réclamer un arrêt infirmatif. — 2e, 3 avril 1835, *De Chagny*.

5. — Une femme séparée de biens peut, sans l'autorisation de son mari ou de justice, valablement acquiescer à un jugement qui la condamne, si l'acquiescement est de sa part un acte de sage administration. — 2e, 22 mai 1835, *Cardronnet* ; — 2e, 17 août 1832, *Haren*.

6. — La femme normande peut valablement acquiescer au jugement qui la condamne. Un tel acquiescement, sauf

ACQUIESCEMENT, §. II.

le cas de fraude, la rend non recevable à porter l'appel. — 2e, 9 décembre 1819, *Lelorier*.

7. — Est nul relativement au mineur, l'acquiescement fait par un tuteur, sans autorisation du conseil de famille, à un jugement qui statue sur des droits immobiliers. — 2e, 13 avril 1832, *Bœufs*.

8. — La partie qui a obtenu un jugement, même par défaut, ne peut y renoncer sans le consentement des autres parties. — 4e, 29 déc. 1829, *Mesanges*.

9. — L'avoué, en faisant des actes d'exécution, rend sa partie non recevable à porter l'appel. — 1re, 18 juillet 1822, *Rabec*.

10. — Le syndic provisoire est sans qualité pour acquiescer au jugement qui admet un créancier au passif de la faillite. — 4e, 4 février 1835, *Onfroy*.

§. II. — *Acquiescement en matière d'ordre public.*

11. — « Il n'y a pas lieu de déroger, en matière de séparation de corps, à la règle générale d'après laquelle on ne peut plus appeler d'un jugement auquel on a acquiescé.

» Il ne s'agit pas, en effet, ici d'un simple consentement de l'époux défendeur, mais d'un acquiescement à un jugement émané de la justice, après enquête sur les faits, moyens respectivement signifiés, conclusions du ministère public et vérification de la demande par le tribunal. » — 1re, 19 avril 1822, *Bignon-Grandchamp*.

12. — Jugé cependant que l'époux contre lequel une séparation de corps a

ACQUIESCEMENT , §. II.

été prononcée et qui a appelé du jugement prononcé contre lui , ne peut valablement ensuite se désister de son appel.

» L'appel , en effet, a lié l'instance
devant la Cour, il a eu pour effet de paralyser le jugement qui en était l'objet ;
en cet état, le désistement de l'appel
équivaut à un acquiescement , à un consentement à la demande en séparation
de corps , consentement auquel s'oppose
l'art. 307 C. civ. » — 2ᵉ, 15 déc. 1826 ,
Benard. — C. R. 7 , 252.

13. — L'acquiescement à un jugement
qui prononce la contrainte par corps est
nul ; il ne peut mettre obstacle à l'appel
de ce jugement. — 2ᵉ, 19 sept. 1808 ,
Gallas ; — 4ᵉ, 10 janvier 1838, *Fauche.*
— R. P. 2, 13.

14. — *Contra.* — L'on peut acquiescer à
un jugement qui prononce la contrainte
par corps , et le jugement peut être mis
à exécution par cette voie. — 2ᵉ, 13 août
1836, *Berthauld ;* — 1ʳᵉ, 30 août 1836.
— R. P. 1 , 19 et 22.

15. — On ne peut davantage se désister de l'opposition formée à un tel jugement. — 2ᵉ, 20 juillet 1827, *Lepeltier de
Molandé.* — C. R. 9, 106.

16. — L'acquiescement à la disposition
d'un jugement qui prononce la contrainte
par corps devrait être *formellement exprimé.* On ne pourrait le faire résulter de
l'acquiescement donné aux autres dispositions du jugement. — 4ᵉ, 9 décembre
1833 , *Davy.*

17. — On ne pourrait davantage tirer
une fin de non-recevoir contre l'appel
de l'exécution donnée au jugement, ainsi, par exemple, de ce que l'emprison-

ACQUIESCEMENT , §. III.

nement du condamné aurait été effectué ; l'art. 159 ne s'appliquant qu'aux jugements par défaut et non aux jugements
contradictoires. — *m. arr.*

18. — ... Ni de ce que le condamné se
serait pourvu devant le premier juge
pour faire déclarer son emprisonnement
nul par vices de formes. Il a pu choisir
cette voie comme la plus prompte pour
obtenir sa liberté. — *m. arr.*

19. — L'acquiescement à un jugement
rendu par un tribunal incompétent *ratione materiæ* ne fait point obstacle à l'appel de ce jugement pour cause d'incompétence. — 2ᵉ, 24 prairial an XIII, *Poissonnier.*

20. — Il en est autrement lorsque l'incompétence n'est que *ratione loci.* — 4ᵉ,
23 juin 1812, *Bardelot ;* — 4ᵉ, 22 avril
1833 , *Thorel.*

§. III. — *Acquiescement conditionel ou fait
sous réserves.*

21. — L'acquiescement conditionel
non accepté n'ôte pas à l'acquiesçant la
faculté d'appeler du jugement. — 2ᵉ, 17
décembre 1812, *Fauvel.*

22. — La partie qui exécute en faisant
des réserves n'est point privée du droit
d'appel. — 2ᵉ, 1ᵉʳ mars 1811 , *Bouqon ;* —
2ᵉ, 18 mai 1811 , *Laignel ;* — 2ᵉ, 29 janvier 1818, *Lepage ;* — 2ᵉ, 22 février 1828,
Darondel ; — 2ᵉ, 14 avril 1834 , *Vibert ;*
— 2ᵉ, 13 décembre 1834, *Perrotte.* — R. P.
2 , 461.

23. — Ce principe toutefois doit être
appliqué avec discernement et suivant
les cas ; ainsi jugé que « les réserves d'appeler que fait une partie ne peuvent dé-

ACQUIESCEMENT, §. IV.

truire l'effet de son acquiescement volontaire. » — 4e, 23 juin 1812, *Bardelot.*

24. — Ainsi et *spécialement*, ces mots *sous toutes réserves dont acte* mis au bas d'un exploit, n'empêchent pas l'acquiescement résultant de la signification du jugement faite avec *sommation et commandement de l'exécuter dans toutes ses dispositions.*—4e, 6 février 1838, *Leboiteux.* — R. P. 2, 30.

25. — Ainsi encore lorsque l'incompétence d'un tribunal n'intéresse pas l'ordre public, elle peut être couverte par les procédures auxquelles se livre la partie qui a succombé dans son déclinatoire, nonobstant toutes réserves faites par cette partie.—4e, 23 juin 1812, *Bardelot.*

26. — Le seul fait d'avoir comparu devant un notaire pour procéder aux opérations ordonnées par un jugement, n'entraîne pas acquiescement à ce jugement, si les parties se sont formellement réservées le droit d'en porter l'appel. — 2e, 26 février 1834, *Lefranc-Bazonnière.*

Quant à l'exécution des interlocutoires faits avec réserves, voyez *infrà*, §. VIII.

Et quant à celle des jugements préjudiciels ou exécutoires par provision, *infrà*, §. VII.

§. IV. — *Formes et preuves de l'acquiescement.*

27. — La déclaration que fait une partie qu'elle renonce à une demande précédemment formée est un acquiescement qui n'a pas besoin d'acceptation pour devenir irrévocable. — En conséquence, il importe peu que les conclusions par lesquelles la partie adverse annonce l'intention de se prévaloir de cet acquiescement ne soient signées que de l'avoué. — 2e, 25 août 1831, *Pontis.*

28. — Jugé encore que les conclusions par lesquelles l'une des parties concède à l'autre la totalité ou une portion de ce qu'elle réclame, n'ont pas besoin d'être acceptées pour former un contrat judiciaire irrévocable. — 2e, 13 mai 1837, *Lecomte.* — R. P. 1, 354.

29. — « Il n'en est pas de l'acquiescement à un appel comme d'un désistement. Au cas de désistement, les jugements attaqués par la voie d'appel passent en force de chose jugée, tandis qu'en cas d'acquiescement, la décision attaquée par la voie d'appel conserve sa nature de titre authentique. » Pour l'anéantir, il est donc nécessaire d'un titre authentique, soit arrêt ou transaction notariée. —1re, 19 février 1823, *Davic.*—C. R. 1, 325.

30. — En conséquence, si l'acquiescement n'est point fait par acte authentique, l'appelant peut poursuivre l'audience pour obtenir un arrêt infirmatif aux frais de l'intimé. —m. arr. — 2e, 15 juillet 1831, *Delacotte ;*—2e, 3 avril 1835, *De Chagny.*

Voyez le mot *désistement.*

31.—*Preuves.*—La preuve testimoniale n'est point admissible, sauf dans les cas prévus par la loi, pour établir l'acquiescement à un jugement, fût-ce un jugement de tribunal de commerce.—1re, 26 juillet 1809, *Fromage.*

32. — Le serment peut être utilement déféré à une partie, sur le point de sa-

ACQUIESCEMENT, §. V.

voir si en payant les dépens sous condition, elle n'a pas entendu acquiescer au jugement. — 2ᵉ, 3 janvier 1811, *Dupont ;* — 2ᵉ, 15 décembre 1814, *Lepigeon.*

§. V. — *Effets de l'acquiescement.*

33. — « L'acquiescement à un jugement susceptible d'être attaqué par la voie de l'appel, emporte nécessairement renonciation au droit acquis d'en interjeter appel. » — 1ʳᵉ, 24 juin 1835, *commune de Gacé.*

34. — « L'acquiescement signifié par l'appelant n'empêche pas que l'instance liée sur appel ne continue de subsister jusqu'à l'acceptation pure et simple donnée par l'intimé, au moins relativement aux droits que, par le fait de son existence, elle a conférés à ce dernier. » Ainsi et *spécialement*, il peut réclamer et obtenir, selon les circonstances, des dommages-intérêts d'indue vexation. — 4ᵉ, 27 juin 1826, *Lecœur-Lachenaye.*

35. — Ainsi encore, cet acquiescement ne peut arrêter l'effet de l'appel incident antérieurement formé par l'intimé. — *Aud. solen.*, 10 janvier 1839, *Letondoux.* — R. P. 2, 649.

36. — « La fin de non-recevoir résultant de l'acquiescement doit être proposée avant de conclure au fond, autrement elle est réputée abandonnée ». La partie qui a conclu à la confirmation du jugement ne peut donc plus la proposer. — 4ᵉ, 20 juillet 1812, *Goupil.*

37. — *Contrà.* — « Cette fin de non-recevoir n'entre pas dans la classe de celles qui, conformément à l'art. 173 C. pr., doivent être proposées avant toutes dé-

ACQUIESCEMENT, §. VI.

fenses au fond ; elle peut l'être en tout état de cause, à moins qu'il n'y ait eu renonciation expresse. » — 2ᵉ, 26 février 1834, *Lefranc-Bazonnière ;* — 1ʳᵉ, 14 avril 1828, *Artu.*

38. — Dans ce dernier cas, l'intimé qui, sur le défaut de l'appelant, a conclu purement et simplement à la confirmation du jugement dont est appel, peut soutenir sur l'opposition que l'appelant est non recevable dans son appel pour cause d'acquiescement. — 4ᵉ, 11 mars 1835, *Jeanne.* — R. P. 2, 422.

39. — L'acquiescement à un jugement par défaut, quoique fait sans fraude, ne peut être opposé aux tiers dont les droits sont antérieurs à l'époque où cet acquiescement a acquis date certaine. — 1ʳᵉ, 21 mars 1825, *Rond.* — C. R. 4, 289.

40. — *Contrà.* — L'acquiescement est obligatoire pour les créanciers, s'il n'est attaqué comme frauduleux. — 1ʳᵉ, 17 mars 1817, *Dubourg.* — C. R. 4, 289.

Ità, 4ᵉ, 26 avril 1813, *Mallet ;* — 4ᵉ, 28 novembre 1814, *Chancerel ;* — 2ᵉ, 15 avril 1815, *Bouillaux.*

§. VI. — *Acquiescement aux jugements exécutoires par provision et aux jugements préjudiciels ou sur exception.*

41. — Lorsqu'un tribunal a ordonné l'exécution provisoire de son jugement, ou lorsque le jugement est de lui-même exécutoire nonobstant appel, l'exécution sous toutes réserves, donnée à ce jugement, n'entraîne pas acquiescement. — 2ᵉ, 12 avril 1806 ; — 2ᵉ, 15 juin 1808, *Millois.*

42. — De même, n'est pas réputée ac-

quiescement l'exécution immédiate que se voit obligé de donner au jugement la partie qui succombe dans son exception, si elle ne veut se priver d'un avantage pour le cas où le jugement serait confirmé. — 1re, 20 messidor an XII, *Hamon.*

43. — Il en est ainsi lors même que nulles réserves d'appeler n'eussent été faites, au moment même, en présence du juge.— 1re, 2 fructidor an XII, *Lesage.*

44.—... Ainsi jugé que si le jugement qui dit à tort une revendication, ordonne qu'il sera *à l'instant* passé outre à la vente, le revendiquant n'est pas censé acquiescer au jugement par cela seul qu'il se rend adjudicataire. — 1re, 14 thermidor an XI, *Burnel.*

45.— ...De même, « les jugements des tribunaux de commerce étant exécutoires par provision, et ces tribunaux ordonnant le plus souvent aux parties, lorsqu'ils rejettent l'exception d'incomtence, de proposer *de suite* leurs moyens au fond, l'équité veut que la partie qui se soumet à la décision du tribunal, ne soit pas pour cela privée du droit d'appeler du jugement qui a rejeté son exception. » — 4e, 1er août 1831, *Deichtal.*

46. — Cette décision s'applique même à tout jugement, qui, en rejetant une fin de non-recevoir, ordonne de plaider au fond. — 2e, 27 mai 1836, *Scellier.* — R. P. 3, 436.

47. — ... Dans ce cas, la partie qui a succombé dans son déclinatoire n'est pas réputée acquiescer, bien qu'elle plaide au fond, sans faire aucunes réserves.— m. arr., et 1re, 14 *junctim* 16 octobre 1809, *Margolay.*

48. — Ainsi encore, « de ce qu'une partie s'est présentée, en exécution du renvoi prononcé par le tribunal de commerce, pour défendre au principal, on ne peut en induire un acquiescement formel au jugement, sur le déclinatoire dont elle a été déboutée, mais seulement un acte d'obéissance à l'exécution provisoire du jugement, à laquelle elle ne pouvait se soustraire. » — 2e, 6 mai 1819, *Blomberg.*

49. — Il y a acquiescement de la part de la partie qui, après s'être réservée d'appeler d'un jugement qui prononce sur la compétence, se présente néanmoins en personne, au jour fixé par le jugement, pour recevoir droit au principal, et pose des conclusions au fond, sans renouveler ses réserves. — 4e, 6 décembre 1831, *Bretel*; — 4e, 9 mai 1832, *Roussin.*

50. — De même, il y a acquiescement de la part de l'époux défendeur en séparation de corps, à un jugement qui, en rejetant l'exception de réconciliation présentée par lui, a ordonné d'instruire et plaider au fond, si cet époux se présente pour conclure au principal et assiste aux enquêtes sans faire de réserves. — 2e, 29 décembre 1831, *David.*

51. — Lorsque la compétence n'est pas d'ordre public, l'appel du jugement sur le fond, sans appeler de celui qui a statué sur la compétence, entraîne acquiescement à celui-ci. — 4e, 1er août 1831, *Deichtal.*

Voyez le mot *exception.*

2

ACQUIESCEMENT , §. VII.

§. VII. — *Acquiescement aux jugements qui contiennent des chefs distincts ou connexes.*

52. — Lorsqu'un jugement a plusieurs dispositions distinctes, l'acquiescement sur l'une n'emporte pas acquiescement sur les autres.—4ᵉ, 24 juin 1833, *Barbe;* — 1ʳᵉ, 7 avril 1834 , *Guesdon;* — 2ᵉ, 27 août 1834, *Pichard.*

Spécialement, l'acquiescement au chef qui a ordonné un interlocutoire , n'emporte pas acquiescement au chef qui a rejeté une demande formée. — 2ᵉ, 27 août 1834, *Pichard.*

Contrà. — 4ᵉ, 5 février 1817, *Philippe.*

53. — Mais , d'un autre côté, l'appel porté sur telle ou telle disposition particulière d'un jugement, entraîne acquiescement sur les autres dispositions de ce jugement; il rend non recevable à s'en porter appelant. — 2ᵉ, 13 déc. 1834 , *Perrotte.* — *R. P.* 2, 461.

54. — De même si , après avoir interjeté un appel indéfini, une partie restreint ses conclusions à un chef , elle acquiesce par cela même à tous les autres. — 4ᵉ, 17 septembre 1825 , *De Maisons.*

55. — La partie qui , dans son exploit d'appel , a présenté ses moyens au fond , est par cela même réputée avoir acquiescé au chef relatif à la compétence (si toutefois l'incompétence n'est pas d'ordre public). — 4ᵉ, 15 janvier 1833 , *Thorel.*

46. — L'obtention des conclusions subsidiaires ne met point obstacle à l'appel du jugement qui a rejeté les conclusions principales. — 4ᵉ, 25 mai 1824 , *De Cerisay.*

§. VIII. — *Acquiescement aux jugements interlocutoires.* — *Enquête.* — *Expertise.* — *Serment.*

57. — L'acquiescement à un jugement interlocutoire en rend l'appel non recevable. — 2ᵉ, 17 mars 1825 , *Rôse;* — 2ᵉ, 1ᵉʳ décembre 1827 , *Thomasse;* — 31 mai 1830, *Bourdon;* — 2ᵉ, 30 janvier 1833, *Fouquet.*

58. — Toutefois , l'exécution *avec réserves* , donnée à un interlocutoire, ne met point obstacle à l'appel. — 2ᵉ, 1ᵉʳ mars 1811 , *Bougon;* —2ᵉ, 18 mai 1811, *Laignel;* — 2ᵉ, 29 janvier 1818, *Lepage.* — 2ᵉ, 12 février 1828, *Duronlet;* — 4ᵉ, 1ᵉʳ août 1831, *Deichtal;* — 2ᵉ, 14 avril 1834 , *Gibon;* — 2ᵉ, 13 décembre 1834, *Perrotte.* — *R. P.* 2 , 461.

59. — *Enquête.* — Ainsi, le consentement que donne une partie à la confection d'une enquête dirigée contre elle, mais sous réserves d'appeler , n'emporte point acquiescement de sa part. — 2ᵉ, 1ᵉʳ mars 1811 , *Bougon;* —2ᵉ, 18 mai 1811 , *Laignel.*

60. — La partie eût-elle assisté à l'enquête , y eût-elle adressé des interpellations aux témoins , proposé des reproches , poursuivi même l'audience pour faire statuer sur ces reproches , et comparu au jugement définitif pour y avoir droit, on ne peut voir un acquiescement dans ces différents actes , s'ils ont été faits sous réserves expresses d'appeler. — 2ᵉ, 10 mai 1834, *Gibon.*

61. — On ne peut argumenter de la

prétendue incompatibilité de ces réserves avec l'exécution qu'a reçue le jugement , parce que l'interlocutoire n'étant qu'un moyen d'instruction pour parvenir à la décision du fond , il n'y a rien qui implique contradiction à ce que la partie contre qui il a été rendu , y optempère provisoirement , en conservant cependant la faculté de l'attaquer au besoin , dans la suite par la voie de l'appel. » — m. arr. Gibon.

62. — Jugé, toutefois, que l'acquiescement à un interlocutoire peut résulter , pour une partie , de ce que , dans plusieurs actes de procédure , elle a déclaré agir en vertu de ce jugement , et de ce qu'elle a procédé sans réserves à la confection de l'enquête qu'il avait ordonnée, — 2ᵉ, 30 juin 1833 , Fouquet ; — 2ᵉ, 27 août 1834 , Pichard.

63. — Jugé également que « la partie qui a assisté à l'audition des témoins et leur a adressé des interpellations, a exécuté le jugement ; elle est dès lors non recevable à demander la nullité de l'enquête , sous prétexte qu'il existerait des nullités dans la copie de la signification du jugement. » — 1ʳᵉ, 9 janvier 1832 , Frémont ; — 4ᵉ, 2 juin 1841 , Dufort. — R. P. 5 , 249.

64. — La partie qui a constitué sa partie adverse en demeure de délivrer un jugement interlocutoire , faute de quoi elle serait forclose du droit de procéder à l'enquête ordonnée par ce jugement , n'est pas réputée pour cela y avoir acquiescé. — 2ᵉ, 5 mars 1835 , Labbé.

65. — Expertise. — La présence d'une partie à un procès-verbal d'expertise ne

constitue pas , par elle seule , un acquiescement au jugement qui a ordonné cet errement. — 2ᵉ, 1ᵉʳ déc. 1832 , ...

66. — Il en est surtout ainsi alors que la partie n'y était présente qu'en ce sens qu'elle était chez elle lorsque les experts y sont venus procéder à leur opération : mais qu'elle n'a pris aucune part à leur procès-verbal, n'y a fait ni soutiens, ni observations et n'y a pas apposé de signature. — 2ᵉ, 13 déc. 1834 , Perrotte. — R. P. 2 , 461.

67. — Mais l'acquiescement au jugement qui ordonne l'expertise , peut résulter de la déclaration, consignée par les experts dans leur rapport, que les parties étaient présentes à leur opération et y ont fait des soutiens, bien qu'elles n'aient pas signé. — 1ʳᵉ, 23 mai 1819 , Duvelleroy ; — 1ʳᵉ, 2 déc. 1834 , Lecot ; — 1ʳᵉ, 11 mai 1835 , Saulatre.

68. — La simple présence d'un avoué à la prestation du serment des experts ne met point obstacle à ce que cet avoué se porte appelant du jugement qui a ordonné l'expertise. — 2ᵉ, 11 déc. 1819 , Grimoult de Sainte-Croix.

69. — Alors surtout qu'il a fait des réserves. — 2ᵉ, 13 déc. 1834 , Perrotte. — R. P. 2 , 461.

70. — Mais , dans ce cas, l'appel serait irrecevable si l'avoué a requis lui-même la prestation de serment des experts nommés par le jugement et a signé le procès-verbal qui en a été rédigé. » Cet authentique prouve , jusqu'à inscription de faux, que non-seulement l'avoué de la partie a approuvé , par sa présence ,

la prestation de serment des experts mais qu'en le requérant et en signant le procès-verbal de ce serment, sans faire de réserves, il a donné un consentement formel et acquiescé ainsi au jugement qui l'avait ordonné. » — 1re, 11 mai 1835, *Saulatre.*

71. — La partie qui se présente elle-même devant les experts et y fait le dépôt de ses pièces, se rend non recevable à porter l'appel du jugement qui a ordonné l'expertise, quelques réserves qu'elle ait faites d'ailleurs. — 4e, 19 août 1833, *Bazire.*

72. — *Serment.* — L'acquiescement au jugement qui ordonne un serment supplétoire ne peut résulter de la prestation de ce serment, si la partie adverse n'était point présente au jugement qui l'a ordonné, et qu'aucune intimation ne lui ait été faite de s'y présenter. — 2e, 8 juin 1829, *Marescot.*

73. — S'il a été ordonné que le serment supplétoire allait être prêté, audience tenante, par une partie, l'autre partie ne peut être réputée avoir acquiescé, encore bien que ni elle, ni son avoué, présents à l'audience, n'aient protesté. — 2e, 4 février 1830, *André.*

§. IX. — *Des actes d'acquiescement antérieurs au jugement, et déclaration de s'en rapporter à justice.*

74. — Le paiement de quelques arrérages d'une rente durant le cours d'une contestation sur l'existence de cette rente, et même depuis qu'un jugement par défaut, non signifié, l'a déclarée existante, ne peut être considéré comme un

acquiescement. — 1re, 19 juin 1809, *Martine.*

75. — La demande (*v. c.*) des intérêts d'intérêts, qui n'a point été contestée devant le premier juge, est réputée acquiescée et ne peut plus être critiquée en appel. — 4e, 27 mars 1833, *Deshayes.*

76. — S'il y a eu prestation régulièrement faite, et sans protestation, du serment décisoire déféré subsidiairement, l'appel n'est pas recevable de la part de celui qui avait déféré le serment. — 2e, 23 août 1827, *Mosquet-Larivière.*

77. — La partie qui, devant le premier juge, n'a pas contredit les demandes formées contre elle, n'est pas, par cela seul, censée avoir acquiescé au jugement.—2e, 13 nov. 1817, *De Baupte.*

78. — Décidé, toutefois, qu'une partie est censée acquiescer à la demande de son adversaire, si tout en combattant cette demande, elle n'a pas conclu à son rejet dans le dispositif de ses conclusions. — 1re, 12 mars 1835, *Chaillou.*

79. — La partie qui s'en rapporte à justice n'est pas, par cela seul, réputée acquiescer au jugement à intervenir. — 1re, 5 fructidor an III, *Douesnel;* — 4e, 15 juillet 1811, *Piquelin de Grainville;* — 4e, 23 octobre 1815, *Cardine;* — 4e, 18 juillet 1820, *Lebret;* — 4e, 6 février 1821, *Lefort;* — 2e, 13 janvier 1832, *Baroleau.*

... Et cela, pas plus sous le rapport de la régularité de la demande dans la forme que de sa justice au fond. — *Ch. des vacat.*, 14 sept. 1840, *Devaux.* — *R. P. 4, 405.*

ACQUIESCEMENT, §. X.

§. X. — *Des significations des jugements avec ou sans réserves.*

80. — « La signification d'un jugement d'avoué à avoué ne peut être considérée comme un acte d'exécution du jugement qui rend l'appel non recevable. Cette signification ne peut être assimilée à celle qui est faite à personne ou domicile, et qui est la seule dont parle l'art. 443 C. pr. » — 1re, 11 avril 1832, *Gasdebled ; —* 1re, 27 janvier 1829, *Marie.*

Contrà. — 4e, 6 février 1827.

81. — Il en est surtout ainsi lorsque la signification du jugement d'avoué à avoué n'a été faite que sous toutes réserves d'appeler de tels ou tels chefs. —1re, 17 messidor an x, *Saint-Agnan ; —* 4e, 30 mai 1831, *Glier ;—*2e, 18 mai 1836, *Nicolas.*

82. — Toutefois, la signification du jugement faite à avoué, sans réserves, dans le cas où cette signification fait courir le délai d'appel, emporte acquiescement.

Spécialement, il en est ainsi dans le cas de l'art. 763 C. pr. — 4e, 11 mai 1840, *Daumesnil et joints. — R. P. 4,* 222.

83. — La signification du jugement faite à la partie elle-même, n'entraîne pas acquiescement, si le jour même l'appel est porté. — 1re, 27 janvier 1829, *Marie.*

84. — La signification d'un jugement faite à deux parties, avec injonction *d'y satisfaire dans toutes ses dispositions,* n'opère qu'un acquiescement conditionnel,

ACQUIESCEMENT, §. XI.

qui n'empêche pas de s'en rendre incidemment appelant, même contre celle des deux parties qui n'aurait point interjeté appel principal du jugement. — 1re, 24 février 1817, *Etienne.*

Voy. suprà, §. 3.

§. XI. — *Des poursuites tendant à exécution.*

85. — Un commandement de payer, fait en vertu du jugement, mais avec réserves de se porter appelant sur quelques chefs, n'élève pas une fin de non-recevoir contre l'appel, alors surtout que le débiteur n'a pas obtempéré au commandement. — 4e, 30 mai 1831, *Glier.*

86. — Une partie n'est pas réputée acquiescer au jugement par cela seul qu'elle fait saisir, pour les dépens, ce que le jugement lui adjuge. — 2e, 23 floréal an x, *Gibert.*

87. — « Une communication n'étant qu'un acte préparatoire à l'instruction, et pouvant s'appliquer et être utile à tous errements qui peuvent ensuite être pris par les parties, » ne peut être considérée comme un acte d'exécution emportant acquiescement au jugement. — 2e, 15 déc. 1814, *Lepigeon.*

88. — *Réciproquement,* une sommation de communiquer n'est pas un acte d'exécution qui mette obstacle à l'appel. — 1re, 21 avril 1832, *Gasdebled.*

89. — Une partie qui a fait insérer dans le cahier des charges une clause ordonnée par un jugement, et a ensuite poursuivi l'expropriation, conformément au cahier des charges ainsi modifié, est

ACQUIESCEMENT, §. XII.

non recevable à porter ensuite l'appel de ce jugement. — 4ᵉ, 11 mars 1835, *Jeanne.*

§. XII. — *Faits et actes d'exécution implicite.* —*Demande d'un délai.* — *Paiement, etc.*

90. — ‹ L'acquiescement tacite, résultant de l'exécution d'un jugement, ne se présume pas facilement, et ne peut pas être étendu au-delà de la volonté présumée de celui à qui on l'attribue. › — 1ʳᵉ, 7 avril 1834, *Guesdon.*

91. — C'est ainsi qu'on a vu *suprà*, §. VII, que l'acquiescement sur un des chefs d'un jugement n'emporte pas acquiescement sur les autres chefs de ce jugement. — m. arr. *Guesdon.*

92. — ‹ En principe, en effet, le droit d'appel formant une partie du droit de propriété, il faut que la renonciation à l'exercice de ce droit soit bien formelle, pour qu'on puisse en priver celui qui le réclame, car nul n'est présumé renoncer à un avantage introduit par la loi en sa faveur. › — 1ʳᵉ, 6 avril 1808, *Bachellier.*

93. — « L'acquiescement à un jugement qui rendrait non recevable à en porter l'appel, ne peut résulter de ce que l'appelant ne s'est point opposé à la saisie exercée à son domicile et en sa présence, et de ce qu'il s'en est constitué gardien. › — 4ᵉ, 1ᵉʳ déc. 1834, *Milled; —* 4ᵉ, 24 juillet 1826, *Lesueur.* — C. R. 13, 427.

Voyez toutefois le mot *jugement par défaut*, art. 6.

94. — La demande d'un délai entraîne

ACQUIESCEMENT, §. XII.

exécution, si de fait le délai est accordé, — 4ᵉ, 13 mars 1817, *Yvon.*

95. — Le paiement des condamnations prononcées par un jugement non exécutoire par provision, entraîne acquiescement à tous les chefs connexes de ce jugement. — 2ᵉ, 2 février 1821.

96. — « Le paiement, fait par une partie, des dépens auxquels elle a été condamnée, est une véritable exécution du jugement, qui lui donne la force de la chose jugée et rend l'appel non recevable. › — 2ᵉ, 15 décembre 1814, *Lepigeon.*

97. — Ce n'est pas acquiescer à un jugement que de recommencer une instance où l'on a succombé faute de preuves. — 4ᵉ, 23 mai 1826, *Richer.*

98. — De ce que deux parties ont procédé ensemble, et par un même avoué, sur appel contre un tiers, on ne peut en induire acquiescement aux dispositions du jugement qui les concerne réciproquement. — 1ʳᵉ, 6 avril 1808, *Bachellier.*

V. Appel, arbitrage, chose jugée, compétence civile et commerciale, désistement, jugement, jugement par défaut.

TABLE SOMMAIRE.

ACTE.

ACTE (en général).

De ce qu'un acte quelconque est nul dans une de ses dispositions, qui se trouve contraire à la loi, il ne s'ensuit pas qu'il ne puisse être valable dans ses autres dispositions. — 1re, 18 février 1834, *Masseron.*

ACTES DE COMMERCE , ART. 1.

Ainsi jugé que l'acte qui contient tout à la fois, mais par deux stipulations séparées, vente de droits dans une succession échue, et vente de ces mêmes droits dans une succession non encore ouverte, est nul quant à la seconde disposition et valable quant à la première. · — *m. arr.* et 2e, 2 déc. 1830, *Goderel.*

ACTE ADMINISTRATIFS.

V. compétence administrative.

ACTE ANCIEN.

V. Filiation , voirie.

ACTE AUTHENTIQUE.

V. Preuve littérale. V. aussi contrat de mariage , donation , exécution , expropriation , exploit , hypothèque , saisie , testament , vente.

ACTE D'APPEL.

V. Exploit. V. aussi appel.

ACTES DE COMMERCE.

ART. 1. — ACTES DE COMMERCE EN GÉNÉ-
RAL.

ART. 2. — ACTES COMMERCIAUX PAR LEUR
NATURE.

§. I. — *Achats pour revendre , culture,*
cessions, entreprises, etc.

§. II. — *Louage d'industrie, de travaux*
publics ou privés.

§. III. — *Opération de change , banque*
et courtage.

ART. 3. — ACTES RÉPUTÉS COMMERCIAUX A
CAUSE DE LA QUALITÉ DE LA PERSONNE.

ART. 1. — ACTES DE COMMERCE EN GÉNÉ-
RAL.

1. — Si les art. 632 et 633 C. com. ont donné le caractère légal d'actes de

ACTES DE COMMERCE, ART. 2.

commerce à certains actes, le législateur a, par cela même, abandonné la définition et l'appréciation des autres, suivant les circonstances, aux lumières des magistrats. » — 4ᵉ, 14 octobre 1816, *Crespin.*

2. — Jugé cependant qu'en cette matière les analogies ne peuvent être invoquées. — Ainsi, par exemple, « de ce que la loi répute acte de commerce certains engagements, dans lesquels les parties ne traitent que de leur industrie, ce n'est pas une raison pour que toutes les fois qu'il y a trafic d'industrie analogue, on doive considérer qu'il y ait acte de commerce. Il faut raisonner dans ce cas par l'argument *à contrario* et non par l'argument *à pari.* » — 1ʳᵉ, 1ᵉʳ août 1821, *Fortin.*

ART. 2. — ACTES COMMERCIAUX PAR LEUR NATURE.

§. I. — *Achats pour revendre, culture, cessions, entreprises, etc.*

3. — Les achats et ventes de bestiaux que fait un herbager, pour l'exploitation de ses prairies, n'ont point le caractère d'acte de commerce. — 4ᵉ, 29 mars 1831, *Morière;* — 1ʳᵉ, 11 juin 1839, *Bordeaux-Desbares.* — R. P. 3, 297.

4. — *Contrà.* — 19 janvier 1822, *Chastan-Lafayette;* — 4ᵉ, 14 janvier 1840, *Guidon.* — R. P. 4, 20.

5. — De même, le cultivateur qui achète des chevaux pour s'en servir et les revendre ensuite, ne fait point un acte de commerce. — 2ᵉ, 28 déc. 1810,

ACTES DE COMMERCE, ART. 2.

Cosnard; — 4ᵉ, 13 mars 1830, *Guedeville.* — C. R. 13, 451.

6. — La circonstance qu'un achat de bestiaux a été fait en foire est tout-à-fait insignifiante pour faire considérer cet achat comme un acte de commerce, si d'ailleurs il n'a pas été fait pour revendre. — En d'autres termes, le propriétaire qui achète des bestiaux, même en foire, ne fait point acte de commerce. — 4ᵉ, 25 février 1818, *Bidard.*

7. — Mais celui qui achète des bœufs maigres et gras, pour les revendre ensuite maigres et gras, fait un acte de commerce, quelle que soit d'ailleurs sa qualité (*v. c.*), de fermier, cultivateur, herbager, peu importe. — 4ᵉ, 23 mai 1832, *Nicolas.*

8. — L'achat de bois de futaie pour revendre constitue un acte de commerce et est, en conséquence, soumis à la juridiction commerciale. — 2ᵉ, 7 juillet 1808, *Roger.*

9. — Cependant le propriétaire qui fait une vente de bois provenus sur sa terre, ne fait point un acte de commerce, et le tribunal de commerce est incompétent d'en connaître. — 2ᵉ, 3 juillet 1819, *Peau dit Taillis.*

10. — Toutefois on doit considérer comme acte de commerce le marché par lequel un propriétaire de bois livre ses bois à un tiers, pour les convertir en charbon et les vendre. Les contestations relatives à ce marché sont exclusivement soumises à la juridiction commerciale. — 1ʳᵉ, 19 mars 1811, *Champimières.*

11. — Un achat de grains pour payer

ACTES COMMERCE, ART. 2.

des fermages en nature, ne constitue pas un acte de commerce.—2ᵉ, 17 novembre 1808, *Mézaize.*

12.—L'achat que fait un père des marchandises et ustensiles nécessaires pour procurer un établissement à son fils ne constitue point, entre le père et le fils, une opération commerciale; on ne peut y voir qu'une simple avance de capitaux. En conséquence, le père ne peut traduire le fils devant les tribunaux de commerce, à raison de cette avance. — 1ʳᵉ, 18 nov. 1811, *Henry.*

13. — Ne peut être considérée comme acte de commerce, mais comme acte purement civil, la cession du titre de maître de poste. Peu importe que cette cession soit accompagnée de la vente de foins, avoine et chevaux; cette vente n'étant regardée que comme l'accessoire de la cession principale, ne peut être soumise à la juridiction commerciale. —4ᵉ, 28 juin 1830, *Goislard.*—C. R. 13, 426.

14. — L'achat d'un fonds de pharmacie par un pharmacien et pour être exploité par lui, constitue un acte de commerce, pour l'exécution duquel l'acheteur est valablement assigné devant le tribunal de commerce. — 4ᵉ, 28 déc. 1840, *Guillemard.*—R. P. 5, 8.

15. — La cession d'un four à chaux et d'un terrain à exploiter pour en extraire des pierres à chaux, peut être considérée comme un acte de commerce, si le marché a été conclu entre deux marchands de chaux. — 4ᵉ, 27 août 1821, *Harivel.*

16. — Encore que deux marchands fassent des commerces différents, et que l'un ait vendu et l'autre acheté des marchandises étrangères à leur commerce,

ACTES DE COMMERCE, ART. 2.

on décide cependant facilement qu'il y a acte de commerce. — 4ᵉ, 12 fév. 1833, *Lentrin.*

17. — Le marchand de farine qui achète des bois pour faire construire un moulin fait un acte de commerce. — 4ᵉ, 5 juillet 1813, *Marie.*

§. II. — *Louage d'industrie.—Entreprises de travaux privés ou publics.*

18. — « La location d'un commis teneur de livres par un marchand, est un acte de commerce, puisqu'il a pour objet l'exercice, l'utilité et l'objet du négoce. »

En conséquence, la demande formée par ce commis, en paiement de ses salaires, est de la compétence des tribunaux de commerce. — 4ᵉ, 14 oct. 1816, *Crespin.*

19.—*Contrà.*—« Encore bien que l'entrepreneur, le marchand et le manufacturier spéculent sur le travail d'un commis ou d'un ouvrier, cette spéculation n'est point en soi un acte de commerce, du commis à l'entrepreneur. » Les tribunaux de commerce sont donc incompétents de connaître de l'action intentée par un contre-maître contre le fabricant qui l'emploie, pour le paiement de ses gages. —4ᵉ, 8 mars 1825, *Leclerc.* — C. R. 4, 224.

20. — Ne peut être considérée comme acte de commerce l'obligation que prend un maçon, envers un propriétaire, d'extraire de la carrière de celui-ci des pierres suffisantes pour une construction, et de les rendre propres à cette construction. On ne peut, dans ce cas, assimiler la prestation de l'industrie à la

3

ACTES DE COMMERCE, ART. 2.

vente d'une marchandise. —1re, 1er août 1821, *Fortin*.

V. *Suprà*, n° 2.

21. — Les travaux et fournitures faits par un entrepreneur de menuiserie, constituent un acte de commerce, et la contestation engagée entre cet entrepreneur et le propriétaire, pour fixer le prix des bois travaillés et le montant des sommes reçues sur ce prix, est de la compétence des tribunaux de commerce. — 4°, 10 juillet 1839, *Lecavelier-Paisant.* — R. P. 3, 343.

22. — L'entreprise de construction d'une église n'est pas un acte de commerce. —4e, 8 mai 1838, *Vidal.* — R. P. 2, 171.

23. — L'entreprise de celui qui se charge de réparations de chemins publics et de l'achat des pierres nécessaires à ces réparations, est une opération de commerce, dans le sens de l'art. 632 C. comm. En conséquence, toute contestation relative à cette opération doit être portée devant les tribunaux de commerce.—4e, 27 mai 1818, *Chrétien et Renouf.* — S. 18, 2e, 350.

24. — C'est, par la même raison, au tribunal de commerce qu'il appartient de connaître de l'existence d'une société ayant pour objet des travaux et des fournitures de pierres pour l'amélioration des routes.—4e, 22 déc. 1812, *Mallet*.

§. III.—*Opérations de change, banque et courtage.*

25. — Les remises d'argent, faites de place en place, sont réputées actes de commerce, encore qu'elles n'aient pas lieu par la voie de lettres de change.

ACTES DE COMMERCE, ART. 2.

Ainsi, le billet à ordre souscrit dans un lieu réputé place de commerce, payable dans une autre place de commerce, constitue un acte de commerce, en ce qu'il renferme remise de place en place ; dès lors le signataire est soumis à la juridiction commerciale, quand même il ne serait pas commerçant. — 4e, 19 janvier 1840, *Cheron.* — R. P. 3, 651. — Ità, 4e, 23 mai 1832, *Nicolas.*

26. — « En admettant (ce qui est consacré par les deux arrêts ci-dessus) que le billet à ordre puisse être quelquefois assimilé à la lettre de change et en produire les effets, il doit au moins constater la remise de place en place. » — 4e, 9 mai 1831, *Thibout.*

27. — Mais, en général, « un billet simplement à ordre ne peut opérer, par lui seul, un contrat de change, encore qu'il soit payable à un domicile indiqué autre que celui du confectionnaire. » — 4e, 25 janvier 1831, *Thibout.*

28.—A plus forte raison en est-il ainsi si le billet à ordre n'énonce pas même la valeur reçue.—4e, 6 mai 1813, *Ridel;* — 4e, 20 novembre 1839, *Lecointe.* — R. P. 3, 412.

29. — Il résulte de là, pour conséquence, que si le souscripteur n'est point commerçant, la contrainte par corps ne peut être prononcée contre lui, *arr. Thibout*, et que les tribunaux de commerce sont, d'une manière absolue, incompétents d'en connaître. — *Arr. Ridel et Lecointe.*

30. — L'opération de banque consiste principalement à emprunter pour prêter. —1re, 17 août 1812, *Guillochin;* — 4e, 30 avril 1812, *Jourdain.*

ACTES DE COMMERCE, art. 3.

ACTES DE COMMERCE, art. 3.

ART. 3.—ACTES RÉPUTÉS COMMERCIAUX A CAUSE DE LA QUALITÉ DE LA PERSONNE.

31. — La présomption de la loi qui répute acte de commerce toutes obligations entre commerçants, s'applique même au mineur commerçant.—1re, 14 août 1828, D'Harembure.—C. R. 11, 254.

32. — Mais si le mineur n'a point accompli toutes les formalités exigées par l'art. 2 C. comm., ses engagements ne peuvent être réputés opérations commerciales ; ils ne donnent lieu qu'à l'action civile de in rem verso, conformément à l'art. 1312 C. civ.—4e, 31 janv. 1831, Sebire.

33. — Sont réputées créances commerciales, et en produisent tous les effets, les créances civiles que deux commerçants ont respectivement portées sur leur compte courant, en vertu d'une convention précédemment passée entre eux. — 4e, 23 décembre 1835, Buhotel.

34.—Sont réputées actes de commerce les cessions faites par un marchand à un autre marchand, en paiement de ce qu'il lui doit.—4e, 17 août 1813, Hardouin.

35. — Il en est de même de la cession d'un four à chaux et d'un terrain à exploiter des pierres à chaux, si le marché en a été fait entre deux marchands de chaux.—4e, 27 août 1821, Harivel.

36. — La location d'une loge en foire, pour vendre des marchandises, faite par un commerçant à un commerçant, n'est point considérée comme acte de commerce.—C'est là une convention qui sort de la classe des opérations commerciales,

entre toutes personnes, et ne peut donner lieu à la juridiction des tribunaux de commerce. — 4e, 24 mai 1826, Durand. —C. R. 6, 282.

V. Commerçant, compétence commerciale, effet de commerce, faillite, société commerciale.

TABLE SOMMAIRE.

ACTE CONSERVATOIRE.

ACTE CONFIRMATIF.
V. Preuve littérale.

ACTE CONSERVATOIRE.

1. — « Les tribunaux sont investis du droit d'autoriser toutes mesures conservatoires indispensables pour s'assurer la fortune d'un créancier, en empêchant la disparition de ses sûretés. C'est un principe reconnu par l'art. 558 C. pr. et qui ne doit pas être restreint au cas spécial qui y est exprimé. »

Ils peuvent *spécialement* autoriser un créancier à prendre une inscription sur les biens de son débiteur que celui-ci a affiché à vendre. — 2e, 18 juillet 1823, *Lapouyarde.*

2. — Mais lorsque nulle créance n'existe, de telles mesures ne peuvent être autorisées.

Ainsi les tribunaux ne peuvent, même depuis 1814, autoriser d'actes conservatoires de la part de l'ancien propriétaire contre l'acquéreur d'un bien national. — 1re, 23 avril 1822, *Cardet.*

V. Acquiescement, compétence administrative, exécution, hypothèque, saisie, saisie conservatoire.

ACTE DE DÉCÈS.
V. Actes de l'état civil.

ACTE DE DÉPOT.
V. Dépôt, legs, notaire, preuve littérale.

ACTE ENTRE VIFS.
V. Disposition, donation, legs, testament.

ACTES DE L'ÉTAT CIVIL.

ACTES DE L'ÉTAT CIVIL.

1. — *Actes de naissance.* — « D'après les dispositions de l'avis du conseil d'état du 12 brumaire an II, on peut, lorsqu'un enfant n'a pas été inscrit sur les registres de l'état civil, réparer cette omission, mais elle ne doit être réparée que par un jugement rendu en présence et sur les conclusions du ministère public. » — 1re, 9 août 1825, *Ep. Pannier.* — C. R. 5, 121.

2. — « L'art. 46 C. civ. qui indique » les voies à prendre pour prouver les » naissances, *lorsqu'il n'existe pas de re-* » *gistres ou qu'ils ont été perdus*, n'est » pas limitatif à ces deux cas seulement, » il doit s'appliquer aussi au cas où il y » aurait eu omission d'un acte de nais- » sance sur lesdits registres. » — *m. arr. Pannier*, et 2e, 22 février 1826, *Alexandre.* — C. R. 7, 189.

3. — Toutefois il appartient aux juges d'apprécier, d'après les circonstances, si la preuve demandée doit être admise ou rejetée. — *m. arr. Alexandre.*

4. — Lorsque l'acte de naissance d'un enfant n'a pas été porté sur les registres de l'état civil, la preuve testimoniale peut être admise pour établir le fait de l'accouchement, l'identité de l'enfant qui en est provenu et sa possession constante de l'état d'enfant légitime.

Un acte de notoriété, dressé conformément aux dispositions des art. 70 et 71 C. civ., ne suffirait pas pour établir cette preuve. — 1re, 9 août 1825, *ép. Pannier.* — C. R. 5, 121.

5. — *Des actes de mariage.* — La disposi-

ACTE NOTARIÉ.

tion de l'art. 37 C. civ., portant que les témoins produits aux actes de mariage *ne pourront être que du sexe masculin*, doit être observée à peine de nullité.

Doit donc être annulé, comme manquant de publicité, l'acte de mariage passé en présence de trois femmes et un homme.—*Aud. sol.*, 16 juin 1819, *Danneville.*—S. 19, 2, 225.

6.—*Actes de décès.*—De même que les naissances, les décès peuvent parfois être établis par preuve testimoniale, hors des deux cas prévus par l'art. 46 C. civ. —Aussi, en cas d'omission d'un décès sur le registre, les juges peuvent, suivant les circonstances, admettre la preuve de ce décès par témoins.—2ᵉ, 22 février 1826, *Alexandre.*—C. R. 7, 189.

ACTE D'HÉRITIER.

V. Séparation des patrimoines, succession.

ACTE D'EXÉCUTION.

V. Exécution.

ACTE INTERRUPTIF.

V. Hypothèque, jugement par défaut, péremption, prescription.

ACTE DE LIQUIDATION.

V. Séparation de biens.

ACTE DE MARIAGE.

V. Actes de l'état civil, contrat de mariage, mariage.

ACTE DE NAISSANCE.

V. Actes de l'état civil, filiation.

ACTE NOTARIÉ.

V. Preuve littérale. **V.** aussi actes respectueux, donation, hypothèque, notaire, preuve testimoniale, testament, vente.

ACTES RESPECTUEUX.

ACTE DE NOTORIÉTÉ.

Lorsque la preuve testimoniale est admise pour la constatation des actes de l'état civil, la justice ne peut se contenter d'un simple acte de notoriété, rédigé sur la demande de la partie intéressée, et sur la simple déclaration des personnes qui se présentent volontairement. Il faut une enquête dont les témoins déposent, sous la foi du serment, en présence et sous la surveillance du ministère public, lequel peut lui-même, s'il le juge convenable, en faire entendre à sa requête. — 1ʳᵉ, 9 août 1825, *ép. Pannier.* — C. R. 5, 121.

V. Actes de l'état civil, contrat de mariage.

ACTE PUBLIC.

V. Preuve littérale.

ACTE RÉCOGNITIF.

V. Preuve littérale, rente, succession.

ACTES RESPECTUEUX.
(C. civ., art. 152-161.)

1. — Il n'est point nécessaire que l'enfant soit présent à la notification des actes respectueux, et requière en personne le conseil de ses ascendants. — 2ᵉ, 23 janvier 1813, *Leboulanger;* — 1ʳᵉ, 27 juillet 1818, *Regner* —C. R. 7, 40 et s.

2. — *Contrà.*—La demande d'un conseil par un acte formel, supposant un rapprochement et une communication entre celui qui le demande et celui qui le donne, il s'ensuit que l'enfant doit être présent aux actes respectueux. — 2ᵉ, 5 prairial an XIII, *Lalonde ;* — 2ᵉ, 29 déc. 1806, *Hubert.*

ACTES RESPECTUEUX.

3.—L'acte respectueux pour être valable, doit être notifié en parlant à la personne même des ascendants, dont le fils de famille est obligé de demander le conseil.

Spécialement, il ne suffirait pas que le notaire constatât l'absence de l'ascendant, et remît copie de l'acte au maire ou aux voisins.—2°, 12 décembre 1812, *Bouquerel.*—C. R. 8, 36.

4.—Si la rencontre de l'ascendant n'a pu se faire, au moins faut-il que tous les moyens possibles aient été employés pour le trouver, et que le procès-verbal constate les démarches faites à cet égard. —*m. arr.*

5. — Dans ce cas, l'acte sera valable, alors surtout qu'il apparaîtra que l'ascendant à mis de l'affectation à se soustraire aux recherches et aux regards du notaire. — 2°, 23 janvier 1813, *Leboulanger.*—C. R. 7, 40.

6. — « Il doit suffire, dans la juste intelligence de la loi, d'aller au domicile des père et mère requérir leur consentement et leur reponse ; mais on ne peut les contraindre à accorder ni l'un ni l'autre ; il suffit alors de constater leur absence ou leur refus. » — 1re, 11 août 1818, *Regner.* — C. R. 7, 43.

7. — « Il n'y a pas de raison pour prescrire au notaire, lorsqu'il ne trouve pas l'ascendant chez lui, d'y retourner une ou plusieurs fois. » — 2e, 10 déc. 1819, *Jouenne.*—C. R. 7, 45.

8.—Dans ce cas d'absence de l'ascendant, le notaire peut valablement remettre l'acte à un domestique ou serviteur.—2°, 13 déc. 1834, *Ruel.*

ACTES RESPECTUEUX.

9.—La loi n'ayant pas déterminé sous quelle forme et dans quelle lieu les enfants majeurs, qui voudraient contracter mariage, devraient recevoir le conseil de leurs parents, il appartient aux magistrats de décider ce point d'après les circonstances.—2°, 24 février 1827, *Pihan;* —2°, 18 mai 1827, *Lepelletier.*—C. R. 8, 52 et 54.

10. — Mais, en supposant que les tribunaux puissent ordonner quelquefois à un fille, qui fait signifier les actes respectueux, étant dans la maison de celui qu'elle se propose d'épouser, de quitter cette maison pendant un temps déterminé ; ils ne le doivent pas lorsqu'elle y est retirée depuis plusieurs années, et qu'elle est âgée de près de 27 ans, parce que la morale publique exige que la justice s'empresse de mettre fin au scandale d'une union illicite.—1re, 26 août 1824, *Rousse de la Villeneuve.*—C. R. 8, 48.

11. — Sont nuls les actes respectueux faits par une fille à son père, s'ils ne contiennent pas l'indication d'une résidence convenable où l'enfant puisse recevoir les conseils de ses parents. — 1re, 24 mai 1830, *Legogeuil.* — C. R. 13, 436.

12. — Il en est surtout ainsi lorsque la fille n'a caché le lieu où elle s'était retirée, que parce qu'elle était alors dans la maison de celui avec qui elle veut contracter mariage. — 1re, 6 juin 1836, *Chenu.* — R. P. 3, 517.

13. — Le défaut de résidence en un lieu décent et convenable, ne peut être suppléé par des obéissances passées par l'enfant de comparaître devant un ma-

ACTES RESPECTUEUX.

gistrat, en présence de ses père et mère.
— 1re, 24 mai 1830, *Legogeuil.* — C. R.
13 , 436.

14. — L'acte respectueux doit être notifié au père et à la mère , par copie séparée à chacun d'eux. — 2e , 12 décembre 1812 , *Bouquerel.* —C. R. 8 , 36.

15. — Ou, « s'il n'est pas indispensable que le conseil des père et mère soit demandé par des actes distincts , au moins est-il nécessaire qu'il soit constant que le conseil a été formellement demandé à l'un et à l'autre. » — 2e, 7 janvier 1814 , *D'Epinay.*

16. — Il ne suffirait pas que le procès-verbal rédigé par le notaire constatât que cet officier a été requis de demander le conseil à l'un et à l'autre , si , en réalité, la demande n'avait été faite qu'au père seul. — *m. arr.*

17. — Un père peut donc former opposition au mariage de son enfant, parce que celui-ci , dans l'acte respectueux , n'aurait pas expressément demandé le conseil de sa mère. — *m. arr.*

18. — Les témoins qui assistent le notaire ne sont pas tenus, à peine de nullité, de signer la copie de l'acte respectueux laissée à l'ascendant. — 2e, 10 janvier 1819 , *Jouenne.*—C. R. 8 , 45.

19. — Une seule procuration peut être donnée par l'enfant pour faire notifier les trois actes respectueux, sans qu'il soit nécessaire de la renouveler pour chaque acte. — 2e, 11 avril 1822, *Poignavant ;* — 2e, 24 février 1827 , *Pihan.* — C. R. 8 , 47 et 52.

ACTION JUDICIAIRE, §. 1.

TABLE SOMMAIRE.

ACTE SOUS SEING PRIVÉ.

V. Preuve littérale. V. aussi contrat de mariage , date, dot, donation , hypothèque , preuve testimoniale.

ACTE SYNALLAGMATIQUE.

V. Preuve littérale.

ACTIF.

V. Communauté , faillite, société, succession.

ACTION. — ACTION JUDICIAIRE.

§. I. — *Par qui et contre qui les actions peuvent-elles être exercées ?*

§. II. — *Cumul et concours d'actions.*

§. III. — *Effets de l'action intentée.*

§. I. — *Par qui et contre qui les actions peuvent-elles être exercées ?*

1. — « Le mot action , en fait de jurisprudence , est le droit de poursuivre en jugement une partie contre laquelle on veut former une demande. Il n'est pas nécessaire que l'action porte assignation en jugement pour exister. » — 1re, 1er mars 1814, *De Berruryer.*

ACTION JUDICIAIRE, §. II.

2. — Nulle action pour atteinte à la réserve légale n'est admise durant la vie de celui à la succession duquel on a droit.—1re, 25 février 1835, *Vimard.*

3. — Si une donation d'immeubles n'a pas été transcrite, l'action est valablement dirigée contre le donateur. — 1re, 28 déc. 1835, *veuve Barassin.*

4.—En matière réelle, l'action ne peut être intentée contre le possesseur qu'autant que le véritable propriétaire est ignoré. — *m. arr.*

5. — Le délai d'un mois imparti pour poursuivre un agent du gouvernement ne court pas du jour où l'autorisation a été accordée, mais seulement de celui où elle a été transmise au procureur-général.—1re, 14 mars 1837, *Davoust.*—*R. P.* 1, 207.

§. II.—*Cumul et concours d'actions.*

6. — « En principe, celui qui peut agir sous deux titres, lorsqu'il a la faculté d'en opter un, est réputé agir au titre par lui opté, et non sous le titre qu'il a répudié. »
Spécialement, l'enfant qui a renoncé à la succession de son père, pour s'en tenir à son tiers coutumier, n'est point déchu de sa renonciation par les actes d'administration qu'il a pu faire sur les biens de la succession, sa conduite s'expliquant par son droit au tiers coutumier. — 2e, 10 mai 1809, *Enault de la Louverie ;* — 2e, 29 avril 1818, *Feuillie.*

7. — Le vendeur non payé peut, à son choix, prendre la voie de l'expropriation ou celle de la résolution du contrat.—14 ventôse an x, *Besnard.*

ACTION JUDICIAIRE, §. II.

8. — Mais on ne peut faire concourir cette double voie. Si donc, après expropriation, le créancier foncier s'est présenté à l'état d'ordre et y a été colloqué pour une partie de ce qui lui est dû, il n'est plus recevable à intenter l'action résolutoire. — 1re, 19 novembre 1807, *Roussel ;* — 23 novembre 1813, *Saint-Maurice.*— C. R. 6, 82 et 84.

9. — Jugé encore que le créancier foncier, qui s'est présenté à l'état d'ordre, ne peut plus, pour la première fois sur appel, demander l'envoi en possession. — 9 décembre 1824.

10. — Toutefois, la renonciation au droit d'envoi en possession ne doit pas facilement se présumer ; elle ne peut s'induire que d'une déclaration formelle ou d'actes qui annoncent manifestement l'intention de renoncer. — 2e, 15 nov. 1828, *Hue.* — C. R. 11, 240.

11. — En conséquence, le créancier foncier qui s'est présenté à un état d'ordre ouvert sur les biens de son débiteur, peut encore prendre la voie d'envoi en possession, suivant les circonstances. — *m. arr. ;* — 4e, 23 juillet 1813, *Lecerf.*— 1re, 27 août 1816, *Duhamel ;* — 2e, 13 juin 1817, *Boujot.*

12. — Il le peut *spécialement* s'il a été rejeté de l'ordre. — 4e, 12 juillet 1824, *Hébert.*

.... Alors surtout qu'il s'était réservé à l'exercice de ce droit et l'avait réclamé pour le cas où il ne serait pas payé. — 4e, 23 juillet 1813, *Lecerf.*—1re, 27 août 1816, *Duhamel ;*—2e, 13 juin 1817, *Boujot.*

13. —Celui qui a demandé la nullité

ACTION JUDICIAIRE, §. III.

d'un contrat de vente pour défaut de prix, ne peut intenter d'action en nullité du même contrat, pour cause de lésion des 7/12es; le moins étant contenu dans le plus. — 2e, 28 mai 1822, *Fresnel.*

14. — La demande en nullité d'un contrat, pour cause de lésion, ne met point obstacle à ce que, devant le même juge, des conclusions soient prises à l'effet d'obtenir la rescision du contrat pour cause de dol. — 1re, 13 juillet 1807, *Serrodin.*

15. — Le mineur dont les immeubles ont été vendus, sans les formalités voulues par la loi, peut opter à sa majorité, entre l'action en nullité contre les acquéreurs, et l'action hypothécaire contre ses tuteurs. Dans ce second cas, il peut, en vertu de son hypothèque légale, agir tant contre son tuteur que contre les tiers-détenteurs des biens de celui-ci, de la même manière que si la vente avait été faite régulièrement dans l'origine. — 1re, 14 janvier 1835, *Lasquier.*

V. au reste sur cette question le mot *tutelle.*

La femme mariée sous le régime dotal, dont les immeubles dotaux ont été vendus, a-t-elle tout à la fois l'action en nullité contre les tiers acquéreurs et l'action hypothécaire contre son mari? — Voy. le mot *hypothèque.*

§. III. — *Effets de l'action intentée.*

16. — Il n'est pas permis d'innover au préjudice de l'action, ni même au préjudice de défenses. — 1re, 25 août 1807, *Descorches ;* — 1re, 20 juin 1809; — 1re, 8 mai 1810, *la ville de Caen.*

ACTION JUDICIAIRE, §. III.

17. — « C'est même une règle généralement admise que pendant le litige chacune des parties doit être provisoirement maintenue dans l'état où elle se trouvait au moment de l'introduction de l'action, et dans la jouissance des droits dont elle avait la possession depuis an et jour. » — 1re, 9 juin 1818, *baron de Fontette ;* — 1re, 19 juin 1812, *De Lapallu.* — 2°, 22 mai 1812, *Férey.*

18. — *Spécialement,* on ne peut innover au préjudice d'un ancien droit de pâture. — 1re, 19 juin 1812, *Delapallu.*

19. — Si une partie forme, par action principale, une demande qu'elle pouvait former incidemment dans une instance existante, ce n'est pas un motif pour déclarer sa demande irrecevable, mais c'est le cas de joindre les instances et de statuer sur ce qui est en état d'être jugé. — 4e, 23 nov. 1826, *Partier.*

20. — On ne peut opposer, comme fin de non-recevoir contre une action, un jugement non signifié qui dit à tort l'action. — 2e, 9 mai 1818, *Barbe-Duclos.*

21. — L'action portée devant un tribunal incompétent, n'en doit pas moins être jugée par les mêmes principes que si elle avait été formée devant le tribunal compétent. — 2e, 14 mars 1818, *Desivetaux.*

V. Assurance, avarie, exploit, hypothèque, instance, ordre, surenchère, testament.

TABLE SOMMAIRE.

ACTION CIVILE.

ACTION CIVILE.

1. — Il n'y a lieu à surseoir à l'action civile qu'autant que la plainte donnée au criminel a été reçue. — 2e, 13 nivôse an x , Jallay.

2. — La partie qui représente l'exploit ne peut obtenir de sursis à faire droit, sous prétexte qu'elle a présenté plainte en faux, afin de faire décider que l'exploit ne lui a pas été signifié à domicile, comme il l'énonce. — 1re, 4 juin 1806, Gibert.

3. — Le pardon qu'un mourant accorde à son meurtrier, sans en déterminer les effets, ne met point obstacle à l'action en dommages-intérêts de la part des héritiers, pour réparations civiles du meurtre. — 13 déc. 1816, héritiers Lechoisnier. — C. R. 11, 652.

3. — La prescription résultant de l'art. 640 C. i. crim., n'est pas applicable à l'action en dommages-intérêts intentée devant le tribunal civil , lors même que

ACTION POSSESSOIRE.

le préjudice causé résulterait d'un délit ou d'une contravention, si le demandeur s'est plaint, par la voie civile, d'une atteinte portée à son droit de propriété, indépendamment de tout délit caractérisé. . 2e, 8 juillet 1837, Trolley-Guillouet. — R. P. 1, 473.

5. — Même en matière de délits prévus par les lois des 17 et 26 mai 1819, l'action civile ne peut être portée devant les tribunaux criminels, quand l'action publique est prescrite. — Ch. corr., 26 déc. 1838, Guillot. — R. P. 3, 33.

Voyez chose jugée, §. vi.

ACTION EN GARANTIE.

V. Vente.

ACTION HYPOTHÉCAIRE.

V. Hypothèque , partage, prescription , saisie immobilière , vente.

ACTION JUDICIAIRE.

V. Action.

ACTION EN NULLITÉ.

V. Obligation.

ACTION PERSONNELLE, RÉELLE ET MIXTE.

V. Action, expropriation, hypothèque.

ACTION EN PARTAGE.

V. Communauté , partage, société.

ACTION PÉTITOIRE.

V. Communauté , dol, fabrique.

ACTION POSSESSOIRE.

1. — Si, du consentement des parties, le tribunal d'arrondissement a connu du possessoire , il ne peut le cumuler avec le pétitoire ; il ne doit admettre d'action au pétitoire que quand les dépens ont été payés.—2e, 26 mars 1814, Desivetaux.

ADMINISTRATION DES DOMAINES.

2. — On suit, dans ce cas, toutes les règles établies pour le possessoire. — 2ᵉ, 16 mars 1818, *Desivetaux*.

3. — La partie qui assigne au pétitoire ne peut plus demander le renvoi de la cause au possessoire, devant le juge de paix, elle est censée avoir abdiqué le possessoire. — 2ᵉ, 28 avril 1815, *Robillard*.

4. — Si assignation a été donnée au possessoire devant le tribunal civil, la cause doit être renvoyée devant le juge de paix. — 1ʳᵉ, 4 juin 1817, *Genest*.

5. — Le simple possessoire, obtenu par une partie, ne dispense pas cette partie, au pétitoire, de justifier de sa propriété, si le revendiquant lui oppose un titre, quelqu'ancien qu'il soit. — 2ᵉ, 26 mai 1832, *Lemasson*.

V. Compétence, commune, servitude.

ACTION PUBLIQUE.

V. Action civile, délits.

ACTION EN RÉDUCTION.

V. Donation, donation entre époux, hypothèque, partage d'ascendant, portion disponible, rapport.

ACTION EN RESCISION.

V. Rescision, vente.

ACTION RÉSOLUTOIRE.

V. Action, obligation, vente.

ACTION RÉVOCATOIRE.

V. Donation.

ADJOINT.

V. Maire, saisie-immobilière, vente.

ADJUDICATAIRE. — ADJUDICATION.

V. Saisie, saisie-immobilière, vente.

ADMINISTRATION DES DOMAINES.

V. Domaines.

ADOPTION.

ADMINISTRATION DES DOUANES.

V. Douanes.

ADMINISTRATION FORESTIÈRE.

1. — C'est contre le domaine et non contre l'administration forestière que doit être intentée l'action d'une commune, tendant à réclamer, soit la propriété, soit la possession de droits d'usage dans des bois et forêts de l'état. (Art. 12, tit. IX, de la loi des 15-29 sept. 1791 et 69. C. pr.) — 1ʳᵉ, 29 mars 1831, *directeur général des eaux et forêts*.

2. — Les agents de l'administration forestière ne peuvent être cités devant les tribunaux civils pour raison de leurs fonctions. Ils ne relèvent, à cet égard, que de l'autorité administrative. — m. arr.

3. — Toutefois, les poursuites dirigées contre un garde forestier pour un délit de chasse, ne sont pas nulles pour défaut de qualité du procureur du roi, s'il n'était pas démontré, lors de la citation, que le garde eût commis ce délit dans l'exercice de ses fonctions. — De telles poursuites, quoique insuffisantes pour obtenir une condamnation, sont cependant interruptives de la prescription. — 1ʳᵉ, 14 mars 1837, *Davoust*. — R. P. 1, 207.

V. Compétence administrative, fonctionnaire.

ADOPTION.

Il est permis d'adopter son enfant naturel. — 1ᵉ, 7 avril 1835, *demoiselle Piquet;* — 2ᵉ, 2 avril 1835, *Marie;* — 2ᵉ, 31 août 1832, *Delasalle;* — 2ᵉ, 8 juin

AGRÉÉ.

1832, *Jeanne Deuplin ;* — 2°, 18 mai 1832, *Pérée ;* — 4°, 10 octobre 1831, *Besnardin ;* — 1ᵣₑ, 7 juin 1831, *veuve Nicolas ;* — 1ʳᵉ, 14 décembre 1829, *Marie Anne ;* — 4°, 14 septembre 1829, *Marie ;* — 1ʳᵉ, 3 juillet 1827, *Duval ;* — 1ʳᵉ, 2 mai 1826 ; — 1ʳᵉ, 6 février 1826. — 2°, 14 juin 1827 ; — 1ʳᵉ, 17 juin 1822 ; — 4°, 12 oct. 1818 ; — 18 février 1811, *Leverdais.* — S. 12, 2, 293, et beaucoup d'autres antérieurs.

ADULTÈRE.

V. Chose jugée, filiation, séparation de corps.

AFFICHES.

V. Saisie.

AGENT D'AFFAIRES.

V. Commerçant.

AGENTS D'UNE FAILLITE.

V. Faillite.

AGENTS DU GOUVERNEMENT.

V. Compétence administrative, fonctionnaires.

AGRÉÉ.

1. — L'agréé qui était le mandataire de la partie décédée, a qualité pour faire connaître le décès de son mandant, sauf sa responsabilité personnelle, en cas de fausse déclaration. — 4°, 1ᵉʳ février 1837, *Neuville.* — R. P. 1, 213.

2. — « Un mandat spécial écrit, n'est nécessaire à celui qui plaide devant un tribunal de commerce la cause d'autrui, que lorsqu'il n'est pas autorisé par la partie présente à l'audience. » — 4°, 3 déc. 1834, *Ruault.*

3 — Or, lorsque des énonciations du jugement il résulte que les conclusions ont été prises au nom de la partie et en

ALIMENTS, §. I.

sa présence, le désaveu du concluant ne peut être admis qu'autant qu'il serait *complètement prouvé*, par les présomptions les plus fortes, les plus précises et les plus concordantes que la partie n'était pas présente à l'audience lorsque l'on concluait pour elle. — *m. arr.*

AJOURNEMENT.

V. Exploit.

ALIÉNATION.

V. Compétence administrative, domaines de l'état, dot, vente.

ALIMENTS.

§. I. — *Des personnes qui se doivent des aliments.* — *Ascendants, descendants, alliés, époux, héritiers ; et de l'étendue de ces aliments.*

§. II. — *Caractère et prestation des aliments*

§. I. — *Des personnes qui se doivent des aliments.* — *Ascendants, descendants, alliés, époux et leurs héritiers ; et de l'étendue de ces aliments.*

1. — *Ascendants.* — Un père doit des aliments à son enfant dans le besoin, quoique celui-ci se soit marié contre son gré. — 1ʳᵉ, 15 avril 1828, *G....* — C. R. 10. 91.

2. — Toutefois, dans ce cas, la pension doit être liquidée à un taux moins élevé. — 4°, 18 août 1828, *Lemoigne ;* — Arg., 2°, 18 août 1831, *Benoist-Dupont.*

3. — La pension alimentaire, due par un père à son fils, doit être fixée à un taux plus élevé, si le père fait craindre par sa conduite qu'il ne frustre le fils de sa fortune par de folles dissipations. — 1ʳᵉ, 20 juin 1829, *De la Ferté.*

ALIMENTS, §. I.

4. — A l'égard des aliments dus aux enfants naturels et adultérins, voyez les mots *filiation naturelle* et *succession*.

5. — *Descendants.* — Les enfants ne peuvent être contraints à fournir des aliments à leurs ascendants, qu'autant qu'ils ont eux-mêmes des biens ou quelques ressources industrielles ou autres qui leur donnent la possibilité de remplir cette obligation. — 2ᵉ, 12 août 1813, *Lesachet.*

6. — L'ascendant ne peut se faire délivrer judiciairement une pension alimentaire sur le majorat de son fils. — *m. arr.*

7. — *Alliés.* — Le second mari qui jouit des biens de sa femme, doit des aliments aux enfants de celle-ci, issus d'un autre lit. — 1ʳᵒ, 17 février 1818, *Tollevart.*

8. — *Epoux.* — La pension alimentaire, consentie par une femme au profit de son époux, ne s'éteint pas par le décès de la femme, mais elle devient une dette de la succession de celle-ci. Elle doit donc être acquittée par les héritiers, bien qu'étrangers au mari. — 2ᵉ, 28 août 1828, *Miquelard.*

9. — En devenant charge de la succession, une pension alimentaire n'en conserve pas moins son caractère. En conséquence, elle peut être augmentée ou restreinte selon les forces de la succession qui la doit, ou les facultés de celui à qui elle est due. — *m. arr.*

10. — La pension alimentaire promise par contrat de mariage constitue, pour le mari, une véritable créance, qui ne peut s'éteindre avec les moyens de celui

ALIMENTS, §. II.

qui la promise. — *Spécialement*, cette pension est due par la faillite du constituant. — 2ᵉ, 17 nov. 1821, *Miquet.*

§. II. — *Caractère et prestation des aliments.*

11. — Les meubles *réservés pour l'usage et les besoins* d'une personne, doivent être assimilés à une pension alimentaire et régis comme tels. En conséquence, le jugement qui statue à leur égard peut être déclaré exécutoire par provision. (Art. 135 C. pr.) — 1ʳᵒ, 29 juin 1808, *Courseulles.*

12. — La jouissance provisoire d'un immeuble accordée à la femme demanderesse en séparation de corps, n'est autre chose qu'une pension alimentaire dont la prestation provisoire peut valablement être ordonnée, nonobstant appel. — 1ʳᵒ, 8 juillet 1811, *Lebennerais.*

13. — Les juges déterminent, d'après les circonstances, si les aliments sont réputés avoir été fournis à titre gratuit ou à titre onéreux. Ainsi l'on a jugé qu'un beau-frère était non recevable à rien réclamer de sa belle-sœur pour le temps que celle-ci avait passé chez lui, lorsqu'aucun acte ne constatait qu'elle se fût soumise au paiement d'une pension quelconque, et que nulle demande à cet égard ne lui avait jamais été faite par son beau-frère, durant le temps qu'elle avait séjourné chez lui. — 1ʳᵉ, 11 déc. 1810, *Lebourlier.*

14. — La prestation d'entretien et d'aliments en nature, au domicile du débiteur, peut être convertie en une rente si le débiteur se rend coupable de mau-

ALLIANCE.

vais traitements envers la personne à
laquelle il doit cet entretien et ces aliments. — 2°, 22 août 1834 , *Lecornu.*

15. — Lorsque , par contrat synallagmatique, une personne s'est engagée à
subvenir à l'entretien et à la nourriture
de deux enfants, si elle se rend coupable de mauvais traitements envers un
seul de ces enfants, la garde des deux
peut lui être enlevée, et elle peut être
condamnée à leur servir une rente équi-
valente à l'entretien qu'elle leur fournis-
sait. — *m. arr.*

V. Contrainte par corps, dot, femme
normande, filiation, séparation, succession.

TABLE SOMMAIRE.

ALLIANCE.

L'alliance d'une femme avec la famille de son mari subsiste même après
la mort du mari , s'il y a enfant vivant
de ce mariage. — Il en est ainsi encore,
bien que la femme ait convolé en seconde noces. — 4°, 11 janvier 1825,
veuve Morin. — C. R. 11, 192.

AMENDE.

ALLUVION.
V. Propriété.
AMÉLIORATION.
V. Propriété , usufruit.

AMENDE.

1. — L'amende est une peine ; elle ne
peut être prononcée contre les héritiers
d'un prévenu, décédé pendant le cours
de l'instance. — *Ch. corr.*, 6 avril 1837,
administration des contributions indirectes.
— *R. P.* 1, 308.

2. — Toutefois, en matière de simple
contravention aux lois de douane, l'a-
mende encourue par les contrevenants
n'est point une peine , mais la réparation civile du préjudice causé à l'État.
Par suite, dans le cas de plusieurs contraventions à des lois différentes, et
prononçant des amendes spéciales, les
tribunaux doivent appliquer simultanément et cumulativement les diverses a-
mendes encourues. — L'art. 365 C. i.
crim. n'est pas applicable. — *Ch. corr.*,
12 avril 1827 , *De Savignac.* — C. R. 8,
225. — *Ch. corr.*, 28 mai 1840 , *administration des douanes.* — *R. P.* 4 , 192.

3. — L'amende de 3,000 fr., prononcée par la loi du 5 fructidor an v , et le
décret du 23 pluviôse an xiii, contre
les fabricants et détenteurs de poudre de
guerre, est formellement maintenue par
la loi du 24 mai 1834 , ne peut être mo-
dérée à raison des circonstances atté-
nuantes; l'application de l'art. 463 C.
pr., autorisée par l'art. 11 de la loi du
24 mai 1834 , doit être restreinte aux
pénalités prescrites dans cette loi. — *Ch.
corr.*, 2 avril 1840, *administration des*

APPEL.

contributions indirectes. — *R. P.* 4 , 98.
V. Appel, huissier , usure.

AMNISTIE.

L'art. 2 de l'ordonnance d'amnistie du 30 mai 1837, qui fait remise de toutes les amendes de 100 fr. et au-dessous , prononcées antérieurement, en matière correctionnelle, est applicable aux contraventions en matière de contributions indirectes. — *Ch. des vacations,* 23 oct. 1837, *Hergas.* — *R. P.* 1 , 598. — *Ch. corr.,* 3 août 1837, *Herman.* — *R. P.* 1, 519.

V. Émigrés.

AMORTISSEMENT.

V. Époux normands , rente.

AN DE DEUIL.

V. Communauté, dot , femme normande.

APPEL.

(Cod. civ., liv. 1 , tit. 1v.)

ART. 1. — JUGEMENT DONT IL EST PERMIS OU DÉFENDU D'APPELER.

§. I. — *Règles générales.* — *Recevabilité ou non-recevabilité de l'appel.* — *Actes qui ont ou qui n'ont pas le caractère de jugements.*

§. II. — *Jugements rendus en premier ou en dernier ressort.*

§. III. — *Jugements préparatoires et interlocutoires.*

ART. 2. — DES PERSONNES QUI PEUVENT APPELER.

ART. 3. — FORMALITÉS DE L'APPEL.

§. I. — *Énonciations de l'acte d'appel.*

APPEL, ART. 1.

§. II. — *Nécessité d'un exploit signifié à personne ou domicile, et quel est ce domicile.*

§. III. — *Personnes à qui l'acte d'appel doit être signifié.*

§. IV. — *Quelles personnes doivent être ajournées sur appel.*

ART. 4. — DES DÉLAIS DE L'APPEL.

§. I. — *Personnes au profit de qui court le délai auxquelles profite l'appel interjeté par d'autres, en temps utile.*

§. II. — *Computation des délais, et jugements à l'égard desquels courent ces délais.*

§. III. — *Actes qui suspendent ou font courir les délais d'appel.*

§. IV. — *Délais de l'appel des jugements par défaut.*

§. V. — *Délais de l'appel des jugements préparatoires et interlocutoires.*

§. VI. — *Effets de l'inobservation des délais.*

ART. 5. — DES EFFETS DE L'APPEL.

ART. 6. — DE LA PROCÉDURE SUR APPEL. — INFIRMATION.

§. I. — *Mise en cause.*

§. II. — *Demandes nouvelles.* — *Nouveaux moyens.* — *Nouvelles preuves.*

§. III. — *Infirmation du jugement.* — *Pouvoir du juge.*

ART. 7. — DE L'AMENDE SUR FOL APPEL.

ART. 1. — JUGEMENTS DONT IL EST PERMIS OU DÉFENDU D'APPELER.

§. I. — *Règles générales.* — *Recevabilité ou non-recevabilité de l'appel.* — *Actes qui ont ou qui n'ont pas le caractère de jugements.*

1. — « La voie de l'appel est ouverte

aussi bien pour procurer aux plaideurs les moyens de rectifier les défectuosités d'instruction qu'ils ont commises, que pour faire corriger les erreurs du premier juge. » — 2e, 20 juin 1833, *Lelong*.

2. — C'est au dispositif du jugement et non à ses motifs que l'on doit s'arrêter pour savoir si l'appel est recevable ou fondé. — 1re, 2 déc. 1806, *Ducoudray;* — 1re, 13 août 1817, *Vauvert;* — 4e, 1er sept. 1817, *Deshommais*.

3. — On peut appeler d'un jugement qui a statué *ultra petita*. — 1re, 4 thermidor an XIII, *Richard ;* — 1re, 28 janvier 1806, *Ally*.

4. — Est recevable l'appel d'un jugement qui, en n'adjugeant à une partie que ses conclusions subsidiaires, a par cela même rejeté *formâ negandi* ses conclusions principales. — 4e, 25 mai 1824, *De Cérisay*.

5. — Est encore recevable l'appel d'un jugement qui refuse *formâ negandi* l'admission d'un des moyens de preuve sollicités par le demandeur. — 1re, 2 mars 1818, *Faucillon-Deschamps*.

6. — Si l'appel d'un jugement est recevable, on admet aussi l'appel de celui qui n'en est que la conséquence, quoiqu'il puisse être choqué d'opposition. — 4e, 23 janvier 1815, *Roger*.

7. — Est non recevable l'appel d'un jugement d'appointé en preuve, qui a été acquiescé par l'exécution volontaire. — 1re, 30 juillet 1808, *Cauvel-Despares*.

8. — On peut, au lieu de retourner devant le premier juge, appeler d'un jugement qui vous a condamné *faute de*

produire, comme moyen d'appel, ce qui était désigné par ce chef de jugement *faute de*. — 2e, 22 février 1823, *Liard*.

Sur les fins de non-recevoir résultant de l'acquiescement, voyez le mot *acquiescement*.

9. — Est non recevable l'appel porté contre une ordonnance d'un juge-commissaire qui préside à une opération, spécialement à une vérification de signature. — 2e, 7 déc. 1807, *Sevaux*.

10. — ... Ou contre l'ordonnance du juge-commissaire qui préside à l'ordre. — 1re, 8 août 1808, *Fergant*.

10. — ... Ou contre l'ordonnance du juge-commissaire à une faillite. — 1re, 19 déc. 1814, *Burnel*.

12. — Est encore non recevable l'appel contre l'état de collocation dressé par le juge-commissaire. — 4e, 19 juillet 1819, *Fany*.

13. — Toutefois, si un juge-commissaire, au lieu de renvoyer les parties devant le tribunal pour y être fait droit sur leurs contestations, a cru devoir lui-même directement les résoudre par une ordonnance motivée, ce n'est pas devant le tribunal, mais bien devant la Cour, et par voie d'appel, que les parties doivent se pourvoir contre l'ordonnance. — 4e, 27 mai 1835, *Rablot*.

14. — La disposition d'un jugement qui refuse d'accorder au débiteur un délai pour le paiement, conformément à l'art. 1244 C. civ., est susceptible d'appel. — 4e, 6 août 1838, *Lecoq*. — *R. P. 2, 339*.

15. — Est non recevable l'appel d'un jugement qui prononce une contrainte

trop forte, mais que le débiteur peut faire cesser en satisfaisant à ce qu'il doit. Ce n'est là qu'un mode d'exécution qui ne peut donner lieu à aucun grief légitime contre le jugement.—2ᵉ, 8 août 1818, *Lerouge.*

16.—Un jugement placité a tous les caractères d'un jugement contradictoire, et comme tel, il peut être attaqué par la voie de l'appel.—2ᵉ, 9 décembre 1819, *Lelorier.*

§. II.—*Jugements rendus en premier ou en dernier ressort.*

Sur la question de savoir quels jugements sont rendus en premier ou en dernier ressort, voyez le mot *degrés de juridiction.*

17.—Avant le Code de procédure, le jugement qualifié en dernier ressort, quoique d'après la loi il ne pût être rendu qu'en premier ressort, n'était point soumis à l'appel ; il ne pouvait être attaqué que par voie de cassation. — 1ʳᵉ, 24 floréal an x, *la régie ;* — 1ʳᵉ, 19 prairial an x, *De Grieu.*

18.—Il en était de même à l'égard d'un jugement non qualifié, portant débouté d'opposition à un jugement par défaut qualifié en dernier ressort.—2ᵉ, 14 nivôse an x, *Sangues ;* — 1ʳᵉ, 18 juin 1806, *Augustin.*

Contrà, 1ʳᵉ 16 juin 1807, *Allais.*

19.—Jugé, même depuis le Code, que, s'il y a eu acquiescement à un jugement interlocutoire mal à propos qualifié en dernier ressort, le jugement définitif qui intervient ensuite ne peut être choqué d'appel.—2ᵉ, 24 mars 1810, *Marie.*

20.—Jugé, au contraire, que sous la nouvelle législation, l'incompétence des juges d'appel, résultant de ce que le jugement appelé était rendu en dernier ressort, est tellement absolue qu'elle ne peut se couvrir.—4ᵉ, 7 janvier 1819, *Leforestier.*

21.—Ainsi, lors même qu'un arrêt par défaut, confirmatif d'un jugement de première instance, serait intervenu, l'intimé pourrait encore, en cas d'opposition de la part de l'appelant, faire juger que l'appel était irrecevable, comme porté contre un jugement rendu en dernier ressort.—4ᵉ, 19 novembre 1821, *Landel.*

22.—Bien plus, « cette fin de non-recevoir contre l'appel étant d'ordre public, doit être prononcée, quoiqu'elle n'ait été proposée qu'en plaidoirie, sans être consignée dans les conclusions. » — 4ᵉ, 13 novembre 1839, *Bidel.* — R. P. 3, 395.

23.—On ne peut porter l'appel des jugements des tribunaux d'arrondissement, rendus sur appel de sentences de juges de paix : autrement ce serait établir trois degrés de juridiction.—2ᵉ, 20 août 1807, *Dutaillis.*

24.—Cependant si, sur l'appel d'un jugement de juge de paix, les parties ont demandé droit au pétitoire, le jugement intervenu peut être attaqué, par voie d'appel, devant la Cour royale.—2ᵉ, 10 août 1814, *Duhamel.*

25.—Est sujet à appel, comme émanant d'un tribunal statuant en premier ressort, le jugement d'un tribunal civil rendu en interprétation d'un jugement de ce même tribunal, statuant comme

5

juge d'appel d'une décision de justice de paix, si de nouvelles conclusions ont été prises par les parties, lors du second jugement, et adoptés par le juge.—4°, 29 juillet et 5 août 1828, *Rogère*.

26.—Avant le Code de procédure, les questions de compétence se décidaient en dernier ressort par les juges auxquels la connaissance du principal appartenait en dernier ressort.—1re, 29 nivôse an XI, *Lecoq ;* — 1re, 2 ventôse, an XI, *Lebailly*.

27.—Depuis le Code de procédure, au contraire, tout jugement sur la compétence est susceptible d'appel, quoique le procès soit pour un objet dans les limites du dernier ressort.—1re, 16 août 1808, *Planquais;* —4°, 18 février 1812, *Angot ;* — 4°, 17 août 1812, *Tranchant*.

28.—Le jugement qui surseoit à faire droit jusqu'à ce que l'autorité administrative ait interprété un arrêté produit au procès, est un véritable jugement de compétence, qui doit être réputé définitif sous ce rapport, et qui par conséquent est sujet à l'appel.—2°, 12 juin 1819, *Signard*.

29.—Est recevable, comme de juge incompétent, l'appel d'un jugement de tribunal de commerce par lequel il a été statué sur le fondement d'une pièce méconnue et non certifiée.—1re, 29 juin 1812, *Manson*.

30.—La question de savoir si un tribunal a pu valablement décider que le jugement émané d'un autre tribunal entraîne la contrainte par corps, est un jugement de compétence dont l'appel est toujours recevable, quelle que soit la somme.—4°, 13 avril 1812, *Frilastre*.

31.—Un appel peut être déclaré *non recevable* parce que le jugement est en dernier ressort, et subsidiairement comme mal fondé. — 4°, 27 janvier 1823, *Bailleuil ;* — 4°, 20 mai 1823, *Lejeune*.

§. III.—*Jugements préparatoires et interlocutoires.*

32. — Les jugements préparatoires, comme les interlocutoires, sont susceptibles d'appel; la loi ne distingue entre eux que quant au délai dans lequel cet appel doit être interjeté.

Voyez *infra*, art. 4, §. V.

33. — Quand un jugement renferme tout à la fois des dispositions définitives et des dispositions préparatoires, il ne peut être frappé d'appel que sur les dispositions définitives.—1re, 11 novembre 1829, *Levesque de Saint-Barthelemy;*—1re, 16 mars 1830, *l'administration des domaines.*—C. R. 13, 617.

34.—Doit être réputé définitif et non pas seulement interlocutoire, le jugement qui a rejeté une fin de non-recevoir contre une demande en preuve (*v. c.*), la prescription.—1re, 12 frimaire an X, *Sallard ;* — 1re, 16 germinal an X, *Jouault ;* — 1re, 2 germinal an XI, *Savary*.

35.—Il en est de même de celui qui sur le provisoire, a fait droit à une demande en réintégrande.—1re, 7 ventôse an X, *Harcourt*.

36.—*Ità*, de celui qui ordonne une mesure conservatoire, telle qu'une séquestration.—2°, 29 août 1806, *Roger*.

37. — De tels jugements pouvaient

donc, dès avant le Code de procédure, être frappés d'un appel immédiat. — *Dits arrêts, cités sous les trois numéros précédents.*

ART. 2. — DES PERSONNES QUI PEUVENT APPELER.

38.—Pour avoir droit d'appeler, il ne suffit pas que le premier juge soit tombé dans une erreur, il faut avoir intérêt à la réformation du jugement.— « La voie d'appel n'est pas ouverte aux parties pour redresser les erreurs des tribunaux, mais pour réparer le préjudice qu'elles en souffrent. » — 2ᵉ, 23 août 1823 *Huet* ; — 2ᵉ, 14 janvier 1819, *De Villers.*

39.—On ne peut appeler d'un jugement où l'on n'a pas été partie.—4ᵉ, 27 août 1817, *Ravenel.*

40. — « Une partie qui s'en rapporte à justice ne s'interdit pas l'appel. » — 4ᵉ, 15 juillet 1811, *Picquelin de Grainville;* — *Ch. des vacations*, 14 sept. 1840, *Decaux.*—R. P. 4, 405.

41.—L'appel ne peut être reçu de la part d'une partie qui, interpellée par le juge, a refusé de déduire ses moyens. 4ᵉ, 4 juillet 1814, *Dulongpré.*

42.—Le défendeur qui, en première instance, après avoir proposé un moyen de prescription, s'en est subsidiairement rapporté, sur ce point, au serment de son adversaire, est non recevable à appeler du jugement, en tant qu'il a rejeté le moyen de prescription.—2ᵉ, 23 janvier 1824, *Pelhaitre.*—C. R. 2, 160.

43.—La femme peut appeler du jugement qui l'a autorisée à vendre son fond dotal. — 1ʳᵉ, 10 décembre 1806, *Duchesne.*

44.—Le droit d'appeler est réciproque : dès qu'une partie à le droit d'interjeter appel, la partie adverse jouit du même privilége.

45.—*Spécialement.*—La faculté, introduite par la loi du 17 avril 1832, de porter l'appel d'un jugement en dernier ressort, au chef relatif à la contrainte par corps, peut être exercée, non-seulement par la partie condamnée, mais encore par la partie adverse.—4ᵉ, 15 juillet 1835, *Dumesnil.*

46.—Un appel principal nul, n'empêche pas l'intimé qui en demande la nullité de porter lui-même un appel principal;—et sur ce second appel le premier appelant, devenu intimé, peut valablement porter un appel incident, même après les délais.—*Aud. sol.*, 10 janvier 1839, *Letondoux.*—R. P. 2, 649.

47. — « L'avoué, étant le mandataire légal de la partie, a qualité pour interjeter appel d'un jugement qui lui est opposé, toutes les fois qu'il le croit nécessaire à sa cause. » — 2ᵉ, 3 janvier 1806, *Planchon.*

48.—Si le syndic contre lequel a été rendu un jugement n'en porte point l'appel, il est loisible à tout créancier d'agir en son nom personnel et sans l'adjonction de la masse des créanciers.—4ᵉ, 15 juillet 1811, *Piquelin de Grainville.*

49.—Le procureur du roi peut, en vertu d'autorisation du préfet, interjeter appel d'un jugement rendu contre l'état. 2e, 9 fructidor an XI, *le commissaire du gouvernement.*

50.—Les acquéreurs ont qualité pour porter l'appel d'une sentence qui les é-vincerait, rendue contre leur auteur, même avant leur acquisition, pourvu que cet auteur eût la faculté d'en appeler lui-même.—2e, 21 février 1806, *Levéel.*

51.—Le garant peut utilement appeler dans l'intérêt du garanti. — « Du garant au garanti, il y a indivisibilité et corrélation dans la défense à l'action qui leur devient commune; d'où il suit que le garant a le droit de remettre en question tout ce qui a été jugé en première instance. — 2e, 31 mai 1827, *Demortreux.*

ART. 3.—FORMALITÉS DE L'APPEL.

§. I.—*Énonciation de l'acte d'appel.*

Il ne s'agit ici que des énonciations particulières à cette espèce d'acte; quant aux énonciations générales, voyez le mot *exploit.*

52.—Nulle loi n'oblige à dater dans l'exploit d'appel les jugements dont on se porte appelant, il suffit qu'ils soient clairement désignés.—2e, 17 avril 1830, *Fouques.*

53.—Si deux jugements, l'un préparatoire, l'autre définitif, ont été signifiés à l'appelant par une seule copie, la présomption est que l'appel s'étend à ces deux jugements, encore bien que le jugement préparatoire seul soit daté dans l'exploit d'appel.—2e, 11 juillet 1833, *Lebaron.*

54. — Est nul l'exploit d'appel qui ne contient pas l'exposé sommaire des moyens.—1re, 14 octobre 1809, *Regnée.* *Contrà.* — 2e, 17 décembre 1812, *Etienne.*

55.—Nulle loi n'assujétit les exploits d'appel à contenir la mention des griefs. —2e, 6 mars 1822, *Lemoigne.*

§. II.—*Nécessité d'un exploit signifié à personne ou domicile, et quel est ce domicile.*

56.—Avant le Code de procédure, on pouvait, par acte d'avoué à avoué, interjeter appel des jugements intervenus pendant le cours de l'instance, même de celui qui la terminait, pourvu que, dans ce dernier cas, il fût interjeté avant que le jugement eût été signifié au domicile de la partie, car alors l'avoué n'eût plus eu qualité pour représenter cette partie. —1re, 26 ventôse, an X, *Calenge;* — 1re, 29 décembre 1807, *Grenthe.*

57.—Sous le Code civil, « pour faire courir les délais d'appel, il faut que le jugement soit signifié d'avoué à avoué, et ensuite à personne ou domicile, et que cette dernière signification relate celle d'avoué à avoué, aux termes des articles 147 et 443 C. pr. » — 1re, 3 mai 1809, *Rivière.*

58.—Ainsi, est nul un appel principal signifié d'avoué à avoué seulement.—2e, 26 mars 1808, *De Montreuil;* — 1re, 11 avril 1815, *Cottin;* — 1re, 29 août 1815, *De Grenthe;* — 4e, 18 août 1819, *Chaignon;* — 4e, 2 mai 1826, *Crespin.*

59.—Jugé encore que, en toute autre matière que celle des saisies-exécutions, l'exploit d'appel ne peut être valablement signifié au domicile élu par le commandement, il doit l'être au domicile réel.

En d'autres termes, l'art. 456 C. pr., d'après lequel l'acte d'appel doit être signifié à personne ou domicile (réel), ne reçoit d'autre exception que celle contenue dans l'art. 584 du même code.—2ᵉ, 2 février 1833, *Hébert*; — 4ᵉ, 21 avril 1834, *Langlois*.

60.—Ainsi est nul l'appel signifié au domicile élu par le commandement préparatoire à saisie immobilière.—1ʳᵉ, 11 pluviôse an XII, *Gustine*; — 4ᵉ, 1ᵉʳ février 1814, *Bonnet*;—4ᵉ, 12 juillet 1830, *Busnel*.

Contrà, 11 novembre 1806, *Delaunay*; —2ᵉ, 6 juillet 1811, *Levillain*.

61.—Jugé cependant que l'appel peut être signifié au domicile élu par la signification du jugement dont est appel.— 1ʳᵉ, 12 thermidor, an XIII, *Coypel*; mais cet arrêt a été *cassé* le 13 mai 1807; — 2ᵉ, 9 décembre 1825, *Cauchard*. — C. R. 6, 155.

62.—Est nul, comme contrevenant à l'art. 456, l'appel interjeté dans une réponse à la signification du jugement; « l'huissier chargé de la signification du jugement ne pouvait représenter la partie dont il était l'agent momentané. »— 2ᵉ, 17 octobre 1808, *Fontuillat*.

63.—Cette nullité ne serait point couverte parce qu'un avoué aurait constitué pour l'intimé sur un tel appel.—*m. arr.*

64.—Si l'une des parties change de domicile pendant l'instance, et qu'elle fasse connaître à l'autre ce changement, c'est

au nouveau domicile que l'appel doit être interjeté.—1ʳᵉ, 1ᵉʳ avril 1811, *Senegon*.

65.—On considère facilement comme étant encore le domicile de l'intimé, au moment de l'appel, celui qui est indiqué comme tel dans les qualités du jugement dont est appel.—4ᵉ, 13 février 1815, *Lebrisois*; — 2ᵉ, 10 février 1817, *Marguerie*.

66.—L'appel d'un jugement rendu au profit d'une fabrique, ne peut être valablement signifié au domicile du trésorier qui a commencé les poursuites au nom de la fabrique, lorsque ce trésorier a cessé ses fonctions et que son successeur a depuis figuré dans l'instance.—2ᵉ, 13 mai 1825, *Guérin*.—C. R. 9, 144.

§. III.—*Personnes à qui l'acte d'appel doit être signifié.*

67.—Lorsque les intimés sur appel ont un intérêt distinct à l'exécution du jugement, l'appel doit leur être notifié à chacun d'eux séparément.—2ᵉ, 2 février 1833, *Hébert*.

68. — Lorsque plusieurs parties ont procédé *conjointement*, l'appel du jugement rendu en leur faveur peut, selon les circonstances, être valablement signifié au domicile qu'elles ont élu chez l'une d'elles.—2ᵉ, 16 juillet 1814, *Jardin*; — 4ᵉ, 19 décembre 1814, *Cardine*.

69.—Ainsi, jugé que lorsque plusieurs personnes ont procédé en première instance conjointement et solidairement, l'appel ne doit point, à peine de nullité, être signifié à chacune d'elles par copies séparées.--Il suffit qu'il soit signifié à l'un des intimés tant pour lui que pour

APPEL, ART. 3.

ses coïntéressés. — 1re, 8 janvier 1827, *Lebon.*—C. R. 7, 316.—1re, 22 janvier 1827, *Cheradame.*

70.—Jugé, au contraire, que lorsque plusieurs héritiers ont figuré nommément dans un procès en première instance, pour un intérêt non divisé entre eux, il ne suffit pas d'intimer sur appel quelques-uns d'eux, tant pour eux que pour les autres.—L'appel doit être signifié à chacun d'eux séparément. Le jugement acquiert l'autorité de la chose jugée, au respect de ceux qui n'ont point été intimés, ou qui ne l'ont été que tardivement. — 2e, 16 juin 1827, *ville de Falaise.*—C. R. 9, 193.

71.—L'appelant ne pourrait, même dans ce cas, les forcer d'intervenir dans l'instance.—*m. arr.*

72.—Ainsi jugé dans le cas où les cohéritiers étaient héritiers sous bénéfice d'inventaire. — 1re, 24 décembre 1821, *Follebarbe.*

73.—Est nul l'exploit d'appel signifié par une seule copie à plusieurs parties, lors même qu'elles auraient élu même domicile et qu'elles se seraient dites jointes d'intérêt.—2e, 13 juin 1833, *commune de Sarceaux.*

74.—Dans les procès qui concernent les intérêts d'une femme non séparée, l'exploit d'appel peut être signifié au mari seul, « à charge de le faire savoir à son épouse. La jurisprudence n'oblige à délivrer une copie particulière que lorsque les époux sont civilement séparés. » — 1re, 11 janvier 1825, *Barbey.*—C. R. 4, 18;—2e, 13 juillet 1827, *Cordier.*—C. R. 9, 253.

75.—Cependant, si le mari n'a comparu en première instance que pour autoriser sa femme, l'appel est nul s'il n'est signifié qu'au mari. — 1re, 27 janvier 1812, *Hue.*

76.—Jugé même que l'appel n'est pas valablement interjeté contre une femme mariée, même séparée de biens, s'agit-il de valeurs mobilières, si cet appel n'est dénoncé au mari avec assignation, avant les trois mois.—2e, 14 mai 1829, *Berger.*

77.—Lorsque l'on veut porter appel contre une partie décédée depuis le jugement de première instance, l'exploit doit être signifié à ses représentants, ou au moins au domicile mortuaire. — 4e, 9 juillet 1839, *Regnault.* — R. P. 3, 410.

78.—Lorsque l'on veut porter l'appel contre une partie dont le domicile est inconnu, l'exploit doit être notifié, à peine de nullité, au parquet du procureur-général et non au parquet du procureur du roi. — *m. arr.*

79.—Dans ce même cas, l'appel est nul si la signification a eu lieu par affiche à la porte de l'auditoire d'une autre Cour que celle où l'appel est porté, et par signification au procureur-général d'une autre Cour.—4e, 20 janvier 1829, *Belligant.*—C. R. 13, 145.

§. IV. — *Quelles personnes doivent être ajournées sur appel*

80.—Toutes les parties qui ont figuré en première instance doivent être ajournées sur appel.—1re, 21 nivôse an x, *Belleau.*

81.—Au moins doit-il en être ainsi pour les personnes qui ont un intérêt dans la contestation. — 2e, 3 germinal an x, *Doucet ;* — 1re, 9 germinal an xi, *Branas.*

82.—On ne doit même ajourner que les parties ayant intérêt.—2e, 22 avril 1806, *Bramas ;* — 1re, 9 avril 1807, *Forget ;* — 1re, 26 avril 1807, *Lapoterie.*

83.—Jugé encore que l'appelant peut ne mettre en cause que quelques-uns des consorts qui plaidaient contre lui en première instance.—1re, 25 mai 1829, *Capey.*

84.—Et l'on doit même condamner aux dépens la partie qui ajourne, sans utilité, à comparaître sur appel des parties qui figuraient devant le premier juge. — 2e, 31 janvier 1806, *Lebouteiller.*

85.—L'intimé peut ajourner sur appel les parties qui figuraient en première instance, toutes les fois qu'il a un juste sujet de craindre qu'elles ne puissent appeler postérieurement ; si le jugement est confirmé, l'appelant paie les frais de la mise en cause.—1re, 1er nivôse an x, *Chevrey.*

86.—Lorsqu'une caution défenderesse a conclu en première instance, il n'est point nécessaire que l'appel soit formé contre le garant, il suffit de l'ajourner sur appel pour pouvoir de nouveau conclure contre lui. — 1re, 14 déc. 1813, *Mariette.*

87. — Lorsqu'un demandeur en cession de biens à succombé devant le premier juge, il ne doit point, sur appel, mettre en cause les créanciers qui s'en

étaient purement et simplement rapportés à justice. — 1re, 17 avril 1815, *Ricard.*

88.—Lorsqu'une demande a été formée en première instance par un syndic en cette qualité, il suffit à la partie qui veut porter l'appel du jugement rendu, d'intimer le syndic en cette même qualité, sans mettre en cause les créanciers qu'il représente.—1re, 6 juillet 1808, *Rabinel.*

89.—Un appel ne peut être interjeté contre l'avoué de première instance qui, en cette qualité, a obtenu la distraction de ses dépens, il y a, tout au plus, lieu de lui dénoncer l'appel interjeté contre la partie, afin d'arrêter ses poursuites. — 1re, 21 novembre 1831, *Barroux.*

ART. 4.—DES DÉLAIS DE L'APPEL.

§. I.—*Personnes au profit desquelles court le délai, ou auxquelles profite l'appel interjeté par d'autres en temps utile.*

90. — « Les délais de l'appel ne courent qu'au bénéfice de la partie qui a fait signifier le jugement : s'il existe une exception à ce principe, dans le cas d'ordre, elle doit être restreinte au cas prévu. » — 4e, 16 juin 1823, *Cary ;* — 2e, 27 ventôse an xi, *Bonnet ;* — 1re, 9 août 1832, *Vauloup.*

91.—Cependant, dans les matières solidaires ou indivisibles, l'appel porté en temps utile par l'un des débiteurs, et fondé sur des moyens du fonds, profite aux autres débiteurs. Il leur donne le droit d'appeler, même après l'expiration

APPEL, ᴀʀᴛ. 4.

des délais de l'art. 443 C. pr.—4ᵉ, 10 janvier 1838, *Fauche.*—R. P. 2, 13.—*Ità*, 1ʳᵉ, 4 août 1806, *Gallien;* —1ʳᵉ, 16 janvier 1828, *Mallet.*—C. R. 12, 660. —4ᵉ, 26 juin 1837, *Beaumont.*—R. P. 1, 442.

92.—Peu importe, même à cet égard, que les autres débiteurs aient acquiescé au jugement, et que l'immeuble, objet du litige, soit tombé dans leur lot par suite d'un partage intervenu depuis l'appel.—Dans ce cas, l'appel de l'une des parties n'en profite pas moins à toutes les autres.—1ʳᵉ, 5 mai 1840, *Lepaisant.* —R. P. 4, 252.

93.—Il en est spécialement ainsi en matière de péremption d'instance.—2ᵉ, 4 avril 1818, *Savary.*

94.—En matière de garantie simple, l'appel du garant ne profite pas au garanti.—D'où la conséquence que si les délais d'appel sont expirés, relativement à celui-ci, le jugement de première instance acquiert l'autorité de la chose jugée vis-à-vis le garanti, tandis qu'il peut être réformé au respect du garant.—1ʳᵉ, 2 mars 1831, *Poret-Lacouture.*

95. — Lorsque deux instances ayant pour objet, l'une une action principale de la part du demandeur, l'autre une action en garantie de la part du défendeur, ont été poursuivies devant le tribunal, le jugement qui intervient est indivisible. « Il suit delà que le défaut d'appel de la part du garanti ne doit être considéré que comme un acquiescement conditionnel basé sur la garantie que lui accorde le jugement, et ne peut toutefois être opposé qu'autant que ce jugement

aurait acquis l'autorité de la chose jugée à l'égard de toutes les parties qui y ont figuré. »

L'appel du garant, dans ce cas, profite donc au garanti.—2ᵉ, 14 mai 1831, *Leromilly.*

96.—Est également, sous ce rapport, considéré comme rendu sur une matière solidaire et indivisible, le jugement qui déclare frauduleuse la convention intervenue au préjudice d'un débiteur et de sa caution solidaire.—4ᵉ, 26 juin 1837, *Beaumont.*—R. P. 1, 442.

97. — « Bien que plusieurs personnes se réunissent contre un débiteur commun, celui-ci ne peut les considérer comme ne faisant qu'un à son égard. »

La signification du jugement au débiteur, faite par l'une d'elles, ne fait donc point courir les délais d'appel en faveur de l'autre.

Spécialement si le tiers-porteur d'un billet et le tireur de ce billet se sont réunis contre le débiteur, la signification du jugement, faite au débiteur par l'un d'eux, ne fait point courir les délais d'appel au profit de l'autre.—1ʳᵉ, 9 août 1832, *Vauloup.*

98. — La signification d'un jugement faite par une partie poursuivant un partage, ne fait point courir les délais d'appel au bénéfice des autres parties, et celle à qui cette signification est faite peut même interjeter valablement appel contre le seul poursuivant, sans mettre les autres parties en cause.—2ᵉ, 19 juin 1829, *Renef.*

99.—La signification que fait l'adjudicataire du jugement d'adjudication ne

APPEL, art. 4.

fait nullement courir les délais d'appel au profit des créanciers; tant que ceux-ci n'ont pas eux-mêmes signifié, le débiteur est toujours à temps pour interjeter appel à leur égard.—4ᵉ, 24 juin 1833, *Labarbe*.

100.—Sous la loi de brumaire an vii, la signification d'un jugement de collocation, faite par le poursuivant à l'état d'ordre, ne faisait courir les délais d'appel qu'au respect de celui-ci : les autres créanciers, qui n'avaient point signifié, ne pouvaient s'en prévaloir.—1ʳᵉ, 6 avril 1808, *Bachelier*.

101.—Lorsqu'un même jugement décide deux questions distinctes, contre deux parties différentes, la signification du jugement faite à l'une de ces parties ne fait pas courir les délais d'appel contre l'autre partie. Celle-ci est toujours à temps d'appeler, tant que la signification ne lui a pas été faite à elle-même.—1ʳᵉ, 26 mars 1822, *Deperdriguer*.

102.—Pour que la signification faite à l'un des débiteurs solidaires fasse courir les délais d'appel contre tous, il faut que la signification ait été faite *tant pour lui que pour ses codébiteurs*.— 2ᵉ, 4 avril 1818, *Savary*.

103.—Si le jugement a été signifié à chacun séparément, chacun peut exciper des nullités de la signification à lui faite.—*m. arr.*

§. II.— *Computation des délais, et jugements à l'égard desquels courent ces délais.*

104. — « C'est de la signification du jugement faite à personne ou domicile, et non de celle d'avoué à avoué, que court le délai d'appel. » — 1ʳᵉ, 26 nivôse an x, *Mainfrey;* — 1ʳᵉ, 26 juillet 1813, *Ramette.*

La déchéance du droit d'appeler est une sorte de prescription soumise aux mêmes règles. — 2ᵉ, 1ᵉʳ octobre 1808, *Allard;* — 1ʳᵉ, 28 mars 1809, *Hurel;* — 2ᵉ, 17 mai 1832, *Revert.*

105. — Delà il résulte que « les délais pour interjeter appel, comme ceux du pourvoi en cassation, sont fixes et invariables. » — Ils ne sont point susceptibles d'augmentation à raison des distances.—*m. arr. Allard.*

106. — « La supputation du délai pour interjeter appel étant déterminée par mois, il n'est pas permis d'examiner de combien de jours le mois se compose, pour calculer l'imputation du délai fixé par la loi. » — Ainsi le jugement signifié le 29 novembre n'est plus susceptible d'être frappé d'appel le 2 mars suivant, bien que le mois de février n'ait eu que 28 jours.—4ᵉ, 30 mai 1824, *Bossière.*

107.—Le jour du jugement n'est pas compris dans le délai de huitaine durant lequel l'appel ne peut être porté (art. 449 C. pr.).— 2ᵉ, 9 janvier 1807, *Black;* —2ᵉ, 22 février 1810, *De Cordey;* — 2ᵉ, 6 mai 1825, *Bertauld.*

108. — Ainsi et *spécialement* a été rejeté, comme précipité, l'appel, interjeté le 28, d'un jugement en date du 20.—*m. arr. Bertauld.*

109.—Est recevable dans la huitaine de la prononciation, l'appel d'un juge-

6

ment qui, en rejetant une exception, renvoie à moins de huitaine pour avoir droit au principal.—2ᵉ, 20 octobre 1817, *Mouville.*

Contrà, 4ᵉ, 25 octobre 1819, *De Fontenilhat.*

110.—L'appel d'un jugement rendu sur caution en référé, peut être porté avant le délai de huitaine.—1ʳᵉ, 11 juillet 1809, *Quinette.*

111.—L'appel des jugements entachés de nullités n'est recevable que durant les délais ordinaires. — 2ᵉ, 31 mai 1833, *Thibout.*

112.- L'appel des jugements des tribunaux de commerce peut être porté durant les délais de l'opposition. — 4ᵉ 17 août 1812, *Theil.*

§. III. — *Actes qui suspendent ou font courir les délais d'appel.*

113. — ‹ Les délais de l'appel peuvent être suspendus au moyen d'un compromis arrêté entre les parties, et par lequel elles consentent renoncer au jugement et soumettre à des arbitres dont elles conviennent, toutes les contestations existant entre elles. » — 1ʳᵉ, 11 novembre 1822, *Caillemer.*

114.—Lors même qu'il serait douteux que, sous le Code de procédure, le délai accordé pour l'appel d'un jugement ait pu courir contre des individus habitant hors du continent, à une époque où toute communication était interdite avec le lieu de leur résidence ; au moins est-il certain que ce délai a repris son cours de plein droit, du moment où les com-

munications ont été rétablies.—1ʳᵉ, 6 janvier 1824, *Pownoll Phipps.*—C. R. 3, 30.

115. — La signification d'une copie inexacte du jugement ne fait point courir les délais d'appel.—4ᵉ, 24 avril 1826, *Jenvresse.*

116.—La signification , même régulière , de l'expédition d'un jugement qui ne contient pas toutes les formes voulues par la loi, ne peut faire courir les délais d'appel. — 2ᵉ, 22 janvier 1818, *Lemarois.*

117.—Il en est *spécialement* ainsi si l'expédition du jugement ne contient pas le point de droit et de fait, ni les conclusions des parties.—*m. arr.*

118.—Lorsque la signification du jugement ne désigne que d'une manière incomplète ou inexacte le domicile de la partie qui a obtenu gain de cause, cette signification ne peut faire courir les délais d'appel.—4ᵉ, 8 février 1825, *Scelles.*—C. R. 3, 367.

119.—Pour que la signification d'un jugement fasse courir les délais d'appel, il n'est pas nécessaire que l'expédition en ait été déclarée à la partie qui signifie , et avec les formalités prescrites par les art. 141, 146, 545 et 1040 C. proc. civ.

Spécialement, le report fait par une partie de la copie d'un jugement qui lui a été signifié, fait courir les délais d'appel.—4ᵉ, 26 juin 1837, *Beaumont.*—R. P. 1, 442.

120. —La signification du jugement faite au fondé de pouvoirs, est impuis-

sante à faire courir les délais de l'appel.
—2ᵉ, 3 décembre 1807, *Colleville*.

121.—Le délai de trois mois, pour
l'appel d'un jugement rendu contre des
mineurs, ne court que du jour où il se
trouve signifié tant au tuteur qu'au subrogé-tuteur (art. 444 C. pr.).—2ᵉ, 16
juillet 1813, *Rosey*; — 2ᵉ, 4 avril 1818,
Savary.

122.—Il en est ainsi lors même que
le tuteur aurait des intérêts opposés à
ceux du mineur. Même dans ce cas, la
signification faite au subrogé-tuteur seulement serait inefficace.—2ᵉ, 21 février
1818, *Ameline*; — 2ᵉ, 16 février 1838,
Jacquelin Duroray.—R. P. 2, 11.

123.—N'est point recevable l'appel
qui n'a été dénoncé qu'après les délais
au mineur émancipé, bien qu'il ait été
dénoncé dans les délais au curateur de
celui-ci.—1ʳᵉ, 10 mars 1824, *Febvrier-
Maisonneuve*.

§. IV.—*Délais de l'appel des jugements par
défaut.*

124.—Jusqu'au Code de procédure, les
délais pour interjeter appel des jugements par défaut, même de ceux portant *débouté d'opposition*, étaient réglés
par l'art. 12, tit. 27, de l'ordonnance de
1667, et non par la loi des 16-24 août
1790. Cette dernière loi ne s'appliquait
qu'aux jugements contradictoires.—1ʳᵉ,
24 frimaire an XI, *Carron*;—4ᵉ, 3 août
1816, *Cordier*.

Contrà, quant aux jugements par défaut sur opposition.—2ᵉ, 23 pluviôse an X,
Heulin-Lesug.

125.—La signification du jugement à
personne ou domicile est aussi indispensable pour faire courir les délais d'appel
des jugements par défaut, que pour faire
courir ceux des jugements contradictoires. « L'art. 443 C. pr. a seulement entendu que ce délai partirait du jour
même de la signification, s'il était contradictoire, et qu'on y ajouterait le délai
d'opposition s'il était par défaut. » — 2ᵉ,
26 juin 1813, *Cosnard*.

126.—Le délai de trois mois pour interjeter appel d'un jugement par défaut,
rendu contre une partie qui n'a pas d'a-
voué, court seulement du jour où le jugement a été exécuté, bien que la signification en ait été faite longtemps avant.
—1ʳᵉ, 8 juillet 1811, *Lelorier*.

127.—La disposition de l'art. 645 C.
comm., portant que l'appel peut être
interjeté le jour même du jugement,
s'applique aussi bien aux jugements par
défaut qu'aux jugements contradictoires.

« C'est ce qui résulte de l'art. 643 C.
comm. qui, en rendant applicable aux
jugements du tribunal de commerce les
dispositions des art. 156, 158, 159 C.
pr., relativement aux jugements par défaut, n'y a pas compris l'art. 455, portant que les appels des jugements susceptibles d'opposition, ne sont pas recevables pendant la durée du délai d'op
position. » —1ʳᵉ, 6 juillet 1818, *Masson:*
—1ʳᵉ, 5 juillet 1809, *Desmares*.

§. V. — *Délais de l'appel des jugements
préparatoires et interlocutoires.*

128.—L'article 451 C. pr. est ainsi
conçu : « L'appel d'un jugement prépa-
» ratoire ne pourra être interjeté qu'a-

» près le jugement définitif et conjoin-
» tement avec l'appel de ce jugement,
» et le délai d'appel ne courra que du
» jour de la signification du jugement
» définitif. Cet appel sera recevable, en-
» core que le jugement ait été exécuté
» sans réserves. — L'appel d'un juge-
» ment interlocutoire pourra être inter-
» jeté après le jugement définitif, il en
» sera de même des jugements qui au-
» ront accordé une provision. »

Toute la difficulté est donc de savoir
quand un jugement est préparatoire ou
interlocutoire. — Nous croyons devoir
placer ici les décisions de la Cour, relatives à ce point, plutôt que de les renvoyer au mot *jugement*.

129.—Est purement préparatoire et,
comme tel, non susceptible d'appel avant
le jugement définitif, le jugement qui,
en statuant sur des questions préjudi-
cielles, renvoie instruire sur le fond du
droit, du moins quant à cette dernière
disposition.—1re, 11 novembre 1829,
Lévesque de Saint-Barthelemy ;—1re, 16
mars 1830, *l'administration des domaines.*
—C. R. 13, 617.

130.— .... Ainsi est-il du jugement
qui ordonne un inventaire sans rien
juger et préjuger sur la question de savoir aux frais de qui cet inventaire sera
fait.—2e, 14 janvier 1819, *Devillers.*

131.— ..... Ainsi encore « du jugement qui ordonne une vérification de
lieux, tendant à procurer au tribunal le
moyen d'apprécier, en plus grande connaissance de cause, les enquêtes et les
autres documents du procès. » -- 2e, 22
novembre 1832, *Germain.*

132.—De même, jugé que « en ordonnant la levée d'un plan et en nommant
des experts, chargés de dresser l'état des
lieux, de recevoir les dires et soutiens
des parties, de s'entourer de tous les
moyens propres à éclairer leur religion
et de donner leur avis, pour être ensuite, par les parties, conclu, et, par le
tribunal, statué ce qu'il appartiendra,
un tribunal civil n'a rien préjugé sur le
fond; quainsi son jugement doit être
considéré comme préparatoire, et que
l'appel n'en peut être interjeté que conjointement avec celui du jugement définitif. » —1re, 6 février 1834, *Aumont.*

133.—Est préparatoire le jugement
qui, sans rien préjuger, ordonne une
communication. — 2e, 18 juillet 1807,
Dubosq ; — 4e, 10 août 1824, *Rou-
camps.*

134.—Le jugement serait encore préparatoire, lors même qu'il ordonnerait
que la communication sera faite par ministère d'avoué, et condamnerait aux
dépens de l'incident la partie qui demanderait à faire cette communication
par la voie du greffe.—1re, 4 août 1817,
Lavallée.

135.—L'appel serait cependant recevable si le jugement préjugeait le fond.
—1re, 24 août 1812, *Auvray ;* — 4e, 20
juillet 1813.

136.—Sont préparatoires :
....Le jugement qui ordonne une nouvelle production de pièces déjà produites.—1re, 28 mars 1820, *Legregeois.*

137.— .... Le jugement de jonction
d'instance, lors même qu'il prononce une
condamnation de dépens contre la partie

qui s'opposait à la jonction. — 1ʳᵉ, 12 janvier 1819, *Guilbert;*—1ʳᵉ, 28 janvier, *junctim*, 15 avril 1828, *Burnouf.*

138.— .... Le jugement qui joint des demandes provisoires au principal et ordonne une instruction par écrit.—1ʳᵉ, 6 juillet 1818, *De Caulaincourt.*

139.— .... Le jugement du tribunal de commerce qui renvoie devant des arbitres pour plus ample informé. —4ᵉ, 8 décembre 1812, *Leloutre.*

140— .... Le jugement qui ordonne une enquête, s'il ne préjuge pas le fond. —1ʳᵉ, 25 juin 1806, *Dudouit.*

141.— .... Le jugement qui, quant actuellement, rejette une demande de mise en cause.—1ʳᵉ, 14 avril 1807, *Masselin.*

142.— .... Le jugement qui ordonne une mise en cause.—2ᵉ, 18 novembre 1808, *Lebourgeois.*

143.— .... Le jugement qui, dans une procédure en distribution de deniers, déclare précitée la demande d'un créancier qui se prétend propriétaire de la somme à distribuer, et renvoie les parties devant le juge-commissaire.—L'appel n'en peut donc être porté qu'après le jugement définitif. — 4ᵉ, 19 avril 1837, *Levécl-Bellefontaine.—R. P. 1*, 279.

144.—Un jugement ne cesse pas d'être préparatoire parce qu'il préjugerait le fond par ces motifs.—1ʳᵉ, 8 juin 1829, *commune de Saint-Cristophe.*

C'est en effet le dispositif qui fait loi. V. *suprà*, n° 2.

145.—L'appel d'un jugement préparatoire est irrecevable, encore que le jugement ait été rendu par un tribunal

illégalement composé.—2ᵉ, 18 novembre 1824, *Bertauld.*

146.—Sont considérés comme interlocutoires, et par conséquent susceptibles d'appel avant le jugement définitif:

... Le jugement par lequel un tribunal de commerce renvoie, avant faire droit, devant les tribunaux ordinaires pour la vérification d'une pièce. — 4ᵉ, 5 février 1818, *Coupey.*

147.— .... Le jugement qui refuse une nouvelle expertise et ordonne que la première restera au procès.—1ʳᵉ, 18 juillet 1822, *Lemoyne.*

148.— .... Le jugement qui ordonne que la famille sera assemblée pour donner son avis sur l'état d'une personne dont l'interdiction est poursuivie.—*Aud. sol.*, 10 juillet 1828, *Toussaint.*

149.— .... Le jugement qui ordonne une preuve, même *tous moyens tenants.* —2ᵉ, 24 juillet 1818, *Robine.*

150.—L'exécution donnée, sans aucunes réserves, à un jugement interlocutoire, rend non recevable à en porter l'appel avec celui du jugement définitif. —1ʳᵉ, 7 février 1826, *Fontenilhat.*

151.—L'appel d'un jugement interlocutoire peut être porté avant ou avec l'appel du jugement définitif; mais peut-il être porté après ?

La réponse à cette question se trouve dans les décisions suivantes.

152.—La loi du 3 brumaire an II n'ayant pas fait de distinction entre les jugements interlocutoires et les jugements préparatoires, l'appel des uns comme des autres pouvait être porté après le jugement définitif, quelque peu de temps qui se fût écoulé depuis leur signification.—2e, 7 juillet 1808, *Martine.*

153.—*Contrà*, même sous la loi du 3 brumaire an II, l'appel des jugements interlocutoires ne pouvait être porté après le jugement définitif.—1re, 11 décembre 1809, *Rebours.*

154. — Lorsque la signification d'un jugement, soit préparatoire, soit interlocutoire, a été faite depuis plus de trois mois, l'appel n'en est plus recevable après l'appel du jugement définitif.—2e, 22 août 1818, *Nicolle.*

155. — *Contrà*, l'appel d'un jugement interlocutoire peut valablement être signifié en même temps que celui du jugement définitif, bien qu'il se soit écoulé plus de trois mois depuis sa signification. —L'art. 451 ne consacre qu'une faculté et non une déchéance.—2e, 25 novembre 1825, *Blaizot ;* — 1re, 2 août 1826, *Corblin.*—C. R. 7, 105.

Voyez du reste l'art. 1er, §. III.

§. VI.—*Effets de l'inobservation des délais.*

156.—L'acte d'appel, signifié après les délais, est un acte entièrement nul qui ne peut produire aucun effet.—4e, 15 novembre 1824, *Accarin.*

157. — « Le délai d'appel est un véritable genre de prescription. Comme tel il cesse, aux termes de l'art. 2224 C. civ, de pouvoir être opposé à l'appelant, lorsque l'intimé doit, par des circonstances, être présumé y avoir renoncè. » — 2e, 17 mai 1832, *Revert ;* — 2e, 1er octobre 1808, *Allard ;* — 1re, 28 mars 1809, *Hurel.*

158.—*Spécialement,* si l'intimé s'est livré à une instruction sur le fond de l'affaire, et a conclu à la confirmation du jugement, il ne peut plus ensuite exciper de ce que l'appel n'aurait pas été porté dans les délais.—2e, 17 mai 1832, *Revert.*

159.—De ce que l'intimé a conclu purement et simplement à la confirmation de l'arrêt, il ne s'ensuit pas qu'il ne soit plus à temps pour soutenir que l'appel est irrecevable, comme tardivement porté.—1re, 28 mars 1809, *Hurel.*

Voy. le mot *acquiescement.*

160.—La péremption, en cause d'appel, a l'effet de donner au jugement l'autorité de la chose jugée : en conséquence, un second appel de ce même jugement n'est plus recevable.

ART. 5.—DES EFFETS DE L'APPEL.

161. — « Du moment où l'appel d'un jugement est porté, le jugement est regardé comme non avenu ; les parties se trouvent devant la Cour au même et semblable état que devant les premiers juges. » — 2e, 7 janvier 1826, *Duchesne.*

162.—L'effet de l'appel est donc de paralyser le jugement qui en est l'objet et de lier une nouvelle instance devant la Cour.—2e, 15 décembre 1826, *Besnard.*—C. R. 7, 252.

163.—L'orsqu'une partie a interjeté appel d'un jugement, susceptible d'opposition, elle ne peut plus, contre la volonté de l'intimé, renoncer à l'appel pour recourir à l'opposition.—2e, 22 février 1806, *Gaugain.*

164.—Le désistement de l'appelant n'empêcherait donc pas que l'intimé ne poursuive l'audience (*v. c.*) pour obtenir des dommages-intérêts d'indue vexation. — 4ᵉ, 27 juin 1826, *Lecœur-Lachesnaye;* — 1ʳᵉ, 4 août 1828, *Lefevre;* — 2ᵉ, 15 juillet 1831 , *De Lacotte.*

165.—L'appel d'un jugement contra-dictoire, qui a précédé un second juge-ment rendu par défaut, ne suspend pas les délais d'opposition à ce second juge-ment. — 2ᵉ, 31 juillet 1813, *De Tour-ville.*

166.—Par suite du principe que l'ap-pel est suspensif, le bail résilié par un jugement doit, en cas d'appel, recevoir son exécution jusqu'à la réformation du jugement.—1ʳᵒ, 29 ventôse an XIII, *Binet.*

167. — Lorsqu'un jugement contient deux dispositions distinctes, l'appel sur l'une n'empêche pas que l'autre ne puisse être mise à exécution.—1ʳᵉ, 2 décembre 1834, *Lecot.*

168.—Lorsque l'exécution provisoire a été ordonnée, hors des cas prévus par la loi, l'appelant peut faire ordonner par la Cour la suspension de l'exécution.—1ʳᵉ, 12 floréal an XII, *Deshaies.*

169.—L'appel met obstacle à ce que l'avoué poursuive le recouvrement de ses dépens, dont il a obtenu distrac-tion. — 1ʳᵒ, 21 novembre 1831 , *Bar-roux.*

ART. 6.—DE LA PROCÉDURE SUR APPEL.— INFIRMATION.

§. I.—*Mise en cause.*

170. — Peuvent être mis en cause sur

appel les individus qui auraient qualité pour se rendre tiers opposants à l'arrêt à intervenir.—2ᵉ, 16 juin 1821, *Hubert ;*—2ᵇ, 13 mai 1835, *Féron.*

171.—Un tiers peut être mis en cause sur appel, même après l'expiration des délais fixés par la loi, s'il est reconnu que ce tiers est la véritable partie à la-quelle l'adversaire sert de prête-nom, et que c'est dans son intérêt que les pour-suites ont été dirigées.—4ᵉ, 8 mai 1826, *Mauger.*

172.—On peut mettre en cause, pour la première fois sur appel, l'acquéreur de l'immeuble litigieux.—1ʳᵒ, 7 février 1827, *Ledru.*

173.—Lorsqu'il s'agit d'une question de bornage, le propriétaire peut être mis en cause pour la première fois sur appel.—1ʳᵒ, 25 mai 1825, *Labbey.*

174.—On ne peut appeler de garant sur appel.—1ʳᵉ, 9 floréal an XIII, *Azire;* 4ᵉ, 7 juin 1817, *Crespin.*

175.—Toutefois, s'il est vrai que l'on ne puisse avoir droit sur appel contre des garants qui n'ont point été assignés en première instance, on peut néan-moins les mettre en cause pour les ren-dre non recevables à opposer, lorsqu'ils seront attaqués en garantie, l'exception de non valable défense.—Dans ce cas les dépens doivent être réservés.—4ᵉ, 9 octobre 1815, *Leganel.*

176.—Jugé encore que le garant qui n'a pas figuré en première instance ne peut être valablement traduit devant la Cour, à l'effet de faire prononcer con-tre lui une condamnation quelconque , mais que sa présence peut y être exigée,

à l'effet d'obtenir de lui des renseignements.—2ᵉ, 24 janvier 1835, *Leflaux.*

Voy. Intervention, §. III.

§. II. — *Demandes nouvelles, nouveaux
moyens, nouvelles preuves.*

177.—*Nouvelles demandes.*— Une demande nouvelle ne peut être formée sur
appel, lors même qu'elle serait nécessaire à l'action.—2ᵉ, 8 février 1827, *Le-
teilleuil.*

178.—Est non recevable la demande
en garantie, formée pour la première
fois sur appel.—2ᵉ, 27 juillet 1809, *Lefranc.*

179.—Il en serait ainsi lors même que
le garant aurait été partie en première
instance. — 2ᵉ, 27 février 1822, *Des-
prez.*

180.—La demande en déchéance du
bénéfice d'inventaire ne peut être formée
pour la première fois en cause d'appel,
contre un héritier avec lequel on a agi,
en première instance, comme héritier
bénéficiaire. — 1ʳᵉ, 31 janvier 1823,
Oblet.

181.—Lorsqu'en première instance, les
parties ont uniquement plaidé sur la vérification du testament et la saisine provisoire de la succession, l'héritier ne
peut, sur appel, demander directement
le rejet du testament.—1ʳᵉ, 13 novembre 1827, *Lecouturier.*—C. R. 9, 283.

182.—Le légataire qui a demandé la
délivrance de son legs, en vertu d'un
testament, ne peut, sur appel, demander le même legs en vertu d'un autre

testament. — 2ᵉ, 24 mai 1821, *Poirier.*

183.—La demande d'un droit hypothécaire, formée subsidiairement à une
action en propriété, est une demande
nouvelle non susceptible d'être proposée
pour la pemière fois sur appel.—11 janvier 1831, *Raisin.*—C. R. 13, 408.

184.—Est non recevable, comme demande nouvelle, la demande en restitution de prix formée, pour la première fois
en appel, par un adjudicataire, à raison du
droit foncier à lui appartenant sur l'immeuble, encore bien qu'il eût formé pareille demande en première instance,
en qualité de créancier, abstraction faite
de sa qualité d'adjudicataire.—4ᵉ, 30 novembre 1829, *Lemasson.*

185.—Le créancier qui a figuré à l'é-
tat d'ordre, en première instance, ne
peut, sur l'appel, réclamer l'envoi en possession du fonds lui-même. « Cette réclamation, supposant l'anéantissement
du contrat, la cessation de l'état d'ordre
et le rang des créanciers sans objet,
constitue une demande essentiellement
nouvelle, qui doit subir les deux degrés
de juridiction. » — 2ᵉ, 19 février 1825,
Poignant.—C. R. 4, 96.—1ʳᵉ, 9 décembre 1824, *Berrier.*—C. R. 3, 248.

186.—Le créancier d'une faillite, contre lequel a été formée une demande en
rapport de valeurs par lui reçues dans
les dix jours de la faillite, ne peut, pour
la première fois sur appel, demander
qu'un créancier en cause soit également
tenu de rapporter.—Cette demande, en
effet, ne peut être regardée comme un
objet de compensation, puisque ce n'est

pas à lui, mais à la masse, que le rapport est dû.—4ᵉ, 24 avril 1826, *Crespin*.

187.—La femme ne peut, pour la première fois sur appel, réclamer la révocation des aliénations de ses biens dotaux, c'est là une demande nouvelle proscrite par l'art. 464 du Code de procédure. —1ʳᵉ, 5 décembre 1836, *De Moloré*. — R. P. 1, 160.

188.—Est considérée comme demande nouvelle, non recevable sur appel, la réclamation, *à un autre titre*, de la chose qui faisait l'objet de la contestation en première instance.—1ʳᵉ, 27 avril 1831, *Hébert*.

189. — Une demande en nullité ne peut, sur appel, être transformée en une demande en rescision, *et vice versâ*. —1ʳᵉ, 5 avril 1813, *Repisse*.

190.—La demande en rescision d'actes, comme entachés de dol et de fraude, ne peut être formée pour la première fois sur appel.—1ʳᵉ, 17 mars 1831, *Adeline*.

191.—L'exécution provisoire d'un jugement ne peut être demandée en appel, si elle n'a pas été demandée en première instance. — 1ʳᵉ 29 juin 1821, *commune de Mortiers*.

192.—On ne peut, pour la première fois sur appel, demander la contrainte par corps.—2ᵉ, 17 mars 1824, *Hallet*.

193. — La partie qui, en première instance, n'a point réclamé d'intérêts, ne peut en former la demande sur appel.— 2ᵉ, 23 décembre 1808, *Macey*.

194.—Mais l'on peut, pour la première fois sur appel, demander à exer-

cer une retenue sur les arrérages d'une rente.—4ᵉ, 29 avril 1840, *Vigier*.—R. P. 4, 197.

195. — En matière d'homologation d'acte de liquidation, toutes les parties peuvent, pour la première fois sur appel, former des demandes incidentes.— 2ᵉ, 16 juin 1836, *Barbereau*.—R. P. 3, 446.

196.—Une nullité d'enquête ne peut être proposée pour la première fois sur appel.—2ᵉ, 12 décembre 1806, *Robey*.

197.—Une nouvelle demande est recevable de la part du défendeur, encore bien que l'instance ait été introduite sur son assignation.—1ʳʳ, 26 mai 1829, *Capey*.

198. — L'incompétence du premier juge, lorsqu'elle est *à raison de la matière*, peut être proposée pour la première fois sur appel.—4ᵉ, 31 janvier 1826, *Foubert de Laize*; — 4ᵉ, 17 août 1825, *Legorgeu*.—C. R. 5, 185.

199.—Ne doit point être rejetée comme demande nouvelle, la demande en nullité d'une obligation, comme entachée d'usure, bien que ce moyen n'ait pas été présenté en première instance.— 1ʳᵉ, 4 janvier 1830, *Copey*.

200.—On peut, pour la première fois sur appel, demander l'annulation d'un acte, comme pacte commissoire et pignoratif. — Cette demande n'est considérée que comme défense à l'action principale. — 1ʳᵉ, 13 novembre 1832, *Briand*.

201.—Ainsi, le vendeur d'un immeuble qui, pour repousser la sommation qui lui est faite par l'acquéreur de le délaisser, a formé contre lui une demande en rescision pour cause de lésion, peut, sur appel du jugement qui a dit à tort sa demande, opposer la nullité de l'acte de vente comme contrat pignoratif. Cette nouvelle demande n'est qu'une défense à l'action en délaissement.—2°, 24 janvier 1840, *Sebert.*—R. P. 4, 39.

202.—La prescription, même celle de l'art. 1304, n'est également considérée que comme une défense ; elle peut donc être proposée sur appel, pourvu qu'il ne résulte pas des circonstances que la partie intéressée y ait renoncé.—2°, 15 décembre 1831, *Férey.*

203.—La demande en élagage d'arbres, formée par un propriétaire contre un propriétaire voisin, impliquant la nécessité de déterminer le point où la longueur des arbres excède la propriété du défendeur, il s'ensuit que la question de délimitation de propriété peut valablement être soumise à la Cour, quoique non soulevée devant le premier juge.—1re, 20 février 1828, *comte Dozery.*

204.—Est recevable sur appel la demande en subrogation, formée pour la première fois par un créancier de l'acheteur, contre le vendeur qui a demandé l'envoi en possession, cette demande n'étant qu'une défense à l'action du vendeur.—4e, 15 juillet 1811, *Piquelin de Grainville.*

205.—On peut, sur appel d'un jugement qui liquide un compte, former la demande d'un article omis en première instance.—4e, 27 décembre 1827, *Gilles.*

206.—Ce n'est point former une nou-

velle demande, mais seulement appuyer la demande en résiliation précédemment formée, que de proposer, pour la première fois sur appel, qu'il y a lieu à résiliation pour diminution de sûretés.—2e, 16 janvier 1830, *Claude.*

207.—La demande en restitution contre une acceptation d'hérédité est une défense à l'action principale contre le créancier de la succession ; elle peut être présentée, pour la première fois en appel.—1re, 23 mai 1820, *Chausse.*

208.— « La question de savoir quelles dispositions doivent être prises relativement aux fruits de la chose en litige, a pour objet un accessoire du principal contesté ; elle peut être soulevée, pour la première fois, en cause d'appel. » —1re, 14 juillet 1823, *Simon.*

209. — La femme séparée de corps, qui a été condamnée à réintégrer le domicile conjugal, comme s'étant réconciliée avec son mari depuis le jugement de séparation, peut, sur appel et pour se dispenser de rentrer au domicile conjugal, être admise à prouver que le mari s'est rendu coupable, envers elle, de nouveaux sévices et injures qui font revivre les anciens faits et doivent faire prononcer une nouvelle séparation.

On ne peut voir dans cette demande qu'une défense à l'action principale qui, aux termes de l'art. 464, est admise, pour la première fois sur appel. — 1re, 25 juin 1835, *femme Caron.*

210. — La Cour peut, dans ce cas, ordonner *de plano* que l'enquête sollicitée aura lieu sans que les époux soient obligés d'avoir recours aux préliminaires or-

dinaires de l'action en séparation de corps. — *m. arr.*

211. — La demande tendant à établir qu'une somme n'a pas été reçue, bien qu'un acte constate sa réception, peut être formée sur appel, si elle n'est présentée que comme défense à l'action principale. — 1re, 9 février 1831, *Bernard*.

212. — La Cour peut, sur appel, accorder des délais non demandés en première instance. — 1re, 15 juin 1810, *Pelcast;* — 1re 27 août 1810, *Renchy.*

213. — *Nouveaux moyens.* — Il est permis de faire valoir, en appel, de nouveaux moyens à l'appui de ses soutiens. — 1re 17 mars 1806, *Maugin;* — 1re, 12 mai 1807, *Lemoigneu;* — 1re, 15 juillet 1816, *René;* — 2e 28 août 1816, *Besnoil;* — 1re 17 mars 1817, *Jardin.*

214. — Ces nouveaux moyens peuvent être présentés, quelque différents qu'ils soient de ceux présentés en première instance, dès lors qu'ils tendent au même but. — 1re, 27 janvier 1831, *Binel;* — 4e, 20 juillet 1831, *Hébert.*

215. — La Cour peut cependant ordonner que les nouveaux moyens proposés seront l'objet d'une demande principale.

Spécialement, elle le peut si le débiteur d'un prix de vente allègue, pour la première fois en appel, comme motif de son refus de paiement, que les biens à lui vendus sont grevés d'inscriptions hypothécaires qui l'empêchent de payer avec sécurité. — 1re, 23 novembre 1808, *Robey.*

216. — De ce que le premier juge, en

écartant un moyen, a renvoyé instruire sur les autres, ce ne peut être un obstacle pour l'appelant de proposer les moyens sur lesquels il a été renvoyé instruire. — 2e, 30 nov. 1826, *Dufriche.*

217. — On peut, sur appel, proposer un nouveau moyen de nullité d'emprisonnement. — 4e, 13 août 1822, *Dénis.*

218. — L'exception de garantie, résultant de ce que le demandeur, en revendication d'un immeuble, est héritier du vendeur de cet immeuble peut être proposée, pour la première fois sur appel. — 2e, 22 juin 1808, *Leneveu.*

219. — Encore que le mari, contre lequel la séparation de corps est prononcée, ait défendu à la demande en partage de la communauté par des moyens autres que celui résultant de ce qu'elle n'aurait pas été acceptée dans le délai légal, il peut proposer ce moyen, pour la première fois, sur appel. — 2e, 25 juillet 1835, *Dallet.*

220. — *Nouvelles preuves.* — On écoute difficilement des faits non articulés devant le premier juge. — 1re, 19 juillet 1809, *Leroux.*

221. — Ainsi doit être rejetée la preuve testimoniale offerte pour la première fois sur appel. — 2e, 9 nivôse an x, *Malfilastre.*

Contra. — 2e, 4 ventôse an xii, *Guillochin;* — 2e, 14 floréal an xiii, *Lebaron.*

222. — On peut justifier, sur appel, d'un fait non prouvé en première instance, *spécialement* le reproche contre un témoin. — 1re, 23 février 1809, *Leclerc.*

223. — Tout en confirmant un juge-

ment et en renvoyant devant le premier tribunal, le juge d'appel peut admettre un fait de preuve autrement présenté. —2ᵉ, 9 juin 1821, *Letellier*.

224. — Les juges d'appel ne peuvent prendre pour base de leur décision, la notoriété publique proclamée par le juge de première instance, s'ils n'ont pas eux-mêmes la conviction de cette notoriété. —En conséquence, ils peuvent ordonner une preuve pour éclairer de plus en plus leur religion. — 1ʳᵉ, 8 février 1809 *Chen-necière*.

§. III.—*Infirmation du jugement, pouvoir du juge.*

225. — « Un jugement ne peut être infirmé parce qu'il repose sur de mauvais motifs, lorsque son dispositif est conforme aux dispositions légales. — 4ᵉ, 26 août 1819, *Leclercmilly* ;—4ᵉ, 23 juillet 1822, *Chesnel-Boisière*.

Voyez chose jugée.

226. — Un jugement peut être infirmé sur appel quoiqu'il fût bien rendu en première instance, eu égard à l'état où se trouvait alors l'instruction. — 2ᵉ, 26 août 1820, *Clérisse* ; — 4ᵉ, 23 novembre 1825, *Bonhomme;* 4ᵉ, 13 mai 1826, *Richer*.

227.—Le jugement qui prononce une interdiction, quoique bien rendu, peut être attaqué et réformé par la Cour, si depuis l'appel l'interdit a recouvré sa raison.— *Aud. sol.*, 20 août 1828, *Nécl.*

228. — Doit être infirmé sur appel le jugement qui, en rejetant une exception, statue en même temps sur le fond, sans

que les parties aient conclu à cet égard. —2ᵉ, 12 avril 1817, *Dubrésey*; — 2ᵉ, 18 frimaire an II, *Coppens*.

229. — Du moment où un tribunal accueille une fin de non-recevoir, proposée contre la demande, il ne peut examiner le mérite de la demande au principal ; s'il le fait, sa décision doit être infirmée sur appel et déclarée non avenue. —1ʳᵉ, 8 juillet 1823, *Danjon-Paisant*. — C. R. 6, 318.

230. — « Lorsqu'un jugement vient à être annulé, tout ce qui s'en est suivi est frappé du même vice et doit nécessairement être annulé avec lui. » — 1ʳᵉ 22 janvier 1812, *Deslonglandes*.

231.—Le juge d'appel, en réformant une décision par laquelle le premier juge s'est déclaré mal à propos incompétent, peut statuer au fond.—1ʳᵉ, 20 juin 1809, *Demarcy*.

232.—Si la Cour d'appel estime qu'une demande est à la fois non recevable et mal fondée, elle peut le décider ainsi sur l'appel incident de l'intimé, bien que le premier juge n'ait accueilli que la fin de non-recevoir. — 2ᵉ, 29 novembre an X, *Labarberie*.

233. — « Encore bien que les Cours souveraines ne soient établies que pour statuer sur le bien ou mal jugé des jugements de première instance, il est de principe en droit, que la voie d'appel étant un moyen légal de faire dire à tort les poursuites dirigées devant les premiers juges, lorsqu'une loi survient avant qu'il ait été prononcé souverainement, le juge d'appel doit se conformer à la loi nouvelle et déclarer clauses les poursui-

APPEL, ART. 7.

tes qui auraient été ainsi déclarées si la loi eût été rendue lors du jugement de première instance. » — 2°, 14 août 1811, *Loisel.*

ART. 7. — DE L'AMENDE SUR FOL APPEL.

234. — Bien que le jugement de première instance soit, en définitive, confirmé, l'amende peut être restituée à l'appelant si, dans l'état où se trouvait alors l'instance, l'appel avait été porté à juste titre. — 1re, 19 avril 1831, *Gaugain.*

V. Acquiescement, appel correctionnel, appel incident, arbitrage, chose jugée, commune, compétence, contrainte par corps, degrés de juridiction, désistement, effets de commerce, exception, exécution, ordre, péremption, saisie-arrêt, saisie-exécution, saisie immobilière, tierce-opposition, voirie.

TABLE SOMMAIRE.

TABLE SOMMAIRE.

APPEL CORRECTIONNEL.

APPEL CORRECTIONNEL.

1.—En matière correctionnelle , lorsque le ministère public ne s'est pas porté appelant d'un jugement d'acquittement , il n'y a pas lieu, sur l'appel de la partie civile, de prononcer aucune peine contre le prévenu. — *Ch. corr.*, 22 avril 1830, *Heulin*, C. R. xii , 471.

2—L'on ne peut citer directement devant la Cour, comme complice d'un délit, un prévenu qui n'a été ni appelé, ni partie au jugement dont est appel. — *Ch. corr.*, 6 avril 1837, *administration des contributions indirectes.* — *R. P.* 1, 308.

3. — *Matière de douane.* — En matière de douane, le jugement correctionnel qui n'a pas été choqué d'appel en temps de droit, soit par la partie condamnée, soit par le ministère public, a acquis l'autorité de la chose jugée, et l'appel interjeté par l'administration des douanes pour obtenir l'application d'une amende, ne permet pas au condamné de remettre en question sa culpabilité. — *Ch. corr.*, 21 mai 1840, *administration des douanes.* —*R. P.* 4, 192.

APPEL INCIDENT.

§. I. — *Dans quels cas et contre quels jugements l'appel incident peut-il être porté.*

§. II. — *Personnes par qui ou contre qui l'appel incident peut être formé.*

§. III. — *De l'acquiescement et de ses effets.*

§. IV. — *Formes de l'appel incident, et délai durant lequel il doit être porté.*

§. 1. — *Dans quels cas et contre quels jugements l'appel incident peut-il être porté.*

1. — « On ne peut se porter incidemment appelant contre un jugement qu'autant que ce jugement aurait été frappé d'un appel principal, à raison duquel on se trouverait intimé. » — 1re, 19 avril 1822, *Gonthier.*

2. — Lorsqu'une partie conclut à la confirmation d'un jugement sur tous les points, elle autorise par-là même à in-

terjeter appel incident. — 1re, 26 mars 1822, *Perdiguer.*

3. — On peut appeler incidemment d'un jugement qui a adopté des conclusions subsidiaires. — 1re, 14 février 1826, *Lenourrichel.*

4. — L'appel incident peut porter sur d'autres chefs que ceux sur lesquels l'appel principal a été interjeté. — 2e, 17 janvier 1822, *Vrac.*

5. — Il peut encore porter sur un autre jugement, lorsqu'il y a entre eux corrélation intime. — *m. arr.*

6. — L'appel incident est admis après les délais, même relativement à un chef non connexe à celui sur lequel porte l'appel principal. — 2e, 22 décembre 1824, *Lechartier.*

§. II. — *Personnes par qui ou contre qui l'appel incident peut être formé.*

7. — *Par qui.* — « L'intimé auquel l'art. 443 accorde le droit de former un appel incident, est uniquement la partie qui a intérêt à faire maintenir les dispositions du jugement attaqué. » — 4e, 7 juillet 1812, *Roussel.*

8. — L'appel incident ne peut être porté que par celui-là contre qui il a été formé un appel principal. — 1re, 13 août 1833, *Fontaine.*

9. — Mais comme un appel principal seul n'empêche pas l'intimé qui en demande la nullité de porter lui-même un appel principal, le premier appelant, devenu intimé, peut valablement, sur ce second appel, porter un appel incident, même après les délais. — *Aud. sol.*, 10

APPEL INCIDENT , §. II.

janvier 1839, *Letondoux.—R. P. 2,*649.

10.—La partie simplement ajournée sur appel ne peut se rendre incidemment appelante du jugement de première instance, au moins au respect de l'intimé.—1ʳᵉ, 17 décembre 1810, *Guillochin*; — 1ʳᵉ, 25 mars 1828, *Mathan*.

11.—Un intimé ne peut interjeter appel incident à l'égard de son consort également intimé.—4ᵉ, 15 novembre 1821, *Legentil*.

12.—Lorsqu'une partie avait en première instance donné adjonction aux conclusions de la partie qui appelle d'un jugement, ce ne peut être aussi que par voie d'appel principal qu'elle doit procéder devant la Cour pour obtenir la réformation du jugement.—Son appel incident est nul.—4ᵉ, 2 mai 1826, *Crespin*.

13.—*Contre qui.* — « L'appel incident ne peut être interjeté et formé que contre celui qui a formé un appel principal. » — 2ᵉ, 10 août 1810, *Pourel*; — 1ʳᵉ, 2 mars 1831, *Poret-Lacouture*.

14.—D'où la conséquence que le garanti qui a laissé écouler les délais d'appel, ne peut, sur l'appel du garant, former un appel incident; cet appel, en effet, serait formé contre l'intimé et non contre l'appelant. — *m. arr.* , *Poret-Lacouture*.

15.—Cependant lorsqu'une action a été dirigée solidairement contre deux parties, si l'une d'elles vient à être condamnée et l'autre renvoyée de l'action, l'appel incident peut être valablement formé contre les deux parties, quoique

l'une d'elles seulement se soit portée appelante.—1ʳᵉ, 24 février 1817, *Étienne;* — CASSÉ le 27 juin 1820, *S.* 21, 1, 4.

16.—Il en est ainsi encore que le jugement ait été signifié aux parties avec injonction de l'exécution dans toutes ses dispositions. — *m. arr.*

17.—L'appel incident ne peut être interjeté contre les parties ajournées sur appel. — 2ᵉ, 18 mars 1814, *Faucillon-Duparc*.

§. III.—*De l'acquiescement et de ses effets.*

18.—Est irrecevable un appel incident de la part d'un intimé qui, après que l'appel principal lui a été signifié, a demandé la confirmation pure et simple du jugement, et a déclaré formellement qu'il s'y soumettait.—1ʳᵉ, 20 mars 1820, *Dharambuze*; — 1ʳᵉ, 22 juin 1826, *Manoury*.

19.—Il en serait ainsi lors même que l'intimé eût allégué dans ses conclusions que le jugement lui faisait grief sur tel et tel point, si d'ailleurs, dans le dispositif de ses conclusions, il a conclu, sans restriction ni réserves, à la confirmation du jugement.—1ʳᵉ, 24 décembre 1835, *Sorel;*—2ᵉ, 16 avril 1836, *Lebouteiller.—R. P.* 2, 666.

20.—L'on ne peut considérer comme réserves conservant le droit de se porter incidemment appelant, la mention, *sous toutes réserves de fait et de droit* , qui se trouve dans l'acte d'huissier contenant la signification des conclusions. — 2ᵉ, 25 août 1836, *Laillier.—R. P.* 1, 69.

APPEL INCIDENT, §. IV.

21. — L'intimé qui conclut sans réserves la confirmation pure et simple du jugement est non recevable à interjeter appel incident, lors même que les conclusions de l'appelant n'eussent d'abord porté que sur un seul chef du jugement, et que depuis elles aient été étendues à tous les autres chefs. — m. arr.

22. — Cependant lorsque l'intimé a conclu la confirmation du jugement dont est appel, en l'état, il n'est pas non recevable à porter un appel incident, si l'état de la cause se trouve modifié par les conclusions de l'appelant principal. — 2e, 8 février 1840, Sallé. — R. P. 4, 171.

23. — L'appel incident, sur l'une des dispositions du jugement, serait pourtant, dans ce cas, recevable s'il n'était qu'un moyen de faire maintenir la décision définitive. — 2e, 21 novembre 1834, Bellamy.

24. — Lorsqu'un jugement contient deux dispositions distinctes et que l'appel est porté sur l'une de ces dispositions, l'intimé peut se rendre incidemment appelant sur l'autre, bien que, lors de l'appel principal, il ait conclu à la confirmation pure et simple du jugement. — 1re, 13 novembre 1822, Lehot.

25. — L'exécution donnée par une partie à un jugement ne met point obstacle à ce qu'elle se rende incidemment appelante de ce jugement, si plus tard l'appel en est porté. — Cette exécution n'était que conditionnelle. — 1re, 31 mai 1831, Raby.

§. IV. — Formes de l'appel incident, et délai durant lequel il doit être porté.

26. — « Lorsque la loi veut que les appels soient signifiés à personne ou domicile, c'est qu'il est nécessaire que lesdits appels contiennent assignation. — Lors donc que les parties sont en instance et qu'il y a avoué de constitué de part et d'autre, que par conséquent il n'est plus besoin d'assignation, une simple signification d'avoué à avoué suffit pour constater la demande. » — 1re, 1er août 1808, veuve Huet.

27. — En conséquence, l'appel incident peut être interjeté par des conclusions déposées sur le bureau. — 1re, 4 fructidor an XII, Lecordier ; — 4e, 22 février 1816, Desnoyers.

28. — L'avoué de l'intimé peut même porter cet appel sans justifier d'aucuns pouvoirs, et sans que les conclusions soient signées de sa partie. — 2e, 3 janvier 1806, Planchon.

29. — Lorsqu'un appel incident n'a été interjeté qu'en tant que de besoin, et que des fins de non-recevoir sont proposées contre cet appel, « la Cour, pour épargner une perte de temps, doit ordonner que les parties plaideront à toutes fins sur l'un ou l'autre appel, sauf à statuer définitivement par un seul et même arrêt, tant sur l'appel principal que sur l'appel incident, et sur les fins de non-recevoir proposées contre ce même appel. » — Aud. soll., 3 juillet 1822, Claude.

30. — Délais. — L'intimé peut interjeter incidemment appel, encore qu'il y ait déchéance du droit d'appel principal. 1re, 3 mai 1809, Burère.

V. Acquiescement, appel, chose jugée, désistement.

8

ARBITRAGE.—ARBITRE.

TABLE SOMMAIRE.

APPORT.

V. Communauté, dot, femme normande.

APPROBATION D'ÉCRITURES.

V. Preuve littérale.

AQUEDUC.

V. Servitude.

ARBITRAGE. — ARBITRE.

(C. pr. 2ᵉ part. liv. III, tit. 1.—C. com , liv. 1,tit. 3.
sect. 2.)

§. I. — De l'arbitrage forcé.—Actes qui y
   sont soumis.—Appel.

§. II.—Qui peut compromettre. — Sur
   quelles choses peut-on compromettre. —
   Quelle est l'étendue du pouvoir des arbitres.

§. III. — Du choix et de la nomination des
   arbitres, et de leurs honoraires.

§. IV. — Des formes du compromis. — Des
   désignations qu'il doit contenir, et de sa
   fin.

ARBITRAGE.—ARBITRE, §. I.

§. V. — Partage. — Tiers-arbitre.

§. VI.—Des effets et de l'exécution de la
   sentence arbitrale.

§. VII. — Voies et motifs de réformation.
   —Appel. — Opposition à l'ordonnance
   d'exéquatur.

§. I. — De l'arbitrage forcé.—Actes qui
   y sont soumis. — Appel.

1.—C'est au tribunal arbitral à statuer entre associés sur toutes contestations, même sur celles résultant d'un
réglement fait entre les associés.—4ᵉ,
14 mai 1829, Derion.

Voyez aussi les arrêts suivants.

2.—...Ou même sur celles résultant de
lettres tirées par l'un et acceptées par
l'autre. — 1ʳᵉ, 3 germinal an XIII, Her-
gain.

3.— « Les tribunaux de commerce ne
peuvent connaître que des contestations
relatives à l'existence ou à la non existence d'une société, mais leur juridiction
cesse dès qu'elle est reconnue, et ils doivent renvoyer d'office devant des arbitres toutes les contestations qui s'élèvent
à raison de l'association. » — 4ᵉ, 22 décembre 1822, Gibert; —4ᵉ, 4 février
1819, Grusse; — 4ᵉ, 29 février 1832,
Scelles;—4ᵉ, 6 février 1838, Leboiteux.—
R. P. 2, 30.

4. — Leur incompétence à cet égard,
étant à raison de la matière, peut être opposée en tout état de cause.—4ᵉ, 29 février 1832, Scelles;—4ᵉ, 6 février 1838,
Leboiteux ; — et même en cause d'appel,
4ᵉ, 22 décembre 1822, Gibert.

5. —Jugé encore, et dans le même

ARBITRAGE.—ARBITRE, §. 1.

sens, que la disposition de l'art. 45, C. com., portant que toute contestation, entre associés, sera jugée par des arbitres, doit être entendue dans un sens absolu et impératif. L'incompétence du tribunal de commerce est telle qu'elle peut être invoquée pour la première fois en appel, après même que les parties se sont réciproquement signifié des moyens sur le fond.

Cette règle est tellement absolue qu'elle s'applique même au cas où la société qui donne lieu à la contestation est nulle, parce qu'elle n'a pas été rédigée par écrit. — Les difficultés auxquelles peuvent donner lieu les faits accomplis, doivent nécessairement être soumises à des arbitres. — 4e, 30 décembre 1840, *Halbout.* — *R. P.* 5, 3.

6. — Cependant, lorsqu'une société n'a commencé aucune entreprise, l'on ne doit pas renvoyer les parties devant la juridiction arbitrale. — C'est au tribunal de commerce à décider préalablement s'il y a eu ou non commencement d'opération en commun. — 4e, 8 juin 1836, *Bathier.* — *R. P.* 3, 433.

7. — C'est également à eux à apprécier si cette dissolution est ou non arrivée. — 1er, 29 août 1814, *Jouenne.*

8. — C'est devant les arbitres que doivent être portées les demandes en dissolution de société commerciale. — 1er, 7 janvier 1807, *Mariette.*

9. — Les arbitres, ainsi que les tribunaux de commerce, sont incompétents pour connaître du crime de stellionat. — Néanmoins, la simple allégation de stellionat est insuffisante pour distraire un

associé de sa juridiction naturelle. C'est au plaignant à en faire l'objet d'une demande principale indépendante du compte de société, et à la porter devant le tribunal compétant au chef, seulement qui constituerait le stellionat. — 1re, 4 juin 1806, *Denis.*

10. — L'art. 51. C. com. qui dispose que toutes contestations entre associés doivent être portées devant des arbitres, n'est pas applicable dans le cas où un associé appelle son coassocié en garantie sur une action à lui intentée par un tiers devant le tribunal de commerce.

11. — Dans ce cas, le tribunal compétent est celui qui est saisi de la demande. 1re, 22 février 1837, *Bazin.* — *R. P.* 1, 233.

12. — C'est toujours à la Cour, dans le ressort de laquelle se trouve le tribunal de commerce qui a nommé les arbitres ou accordé acte de leur nomination, qu'il appartient de connaître de l'appel du jugement arbitral. — Peu importe que le dépôt de ce jugement ait été fait au greffe du tribunal ou dans le ressort d'une autre Cour. — 4e 21 mai 1827, *Gérard.*

13. — Les sentences arbitrales, rendues en matière de société, doivent être considérées comme des jugements émanés de la juridiction commerciale, lors même que les arbitres auraient reçu des parties le droit de statuer comme amiables compositeurs ; elles ne peuvent être sujettes à l'action en nullité devant le tribunal de première instance, et ne sont soumises qu'à l'appel devant la Cour ou au pourvoi en cassation. — 4e, 19 mars 1839, *Dajon.* — *R. P.* 3, 115.

ARBITRAGE.—ARBITRE, §. II.

§. II. — *Qui peut compromettre. — Sur quelles choses peut-on compromettre. — Quelle est l'étendue du pouvoir des arbitres.*

14.—Sous la Coutume de Normandie, aussi bien que sous le Code civil, le mineur ne pouvait compromettre. — En supposant même que la coutume le lui eût permis, ce droit lui aurait été enlevé par la loi des 16-24 août 1790. —1re, 28 juillet 1820, *Pistel-Beauval.*

15. — La nullité d'un compromis, résultant de ce que les biens qu'il a pour objet sont des biens dotaux du régime dotal, est une nullité relative qui ne peut être opposée par la partie adverse de la femme. — 2e, 3 janvier 1825, *Lepeysant.*

16. — On peut valablement désigner des arbitres pour statuer sur une contestation dont la cause n'existe pas encore, *spécialement*, sur les dégradations qu'un fermier commettrait durant sa jouissance. — 4e, 12 avril 1825, *Liot.*

17. — Encore bien que les parties soient convenues de soumettre à des arbitres toutes les difficultés qui naîtraient relativement à l'exécution d'un traité fait entre elles, si la validité du traité lui-même est attaquée, ce ne sont plus les arbitres qui sont compétents de connaître de la demande en nullité du traité. — 4e, 17 février 1824, *Docu-Carel.*

18.—Les arbitres n'ont pas capacité pour se régler des vacations dans les jugements qu'ils rendent.—Le pouvoir qui leur est donné dans un compromis de statuer sur les frais, ne doit s'entendre

ARBITRAGE.—ARBITRE, §. IV.

que des frais de procédure qu'il leur est permis de fixer. — 2e, 9 juin 1837, *Delamare. — R. P. 1, 430.*

§. III. — *Du choix et de la nomination des arbitres, et de leurs honoraires.*

19. — C'est à la Cour à connaître des contestations relatives aux choix des arbitres autorisés à statuer en dernier ressort. — 2e, 3 janvier 1807, *Mallet.*

20. — La partie qui s'en est rapportée à justice, sur la nomination de son arbitre, est non recevable à critiquer la décision du tribunal à cet égard. — 4e, 22 avril 1833, *Rogère-Préban.*

21. — Les arbitres forcés en matière de société commerciale, n'ont pas le droit d'exiger des honoraires—4e, 20 décembre 1836, *Savary. — R. P. 1, 93.*

22. — Les arbitres n'ont pas qualité pour se régler des vacations, lors même que le compromis leur donne pouvoir de statuer sur les frais. — 2e, 9 juin 1837, *Delamare. — R. P. 1, 430.*

§. IV. — *Des formes du compromis, des désignations qu'il doit contenir, de sa fin.*

23. — Les arbitres ne sont pas assujettis à prêter serment. — 1er, 30 mars 1808, *Fournel.*

24. — Une décision arbitrale pourrait être arguée de nullité si les parties n'avaient été ni entendues ni appelées. — 2e, 23 juillet 1808, *Lerat.*

25. — Est nulle la décision arbitrale rendue par la majorité des arbitres non

autorisés à statuer en l'absence des autres. — 1re, 3 janvier 1814, *Legendre.*

26. — Est nulle la décision arbitrale qui n'a point été déposée par l'un des arbitres, — 1re, 18 août 1807, *Filoche.*

27. — N'est point nulle la décision arbitrale enregistrée dans le délai fixé par le compromis, quoiqu'elle n'ait point été déposée dans les trois jours. — 1re, 19 décembre 1821, *James.*

28. — La convention de soumettre une contestation à la décision arbitrale n'est valable qu'autant que les noms des arbitres sont désignés. — 4e, 17 mai 1825, *Revrie.*

29. — Si les arbitres signataires n'ont pas fait mention dans leur jugement du refus de signature fait par l'un d'eux, ou s'ils n'ont fait cette mention qu'après l'expiration du délai du compromis, leur décision est nulle. — 2e, 24 avril 1821, *Auvray.*

30. — Un compromis n'est pas facilement annulé pour défaut de mention suffisante des objets en litige. — 1re, 19 décembre 1821, *James.*

31. — Ainsi, jugé qu'un compromis est valable quoiqu'il désigne seulement les objets principaux du litige, sans en désigner les détails. — 1re, 28 juillet 1818, *Bellamy.*

32. — Un compromis, quoique contenu dans un contrat synallagmatique fait entre diverses parties, finit de la même manière que les autres compromis. — 1re, 28 janvier 1808, *Loisellière.*

§. 5. — *Partage.* — *Tiers-arbitre.*

33. — Le tiers-arbitre, appelé pour vider un partage, doit, à peine de nullité, adopter purement et simplement l'avis émis par les autres arbitres; il ne peut prendre une opinion intermédiaire et personnelle, lors même qu'il ne s'agit que de plus ou de moins. — 2e, 9 juin 1837, *Delamare.* — R. P. 1, 430.

34. — Cependant, lorsque les arbitres ont été en désaccord sur différents chefs, le tiers-arbitre peut adopter sur chacun de ces chefs, l'avis de l'un ou de l'autre, ainsi (*v. c.*), sur le premier chef, l'avis d'un arbitre, et sur le second, l'avis de l'autre arbitre. — 1re, 29 pluviôse an XIII, *Lainé.*

§. VI. — *Des effets et de l'exécution de la sentence arbitrale.*

35. — « Les arbitres investis du droit de juger par un compromis régulier, sont à considérer comme personnes publiques. Foi doit être ajoutée, jusqu'à inscription de faux, à ce qui est consigné dans leur jugement, lorsque c'est une suite du compromis. » — 1re, 28 juillet 1818, *Bellamy.*

36. — Dès avant le Code de procédure, les décisions arbitrales ne pouvaient être opposées aux tiers. — 1re, 29 décembre 1806, *Lebourgeois.*

37. — Les parties n'ont pas le droit de conférer à un notaire le pouvoir que les art. 1020 et 1021 C. pr., n'ont accordé qu'au président du tribunal, de rendre

exécutoire un jugement arbitral. — 2°, 5 juillet 1834, *Dangerville.*

§. VII. — *Voies et motifs de réformation. —Renonciation.—Appel.—Opposition à l'ordonnance* d'exequatur.

38. — Est valable la clause d'un compromis portant qu'une partie ne pourra interjeter appel de la décision arbitrale, sans payer une certaine somme (de 800 f. dans l'espèce). — 1re, 5 nivôse an XIII, *Fossey.*

39. — La clause d'un compromis portant que les parties *se soumettent à la décision arbitrale et l'exécuteront,* n'est point exclusive du droit d'appeler. — 2°, 19 novembre 1819, *Auvray.*

40. — Etait recevable, même avant le Code de procédure et de commerce, l'appel d'une décision arbitrale rendue entre associés commerçants. — 1re, 5 nivôse an XIII, *Fossey.*

41. — Une décision arbitrale ne peut être frappée d'appel tant qu'elle n'a été ni déposée, ni revêtue de l'ordonnance d'exequatur. — 1re, 3 floréal an XIII, *Gueret.*

42. — Il en est ainsi, même en matière commerciale. — 2°, 26 décembre 1810, *Roger;* — 2°, 4 août 1813, *Roger.*

43. — Une décision arbitrale ne peut être attaquée parce qu'elle ne prononce pas définitivement sur quelques chefs non en état de recevoir jugement. — 1re, 28 juillet 1818, *Bellamy.*

44. — Si le jugement arbitral est en premier ressort, la partie condamnée

peut, au lieu de former opposition devant le tribunal, en porter l'appel pour torts et griefs. — 2°, 19 novembre 1819, *Auvray.*

45. — L'on peut toujours porter l'appel devant la Cour d'une sentence arbitrale rendue en dernier ressort par des amiables compositeurs, lorsque les arbitres ont excédé leurs pouvoirs. (Art. 454, C. pr. civ.) — 4°, 19 mars 1839, *Dajon.—R. P. 3, 115.*

46. — Ce n'est pas par voie d'appel devant la Cour, mais bien devant le tribunal de commerce que doit être attaquée l'ordonnance *d'exequatur,* rendue par le président de ce tribunal. — 1re, 16 mars 1810, *Hédiard.*

47. — La déclaration passée par les parties adverses, qu'elles ne veulent point que le jugement arbitral rendu entre elles fasse la règle de leurs droits, emporte l'annulation de ce jugement, et cette annulation n'a pas besoin, pour être admise en justice, qu'il ait été formé opposition à l'ordonnance *d'exequatur.* — 1re, 17 janvier 1821, *Oriot.*

V. Acquiescement, chose jugée, compétence commerciale, société.

TABLE SOMMAIRE.

ARBITRAGE.—ARBITRE, §. VII.

ARBITRAGE FORCÉ.
V. Arbitrage.

ARBRE.
V. Bois, servitude. V. aussi dot, propriété, usufruit, usage, vente, voirie.

ARGENT.
V. Monnaie.

ARRÉRAGES.
V. Rentes , prescription. V. Aussi
caution , communauté , dot , hypothèque, intérêts , louage, saisie-arrêt , saisie immobilière , succession, usufruit ,
vente.

ARRÊT.
V. Jugement.

ARRÊTS DE DENIERS.
V. Saisie-arrêt.

ARRÊTÉ ADMINISTRATIF.
V. Arrondissement, compétence administrative , élections.

ARRONDISSEMENT.
ARRÊTÉ DE COMPTE.
V. Compte.

ARRONDISSEMENT
Lorsque le chef-lieu d'une commune
est situé dans un arrondissement, il y a
présomption légale que toutes les parties
de cette commune en dépendent ; c'est
à celui qui prétend le contraire à l'établir clairement, et faute à lui de le faire,
il n'y a pas lieu de renvoyer devant le
pouvoir royal. — 2ᵉ, 15 février 1838,
Coupel. — R. P. 2, 58.

La circonscription d'un arrondissement , sous le point de vue judiciaire et
hypothécaire , ne peut être changée que
par une loi.— *m. arr.*

L'arrêté d'un préfet qui fait un tel
changement n'est aucunement obligatoire, et les tribunaux devant lesquels il
est opposé, n'ont pas besoin de le renvoyer à l'autorité administrative pour
l'interpréter.— *m. arr.*

V. Élections , hypothèques, saisie immobilière.

ARTISAN.
V. Acte de commerce, commerce,
preuve littérale.

ASCENDANT.
V. Actes respectueux, aliments, mariage , portion disponible, succession ,
tutelle.

ASSEMBLÉE DE FAMILLE.
V. Tutelle.

ASSIGNAT.
V. Papier-monnaie.

ASSIGNATION.
V. Exploit.

ASSURANCES MARITIMES.

ASSOCIATION.

V. Société.

ASSOCIÉ.

V. Appel, arbitrage, avarie, exploit, compétence commerciale, société commerciale.

ASSURANCES MARITIMES.

1. — « Le double procès-verbal de visite, exigé par les art. 12 et 13 de la loi du 13 août 1791, pour reconnaître l'état des navires, tant avant leur armement que lorsque les capitaines sont prêts à prendre charge, n'est ordonné que dans le cas de voyage de long-cours, les autres en sont formellement exceptés. » — 4ᵉ, 2 juillet 1827, *Cuman-Solignac.*—C. R. 10, 39 ; — 4ᵉ, 7 décembre 1815, *Deslongrais.*

2.—La circonstance que des réparations auraient été faites pendant le cours du voyage, ne rend pas nécessaire une nouvelle visite du navire.—*m. arr. Cuman-Solignac.*

3.—En conséquence, le défaut de ce double procès-verbal ou de cette double visite ne rend pas, en cas de perte du navire, le capitaine non recevable à réclamer de la compagnie d'assurance le remboursement de la valeur assurée. — *m. arr.*

4.—Les marchandises assurées sont censées perdues quand le voyage finit avant qu'elles soient arrivées à leur destination. Le voyage est censé fini lorsque le navire est abandonné en mer, dans le cas de l'art. 341 C. comm., sans qu'il soit possible de transborder le chargement sur un autre navire ayant même

ASSURANCES MARITIMES.

destination.—4ᵉ, 22 janvier 1840, *Vallée.*—R. P. 3, 575.

5.—Dans ce cas, il y a lieu au délaissement lors même que, par les soins du capitaine et de l'équipage, quelques-uns des objets assurés, excédant même le quart du montant de l'assurance, auraient été sauvés ou transbordés sur un autre navire ne faisant pas le même voyage.—*m. arr.*

6.—Dans ce même cas, il n'y a pas lieu d'examiner si les marchandises sauvées ou transbordées pouvaient être déchargées ou transportées au lieu de leur destination dans les délais prescrits par l'art. 387.—L'art. 394 C. comm. n'est pas applicable au cas de naufrage ou d'abandon du navire, dans les circonstances prévues par l'art. 341.—*m. arr.*

7.—Lorsque, dans un contrat d'assurance, il a été convenu que toutes les difficultés qui pourraient naître pour son exécution seraient jugées par des arbitres, les assureurs qui ont saisi le tribunal de commerce, pour obtenir le paiement de la prime d'assurance, ne peuvent, en se désistant de cette action, demander leur renvoi devant le tribunal arbitral, pour faire statuer sur le délaissement ou sur l'action en avaries formée reconventionnellement, pendant l'instance, par les représentants de l'assuré.—4ᵉ, 4 juin 1838, *Tessel.*—R. P. 2, 230.

8.—*Admissibilité de l'action en délaissement.*—L'action en délaissement est encore recevable après l'expiration des délais fixés par les art. 373 et 375, combinés avec l'art. 341 du Code de comm.

ASSURANCES TERRESTRES.

lorsque tout fait présumer que l'héritier de l'assuré qui l'intente ignorait l'existence de la police d'assurance, et qu'il ne s'est pas écoulé, depuis qu'il en a eu connaissance, le temps fixé par la loi. — *m. arr. loc cit.*

9.—L'action en avarie est-elle admissible concurremment avec l'action en délaissement, dans les mêmes cas et par les mêmes moyens?

Spécialement, si le délaissement était fondé sur le défaut de nouvelles du navire assuré, pourrait-on, après la prescription de cette demande, intenter l'action en avaries? Ne faut-il pas, pour cette dernière action que le navire existe en tout ou partie, et que les avaries puissent être constatées légalement? — *Non res, par le même arr.* — R. P. 2, 230.

10. — *Connaissement.* — Le connaissement délivré par le capitaine d'un navire, dont le chargement a été assuré, ne fait pas foi entre les assureurs et les assurés jusqu'à inscription de faux.—Les assureurs sont admis à prouver, par témoins et par présomptions, qu'il y a eu dol et fraude ou fausse déclaration de la part de l'assuré, en ce qu'il n'aurait pas en son pouvoir les objets assurés et portés au connaissement.—25 juin 1825, *Duchesne.*—C. R 10, 230.—*Rej.* — S. 27, 1, 127.

V. Avaries, capitaine, navire.

ASSURANCES TERRESTRES.

L'usufruitier a le droit de jouir en usufruit de l'indemnité accordée par une compagnie d'assurances, lorsque la maison soumise à l'usufruit avait été assurée par le nu-propriétaire seul, et que seul il en avait payé la prime, si l'indemnité accordée représente la valeur en toute propriété de l'objet assuré. — *Tribunal civil de Caen,* 1re, 12 février 1840, *Denis.* —R. P. 4, 244.

ATERMOIEMENT.

V. Faillite.

ATTÉRISSEMENT.

V. propriété.

AUBERGE, AUBERGISTE.

V. Dépôt.

AUDIENCE SOLENNELLE.

1.—Doivent être portées en audience solennelle les actions où des questions d'état sont agitées, même incidemment entre personnes dont l'une existe, ainsi (v. c.) la qualité d'enfant naturel.—2e, 12 juin 1829, *Jouis;*—1re, 12 août 1829, *Ogée.*

2.—Ne sont point portées aux audiences solennelles les questions en pétition d'hérédité, encore qu'elles soulèvent incidemment des questions d'état de personnes décédées.—1re, 4 mars 1823, *de Gussy.*

3.—Les questions de nomination de conseil se jugent en audience solennelle. 1re, 17 avril 1822, *Desloges.*

4.—On doit juger en audience solennelle les questions même relatives à la procédure en interdiction.—1re, 8 octobre 1819, *Maurin.*

5.—Lorsqu'une affaire requiert célé-

9

AUTORISATION DE FEMME MA-RIÉE.

rité, une question d'état peut être portée aux audiences ordinaires. — 1re, 7
décembre 1820, *Pigien.*

6.—Si la question d'état disparaît et
que la Cour n'ait plus à prononcer que
sur la demande en homologation d'une
transaction intervenue entre les parties,
sur des intérêts pécuniaires, la cour est
compétente en audience ordinaire.—1re,
26 juillet 1831, *François,* dit *Ogié.*

7.—Les Cours peuvent, lorsqu'elles
trouvent une question difficile à résoudre, renvoyer la décision devant deux
chambres réunies en audience solennelle.—1re, 5 mai 1830, *De Lafournerie.*
—C. R. 13, 212.

AUGMENTATION.

V. Appel, délai, élections, hypothèque.

AUTORISATION.

V. Absent, commune, commerçant,
compétence administrative, contrat de
mariage, dot, femme normande, saisie
immobilière, tutelle.

AUTORISATION DE COMMUNE.

V. Commune.

AUTORISATION DE FEMME MA-RIÉE.

§. I.—*Dans quels cas l'autorisation maritale est-elle nécessaire, soit pour ester en
jugement, soit pour contracter et disposer ; et de quels actes elle résulte implicitement?*

§. II.—*Par qui l'autorisation peut-elle
être demandée ?—Quand doit-elle être
donnée, et jusqu'à quel moment peut-
elle l'être?—Quelles sont ses formes.*

§. III. — *De l'autorisation donnée par
justice.*

§. IV.—*Effets du défaut d'autorisation.
—Qui peut et quand peut-on proposer
la nullité qui en résulte ?*

§. I.—*Dans quels cas l'autorisation maritale est-elle nécessaire, soit pour ester en
jugement, soit pour contracter et disposer ; et de quels actes elle résulte implicitement ?*

1. — *Autorisation nécessaire pour ester
en jugement.* — Avant le Code civil, la
femme normande séparée de biens, pouvait ester en jugement, pour chose mobilière, sans y être autorisée. (Arg. des
art. 126 et 127 des Pl.)—2e, 7 thermidor
an XII, *Vincent.*

2.—La femme séparée de corps doit
être autorisée, comme la femme séparée
de biens, pour ester en jugement. « Le
silence de l'art. 215 à cet égard, vient
de ce qu'à l'époque de sa rédaction il
était encore incertain si cette espèce de
séparation serait admise en France, mais
l'art. 1449 assimile, pour ce cas, la
femme séparée de corps à la femme séparée de biens. » — 2e, 3 juin 1815,
Maresquier.

3.--Une femme qui plaide contre son
mari est suffisamment autorisée, par cela seul que le mari a répondu à ses soutiens et les a combattus sans lui opposer
l'insuffisance de sa qualité.—En tous cas,
la Cour d'appel a le pouvoir d'accorder
l'autorisation pour la terminaison du procès.—1re, 25 février 1829, *De Laferté.*

4.—La femme autorisée à ester en ju-

AUTORISATION DE FEMME MA- RIÉE, §. I.

gement pour sa demande en séparation de corps, est, par cela même, autorisée à ester en jugement pour tout ce qui y est accessoire.—1re, 21 janvier 1812, *De Montreuil.*

5.—La femme mariée n'a pas besoin d'une autorisation spéciale pour défendre à la demande en interdiction formée contre elle, elle est suffisamment autorisée par le jugement qui, conformément aux dispositions de l'art. 494 C. civ., ordonne la convocation du conseil de famille pour donner son avis à ce sujet. Il en est surtout ainsi si le mari est absent. — 1re, 1er mai 1826, *Senat.* — C. R. 6, 371.

6.—De même, en ordonnant qu'il sera procédé à l'interrogatoire de la femme contre laquelle l'interdiction est provoquée, le tribunal civil autorise, par cela même, cette femme à exécuter son jugement.— *m. arr.*

7. — *Autorisation nécessaire pour disposer et contracter.* — La femme normande non autorisée spécialement par son mari, ne peut aliéner une rente, cette rente étant considérée comme immeuble. —2e, 1er déc. 1815.

8.—Etait nulle, même avant le Code civil, l'obligation contractée par une femme mariée sans l'autorisation de son mari.—2e, 18 février 1807, *Amey;* —2e, 20 novembre 1807, *Larouveraye.*

9.—La femme peut, sans y être autorisée ni par son mari, ni par justice, révoquer le mandat qu'elle avait donné à son mari de poursuivre un procès relatif à la propriété d'un de ses immeubles. —

AUTORISATION DE FEMME MA- RIÉE, §. II.

Ce mandat ayant été un effet spontané de sa volonté, a pu être révoqué par un effet contraire.—2e, 15 juillet 1824, *Lemonnier.*—C. R. 3, 41.

10.—La femme qui exerce le commerce au su de son mari, est réputée y avoir été autorisée par lui.— 4e, 9 juillet 1818, *Lecarpentier;* —8 décembre 1829, *Clément.*—Rej. S. 32, 1, 365.

Voyez le mot *commerçant,* §. III.

11.—Le mari qui tire une lettre de change sur sa femme autorise, par cela même, celle-ci à l'accepter.—4e, 2 août 1814, *Delamotte;* — 4e, 27 janvier 1815, *Mauger.*

§. II.—*Par qui l'autorisation peut-elle être demandée? —Quand doit-elle être donnée, et jusqu'à quand peut-elle l'être? —Quelles sont ses formes?*

12. — *Par qui l'autorisation peut-elle être demandée?* — La femme, même séparée de biens, qui se présente devant les tribunaux pour réclamer même une chose mobilière, peut être contrainte par le défendeur de se faire préalablement autoriser par son mari.—1re, 25 frimaire an XIII, *Taillevast.*

13.—Toutefois, sont valables et inattaquables les poursuites et diligences faites par la femme, avant que l'exception résultant du défaut d'autorisation ne lui ait été opposée.—1re, 27 nivôse an XIII, *Taillevast.*

14. — *Quand l'autorisation doit-elle être donnée? —Lorsqu'une donation a été acceptée par une femme non autorisée, sauf la ratification du mari, l'acceptation

AUTORISATION DE FEMME MARIÉE, §. II.

peut être validée par l'autorisation de celui-ci, à quelqu'époque qu'elle soit donnée, pourvu que les volontés du donateur et de la donataire n'aient point encore changé.

L'autorisation du mari, dans ce cas, résulte suffisamment de la signification que font conjointement les époux.—2ᵉ, 5 mai 1831, *Gresille.*—C. R. 13, 701.

15.—La femme séparée qui porte l'appel d'un jugement qui lui fait grief, ne peut être déclarée non recevable dans son action par cela seul qu'elle ne s'est point faite autoriser, mais le tribunal doit lui impartir un délai pour obtenir cette autorisation, et du reste maintenir l'action et les poursuites exercées.—2ᵉ, 30 messidor an XII, *Pausse;*—2ᵉ, 3 juin 1815, *Maresquier.*

16. — *Formes de l'autorisation.* — « L'art. 223 qui prohibe toute autorisation générale donnée par un mari à sa femme n'est applicable, ni dans son texte, ni dans ses motifs, à la circonstance où c'est un tiers qui a été investi du pouvoir d'assister la femme et de l'environner des conseils et de la protection dont il est dans les devoirs comme dans le droit du mari qu'elle ne reste pas dépourvue. » — 2ᵉ, 19 avril 1834, *Olivier.*—R. P. 2, 448.

17.—Est nulle la clause d'un contrat de mariage qui autorise la femme à aliéner ou hypothéquer, si bon lui semble et comme elle le jugera à propos, deux immeubles déterminés.—1ʳᵉ, 20 novembre 1838, *Yger;*—R. P. 2, 594;—Ità 2ᵉ, 22 mai 1835, *Cardonnat.*

AUTORISATION DE FEMME MARIÉE, §. IV.

18.—L'autorisation dont a besoin une femme pour porter une surenchère (du dixième), doit être spéciale; l'autorisation générale qui lui aurait été donnée de poursuivre, en vertu de sa séparation de biens, la liquidation de ses droits contre son mari serait tout-à-fait insuffisante à l'effet de porter une surenchère valable sur les immeubles de celui-ci.— 2ᵉ, 25 juillet 1833, *Lebec.*

§. III.—*Autorisation donnée par justice.*

19.—Si le mari assigné, pour autoriser sa femme à ester en jugement, ne comparaît pas, le juge ne doit point débouter la femme de sa demande, il doit prononcer défaut contre le mari, et pour le profit, donner lui-même l'autorisation demandée.—4ᵉ, 13 juin 1816, *Dethan.*

§. IV. — *Effets du défaut d'autorisation. —Qui peut et quand peut-on proposer la nullité qui en résulte?*

20.—La nullité résultant du défaut d'autorisation est une nullité tout à fait relative, qui, lors même qu'elle est proposée par la femme, ne doit être prononcée par le juge qu'autant qu'elle procure un véritable avantage à celle-ci. —1ʳᵉ, 1ᵉʳ mai 1826, *Senot.*—C. R. 6, 371.

21.—Ainsi, le mari qui intervient dans une instance où il n'avait point été appelé, et pour laquelle il n'avait point donné son autorisation, peut, il est vrai, faire annuler les jugements rendus contre sa femme; mais comme il est sans

AUTORISATION DE FEMME MA-RIÉE, §. IV.

intérêt à demander que les citations et assignations données à sa femme soient déclarées nulles et à recommencer, ces différents actes de procédure doivent être maintenus.—2ᵉ, 25 frimaire an XII, *Garin.*

22. — « L'art. 225 n'est applicable qu'aux actes consommés du consentement des parties, dans lesquels ils ont eu toute liberté de se refuser comme d'accepter les chances auxquelles peuvent donner ouverture l'état plus ou moins imparfait de capacité de la femme quand elle a traité. » — 2ᵉ, 25 juillet 1833, *Lobec.*

23.—Ainsi et spécialement, la surenchère que l'art. 2185 autorise tout créancier à porter, étant un acte qui lie forcément les créanciers, bien qu'elle ne soit pas leur œuvre, ne peut être valablement portée par une femme mariée sans l'autorisation de son mari ou de justice, et la nullité qui résulte du défaut d'autorisation est absolue et proposable par tous.— *m. arr.*

24.—Le défaut d'autorisation, qui n'a point été opposé à la femme en première instance, ne peut plus lui être opposé en appel, si, pour interjeter cet appel, elle a reçu l'autorisation de son mari. Cette nullité est de la nature de celles qui doivent être proposées *à limine litis.* —1ʳᵉ, 21 ventôse, an X, *Alexandre;*—1ʳᵉ, 25 nivôse an XIII, *Tollevast.*

V. Commerce, communauté, contrat de mariage, dot, époux normands, femme normande, obligation, séparation.

AVARIES.

TABLE SOMMAIRE.

AVAL.

V. Effet de commerce.

AVANCEMENT D'HOIRIE.

V. Donation par contrat de mariage, élections, portion disponible, rapport, remplacement, succession.

AVANTAGE.

V. contrat de mariage, donation, époux normand, rapport.

AVARIES.

1. — Si un navire est obligé, par suite de tempête, de se faire piloter à raison d'une voie d'eau, et si par suite il y a lieu de décharger le navire, les frais de pilotage et de décharge sont des avaries grosses et non pas des avaries particulières.

Le navire ne doit contribuer aux ava-

AVARIES.

ries grosses que pour la moitié de sa valeur, dans l'état où il a été mis par suite de la tempête et sans aucune addition des sommes pour lesquelles les marchandises ont contribué aux réparations dudit navire. — 4e, 20 novembre 1828. — *Brodhering.* — C. R. 11,485.

2. — *Abordage.* — Aux termes de l'art. 407 C. comm., le dommage doit, en cas d'abordage, être réparé à frais communs par les navires qui l'ont fait et souffert, s'il y a doute sur le point de savoir si l'abordage est purement fortuit, aussi bien que s'il y a doute sur le point de savoir par la faute duquel des capitaines il est arrivé. — 4e, 17 juillet 1838, *Letrevic.* — R. P. 2, 270.

3. — L'action en indemnité d'avaries causées par abordage n'est pas dépendante du rapport du capitaine qui se plaint de l'abordage, et peut être intentée sans un pareil rapport qui ne ferait pas foi vis-à-vis de l'auteur du dommage. — 4e, 11 mai 1813, *Olivier.*

4. — Cette action ne se prescrit pas par vingt-quatre heures si l'abordage a eu lieu dans un port non situé dans une ville et qu'il fallût que l'huissier entrât dans un canot pour signifier la demande. — L'art. 436 C. com., n'est applicable que lorsque la signification peut se faire par les voies et moyens ordinaires. — *m. arr*, 4e, 15 juin 1813, *Fiechel.*

5. — « L'art 435 C. comm. suppose, en parlant des domages arrivés à la marchandise, un dommage causé à la qualité de ladite marchandise et non pas une simple diminution dans la qualité. » — 4e, 7 déc. 1815, *Deslongrais.*

AVEU JUDICIAIRE.

6. — Toutes les fois qu'il n'y a pas rupture de voyage, le réglement d'avarie doit se faire au port de la destination. — Il n'y a pas rupture de voyage par cela seul que le navire a échoué et a été déchargé, si les marchandises n'ont pas été vendues dans l'endroit où l'avarie a eu lieu, mais ont dû, au contraire, être expédiées à leur destination. — 4e, 4 juillet 1837, *Elia Sichade.* — R. P. 1, 470.

7. — Il en serait ainsi lors même que la plupart des propriétaires des mardises composant le chargement, auraient préféré retirer leurs marchandises dans le lieu de relâche plutôt que d'en attendre le transport après la réparation du navire. — 4e, 30 mai 1821, *compagnie d'assurance.*

En conséquence, sont incompétemment rendus les jugements et du tribunal de paix du lieu de relâche, qui nomme des experts pour constater l'état des pertes et dommages, et du tribunal civil de ce même lieu qui homologue le procès-verbal de liquidation des pertes et dommages. — (Art. 414, C. comm.) — *m. arr.*

AVEU JUDICIAIRE.

1. — Les déclarations contenues dans un interrogatoire ne doivent point être rangées au nombre des aveux judiciaires dont la nature est d'être indivisibles. — 4e, 8 décembre 1824, *Lepetit-Dulongprey*, C. R. 4, 46.

2. — S'il est de principe que l'aveu judiciaire est indivisible, il ne peut toutefois servir de règle de décision qu'en

· l'absence de toute preuve légale, et les tribunaux doivent ordonner tout moyen d'instruction, relativement aux faits opposables à celui qui passe l'aveu. — 1re, 28 janvier 1829, *Follain.*, C. R. 12, 266.

3. — L'aveu judiciaire est divisible dans les matières où la loi admet la preuve testimoniale. — 2e, 19 juin 1824, *Morin.*

AVOCAT.

§. I. — *Droits et privilége des avocats.*

§. II. — *Discipline des avocats.*

§. I. — *Droits et privilége des avocats.*

1. — « Le droit de défense devant les Cours et tribunaux appartient exclusivement aux avocats. Il n'y a d'exception à ce principe que dans les tribunaux où les avocats ne sont pas en nombre suffisant pour l'expédition des affaires. Seulement les avoués, dans les affaires où ils occupent, ont le droit de plaider sur les demandes incidentes de nature à être jugées sommairement, et sur tous les incidents relatifs à la procédure. » — 1re, 19 juillet 1824.

2. — Par le même arrêt, la Cour décide, en infirmant un jugement du tribunal de Mortagne, que les avocats plaidraient dorénavant à ce tribunal, à l'exclusion des avoués.

3. — Si un tribunal trouve qu'une partie qui se défend elle-même, ne s'exprime pas avec assez de clarté, il peut forcer cette partie de se pourvoir d'un avocat. — 2e, 12 août 1824, *Miquelard.*
Mais on ne peut nommer d'office un

avocat en matière civile. — 1re, 16 nov. 1829, *de Pointel.*

4. — Les déclarations et consentements passés en plaidoirie par l'avocat, arrière de son client, ou sans qu'il soit fourni à celui-ci les moyens d'en apprécier l'exactitude, ne doivent être pris en nulle considération s'ils ne sont ratifiés par le client. — 2e, 28 février 1834, *Riquet de la Bonvalière;* — 4e, 13 janvier 1835, *Bretonnet.*

5. — De ce qu'un avocat est fils de la partie pour laquelle il plaide, il ne s'ensuit pas que les engagements d'arrangement qu'il prend durant le cours du procès doivent être considérés comme engagements personnels, et non soumis à la condition de ratification de la partie qu'il représente. — 2e, 4 janvier 1833, *Petit.*

6. — « Les avocats n'ont d'autres garanties du paiement de leurs honoraires que la bonne foi, la délicatesse et la reconnaissance de leurs clients. » Ils ne peuvent rien en exiger.
En conséquence, l'avoué qui, sans le consentement du client, aurait payé l'avocat, n'aurait aucune action en répétition contre le client. — 2e, 23 juillet 1819, *Lemaire.*

7. — *Contrà.* — L'avoué, comme mandataire de la partie, a qualité pour payer les honoraires de l'avocat chargé de soutenir la cause de son client. — 1re, 30 décembre 1840. — *Roger et Voisin.* — R. P. 5, 22.

8. — L'avocat a action pour ses honoraires, mais s'il implore la voie judiciaire pour les obtenir, il doit prou-

ver sa demande comme tout autre plaideur. — 1re, 21 novembre 1833, *Leguelinel-Durendée*.

9. — Le client n'est pas tenu de présenter de quittance pour prouver sa libération.—Sa simple affirmation d'avoir payé, peut, suivant les circonstances, être regardée comme vraie et faire rejeter la demande de l'avocat. — *m. arr.*

§. II.—*Discipline des avocats.*

10.—Un conseil de discipline, pour être régulièrement organisé et apte à délibérer, doit être composé 1° des anciens bâtonniers ; 2° des deux premiers chefs de chaque colonne ; 3° du secrétaire.

Surtout s'il n'est allégué aucun motif d'exclusion contre ceux qui, malgré leurs droits, ne font pas partie du conseil.—*Aud. solenn.*, 8 janvier 1830 , *Seminel*, C. R. 12, 41.

11. — Si un ou plusieurs membres s'abstiennent de prendre part à une délibération, le conseil n'est pas tenu de statuer positivement sur leurs motifs d'excuse. Il suffit, dans tous les cas, d'une approbation tacite. — *m. arr.*

12.—Mais quelles que soient les causes d'absence ou d'abstention, toute délibération est nulle si les deux tiers des membres du conseil n'y ont pas assisté. — *m. arr.*

13.—Lorsqu'un avocat a reçu une citation à comparaître devant le conseil, et qu'il s'est contenté de présenter, dans une lettre, des moyens exceptionels, qui ont été rejetés, il n'est pas néces-

saire de lui donner une nouvelle citation pour proposer ses moyens de défense au fond.— *m. arr.*

14.—Les conseils de discipline sont compétents de connaître des infractions et des fautes commises par les avocats, même hors l'exercice de leurs fonctions. —*m. arr.*

15.—Le droit d'invocation du fonds appartient aux Cours royales, lorsqu'elles annulent une délibération du conseil de discipline pour violation ou omission des formes prescrites.— *m. arr.*

16.—Le conseil de discipline de l'ordre des avocats ne peut être considéré comme investi d'un caractère public, lorsqu'il use du pouvoir qui lui est conféré de réformer tout ce qui peut porter atteinte à l'honneur de l'ordre.—Les injures et diffamations dirigées contre lui, à l'occasion de l'exercice de ses fonctions, sont, par conséquent, de la compétence des tribunaux correctionnels et non des cours d'assises.—*Ch. corr.*, 24 août 1837, *Lemeneur*.—R. P. 1, 633.

17.—Aux conseils de discipline, et non aux tribunaux, appartient le droit de statuer sur l'admission des avocats au stage. « Le tribunal n'a d'autre droit que d'accorder acte à l'avocat de la représentation de ses titres et de ce qu'il commence son stage. » —2e, 7 janvier 1819, *Dudouy.*

18.—Dans tous les cas, l'admission d'un avocat au stage ne peut être rejetée que pour des motifs actuels et exprimés dans le jugement.— *m. arr.*

19.—Les Cours royales sont compétentes pour connaître, par voie d'appel, des décisions des conseils de discipline qui refusent à un avocat son admission au stage et au tableau.—*Ch. réunies*, 11 janvier 1837, *Jardin.*—R. P. 1, 122.

V. Avoué, vente.

TABLE SOMMAIRE.

AVOUÉS.

§. I.—*Fonctions des avoués.—Foi due à leurs actes.*

§. II.—*Constitution de l'avoué et preuve de cette constitution. — Nomination d'office.*

§. III.—*Obligations imposées aux avoués.*

§. IV.—*Droits des avoués.*

§. V. — *Chambre des avoués.*

§. I.—*Fonctions des avoués.—Foi due à leurs actes.*

1. — « L'avoué représente la partie pour tout ce qui est relatif aux errements de la procédure, il est toujours censé s'être conformé au mandat qu'il a reçu d'elle ; celle-ci ne peut s'élever contre ce qu'il a fait qu'en formant un désaveu

contre lui. » — 1re, 11 mai 1835, *Saulatre.*

V. Désaveu.

2.—*Spécialement*, l'avoué lie sa partie par l'acquiescement qu'il donne à un jugement.—*m. arr.*

3.—De même, il a qualité pour se porter appelant d'un jugement.—2e, 3 janvier 1806, *Plancho n.*

4.—L'avoué qui a occupé en première instance continue de droit d'être l'avoué de sa partie, encore bien qu'un jugement intervenu dans l'instance ait été frappé d'appel.—1re, 28 août 1809, *Dhéricy.*

5.—L'avoué représente tellement sa partie, que le jugement rendu contre une partie après son décès est valable, si cette partie avait avoué en cause et que le décès n'ait point été dénoncé.—1re, 7 juillet 1807, *Hardy.*

6.—Foi est due aux actes des avoués tant que le faux n'est pas légalement établi.—*Aud. sol.* 28 décembre 1815, *Gihoul.*

7. — Tous les actes extra-judiciaires faits par eux n'ont aucune authenticité. « Si différents articles du tarif, et notamment les articles 28 et 29 , supposent qu'ils ont qualité pour faire certaines copies d'actes et les certifier, il est évident que ce n'est qu'autant que ces actes se rattachent à leur ministère, hors duquel ils restent dans la classe des personnes privées. » — 1re, 4 mai 1831, *Warnery.*

8.—Ainsi, l'avoué n'a pas qualité pour faire des copies dans une affaire où il ne postule pas et n'a pas postulé. — *m. arr.*

§. II.—*Constitution de l'avoué et preuve de celle constitution.—Nomination d'office.*

9.—Est valable une constitution d'avoué conçue en ces termes : « lequel fait élection de domicile chez Me .... , avoué à la Cour royale de Caen.—2e, 12 mars 1807, *Fey.*

10.—Il en est surtout ainsi en matière de saisie immobilière où le domicile est de droit élu chez l'avoué.—Dans ce cas la constitution d'avoué résulte suffisamment de l'élection de domicile faite chez tel avoué par le procès-verbal de saisie. 4e, 10 février 1835, *Lacoste.*—R. P. 2, 492.

11.—Est nul, comme ne contenant pas de constitution d'avoué, l'exploit d'appel portant la mention suivante : *lequel constitue pour son avoué près la Cour royale de Caen*, rue Guillaume-le-Conquérant, lors même qu'il n'existerait dans cette rue qu'un seul avoué près la Cour royale.—4c, 5 avril 1840, *Boutrais.*—R. P. 4, 123.

12.—L'avoué qui se constitue pour un tel et cohéritiers n'est pas réputé l'avoué des cohéritiers. — 2e, 12 mars 1824, *Oriot.*

13.—Lorsque plusieurs parties ont le même intérêt, elles doivent procéder par le même avoué; autrement les frais des constitutions particulières restent à leur charge.—1re, 30 novembre 1818, *Aumoitié;* — 2e, 15 décembre 1825, *Vigeon;*— 2e, 16 janvier 1830, *Claude;*—4e, 10 avril 1832, *Dudouit.*

14.—L'avoué ne doit signifier qu'un acte de constitution pour tous les consorts.—4e, 5 mai 1819, *Hubert.*

15.—La preuve du mandat donné par une partie à un avoué pour passer un consentement, n'est soumise à aucunes règles spéciales. (Art. 352 C. pr. civ.)

16.—Elle peut se faire par tous les moyens servant à établir un mandat ordinaire.—2e, 29 novembre 1822, *Chennevière de Pointel;* — 2e. 23 août 1823, *Huet;* — 1re, 6 juillet 1828, *De Courseulles.*

17.—*Spécialement*, elle peut résulter de présomptions (particulièrement de la bonne réputation de l'avoué), accompagnées d'un commencement de preuve par écrit.—2e, 23 août 1823, *Huet.*

18. — .... Ou encore de la présence à l'audience de la partie pour laquelle des conclusions ont été prises.—2e, 29 novembre 1822, *Chennevière de Pointel;* — 4e, 3 décembre 1834, *Ruault.*

Voyez Désaveu.

19.—La saisine des pièces entre les mains d'un avoué ne suffit pas pour établir qu'il est chargé de la poursuite d'une cause.—4e, 28 mai 1828, *Vigot.*

20.—L'avoué n'est pas tenu de justifier de son mandat à la partie adverse.— 4c, 20 juillet 1830, *Lesauvage.*

21.—*Nomination d'office.*—L'avoué qui se présente devant le tribunal pour faire rapporter l'ordonnance du président qui, sur la demande d'une partie, l'a chargé d'office d'occuper pour elle, doit mettre la partie en cause.—Cette partie n'est pas valablement assignée pour la première fois devant la Cour, sur l'appel du

AVOUÉS, §. III.

jugement qui a rejeté la demande de l'avoué.—1ʳᵉ, 23 mai 1837, M° *Charles.*—R. P. 1, 350.

§. III.—*Obligations imposées aux avoués.*

22.—Les avoués ne sont responsables de l'insolvabilité d'un adjudicataire qu'autant que cette insolvabilité était notoire.—2ᵉ, 1ᵉʳ février 1828, *Othon.*—C. R. 9, 346.

23.—En général, la question de savoir si l'avoué est ou non tenu de faire ratifier, dépend des circonstances, et il faut un motif grave pour que cette ratification soit ordonnée.—2ᵉ, 3 messidor an xii, *Halter ;* — 1ʳᵉ, 29 juillet 1806, *Ravenel.*

La procédure que l'avoué n'a pas faite ratifier peut être déclarée nulle.—1ʳᵉ, 19 janvier 1807, *Robert.*

24.—L'avoué qui a voulu abuser d'une erreur glissée dans l'exécutoire de dépens, et qu'en sa qualité d'officier ministériel il a pu facilement reconnaître, peut être condamné en des dommages-intérêts envers la partie, au préjudice de laquelle l'erreur avait été commise.—2ᵉ, 10 août 1832, *Denis.*

25.—La Cour condamne un avoué personnellement aux dépens du jour, pour avoir fait tardivement une signification qui nécessite le renvoi de la cause à un jour ultérieur.—2ᵉ, 17 novembre 1831, *Souffraud.*

26.—Les avoués sont déchargés des pièces, même empruntées sur *récépissé,* cinq ans après le jugement du procès, et, dans le cas où il n'y aurait pas eu de ju-

AVOUÉS, §. IV.

gement, dix ans après la date du *récépissé.*—2ᵉ, 1ᵉʳ germinal an xii.

§. IV.—*Droits des avoués.*

Les décisions relatives aux honoraires des avoués sont rapportées au mot *frais et dépens.*

27.—L'avoué n'a pas d'action personnelle contre un maire pour lequel il a occupé en cette qualité.—1ʳᵉ, 26 décembre 1808, M° *Levenard.*

28.—L'avoué n'a aucune action contre le client, à raison des honoraires de l'avocat, quoiqu'il en représente la quittance.—2ᵉ, 23 juillet 1819, *Lemaire.*

29.—*Contrà.*—L'avoué, comme mandataire de la partie, a qualité pour payer les honoraires dus à l'avocat chargé de soutenir la cause de son client.—1ʳᵉ, 30 décembre 1840, *Roger et Voisin.*—R. P. 5, 22.

30.—L'action en remboursement des honoraires avancés par l'avoué, est valablement introduite devant le tribunal où il exerce ses fonctions. (Art. 60 C. pr.) — *m. arr.*

31.—L'avoué n'est pas tenu de donner copie, dans son exploit, des quittances délivrées par l'avocat pour ses honoraires, il doit seulement en justifier en cas de contredit.—*m. arr.*

32. — « Les pièces sont entre les mains d'un avoué le nantissement des frais pour le paiement desquels il a une action légale. » La remise ne peut donc en être exigée avant le paiement.—1ʳᵉ, 7 août 1811, *Briard.*

33. — Toutefois, jugé que l'avoué ne

AVOUÉS, §. V.

peut, pour assurer le paiement de ce qui lui est dû par son client, retenir les pièces et titres que celui-ci lui a confiés ; il ne peut retenir que les procédures de son ministère. Encore ne pourrait-il retenir les procédures payées dans une affaire, pour sûreté de celles qui ne le seraient pas dans une autre.—4ᵉ, 11 mai 1830, *Watel.*—C. R. 13, 287.

34.—L'avoué qui a reçu des pièces en communication peut en tirer copie et forcer l'avoué de la partie adverse à les lui signer.—21 ventôse an XIII , *Poissonnier.*

§. V.—*Chambre des avoués.*

35.—Une chambre de discipline ne peut être prise à partie à raison de ses actes, ainsi et spécialement, parce qu'elle aurait refusé un certificat de capacité.— 1ʳᵉ, 15 juillet 1829, *Hoguais.*

V. Acquiescement, appel, avocat, désaveu, frais et dépens, jugement, jugement par défaut, mandat, ordre, saisie immobilière, vente.

TABLE SOMMAIRE.

BAIL A RENTE.

AYANT-CAUSE.

V. Chose jugée , obligation, preuve littérale, tierce opposition.

B.

BAC.
V. Eau.

BAIL.—BAILLEUR.
V. Louage. V. aussi compétence administrative , communauté, dot, élections, saisie immobilière.

BAIL A RENTE.
V. Louage, rente.

BIENS.

BALCON.
V. Servitude, voirie.

BANQUEROUTE.
V. Faillite.

BANQUIER.
V. Acte de commerce, commerçant, compétence commerciale, faillite.

BARRAGE.
V. Eaux.

BEAU-PÈRE.—BEAU-FILS.
V. Aliments, élections, mandat.

BÉNÉFICE DE CESSION.
V. Cession de biens, contrainte par corps.

BÉNÉFICE D'INVENTAIRE.
V. Communauté, époux normands, femme normande, succession.

BIENS.
(C. civ., liv. II, tit. 1er.).

« Tous les biens sont meubles ou immeubles. » Art. 516 C. civ.

1.—Avant, comme depuis le Code civil, ont été réputés immeubles, par destination, les pailles et engrais que le fermier est tenu de laisser sur la ferme à la fin de son bail.—En conséquence, ils appartiennent à l'acquéreur de la ferme qui a été chargé de souffrir la jouissance du fermier.—1re, 16 mars 1813, *Duval.*

2. — Un établissement formé sur le bord de la mer, tel qu'une pêcherie, saline, etc., est immeuble dans la main de celui qui le possède. — 2e, 3 avril 1824, *Langin.*—C. R. 3, 82.

3.—Les sommes provenant de l'exercice d'une faculté de réméré, opéré depuis le décès de l'acquéreur, doivent être considérées comme immeuble dans la succession de celui-ci, et appartenir à l'héritier aux immeubles.—1re, 22 février 1823.—C. R. 1, 184.

4.—On admet facilement que depuis la loi du 11 brumaire an VII, mais avant le Code, les parties ont considéré dans leurs conventions les rentes comme immeubles.—2e, 11 mars 1837, *de Gastebled.*—R. P. 1, 511.

5.—Les meubles et ustensiles attachés à l'exploitation d'une manufacture, et que la loi répute immeuble par destination, ne sont autres que ceux qui sont nécessaires à l'exploitation de cette manufacture. — Ainsi, on ne peut réputer immeuble par destination des métiers à tisser, placés par le propriétaire dans une filature.—4e, 16 décembre 1819, *Richard.*—C. R. 10, 274.

6.—Ne peuvent non plus être considérés comme immeubles par destination les objets qui, d'après les usages du lieu, sont déplacés à chaque changement de jouissance.—2e, 10 mai 1832, *Maric.*

7. — On ne peut considérer comme immeubles les orangers. — 1re, 8 août 1818, *Deslongrais.*

8. Les actions dans les compagnies des Indes sont considérées comme objets mobiliers.—1re, 25 mars 1835, *Lepicard de Formilly.*

V. Communes, domaines, fabriques, faillites, propriété, usufruit.

BIENS COMMUNAUX.
V. Communes, compétence administrative.

BOIS.

BIENS DOTAUX.

V. Dot, femme normande.

BIENS NATIONAUX.

V. Domaines nationaux.

BIENS PARAPHERNAUX.

V. Dot.

BILLETS.

V. Effets de commerce. V. aussi commerçant, compétence commerciale, preuve littérale.

BLANC SEING.

V. Abus de blanc seing, preuve testimoniale.

BOIS.

1.—Lorsqu'il se trouve dans une succession des bois exploités en coupes inégales, il faut estimer le sol nu et faire tenir compte aux parties des intérêts à cinq du cent sans retenues, mais sans intérêts d'intérêts à raison de l'anticipation ou du retard des coupes, en prenant pour base le prix moyen des coupes divisées en parties égales. — 2ᵉ, 6 mars 1839, *Leveneur.*—*R. P.* 3, 111.

2.—Lorsque sur un immeuble hypothéqué, il existait des bois de haute futaie, non mis en coupe réglée, ces bois ne peuvent être abattus au préjudice des créanciers hypothécaires. Ces derniers peuvent faire annuler les ventes, si mieux n'aiment les acquéreurs des ventes mettre en distribution la véritable valeur des bois vendus. — 4ᵉ, 10 juin 1840, *Rivet.*—*R. P.* 4, 334.—Ità, 1ʳᵉ, 5 messidor an XIII, *Dagouy;* — 1ʳᵉ, 2 mars 1807, *De Haquet;* — 1ʳᵉ, 1ᵉʳ avril 1807, *De Fairollet.*

BORNAGE.

3.—Les arbres abattus dans les sapées qui ne sont pas mis en aménagement réguliers, ne peuvent être considérés comme des fruits; ils forment une partie intégrante de la propriété.—1ʳᵉ, 17 avril 1837, *Benard.*—*R. P.* 1, 367.

4.—Jugé, dans le même sens et d'après le même principe, que le mari est comptable de la valeur des arbres par lui abattus sur les biens dotaux de son épouse, si ces arbres ne faisaient point partie de hautes futaies assujetties à un aménagement régulier. — 1ʳᵉ, 10 mai 1837, *Lepelletier.*—*R. P.* 1, 376.

5.—Ces arbres, quoique mobilisés par l'exploitation, ne sont pas compris dans la donation de meubles faite par la femme à son mari.— *m. arr.*

V. Acte de commerce, domaines, dot, hypothèque, servitude, usufruit.

BON.

V. Preuve littérale.

BONNE FOI.

V. Cession de biens, commerçant, contrainte par corps, fruits, prescription.

BORDEREAU.

V. Hypothèque, ordre.

BORNAGE.

« En général, à moins de circonstances toutes particulières propres à faire juger que l'on ait voulu en agir autrement, les bornes marquent la ligne séparative des héritages qu'il s'agit de délimiter. » — 2ᵉ, 14 novembre 1835, *Délam.*

Il y a exception à ce principe pour les

CAPITAINE.

bornes qui se trouvent entre une propriété privée et un sol forestier appartenant à l'état. Dans ce cas, les bornes ne
font point présumer que la propriété privée ne s'élève au-delà du lieu où elles
sont placées.—2ᵉ, 4 juillet 1834, *De Sou-
vigny ;* —1ʳᵉ, 28 mai 1834, *Hullot, comte
Dozery.*

CASSATION.

V. Fossés, servitudes.

BOULANGER.

V. Louage, vente

BUREAU.

V. Commerçant, compétence commerciale.

BUREAU DE PAIX.

V. Compétence civile, conciliation.

C.

CADUCITÉ.

V. Donations, legs, testament.

CAHIER DES CHARGES.

V. Saisie immobilière.

CANAL.

V. Eau.

CANTON.

V. Élections.

CANTONNEMENT.

V. Commune.

CAPACITÉ.

V. Droits civils, femme normande,
hypothèque, mineur, obligations, succession, témoins, testament, tutelle.

CAPITAINE.

1.—Le rapport d'un capitaine n'est
pas nul par cela seul qu'il n'aurait pas
été fait dans les vingt-quatre heures de
l'arrivée.—1ʳᵉ, 16 juin 1815, *Thomassin;*
— 4ᵉ, 7 décembre 1815, *Deslongrais.*

2.—Le rapport fait par un capitaine
de vaisseau fait suffisamment foi des
énonciations qu'il contient s'il est signé

de l'agent consulaire, bien qu'il ne mentionne pas qu'il ait été vérifié par cet
agent ; la signature et le sceau de ce
fonctionnaire font présumer la vérification.—2ᵉ, 8 décembre 1832, *Poittevin.*

3.—Le capitaine qui s'est absenté de
son navire est responsable de l'incendie
de ce navire, arrivée durant son absence,
à moins qu'il ne prouve que cet incendie
est le résultat de la force majeure.—4ᵉ,
2 mai 1831, *Grosos.*

4.—Un capitaine peut, en cas de nécessité urgente du navire, emprunter à
la grosse, même sur le chargement.—4ᵉ,
18 juillet 1832, *Lenormand.*

V. Assurance, avarie, commissionnaire, courtiers, navire.

CAPITAL.

V. Intérêts, rente.

CARENCE.

V. Jugement par défaut.

CASSATION.

1.—Les décisions des chambres des
notaires prononçant, contre un des mem-

CASSATION.

bres de la compagnie, des peines de discipline, sont susceptibles de recours en cassation. — Me B..., 2e, 5 avril 1838. — R. P. 2, 85.

2.—L'exécution accordée à un arrêt en matière civile, nonobstant le pourvoi en cassation, n'est pas un devoir, mais un droit que n'exercent ceux auxquels il appartient qu'à leurs risques et périls.— 4e, 5 décembre 1836, *Chancerel.*—R. P. 1, 114.

3.—*Poursuites.*—Si , par suite d'un pourvoi en cassation, le jugement est annulé, toutes les poursuites faites en vertu du jugement deviennent caduques. 2e, 31 décembre 1808, *Dorbec.*

4.—Par la même raison, l'acquéreur de celui qui n'était propriétaire qu'en vertu d'un arrêt cassé, a acquis *a non domino* et peut être évincé.—1re, 3 juillet 1829, *Deshommais.*

5.—*Titre exécutoire.*—Lorsqu'un arrêt a été cassé, la partie qui a payé en vertu de cet arrêt, n'a pas de titre exécutoire pour agir en répétition. — 1re, 6 août 1829, *Labbey et Prevost.*

6.—*Défaut de paiement.*—Le défaut de paiement des condamnations prononcées contre le défendeur, en cassation, qui a succombé, ne peut empêcher celui-ci de poursuivre le jugement du procès devant la Cour où il a été renvoyé.—1re, 16 ventôse an x, *Gueret.*

7.—*Cassation partielle.*—Encore bien que les motifs de l'arrêt de cassation, qui annule un arrêt de Cour royale, ne se rapportent qu'à l'un des chefs de l'arrêt cassé, si le dispositif casse et annule sans

CASSATION.

faire de réserves ni limitation, l'arrêt de la Cour royale est annulé pour le tout, et la Cour saisie par le renvoi doit statuer sur tous les chefs.—1re, 4 août 1819, *Larsonnier*.

8.—*Incompétence d'une Cour.*—Lorsqu'un arrêt a été cassé, la question de savoir si un autre arrêt qui y faisait suite a été également annulé, ne peut être décidée, même du consentement des parties, par la Cour qui a rendu l'arrêt annulé ; c'est à la Cour à laquelle le renvoi de la cause a été fait à connaître de cette question. — 1re, 23 février 1811, *Bachelier.*

9.—En matière criminelle, correctionnelle ou de police, la Cour royale à laquelle l'affaire à été renvoyée par le deuxième arrêt de la Cour de cassation, ne doit point se livrer à l'examen des points de fait et de droit dont se sont occupées les deux Cours royales et la Cour de cassation ; elle n'est point appelée, toutes chambres réunies, à fixer une jurisprudence incertaine ; mais elle doit appliquer l'interprétation la plus favorable à l'accusé. (Art. 2 de la loi du 30 juillet 1828.)

Si donc l'accusé a été absous par l'une des Cours, la troisième doit le renvoyer de l'action, sans amende ni dépens. — *Aud. sol.*, 18 mars 1830, *Poulton et Jourdan.* C. R. 13, 648.

V. Exécution des actes et jugements, ordre.

CAUSE.

V. Obligation.

CAUSE SOMMAIRE.

V. Matière sommaire.

CAUTION.—CAUTIONNEMENT, §. I.

CAUTION.—CAUTIONNEMENT.

(C. civ. liv. iii, tit. 14.)

§. I.—*Quelles personnes peuvent cautionner, et pour quelles obligations le cautionnement peut-il intervenir.*

§. II.—*Formes et étendue du cautionnement.*

§. III.—*Effets du cautionnement entre le
créancier et la caution.*

§. IV.—*Effets du cautionnement entre le
débiteur et la caution.*

§. V.—*Extinction du cautionnement.*

§. I.—*Quelles personnes peuvent cautionner, et pour quelles obligations.*

1.—Sous l'empire de la Coutume de
Normandie, le père pouvait cautionner
son fils. Ce cautionnement ne pouvait
être considéré comme avantage indirect ;
en conséquence il devait affecter tous
les biens de la succession, et non pas
seulement la portion héréditaire du fils
cautionné. (Art. 434, 372, 373, C. N.)—
10 thermidor an x, *Lecamus.*—C. R. 1,
89.

2.—L'abrogation du senatus-consulte
Velleien par le Code civil a levé l'obstacle qui empêchait la femme de cautionner valablement son mari.—4ᵉ, 3 août
1826, *Boisduval.*—C. R. 7, 133.

3.—Quand , par leur contrat de mariage, les époux se sont réservés le droit
de vendre les biens dotaux de la femme,
mais à charge d'un remplacement en
immeubles , un tiers peut valablement
cautionner la vente qui en a été faite par

CAUTION.—CAUTIONNEMENT, §. II.

les époux.—1ʳᵉ , 26 août 1839 , *Fortin.*
—R. P. 3 , 382.

Quant à ce qui regarde la caution en
matière de surenchère, voyez le mot
surenchère, §. III.

§. II.—*Forme et étendue du cautionnement.*

4.—De ce qu'un père a , dans une
lettre écrite à un négociant, déclaré *ap-
prouver toutes les opérations commerciales
de ses enfants*, de ce qu'il a ajouté que
ce commerçant *pouvait compter tant sur
leur solvabilité que sur la sienne propre*,
on ne peut en induire qu'il a entendu se
soumettre d'avance, aveuglément et sans
moyens de contrôle , à tous les résultats
d'opérations qui se passeraient arrière
de lui.—On ne peut y voir qu'un projet
de cautionnement limité.—2ᵉ , 8 novembre 1834, *Fournier.*

5. — « Les règles établies par les articles 2040 et 2041 C. civ. pour les cautions légales et judiciaires ne peuvent
être invoquées lorsqu'il s'agit d'une caution conventionnelle.—Ainsi, lorsqu'une
clause conventionnelle , arrêtée libre-
ment entre cohéritiers, a assujetti à l'o-
bligation de fournir une caution solvable
celui qui prendra à loyer l'objet commun qu'il s'agit d'affermer, il ne peut
être loisible à l'héritier ou à l'associé qui
se rend adjudicataire dudit objet, de
s'affranchir de la condition imposée en
fournissant un gage suffisant. » — *Spécialement*, en garnissant la maison de
meubles capables d'offrir pleine sécurité.
—4ᵉ, 31 juillet 1820, *Delaunay.*

6.—Le tiers qui cautionne une dette

11

et transige avec le créancier, peut prendre dans l'acte des obligations plus onéreuses que celles qui étaient imposées au débiteur principal.

L'art. 2013 n'est pas applicable dans le cas où les conditions plus onéreuses ne sont que la compensation de nouveaux délais ou d'autres avantages accordés par le créancier à la caution.—4e, 12 juin 1837, *Vallée.*—R. P. 1, 424.

7.—La personne qui, n'étant point commerçante, a cautionné une obligation pour prêt souscrit par un commerçant au profit d'un autre commerçant, ne peut être condamnée par corps au paiement.—2e, 25 février 1825, *Fouet.* —C. R. 4, 67.

8.—La femme qui, après avoir fait un commerce non distinct de celui de son mari, renonce à la communauté, n'est point justiciable des tribunaux de commerce, lors même qu'elle se serait rendue caution des obligations commerciales de son mari.—2e, 20 janvier 1819, *Gaultier.*

§. III.—*Effets du cautionnement entre le créancier et la caution.*

9.—« En droit, une caution ne s'oblige solidairement qu'autant quelle renonce formellement au bénéfice de discussion. »—1er, 10 messidor an XI, *Ouistre-Després.*

10.—« Le tiers qui verse une somme d'argent au trésor, au lieu et place d'un comptable, se rend véritablement la caution de ce comptable ».—Les règles tracées dans l'art. 2021 du Code civil

peuvent donc être invoquées par lui : il suit de là que le trésor peut être contraint d'épuiser d'abord la partie du cautionnement entièrement libre avant d'entamer celle qui est affectée au privilége du prêteur.—2e, 21 août 1834, *Duvergier.*

11.—Ce prélèvement opéré, le prêteur exerce ses droits en second ordre sur la totalité du cautionnement.—m. arr.

12.—La caution solidaire d'un fermier peut être tenue de payer tous les arrérages dus, encore bien qu'elle n'ait pas été appelée au jugement qui a prononcé la résiliation du bail.—1er, 10 août 1810, *Rousseau.*

13.— ..... Ou lors même que la résiliation eût été volontaire, si d'ailleurs il existait une cause de résiliation.—5 mai 1812, *Colin.*

14.—Si, par suite d'une exécution provisoire accordée moyennant caution, une partie a joui des biens en litige, et qu'ensuite elle soit condamnée à tenir compte des fruits, la caution ne peut être poursuivie jusqu'à ce que les fruits aient été liquidés, bien que le cautionnement détermine la somme jusqu'à concurrence de laquelle il est donné.—2e, 4 décembre 1817, *Delleville.*

15.—Encore bien que la caution d'un adjudicataire des bois de l'état puisse être déclarée civilement responsable des délits commis par l'adjudicataire dans les coupes de bois (par arg. de l'ord. de 1669, tit. XV, art. 29 et 51), néanmoins elle ne peut être retenue qu'autant qu'elle a été appelée au jugement qui a

CAUTION.—CAUTIONNEMENT, §IV.

statué sur les délits. — 1re, 4 janvier 1809, *la régie.*

§. IV. — *Effets du cautionnement entre le débiteur et la caution.*

16. — La caution n'est, au respect du débiteur principal, qu'un véritable mandataire ; en conséquence, comme le mandataire, elle a droit aux intérêts de la somme qu'elle a payée pour le débiteur principal, à partir du jour du paiement. 2e, 13 janvier 1830, *Leplanquais-Dubisson.* — C. R. 13. 261. — 2e, 7 août 1840, *Scelles.*—R. P. 4, 371.

17. — .... Mais ces intérêts sont soumis à la prescription de cinq ans. — 2e, 11 mars 1826, *Hubert ;* — 2e, 22 mars 1828, *Guilbert-Desgovins ;* — 2e, 7 août 1840, *Scelles.* — R. P. 4, 371.

18. — La caution a également droit, non-seulement au remboursement de tous ses frais, mais encore à des dommages-intérêts pour le préjudice que lui occasionne les poursuites dirigées contre elle. — 2e, 13 janvier 1830, *Leplanquais-Dubuisson.*—R. P. 13. 261.

19. — La caution du fermier, tombée en déconfiture, ne peut être autorisée à jouir des objets affermés, quand le bail interdit au premier le droit de sous-louer sans la permission par écrit du propriétaire. — 2e, 1er juin 1830, *Barassin.* — R. P. 3. 216.

20. — « Le droit que confère l'art. 2032 du Code civil à la caution, d'agir contre le débiteur, ne s'étend pas jusqu'à exercer des saisies-arrêts pour contraindre le débiteur à se libérer et, par suite

CAUTION.—CAUTIONNEMENT, §. V.

de ces mêmes saisies, à recevoir le montant de la dette pour le remettre aux créanciers. — Ce droit se réduit uniquement à demander qu'un délai soit imparti au débiteur pour le paiement de la créance. » — 2e, 5 juillet 1834, *Dangerville.*

21. — « Un simple commandement, non suivi de saisie, fait à la caution, ne peut être regardé comme une poursuite judiciaire, telle qu'une saisie-exécution, et ne peut motiver la demande en décharge du cautionnement. » — 2e, 20 janvier 1810, *Leiandé-Lachaussée.*

22. — Une rente viagère ne peut être considérée comme n'ayant pas un terme déterminé ; la caution ne peut donc, au bout de dix ans, demander la décharge de son cautionnement. — m. arr.

§. V. — *Extinction du cautionnement.*

23. — Les cautions peuvent être déchargées lorsque le créancier ne peut plus leur procurer les avantages promis lors du cautionnement. — 1re, 29 mai 1827, *Lesénécal.*

24. — L'art. 2037 du Code civil s'applique à la caution solidaire comme à la caution simple. — 4e, 18 mars 1828, *Dumesnil-Dubuisson.* — C. R. 9, 226.

25. — Le créancier qui, par son fait personnel, s'est mis dans l'impossibilité de subroger la caution dans tous ses droits et hypothèques, est déchu de toute action contre cette caution, lors même que ces droits, privilèges et hypothèques n'ont été acquis par le créancier que postérieurement au cautionnement ; car

CAUTION.—CAUTIONNEMENT, §. V.

me si, par exemple, après avoir fait condamner solidairement le tireur et l'endosseur d'une traite, il a pris sur le tireur une inscription dont il lui a depuis donné mainlevée. — m. arr. — CASSÉ par arr. du 17 janvier 1831.—S. 31.1,97.

26. — La femme qui a cautionné la dette de son mari ne peut se prétendre déchargée de son cautionnement, aux termes de l'art. 2037 Code civil, par cela que le créancier a donné mainlevée de l'hypothèque qu'elle avait sur les biens de son mari pour sûreté de sa créance.— Cette mainlevée, en effet, ne cause aucun préjudice à la femme, puisqu'elle conserve son hypothèque légale. — 1re, 17 août 1831, Lafosse.

27. — Le créancier d'une obligation cautionnée, qui depuis la passation du contrat a obtenu une hypothèque, peut en faire remise sans que la caution puisse se plaindre. — 1re, 14 décembre 1808, Delaunay.

28. — La caution solidaire assignée pour voir dire que le jugement par défaut rendu contre le débiteur principal, lui sera déclaré commun, et rendu exécutoire contre elle, peut, si ce jugement n'a pas acquis l'autorité de la chose jugée, former opposition tierce où simple à ce jugement, et présenter tous les moyens qu'elle peut avoir pour le faire rapporter. — 4e, 18 juin 1822, Tranchefort.

V. Chose jugée, commerçant, communauté, effet de commerce, obligation.

TABLE SOMMAIRE.

CAUTION JUDICATUM SOLVI.

V. Exception.

CÉLÉRITÉ.

V. Matières sommaires.—Référé.

CERTIFICAT.

V. Acte de notoriété. — Fonctionnaires. — Saisie immobilière.

CERTIFICAT DE VIE.

V. Rente viagère.

CESSION. — CESSIONNAIRE.

V. Transport.

CESSION DE BIENS.

(C. civ. art. 1265 et suiv. C. pr., art. 898 et suiv. C. Com., art. 566 et suiv.)

§. I. — *Caractère de la cession de biens, et personnes qui peuvent l'obtenir.*

§. II. — *Formes auxquelles elle est soumise et de ses effets.*

§. I. — *Caractère de la cession de biens, et personnes qui peuvent l'obtenir.*

1. — *Caractères de la cession de biens.* — « Le but principal du bénéfice de cession est de procurer la liberté à celui qui la réclame. Ce moyen coercitif n'étant point une peine, on ne doit le laisser entre les mains des créanciers qu'autant qu'il pourrait leur procurer un résultat avantageux. » — 1re, 29 août 1821, *Lenepveu.*

2. — *Personnes qui peuvent obtenir le bénéfice de la cession de biens.* — Les créanciers ne peuvent s'opposer au bénéfice de cession, à moins que le débiteur ne se trouve dans un des cas d'exception déterminé par la loi. — 1re, 11 mars 1813, *Lepage.*

3. — C'est à celui qui sollicite le bénéfice de la cession de biens, à faire la preuve de son malheur et de sa bonne foi.

En conséquence, « il lui incombe d'établir d'une part, que le désordre de ses affaires n'est pas le résultat de son imprudence, mais celui d'une force majeure, de l'autre, qu'il n'a dissimulé aucune de ses ressources à ses créanciers. » — 4e, 3 mars 1831, *Fourmy.*

4. — Le débiteur contre lequel il s'élève de graves présomptions d'avoir

soustrait quelques meubles à ses créanciers, doit être rejeté de sa demande en cession de biens. — 1re, 22 janvier 1828, *Cabieu.*

5. — Le débiteur ne peut présenter comme perte prouvant son malheur, les frais faits contre lui par ses créanciers, l'intérêt de sommes par lui empruntées, les dépenses d'une procédure en séparation de biens ; de pareilles pertes doivent, comme les autres dettes, être présumées, jusqu'à preuve contraire, avoir été le résultat d'une mauvaise administration. — 1re, 6 août 1835, *Lefournier.*

6. — Un commerçant peut être admis au bénéfice de cession, bien qu'il n'ait pas déposé de bilan. — 2e, 26 février 1822, *Gautier.*

7. — « Le défaut de tenue de livres de la part d'un commerçant, n'est pas un motif suffisant pour l'exclure du bénéfice de cession, s'il est d'ailleurs malheureux et de bonne foi. — La loi s'en rapporte aux magistrats, sur les preuves du malheur et de la bonne foi. » — 1re, 29 août 1821, *Colombel.*

8. — Il en est ainsi alors surtout qu'il s'agit d'un petit commerçant en détail. — *m. arr.*

9. — Toutefois, le commerce de contrebande auquel se livre le débiteur qui demande à faire cession, ne peut être pour lui une excuse de l'impuissance où il se trouve de présenter des livres régulièrement tenus ; ce genre de trafic, au contraire, est un motif de plus de lui refuser le bénéfice de la cession de biens. — 4e, 16 mai 1826, *Leloup.*

CESSION DE BIENS, §. II.

10. —De même, lorsque le défaut de livres est en partie la cause des mauvaises affaires d'un commerçant, il doit faire considérer celui-ci plutôt comme coupable d'un tort grave que comme simplement malheureux. — 1re, 6 août 1835, *Lefournier.*

11. — Le seul fait de s'être livré à des opérations de contrebande ne suffit pas pour constituer un debiteur en mauvaise foi et lui faire refuser le bénéfice de la cession de biens. — 4e, 23 janvier 1826, *Roussel.* — C. R. 5, 201.

Cet arrêt, qui est par défaut, a été rapporté par celui du 16 mai suivant, noté *supra*, n° 9, mais par la raison que des livres n'avaient pas été tenus.

12. —Le commerçant qui, sur le point de faire faillite, traite avec ses débiteurs, en leur accordant de très-longs délais, sans que le motif puisse en être indiqué, et achète en même temps beaucoup de marchandises qu'il ne paye pas, ne peut être admis au bénéfice de cession. — 1re, 2 décembre 1824, *Moulinet.* — C. R. 10, 352.

§. II.—*Des formes de la cession et de ses effets.*

13.—*Formes.*—L'art. 569 C. comm., qui veut que la demande en cession de biens soit rendue publique, n'est applicable qu'au commerçant qui a été déclaré failli.—On ne peut donc déclarer non recevable dans sa demande en cession, faute de l'avoir rendue publique, le commerçant qu'aucun jugement n'a déclaré en état de faillite.—1re, 29 août 1821, *Colombel.*

CESSION DE BIENS, §. II.

14.—Quoique le tribunal de commerce n'ait pas encore rendu de jugement sur le point de savoir si le failli est ou non excusable, le tribunal civil n'en doit pas moins prononcer sur la demande en cession formée devant lui.—1re, 12 mai 1813, *Gation.*

15.—*Réciproquement*, la demande en cession formée devant le tribunal civil ne peut arrêter les opérations du tribunal de commerce relativement à la dénonciation en faillite portée devant lui.—*m. arr.*

16.—Lorsque le demandeur en cession de biens à succombé devant le premier juge, il ne doit point, sur appel, mettre en cause les créanciers qui s'en étaient purement et simplement rapportés à justice. — 1re, 17 avril 1815, *Richard.*

17.—*Effets.*—La cession volontaire de ses biens consentie par un débiteur au profit de ses créanciers, depuis la cessation de ses paiements, ne relève le débiteur de l'état de faillite, résultant de la cessation de paiements, qu'autant qu'elle a été faite à tous les créanciers, et que les conditions sous lesquelles elle a été acceptée ont été remplies. — 30 juin 1830, *Sebire Lavasserie; rej.*—S. 32, 131.

18.—Le débiteur demandeur en bénéfice de cession, n'est pas privé, par l'effet de cette demande, des droits de se constituer en état de faillite. —4e, 21 mars 1827, *Pelcerf.*—C. R. 8, 248.

19. — Lorsque pendant l'instance du pourvoi en cassation, un condamné a fait cession de biens, cette cession est

CESSION DE BIENS, §. II.

nulle comme faite en fraude des dommages-intérêts dus pour la réparation du crime, bien que ces dommages-intérêts ne fussent pas prononcés par l'arrêt de condamnation.—13 décembre 1816, *héritiers Lechoisnier.*—C. R. 11, 652.

V. Commerçant, faillite.

TABLE SOMMAIRE.

CESSION DE DROITS LITIGIEUX.
V. Transport, vente.

CESSION DE DROITS SUCCESSIFS.
V. Partage, rapport.

CHAMBRE DE DISCIPLINE.
V. Avocat, avoué, huissier, notaire.

CHAMBRE DES NOTAIRES.
V. Notaire.

CHANGE.
V. Acte de commerce, commerçant, compétence commerciale.

CHOSE JUGÉE, ART. 1.

CHAPELLE.
V. Donation, établissements religieux.

CHARGEMENT.
V. Assurances maritimes, capitaine, navire.

CHEMIN.
V. Voirie. V. aussi commune, prescription, propriété, servitude.

CHOSE JUGÉE.
(C. civ., art. 1351.)

ART. 1.—DES JUGEMENTS QUI PRODUISENT OU NE PRODUISENT PAS LA CHOSE JUGÉE.

ART. 2. — ÉLÉMENTS CONSTITUTIFS DE LA CHOSE JUGÉE.

§. I.—*Identité d'objet.*

§. II.—*Identité de cause.*

§. III.—*Identité de personnes et de qualités.*

ART. 3.—EFFETS DE LA CHOSE JUGÉE.

ART. 4.—INFLUENCE DU CRIMINEL SUR LE CIVIL.

ART. 1.—DES JUGEMENTS QUI PRODUISENT OU NE PRODUISENT PAS LA CHOSE JUGÉE.

1. — « Ce n'est pas l'opinion intime des magistrats qui constitue la chose jugée, c'est la décision qu'ils rendent sur une question qui leur est proposée ; leur erreur, quelque clairement manifestée qu'elle soit, ne peut donc acquérir l'autorité de chose jugée, si elle n'a été consacrée par une décision définitive ». — *Aud. sol.* 13 août 1823, *Renoult.*—C. R. 2, 66.

2.—De même, « l'autorité de la chose jugée ne s'attache point aux principes professés par le juge, mais seulement aux chefs décidés auxquels ils en font l'application ». — 2ᵉ, 8 août 1834, *Lechevalier*.

3.—Lors donc qu'il y a contrariété entre les motifs d'un jugement et son dispositif, le dispositif seul doit être pris en considération.—2ᵉ, 29 avril 1818, *Feuillie*.

4.—Ou plus généralement, le dispositif d'un jugement peut seul acquérir l'autorité de la chose jugée.—*m. arr.*, et 1ʳᵉ, 25 février 1807, *Meurget*;—1ʳᵉ, 14 avril 1807, *Masselin*;—1ʳᵉ, 29 janvier 1812, *Lecerf*;—1ʳᵉ, 4 août 1819, *Larsonnier*;—4ᵉ, 26 juin 1832, *Cahours*.

5.—Ainsi, un avant faire droit ne peut conférer aucune autorité de chose jugée sur le fond de la contestation, encore bien que les motifs y exprimés consacrent les prétentions de l'une des parties à cet égard.—4ᵉ, 26 juin 1832, *Cahours*.

6.—A plus forte raison, « les motifs que le juge donne de sa décision ne peuvent établir la chose jugée sur les questions qui ne lui étaient pas soumises. »—1ʳᵉ, 8 janvier 1834, *Caron*.

7.—Ainsi, si pour arriver à statuer sur un litige, le juge a été obligé d'examiner et de résoudre préalablement une autre question, la décision portée à cet égard, dans les motifs du jugement, n'a le caractère de la chose jugée que quant à l'objet en débat. Hors de là, elle ne doit être envisagée que comme un simple moyen de solution admis par le juge, qui

ne peut profiter ni porter préjudice aux parties sur d'autres points, lors même que ce moyen de solution leur serait applicable. »—2ᵉ, 30 juillet 1836.—*R. P.* 3, 548.

8.—C'est encore par suite de ces principes qu'il a été décidé « que les motifs d'un jugement ne peuvent être une cause de réformation du jugement, si d'ailleurs le jugement est bien rendu. »—4ᵉ, 23 juillet 1822, *Chesnel-Bossière*;—4ᵉ, 26 août 1819, *Leclerc-Milly*.

9.—Toutefois, lorsqu'une décision judiciaire suppose, soit une qualité, soit un fait, il y a autorité de chose jugée sur le point qui a été supposé.—Ainsi, par exemple, le jugement qui annule une séparation de biens et renvoie la femme procéder à la liquidation de ses droits sur la succession de son mari, a autorité de chose jugée sur le point de savoir si la femme est ou non héritière de son mari.—2ᵉ, 14 janvier 1837, *Thiboult-Houdelière*.—*R. P.* 1, 191.

10.—Ainsi encore, lorsque l'autorité administrative a décidé que telle personne est décédée, et que telles ou telles autres personnes sont ses héritières, l'autorité judiciaire doit prendre ces deux points pour constants, et ne peut en examiner l'exactitude.—2ᵉ, 8 juin 1808, *Voilles*.

11.—Toutefois, si ce n'est qu'accessoirement à une difficulté, et d'une manière accidentelle, qu'une qualité a été attribuée à une partie dans un jugement, un tel jugement ne peut avoir autorité de chose jugée sur la qualité qu'il attribue à ladite partie, celle-ci peut la remettre en question, soit pour le même objet, entre d'autres parties, soit entre les mêmes parties pour d'autres objets.—4e, 10 janvier 1838, *Yver*; —1re, 15 février 1838, *Duclos*.—R. P. 1, 37.

12. — Peut aussi être réputé constant un consentement allégué avoir été passé à l'audience par une partie.—2e, 28 mars 1821, *Lefevre*.

13.—L'autorité de la chose jugée ne peut résulter d'un jugement interlocutoire.—*Aud. sol.*, 13 août 1823, *Renoult*. —C. R. 2, 66.

14.—Toutefois, ce principe doit être appliqué avec restriction, « Le seul effet de la maxime : *L'interlocutoire ne lie pas le juge*, étant que la preuve, quoique faite, pourrait être écartée si des moyens d'abord négligés ou mal appréciés démontraient quelle était inutile , sans néanmoins renouveler l'attaque sous le rapport de son admissibilité. »

Ainsi, si le jugement qui a ordonné une enquête n'a pas été frappé d'appel dans les délais, il acquiert l'autorité de la chose jugée, et l'on n'est plus admis à prétendre que l'enquête est nulle comme ayant été admise hors des cas prévus par la loi.—2e, 29 mai 1833, *Nicolle*.

15.—« Quelle que soit l'autorité chargée de prononcer sur un droit quelconque, elle ne peut être reconnue avoir porté un jugement, qu'autant qu'il y a eu contestation devant elle , ou qu'au moins les parties intéressées y ont été appelées pour déduire leurs défenses respectives ».

Ainsi , on ne peut opposer à une commune , comme ayant autorité de chose jugée contre elle, un arrêt de l'ancien conseil du roi, rendu sans quelle y ait été appelée, et portant concession, en faveur d'un tiers, de prétendus biens domaniaux que ladite commune revendique comme lui appartenant.— 2e, 23 juillet 1825, *commune de Montmartin*.

16.—« Le jugement rendu sur les conclusions conformes des parties n'est qu'une véritable convention judiciaire, non susceptible d'acquérir l'autorité de la chose jugée.—2e, 13 avril 1832, *Bœufs*.

17. — Ainsi, on ne peut considérer comme jugement proprement dit , mais bien comme un simple acte de juridiction gracieuse, le jugement de liquidation intervenu entre deux parties d'accord sur le quantum de la liquidation et sur le mode de l'opérer.—Un tel jugement ne peut acquérir l'autorité de la chose jugée, et peut être attaqué comme toute autre convention. —1re, 30 août 1815, *Renaudeau*.

18. — Les jugements d'homologation appartiennent à la juridiction gracieuse, et ne peuvent, dès lors, passer en force de chose jugée.—2e, 22 novembre 1817, *Leger*;—4e, 17 avril 1826, *Lenfant*; — 1re, 20 mai 1829, *Guillemare*.

19.—Un jugement irrégulier peut passer en force de chose jugée.—4e, 29 août 1816, *Tirel;*—1re, 24 mai 1825, *Lefrançois*.—C. R. 5, 109.

20. —Ainsi , le jugement entaché de nullité, par le motif que l'un des juges qui y a concouru était intéressé dans la contestation, est susceptible d'acquérir l'autorité de la chose jugée, s'il n'a été

12

CHOSE JUGÉE, art. 2.

attaqué dans les délais.—*m. arr. Lefrançois.*

21.—Mais l'ordonnance d'un juge auquel la loi n'attribue pas juridiction, ne
peut acquérir l'autorité de la chose jugée.—2ᵉ, 10 août 1832, *Denis.*

22.—Un jugement, même rendu en
premier ressort, peut acquérir l'autorité
de la chose jugée contre une femme, encore bien qu'il statue sur ses biens dotaux.—2ᵉ, 3 juin 1824, *Lebas.*

23.—L'autorité de la chose jugée ne
peut être attribuée à un jugement par
défaut, frappé d'opposition, même après
le délai légal, tant que cette opposition
n'est pas vidée ou qu'on ne justifie pas
du jugement qui l'a rejetée.—*Rej.*, 22
février 1830, *Marie.*—D. 30, 1, 138.

24.—On ne peut opposer, comme fin
de non-recevoir contre une action, un
jugement non signifié qui dit à tort l'action.—1ʳᵉ, 9 mai 1818, *Barbe-Duclos.*

ART. 2. — ÉLÉMENTS CONSTITUTIFS DE LA
CHOSE JUGÉE.

§. I. — *Identité d'objet.*

25. — Il n'y a pas autorité de chose
jugée relativement aux points sur lesquels le juge a omis de prononcer. — 2ᵉ,
21 mars 1834, *Decoufley.*

26. — On ne peut argumenter de ce
qu'une créance aurait été liquidée et
fixée dans un précédent état d'ordre, pour
soutenir qu'elle ne peut être critiquée
dans un état d'ordre postérieur. — 4ᵉ,
7 août 1822, *Gaugain.*

27. — *Réciproquement*, on peut re-

CHOSE JUGÉE, art. 2.

nouveler à un nouvel état d'ordre les
demandes rejetées dans un autre ordre
étranger au dernier.—1ʳᵉ, 26 août 1823,
Philippe.

28. — Ainsi encore, le jugement qui,
en prenant pour base qu'une inscription
est nulle, a refusé une collocation à un
ordre, ne peut être opposé à un autre
ordre. — 4ᵉ, 12 juillet 1821, *Bellais.*

§. II. — *Identité de cause.*

29. — La partie condamnée à continuer le service d'une rente peut, sans
porter atteinte à l'autorité de la chose
jugée, s'affranchir de cette condamnation, en faisant déclarer que cette rente a
été légalement éteinte comme entachée
de féodalité, si ce moyen n'avait point
été invoqué par elle. — 1ʳᵉ, 13 novembre 1811, *Leboucher.*

30. — Si, lors d'un arrêt qui ordonne
le déguerpissement, il n'a pas été question de l'existence d'un bail, l'arrêt ne
fait point obstacle à ce que la partie condamnée à déguerpir ne demande l'exécution du bail. — 1ʳᵉ, 7 janvier 1834,
Lecarpentier.

31. — Lorsqu'un tribunal a basé sa
décision sur un seul des moyens apportés à l'appui de l'action, il ne s'ensuit
pas qu'il ait rejeté les autres comme mal
fondés; le jugement ne peut donc avoir
à leur égard l'autorité de la chose jugée.
— *Spécialement*, si une demande en séparation de corps a été formée sur le
double motif, 1° de l'adultère de la
femme; 2° d'outrages graves envers le
mari, et que le tribunal ait fait droit à la
demande, en se fondant uniquement sur

le second motif, il ne s'ensuit nullement qu'il ait absous la femme du délit d'adultère et que le mari ne puisse de nouveau se faire un moyen de cet adultère pour intenter une action en désaveu d'enfant. — 1re, 31 janvier 1835, *de Sainte-Marie.* — R. P. 1, 608.

§. III.— *Identité de personnes et de qualités.*

32. — « Chaque héritier ayant dans la succession des droits distincts et individuels qu'il est seul apte à faire valoir, ce qui est jugé contre son cohéritier par rapport à l'ordre de vocation successible, ne peut lui porter aucun préjudice ni le soumettre à l'obligation d'attaquer, par tierce-opposition, le jugement rendu arrière de lui lorsqu'il viendrait à agir de son chef. » — 2e, 25 février 1832, *Hue de Prébois.*

33. — De même, de ce qu'un héritier a succombé dans sa demande en retrait successoral, il n'en résulte pas une exception de chose jugée contre ses cohéritiers : ceux-ci conservent intact le droit que leur confère l'art. 841. C. civ. — 2e, 10 novembre 1832, *Guilbert de Gevin.*

34.— Par suite du même principe, si l'appel d'un jugement n'est signifié qu'à quelques-uns des cohéritiers qui ont figuré en première instance, relativement à une contestation sur un intérêt divisible, le jugement acquiert la force de la chose jugée au respect des autres. — 2·, 16 juin 1827, *ville de Falaise.* C. R. 9, 193.

35. — Par réciprocité, le jugement ne peut profiter aux cohéritiers qui n'y ont point été partie.

Ainsi, le jugement qui annule un testament contenant legs universel, ne peut être opposé par les héritiers légitimes qui n'y étaient point partie. — 2e, 21 juillet 1820, *Lerebourg ;* — 2e, 16 nov. 1820, *Piquot.*

36. — Ainsi encore, bien qu'une autorisation de plaider ait été formée par toute une cohérie, l'autorité de la chose jugée ne peut profiter qu'aux cohéritiers qui ont usé de cette autorisation et ont figuré au jugement. — 1re, 16 mai 1809, *Crolat.*

37. — « Toutefois, l'héritier qui agit seul pour réclamer un objet dépendant d'une succession indivise, doit être considéré comme *negotiorum gestor* ayant agi dans l'intérêt de la masse. » *Spécialement,* la collocation qu'il obtient profite à tous ses cohéritiers et doit être partagée entre eux. — 2e, 8 mai 1830, *Ruault.*

38. — Les jugements obtenus contre l'héritier apparent ont l'autorité de la chose jugée contre l'héritier plus proche qui s'est fait restituer la succession. — 1re, 11 nov. 1813, *Duchemin.*

39. — Les jugements obtenus contre la veuve normande, héritière de son mari, sont exécutoires contre tous les héritiers. — 1re, 6 août 1823, *comte de Murat.*

40.—Si, en général, le débiteur représente ses créanciers, de telle sorte que ce qui est jugé contre lui le soit également contre ses créanciers, il en est cependant autrement lorsqu'il s'agit d'un créancier foncier, tel qu'un bailleur à fief, qui a le domaine direct du fonds et le droit d'en prendre la possession à défaut de paiement de la rente. — En conséquence, le jugement rendu contre le fieffataire seul n'a pas autorité de chose jugée contre le bailleur à fief. — 2e, 11 août 1821, *Poubelle*.

_41. — « Les questions de propriété, d'hypothèque ou de privilège, ne peuvent être décidées qu'entre les divers créanciers et non entre le créancier et le débiteur. » Le jugement rendu entre ces derniers sur de telles questions, ne peut donc être opposé aux autres créanciers. — 2e, 18 février 1824, *de Baupte de Maon*. — C. R. 3, 8.

42. — *Spécialement*, le jugement rendu contre l'héritier d'un émigré en faveur de sa veuve qui a fait décider qu'elle avait droit d'exercer un douaire sur les biens restitués par le gouvernement, n'a pas l'autorité de la chose jugée contre les autres créanciers de l'émigré qui prétendent avoir des droits préférables à ce douaire. — *m. arr.*

43. — Les jugements qui ont déclaré contre un tiers qu'un immeuble était dotal, ne font point obstacle, s'ils sont mal rendus, à ce que des créanciers qui ont des titres même postérieurs à ces jugements ne les mettent à exécution sur ledit immeuble. — 2e, 18 juillet 1829, *Dautresme Desclozets*.

44. — Les jugements rendus sur un ordre, n'ont autorité de chose jugée que contre les créanciers hypothécaires, et seulement pour ce qui concerne la distribution du prix sur lequel il a été ouvert.

Spécialement, n'a pas autorité de chose

jugée contre les créanciers chyrographaires, ni même contre le créancier hypothécaire qui a été appelé, mais ne s'est point présenté, le jugement qui subroge au rang de leur hypothèque les créanciers hypothécaires sur lesquels les fonds manquent, contre le débiteur personnel des créances colloquées par préférence. — 4e, 23 août 1837, *Gallery-Dubochet*. — R. P. 1, 369.

45. — Dans tous les cas, ces créanciers pourraient choquer le jugement de tierce-opposition. — *m. arr.*

46. — Le créancier qui a été écarté d'un ordre, sous prétexte qu'il n'avait pas le privilége de la séparation des patrimoines, n'est pas représenté par l'avoué du dernier créancier colloqué dans une contestation relative à une préférence reclamée par le syndic d'une faillite pour frais d'administration, quand il vient à faire casser l'arrêt qui a rejeté son privilége et qu'il se représente à l'ordre. — 4e, 5 décembre 1836, *Chancerel*. — R. P. 1, 114.

47. — Les jugements rendus contre une commune, relativement à un chemin public, ont l'autorité de la chose jugée contre l'habitant qui se présente en cette qualité. — 2e, 2 mai 1823, *de Saismaisons*.

48. — Encore bien que plusieurs parties, entre lesquelles il n'y a pas unité d'intérêt et qui prennent des conclusions différentes, se réunissent contre un débiteur commun, le jugement rendu contre le débiteur, peut acquérir l'autorité de la chose jugée contre l'une des parties, sans l'acquérir contre l'autre. —

CHOSE JUGÉE, art. 3.

Ainsi, si un garant et un garanti se réunissent contre le débiteur, le jugement peut acquérir l'autorité de la chose jugée contre l'un sans l'acquérir contre l'autre. —1re, 9 août 1832, *Vauloup.*

49. — La caution solidaire assignée pour voir dire que le jugement par défaut, rendu contre le débiteur principal, lui sera déclaré commun, et rendu exécutoire contre elle, peut, si ce jugement n'a pas acquis l'autorité de la chose jugée, former opposition tierce ou simple à ce jugement et présenter tous les moyens qu'elle peut avoir pour le faire rapporter. — 4e, 18 juin 1822, *Tranchefort.*

ART. 3. — EFFETS DE LA CHOSE JUGÉE.

50. — Si un jugement rendu entre plusieurs individus a acquis l'autorité de la chose jugée au respect de l'un d'eux, il n'est plus susceptible d'être réformé sur appel, vis-à-vis des autres parties, si cette réformation ne pouvait avoir lieu sans porter atteinte aux droits de la partie à l'égard de laquelle il y a chose jugée. — 1re, 6 janvier 1831, *Bollé.*

51.—Mais « rien n'empêche que, par l'effet de la chose jugée, la quotité disponible soit réglée différemment au respect de divers donataires d'une même succession, lorsque des décisions particulières ont fixé diversement, par rapport à chacun d'eux, les éléments de la composition de la masse, sur laquelle doit s'effectuer l'opération de la réduction. Il est bien possible que par là les donations ne soient pas atteintes de la même manière, ni dans les mêmes pro-

CHOSE JUGÉE, art. 3.

portions; mais il n'en résulte aucun caractère d'indivisibilité. Chaque donataire, en effet, agissant dans son intérêt personnel, la force des choses n'exige nullement que ce qui est jugé à son égard nuise ou profite aux autres donataires. » — 2e, 10 mars 1832, *Jaquette de Dumilly.*

Voyez des décisions analogues au paragraphe dernier de l'art. précédent.

52.—La caution solidaire d'un fermier peut être tenue de payer tous les arrérages dus, encore qu'elle n'ait pas été appelée au jugement qui a prononcé la résiliation du bail.—1er, 10 août 1810, *Rousseau.*

53.—Un jugement qui prononce condamnation solidaire et par corps contre plusieurs parties, et qui est annulé sur l'appel interjeté par l'une d'elles, pour incompétence à raison de la personne, n'en conserve pas moins l'autorité de la chose jugée vis-à-vis des parties qui ne se sont pas pourvues contre ledit jugement, et peut servir de titre à leur incarcération.—1re, 8 novembre 1836, *Pottier.*—R. P. 1, 29.

54.—Le jugement qui condamne un débiteur à payer une obligation, emporte virtuellement l'idée qu'il a eu capacité pour s'obliger, et, par suite, a force de chose jugée sur ce point, tellement qu'il n'est plus recevable à exciper de sa qualité de mineur, tant que le jugement subsiste.—1re, 11 août 1828, *Darembure.* —C. R. 11, 294.

55.—C'est par suite du même principe qu'il a été décidé que le jugement qui annule une séparation de biens et

CHOSE JUGÉE, ART. 4.

renvoie la femme procéder à la liquidation de ses droits sur la succession de
son mari , a autorité de chose jugée sur
le point de savoir si la femme est ou
non héritière de son mari.—2e, 14 janvier 1837, *Thiboult-Houdelière.—R. P.* 1,
191.

56.—La partie qui a consenti prêter
le serment à elle déféré par sa partie
adverse, renonce par là à se prévaloir
de l'autorité de la chose jugée, résultant
pour elle d'un jugement précédemment
rendu.—2e, 30 avril 1832, *Hulmer.*

57.—Lorsqu'un jugement qui a prononcé le divorce, est passé en force de
chose jugée, il peut encore être attaqué
de nullité pour cause de fraude et d'incompétence , soit par les époux eux-
mêmes, soit par des tiers intéressés.—
Aud. sol., 4 janvier 1837, *Bayeux.—R.
P.* 1, 95 ; cassé le 7 nov. 1838.—S. 38,
1 , 865.

ART. 4.—INFLUENCE DU CRIMINEL SUR LE
CIVIL.

58.—Un arrêt de condamnation rendu
par une Cour d'assises , n'a pas , devant
les tribunaux saisis de l'action civile,
l'autorité de la chose jugée.—Ainsi, les
juges civils devant lesquels la partie lé-
sée porte son action, ne sont pas enchaî-
nés par cet arrêt; mais ils peuvent y
avoir égard pour allouer des dommages-
intérêts.—2e, 11 janvier 1840, *ép. C.—
R. P.* 3, 563.

59.—Ainsi, encore qu'au criminel l'action en faux ait été rejetée, la partie
peut, au civil, demander le rejet des
pièces arguées de faux.—1re, 17 juillet
1822, *Beuzelin.*

CHOSE JUGÉE, ART. 4.

60.—Jugé encore que le jugement qui
a déclaré, au criminel, qu'il n'est pas
constant qu'une pièce soit fabriquée au-
dessus d'un blanc-seing, n'empêche pas
que cette pièce ne puisse être rejetée au
civil, comme non vérifiée, encore que la
signature qui est au pied soit reconnue.
—2e, 28 décembre 1820, *Lemagnen.*

V. Acquiescement , appel , caution,
commune, compétence, filiation, frais et
dépens, ordre, succession, tierce-opposition , vente.

TABLE SOMMAIRE.

COLLOCATION.

CIRCONSCRIPTION TERRITORIALE.

V. Arrondissement, compétence administrative, élections, hypothèque.

CITATION.

V. Exploit. V. aussi avocat, conciliation, huissier.

CLAUSE PÉNALE.

V. Obligation pénale.

CLAUSE RÉSOLUTOIRE.

V. Résolution.

CLOCHES.

V. Fabriques.

CLOTURE.

V. Propriété, servitude.

COLLOCATION.

COMMERÇANT, §. 1.

V. Ordre. V. aussi hypothèque, sur enchère.

COLLUSION.

V. Fraude.

COMMANDEMENT.

V. Exploit, saisie immobilière. V. aussi acquiescement, appel, caution, contrainte par corps, effets de commerce, exceptions, prescription, saisie-brandon, saisie-exécution.

COMMENCEMENT DE PREUVE.

V. Preuve littérale.

COMMERÇANT.

§. I. — *Quels individus sont commerçants.*

§. II. — *Du mineur commerçant.*

§. III. — *De la femme mariée commerçante.*

§. IV. — *Obligations générales imposées aux commerçants.*

§. I. — *Quels individus sont commerçants.*

1. — « Sont commerçants ceux qui exercent des actes de commerce et en font leur profession habituelle. » Art. 1, C. com.

Quels actes doivent être considérés comme *actes de commerce.* V. ce mot.

2. — On est commerçant dès qu'on fait habituellement des actes de commerce, bien qu'on ne soit pas patenté ; par suite, on peut être tenu de représenter ses livres. — 4e, 24 juin 1828, *Blanchard.* — C. R. 11, 189.

3. — « Pour décider si un cultivateur doit être réputé marchand, il faut voir

si la vente qu'il fait des bestiaux qu'il nourrit sur sa ferme ou sur ses fonds est l'accessoire de sa culture, ou si, au contraire, sa culture n'est que l'accessoire d'un commerce de bestiaux. » — **1re**, 24 juillet 1819, *Mauger.*

4. — Ainsi, le cultivateur qui achète des chevaux dans le but principal de faire valoir ses terres, et les revend ensuite, ne peut être considéré comme commerçant par cela seul qu'il fait profit de ce trafic. — **2e**, 28 décembre 1810, *Cosnard;* — **4e**, 13 mars 1830, *Quededeville.* — C. R. 13, 451.

5. — Par suite, il ne peut être ni astreint à tenir des livres. — *Arr. Cosnard.*

6. — ....Ni traduit devant les tribunaux de commerce pour raison de ses engagements. — Arr. *Queudeville.*

7. — De même, le propriétaire ou fermier d'herbages qui achète des bœufs maigres pour les revendre gras, après les avoir tenus un certain temps dans ses herbages, ne peut être pour cela réputé commerçant, et comme tel déclaré en état de faillite. — **1re**, 14 sept. 1818, *Renouf;* — **4e**, 29 mars 1831, *Morière;* — **1re**, 11 juin 1839, *Bordeaux-Desbarres.* — R. P. 3, 207.

8. *Contrà.* — Est commerçant et peut être par suite déclaré en état de faillite, le propriétaire ou fermier d'herbages dont la profession habituelle consiste à acheter des bestiaux soit pour les revendre dans le même état, soit après les avoir engraissés quelque temps dans ses herbages. — **4e**, 14 janvier 1840, *Guidon.* — R. P. 4, 20. — Dans ce dernier sens,

4e, 19 janvier 1822, *Chastan-Lafayette;* et **4e**, 15 avril 1823, *Mouton.*

9. — Ne peut être réputé commerçant et par conséquent mis en état de faillite, le cultivateur qui achète des poires pour les convertir en eaux de-vie, des pierres et des bois pour en faire de la chaux, et revendre ensuite partie de ces produits, lorsqu'il est d'ailleurs constant que ce trafic n'est qu'un accessoire de son exploitation. — **4e**, 12 mai 1830, *Bertauld.* — C. R. 13, 448. — *Ità*, **4e**, 21 mars 1830, *Queudeville.*

10. — N'est point commerçant celui qui vend en détail des denrées provenant de son cru.

Spécialement, le propriétaire qui vend en détail le cidre provenant de son cru, ne peut être traduit devant les tribunaux de commerce. — **4e**, 3 avril 1821, *Poyer.*

11. — De ce qu'un individu aura fait quelques emprunts et prêts d'argent comme notaire, il n'en résulte pas qu'il doive être considéré comme commerçant, s'il n'est pas dans l'habitude de faire un trafic en empruntant ces fonds pour les placer lui-même avec bénéfice. — **2e**, 17 août 1812, *Guillochin.*

12. — Mais le notaire qui, indépendamment de ses fonctions, se livre habituellement à des faits de commerce, doit être considéré comme commerçant et peut être mis en état de faillite. — **4e**, 12 août 1835, *Perronne;* — **1re**, 16 août 1811, *Rupaley.*

13. — Il en est de même du médecin ou de tout autre qui, outre son état, se livre habituellement à des opérations

COMMERÇANT, §. 1.

commerciales. — 1re, 28 février 1809, *Bonvoisin.*

14.—*Et plus généralement*, de ce qu'un individu qui fait sa profession habituelle d'opérations commerciales, se livre en même temps à des spéculations étrangères au commerce, il ne s'ensuit pas qu'il ne doive être considéré comme commerçant, et que par suite il ne puisse être mis en état de faillite.—2e, 20 nov. 1822, *Bail.*

15. — « Les maîtres de poste sont de simples agents commissionnés par le gouvernement. » (Loi du 29 frimaire an VII, art. 2, 3 et 6. — Arrêté du 1er prairial an VII, art. 3 et 12).

16.—Ils ne peuvent donc être réputés commerçants et constitués en état de faillite. — 4e, 17 janvier 1831, *Huard.* — C. R. 13, 423 ; — 4e, 9 juillet, *jonctim*, 2 août 1832, *Aubert.*

17. —*Contrà*, le maître de poste doit être réputé commerçant, par cela seul qu'il fait sa profession habituelle d'acheter des chevaux pour en louer l'usage. En conséquence, la lettre de change réputée simple promesse, ressort de la juridiction commerciale si elle est souscrite par un maître de poste et un non commerçant. (Art. 637. C. com.) — 4e, 24 juillet 1826, *Lesueur.* — C. R. 13, 427.

18. — Doit être reputé commerçant celui qui tient un bureau d'agence d'affaires, quand même il ne s'occuperait pas précisément d'affaires commerciales. — 1re, 13 janvier 1830, *Seigneurie.* — C. R. 13, 291.

19.— Est, en effet, entrepreneur de

COMMERÇANT, §. 1.

bureau d'affaires, dans le sens de l'art. 632, C. com., et comme tel, soumis à la juridiction commerciale, l'individu qui se mêle habituellement de placements de capitaux, régies, ventes d'immeubles, liquidations, etc. — 4e, 26 mars 1829, *Tostain.* — C. R. 12, 80.

20. — Mais de ce qu'un individu a fait annoncer dans un journal qu'il était chargé du placement de différentes sommes considérables, il n'en résulte pas qu'il doive nécessairement être considéré comme agent d'affaires. « Il est possible que cette annonce n'ait été, de la part de cet individu, qu'une tentative pour s'attirer la confiance du public ; elle n'offre d'ailleurs qu'un fait isolé qui ne constitue pas l'habitude d'opérations caractérisant une entreprise de bureau d'affaires, dans le sens du quatrième alinéa de l'art. 632. C. com. » — 2e, 14 novembre 1833, *Gidon.*

21.—Les tiers n'ont pas à s'inquiéter si l'agent d'affaires qu'ils voient exercer publiquement son entreprise, est ou non autorisé à cet effet ; il leur suffit que l'autorité administrative et judiciaire n'élève aucune réclamation, et l'agent d'affaires ne peut leur opposer son défaut d'autorisation. —4e, 10 décembre 1832, *Vergnet.*

22.—De même, l'individu qui fait valoir ostensiblement et pour son compte une entreprise de commerce (une auberge dans l'espèce) est tenu personnellement du paiement des provisions fournies à l'établissement qu'il dirige, encore bien que, par actes secrets passés avec un tiers, l'entreprise ne soit point à son compte, et qu'il ne soit que le com-

13

COMMERÇANT, §. I.

mis de ce tiers. — 2ᵉ, 15 déc. 1810, *Fontaine.*

23. — C'est enfin par suite de ce même principe que doit être réputé commerçant, et par suite tenu par corps au paiement des billets qu'il souscrit, celui qui gère une agence de remplacement militaire illicite. — 4ᵉ, 10 déc. 1832, *Verguet.*

24. — Sont encore commerçants,
... Les rouliers. — 4ᵉ, 28 avril 1828, *Bodin.*

25. — ... Les boulangers, n'achetâssent-ils qu'un sac de blé environ la semaine, dont ils fissent la revente après l'avoir converti en pain. — 4ᵉ, 18 déc. 1826, *Gosselin ;* et par arg. — 4ᵉ, 7 février 1814, *Mulois.*

26. — ... Les aubergistes. — 4ᵉ, 10 juillet 1827, *Bouge ;* — 4ᵉ, 4 juin 1832, *Roussel.*

27. — N'est point commerçant un meunier qui ne fait que moudre pour le public, si d'ailleurs il ne fait pas commerce de farines. — 4ᵉ, 7 février 1827. *Maheust.* — C. R. 8, 141.

28. — Un simple serrurier ne peut être considéré comme commerçant, à l'effet d'être déclaré en faillite. — 2ᵉ, 8 mars 1810, *Scelles.*

29. — Est commerçant le constructeur de bâtiments, au moins lorsqu'il fournit les matériaux. — 4ᵉ, 4 déc. 1828, *Motte.*

30. — « C'est à celui qui attribue à son adversaire la qualité de commerçant à en apporter la preuve. » — 4ᵉ, 16 juin 1835, *Cousin-Despréaux.*

COMMERÇANT, §. I.

31. — La qualification de commerçant, donnée à un individu dans un acte isolé, n'est point une preuve suffisante que cet individu soit réellement commerçant, alors surtout que la qualification de *propriétaire* lui est donnée dans d'autres actes. — *m. arr.*

32. — On ne peut induire qu'une personne soit commerçante, de ce qu'elle s'est laissée plusieurs fois condamner par défaut, comme commerçante, par un tribunal de commerce, pour quelques sommes modiques. — 1ʳᵉ, 17 août 1812, *Guillochin.*

33. — Un individu peut, pour la première fois, sur appel, dénier la qualité de commerçant qui lui a été attribuée, pourvu que, tout en ne la contestant pas en première instance, il ne l'ait cependant pas avouée. — 1ʳᵉ, 13 nov. 1810, *Faboulet.*

34. — Mais s'il a acquiescé au jugement qui lui attribue cette qualité, il n'est plus recevable à la repousser ensuite au respect des mêmes parties agissant dans la même cause. — 4ᵉ, 28 juillet 1814, *Chéron.*

35. — La femme d'un commerçant peut elle même être considérée comme commerçante, « si le bilan a été déposé tant en son nom qu'en celui de son mari, si la qualité de commerçante a été prise par elle dans plusieurs actes authentiques, si elle lui a été attribuée par plusieurs jugements consulaires, passés en force de chose jugée. » — 1ʳᵉ, 6 août 1835, *Lefournier.*

36. — Elle est surtout non recevable à

réclamer contre la qualité de marchande, si elle-même s'est ainsi qualifiée dans des lettres de change. — 4ᵉ, 4 janvier 1813, *Lenormand*.

37. — Celui qui, par le fait, a cessé d'être commerçant, n'en demeure pas moins réputé tel au respect des tiers, tant que son changement d'état n'est pas connu. — 4ᵉ, 23 août 1836, *Camfry*.

§. II. — *Du mineur commerçant.*

38. — Est valable l'autorisation de faire le commerce, accordée au mineur quoiqu'elle n'énonce pas le genre de commerce particulier qu'elle permet. — 1ʳᵉ, 14 août 1828, *Darambure*. — C. R. 11, 294.

39. — Une telle autorisation comprend celle de former une société. — *m. arr.*

40. — Lorsque le mineur n'a pas rempli toutes les conditions exigées par l'art. 2, C. com., il ne peut être réputé commerçant; ses opérations ne sont donc point commerciales et ne donnent lieu qu'à une action civile, pour ce qui a tourné à son bénéfice, conformément à l'art. 1312, C. civ. — 4ᵉ, 31 janvier 1831, *Sebire*. — *Ità*, 4ᵉ, 20 mars 1817, *Neuville*; — 4ᵉ, 20 janvier 1819, *Chrétien*.

§. III. — *De la femme marchande publique.*

41. — Le consentement exigé de la femme pour devenir marchande publique, peut s'induire de ce qu'elle fait un commerce public au su de son mari et sans opposition de sa part. — 4ᵉ, 9 juillet 1818, *Lampentier*; et par arr. 8

décembre 1829, *Clément*. — *Rej. S. 32, 1, 365.*

42. — Si le mari est lui-même employé dans le commerce de sa femme, il l'autorise par cela même à faire ce commerce. — 4ᵉ, 22 janvier 1834, *Jourdan*.

43. — Il y a plus, la femme qui fait ainsi le commerce au su de son mari, mais sans son autorisation, oblige celui-ci par ses opérations commerciales. — 1ʳᵉ, 29 janvier 1811, *Delarue*.

44. — Mais si elle le fait à l'insu de son mari et sans son autorisation, elle ne peut l'obliger à raison desdites opérations. — 1ʳᵉ, 10 thermidor an XIII, *Descos*.

45. — Jugé, cependant, que même autorisée, la femme marchande publique n'oblige pas son mari non commerçant par les obligations qu'elle prend relativement à son commerce, lorsqu'ils sont mariés sans communauté, et spécialement sous le régime dotal. — 2ᵉ, 27 juin 1820, *Bréard*.

46. — Dans tous les cas, le mari ne peut être traduit devant la juridiction commerciale. — *m. arr.*

47. — Mais s'il existe entre les époux une société d'acquets, le mari, bien que non commerçant, peut être traduit devant les tribunaux de commerce, à raison des obligations contractées par sa femme marchande publique. — 4ᵉ, 17 août 1813, *Hardouin*.

48. — « La femme qui exerce un commerce séparé, s'oblige personnellement; si elle oblige aussi son mari, ce n'est que secondairement; elle ne peut donc

COMMERÇANT, §. III.

se soustraire aux obligations qu'elle a contractées en renonçant à la communauté. » — 4ᵉ, 9 juillet 1818, *Lecarpentier.*

49. — Si, au contraire, il n'est pas justifié que le commerce de la femme soit distinct de celui du mari, la femme ne peut être tenue pour raison des obligations qu'elle a souscrites à l'occasion de ce commerce. — 2ᵉ, 10 nov. 1808, *Poignet.*

50.—Et si, dans ce cas de commerce non distinct, elle renonce à la communauté, elle n'est point justiciable des tribunaux de commerce, lors même qu'elle se serait rendue caution des obligations commerciales de son mari. — 2ᵉ, 20 janvier 1819, *Gauthier.*

51. — La femme civilement séparée peut s'établir marchande publique; elle peut former une société commerciale avec son mari comme elle le ferait avec toute autre personne, et comme dans ce cas, elle ne peut être réputée détailler seulement les objets dépendant du commerce de son mari, elle est passible de la juridiction commerciale.—4ᵉ, 28 nov. 1820, *Chauvet.*

52. — Même, quoique non civilement séparée et demeurant avec son mari commerçant, une femme peut, suivant les circonstances, être considérée non pas seulement comme ne faisant que détailler les objets du commerce de son mari, mais comme faisant un commerce séparé, et cela, bien qu'elle n'en ait point reçu un consentement exprès — 8 décembre 1829, *Clément.*—*Rej. S. 32, 1, 365.*

COMMERÇANT, §. IV.

§. IV. — *Obligations générales imposées aux commerçants.—Patente, livres.*

53. — *Patente.* — Lorsque le procès qu'elle soutient n'est pas relatif à son commerce, une partie ne peut être tenue de justifier de sa patente.—4ᵉ, 11 septembre 1815, *Costard.*

54. — *Livres de commerce.*—Le commerçant défendeur à une action judiciaire ne peut refuser la communication de ses livres (art. 8, 9 et 15, C. com.). — 4ᵉ, 24 juin 1828, *Blanchard.* — C. R. 11, 184.

55. — Il ne le peut même après dix ans, s'agit-il de livres auxiliaires. — *m. arr.*

56. —La communication de ces livres, lorsqu'il est prouvé qu'ils existent encore, peut être ordonnée même sous une contrainte. — *m. arr.*

57. — Le commerçant qui ne produit point ses livres, peut, par cela seul, être condamné au paiement des sommes réclamées contre lui.—1ʳᵉ, 16 juillet 1833, *Lance.*

58. — Cependant la communication proprement dite des livres d'un commerçant ne peut pas être exigée par un non commerçant, aux termes des art. 12, 14 et 17, C. com. — Mais le tribunal a le droit, en vertu de l'art. 15 du même Code, de se faire représenter les livres pour y recueillir les renseignements dont il a besoin. —1ʳᵉ, 13 janvier 1830, *Seigneurie.*—C. R. 15, 291.

59. — « Encore bien qu'aux termes

COMMERÇANT, §. IV.

de l'art. 15 , C. com., la représentation des livres d'un commerçant puisse être ordonnée, cette mesure ne doit cependant avoir lieu qu'en cas d'utilité. »

Si le déplacement qu'il en faudrait faire pour les mettre sous les yeux de la Cour, occasionnait un notable préjudice au commerce des parties , la Cour pourrait y suppléer par des moyens plus simples et moins dommageables. — *Spécialement*, elle peut ordonner que ces livres seront présentés à deux notaires de la ville où habite le commerçant , lesquels seront tenus d'extraire tout ce qu'ils trouveront ayant trait à la contestation. — 4ᵉ, 7 juillet 1823 , *Cary.*

60. — Les tribunaux ne peuvent autoriser le compulsoir général des livres d'un commerçant, sous prétexte qu'ils doivent contenir des renseignements relatifs à un compte à faire, lorsque surtout les articles à vérifier ne sont pas précisés. — 4ᵉ, 10 avril 1827, *Brouard.* — C. R. 8, 91.

61. — On ne peut faire un reproche à un herbager de n'avoir pas tenu de livres lorsque, par une erreur commune à tous les herbagers de sa contrée , il ne se regarderait pas comme commerçant et ne se croyait pas, en conséquence, soumis à l'obligation d'avoir des livres. — 4ᵉ, 15 avril 1823 , *Mouton.*

Sur les conséquences qu'entraîne pour un commerçant le défaut de livres. V. le mot faillite.

V. Acte de commerce, compétence commerciale, contrainte par corps, effet de commerce, faillite.

COMMERÇANT, §. IV.

TABLE SOMMAIRE.

COMMISSAIRES-PRISEURS.

COMMIS.

V. Acte de commerce, commerçant, compétence commerciale.

COMMISSAIRE DE POLICE.

V. Outrages.

COMMISSAIRES-PRISEURS.

1. — « Les commissaires-priseurs conservent leur compétence intacte dans tout ce qui n'a pas été transféré aux courtiers et restent, par conséquent, en possession de vendre aux enchères publiques les marchandises en détail, comme ils y étaient avant les innovations faite en faveur des courtiers. » (Par les décrets des 22 novembre 1811 et 17 avril 1812, et l'ordonnance du 9 avril 1819)—2°, 31 décembre 1829, *Liais.*—C. R. 12, 18.

2.—Pour procéder à la vente aux enchères publiques des *marchandises neuves,* les commissaires-priseurs ne sont pas tenus de remplir les conditions et les formalités prescrites pour les courtiers de commerce par les décrets et l'ordonnance ci-dessus cités.—4°, 9 décembre 1835, *Comback.*—R. P. 1, 161.—*Ch. des rac.*, 26 septembre 1836, *Joseph.*—R. P. 1, 157 ; —4°, 3 janvier 1837, *Isay.*—R. P. 1, 158.

COMMISSIONNAIRES.

3.—*Contrà.*—Ils sont obligés de remplir ces conditions et formalités.—4°, 30 avril 1838, *Isay.*—R. P. 2, 137.

4.—Les marchands de la ville ont qualité pour s'opposer individuellement et en justice aux ventes qui ne seraient pas faites sous ces conditions, contre ceux qui y font procéder ; mais leur action doit être intentée devant le tribunal civil.—4°, 30 avril 1838, *Isay.*—R. P. 2, 137.

COMMISSIONNAIRES.

(C. com., liv. 1, tit. vi.)

1.—Le commissionnaire peut être tenu envers les tiers toutes les fois qu'il résulte des circonstances qu'il s'est engagé personnellement envers eux.—2°, 28 thermidor, an XIII, *Delaunay.*

2.—Or, suivant les usages du commerce, le commissionnaire qui reçoit des marchandises est tenu personnellement, sauf son recours contre le commettant, du paiement des frais de transport.—m. arr.

3.—Lorsqu'un commissionnaire achète, non pour le compte et au nom du commettant, mais pour son propre compte et à son nom, pour revendre ensuite les marchandises à son commettant, moyennant un certain bénéfice, il est soumis à la garantie envers l'acheteur. — 4°, 9 juillet 1821, *Duportail.*

4.—Les commissionnaires de roulage et les voituriers sont assimilés par la loi aux dépositaires nécessaires et aux mandataires salariés, ils ne peuvent exciper des cas fortuits et de force majeure

COMMISSIONNAIRES.

qu'autant qu'ils prouvent qu'il n'y a eu aucune faute de leur part, et qu'ils justifient qu'ils ont été dans une complète impuissance de prévenir, empêcher ou atténuer les effets de l'accident qui a causé la perte.—4ᵉ, 12 mars 1838, *Deschamps.—R. P. 2*, 124.

5.—Toutefois, les commissionnaires ou voituriers ne sont responsables que de la perte des objets à eux confiés (*v. c.*) de commestibles, ils ne doivent aucune indemnité au propriétaire en plus outre, pour le bénéfice que celui-ci aurait retiré de la vente des marchandises.—4ᵉ, 12 novembre 1833, *Cheristel.*

6.—Les art. 435 et 436 C. comm., relatifs au recours entre les capitaines de navire, les affréteurs et les assureurs, ne sont pas applicables aux contestations élevées entre le commissionnaire de transport et le destinaire, pour la réception des marchandises. Dans ce dernier cas, il suffit que l'action soit intentée dans les délais fixés par les articles 107 et 108 C. comm.—4ᵉ, 12 mars 1838, *Deschamps.—R. P. 2*, 124.

7.—Le tribunal du lieu où la marchandise est déposée par le voiturier n'est pas compétent de connaître des difficultés qui s'élèvent entre le destinataire et le voiturier, encore bien que les formalités prescrites par l'art. 106 C. comm. doivent être nécessairement remplies au lieu où la marchandise se trouve actuellement déposée.—C'est l'art. 420 C. pr., qui doit être observé.—4ᵉ, 28 janvier 1829, *Masselin.—R. 11*, 339.

8.—Quelque indéfinie que soit la disposition de l'art. 43 de la loi du 21 avril 1818, qui punit d'amende et autres peines tout individu trouvé saisi de tissus prohibés, sans qu'aucune autre preuve de culpabilité soit nécessaire, elle paraît cependant devoir recevoir quelque modification à l'égard des voituriers qui auraient reçu à leur insu des objets prohibés.—*Ch. corr.*, 24 novembre 1828, *administration des douanes.—C. R. 11*, 79.

9. — « Toutefois, les voituriers ne peuvent, dans ce cas, s'affranchir de la responsabilité personnelle que lorsqu'ils ont fait connaître les propriétaires ou expéditeurs contre lesquels une action puisse être efficacement exercée, et justifient qu'ils n'ont été que les instruments passifs de la fraude. — *m. arr.*

10. — Le voiturier doit, surtout, être exempt de toute condamnation, lorsque c'est par la négligence de la régie des douanes que l'amende n'a pas été prononcée contre les véritables auteurs de la fraude.— *m. arr.*

11.—La remise d'objets à un voiturier peut être établie par témoins.—2ᵉ, 18 avril 1817, *Samsom.*

12.—Le privilége concédé au commissionnaire par l'art. 93 C. comm. n'est pas limité aux avances qui ont eu pour objet les marchandises consignées, il s'étend à toutes les avances que le commissionnaire a pu faire pour le commettant, pendant qu'il était détenteur des marchandises consignées.—*Aud. sol.* 30 mai 1833, *Lechevalier.*

13.—Un négociant autorise un banquier, avec lequel il est en compte courant, à réclamer et faire vendre des marchandises en son nom et à en porter

COMMUNAUTÉ CONJUGALE.

le montant à son crédit ; le banquier les fait vendre par un mandataire de son choix, mais au nom de son correspondant, et depuis il lui fait des avances.— Le prix n'était pas payé quand la faillite de celui-ci vient à éclater.—Le banquier a-t-il un privilége sur le prix ?—*Résol. aff.*—4°, 23 janvier 1837, *Lecoq.*—R. P. 1, 135.

V. Compétence commerciale, faillite.

TABLE SOMMAIRE.

COMMODAT.

V. Prêt.

COMMUNAUTÉ CONJUGALE.

(C. civ., liv. III, tit. II.)

§. I.—*De l'actif et du passif de la communauté légale.*

§. II.—*De l'administration tant des biens de la communauté que des biens personnels de la femme.—Des récompenses et indemnités.*

COMMUNAUTÉ CONJUGALE, §. I.

§. III.—*Remploi des biens de la femme.*

§. IV.—*De la dissolution de la communauté.—Inventaire.—Acceptation et répudiation.*

§. V.—*Du partage de la communauté.— Contribution aux dettes.*

§. VI. — *De la communauté conventionelle.*

Voyez sur quelques stipulations du contrat de mariage, relatives à la communauté, le mot *contrat de mariage*, §.§. 1 et 2.

§. I.—*De l'actif et du passif de la communauté.*

1. — « En général, et ainsi qu'il résulte des analogies du droit, puisées dans les art. 1564, 1565 et 1851, les évaluations portées au contrat de mariage ont pour effet de transporter, soit au mari, soit à la société contractée entre époux, la propriété des objets évalués, sauf les stipulations existantes sur le remport des valeurs. »

Spécialement, si la clientelle d'un avoué a été évaluée, dans son contrat de mariage à une somme de . . . (20,000 fr.) la communauté est devenue propriétaire de la clientelle, sauf le remport de ladite somme, encore bien que les époux soient mariés sous le régime de la communauté réduite aux acquêts.—Si donc, durant l'existence du mariage, la charge d'avoué a été vendue par un prix bien supérieur (50,000 fr.), les héritiers du mari n'ont droit qu'au prix porté au contrat.—1re, 12 janvier 1831, *époux Morin.*

COMMUNAUTÉ CONJUGALE, §. I.

2.—Le prix d'un office de notaire, acquis pendant le mariage, ne tombe pas dans la communauté stipulée entre époux, si lors du mariage le mari était titulaire d'un notariat exclu de la communauté, encore bien que lors de l'achat du second, il n'ait pas été stipulé que cette nouvelle charge devait servir de remploi à la première.—L'on doit considérer qu'il y a remplacement, sauf la récompense due à la communauté pour l'excédant du prix qu'elle a pu payer.—1ʳᵉ, 6 mai 1839, *Brunel.*—R. P. 3, 151.

3. — *Conquets.* — Doit être considéré comme conquêt de communauté la partie de l'immeuble que l'un des époux, créancier d'une rente foncière, s'est fait adjuger en paiement des arrérages échus durant le mariage et des frais du procès. —1ʳᵉ, 12 mars 1833, *veuve Rouxelin.*

4.—Les acquêts faits au nom de la femme sont, sauf preuve contraire, réputés conquêts de communauté.—Ils ne constituent pas une donation.—2ᵉ, 10 mars 1832, *Jacquette de Jumilly.*

4.—Jugé, toutefois, que quand une acquisition a été faite conjointement par deux époux communs en biens, l'immeuble acquis n'est point un conquêt de communauté : il forme un propre pour l'époux qui avait dans les biens vendus une part indivise.—2ᵉ, 25 février 1837, *Rallu-Matrot.*—R. P. 1, 198.

5.—On peut faire résulter des circonstances qu'encore bien qu'un immeuble ait été acquis sous le nom collectif de deux époux séparés de biens, l'acquisition cependant n'a été faite qu'au béné-

COMMUNAUTÉ CONJUGALE, §. II.

fice exclusif de la femme.—2ᵉ, 30 nov. 1832, *Scelles de la Motte.*

6. — *Du passif.* —Les rentes passives sont de droit à la charge de la communauté, lors même que le conjoint qui les a constituées avant le mariage, en aurait employé le capital à acquérir des immeubles.—1ʳᵉ, 8 mai 1836, *Chardon la Rousselière.*

7.—L'art. 1410 C. civ. qui ne permet au créancier, dont la créance n'a pas date certaine antérieure au mariage, de n'en exercer le recouvrement que sur la nue propriété des immeubles de la femme, ne s'applique qu'aux créances mobilières. Il est inapplicable à l'acte de cession des immeubles eux-mêmes. Dans ce dernier cas, le cessionnaire peut poursuivre l'exécution de son contrat, bien qu'il n'ait pas acquis date certaine avant le mariage. — 1ʳᵉ, 20 juillet 1813, *de Pierrepont.*

§. II.—*Administration tant des biens de la communauté que des biens personnels de la femme. — Récompenses et indemnités.*

8.—Encore bien que, dans un contrat d'acquisition, il soit dit que cette acquisition est faite par les deux époux en commun, la femme ne peut profiter de cette stipulation qu'autant qu'elle justifie avoir contribué, avec des deniers à elle appartenant, a u paiement du prix.—4ᵉ, 13 janvier 1834, *Duchatel.*

9.—Le mari peut donc, comme chef de l'association conjugale, disposer du bien ainsi acquis, sans que la femme

14

COMMUNAUTÉ CONJUGALE, §. II.

puisse inquiéter les acquéreurs, ni rien réclamer à cet égard.—*m. arr.*

10.—Au mari appartient exclusivement tout ce qui concerne l'administration des biens de la femme non séparée ; celle-ci ne peut même être interrogée sur faits et articles relativement à des faits de cette administration.

Spécialement, le fermier des propres d'une femme non séparée de biens, assigné par le mari en paiement d'arrérages, ne peut, en prétendant une remise qui lui aurait été faite conjointement par les deux époux, appeler la femme au procès pour la faire interroger sur l'existence de la remise alléguée. — *Aud. sol.*, 10 avril 1823, *Lebarillier.*—C. R. 3, 269.

—11.—Le mari peut recevoir le remboursement d'une rente créée au profit de la femme, par le père de famille, pour retour de lot, lors même que le lot grevé de cette rente serait entièrement composé d'immeubles ; à défaut de remplacement, le débiteur ne peut être tenu de continuer le service de la rente.—2º, 18 février 1837, *Collet.*—R. P. 1, 181.

12. — ‹ Le mari, simple administrateur des biens de sa femme, ne peut valablement disposer d'arbres réputés immeubles par leur nature ; la vente qu'il en aurait faite sans présenter aucune garantie à sa femme, est une véritable spoliation qui donne à la femme séparée le droit d'en réclamer le prix, resté aux mains de l'acquéreur. ›—11 avril 1825, *Lesueur.*—C. R. 13, 607.

13. — Le mari n'a point davantage qualité pour faire, en son nom person-

COMMUNAUTÉ CONJUGALE, §. II.

nel, les poursuites relatives à l'acquisition de la mitoyenneté d'un mur adjacent à la propriété de sa femme.—2º, 6 mai 1813, *Eudes.*

14.—Il ne peut sans la volonté, ni même sans le concours de sa femme, diriger des actions en justice, dans l'intérêt de celle-ci, relativement à ses droits immobiliers.—2º, 15 juillet 1824, *Keuzebrocq.*—C. R. 3, 41.

15.—Cependant, il le peut dans son propre intérêt, quant à l'usufruit qu'il a durant le mariage, sur les biens de son épouse.—*m. arr.*

16. — Jugé encore que ‹ le mandat donné au mari pour l'administration des biens de la femme, ne lui donne pas le droit de la représenter de manière à l'obliger sans être appelée à se défendre elle-même. ›

Est donc nul et de nul effet le jugement rendu sur les droits de la femme, contradictoirement avec le mari, sans que ladite femme y ait été appelée.—4º, 26 janvier 1835, *Constant.*

17.—La femme mariée qui a donné à son mari mandat pour poursuivre un procès dans lequel elle doit figurer, peut révoquer ce mandat, sans le consentement du mari ou l'autorisation de justice.—2º, 15 juillet 1824, *Keuzebrocq.*

18.—Le mari peut, sans le concours de sa femme, surenchérir les immeubles affectés aux créances de celle-ci.—4º, 20 juin 1827, *Becquemie.* — C. R. 8, 364.

19.—Lorsqu'un contrat de mariage réserve à la femme l'administration et la jouissance de ses biens, le mari ne

COMMUNAUTÉ CONJUGALE, §. II.

peut, à la dissolution du mariage, réclamer les revenus de son épouse échus, mais non encore perçus.—Il ne peut réclamer contre elle ou ses héritiers restitution des sommes par elle payées, pendant le mariage, pour dettes qui lui étaient personnelles. Ces sommes doivent être réputées de droit avoir été acquittées aux dépens des revenus de la femme.—1re, 1er décembre 1827, Vimard. —C. R. 9, 138.

20.—Même au cas de séparation de biens contractuelle, c'est le mari qui touche de sa femme la part contributive de celle-ci pour l'appliquer aux besoins du ménage.—2e, 5 avril 1823, Miquelard.

21.—Sauf le cas de dissipation ou l'inconduite de la part du mari, la femme ne peut être admise à faire face par elle-même aux dépenses de sa maison, même en fournissant une pension au mari pour ses besoins particuliers.—m. rr.

22.—Quelques améliorations que le mari ait faites sur le bien de sa femme, les créanciers ne peuvent exproprier ce bien.—1re, 14 germinal an XIII, Garelles.

23.—Lorsque le mari, agissant en sa qualité, a fait suffisamment connaître ses droits, il n'est tenu à aucune garantie envers les tiers pour ce qu'il aurait fait au-delà de ses pouvoirs, s'il ne s'y est personnellement soumis.—1re, 4 frimaire an XIV, Poulard.

24.—Récompenses et indemnités. — Le mari n'est que l'administrateur des biens de la communauté, il lui doit donc ré-

COMMUNAUTÉ CONJUGALE, §. III.

compense des sommes qu'il a employées dans son intérêt personnel.

Spécialement, le mari doit récompense à la communauté de la somme qu'il a versée pour la fondation d'une chapelle sur une terre à lui appartenant.—1re, 26 avril 1820, Beauchef de Savigny.

25.—Lorsque la vente d'une rente appartenant à la femme a été faite frauduleusement, et pour l'acquit de prétendues dettes qui, en réalité n'existaient pas, la femme a le droit d'en réclamer la valeur, et cette valeur doit être restituée, non d'après le prix de vente, mais d'après le capital auquel elle était constituée.—2e, 4 février 1831, Letot.

26. — La convention par laquelle le mari s'est réservé le droit de disposer ou d'aliéner de ses propres, sans pouvoir exercer aucun remploi sur la communauté, doit s'appliquer également à la disposition des capitaux des rentes et des créances qui lui ont été remboursées ; tant donc que la somme fixée par le contrat n'a pas été dépassée, le mari ne peut réclamer de la communauté, soit le prix des propres aliénés, soit le capital des rentes amorties pendant le mariage. — 2e, 28 avril 1837, Morell d'Aubigny.—R. P. 1, 313.

§. III.—Remploi des biens aliénés de la femme.

27.—Lorsque deux époux sont mariés sous le régime de la communauté, la clause de leur contrat de mariage qui stipule qu'en cas de vente des propres de l'un ou de l'autre époux, il sera fait emploi du prix en acquisition d'immeu-

COMMUNAUTÉ CONJUGALE, §. III.

bles, n'empêche pas que leurs biens ne soient de libre disposition, et que la vente ne soit valable vis-à-vis des tiers, quoiqu'il n'ait pas été fourni de remplacement.—2ᶜ, 19 avril 1834, *Olivier*.—R. P. 2, 447.

28.—*Contrà*.—L'effet d'une telle stipulation est de frapper les biens d'indisponibilité, même au respect des acquéreurs, si le remploi n'est effectué.—2ᶜ, 26 février 1836, *Potin de Bonchamps*.— R. P. 2, 621.—2ᶜ, 22 mars 1839, *Chedruc*.—R. P. 3, 124.

29.—Mais au moins la femme commune, en stipulant ainsi la faculté de vendre ses propres, sauf remplacement, s'est par-là même réservé le pouvoir d'en fixer le prix, et ce prix, porté au contrat de vente, doit être maintenu, si rien n'annonce qu'il y a eu dol ou fraude dans le règlement dudit prix lors des ventes.—*m. arr. Potin de Bonchamps et Chedruc* ; et 2ᶜ, 11 janvier 1838, *Dedieu*.—R. P. 1, 720.—1ʳᵉ, 27 mai 1840, *Pissot*.—R. P. 4, 248.

30.—Or, si nul délai n'a été imparti pour le remploi, il peut valablement être effectué, même après la séparation de biens.—*Mêmes arrêts que ceux du numéro précédent*.

Voyez sur cette dernière question le mot *dot*, §. IX, *in fine*.

31.—La déclaration de remplacement sur ses biens, faite par un mari qui reçoit le prix des immeubles de son épouse, ne transmet pas toujours et nécessairement à la femme un droit de propriété.—2ᶜ, 11 janvier 1838, *Dedieu*.—

COMMUNAUTÉ CONJUGALE, §. III.

R. P. 1, 720.—2ᶜ, 14 mai 1831, *Duval* ; — 2ᶜ, 21 juillet 1831, *Mezeray* ;—1ʳᵉ, 3 décembre 1838, *Lelandais*.—R. P. 2, 571.

32.—C'est par l'ensemble des expressions et des circonstances que, dans ce cas, l'on doit déterminer le véritable sens du mot remplacement.—2ᶜ, 22 mars 1839, *Chedruc*.—R. P. 3, 124.

33.—Ainsi, les juges peuvent, d'après les circonstances, ne voir dans une semblable stipulation, qu'une affectation hypothécaire.—2ᶜ, 11 janvier 1838, *Dedieu*. —*Loc. cit.*

34.— .... Mais ils peuvent aussi, d'après les circonstances, y voir un remplacement translatif de propriété.—1ʳᵉ, 3 décembre 1838, *Lelandais*.—*Loc. cit.*

35.— .... Quand des époux déclarent remplacer le prix du bien dotal de la femme en divers immeubles, formant le premier article d'un acquêt fait le même jour et devant le même notaire, « lequel remploi ladite épouse a formellement accepté et trouvé plus que suffisant pour remplacer les immeubles sus-aliénés, » la femme n'est pas devenue propriétaire des immeubles par elle acceptés en remploi ; elle a seulement sur eux une simple garantie hypothécaire.—2ᶜ, 22 mars 1839, *Chedruc*.—R. P. 3, 124.

36.—Quand une femme s'est réservé le droit de vendre ses immeubles, « à la charge d'employer à son profit le prix en provenant, en acquisition d'autres immeubles de valeur à peu près égale, » elle n'a droit qu'au remplacement du prix de la vente et non pas de la valeur des immeubles. — *m. arr.*, et 2ᶜ, 13 jan-

COMMUNAUTÉ CONJUGALE, §. III.

vier 1832, *Besnier;*—2e, 26 juillet 1832, *Lesieur ;* — 2e, 31 janvier 1834, *Anger.*

37.—On ne peut considérer comme servant de plein droit de remploi, le rachat que fait le mari, *en son nom personnel*, des biens de sa femme, précédemment aliénés sans remplacement.—Mais si la première vente n'a été que simulée, afin de faire passer gratuitement les biens au mari, la femme est censée n'avoir jamais cessé d'être propriétaire.—2e, 22 mai 1823, *Heudier.*

38.—La vente sincère que ferait ensuite le mari de ces mêmes biens à un tiers complice de la fraude, serait entièrement nulle. — *m. arr.*

39.—Mais elle serait valable si elle était faite à des tiers de bonne foi. — *m. arr.*

40.—Lorsqu'un remplacement de bien de femme aliéné, doit être donné libre de toute hypothèque, les époux sont en droit d'exiger un certificat négatif délivré par le conservateur des hypothèques, et constatant qu'il n'existe aucunes inscriptions sur cet immeuble. — 2e, 15 juin 1820, *De Vrainville.*

41. — Sous le Code civil, la femme commune dont les biens dotaux ont été aliénés ne peut, après la dissolution du mariage, recourir sur les acquéreurs, sous prétexte de l'insuffisance du remplacement par elle accepté.

Plus spécialement, lorsque dans un contrat de mariage adoptant le régime de la communauté, il a été stipulé que les biens dotaux de la femme pourraient être aliénés moyennant remplacement, sans que les acquéreurs puissent être

COMMUNAUTÉ CONJUGALE, §. IV.

inquiétés, sous quelque prétexte que ce soit, la femme ne peut, après avoir accepté le remplacement à elle donné par son mari, recourir sur les tiers-acquéreurs, sous prétexte de l'insuffisance de ce remplacement. — 1re, 5 juillet 1824, *Rogue.*—C. R. 3, 242.

42.—*Frais.*—Lorsque les immeubles soumis au remploi étaient indivis, les frais et loyaux coûts du remplacement doivent rester à la charge de la femme, comme frais de licitation.—2e, 11 janvier 1838, *Dedieu.*—R. P. 1, 720.

§. IV. — *Dissolution de la communauté. —Inventaire.—Acceptation et répudiation.*

43.—La disposition de l'art. 1442 C. civ. qui porte que « s'il y a enfants mineurs, le défaut d'inventaire fait perdre à l'époux survivant la jouissance de leurs revenus », est une clause pénale qui doit se restreindre plutôt que s'étendre.

En conséquence, on ne doit l'appliquer qu'aux revenus des biens *actuels* des mineurs et non à ceux qui pourraient leur advenir, par la suite, jusqu'à l'époque de leur majorité. (par arg. des art. 792, 1410, 1477 C. civ.). — 2e, 5 décembre 1833, *Lemazurier.*

44.—Le défaut d'avoir fait constater par un inventaire la valeur du mobilier, ne rend pas le conjoint survivant non recevable à exercer ses reprises sur la communauté ; une telle déchéance ne pourrait être prononcée par les tribunaux qu'autant que cette omission serait le résultat de la fraude. — « Il convient de recourir au mode de preuve, tant par titres que par commune renommée, ouvert indistinctement, dans ces sortes de circonstances, à toute partie intéressée, par l'art. 1442. » —2ᵉ, 19 janvier 1832, *Guillebert.*—R. P. 4, 483.

45.—La femme donataire de la propriété des meubles et de l'usufruit des immeubles de son mari, n'est pas réputée s'immiscer dans la communauté, si elle dispose des meubles.—2ᵉ, 21 février 1835, *Auvray.*—R. P. 2, 443.

46.—Dans le même cas, la femme, ou ses héritiers, après s'être saisie du mobilier, peut user du droit d'option réservé par le contrat de mariage, et reprendre en argent et non en nature le montant des reprises.—*m. arr.*, et 1ʳᵉ, 9 décembre 1839, *De Berruryer.*—R. P. 3, 464.

47. — L'inventaire exigé par l'art. 1456 de la femme qui veut renoncer à la communauté, ne peut être suppléé par un état estimatif fait par un expert nommé par le juge de paix en conseil de famille.—4ᵉ, 23 avril 1827, *veuve Piquot.* C. R. 9, 191.

48.—*Acceptation et renonciation.*—La forme et les délais des acceptations et renonciations à la communauté, est réglée par les lois en vigueur à l'époque de l'ouverture de la communauté, et non par celles existant à l'époque du mariage ; en conséquence, c'est l'art. 1463 C. civ. qui détermine les délais dans lesquels la femme qui a obtenu sa séparation doit accepter la communauté normande, si elle ne veut pas être réputée y renoncer.—2ᵉ, 25 juillet 1835, *Dal-*

let.—Ità, 2ᵉ, 21 février 1835, *Auvray.—* R. P. 2, 443.

49.—La déchéance résultant de l'expiration du délai accordé pour accepter la communauté, peut être opposée par le mari, pour la première fois sur appel, bien que ce soit par d'autres motifs que la demande en partage formée par la femme ait été combattue en première instance. —*m. arr. Dallet.*

50.—La femme qui, dans des lettres écrites aux créanciers de la communauté, se reconnaît débitrice envers eux, et promet d'acquitter leurs créances, déclarant que la délicatesse lui fait un devoir de garantir les engagements de son mari, accepte par là purement et simplement la communauté, et ne peut plus se prévaloir de l'art. 1483 pour n'être tenue des dettes que jusqu'à concurrence de son émolument. — 4ᵉ, 23 février 1831, *veuve Leconte.*

51.—Mais si la femme a commencé par renoncer à la communauté, quelque positive que soit ensuite la déclaration qu'elle fait d'être dans l'intention d'acquitter les dettes de son mari, « on ne doit voir dans cette déclaration que la manifestation de l'intention louable et généreuse de faire honneur à la mémoire de celui dont elle a été l'épouse, et non une convention proprement dite, par laquelle elle ait voulu se rendre personnels des engagements qu'elle pouvait croire de sa délicatesse de remplir, mais dont elle s'était légalement mise à couvert par sa renonciation, et qu'il n'était point question de convertir en obliga-

COMMUNAUTÉ CONJUGALE , §. V.

tions civiles.—4e, 7 février 1827, *Ma-heust.*—C. R. 8, 142.

52.—La femme ne peut, par une acceptation onéreuse de la communauté , porter atteinte aux droits de subrogation qu'elle a conférés à ses créanciers.—4e, 3 juin 1833, *Leclerc.*

53.—La femme qui renonce à la communauté conserve son hypothèque légale sur les acquêts faits durant l'existence de cette même communauté.—1re, 22 août 1833, *Milcent.*

54.—La femme qui exerce un commerce séparé ne peut, en renonçant à la communauté , se soustraire aux obligations commerciales qu'elle a contractées. —4e, 9 juillet 1818, *Lecarpentier.*

§. V.—*Partage de la communauté, contribution aux dettes.*

55.—Lorsque l'immeuble à partager entre les deux époux, n'est pas susceptible de division commode, et que d'ailleurs les frais d'une licitation absorberaient une grande partie de la valeur de cet immeuble, l'art. 866 C. civ. peut être appliqué par analogie ; c'est à dire que l'immeuble est attribué à celui des époux qui a le droit d'en retenir ou d'en réclamer la plus forte portion, sauf indemnité ou récompense.—1re, 19 mai 1835, *Leblanc.*

56.—Le Code civil a tranché la question qui partageait les auteurs sous l'ancienne jurisprudence, et qui consistait à savoir si c'était à titre de créance ou à titre de propriété que s'exerçaient les reprises et indemnités dues par la com-

COMMUNAUTÉ CONJUGALE , §. V.

munauté aux époux. D'après l'art. 1470, c'est par voie de prélèvement que ces reprises ou indemnités ont lieu ; de telle sorte que c'est comme propriétaire et non comme créancier que l'époux auquel il en est dû les exerce. Il suit de là que ce prélèvement est considéré comme un partage et non comme une dation en paiement; que s'il a lieu en faveur du mari , les immeubles prélevés demeurent affranchis des hypothèques des créanciers de la femme, en vertu des articles 883 et 1476.—2e, 19 janvier 1832, *Guillebert.*—R. P. 4, 483.

57.—L'art. 1471 doit s'entendre en ce sens que les prélèvements, tant ceux du mari que ceux de la femme, frappent d'abord sur l'argent comptant , ensuite sur le mobilier et subsidiairement sur les immeubles de la communauté

58. — « Il n'établit entre eux aucune différence quant à cette manière d'atteindre les biens qui doivent être absorbés par les prélèvements. Il y aurait abus visible de mots à vouloir induire le contraire de ce que le pronom *ils*, qui commence le second membre de phrase dudit art. 1471, se rapporte, dans la pureté de la construction grammaticale, aux prélèvements de la femme, car il y a même raison pour les prélèvements du mari que pour ceux de la femme, la seule différence qu'il y ait entre les uns et les autres, consiste dans le privilège accordé à ceux de la femme de marcher les premiers. » — *m. arr.*

59. « — De ces deux articles (1470 et 1471), il résulte qu'entre les héritiers et légataires des époux, il n'y a pas lieu

d'établir une contribution pour le paiement des reprises et indemnités au prorata de la valeur des biens par eux recueillis, mais que l'héritier ou le légataire, auquel sont attribués les biens sujets au prélèvement, est tenu de les supporter seul et sans récompense contre les autres héritiers ou légataires. — *m. arr.*

60.—L'obligation de garantie étant indivisible, la femme, quoique ne prenant qu'une part dans la société conjugale, est tenue de garantir, pour le tout, les actes de son mari et de les exécuter elle-même en entier. — 1re, 11 août 1830, *Lainé.*—C. R. 14, 670.

§. VI. — *Communauté conventionnelle.*

61.—*Communauté réduite aux acquêts.* — La société d'acquêts, alors surtout qu'elle est stipulée sous le régime dotal, ne se compose que des produits de l'industrie commune et des économies obtenues sur les revenus. — Les donations faites aux époux, même conjointement et par le même acte, en sont exclues. — Chaque époux reste personnellement propriétaire de la moitié des objets donnés. — 1re, 10 février 1829, *Michaud.* — C. R. 12, 207.

62. — La clause d'un contrat de mariage par lequel deux époux mariés sous l'empire du statut normand modifié par la loi du 17 nivôse an II, ont stipulé qu'ils seraient communs en biens meubles et immeubles qu'ils acquerreraient pendant leur mariage, ne fait point entrer dans la communauté le mobilier actuel et futur de la femme ; les sommes

mobilières qui lui sont échues par succession pendant la durée du mariage, restent soumises au principe du régime dotal normand. — 1re, 2 juin 1835, *Foucher.* — R. P. 2, 392.

63. — Les biens donnés aux deux époux conjointement, n'entrent pas dans la communauté réduite aux acquêts. — 1re, 10 février 1829, *Michaud.*

64. — « S'il est vrai que l'art. 1499, C. civ. répute acquêt le mobilier qui n'a point été constaté par un inventaire ou état en bonne forme, il n'est pas moins constant que la femme a le droit d'en réclamer, au moins hypothécairement, la valeur, et de la faire constater par tous moyens en son pouvoir et même par commune renommée. — Les art. 1415 et 1504 qui autorisent dans l'intérêt de la femme, ce dernier genre de preuve en cas de la communauté générale ou de la communauté de laquelle est exclue le mobilier, sont, par identité de raison, applicables à la communauté reduite aux acquêts. » — 2e, 11 janvier 1834, *Chibourg.*

65. — Toutefois, cette preuve ne doit être admise qu'avec réserve, surtout lorsque des présomptions de fraude s'élèvent contre les époux. — *m. arr.*

66. — Si dans un contrat de mariage, passé sous la loi du 17 nivôse an II, des époux ont déclaré qu'ils seraient communs en biens meubles et conquêts immeubles, suivant et au désir de la loi, tous les apports de la femme tombent en communauté. — 2e, 20 février 1834, *Lemière.*

67. — Jugé encore que la clause d'un

COMMUNAUTÉ CONJUGALE, §. VI.

contrat de mariage, par laquelle deux époux mariés sous l'empire du statut normand, modifié par la loi du 17 nivôse an II, ont stipulé « qu'à compter du jour de la célébration du mariage, ils entreront en communauté de biens, tant à l'égard *des meubles qu'immeubles conquis,* peut s'interpréter en ce sens, que tout le mobilier actuel et futur de l'épouse entrera en communauté. — 2ᵉ, 20 juillet 1839, *Jouvin.* — *R. P.* 3, 543.

68. — Lorsque la communauté d'acquêts a été réduite aux acquêts-immeubles, les dettes du mari sont supportées proportionnellement par lesdits acquêts et par les meubles dont il n'a pas été dressé d'état. — 2ᵉ, 31 mai 1828, *Brisson.*

69. — *Faculté de reprendre les apports franc et quitte.* — La femme mariée peut justifier l'existence d'apports mobiliers non mentionnés dans son contrat de mariage, elle peut en prouver l'importance, tant par témoins que par commune renommée. — 2ᵉ, 12 juillet 1837, *Augée.* — *R. P.* 1, 528.

70. — Pour constater, au respect des tiers, les apports faits par la femme à son mari, il n'est pas nécessaire d'une quittance ayant acquis date certaine avant la naissance des droits des tiers. — 2ᵉ, 23 nov. 1822, *Letourneur.*

71. — Quand la femme, en se mariant sous le régime de la communauté, a stipulé qu'elle pourrait y renoncer et reprendre son apport par préférence à tous créanciers ou héritiers, et en exemption de toutes dettes et charges de la communauté, quand même elle s'y serait personnellement obligée, elle peut être

COMMUNAUTÉ CONJUGALE, §. VI.

colloquée à la date de son hypothèque par préférence aux créanciers de son mari, envers lesquels elle s'est personnellement obligée, et ceux-ci ne peuvent obtenir une collocation en sous ordre. — 2ᵉ, 3 juillet 1838, *Debon.*—*R. P.* 2, 244.

72.—*Préciput conventionnel.* — La promesse d'une chambre garnie, faite par contrat de mariage à une femme mariée sous le régime dotal, ne constitue qu'un simple préciput qui ne peut être réclamé au préjudice des créanciers, sauf à la femme à venir en concurrence avec eux sur le prix des meubles.—1ʳᵉ, 30 avril 1828, *Antoine.* — C. R. 10, 71.

73.—*Assignation de parts inégales dans la communauté.* — La clause d'un contrat de mariage par laquelle deux futurs époux stipulent que la totalité des acquêts, des meubles et effets de nature mobilière, appartiendra au survivant d'eux, en toute propriété, peut, suivant les circonstances de fait et les termes généraux de l'acte, être considérée soit comme un avantage sujet aux règles relatives aux donations, soit comme une simple convention de mariage et entre associés, non soumise à réduction pour atteinte portée à la réserve légale. —2ᵉ, 28 nov. 1835, *junctim;* — 2ᵉ, 28 avril 1837, *Demorell-d'Aubigny.* — *R. P.* 1, 313.

V. Autorisation, commerçant, dot, époux normands, hypothèque, séparation de biens.

TABLE SOMMAIRE.

COMMUNAUTÉ CONJUGALE.

COMMUNAUTÉ CONVENTION-NELLE.

V. Communauté. V. aussi contrat de mariage.

COMMUNAUTÉ D'HABITANTS.

V. Commune.

COMMUNAUTÉ NORMANDE.

V. Epoux normands. V. aussi douaire, femme normande.

COMMUNE.—COMMUNAUX.

ART. 1.—DE L'EXERCICE DES ACTIONS COM-
MUNALES.

ART. 2. — DE L'AUTORISATION NÉCESSAIRE
AUX COMMUNES POUR ESTER EN JUGE-
MENT.

ART. 3.—DES BIENS COMMUNAUX, DE LEUR
PROPRIÉTÉ.—COMPÉTENCE.

ART. 4. — RÉINTÉGRATION DES COMMUNES

DANS LES PROPRIÉTÉS ET DROITS DONT ELLES AVAIENT ÉTÉ DÉPOUILLÉES PAR LA PUISSANCE FÉODALE.

§. I.— *Révocation des triages et de ses effets.*

§. II.— *Réintégration dans la propriété des vacants, et des terres vaines et vagues.*

ART. 5. — DU PARTAGE ET DU MODE DE JOUISSANCE DES BIENS COMMUNAUX.

ART. 6.—CONTRATS ET DETTES DES COMMUNES.

ART. 1.—DE L'EXERCICE DES ACTIONS COMMUNALES.

1.—L'exercice des droits communaux appartient exclusivement au maire.—2ᵉ, 16 novembre 1831, *Thomine.*

2.—Ce n'est qu'à défaut du maire que l'adjoint peut suivre les actions qui intéressent sa commune. (LL. des 25 vendémiaire an v, et 28 pluviôse an viii.) Il ne peut donc agir qu'après avoir constitué le maire en refus, s'être fait autoriser et en avoir fait signifier les actes.—2ᵉ, 29 avril 1815, *commune de Saint-Sauveur.*

3.—Cependant, lorsque le maire est intéressé dans un procès intenté contre la commune, la signification du jugement est valablement faite à l'adjoint, et elle fait courir contre la commune les délais d'appel. L'empêchement du maire est suffisamment constaté par son intérêt dans la contestation. (L. du 21 fructidor an iii.)—2ᵉ, 6 décembre 1839, *commune de Mauvaines.—R. P. 3, 549.*

4.—L'administration peut aussi, suivant les circonstances, faire représenter la commune par un mandataire spécial au lieu du maire et de l'adjoint, pour que ce député plaide en faveur de la commune.—1ʳᵉ, 28 juillet 1808, *Tourmente.*

5.—Dans ce cas, les exploits qui seraient signifiés au maire seraient frappés de nullité ; ils devront l'être au mandataire désigné par l'arrêté administratif. (Dans l'espèce, une commission composée de quelques habitants de la commune.)—1ʳᵉ, 23 avril 1818, *commune d'Isigny.*

6.—Les habitants d'une commune ne peuvent non plus, en cette qualité, intenter une action appartenant à la commune.—2ᵉ, 13 décembre 1806, *Leclerc.*

7.—Ils ne le peuvent, même dans leur intérêt particulier. — 2ᵉ, 16 novembre 1831, *Thomine.*

8. — En conséquence, les habitants d'une commune, à moins qu'ils ne prétendent des droits comme individus, *ut singuli*, ne peuvent intervenir dans une contestation relative à un bien communal ; il est indispensable qu'il leur soit nommé un représentant légal et dûment autorisé.—2ᵉ, 23 août 1825, *Lechevalier.* —*Ità,* 2ᵉ, 13 thermidor an x, *Daguet.*

9.—Jugé dans le même sens, que l'action introduite par des habitants d'une section de commune, en leur privé nom, ne peut servir, ainsi que les actes d'instruction qui l'ont suivie, aux mêmes habitants agissant au nom de la section de commune, à l'effet d'interrompre la prescription, tant que la commune, re-

COMMUNE.—COMMUNAUX, **art. 1.**

présentée par son maire, n'a pas été mise en cause. Cette instance ne peut avoir plus d'effet, relativement à la commune, qu'une action dans laquelle elle n'aurait pas été partie.—1re, 19 août 1840, *Lerebours de la Pigeonniere.*—R. P. 4, 413.

10.—Par la même raison, l'action ne pourrait être valablement dirigée contre quelques habitants seulement.—1re, 23 mai 1810, *Bellanger.*

11.—Le syndicat d'une communauté de marais ne peut être valablement représenté, dans les instances relatives à ses intérêts, que par son directeur.—1re, 5 décembre 1831, *Roger.*

12.—C'est principalement en fait de chemins que ces principes ont reçu leur application.

13.—Ainsi, jugé qu'un particulier est sans qualité pour demander le rétablissement d'un chemin public. Cette action n'appartient qu'au maire de la commune.—1re, 15 avril 1825, *Vasnier.*—C. R. 6, 317.

14.—Jugé encore qu'un particulier ne peut réclamer contre la suppression d'un chemin public, si la suppression de ce chemin n'enclave pas sa propriété d'une manière absolue. « Lorsque la suppression consiste seulement dans le retranchement partiel de quelques-unes des communications du chemin avec la voie publique, l'action pour s'y opposer appartient exclusivement aux communes ou corps moraux quelconques en qui réside la propriété des chemins. » — 1re, 24 décembre 1825, *Tourailles.*—C. R. 5, 170.

COMMUNE.—COMMUNAUX, **art. 1.**

15.—Mais tout propriétaire peut, dans son son intérêt privé et comme riverain d'un chemin, s'opposer à toutes entreprises de tiers qui tendraient à enclaver sa propriété ou même à en rendre l'exploitation difficile et onéreuse.—Il peut également s'opposer à la suppression d'une ouverture pratiquée sur le chemin et qui donne accès à sa propriété sur ce chemin. —2e, 9 décembre 1830, *Grou-alle.*

16.—A plus forte raison, un particulier peut-il, de son chef et sans recours à l'autorité municipale, réclamer l'usage d'un chemin d'exploitation où sente de voisiné. —2e, 27 août 1825, *Nicolle.*—C. R. 6, 312.—Ità, 2e, 15 juin 1808, *Millois ;* — 1re, 5 août 1809, *Marais ;* — 1re, 29 décembre 1809, *Lebon ;* — 2e, 7 avril 1812, *Lechartier.*

17.—Le maire serait même tout à fait sans qualité pour intenter une telle action.—1re, 22 juin 1827, *Manoury.*—C. R. 8, 274.

Voyez encore sur ce point le mot *voirie.*

18. — Par la même raison, les particuliers sont sans qualité pour intenter une action relative à un chemin public: toutes actions relatives à la délimitation de ces chemins ne peuvent être intentées que contre les communes et non contre le propriétaire riverain.—1re, 8 juillet 1823, *Danjou-Paisant.*—C. R. 6, 318.

19. — Les jugements rendus contre une commune, relativement à un chemin public, ont l'autorité de la chose ju-

gée contre l'habitant.—2ᵉ, 2 mai 1823, *De Saismaisons.*

20.—Les habitants d'une commune sont suffisamment représentés, en ce qui concerne l'administration du culte, par la fabrique.—1ʳᵉ, 6 juillet 1829, *Lepelletier.*—C. R. 12, 631.

21.—Les fabriques ont qualité pour intenter les actions pétitoires, et spécialement pour intenter l'action négatoire d'une servitude de vue ou d'égout établie sur le presbytère.—2ᵉ, 8 octobre 1837, *fabrique de l'église de Saint-Malo de Valognes.* — R. P. 1, 658.—2ᵉ, 14 mars 1833, *fabrique de l'église de Saint-Jean de Caen.*—R. P. 2, 162.

ART. 2. — DE L'AUTORISATION NÉCESSAIRE AUX COMMUNES POUR ESTER EN JUGEMENT.

22.—Il faut distinguer si la commune intente elle-même l'action ou si elle ne fait qu'y défendre.

Dans le premier cas,

« Il résulte de l'édit du mois d'avril 1683, des art. 43 et 44 de l'édit du mois d'août 1764 et de l'art. 3 de la loi du 29 vendémiaire an V, que les communes ne peuvent intenter aucune action, tant en cause principale qu'en appel, sans en avoir obtenu la permission par écrit de l'autorité administrative. » 1ʳᵉ, 24 août 1835, *commune de Cressonnière;* — 1ʳᵉ, 25 juin 1818, *Morell d'Aubigny.*

23. — « Cette règle est d'ordre public, l'infraction ou l'inobservation d'icelle a pour effet de rendre absolument

nuls les actes de l'autorité judiciaire. » — *dit arr. Morell d'Aubigny.*

24.—L'arrêté du conseil de préfecture qui, en approuvant la procédure exercée devant le premier juge, autorise le maire à poursuivre sur appel, ne peut donc valider le jugement de première instance. — La Cour, cependant, peut faire droit au fond. — *m. arr.*

25. — *Commune défenderesse.* — Quand l'action est intentée contre la commune, il faut distinguer si cette action est mobilière, c'est-à-dire si elle tend au paiement de créances ou si elle est réelle immobilière. Dans le premier cas, l'action est nulle, si le créancier ne s'est fait préalablement autoriser. — 2ᵉ, 21 pluviôse an XI, *Onfroy.*

26.—En matière réelle immobilière, au contraire, les communes peuvent être attaquées sans autorisation préalable.— 2ᵒ, 13 février 1811, *Leroux;* — 2ᵉ, 23 juillet 1812, *commune de Crelleville.*

Contrà, 2ᵒ, 15 frimaire an XIV, *commune de Genest.*

27. — « Les habitants communaux, appelés par le gouvernement lui-même devant son conseil, étaient suffisamment autorisés, par cet appel, à se défendre, sans qu'il fût besoin de recourir aux intendants, agents subordonnés du prince. » — 1ʳᵉ, 26 juin 1815, *commune de Cleville.*

28.—La commune autorisée en première instance peut interjeter appel sans nouvelle autorisation. — 1ʳᵉ, 1ᵉʳ juillet 1825, *commune de Saint Hippolyte.*

29.—*Contrà*, la commune autorisée pour plaider en première instance a be-

COMMUNE.—COMMUNAUX, art. 2.

soin d'une nouvelle autorisation pour porter l'appel du jugement qui la condamne. — 1re, 5 mars 1807, *commune de Baupte ;* — 2e, 22 mai 1825, *Cécire ;* — 1re, 24 août 1825, *commune de la Cressonnière.*

30.—En serait-il de même pour défendre à l'appel porté contre elle ? *Rép. nég.*, imp. par l'arrêt. — 1re, 24 août 1825, *La Cressonnière.*

31.—Jugé positivement que nulle autorisation n'est nécessaire à une commune, autorisée en première instance, pour défendre à l'appel d'un jugement par elle obtenu.—1re, 18 juillet 1836, *Bunel.*

32.—L'autorisation de porter l'appel peut être donnée au maire après l'appel interjeté.—2e, 13 mars 1807, *commune de Bernières ;* — 2e, 4 juin 1808, *Docteville ;* — 2e, 1er mars 1810, *commune de Bernières ;* — 2e, 22 juin 1825, *Cécire.*

33.—*Nullité qui résulte du défaut d'autorisation.*—La partie qui a fait une transaction avec une commune ne peut en demander la nullité pour inaccomplissement des formalités prescrites par l'arrêté du 21 frimaire an XII.—La nullité est toute relative. — 1re, 27 décembre 1838, *ville de Domfront.*—R. P. 2, 641.

34.—Dans tous les cas, la commune a un délai moral pour remplir les formalités. — *m. arr.*

35.—Le délai ne court pas tant que la commune n'a pas été mise en demeure, soit par la convention, soit par une sommation. — Ainsi l'ordonnance royale, exigée par la loi, peut intervenir même sur l'appel du jugement qui avait annulé la transaction. — *m. arr.*

COMMUNE.—COMMUNAUX, art. 3.

36. — La répétition des fruits indûment perçus sur les biens prétendus communaux, ne peut être exigée que du jour de la demande.—2e, 16 mars 1812, *commune de Bernières.*

ART. 3.—DES BIENS COMMUNAUX, DE LEUR PROPRIÉTÉ.—DE LA COMPÉTENCE.

37. — Sont considérés comme biens communaux les terrains appartenant à la généralité des habitants d'une section de commune.—1re, 23 mai 1810, *Bellanger.*

38.—Un quai situé le long d'une rivière peut être déclaré propriété communale.—2e, 29 avril 1835, *Lemarais.*

39.—La perception, par un seigneur, de droits de terrage sur un emplacement où se tient la foire, n'empêche pas que cet emplacement puisse être considéré comme terrain communal, à titre de place ou de quai de la commune.—m. arr., et 1re, 18 juin 1835, *commune de Dozuley ;* — 2e, 13 août 1835, *commune de Lahaie–Dupuys.*

40.—Les ponts placés sur une rivière traversant un chemin vicinal, appartiennent à la commune.—1re, 10 juin 1834, *commune de Survie.*

41. — Les lois anciennes, comme les lois nouvelles, qui ont fixé la largeur des chemins publics, n'ont pas entendu attribuer aux riverains la propriété du terrain excédant la largeur déterminée. Elles n'empêchent pas les communes de revendiquer les terrains qui auraient été usurpés sur le sol des chemins. — 1re, 23 juillet 1840, *Chappe.*—R. P. 4, 433.

42.—Les bâtiments servant à l'instruc-ruction publique, en 1811, sont deve-nus la propriété des communes, au pré-judice des frères de la doctrine chré-tienne, encore qu'ils aient appartenu à cette corporation.—1re, 23 janvier 1833, *Constantin.*

43. — A qui des communes ou des fa-briques appartient la propriété des pres-bytères, restitués au culte en exécution de la loi du 15 germinal an x ? *Non ré-solu,* mais *discuté.*—*R. P.* 1, 658.

44.—L'habitude où sont les habitants d'une commune de déposer des décom-bres sur un terrain, fait présumer que ce terrain appartient à la commune.—1re, 18 juin 1835, *commune de Dozuley.*

45.—De même, si les habitants de la commune sont dans l'habitude d'abreu-ver leurs bestiaux à une mare, cette mare et le terrain dans lequel elle se trouve sont présumés appartenir à la commune. — *m. arr.*

46.—Les rentes créées anciennement au profit des écoles primaires ont été, depuis la révolution, cédées au bureau de bienfaisance, dans les communes où il en existe ; mais, à leur défaut, elles appartiennent à l'administration com-munale.—Dans ce dernier cas, les mai-res ont qualité pour en poursuivre le re-couvrement.—4e, 9 août 1836, *Lebreton.* *R. P.* 3 , 438.

47.—Une commune, comme un sim-ple particulier, peut acquérir par la pres-cription la propriété exclusive ou com-mune de biens situés dans son territoire, lorsque cette commune justifie que pen-dant quarante ans elle a eu, des immeu-bles qui lui sont contestés, une propriété paisible, publique et non équivoque. » 1re, 9 mai 1833, *commune de Saint Ger-main*, *rej.* D. *p.* 34, 1, 438 ; — 2e, 22 août 1825, *commune de Sorteville ;* — 9 juin 1825, *Desperches.*

48.—Ainsi, sont de plein droit réputés propriétés communales , les terrains sur lesquels les habitants d'une commune font depuis quarante ans individuelle-ment et confusément des actes de pos-session.—1re, 28 floréal an xi, *commune de Villy ;*— 2e, 1er février 1809, *commune de Ners.*

49. — De même , on peut prescrire contre une commune la propriété d'un terrain communal, ainsi et spéciale-ment en y plantant une avenue.—1re, 17 décembre 1835, *commune de Marigny.*

50.—Le droit de cueillir du varech, conféré aux habitants d'une commune voisine de la mer, ne peut faire l'objet d'une convention.—La longue posses-sion d'une commune ne pourrait lui don-ner le droit de récolter le varech dans les rochers situés dans l'étendue du ter-ritoire d'une autre commune, et par concurrence avec elle.—2e, 11 décembre 1840, *commune de Glatigny.* — *R. P.* 5, 28.

51.—Les questions de parcours et de vaine pâture doivent s'agiter contradic-toirement avec la commune.—1re, 31 mai 1830, *Dubourg.*

52.—Les contestations entre les com-munes, sur la propriété des biens com-munaux, sont de la compétence des tri-bunaux.—1re, 24 juin 1811, *Salles.*

53.—Lorsque, par suite d'un réglement administratif, deux communes litigeantes ont joui en commun, durant le cours du procès, des biens contestés, il n'y a pas lieu à répéter de la commune qui succombe ce qu'elle a induement perçu par suite du réglement.—2e, 13 décembre 1832, *commune de Sannerville*.

ART. 4. — RÉINTÉGRATION DES COMMUNES DANS LES PROPRIÉTÉS ET DROITS DONT ELLES AVAIENT ÉTÉ DÉPOUILLÉES PAR LA PUISSANCE FÉODALE.

§. I. — *Révocation des triages et de ses effets.*

54.—L'art. 1er de la loi du 28 août 1792, portant révocation des triages postérieurs à l'ordonnance des eaux et forêts de 1669, n'a point été abrogé par la loi du 10 juin 1793.

55.—En conséquence si, par suite de l'effet rétroactif de la loi du 28 août 1792, les habitants d'une commune ont compris dans le partage de leurs biens communaux des biens que leurs ci-devant seigneurs s'étaient fait adjuger, à titre de triage, dans l'intervalle de l'ordonnance de 1669 aux lois abolitives des triages, ce dernier n'est pas fondé à revendiquer ces triages contre les tiers-détenteurs, sous le prétexte que l'effet rétroactif de la loi de 1792 aurait été aboli par celle de 1793.—2e, 17 mars 1808, *Lefrénay de Saint-Aignan.* — Rej. S. 9, 1, 438.

56.—L'art. 1er de la loi du 28 août 1792, portant révocation des triages, s'applique, non-seulement aux triages

exercés sur les bois, mais encore à ceux qui l'avaient été sur tous autres biens indistinctement.—*m. arr.*

57. — Un triage postérieur à 1669 prouve seul, et indépendamment de toute autre preuve de possession, que les biens qui en sont l'objet étaient la propriété de la commune. — *m. arr.*

58.—Les communes qui, de fait ou de droit, étaient en possession à l'époque de la loi du 28 août 1792, n'ont pas été assujetties à revendiquer dans les cinq ans, conformément à l'art. 1er de ladite loi : il eût été frustratoire de revendiquer ce qu'elles possédaient. — 2e, 24 mai 1809, *Lemultier ;* — 2e, 30 juillet 1818, *commune de Saint-Germain ;* — 2e, 11 novembre 1830, *Jubé ;* — 1re, 8 juin 1836, *village de la Druetière.*—R. P. 3, 484.

59. — C'est uniquement à l'égard des seigneurs que les communes ont été assujetties, par la loi du 28 août 1792, à former leur revendication dans les cinq ans ; à l'égard de tous autres, la prescription ordinaire seule est applicable.— 2e, 11 novembre 1830, *Rubé.*

60. — La prescription de cinq ans, prononcée par la loi du 28 août 1792, n'a pu être interrompue par la possession exclusive de la commune ; elle n'a pu l'être par une possession confuse et incertaine.—1re, 14 août 1839, *Buisseret.* —R. P. 3, 367.

§. II.—*Réintégration des communes dans la propriété des vacants et des terres vaines et vagues.*

61. — « Sous l'ancienne jurisprudence

COMMUNE.—COMMUNAUX, ART. 4.

les biens vains et vagues, les marais, etc., étaient de leur nature, d'après les principes généralement admis sur cette matière, regardés comme appartenant au domaine de l'état.

» Si les seigneurs étaient quelquefois admis à se prétendre propriétaires de ces sortes de biens, ce n'était que lorsqu'ils étaient situés dans l'enclave de leurs fiefs.—2º, 23 juillet 1825, *commune de Montmartin.*

62.—Au reste, « soit que la qualité de terrains vains et vagues en attribuât la propriété aux seigneurs, soit qu'elle l'attribuât au roi, toujours est-il que lorsqu'il n'apparaissait pas de titre de concession en faveur des communes, dans le territoire desquelles existaient des fonds de cette nature, tous les actes de possession qu'elles y exerçaient, tels que ceux d'y faire pâturer leurs bestiaux, d'y couper des herbes, d'y prendre la tourbe, des vases ou des gazons, n'étaient regardés que comme démonstratifs des droits d'usages qui ne portaient point d'atteinte à la propriété du tréfoncier, que ce fût le roi ou le seigneur. » —*m. arr.*

63. — « C'est seulement contre les ci-devant seigneurs ou leurs cessionnaires que les dispositions combinées des art. 8, 9 et 10 de la section IV de la loi du 10 juin 1793 et la loi du 28 août 1792, frappent d'inefficacité les arrêts du conseil et tous autres titres qu'un acte authentique prouvant une acquisition à titre onéreux ; par conséquent, ces articles ne regardent pas le domaine lorsqu'il n'avait point de seigneurie dans le lieu de la situation des biens à lui attribués

par des jugements et arrêts. » — *m. arr.*

64.—Ils étaient aussi inapplicables aux acquéreurs du domaine comme au domaine lui-même. — *m. arr.*

65.—Ils ne pouvaient davantage être opposés aux seigneurs, lorsque ce n'était point à ce titre qu'ils possédaient, c'est-à-dire lorsqu'ils n'avaient point de fief dans le lieu où les biens vains et vagues qu'ils avaient acquis étaient situés. — *m. arr.*

66.—La loi des 10-11 juin 1793 porte, art. 1er : « Tous les biens communaux » en général, connus dans toute la ré- » publique sous les divers noms de *ter-* » *res vaines et vagues, gastes, garigues,* » *landes, passages, pâtis, ajoncs, bruyè-* » *res, bois communs, hermes, vacants, pa-* » *lus, marais, marécages, montagnes, et* » *sous toute autre dénomination quelcon-* » *que,* sont et appartiennent de leur na- » ture à la généralité des habitants ou » membres des communes ou des sec- » tions de communes dans le territoire » desquels ces communaux sont situés ; » et comme tels, lesdites communes ou » sections de communes sont fondées et » autorisées à les revendiquer, sous les » restrictions et modifications portées par » les articles suivants. »

67.—« L'art. 1er, sect. IV de la loi du 10 juin 1793, ayant proclamé le droit des communes sur les biens vains et vagues, sauf les seules modifications résultant des articles suivants, a par cela même révoqué, pour ce qui concerne ces biens, toutes les dispositions des lois antérieures qui auraient pour effet de dépouiller les communes, même au profit des tiers non

16

COMMUNE.—COMMUNAUX , art. 4.

seigneurs, ayant acquis leurs droits de seigneurs, pourvu qu'elles ne soient pas renouvelées par les articles suivants. » — 1re, 19 juillet 1831, *Lemonnier.*

68. — « Ce qui distingue principalement les terres vaines et vagues des autres terrains, est le défaut de clôture et de culture. » — 1re, 29 août 1832, *commune d'Hermivol.*

69.—L'excroissance de quelques arbres sur un terrain ne peut lui faire perdre le caractère de vain et vague.—*m. arr.*

70. — « Il suffit qu'il ait été fait sur les terrains réclamés comme biens communaux, des clôtures, des fossés ou autres travaux qui ont pour but de les rendre à l'agriculture, ou qu'une portion seulement ait été cultivée, pour exclure ces biens de la classe des biens communaux vains et vagues. » — 2e, 16 mars 1812, *commune de Bernières.*

71.—On doit considérer comme terrains vains et vagues « une vaste étendue de dunes formée de sables jetés par la mer, ne produisant que quelques joncs sans valeur. » — 2e, 2 août 1832, *commune de Bricqueville.*

72. — « L'existence de lapins sur ces terrains, et le nom de garennes qui leur est donné dans différents actes, ne pourrait leur enlever le caractère de terres vaines et vagues et les faire considérer comme terres en état productif, soumises aux dispositions de l'art. 8 de la loi du 28 août-14 septembre 1792, que dans le cas où des travaux auraient été faits pour y placer des lapins, les y retenir et se créer ainsi un produit qui aurait été

COMMUNE.—COMMUNAUX , art. 4.

le résultat de l'industrie. » — Mais si de tels travaux n'ont pas été faits, le ci-devant seigneur ne peut réclamer aucun droit sur ces terrains ; ils appartiennent de leur nature aux communes dans le territoire desquelles ils sont situés. — *m. arr.*

73.—Une bruyère doit aussi être considérée comme terre vaine et vague, dans le sens de la loi du 10 juin 1793, lors même que le seigneur aurait soumis à quelques redevances les vasseaux qui en jouissaient.—1re, 14 août 1839, *Buisseret.* — R. P. 3, 367.

74.—Sous le nom de terrains vains et vagues, on ne peut comprendre les terres cultivées avant 1789. — 1re, 31 juillet 1816, *Desroches ;* — 1re, 14 août 1816, *De Fresnay.*

75.—Le particulier non seigneur, qui se dit propriétaire d'un terrain vain et vague, doit donc établir qu'il a possédé pendant quarante ans, avant la loi du 4 août 1789, et qu'en outre il avait, à cette dernière époque, la possession actuelle.—1re, 18 juillet 1825, *Martin.*— C. R. 12, 653.—1re, 25 juillet 1825 ;— 2e, 25 juin 1828, *commune de Bavent.*

76.—Un titre de servitude sur un terrain vain et vague, quoique émané du seigneur, peut aussi être opposé à la commune, s'il est soutenu par une possession de quarante ans.—2e, 15 juillet 1830, *Nicolle.*

77. — Le défrichement d'une partie d'un terrain vain et vague ne peut faire acquérir au possesseur la propriété de tout le terrain, aux termes de l'art. 7 de la sect. IV de la loi du 10 juin 1793.—

1re, 15 juillet 1840, *Bisson*. — R. P. 4, 513.

78.—La prescription de cinq ans ne peut être opposée à la commune qui s'est mise en possession de fait, de terres vaines et vagues, en vertu d'une sentence arbitrale. — *m. arr.*

Ità, §. précédent, numéro 58.

79.— ..... Mais à part tout titre ou possession contraire, les terrains vains et vagues sont, de plein droit, réputés la propriété des communes. — 1re, 20 juin 1811, *De Larivière ;* — 2e, 9 janvier 1812, *Saint-Elme ;* — 1re 27 février 1817, *Dusvois ;* — 2e, 30 juillet 1818, *commune de Saint Germain.*

80.—De cette présomption de propriété il résulte que nulle action possessoire ne peut être intentée par des tiers relativement à la possession des terrains vains et vagues : l'action en revendication est seule admissible. 1re, 18 février 1808, *Fortin ;* — 2e, 11 février 1808, *commune de Bernieres ;* — 1re, 10 mai 1811, *Blaville ;* — 2e, 18 avril 1811, *Tené ;* — 1re, 8 décembre 1812, *Désarches.*

81. — ...... La revendication de ces terrains, partagés comme biens communaux, doit s'appuyer sur un acte authentique constatant qu'ils avaient été légitimement achetés. — 1re, 20 juin 1811, *De Larivière ;* — 1re, 25 juin 1818, *Morell d'Aubigny.*

82.—Une adjudication sur décret forcé est un titre légitime dans le sens des art. 8 et 9, section IV, de la loi du 10 juin 1793, et il donne au seigneur la propriété des terres vaines et vagues.—1re, 14 août 1839, *Baissext.*—R. P. 3, 367.

83. — « La loi du 10 juin 1793, sect. IV, art. 1er, en posant le principe général que les landes et bruyères appartenaient de leur nature aux habitants des communes, dans le territoire desquelles ces landes et bruyères sont situées, ne dépouille pas par là les communes des droits de propriété ou de copropriété qu'elles justifieraient, soit par titres, soit par une possession quadragénaire, avoir sur des landes, situées hors de leur territoire. » — 2e, 9 juin 1825, *commune de Sotteville.* — C. R. 4, 359.

84.—De ce que les habitants d'une commune auront laissé aller leurs bestiaux sur un terrain vague, situé auprès d'un pâtis communal, ou même de ce qu'ils auront pris des terres sur ce terrain, on n'en peut induire qu'il y ait là jouissance propre à conférer aucun droit de propriété par prescription, et à faire fixer la délimitation au-delà des bornes établies.—2e, 14 novembre 1835, *Bellamy.*

85.—Encore bien que des communes aient joui par indivis, à simple droit d'usage, d'une bruyère enclavée entre leur territoire, et dont le fond appartenait à leurs seigneurs à titre féodal, il y a lieu de les en déclarer propriétaires aussi par indivis, au préjudice d'une autre commune qui y aurait également exercé des droits d'usage, quoique son territoire ne la confrontât pas. — 2e, 12 décembre 1835, *commune de Sannerville.*

86.—Une commune qui recueille exclusivement tous les produits d'une terre vaine et vague, qui y exerce tous les actes de jouissance dont elle est susceptible, est présumée posséder *animo domini*, si d'ailleurs d'autres circonstances de fait concourent à attribuer ce caractère à la possession. — 1re, 22 mars 1837, *commune de Montgaroult.* — R. P. 1, 241.

87.—Une commune qui prétend avoir possédé *animo domini*, de temps immémorial, des terres vaines et vagues, situées dans son territoire, est recevable à former tierce-opposition à un jugement rendu contre son ci-devant seigneur et qui attribue ses terres à un tiers. — *m. arr.*

88.—Les redevances stipulées au profit du seigneur, pour concession des terrains vains et vagues, dont la propriété a été consolidée par la loi du 10 juin 1793, art. 10, entre les mains des acquéreurs qui les avaient défrichés, ont perdu leur caractère de féodal en devenant la propriété des communes.—Le débiteur de semblables redevances ne peut donc soutenir qu'elles ont été anéanties, comme seigneuriales, par la loi du 17 juillet 1793. Lors de la promulgation de cette loi, elles avaient déjà été arroturées par la loi du 10 juin qui en avait transporté la propriété aux communes. —1ro, 4 février 1825, *Simon Descoty.*— C. R. 4, 329.

89.—Les communes doivent respecter les arrêts du conseil d'état du roi, rendus contradictoirement et sans abus de puissance féodale. — 2e, 28 juillet 1814, *ville de Pontorson;* — 1re, 26 juin 1815, *commune de Cléville.*

90.—*Droits des sections de communes.* — Quand une terre est vaine et vague, la commune tout entière peut invoquer

la présomption de propriété, créée en sa faveur par la loi du 10 juin 1793. Ce n'est pas seulement la section de commune, qui représente l'ancien fief dans l'enclave duquel la terre vaine et vague était située, qui a le droit d'agir. — 1re, 14 août 1839, *Buisson.*—R. P. 3, 367.

91.—Jugé cependant, que les sections de communes qui justifient avoir exercé exclusivement des droits d'usage sur des landes ou bruyères doivent être admises à profiter seules des lois de 90 et de 93, et ce au préjudice des communes dont elles font partie. — Le motif de ces lois, en effet, n'a été que de rendre aux communes ou sections de communes une propriété dont elles auraient été anciennement dépouillées par la puissance féodale, et non de leur conférer des droits dont elles n'auraient jamais été investies. 1re, 8 juin 1836, *village de la Druetière.* —R. P. 3, 484.

92.—Jugé encore, d'après le même principe, que l'on doit facilement accorder la propriété des terrains vains et vagues à la section de commune près du territoire de laquelle il se trouve placé, alors surtout que d'autres circonstances de la cause font présumer qu'elle en a toujours été considérée comme exclusivement propriétaire.—1re, 16 août 1832, *Trolley;* — 1re, 29 août 1832, *Berjout.*

ART. 5. — DU PARTAGE ET DU MODE DE JOUISSANCE DES BIENS COMMUNAUX.

93. — *Partage.* — Doit-on considérer que l'ordonnance royale qui permet à une commune de vendre un marais communal par lots, aux habitants chefs de

famille désignés dans la délibération du conseil municipal, moyennant un prix fixé à l'avance, mais sur estimation, a autorisé la vente ou le partage d'un bien communal? — C'est un partage. —1re, 10 juin 1839, *Delarue.* — *R. P.* 3, 219.

94. — Quand la commune est autorisée à partager ses biens communaux, elle peut et doit appeler au partage les habitants chefs de famille, domiciliés dans la commune, à l'exclusion des propriétaires des maisons qu'ils occupent comme locataires. — *m. arr.* — 2e, 6 juillet 1839, *Deléonard de Rampan.* — *R. P.* 3, 260.

95. — La clause du bail par laquelle un fermier cède à son propriétaire la part qu'il pourrait avoir dans les marais, si le partage venait à être ordonné, n'est point nulle, mais la cession doit être expresse : la réserve du droit de marais ou la clause par laquelle le propriétaire déclare comprendre le droit dans le bail, ne suffit pas pour dépouiller le fermier. — 1re, 10 juin 1839, *Delarue, dic. loc.*

96. — Jugé cependant, que la clause du bail par laquelle le propriétaire s'est réservé la jouissance du droit de marais, et en outre s'est fait céder par le fermier la part qui lui reviendrait dans le cas où le marais serait partagé, est nulle ; elle l'est surtout si la jouissance réservée excède la valeur de la maison. — 2e, 6 juillet 1839, *Deléonard de Rampan.* — *R. P.* 3, 260.

97.—« Le seul fait du partage, en vertu de la loi du 10 juin 1793, d'un bien prétendu communal, en attribue la pro-

priété à ceux auxquels il est échu, sans qu'ils aient besoin de la justification d'aucun autre titre. » — 1re, 10 mai 1811, *Blaville.*

98. — Toutefois, si des biens partagés comme biens communaux, viennent à être revendiqués, la commune doit être mise en cause au moins sur appel. — 2e, 6 déc. 1806, *Bourdon.*

99. — Lorsqu'il a été décidé qu'un bien communal était indivis entre deux communes, ce bien, soit pour la jouissance, soit pour la propriété, doit, en l'absence de titres contraires, se partager en proportion du nombre des feux de chaque commune, lors même que l'une des deux communes demanderait à prouver par témoins que depuis un temps immémorial, elles auraient joui du bien commun par portions égales, en y envoyant le même nombre de bestiaux. — — 1re, 18 nov. 1840, *commune de Saint-Germain.* — *R. P.* 4, 454.

100.—*Jouissance des biens communaux.* — Le droit de faire pâturer des troupeaux dans les biens communaux est attaché exclusivement à la qualité d'habitant de la commune. — Ce droit est inséparable de l'exploitation personnelle, et n'appartient pas au propriétaire qui donne à bail les propriétés qu'il possède dans la commune.—1re, 6 mars 1838, *Favey.*— *R. P.* 2, 65.

101. — Le droit indivis et indéterminé qui appartient à chaque habitant sur un bien communal, ne peut être loué ni cédé à autrui, surtout lorsque le cessionnaire est étranger à la commune. — *m. arr.*

COMMUNE.—COMMUNAUX, ART. 6.

102. — « En matière de cantonnement, la seule règle à suivre consiste à le mesurer sur les droits et les besoins des usagers. La jurisprudence a, suivant les circonstances, accordé, en toute propriété, une portion plus ou moins considérable de l'immeuble soumis au droit d'usage. » — 2e, 19 juin 1833, commune de Montmentin.

Par cet arrêt, le droit des usagers a été fixé à la moitié du sol usagé.

ART. 6. — CONTRATS ET DETTES DES COMMUNES.

103. — Aliénation. — Les biens des communes ne peuvent être aliénés sans autorisation du gouvernement. — 2e, 9 juillet 1822, Guillot.

104. — De même, toutes transactions faites par des communes sont nulles, si elles n'ont été autorisées. — 1re, 18 avril 1808, commune de Beaupte. — 2e, 14 mai 1807, commune de Bernières.

105. — Acquisitions. — Celui qui n'a servi à une commune que de prête-nom, pour acquérir, ne peut élever aucun droit à la propriété des biens acquis par son intermédiaire.

« Il ne peut se prévaloir de ce que la commune ne se serait point fait autoriser pour acquérir, puisque si, d'après les art. 21, 22 et 23 de la loi du 24 avril 1793, les acquisitions faites par les communes ou associations d'habitants, par des personnes interposées et des prête-noms, sont nulles, elles le sont également pour les prête-noms qui ne peuvent profiter de l'espèce de fraude à laquelle

COMMUNE.—COMMUNAUX, ART. 6.

ils ont participé. » — 2e, 7 juillet 1825, Lecomte.

106. — Dettes. — Les communes ne sont tenues de contribuer aux dépenses du culte qu'en cas d'insuffisance des ressources des fabriques, et dans ce cas, elles ne peuvent y être contraintes que par l'autorité administrative, pourvu toutefois qu'elles ne se soient pas engagées à cette contribution par des conventions particulières. — 2e, 13 août 1835, commune de Quetteville.

TABLE SOMMAIRE.

COMMUNE RENOMMÉE.

La preuve par commune renommée n'est admissible que lorsque les états produits paraissent infidèles. — 2ᵉ, 2 thermidor, an XI, *Letellier*; — 1ʳᵉ, 28 floréal an XIII, *Suhard*; — 1ʳᵉ, 30 juillet 1813, *Leroux*.

V. Communauté, femme normande.

COMMUNICATION.

V. Avoué.

COMMUNICATION DE PIÈCES.

V. Exception. V. aussi appel, avoué, exploit.

COMPENSATION.

(C. civ., liv. III, tit. 3, sect. IV.)

§. I.—*Dans quels cas et par quelles personnes la compensation peut-elle être opposée ?*

§. II.—*Effets de la compensation.*

§. I.—*Dans quels cas et par quelles personnes la compensation peut-elle être opposée ?*

1.—*Dans quels cas la compensation a-t-elle lieu ?*— Pour que la compensation puisse s'opérer, il faut que les deux det-

COMPENSATION, §. I.

tes soient également liquides et certaines :
« d'où il suit qu'on ne peut opposer à
une dette liquide une dette qui ne l'est
pas, sous prétexte qu'elle pourra le devenir après une instruction et un jugement qui l'aura liquidée. » — 2ᵉ, 17
août 1831, *Deschamps ;* — 1ʳᵉ, 16 août
1820, *Dénis.*

2.—Le sursis demandé à cet égard ne
peut donc être accordé.—1ʳᵉ, 16 août
1820, *Dénis.*

3.—Les annuités de la pension d'un
mineur ne peuvent se compenser contre
le capital des arrérages d'une rente liquide et certaine, lorsque la quotité n'en
a pas été fixée à l'avance. — 1ʳᵉ, 8 février 1836, *Marie.*—R. P. 3, 535.

4. — Doit-on compenser avec une
rente transportée à un tiers, des sommes
dues antérieurement à la cession, mais
liquidées seulement depuis le transport ?
— *Non résolu.* — R. P. 3, 606.

5.—En cas d'annulation d'un contrat
de vente, les intérêts du prix reçu par le
vendeur se compensent, par voie d'imputation, sur les fruits de l'objet vendu
dus par l'acquéreur.—2ᵉ, 3 juillet 1824,
de Saint Sauveur.

6.—La compensation est admissible
même contre des dommages-intérêts
d'indue vexation. — 1ʳᵉ, 12 août 1817,
Rivel.

7.—Les dépens adjugés à une femme
mariée sous le régime dotal, dans un
procès relatif à ses biens dotaux, ne peuvent être compensés avec ceux adjugés
contre elle dans un autre procès.—Les
officiers ministériels, en effet, auraient
alors le droit de se faire payer sur les

COMPENSATION, §. I.

revenus des biens dotaux, ce qui ne peut
avoir lieu que dans les procès relatifs
aux biens dotaux.—1ʳᵉ, 4 janvier 1832,
Gardin.

8.—Pour qu'il y ait lieu à compensation entre deux créanciers, débiteurs
respectifs, il n'est pas nécessaire que celui qui oppose la compensation, ait payé
pour le compte de l'autre, de ses propres deniers, il suffit que les sommes
qu'il veut compenser aient été payées
en son nom. Ainsi, l'acquéreur dépos-
sédé par une surenchère peut opposer
en compensation des sommes dont il est
débiteur envers l'adjudicataire, les droits
d'enregistrement de son contrat primitif
de vente, encore bien que ces droits
aient été payés par son avoué.—1ʳᵉ, 12
mai 1830, *Dubois.*—C. R. 13, 549.

9. — Mais la compensation ne peut
être opposée à celui dont on a payé une
dette purement et simplement, sans se
faire subroger aux droits des créanciers :
la quittance pure et simple que l'on a
reçue ne peut être un titre contre le débiteur libéré.—1ʳᵉ, 20 juillet 1821, *Beauquesne.*

10.—Il y a lieu, en matière de société, de s'écarter des règles générales
relatives à la compensation.—Ainsi, si
l'un des associés, redevable d'une forte
somme envers son co-associé, à fait aux
biens de la société des impenses utiles
et avantageuses, l'intérêt de ces impenses
doit lui être compté, non pas du jour
seulement où elles ont été liquidées,
mais du jour où elles ont été faites, et
l'imputation doit avoir lieu sur cette
base. — 2ᵉ, 19 mai 1831, *Bayeule.*

COMPENSATION , §. 11.

11.—La compensation ne peut être valablement opposée au domaine. —1re, 13 mars 1817, *Marie*.

§. II.—*Effets de la compensation.*

12.—La compensation a lieu , non pas du jour de la demande , mais de celui où la créance que l'on veut opposer en compensation est reconnue par jugement.— De ce jour seulement la créance est devenue liquide et certaine. —4e, 3 juin 1835, *Colin.*

13.—La compensation ne peut avoir pour effet d'éteindre rétroactivement des créances antérieurement déclarées liquides et certaines, et d'annuler les poursuites en expropriation auxquelles lesdites créances ont servi de base. — *m. arr.*

14.…… Imputation pourra seulement être faite de ces créances sur les dettes qui ont donné lieu à l'expropriation. — *m. arr.*

V. Compte.

TABLE SOMMAIRE.

COMPÉTENCE ADMINISTRATIVE, §. I.

COMPÉTENCE ADMINISTRATIVE.

§. I.—*Des actes des agents , fonctionnaires, et comptables.*

§. II.—*Actes, contrats, baux, remboursements administratifs.*

§. III.—*Adjudication des coupes de bois.*

§. IV.—*Contrats civils.—Questions d'état, de propriété, de possession, de servitude, de dommages-intérêts.*

§. V. — *Effets et application des décisions et actes administratifs.*

§. I.—*Des actes des agents, fonctionnaires et comptables.*

1.—Les agents de l'administration forestière ne peuvent être cités devant les tribunaux civils , pour raison de leurs fonctions : ils ne relèvent à cet égard que de l'autorité administrative. — 1re , 29 mars 1831 , *directeur général.*

2.—L'agent du gouvernement , auquel des fournitures ont été faites, en sa qualité , ne peut être poursuivie devant les tribunaux à raison de ces fournitures.— 2e, 17 thermidor an x, *Tihan* ;—2e, 9 mai 1807, *Busnel.*

3.—Les tribunaux ne peuvent même ordonner la mise en cause d'un agent de l'administration. — 1re, 16 fructidor an XIII; — 2e, 13 ventôse an XI, *Mariette Destiguy.*

4.—Mais si un maire fait faire un tra-

COMPÉTENCE ADMINISTRATIVE, §. I.

vail (v. g. une mare) dans un des chemins publics de la commune, encore bien que le chemin ne soit pas vicinal, c'est à l'administration à connaître des plaintes que font les riverains, et non à l'autorité judiciaire. — 2ᵉ, 9 juin 1819, *De Blangy.*

5. — C'est aux tribunaux civils qu'il appartient de connaître des actes faits par un maire, comme administrateur des biens communaux. — 4ᵉ, 29 septembre 1823, *Delaunay.*

6.—Sont de la compétence de l'autorité judiciaire, les demandes en répétition de sommes payées à un percepteur, au-delà des contributions. — 1ʳᵉ, 26 juin 1826.

7. — Il en est de même des questions relatives au privilége à exercer sur le cautionnement des percepteurs ; elles sont de la compétence de l'autorité judiciaire, lors même qu'elles intéressent la commune et le trésor public.—1ʳᵉ, 30 mai 1837, *commune de Pretot.*—R. P. 1, 465.

8.—Le percepteur qui a fait vendre les meubles d'un contribuable, pour le paiement de ses contributions, peut être assigné devant le tribunal civil pour y rendre compte des deniers de la vente. —4ᵉ, 16 janvier 1817, *Orbec.*

9.—Les tribunaux ne peuvent annuler les ordonnances d'un commissaire ordonnateur de la marine.—4ᵉ, 6 janvier 1812, *Dehues.*

10.—Ce n'est pas à la Cour des comptes, mais bien aux tribunaux ordinaires qu'il appartient de connaître de la de-

COMPÉTENCE ADMINISTRATIVE, §. II.

mande formée par la caution d'un comptable contre ce comptable, pour qu'il apporte décharge du cautionnement. — 2ᵉ, 11 mars 1809.

11.—Les art. 6 et 7 de l'ordonnance du 23 avril 1823, sur la comptabilité des receveurs municipaux, ne sont pas applicables au tiers qui a fait des avances dans l'intérêt de la commune, en qualité de *negotiorum gestor*, et non comme administrateur de la caisse communale. — 2ᵉ, 16 août 1837, *commune de Ste-Croix.* —R. P. 1, 653.

§. II.—*Actes, contrats, baux, remboursements administratifs.*

12.—C'est à l'autorité administrative à interpréter les actes qui émanent d'elle. (Ll. du 16 fructidor an III, et du 28 pluviôse an VIII.)—2ᵉ, 16 mars 1809, *Soret;* — 2ᵉ, 15 juin 1809, *Henry;* — 1ʳᵉ, 2 juin 1810, *Paysan;* — 1ʳᵉ, 15 juillet 1811, *Savary;* — 1ʳᵉ, 30 décembre 1812, *Lemarchand;* — 8 août 1822, *Massienne.* — C. R. 10, 207.

13. — Les tribunaux ordinaires ne peuvent ni annuler, ni modifier, ni interpréter les décisions de l'autorité administrative.— 1ʳᵉ, 30 mai 1837, *commune du Vretot.*—R. P., 1, 465.

14.—Ainsi, lorsqu'en vertu d'un arrêté du préfet, un propriétaire a fait placer un balcon à la façade de sa maison, et qu'un propriétaire voisin l'a traduit devant les tribunaux pour faire reporter le balcon à la distance voulue pour les vues obliques, si dans le débat il y a lieu d'interpréter l'arrêté du préfet,

COMPÉTENCE ADMINISTRATIVE,
§. II.

les tribunaux doivent se déclarer incompétents et renvoyer les parties devant qui de droit.—8 août 1822, *Massienne.*—C. R. 10, 207.

15.—Ainsi encore, les tribunaux civils ne sont pas compétents pour décider si un terrain est ou non compris dans une adjudication domaniale : « pour décider cette question, en effet, il faudrait non appliquer, mais interpréter l'acte administratif, afin d'en déterminer l'étendue et les effets. » — 1re, 13 avril 1835, *Leblond.*

Voyez également les nombreuses décisions rapportées au paragraphe IV.

16.—Jugé encore, que les tribunaux judiciaires sont incompétents pour interpréter les actes administratifs émanés de l'ancien conseil du roi. — 1re, 31 mai 1837, *duc de Coigny.*—R. P. 1, 454.

17.—Cependant ils peuvent connaître des attaques dirigées contre les décisions rendues en matière de contentieux, par cet ancien conseil, et par suite statuer sur le caractère, soit contradictoire, soit non contradictoire desdites décisions.—2e, 23 juillet 1825, *commune de Montmartin.*

18. — « Si les décisions du conseil ne sont que de simples concessions de biens prétendus domaniaux, les oppositions dont elles sont l'objet de la part de tiers qui revendiquent ces mêmes biens, sont encore de la compétence des tribunaux. » —m. arr.

19.—En effet, « si, en droit, les tribunaux doivent renvoyer les parties devant l'autorité administratve, toutes les fois qu'il s'agit d'interpréter les actes émanés de cette autorité, ce renvoi ne peut être ordonné lorsque les actes contiennent des dispositions formelles dont l'exécution rentre dans les règles générales du droit. » — 1re, 14 juillet 1824, *Gueret.*

20.—De même, lorsqu'un acte administratif est clair, il ne peut y avoir lieu à renvoi devant l'autorité administrative ; les tribunaux doivent l'appliquer.—2e, 6 janvier 1827, *Waddincton.*—C. R. 8, 79.—2e, 27 juillet 1832, *Boscher.*

21.—Les tribunaux ne peuvent autoriser la délivrance d'un acte administratif.—2e, 6 mai 1826, *Baroi d'Orgeval.*

22.—Ils ne peuvent davantage autoriser des mesures conservatoires qui auraient pour but d'en arrêter l'exécution. —*Spécialement*, ils ne peuvent autoriser des mesures conservatoires de la part de celui qui se dit propriétaire, contre l'adjudicataire, par acte administratif, de domaines nationaux.—1re, 23 avril 1822, *Cordel.*

23. — Les tribunaux ordinaires sont compétents pour faire l'application des actes émanés de l'autorité administrative. —2e, 6 janvier 1827, *Waddincton.*—C. R. 8, 79.—2e, 14 décembre 1833, *Villers.*

24. — « Les tribunaux ne sont même pas dépouillés du pouvoir d'apporter, dans l'exécution des actes administratifs à laquelle ils sont appelés à présider, les tempéramments d'équité que cette exécution est susceptible d'admettre.— 2e, 13 juillet 1833, *Vasseur.*

COMPÉTENCE ADMINISTRATIVE,
§. II.

25.—Mais ils ne pourraient aller jusqu'à annuler un acte administratif.—1re, 11 juin 1835, *Hainault*.

26.—Les actes par lesquels les hospices disposent de la propriété ou jouissance de leurs biens, et qui sont ensuite homologués par le préfet, sont des actes administratifs de la validité desquels les tribunaux ne peuvent connaître. — Ils peuvent et doivent néanmoins en ordonner l'exécution. —1re, 27 floréal an x, *Vallée d'Anguin*.

27.—L'autorité judiciaire est incompétente pour examiner la régularité ou la validité d'un arrêté du préfet qui décide qu'un port est ouvert et livré au commerce; c'est à l'autorité administrative seule qu'il faut s'adresser pour rapporter cet arrêté ou pour l'interpréter.— 4e, 16 décembre 1834, *Gaugain*.

28.—Les tribunaux civils sont compétents de connaître de l'interprétation des baux faits par l'état, principalement lorsque tous les droits de celui-ci sont passés aux mains d'un tiers. — 2e, 24 messidor an xiii, *Gondouin*.

29.—L'autorité judiciaire est incompétente pour apprécier les effets d'un remboursement opéré administrativement. — 2e, 25 frimaire, an xiv, *Coussel*; — 2e, 16 mai 1807, *De Blamont*; — 1re, 28 juillet 1812, *Copin*.

30.—L'administration des domaines a qualité pour poursuivre le recouvrement des fermages, rentes et redevances dus à l'état. — Elle peut également donner mainlevée des saisie-arrêts conduites sur ces fermages, redevances ou rentes.

COMPÉTENCE ADMINISTRATIVE,
§. III.

—2e, 9 avril 1840, *Chesnay*. — R. P. 4, 450.

L'intervention du préfet ou sa mise en cause ne devient nécessaire que lorsqu'il s'élève une question d'une apparence sérieuse. — *m. arr.*

31.—Lorsque, sur une action de la compétence des tribunaux ordinaires, il s'élève une question préjudicielle dont la connaissance appartient à l'autorité administrative, les juges ne doivent pas se déclarer incompétents; mais seulement surseoir à statuer jusqu'à la décision de la question préjudicielle. — 2e, 30 mai 1839, *Decour*.—R. P. 3, 342.

32.—Avant de statuer sur l'étendue de la garantie due par l'état, l'autorité judiciaire n'est pas obligée de renvoyer devant l'autorité administrative, pour faire interpréter l'acte administratif dont on induit l'obligation de garantie. — 1re, 30 janvier 1837, *le préfet du Calvados*.— R. P. 1, 170.

§. III. — *De l'adjudication des coupes de bois*.

33.—C'est au conseil de préfecture qu'il appartient de juger si un objet est ou non compris dans une adjudication. —2e, 23 thermidor an xii, *Deleu*.

34.—Il en est de même relativement aux questions incidentes à une adjudication (*v. g.*) de réserves d'arbres, faites par l'état, aux droits duquel serait un émigré rétabli dans ses droits.—2e, 23, brumaire an xiv, *Detoy*.

35.—L'autorité judiciaire, à la vérité,

COMPÉTENCE ADMINISTRATIVE,
§. IV.

ne peut apporter aucunes modifications
aux obligations imposées à l'adjudicataire de bois domaniaux par l'acte d'adjudication ; mais ils sont compétents de
connaître de l'exécution de ces obligations et des obstacles apportés à cette
exécution.—1ʳᵉ, 10 décembre 1810, *Dehail.*—C. R., 3, 218.

36. — Un jugement rendu sur une contestation relative à une adjudication de
bois de l'état, n'est pas nul, faute, par
l'administration des eaux et forêts ou
par l'un des adjudicataires, d'avoir fait
notifier à l'autre adjudicataire, avec lequel il en procès, le rapport ou procès-
verbal dressé par le garde général.—1ʳᵉ,
7 août 1828, *James.*—T. x, p, 117.

37.—Ce jugement n'est pas nul pour
avoir été rendu en la chambre du conseil, mais à bureau ouvert, sans que l'on
ait notifié au défendeur le jugement qui
fixe le jour du rapport. — *m. arr.*

§. IV.—*Contrats civils.—Questions d'état,
de propriété, de possession, de servitude,
de dommages-intérêts.*

38. — Les tribunaux civils sont compétents pour décider une question d'émigration, lorsqu'ils sont saisis de la diffi-
culté accessoirement à une contestation
qui rentre dans le cercle des attributions
judiciaires (*v. c.*), accessoirement à une
question de succession.—*Aud. sol.*, 3 février 1813, *Montalembert.* S., 13, 2, 117.

39. — C'est à l'administration à statuer sur le point de savoir si la créance
qu'un tiers portait sur un émigré, a été

COMPÉTENCE ADMINISTRATIVE,
§. IV.

ou non déclarée éteinte par une décision
administrative. — 1ʳᵉ, 26 janvier 1807,
Tréfeu.

40. — Les tribunaux civils connaissent des contestations relatives aux ventes de domaines nationaux lorsquelles ne
se rapportent pas à l'interprétation de
l'acte d'adjudication.—1ʳᵉ, 27 août 1829,
Lesueur.

41. — Mais toutes les fois que les contrats de ventes nationales présentent
quelque ambiguité, quelque doute, les
tribunaux doivent renvoyer devant l'autorité administrative pour en obtenir
l'interprétation. — 2ᵉ, 14 mars 1838, *fabrique de l'église de Saint-Jean de Caen.* —
R. P. 2, 162.—Ità, 2ᵉ, 23 janvier 1836,
Brisset. — R. P. 2, 592. — 1ʳᵉ, 13 février
1838, *Adeline.* — R. P. 2, 52.

42. — Mais les tribunaux civils sont
seuls compétents de connaître de l'action en revendication formée par un
tiers, ils doivent seulement surseoir à
statuer et renvoyer devant l'autorité administrative pour faire interpréter l'acte
d'adjudication, s'il présente des doutes
sérieux. — *m. arr., Brisset.* — R. P. 2,
592.

43. — C'est a l'autorité administrative
à décider s'il résulte de l'acte d'adjudication, que l'adjudicataire doive souffrir
l'exercice d'un chemin. — 1ʳᵉ, 14 février
1812, *Lallemant.*

44.—...Ou si le bien cédé administrativement l'a été en exemption d'hypothèques. — 2ᵉ, 23 déc. 1812, *de Bosnière.*

45. — C'est encore à l'autorité administrative à prononcer sur la question de

COMPÉTENCE ADMINISTRATIVE,
§. V.

savoir si d'après une clause d'un procès-verbal de vente d'un bien national, un fonds voisin est ou non grevé de servitude. — 1re, 30 déc. 1822, *Busnel.*

46. — Jugé toutefois, que c'est à l'autorité judiciaire qu'il appartient de décider la question de savoir si un acquéreur de bien national a droit de passage sur un autre bien national également aliéné. — 2e, 18 mars 1813, *Varin;* — 1re, 21 mars 1814, *Julien.*

47. — C'est à l'administration à prononcer sur les contestations qui s'élèvent entre deux fabriques, relativement au point de savoir quels biens mobiliers et immobiliers doivent leur être distributivement remis. — 1re, 31 déc. 1823, *Vinglhanops.*

48. — C'est également à l'administration et aux tribunaux civils que doivent s'adresser les fabriques pour faire condamner les communes à contribuer aux objets du culte. — 2e, 13 août 1835, *commune de Quettreville.*

49. — Les tribunaux civils sont compétents pour connaître de l'opposition formée à l'ordonnance du bureau des finances qui supprime un chemin. — 1re, 2 juin 1810, *Paysan.*

50. — Un arrêté du préfet qui déclare la vicinalité d'un chemin, ne fait pas obstacle à ce que les tribunaux judiciaires statuent sur les questions de possession et de propriété qui peuvent s'élever relativement à ce chemin. — 1re, 19 juillet 1838, *commune de Guéhebert.* — R. P. 2, 342.

51. — Les tribunaux civils sont seuls

COMPÉTENCE ADMINISTRATIVE,
§. V.

compétents pour statuer sur la validité et l'interprétation d'un traité intervenu sur des intérêts privés, bien qu'il ait été conclu à la médiation officieuse de l'administration, et qu'un arrêté administratif ait été pris pour son exécution. — 1re, 17 mai 1837, *Adam.* — R. P. 1, 395.

52. — Les tribunaux civils sont compétents de connaître des actions en garantie formées contre l'état à l'occasion de rentes créées par lui. — 1re, 20 août 1829, *communauté de Choiseuil.*

53. — *Dommages-intérêts.* — C'est à l'autorité judiciaire qu'il appartient de connaître d'une convention privée, passée avec un entrepreneur de travaux publics pour l'extraction de matériaux, d'en déterminer le sens et de prononcer des dommages-intérêts pour son inexécution. — Il importe peu que le devis ait désigné la pièce qui fait l'objet de la convention à l'entrepreneur pour y extraire du gravier. — Les conseils de préfecture ne sont compétents qu'autant que le dommage dont on se plaint, provient du fait personnel de l'entrepreneur, indépendamment de toute convention. (Loi du 28 pluviôse an VIII, art. 4 et 5). — 4e, 24 avril 1838, *Cottun.* — R. P. 2, 116.

§. V. — *Des effets et de l'application des décisions et actes administratifs.*

54. — Lorsque pour l'instruction d'une affaire où l'administration est intéressée, il a été pris par elle des arrêtés différents et contraires, les tribunaux doivent s'en rapporter au dernier en date. — 1re, 6 fructidor an X, *Darfeuil.*

COMPÉTENCE ADMINISTRATIVE, §. V.

55. — Il n'appartient pas au pouvoir judiciaire d'examiner le mérite d'une décision administrative. » — 2°, 2 mai 1817, *les Domaines.*

56. — Mais l'autorité de la chose jugée ne peut résulter contre une commune des arrêts émanés de l'ancien conseil du roi, « lorsqu'on n'y aperçoit rien qui se rapproche des formes judiciaires, qu'ils n'indiquent pas que les habitants de la commune intéressée y aient été appelés, ni que le roi et son conseil aient voulu statuer entre eux et le domaine. (Formule qui cependant est généralement employée dans les arrêts du conseil, qui prononcent en matière contentieuse.) — 2°, 23 juillet 1825, *commune de Montmartin.*

57. — Ainsi, lorsque l'autorité administrative a décidé que telle personne est décédée et que telles autres personnes sont ses héritiers, l'autorité judiciaire doit prendre ces deux points pour constants, il ne lui appartient pas d'en examiner l'exactitude. — 2°, 8 juin 1808, *Vouille.*

58. — C'est aux tribunaux à appliquer les actes administratifs : (spécialement les ventes de domaines nationaux.) C'est aux conseils de préfecture à les interpréter. Mais les tribunaux ne doivent se dessaisir qu'autant que les actes de vente présentent des doutes sérieux, et qu'un examen approfondi ne peut dissiper. — 1re, 13 février 1838, *Adeline.* — R. P. 2, 52.

59. — La circonscription d'un arrondissement, sous le point de vue judi-

ciaire et hypothécaire, ne pouvant être changée que par une loi, l'arrêté d'un préfet qui ferait un tel changement ne serait nullement obligatoire, et les tribunaux devant lesquels il serait opposé n'auraient pas besoin de le renvoyer à l'autorité administrative pour l'interpréter. — 2°, 15 février 1838, *Coupel.* — R. P. 2, 58.

60. — Lorsque la délimitation des deux communes a été fixée par l'autorité administrative, les tribunaux judiciaires sont compétents pour ordonner une plantation de bornes, en exécution de cette décision. — 2°, 11 déc. 1840, *commune de Glatigny.* — R. P. 5, 28.

V. Chose jugée, commune, compétence civile, domaines, fonctionnaires, voirie.

TABLE SOMMAIRE.

COMPÉTENCE CIVILE.

COMPÉTENCE CIVILE.

ART. 1. — RÈGLES COMMUNES A TOUS LES
TRIBUNAUX.

§. I. — Limites territoriales de la compétence.

§. II. — Prorogation de juridiction, réconvention, demandes incidentes.

COMPÉTENCE CIVILE, ART. 1.

§. III. — Droit des tribunaux d'ordonner
des défenses, des mesures et exécutions
provisoires, et d'interpréter ou compléter
leurs jugements.

ART. 2.—COMPÉTENCE DES TRIBUNAUX CI-
VILS D'ARRONDISSEMENT OU DE PREMIÈRE
INSTANCE.

§. I.—Compétence d'attribution volontaire
ou légale.

§. II.—Cas où la compétence est déterminée par la nature de l'action.—Actions
personnelles, réelles et mixtes.

§. III. — Compétence en matière de succession, de licitation et de faillite.

ART. 3.—COMPÉTENCE DES COURS ROYALES.

ART. 4. — COMPÉTENCE DES JUGES DE PAIX.

ART. 1. — RÈGLES COMMUNES A TOUS LES
TRIBUNAUX.

§. I. — Limites territoriales de la compétence.

1.—Lorsqu'il survient un changement
dans les limites du territoire d'un arrondissement, le tribunal saisi anciennement, à raison de ce que telle commune
était dans son territoire, est tenu de
renvoyer au tribunal dans l'arrondissement duquel se trouve la commune. —
1re, 18 décembre 1811, Letellier.

2.—L'ouvrier qui a fait des travaux
pour une personne alors domiciliée dans
la ville où il habite, est obligé, en cas
d'action pour indemnité de ses travaux,
d'assigner cette personne devant le juge
du nouveau domicile qu'elle s'est choisi.
—4e, 27 juin 1816.

3.—La Cour royale peut, à défaut de décision administrative, se déterminer par des indices (v. c. par le cours d'un ruisseau), pour statuer, sous le rapport de la compétence des tribunaux civils, si tel héritage est sous tel ou tel arrondissement. — 1re, 16 décembre 1813, *maire de Doville.*

4. — L'acheteur de marchandises, qui est en contestation avec son vendeur, ne peut, en vendant ces mêmes marchandises à un tiers et se faisant assigner par lui, changer ainsi la compétence du premier tribunal saisi ; cette nouvelle action doit être considérée comme n'ayant été introduite que pour enlever le vendeur originaire à sa juridiction naturelle. — 2e, 25 mars 1808, *Paris.*

V. Compétence commerciale, art. 2.

§. II.—*Prorogation de juridiction. — Réconvention. — Demandes incidentes.*

5. — « La compétence des juridictions est d'ordre public ; il ne peut y être dérogé. » — 4e, 28 janvier 1829, *Masselin.*

6.—Jugé cependant que « les tribunaux civils d'arrondissement, investis de la pleine juridiction, connaissent de toutes les affaires, même réservées aux tribunaux d'exception, quand les parties n'ont pas, dans l'origine, refusé de se soumettre à leur autorité. — » — 4e, 23 juillet 1827, *Bedeaux.*

7. — Les tribunaux civils, ayant ainsi la plénitude de la juridiction, sont donc compétents pour statuer sur le paiement

d'une lettre de change, si les parties y consentent. — 1re, 28 janvier 1829, *Follain.*—C. R. 12, 266.

8.—Toutefois, pour que la compétence du tribunal civil puisse être prorogée aux affaires commerciales, il faut le consentement exprès des parties. — Cette prorogation ne résulterait pas de ce que l'une des parties aurait proposé une nullité d'exploit. — *m. arr.*

9. — Le renvoi d'un tribunal à un autre, pour cause de connexité, peut avoir lieu, même au préjudice de la juridiction à laquelle la compétence avait été attribuée par la convention. — 4e, 6 février 1826.

10. — En matière indivisible, le demandeur doit citer plutôt devant la juridiction ordinaire que devant le juge d'exception. — 4·, 6 juillet 1813, *Daigneau.*

11. — Le juge compétent de connaître de l'action intentée pour faire exécuter un contrat, peut aussi connaître de la demande en nullité de quelques-unes des clauses de ce contrat, formée reconventionnellement et comme défense à l'action principale. — 2e, 23 floréal an x, *Robert.*

12. — Lorsque, dans un contrat d'assurance, il a été convenu que toutes les difficultés qui pourraient naître pour son exécution seraient jugées par des arbitres, les assureurs qui ont saisi le tribunal de commerce, pour obtenir le paiement de la prime d'assurance, ne peuvent, en se désistant de cette action, demander leur renvoi devant le tribunal

18

arbitral pour faire statuer sur le délaissement ou sur l'action en avaries formée reconventionnellement, pendant l'instance par les représentants de l'assuré. —4ᵉ, 4 juin 1838, *veuve Tessel*. — R. P. 2, 230.

13. — Jugé encore que c'est devant le tribunal saisi de l'action en délaissement d'un fonds, que doivent être portées incidemment les demandes en nullité des actes qui servent de base à l'action. Le défendeur ne doit point agir par action principale et assigner devant un autre tribunal. — 1ʳᵉ, 6 mai 1806, *Guérin*.

14. — Le tribunal de commerce peut, comme tout autre tribunal, connaître des demandes incidentes formées en défense à l'action principale, encore qu'il n'eût pu en connaître principalement. — 1ʳᵉ, 11 mars 1806, *Bazire*.

§. III.—*Droits des tribunaux d'ordonner des défenses, des mesures et exécutions provisoires, et d'interpréter ou compléter leurs jugements.*

15. — Si, pendant le litige qui existe devant un tribunal, l'une des parties fait des entreprises sur le fonds en litige, le juge des lieux doit ordonner de surseoir provisoirement à ces entreprises. — 1ʳᵉ, 20 juin 1820, *Demarcey*.

16. — En cas d'urgence, le juge peut, avant de statuer sur sa compétence, ordonner une mesure provisoire, telle qu'un procès-verbal. — 1ʳᵉ, 20 prairial an x, *Lemarchand*.

17. — Mais du moment où un tribunal

accueille une fin de non-recevoir, il ne peut statuer sur le mérite de la demande au principal. — 1ʳᵉ, 8 juillet 1823, *Danjon-Paysant*. — C. R. 6, 318.

18. — Il ne peut même donner acte des déclarations passées par les parties sur le fonds du procès, et s'il le fait, son jugement doit être réformé à cet égard. — 4ᵉ, 1ᵉʳ avril 1818, *Barbé*.

19. — Tout tribunal, quel qu'il soit, qui connaît de l'exécution de ses jugements, est, par cela seul, compétent de décider quelle peine aura encourue le condamné qui ne satisfait pas à la condamnation prononcée contre lui. — *Spécialement*, il peut décider si un retrait sera considéré comme non-avenu. — 2ᵉ, 8 janvier 1818, *Lefoulon*.

20. — C'est au tribunal qui a rendu un jugement à suppléer à l'insuffisance de ses dispositions. — Ainsi, c'est à lui d'ordonner que le délai, originairement fixé pour ouvrir une enquête, sera de . . . . au lieu de . . . . seulement, s'il se trouve que, vu les circonstances, le premier délai soit insuffisant. — 2ᵉ, 30 mars 1829, *Bellanger*.

21. — De ce qu'un tribunal peut connaître de certaines contestations, on doit en induire qu'il peut rapporter les ordonnances rendues par quelques-uns de ses membres. — 2ᵉ, 5 décembre 1807, *Sévaux* ; — 1ʳᵉ, 19 décembre 1814, *Burnel* ; — 1ʳᵉ, 8 avril 1818, *Fergant*.

Voy. *infrà*, art. 3, sur l'interprétation des arrêts, et le mot *jugement*, §. VI, sur l'interprétation des jugements.

COMPÉTENCE CIVILE, art. 2.

ART. 2. — COMPÉTENCE DES TRIBUNAUX CIVILS D'ARRONDISSEMENT OU DE PREMIÈRE INSTANCE.

§. I.—*Compétence d'attribution volontaire ou légale.*

22. — « Les tribunaux civils d'arrondissement, investis de la pleine juridiction, connaissent de toutes les affaires, même réservées aux tribunaux d'exception, quand les parties n'ont pas dans l'origine refusé de se soumettre à leur autorité. » — 4e, 23 juillet 1827, *Bedeaux.* — C. R. 10, 17.

23. — En conséquence, ils sont compétents pour connaître de l'action en paiement d'une lettre de change lorsque le défendeur ne demande pas son renvoi devant le tribunal d'exception. — 1re, 28 janvier 1829, *Follain.* — C. R. 12, 266.

24. — Dans tous les cas, les tribunaux d'arrondissement peuvent connaître incidemment des matières attribuées aux juges de commerce. — 4e, 11 août 1812, *Reveillé.*

25. — Ils sont compétents de connaître de l'action intentée, au nom de mineurs, en nullité de prétendues lettres de change qu'on aurait fait souscrire à ceux-ci. Il n'est pas nécessaire d'assigner devant les tribunaux de commerce. — 1re, 21 août 1811, *Mercher.*

26. — C'est devant le tribunal d'arrondissement et non devant la justice de paix que doivent être portées les demandes en revendication d'objets saisis par

COMPÉTENCE CIVILE, art. 2.

les douanes. — 4e, 27 mars 1820, *Dupont.*

27. — Les tribunaux d'arrondissement sont compétents de connaître des oppositions formées à une vente à l'encan faite par un colporteur. — 4e, 1er sept. 1828, *Morange.*

28. — Mais ils ne sont pas compétents de connaître d'une opposition à saisie, fondée sur ce que le juge de commerce qui l'a prononcée a excédé les limites de son pouvoir. — C'est la voie de l'appel qui seule est admissible dans ce cas. — — 4e, 30 avril 1819, *Lefevre.*

29. — Les tribunaux civils sont compétents de connaître de l'exécution des jugements des tribunaux de commerce. (*Voyez compétence commerciale.*) Mais leurs pouvoirs cessent du moment où il est nécessaire de corriger ou modifier les dispositions desdits jugements. — 2e, 13 juillet 1819, *Chancerel.*

Voyez encore le mot *exécution.*

30. — « Le sens que la loi attache à l'éxécution dont parlent les art. 442 et 553, C. procédure, doit se restreindre à l'exécution forcée, c'est-à-dire à l'emploi des moyens extrinsèques que la loi autorise pour forcer les refusants à exécuter ce qui a été jugé. » — *m. arr.*

31. — Il n'appartient pas aux tribunaux civils d'interpréter ces jugements, encore moins d'y ajouter. — *m. arr.*

32. — Ce pouvoir n'appartient qu'au tribunal qui a rendu le jugement. — *m. arr.;* — et 4e, 17 mai 1826, *Dajon.*

33. — Les tribunaux civils statuant sur l'exécution des jugements rendus par

les tribunaux de commerce , peuvent-ils réviser ces jugements, au moins dans les dispositions relatives à la contrainte par corps ?

Ils le peuvent, « lorsqu'il y a dans le jugement qui prononce la contrainte par corps, erreur évidente et palpable, si, par exemple, après avoir apprécié les actes qui lui étaient soumis et les faits de la cause, le tribunal de commerce avait accordé cette voie rigoureuse d'exécution pour des actes auxquels la loi la refuse ou contre des personnes qu'elle n'y soumet pas. »

Mais ils ne le peuvent lorsque, pour statuer sur la question de contrainte par corps, il faudrait rentrer dans l'examen de la validité des lettres et pièces qui ont servi de base à la décision des tribunaux de commerce. — 4e, 26 mai 1840, *Kadot de Sebville.* — R. P. 4 , 235 ; — 4e, 26 avril 1826, *Lenfant.* — C. R. 6 , 222.

34. — Lorsqu'un jugement est confirmé, son exécution appartient de droit au tribunal qui l'a rendu. — 2e, 19 février 1819 , *Guillot.*

35. — Et lorsque la matière est attributive de juridiction, comme en matière de comptes (art. 527, C. pr.), le tribunal qui a rendu le jugement ne peut être privé de l'exécution de l'arrêt infirmatif. — *m. arr.*

36. — L'incompétence du tribunal qui a rendu le jugement infirmé de connaître de l'exécution de l'arrêt infirmatif, est une incompétence qui n'est ni d'ordre public, ni *à raison de la matière*, et à laquelle, par conséquent, il est permis de

renoncer. — Elle ne peut donc être proposée, même pour la première fois sur appel , par la partie qui a proposé ses moyens au fond. — 1re, 15 janvier 1833 , *Thorel.*

§. II. — *Cas où la compétence est déterminée par la nature de l'action. — Action personnelle , réelle et mixte.*

37. — Un défendeur ne peut être contraint de plaider devant d'autres juges que ses juges naturels, lors même que ce serait par suite de l'erreur où il aurait lui-même induit sa partie adverse qu'il eût été assigné devant un autre tribunal. — 1re, 17 août 1818 , *de Noirville.*

38. — Lorsqu'une personne, bien qu'ayant quitté son ancien domicile, n'a cependant transporté le nouveau dans aucun lieu certain, ni par des déclarations conformément à l'art. 104, C. civ., ni par aucun signe annonçant le transport de son principal établissement, c'est toujours le tribunal de l'ancien domicile qui doit connaître des actions personnelles et mobilières dirigées contre elle. — 2e, 28 août 1835, *Tyrel.*

39. — Ainsi, le Français, résidant en pays étranger, peut être cité devant le tribunal de l'arrondissement où était son dernier domicile, pour raison des obligations par lui contractées en pays étranger. — 4e, 30 juillet 1818 , *de Noirville.*

40. — Le tiers qui s'est chargé de faire face à la dette d'un autre, peut être cité directement devant le juge où pourrait être appelé le débiteur ou le curateur à sa succession, s'il est mort

COMPÉTENCE CIVILE, ART. 2.

sans héritiers connus. — 1re, 5 et 6 juin 1810, Lepelley.

41. — Dans les demandes en séparation de biens, la compétence du juge du domicile du mari est absolue et d'ordre public; si le jugement avait été rendu par un autre tribunal, il devrait être rétracté sur la tierce-opposition des créanciers. — 2e, 17 août 1811, de Grissons.

42. — Est réputée matière mixte et de la compétence du juge de la situation des biens, l'action tendant à faire déclarer pignoratif un contrat ayant le caractère extérieur d'un acte de vente. — 2e, 9 mai 1829, Loisellière.

§. III. — Compétence en matière de succession, de licitation et de faillite.

43. — Compétence en matière de succession. — Le principe d'après lequel les créanciers ne peuvent citer les héritiers, avant le partage, que devant le tribunal de l'ouverture de la succession, cesse de recevoir son application lorsqu'il n'existe qu'un seul héritier, même bénéficiaire, et qu'ainsi il n'y a pas lieu à partage. — 4e, 27 juin 1816, Catherine.

44. — La renonciation à succession faite à titre onéreux au profit d'un cohéritier par ses autres cohéritiers, ou la vente de droits successifs à risques et périls qu'ils lui ont consentie, rentrent dans la classe des actes que la loi assimile au partage (art. 888 C. civ.); dès-lors l'action en rescision dirigée contre des actes pour cause de dol et de fraude, doit être portée devant le tribunal du lieu de l'ouverture de la succession (art. 822, C. civ.); elle ne pourrait être con-

COMPÉTENCE CIVILE, ART. 3.

sidérée comme une action personnelle valablement introduite devant le tribunal du domicile de l'héritier. — 4e, 29 juin 1840, Aumont. — R. P. 4, 273.

45. — Licitation. — C'est au tribunal qui a ordonné une licitation à connaître de l'action en nullité de cette licitation, quoique faite devant un notaire. — 2e, 28 juillet 1823, Dugué.

46. — Faillite. — Lorsqu'il s'est agi de faillites antérieures au Code de commerce, les tribunaux civils ont pu fixer l'ouverture desdites faillites ou en déclarer l'existence incidemment aux questions dont ils étaient saisis. — 4e, 11 août 1812, Réveillé; — 1re, 22 juin 1815, Asselin.

47. — La régie des douanes qui critique le compte présenté par le syndic des créanciers à une faillite, ne peut intenter son action contre le syndic que devant le tribunal de commerce, encore bien qu'il s'agisse de savoir qu'elles retenues le syndic peut faire au préjudice de la régie, pour honoraires et frais. — 4e, 18 août 1819, la régie des douanes.

48. — « La question de savoir à qui, d'un créancier particulier, porteur de jugement ou de la masse des créanciers d'un failli, appartient une somme déposée par le débiteur commun, entre les mains d'un tiers, forme un objet de litige purement civil et du ressort des tribunaux ordinaires. » — 4e, 23 juillet 1827, Bedeaux. — C. R. 16, 17.

ART. 3. — COMPÉTENCE DES COURS ROYALES.

49. — C'est par le tribunal devant lequel les contestations ont pris naissance

COMPÉTENCE CIVILE, ART. 3.

que se juge la compétence de la Cour royale.—4e, 21 mai 1827, *Gérard*, C.R., 8, 258.

50. — Ainsi, le dépôt que les arbitres nommés par un tribunal de commerce pour décider une contestation entre associés, auraient fait au greffe d'un autre tribunal resortissant à une autre Cour, et l'ordonnance d'*exequatur* obtenue du président de cet autre tribunal, ne pourraient attribuer la connaissance de l'appel à une Cour étrangère au tribunal qui a nommé les arbitres.—*m. arr.*

51. — L'appel des jugements rendus par un tribunal délégué en vertu des art. 255, 326 et 1035, C. pr., doit être porté devant le juge d'appel du tribunal délégant, et non devant le juge d'appel du tribunal délégué.—1re, 10 juin 1807, *Larogue.*

52. — Quoique le débiteur ait interjeté appel du jugement prononcé contre lui, qui ordonne un envoi en possession, ce n'est pas la Cour qui est compétente de connaître des poursuites en paiement de la créance, faites même depuis l'appel. — 2e, 8 vendémiaire an II, *Torcapel.*

53. — La Cour qui, par suite d'un appel ou de tierce-opposition, se trouve saisie de la question de savoir combien il est dû par un tiers d'arrérages d'une rente foncière, est compétente de prononcer incidemment sur la demande en envoi en possession formée par le tiers pour la première fois devant elle. — 2e, 7 avril 1810, *Blamont.*

54. — Le tribunal d'appel n'est pas compétent de connaître incidemment au

COMPÉTENCE CIVILE, ART. 3.

procès dont il est saisi d'une demande en suppression de mémoire non signifié au procès. — 2e, 20 déc. 1811, *Labarberie.*

55. — Toutefois, si des écrits injurieux pour des tiers, qui ne sont pas partie au procès, ont été signifiés devant des juges d'appel, ceux-ci sont compétents pour connaître des plaintes formées par les tiers à cet égard; ils peuvent et doivent admettre, sous ce rapport seulement, leur intervention. — 1re, 10 fructidor an XII, *Lepailleux;* — 2e, 25 mai 1809, *Cailles.*

56. — La Cour connaît de la demande des honoraires formée par les avoués qui ont assisté leurs clients devant la chambre d'accusation et la Cour d'assises. — 1re, 21 juin 1817, *Blin.*

57. — Le juge d'appel peut ordonner que mention sera faite de son jugement en marge du plumitif du premier juge. — 2e, 7 janvier 1819, *Dudouy.*

58. — Lorsqu'un jugement qui adjuge les dépens à une partie a été confirmé, c'est au juge de première instance et non au juge d'appel à décider qu'elles sommes font partie des dépens. — 4e, 31 juillet 1821, *Richard.*

59. — C'est au tribunal d'appel qui a infirmé un jugement, à décider si les offres faites en exécution de son arrêt, sont ou non suffisantes; le premier juge est incompétent pour statuer à cet égard. — 1re, 8 juin 1807, *Aumont;* — 1re, 13 juin 1808, *Busnel.*

60. — De même, après l'infirmation d'un jugement, les questions incidentes au compte ordonné par le juge supérieur, ne peuvent être portées devant le juge

COMPÉTENCE CIVILE, art. 4.

du premier ressort, c'est au juge supérieur ou à celui délégué par lui qu'elles doivent être soumises. — 2ᵉ, 1ᵉʳ février 1810, *Trevel.*

Voyez les mots *exécution des actes et jugements,* §. VI et *renvoi.*

61. — C'est au tribunal de qui émane une décision, à rectifier les erreurs de calcul qui peuvent s'y être glissées, la Cour est incompétente pour faire cette rectification sur appel. — 4ᵉ, 10 nov. 1835, *Odiot.*

62. — Les Cours connaissent de l'interprétation de leurs arrêts. — 4ᵉ, 21 août 1821, *Berrurier.*

63. — S'il y a contestation, même avec un tiers sur les effets d'un arrêt (spécialement, s'il autorise à prendre possession de tel objet), c'est à la Cour qu'il appartient de connaître de cette contestation. — 2ᵉ, 26 mars 1806, *Rossignol.*

64. — Si l'opposition à taxe est fondée sur l'interprétation de l'arrêt, elle se porte à l'audience et non à la chambre du conseil. — 2ᵉ, 12 juin 1835, *Germain.*

ART. 4. — COMPÉTENCE DES JUGES DE PAIX.

65. — Lorsque le juge de paix n'est pas incompétent à raison de la matière, mais seulement à raison de la quotité, cette incompétence est couverte par le consentement des parties. (art. 7. C. pr.) — 4ᵉ, 23 août 1825, *Dupray,* t. 12. p. 521.

66. — C'est au juge de paix et non au tribunal d'arrondissement à connaître

COMPÉTENCE CIVILE, art. 4.

des entreprises sur les haies et fossés. — 1ʳᵉ, 18 mai 1819, *Marie.*

67. — C'est au tribunal de paix à connaître au civil des voies de fait qui seraient de la compétence du tribunal de police. — 1ʳᵉ, 19 juillet 1830, *Riquer.*

V. Appel, chose jugée, commune, compétence administrative, compétence commerciale, jugement, tribunaux.

TABLE SOMMAIRE.

COMPÉTENCE COMMERCIALE.

COMPÉTENCE COMMERCIALE.

COMPÉTENCE COMMERCIALE,

ART. 1.

ART. 1. — COMPÉTENCE D'ATTRIBUTION.

§. I. *Engagements entre commerçants.*

1. — « Les parties commerçantes sont justiciables du tribunal de commerce pour les affaires qui concernent leur état habituel ; mais pour toutes autres opérations étrangères à cet état, elles ne peuvent être justiciables des tribunaux de commerce que dans le cas où ces opérations constitueraient un acte de commerce dans le sens de l'art. 632. C. com. » — 4ᵉ, 4 mars 1818, *Dufour.*

2. — Ainsi, si un commerçant autorise, sans bail ni commission, un autre commerçant à mettre en montre des toiles dans un magasin pour les vendre, ce contrat de mandat, ne constituant pas une opération commerciale, les juges de commerce sont incompétents d'en connaître. — 4ᵉ, 8 mars 1824, *Lecordelet.*

3. — Ainsi encore l'action en revendi-

cation de marchandises par un marchand contre un autre marchand, est en dehors de la juridiction commerciale, s'il n'existe aucun fait de commerce auquel se rattache la demande. — 4e, 3 juillet 1827, *Bureau.*

4. — Cependant, de l'arr. 1re, 1er août 1821, *Fortin*, on pourrait induire que tous marchés entre commerçants, quoique ne constituant par des actes de commerce, peuvent être soumis à la juridiction commerciale.

5. — Les rouliers sont justiciables des tribunaux de commerce pour les contestations qui s'élèvent entre eux et les aubergistes, à l'occasion des dépenses qu'ils ont faites chez ceux-ci pour leur nourriture et celle de leurs chevaux. — 4e, 28 avril 1828, *Bodin.*

6. — Le tribunal de commerce est compétent de connaître des cessions faites par un commerçant à un autre commerçant, en paiement de ce que le premier doit au second. — 4e, 17 août 1813, *Hardouin.*

7. — Il connaît également de la cession d'un four à chaux et d'un terrain à exploiter des pierres à chaux, faite par un marchand de chaux à un marchand de chaux. — 4e, 27 août 1821, *Harivel.*

8. — Il connaît même de toutes contestations relatives à des créances civiles que deux commerçants ont respectivement portées sur leur compte courant, en vertu d'une convention précédemment passée entre eux. — 4e, 23 déc. 1835, *Buhotel.*

9. — C'est aussi devant lui que doit se porter l'action en vérification d'un compte fait entre négociants, même à l'égard des héritiers de ceux-ci. — 4e, 30 août 1824, *Godard.*

10. — Enfin, il connaît des questions d'usure entre commerçants. — 4e, 26 juillet 1826, *Loisel.*

11. — Mais il serait incompétent de connaître des difficultés qui s'élèveraient au sujet de la location d'une loge en foire, faite par un commerçant à un commerçant. C'est là une opération qui sort de la classe des opérations commerciales entre toutes personnes, et ne peut être soumise qu'à la juridiction civile. — 4e, 24 mai 1826, *Durand.* — C. R. 6, 282.

12. — L'individu non commerçant, qui a cautionné une obligation pour prêt, souscrite par un commerçant au profit d'un autre commerçant, devient, pour ce fait, justiciable du tribunal de commerce. En conséquence, s'il est actionné isolément et personnellement devant le tribunal civil, il peut demander son renvoi devant le tribunal de commerce; mais l'incompétence étant personnelle à son égard, il se rend non recevable s'il conteste au fond sans la proposer. — 2e, 25 février 1825, *Fouet.* — C. R. 4, 67.

Quant à ce dernier point, voyez *infra*, le §. v et le mot *exceptions.*

§. II. — *Actions résultant d'actes de commerce.*

13. — Le second numéro de l'art. 631 C. com., porte que « les tribunaux de

19

commerce connaissent, entre toutes personnes, des contestations relatives aux actes de commerce. »

On a vu au mot *actes de commerce*, quelles opérations sont réputées acte de commerce, il ne nous reste à consigner ici que quelques décisions plus spécialement relatives à la compétence.

14. — Lorsque des denrées (v. c. du pain), ont été livrées à un cabaretier, partie pour son commerce, partie pour son usage particulier, il ne serait pas raisonnable de faire de ces livraisons de denrées l'objet de deux actions dont l'une serait portée devant le tribunal de commerce et l'autre devant le tribunal civil. — C'est la juridiction civile qui seule doit être saisie de l'affaire. — 4ᵉ, 6 juillet 1813, *Daigneau*.

15. — Ne sont pas de la compétence des tribunaux de commerce, les actions intentées contre un cultivateur pour ventes de bestiaux à lui faites. — 4ᵉ, 21 mars 1830, *Queudeville*.

16. — *Contrà*. — Le tribunal de commerce est compétent pour connaître de la vente de bestiaux faite par un herbager à un autre herbager, encore qu'il soit stipulé que les bestiaux vendus paîtront pendant un certain temps dans les herbages du vendeur. — 2ᵉ, 5 prairial an XIII, *Montigné*.

17. — Toutefois, la décision de ce point est subordonnée à celle de la question, si un herbager est ou non commerçant. V. sur cette question le mot *commerçant*, §. I.

18. — Ne sont point de la compé-

tence du tribunal de commerce les ventes en détail que fait un propriétaire du cidre provenant de son cru. — 4ᵉ, 3 avril 1821, *Poyer*.

19. — ... Ni les ventes que fait un propriétaire des bois venus sur sa terre. — 2ᵉ, 3 juillet 1819, *Peau dit Tailles*.

20. — ... Ni les achats de grains que fait un fermier pour payer ses fermages en nature. — 2ᵉ, 17 nov. 1808, *Mézaise*.

21. — ... Ni les prestations stipulées par un bail d'immeubles, encore que le bail soit fait entre commerçants, et que la prestation ait été transportée à un commerçant dans l'intérêt de son commerce. — *Aud. sol.*, 23 mai 1833, *Gambin*.

22. — Doit être portée devant la juridiction commerciale la contestation qui s'élève entre un fabricant de chaudières et un manufacturier, à l'occasion de l'achat d'une chaudière, fait par celui-ci, pour les besoins de sa manufacture. — 4ᵉ, 28 nov. 1832, *Delaunay*.

23. — Les entrepreneurs de voitures publiques sont justiciables des tribunaux de commerce pour tout ce qui est une conséquence de leur entreprise. — 4ᵉ, 11 août 1827, *Lebourgeois*. — C. R. 13, 571. — 4ᵉ, 24 déc. 1827, *Trébutien*.

24. — Ainsi, ils en sont justiciables pour les achats de foin qu'ils font pour la nourriture de leurs chevaux. — 4ᵉ, 24 déc. 1827, *Trébutien*.

25. — Ainsi encore, ils le sont pour les difficultés qui peuvent s'élever entre eux et un maître de poste, relativement

COMPÉTENCE COMMERCIALE,
ART. 1.

à l'indemnité réclamée contre eux par celui-ci, par suite de leur entreprise. — m. arr. — 4e, 11 août 1827, *Lebourgeois.*

Sur les entreprises de bureaux d'affaires, voyez *commerçant*, et sur les entreprises de travaux publics ou privés, voyez *acte de commerce*, ART. 1, §. II.

26. — En cas d'éviction de l'objet donné en paiement d'une dette commerciale (parce que cet objet appartenait à un tiers), le tribunal de commerce est compétent d'accorder condamnation de la créance, le débiteur originaire ne pouvant se faire un moyen de la cession de mauvaise foi qu'il a faite. — 4e, 3 janvier 1827, *Brard.*

27. — Le nom d'expédition maritime employé par l'art. 633, C. com., comprend la pêche en mer. En conséquence, c'est au tribunal de commerce à connaître des constations qui s'élèvent sur la propriété des poissons pêchés, ou sur les parts, dans le prix. — 1re, 5 août 1816, *Caignon.*

28. — Les contestations sur la quotité du droit de sauvetage entre les propriétaires des objets sauvés et les sauveteurs, sont de la compétence du tribunal de commerce; mais il en est autrement si les sauveteurs sont des navires de l'état, ou si les choses sauvées n'ont point de maître connu ou appartiennent à l'état. — 4e, 7 mars 1832, *Roussel.*

29. — Les syndics nommés par un concordat ne sont que de simples mandataires : en exécutant le mandat qui leur est confié, ils ne font point acte de com-

COMPÉTENCE COMMERCIALE,
ART. 1.

merce, et ne sont, par conséquent, point justiciables à ce sujet de la juridiction commerciale. — 2e, 7 août 1819, *Guerdon.*

§. III. — *Actions exercées par ou contre les facteurs, commis des marchands ou leurs serviteurs.*

L'art. 634, C. com., est ainsi conçu :

« Les tribunaux de commerce con-
» naîtront également,

› 1o Des actions contre les facteurs,
› commis des marchands ou leurs servi-
› teurs, pour le fait seulement du trafic
› du marchand auquel ils sont attachés ;

» 2o Des billets faits par les receveurs,
› payeurs, percepteurs ou autres comp-
» tables des deniers publics. »

Les décisions relatives au premier numéro de cet article, sont rapportées sous ce paragraphe; les décisions relatives au second, seront rapportées sous le paragraphe suivant.

30. — La première disposition de l'art. 634, portant que les tribunaux de commerce connaissent des actions *contre* les facteurs, commis des marchands, s'applique aussi bien aux actions dirigées *par* les facteurs et commis contre les fabricants et marchands, qu'à celles dirigées par ceux-ci, contre lesdits facteurs et commis. — 4e, 27 août 1823, *Graindorge.*

31. — La demande formée par un commis teneur de livres pour le paiement de son salaire, est donc de la compétence des tribunaux de commerce. — 4e, 14 octobre 1816, *Crespin.*

COMPÉTENCE COMMERCIALE,
ART. **1**.

32. — *Contrà.* — Les tribunaux de commerce sont incompétents de connaître de l'action intentée par un contre-maître contre le fabricant qui l'emploie pour le paiement de ses gages. — 4ᵉ, 8 mars 1825, *Leclerc.* — C. R. 4, 224.

33. — L'ouvrier qui travaille pour le compte d'un entrepreneur à extraire des pierres, ne peut traduire l'entrepreneur devant la juridiction commerciale. —1ʳᵉ, 1ᵉʳ août 1821, *Fortin.*

§. IV. — *Billets souscrits par les comptables de deniers publics.*

34. — La seconde disposition de l'art. 634, C. com., qui attribue aux tribunaux de commerce la connaissance des billets faits *par les receveurs*, payeurs, percepteurs ou autres comptables de deniers publics, ne doit pas s'étendre aux billets faits *au bénéfice* de ceux-ci. — 4ᵉ, 29 avril 1823, *Leroi.*

35. — Un fermier de l'octroi doit être considéré comme receveur de deniers publics, et comme tel, il est soumis à la juridiction commerciale pour les billets qu'il souscrit. — 4ᵉ, 8 février, *junctim;* — 24 août 1813, *Guirand.*

36. — Sont également de la compétence des tribunaux de commerce les billets souscrits par un receveur général, toutes les fois qu'ils n'ont pas une cause étrangère à la gestion de ces comptables. — 1ʳᵉ, 9 juillet 1810, *Dumont.*

37. — *Ità.* — De ceux souscrits par un percepteur. — 4ᵉ, 27 juillet 1825, *Néel de Lagrentière.*

COMPÉTENCE COMMERCIALE,
ART. **1**.

§. V. — *Actions en matière de lettres de change.*

38. — Il suffit qu'une lettre de change soit régulière en la forme pour donner compétence au tribunal de commerce. — 4ᵉ, 11 janvier 1812, *Bertauld.*

39. — Les tribunaux de commerce sont compétents, non-seulement de condamner au paiement d'une lettre de change, mais encore de décider si la lettre de change a été acquittée. — 4ᵉ, 13 mai 1812, *Blanchet.*

40. — .... Ou si elle a été acceptée. — 4ᵉ, 4 janvier 1834, *Moreau.*

41. — « La lettre de change n'est parfaite entre le tireur et la personne qui doit en acquitter le montant, qu'autant que celle-ci y a donné son acceptation ; dès lors un commerçant ne peut distraire son débiteur de sa juridiction naturelle, en faisant traite sur lui de ce qui peut lui être dû pour engagements civils, lorsque le débiteur n'accepte point cette traite. » — 4ᵉ, 12 février 1821, *Gourgeon.*

42. — Celui qui n'est ni tireur ni endosseur, ni accepteur d'une lettre de change, ne peut donc, encore bien qu'il soit *le tiré*, être appelé, même par voie de garantie, devant un autre juge que son juge naturel. — m. arr. ; et 2ᵉ, 2 avril 1808, *Desfeux ;* — 2ᵉ, 27 août 1808 ; — 4ᵉ, 20 avril 1812, *Cousin ;* — 4ᵉ, 8 juin 1813, *Clouard ;* — 1ʳᵉ, 24 décembre 1816, *Houssaie ;* — 4ᵉ, 8 août 1816, *Bigot ;* — 4ᵉ, 7 août 1817, *Guérin ;* — 4ᵉ, 30 juillet 1822, *Bandin.*

COMPÉTENCE COMMERCIALE,
ART. 1.

43. — Cependant si, dans ce cas, il était appelé, quoique par voie de garantie, devant le tribunal où il eût pu être traduit *directement*, pour les causes en vertu desquelles la lettre de change a été tirée sur lui, il ne pourrait faire valoir de déclinatoire. — 1re, 15 juillet 1809, *Dunant*; — 4e, 26 novembre 1818, *Féron*.

44. — Il pourrait encore être appelé en garantie s'il avait promis d'accepter la lettre de change. — 4e, 15 décembre 1812, *Frigard*.

45. — La disposition de l'art. 636 C. comm., d'après laquelle, lorsqu'une lettre de change est réputée simple promesse, les tribunaux de commerce ne sont tenus de renvoyer devant les tribunaux civils, que s'ils en sont requis par le défendeur, est introductive d'un droit nouveau. — Sous l'ancienne législation, les tribunaux devaient, d'office, se déclarer incompétents ; le renvoi de la cause pouvait être demandé en appel, après avoir procédé au principal. — 1re, 14 mai 1806, *Danfreville*; — 2e, 22 mars 1806, *Daufresne*.

46. — Sous le Code de commerce, au contraire, lorsqu'il s'agit d'une contestation relative au paiement d'une lettre de change, réputée simple promesse, aux termes de l'art. 112 C. com., parce qu'elle contient supposition soit de nom, soit de qualité, soit de lieu, le tribunal de commerce, saisi de l'affaire, n'est pas tenu de renvoyer devant le tribunal civil, si le renvoi n'a été demandé par les parties, et si la cause n'en a été

prouvée. — 4e, 19 mars 1821, *Planquais*.

47. — Il ne suffirait pas, dans ce cas, que le déclinatoire ait été proposé dans un écrit, il faut qu'il l'ait été par des *conclusions déposées*. — 4e, 11 novembre 1824, *Poubelle*.

48. — Toutefois, il n'est pas nécessaire, à peine de déchéance, que, dans ce cas, l'incompétence du tribunal de commerce soit proposée *à limine litis*.

Ainsi et *spécialement*, de ce qu'une partie a d'abord prétendu que l'acte qui constatait l'obligation dont elle réclame le paiement était une véritable lettre de change, il ne s'ensuit pas que, si le tribunal vient à déclarer que l'acte en litige n'est qu'une lettre de change irrégulière, réputée simple promesse, cette partie ne puisse décliner la compétence commerciale et demander son renvoi devant le tribunal de commerce. — 4e, 4 déc. 1821, *Richomme*.

49. — Seulement, dans ce cas, tous les frais faits avant la demande en renvoi restent à sa charge. — *m. arr.*

50. — *Contrà.* — Les tribunaux de commerce, lorsqu'ils ne sont incompétents qu'à raison de la personne, ne sont tenus de se dessaisir qu'autant que la partie a non-seulement conclu son renvoi devant le tribunal civil, mais qu'elle l'a fait avant toute défense au fond. — 4e, 12 juillet 1836, *Cabart Danneville*. — R. P. 3, 541.

51. — Ce déclinatoire, cependant, ne peut plus être proposé pour la première

COMPÉTENCE COMMERCIALE,
ART. 1.

fois sur appel. — 4e, 12 août 1819, *Levard-Chedeville;* — 4e, 5 mars 1821, *Leplanchois;* — 4e, 28 janvier 1822, *Gasdebles;* — 4e, 5 février 1822, *Fleury;* — 4e, 18 février 1822, *De Bourgade;* — 4e, 11 février 1823, *Grand-Devaux.* — C. R. 1, 277. — 4e, 24 août 1825, *Lubin.*

52. — Ainsi et *spécialement*, lorsqu'un non-commerçant assigné devant le tribunal de commerce en paiement d'une lettre de change, s'est borné devant ce tribunal à réclamer des délais, il ne peut, sur appel, en excipant de ce que la lettre de change n'aurait été que le résultat d'un simple prêt, prétendre que le tribunal de commerce était incompétent, et que le déclinatoire qu'il propose doit être admis. — *Dit arr.*, 4e, 11 févaux 1823, *Grand-Deveaux.*

53. — A plus forte raison, il ne le pourrait si, devant le premier juge, il avait présenté ses moyens au fond. — *Dit arr.*, 4e, 12 août 1819, *Levart-Chedeville.*

54. — Bien plus, si, dans un cas où, aux termes de l'art. 636, le tribunal de commerce n'est pas absolument incompétent, une partie s'y est laissée condamner par défaut, elle ne peut, sur appel, proposer l'incompétence du premier juge, encore bien qu'elle l'ait soutenue dans les écritures du procès; elle devait revenir, par opposition, contre le jugement et le faire révoquer comme incompétemment rendu. — 4e, 2 janvier 1815, *Blouet.*

55. — Il en est bien différemment de

COMPÉTENCE COMMERCIALE,
ART. 1.

l'incompétence à raison de la matière, laquelle peut être proposée en tout état de cause, et même sur appel. — 4e, 4 mars 1818, *Henry;* — 4e, 20 janvier 1820, *Loret;* — 4e, 17 mars 1823, *Legorgeu;* — 4e, 31 janvier 1826, *Foubert de Laize.* — C. R. 5, 185. — 4e, 7 janvier 1827, *Mahoust;* — 4e, 4 mars 1840, *Lepetit.* — R. P. 4, 56.

56. — Ainsi jugé, en ce qui concerne les lettres de change, par les arrêts *Legorgeu* et *Foubert de Laize*, que les tribunaux de commerce sont frappés d'une incompétence absolue de connaître des difficultés qui s'élèvent à l'occasion d'une lettre de change, n'indiquant pas la nature de la valeur fournie, et que cette incompétence peut être proposée pour la première fois sur appel.

57. — Une telle lettre, en effet, non-seulement n'est point une lettre de change, puisque l'énonciation de la valeur fournie est une condition essentielle à son existence (art. 110 C. comm.), mais elle ne peut même être considérée comme *simple promesse*, puisque l'art. 112 ne fait dégénérer en simple promesse que les lettres de change contenant supposition, soit de nom, soit de qualité, soit de domicile, soit de lieu, et qu'ici il n'y a aucune supposition. La juridiction civile est donc seule compétente pour connaître d'un tel acte, à moins cependant qu'il ne soit souscrit par deux négociants. — 4e, 27 mai 1823, *Lemercier* et les arrêts précédents.

58. — Lorsque la lettre de change ne constitue qu'une simple promesse, le

COMPÉTENCE COMMERCIALE,
ART. 1.

défendeur ne peut être admis à décliner la juridiction civile, pour être traduit devant la juridiction commerciale. — 4ᵉ, 10 juillet 1821, *Lemignon*.

59.—Lorsqu'aux termes de l'art. 637 C. com., le tribunal de commerce connaît de lettres de change, réputées simples promesses, ou de billets à ordre n'ayant point pour objet des opérations commerciales, et souscrits tout à la fois par des commerçants et des non-commerçants, il ne peut prononcer ni la contrainte par corps, ni des intérêts au-dessus de cinq pour cent contre les non-commerçants. — 2ᵉ, 27 août 1808, *Jajolet* ; — 4ᵉ, 11 janvier 1813, *Douesnel* ; — 4ᵉ, 18 août 1814, *Lehéricy* ; — 4ᵉ, 27 décembre 1814, *Carvel* ; — 1ʳᵉ, 14 janvier 1815, *Kimaengin* ; — 4ᵇ, 5 juin 1816, *Aporel* ; — 4ᵉ, 21 août 1816, *Marette* ; — 4ᵉ, 25 avril 1817, *Bechet;* — 4ᵉ, 3 juillet 1817, *Lempérière*.

60. — Ils ne le peuvent lors même que la contrainte par corps eût été stipulée pour la créance formant l'objet de la condamnation, et qu'elle eût pu être prononcée par les tribunaux civils. — 4ᵉ, 9 avril 1837, *Lahaie*. — R. P. 1, 694.

61. — Du reste, il faut remarquer que « on ne peut exiger du porteur d'un acte régulier, qu'il produise d'autres documents à l'appui de cet acte. C'est à ceux qui prétendent l'attaquer à fournir leurs moyens et à les appuyer de pièces justificatives. » — 4ᵉ, 10 juillet 1827, *Bourge*.

COMPÉTENCE COMMERCIALE,
ART. 1.

§. VI. — *Actions en matière de billets à ordre*.

62. — Avant le Code de commerce, les billets à ordre souscrits par un commerçant, pour toute autre cause que pour opérations de commerce, trafic, change, banque et courtage, n'étaient point soumises à la juridiction commerciale. — 1ʳᵉ, 21 thermidor an XI, *Gillet*.

63. — Le tribunal de commerce est incompétent de connaître d'un billet à ordre n'énonçant pas *la valeur reçue*, si ce billet est souscrit par des non-commerçants. — 4ᵉ, 6 mai 1813, *Ridel*.

64. — ... Et cette incompétence étant, dans ce cas, à raison de la matière, peut être proposée en tout état de cause et même, pour la première fois, sur appel. — 4ᵉ, 20 novembre 1839, *Lecomte*. —R. P. 3, 412.

V. au paragraphe précédent les arrêts qui décident la même chose, relativement aux lettres de change.

65. — Lorsqu'un billet à ordre porte à la fois des signatures de commerçants et de non-commerçants, le tribunal de commerce est compétent pour en connaître, et le déclinatoire proposé par le non-commerçant doit être rejeté. — 10 août 1815, *Lemière*. — S. 16, 2, 363. — 4ᵉ, 29 mars 1831, *Morière*.

66. — Bien plus, le billet souscrit par un non-commerçant à un non-commerçant devient du ressort de la juridiction commerciale, s'il est négocié à un commerçant. — 4ᵉ, 5 juin 1821, *Bavant* ; — 4ᵉ, 28 août 1823, *Robillard*.

COMPÉTENCE COMMERCIALE,
ART. 1.

67. — Le souscripteur ne peut même décliner la juridiction commerciale, sous le prétexte que le commerçant auquel le billet a été endossé a négligé de faire protester ce billet à son échéance. — 4e, 5 juin 1821, *Bavant.*

68. — Est au contraire de la compétence du tribunal civil, les contestations qui s'élèvent relativement à un billet souscrit, pour causes non-commerciales, par un non-commerçant, au profit d'un commerçant, encore bien que celui-ci l'ait transmis à des tiers, si lors de l'action le billet est rentré dans ses mains, et si c'est lui qui dirige les poursuites.— 4e, 19 novembre 1833, *Lenfant.* — *Ità*, 1re, 21 thermidor an XI, *Fleury.*

69. — A plus forte raison en est-il ainsi si le billet a été souscrit par une femme non marchande publique. — 2e, 13 pluviôse, an XIII, *Lozon.*

70. — Jugé même qu'un billet à ordre souscrit par un commerçant au profit d'un autre commerçant, pour cause étrangère au commerce *et non négocié*, ne peut donner lieu à une action devant le tribunal de commerce. — 4e, 9 juin 1824, *Lanoe.*

71. — Mais si ce billet est négocié, il devient soumis à la juridiction commerciale, lors même que le souscripteur ne serait pas commerçant. Le seul avantage que le souscripteur puisse tirer, dans ce cas, de la circonstance qu'il n'est pas marchand, et que son engagement procède d'une opération étrangère au commerce, est de ne pouvoir être condamné par corps. (Art. 637 C.

COMPÉTENCE COMMERCIALE,
ART. 1.

comm.). — 4e, 18 août 1814, *Lehericy.* — C. R. 7, 235.

72. — « Lorsqu'un commerçant a donné pour cause à un billet à lui souscrit par un autre commerçant, *un prêt à lui fait pour son besoin*, on doit présumer que ce besoin était celui de son commerce, » et, en conséquence, les difficultés qui s'élèvent relativement à ce billet, doivent, même au respect d'un non-commerçant donneur d'aval, être portées devant les tribunaux civils.— 4e, 13 janvier 1823, *Fontaine.*

73. — « De ce que l'art. 638, C. comm. déclare que les billets souscrits par un commerçant sont censés faits pour son commerce, lorsqu'aucune autre cause n'y sera énoncée, il ne résulte pas qu'un prêt fait, sans billet, à un commerçant ne puisse être de la compétence des tribunaux de commerce. Seulement, dans ce cas, le commerçant pourrait établir que le prêt aurait eu une autre cause que des opérations commerciales, tandis que lorsqu'il y a billet souscrit par le commerçant, sans que la cause du prêt soit exprimée, la présomption de la loi lui enlève la faculté de proposer, pour décliner la compétence, que le prêt à lui fait n'avait point pour cause une opération commerciale. » — 4e, 12 janvier 1820, *Piquot.*

74. — De cette même disposition de l'art. 638, on ne peut induire que les tiers non-commerçants, porteurs de billets *valeur reçue*, soient assujétis à traduire leur débiteur devant le tribunal de commerce. « Cette disposition ne ren-

fermant qu'une présomption légale, introduite uniquement dans l'intérêt des tiers, ne doit point interdire à ceux-ci le droit de traduire leur débiteur devant les tribunaux ordinaires. » — 1re, 9 juin 1823, *Crespin*.

Voir le numéro dernier du paragraphe précédent.

75. — Le billet à domicile, payable au porteur, s'il n'est souscrit, ni pour acte de commerce, ni entre commerçants, est de la compétence des tribunaux civils. — 2e, 29 mai 1823, *Lapougarde*.

76. — On peut cependant induire le contraire de l'arrêt 4e, 14 août 1827, *Thouret*, puisqu'il décide qu'il y a opération de change, soumise à la juridiction commerciale, dans une lettre tirée de . . . . , pour valeur remise par le tireur à l'accepteur, qui s'oblige rembourser le tireur dans un autre lieu.

77. — Peu importe, dans ce cas que le tireur ait ensuite transporté sa créance à un tiers, habitant le lieu où elle était payable. — Il suffit qu'il y ait opération de change entre le tireur et l'accepteur, pour que le cessionnaire du premier puisse agir contre l'accepteur, comme l'eût fait le cédant lui-même. — *m. arr.* 4e, 14 août 1827, *Thouret;* — 2e, 17 décembre 1808, *Guilbert*. — Rej. S. 10 , 1, 289.

Voyez encore, sur cette matière des billets à ordre, les mots *acte de commerce*, paragraphe III, et *effets de commerce*, ART. 2.

§. VII. — *Actions en matière de faillite.*

78. — Le tribunal de commerce est seul compétent pour fixer l'ouverture d'une faillite. — Est nulle la convention qui attribuerait ce droit au tribunal d'arrondissement.—2e, 17 avril 1817, *Launay.*

79. — Lorsqu'il s'est agi de faillites antérieures au Code de commerce, les tribunaux civils n'ont pu en fixer l'ouverture ou en déclarer l'existence, incidemment aux questions dont ils étaient saisis. — 4e, 11 août 1812, *Préville;* — — 1re, 22 juin 1813, *Asselin.*

80. — Le tribunal de commerce, saisi d'une opposition à un jugement déclaratif de faillite par lui rendu, est compétent pour décider si le débiteur a été ou non relevé de son état de faillite par un traité passé entre lui et ses créanciers, avant le jugement déclaratif de faillite. — 30 juin 1830, *Lavasserie.* — Rej. S. 32, 1, 31.

81. — Les difficultés relatives à l'interprétation d'un concordat ou au point de savoir à quelles personnes il s'applique, sont de la compétence des tribunaux de commerce. — 1re, 4 décembre 1810, *Decrès.*

82. — Le tribunal de commerce peut rapporter l'ordonnance du juge-commissaire à la faillite.—1re, 18 décembre 1814, *Burnel.*

83. — La régie des douanes, qui critique le compte présenté par le syndic des créanciers à une faillite, ne peut in-

COMPÉTENCE COMMERCIALE,
ART. 1.

tenter son action que devant le tribunal de commerce, encore bien qu'il s'agisse de savoir quelles retenues le syndic peut faire, au préjudice de la régie, pour honoraires et frais. — 4ᵉ, 18 août 1819, *la régie des douanes.*

84. — L'action intentée par le syndic d'une faillite pour faire rappporter à la masse des objets mobiliers ayant appartenu au failli, et qu'un tiers prétend lui avoir été donnés en paiement, peu de temps avant l'ouverture de la faillite, est de la compétence des tribunaux de commerce. — L'action peut être portée devant le tribunal de la faillitte. — 4ᵉ, 13 juin 1838, *Prevost.* — R. P. 2, 214.

85. — Les tribunaux de commerce connaissent des comptes que doivent les syndics d'une faillite. — 2ᵉ, 4 août 1809, *Lemoine.*

86. — Mais ils ne peuvent connaître de l'action en reddition de compte, formée par les créanciers, contre les syndics qu'ils ont nommés pour surveiller l'exécution du concordat passé avec le failli. On ne peut assimiler ces syndics aux syndics de l'union, dont les fonctions sont déterminées par le Code de commerce ; il n'existe entre eux et les créanciers d'autres rapports que les rapports ordinaires entre mandant et mandataire ; en conséquence, ces syndics ne sont point justiciables du tribunal de commerce, pour les actes d'exécution de leur mandat. — 4ᵉ, 7 août 1819, *Guesdon.*

87. — Le tribunal de commerce est compétent de connaître des billets souscrits par le failli, pour reliquat des

comptes de gestion des syndics. — 4ᵉ, 2 avril 1827, *Maizel.*

88. — Est considéré comme purement civile, et conséquemment en dehors de la juridiction commerciale, l'action de la veuve d'un commerçant pour le recouvrement de ses droits et reprises matrimoniales. — 4ᵉ, 17 juillet 1820, *Dumoulin.*

89. — N'est pas non plus de la compétence du tribunal de commerce, une demande en répétition formée au nom d'une faillite contre un tiers non-commerçant. — 4ᵉ, 16 juin 1835, *Cousin Despréaux.*

90. — *Cession de biens.* — Avant, comme depuis le Code de procédure et de commerce, les tribunaux de commerce ne connaissaient pas du bénéfice de cession. — 1ʳᵉ, 25 août 1807, *Fonillet.*

91. — « Le tribunal de commerce et le tribunal civil ont une autorité égale et parallèle ; ils peuvent concurremment porter des décisions que la loi leur fournit. »

Ainsi, d'une part, la demande en cession, formée devant le tribunal civil ne peut arrêter les opérations du tribunal de commerce, relativement à la dénonciation en faillite dont ce dernier tribunal est saisi ; d'un autre côté, le tribunal civil ne doit point surseoir à statuer sur la demande en cession, jusqu'à ce que le tribunal de commerce ait rendu son jugement. — 1ʳᵉ, 12 mai 1813, *Gassion.*

92. — Ainsi encore, en vertu du même principe, l'ordonnance de la chambre du

COMPÉTENCE COMMERCIALE,
ART. 1.

conseil, portant qu'il n'y a pas lieu à poursuites ultérieures contre un débiteur failli, ne peut, en aucune manière, arrêter l'exécution du jugement du tribunal de commerce, portant que le débiteur sera mis en dépôt dans une maison d'arrêt. — 1re, 15 février 1813, *Deschamps.*

93. — *Vérification de créances.* — Les contestations relatives à la vérification et liquidation des créances, sont exclusivement dévolues au tribunal de commerce; l'incompétence du tribunal civil, à cet égard, peut être proposée pour la première fois sur appel. — 1re, 14 mars 1810, *Germaine.*

§. VIII. — *Matières placées hors de la compétence des tribunaux de commerce.*

94. — « Les tribunaux de commerce sont des tribunaux d'exception qui n'ont de juridiction que celle qui leur est attribuée par les lois. » — 4e, 13 avril 1813, *Manson.*

95. — Hors de là, ils sont incompétents; on ne peut, en pareille matière, invoquer les analogies. Ainsi, par exemple, « de ce que la loi répute acte de commerce certains engagements dans lesquels les parties ne traitent que de leur industrie, ce n'est pas une raison pour que, toutes les fois qu'il se trouve un trafic d'industrie analogue, la connaissance en soit attribuée aux tribunaux de commerce. Il faut raisonner, dans ce cas, par l'argument *à contrario*, et non par l'argument *à pari.* » — 1re, 1er août 1821, *Fortin.*

V. *Acte de commerce*, ART. 2, §. II.

COMPÉTENCE COMMERCIALE,
ART. 1.

96. — Les questions qui s'élèvent entre associés, même pour une société de jeux de hasard, sont en dehors de la juridiction commerciale. — 4e, 8 mars 1816, *Bignot.*

97. — L'incompétence des tribunaux de commerce, pour juger ces sortes de questions, étant absolue, peut être proposée en tout état de cause et même sur appel.

V. Au mot *arbitrage*, §. I, les nombreuses décisions qui consacrent ce point.

98. — Le tribunal de commerce est également incompétent, *ratione materiæ*, de connaître des ventes que fait un cultivateur de chevaux qu'il a élevés. — 4e, 4 mars 1818, *Henry*; — 1re, 24 juillet 1819, *Mauger.*

Voyez pour la solution de questions analogues, les mots *Acte de commerce*, ART. 2, §. I, et *commerçant*, §. I.

99. — Les tribunaux de commerce sont incompétents de connaître des contestations relatives à un impôt entre le fermier et son rétrocessionnaire. — 4e, 29 janvier 1817, *Legraverend.*

100. — Ils ne peuvent ordonner des vérifications d'écritures. — 4e, 19 juin 1816, *Vivier.*

101. — Jugé cependant que l'art. 195 C. pr. n'étant point conçu en termes impératifs, mais en termes facultatifs, si un tribunal de commerce peut, sans procédure en vérification, s'assurer de la vérité d'une pièce, il peut faire droit sur l'action. — 1re, 26 juin 1816, *Pinot.*

102. — Jugé également que « l'art.

COMPÉTENCE COMMERCIALE,
ART. 1.

427 C. pr. ne peut être entendu en ce sens que les tribunaux de commerce soient impérativement tenus de renvoyer devant d'autres juges, toutes les fois qu'une pièce produite est méconnue ou arguée de faux, ce qui donnerait lieu à de graves abus ; il est plus dans l'esprit de la loi de leur laisser le droit d'examiner si les moyens proposés sont fondés, et de prononcer sur la demande principale, selon qu'ils le trouvent convenable. » — 4e, 8 juin 1824, *Bréard*.

103. — L'interrogatoire sur faits et articles, tendant à obtenir l'aveu de la partie sur le fait allégué est un moyen de défense essentiel à la cause. Le tribunal de commerce ne peut en refuser l'admission, si elle lui est demandée. L'art. 324 C. pr., qui statue à cet égard, s'applique aux matières commerciales comme aux matières civiles. — 4e, 23 mars 1812, *Jeanne*.

104. — Les tribunaux de commerce peuvent aussi connaître incidemment des questions d'imputation de paiement. 4e, 12 juin 1818, *Boutrais*.

105. — Ils sont, en général, compétents de connaître, dans les affaires qui leur sont soumises, de toutes les exceptions proposées par l'un des signataires d'une lettre de change, soit pour échapper à toute condamnation, soit pour que la condamnation ne porte que sur ses biens. — *Spécialement*, ils peuvent connaître de l'exception de minorité proposée par un des signataires. — 4e, 12 juillet 1836, *Cabart Danneville*. — R. P. 3, 341.

COMPÉTENCE COMMERCIALE,
ART. 1.

106. — Jugé cependant que lorsque les parties ne sont pas commerçantes, les tribunaux de commerce ne peuvent connaître des exceptions de compensation opposées au paiement d'une lettre de change. — 4e, 17 novembre 1812, *Dupond*.

107. — .... Qu'ils sont également incompétents de connaître des exceptions de dol ou de violence qui leur sont proposées. — 4e, 13 avril 1813, *Manson*.

108. — .... Que c'est devant les tribunaux civils que doivent être portées les questions d'abus de blanc-seing, encore qu'elles s'élèvent à l'occasion d'une instance commerciale. — 2e, 16 janvier 1822, *Claude*.

109. — L'art. 181 C. pr., qui donne la faculté d'appeler le garant devant le même tribunal que le garanti, s'applique aux tribunaux de commerce, comme aux tribunaux civils. — 4e, 14 octobre 1816, *De Villeraux*.

110. — Jugé, d'après ce principe, qu'en cas de vente de marchandises suivie de revente sérieuse, le premier vendeur peut être appelé, par voie de garantie, devant le tribunal du premier acheteur, à la requête de celui-ci.—1re, 9 juillet 1810, *De Lahaye*.

111. — Ainsi encore, est de la compétence du tribunal de commerce l'action intentée contre un tiers, qui s'est rendu garant qu'un syndic d'une faillite ne serait pas inquiété pour raison de sa gestion. — 4e, 12 mai 1829, *Brière*.

112. — Toutefois, on ne peut appeler

COMPÉTENCE COMMERCIALE,
ART. 1.

en garantie, devant un tribunal de commerce, une personne qui n'est pas commerçante, si elle n'a ni signé, ni figuré en nom aux actes qui lui sont opposés. 4ᵉ, 15 mai 1838, *Lethiers*. — *R. P.* 2, 226.

113. — Jugé dans le même sens que le non-commerçant qui s'est rendu caution d'une obligation, même commerciale, n'est pas justiciable des tribunaux de commerce.—1ʳᵉ, 19 novembre 1809, *Rousseau*.

114. — ...Ou au moins le tribunal de commerce n'est-il pas compétent de décider s'il s'est ou non rendu caution.— 1ʳᵉ, 9 mars 1812, *Cosnard*.

115. — *Contrà*, s'il est justifié qu'un non-commerçant se soit rendu caution d'un prêt fait pour cause de commerce, par un commerçant à un commerçant, le tribunal de commerce est compétent pour prononcer condamnation contre le non-commerçant. — 4ᵉ, 23 juin 1818, *Ruel*.

113. — Toutefois, il n'en peut être ainsi que dans le cas où la caution est attaquée avec le principal obligé. Celui-ci, une fois condamné, la caution non-commerçante ne peut plus être traduite devant la juridiction commerciale. — 4ᵉ, 15 juillet 1828, *Bœuf*.

117. — Le cautionnement donné par un commerçant (un boulanger dans l'espèce), « mais qui n'est pas le résultat d'un acte de commerce, à raison de son état, est un pur engagement civil, qui ne soumet son auteur ni à la contrainte par corps, ni à la juridiction commerciale. »—4ᵉ, 7 février 1814, *Mulois*.

COMPÉTENCE COMMERCIALE,
ART. 1.

118.—Les tribunaux de commerce ne peuvent ordonner le réassigné des parties défaillantes. L'art. 153 C. pr. n'est pas applicable à leur juridiction. — 2ᵉ, 15 décembre 1810, *Faboulet*.

119. — Avant le Code de procédure, les tribunaux de commerce connaissaient de l'exécution forcée de leurs jugements. — 1ʳᵉ, 9 février 1808, *Deloy*.

120. — Aujourd'hui, ils ne peuvent connaître, ni des exécutions faites en vertu de leurs jugements et arguées de nullité, sous prétexte que l'expédition des jugements n'était pas régulière. — 4ᵉ, 13 janvier 1812, *Bazire*.

121. — ... Ni du point de savoir si les causes en ont été acquittées. — 4ᵉ, 28 janvier 1812, *Chancerel*.

122. — ... Ni de l'exécution des jugements qui homologuent un concordat.— 4ᵉ, 28 octobre 1824, *Chevreuil*.

123. — Jugé, toutefois, qu'ils sont compétents de connaître de la réception des cautions à donner pour l'exécution provisoire de leurs jugements. — 4ᵉ, 25 août 1828, *Mauger*.

124. — ... Ainsi que de statuer sur les demandes en dommages-intérêts fondées sur le retard dans l'exécution de leurs jugements. — 4ᵉ, 14 janvier 1839, *Taffu*. — *R. P.* 2, 682.

125. — Les tribunaux de commerce sont incompétents de connaître des demandes formées par les officiers ministériels pour le paiement de leurs frais. — 4ᵉ, 13 février 1832, *Moulinet*.

126. — ... Même de ceux résultant de

COMPÉTENCE COMMERCIALE,
ART. 2.

la mise à exécution de leurs jugements.
— 2ᵉ, 16 août 1811, *Varin*.

127. — Ils sont également incompétents de connaître des demandes en déclaration formées contre des tiers saisis,
même en vertu de leurs jugements.—2ᵉ,
28 février 1806, *Gorges*.

128.—... Ou des demandes en mainlevée de saisies, même exercées provisoirement, en vertu d'ordonnance du
président du tribunal de commerce. —
4ᵉ, 16 novembre 1820, *De Lacarte*.

129. — Toutefois, l'action en validité
d'une saisie-arrêt, ne fait pas obstacle à
ce que le demandeur assigne au fond,
devant le tribunal de commerce, pour
obtenir condamnation de sa créance. —
1ʳᵉ, 31 janvier 1825, *Paysant*.

130. — Ils sont compétents de connaître de l'interprétation de leurs jugements, les art. 442 et 553 C. pr. n'ayant
trait qu'à l'exécution forcée. — 2ᵉ, 13
juillet 1819, *Chancerel;* — 4ᵉ, 17 mai
1826, *Danjon.* — C. R. 6, 324.

ART. 2. — COMPÉTENCE TERRITORIALE.

131. — La question de savoir si un
concordat a été ou non résilié peut être
incidemment résolue par un tribunal autre que celui qui a homologué le concordat. — 4ᵉ, 1ᵉʳ, juillet 1818, *Hervieu*.

132. — C'est devant le juge du lieu où
une société est établie que doit se porter
l'action relative au point de savoir si
tel individu est ou non associé. — 4ᵉ, 2
mars 1835, *De Gonreux*.

133. — Est compétent de connaître

COMPÉTENCE COMMERCIALE,
ART. 2.

des contestations relatives à une vente
commerciale, le tribunal de commerce
du lieu où la promesse a été faite et la
marchandise livrée. (Ordon. de 1673,
tit. II, art. 17.) Mais la marchandise
n'est pas réputée livrée au domicile du
vendeur, si celui-ci s'est engagé de l'expédier à l'acheteur. — Dans ce cas, les
marchandises sont réputées être restées
aux risques de l'expéditeur jusqu'à ce
qu'elles soient arrivées à leur destination ; les art. 100 C. com. et 1608 C. civ.,
ne détruisent pas ces présomptions. —
4ᵉ, 12 avril 1813, *Pernel*.

134. — Mais à partir du lieu où les
marchandises voyagent aux risques et
périls de l'acheteur, elles sont réputées
livrées à celui-ci, encore que le vendeur
en fasse faire la conduite. — 4ᵉ, 3 avril
1821, *Gandon*.

135. — Dans l'usage du commerce,
la remise de lettres de change, équivalant à un paiement réel, le tribunal de
commerce, dans l'arrondissement duquel
la lettre de change a été faite, est compétent de connaître des contestations
qui s'élèvent à son égard. — 4ᵉ, 19 nov.
1816, *De Croiselles*.

136. — L'art. 420 C. pr. civ. qui, en
matière commerciale, autorise à assigner le défendeur devant le tribunal
dans l'arrondissement duquel le paiement *devait être effectué*, s'applique également au cas où le prix a été payé
avant toute poursuite, il suffit que l'action naisse de la convention même. —
Spécialement, il en est ainsi lorsqu'il
s'agit de faire prononcer la nullité ou

COMPÉTENCE COMMERCIALE,
ART. 2.

résiliation de la vente, et d'obtenir la restitution du prix. — 4ᵉ, 5 mai 1840, *Masseau-Gigon*. — R. P. 4, 161.

137. — Les receveurs de deniers publics peuvent aussi, aux termes de l'art. 420 C. pr., être assignés au lieu d'où est daté le billet qu'ils ont souscrit ; on considère l'argent comme étant une marchandise livrée. — 4ᵉ, 18 juillet 1814, *Guirand*.

138. — Des étrangers eux-mêmes peuvent être jugés en France pour spéculations de commerce, à raison desquelles il y aurait soit livraison de marchandises en France, soit paiement de leur prix, encore qu'aucun Français n'y soit intéressé. (Art. 420 C. pr.) — 2ᵉ, 6 mai 1819, *Blombery*.

139. — De même, l'étranger qui souscrit ou accepte un effet de commerce négociable, se soumet par-là à la juridiction du tiers-porteur de cet effet, de la même manière que s'il eût contracté directement avec lui. Si donc le tiers-porteur est un Français, l'étranger peut être traduit devant les tribunaux français. — 1ʳᵉ, 12 janvier 1832, *Bloqué*.

140. — Le tribunal du lieu où la marchandise est déposée par le voiturier, n'est pas compétent de connaître des difficultés qui s'élèvent entre le destinataire et le voiturier, encore bien que les formalités prescrites par l'art. 106 C. com., doivent être nécessairement accomplies au lieu où la marchandise se trouve actuellement déposée. C'est l'art. 420 C. pr. qui doit être observé. — 4ᵉ, 28 janvier 1829, *Masselin*. — C. R. 11, 339.

COMPÉTENCE COMMERCIALE,
ART. 2.

141. — Les contestations relatives aux marchés faits dans les foires peuvent être portées, durant la durée desdites foires, devant le tribunal du lieu où elles se tiennent, et l'assignation est valablement signifiée à la loge de l'ajourné. — 2ᵉ, 28 février 1806, *Leguerney*.

V. Actes de commerce, commerçants, effets de commerce, faillite.

TABLE SOMMAIRE.

COMPTE, §. I.

COMPTE.

§. I. — *Quelles personnes doivent rendre compte, et dans quels cas.*

§. II. — *Révision du compte.*

§. III. — *Effets de la reddition de compte.*

§. I. — *Quelles personnes doivent rendre compte, et dans quels cas.*

1. — Tant que le mandataire a des saisies-arrêt entre les mains, il ne peut être mis en demeure de rendre ses comptes, et ne doit aucuns intérêts des sommes dont il est détenteur. — 4e, 25 avril 1814, *Roux.*

2. — La sévérité du compte exigé du mandataire doit varier selon les circonstances, et principalement d'après les relations qui ont existé entre lui et le mandant. — Ainsi et *spécialement*, l'administration des affaires d'une veuve, entreprise par son beau-fils, doit être considérée comme une gestion toute de confiance qui ne peut assujettir le mandataire à justifier strictement chaque acte de sa comptabilité. Ce sont plutôt les suggestions de l'équité qu'il faut suivre en ce cas que les règles du droit sur le mandat. — 2e, 27 juin 1832, *Fossey.*

3. — Le domestique qui a reçu procuration de son maître pour expédier des quittances aux débiteurs, peut être dispensé de rendre compte aux héritiers, lorsque les sommes, bien que reçues par lui, n'en restaient pas moins à la disposition du maître, alors surtout que celui-ci, à raison de l'exiguité de sa fortune, peut être présumé les avoir entiè-

COMPTE, §. II.

rement dépensées pour sa subsistance. — 2e, 6 août 1831, *Leseney.*

§. II. — *Révision du compte.*

4. — Encore bien que dans un arrêté de compte il ait été dit que toutes les pièces qui avaient servi de base à l'opération ont été détruites, l'une des parties n'en est pas moins recevable à demander la rectification que contient ce compte. — 2e, 19 germinal an x, *Parisse ;* — 4e, 11 février 1819, *Grusse.*

5. — Si l'arrêté de compte fait entre commerçants ne contient pas le détail des opérations, les tribunaux peuvent, sur la demande de l'une des parties, ordonner la confection d'un nouveau compte. — 4e, 27 mars 1812, *Baudry.*

6. — Cependant, si les actes qui ont servi de base à l'arrêté de compte ont été remis, un nouveau compte ne peut être ordonné, bien que celui qui a été fait ne contienne aucun détail des opérations. — 4e, 20 avril 1812, *Méry.*

7. — La demande en rectification ne peut porter sur des articles admis en connaissance de cause. — 4e, 13 déc. 1830, *Levaufre ;* — Ità. 1re, 4 mai 1813, *Warnery.*

8. — Dès avant le Code de procédure, les demandes en rectification de compte étaient portées devant les juges qui avaient appuré le compte. — 1re, 27 frimaire an xiv, *Longuet.*

9. — L'art. 541 C. pr. ne s'applique qu'en cas où l'on voudrait faire rectifier, par la voie de l'appel, quelques erreurs de calcul ou quelques omissions de fait

21

du premier juge, mais il ne met nullement obstacle à ce que, sur l'appel du
jugement de première instance, on présente de nouvelles pièces ou de nouvelles demandes soit en rectification, soit
en omission. Ces nouvelles demandes,
en effet, sont, aux termes de l'art. 464
du même Code, considérées comme défenses à l'action principale.—2ᵉ, 28 juillet 1821, *Dupont ;* ---4ᵉ, 27 déc. 1827,
Gilles.

10. — Lorsque, par suite d'un défaut
de report à la balance générale d'un
compte, une erreur s'est glissée dans le
jugement de liquidation, c'est, aux termes de l'art. 541. C. pr., devant les
mêmes juges que l'action en révision
doit être portée, lors même que le dispositif ne contiendrait que la fixation du
reliquat, sans rappeler les éléments du
compte discutés dans les motifs du jugement. — 2ᵉ, 29 août 1838, *Lemaitre.* —
R. P. 2, 567.

11. — Autre chose est l'action en
compte, autre chose est l'action en rectification; l'une ne peut sur appel être
transformée en l'autre. — 2ᵉ, 7 février
1829, *Guesmel.*

§. III. — *Effets de la reddition de compte.*

12. — Lorsque plusieurs chefs se trouvent portés dans une comptabilité, on
ne peut exiger le paiement de l'un avant
que tous n'aient été liquidés. — 1ʳᵉ, 16
nivôse an XII, *Legrip.*

13. — Mais encore bien que des parties soient en instance pour l'appure-
ment d'un compte, le comptable peut,
par une demande particulière, réclamer

les sommes dont depuis la fin de sa gestion il est devenu créancier sur l'oyant
compte. Il n'y a pas lieu de lui opposer
en compensation les sommes dont, par
suite du compte, il peut être débiteur. —
2ᵉ, 6 février 1813, *Leblastier.*

14. — Deux négociants peuvent valablement convenir de faire entrer dans
leur compte courant, les sommes qu'ils
se doivent pour des causes étrangères
au commerce. — 4ᵉ, 23 déc. 1835, *Buhotel.*

15. — Le résultat d'une telle convention est de faire prendre aux créances civiles portées au compte, la nature de
créances commerciales et de leur en faire
produire les effets. — *m. arr.*

16. — Lorsque, dans un compte présenté par l'une des parties, plusieurs articles ont été alloués, il se forme un contrat judiciaire qui ne permet plus de
contester les sommes admises. — 4ᵉ, 29
avril 1840, *Vigier.* — R. P. 4, 197.

17. — « L'arrêté de compte, portant
fixation et reconnaissance de fermages
échus, arrête le cours de la prescription
de cinq ans, relativement à ces mêmes
fermages, et forme un titre qui désormais ne peut plus être atteint que par la
prescription de trente ans. » — 2ᵉ, 11
juin 1836, *Guérin,* R. P. 2, 381. — 4ᵉ,
13 mars 1835, *Cabart D'Anneville.*

18. — L'arrêté de compte pour fermages fait par l'un des codébiteurs solidaires, dans un acte sous-seing privé, produit tous ses effets contre les autres codébiteurs solidaires, quoiqu'il n'eût acquis date certaine par aucun des moyens
indiqués par l'art. 1328 du Code civil,
avant l'expiration des cinq années né-

COMPULSOIRE.

cessaires pour la prescription de la dette primitive. — *m. arr.*

V. Appel, commerçant, commissionnaire, mandat.

TABLE SOMMAIRE.

COMPTE COURANT.
V. Compte.

COMPTE DE TUTELLE.
V. Tutelle.

COMPUTATION DE DÉLAI.
V. Délai.

COMPULSOIRE.

Les tribunaux de commerce peuvent,

CONCILIATION, §. I.

selon les circonstances, ordonner que le répertoire d'un notaire sera compulsé pour statuer s'il est possesseur ou non d'un acte. — 4e, 11 juillet 1820, *Marie.*

Les tribunaux ne peuvent autoriser le compulsoire général des livres d'un commerçant, sous prétexte qu'ils doivent contenir des renseignements relatifs à un compte à faire, lorsque surtout les articles à vérifier ne sont pas précisés. — 4e, 10 avril 1827, *Brouard.* C. R. 8, 92.

Ainsi encore, on a refusé à un tiers le droit de faire compulser par un magistrat les titres d'une faillite, à l'effet de reconnaître s'il existe pour ce tiers des titres de créance ou de libération. — 1re, 10 août 1830, *Legenvre.*

Une partie peut être autorisée à compulser dans les dépôts publics, pour se procurer copie d'un acte. — 2e, 18 février 1815, *Barrau.*

CONCERT FRAUDULEUX.
V. Fraude.

CONCESSION.
V. Compétence administrative, communes, domaines, eaux, usines.

CONCILIATION.
(C. pr., 1re part., liv. II, tit. I.)

§. I. — *Cas dans lesquels le préliminaire de la conciliation est nécessaire.*

§. II. — *Des formes et des effets du préliminaire de la conciliation ou de son omission.*

§. I. — *Cas dans lesquels le préliminaire de la conciliation est nécessaire.*

1. — N'est pas assujettie au prélimi-

CONCILIATION, §. 1.

naire de la conciliation, la demande en rachat d'une rente formée *incidemment* à une demande en paiement d'arrérages. — 1re, 7 novembre 1818, *Chrétien*.

2. — L'action en résiliation peut aussi être formée accessoirement à une demande en paiement des arrérages d'une rente foncière, sans qu'il soit besoin du préliminaire de la conciliation. — 1re, 3 décembre 1826, *Hettier*.

3. — Sont encore dispensées du préliminaire de la conciliation :

.... Les demandes en intervention et les mises en cause. — 1re, 18 thermidor an XIII, *Dauchin;* — 2e, 26 juillet 1811, *Dutrône;* — 2e, 15 janvier 1816, *Quéron*.

4. — .... L'action en parachèvement de bornage ; cette action requérant célérité. — 2e, 23 avril 1829, *Bessin*.

5. — .... L'action intentée en vertu d'ordonnance sur requête, autorisant à assigner à bref délai, pour faire déclarer nul un acte qui met obstacle à une saisie immobilière. — 1re, 27 juin 1815, *Mardegot*.

6. — .... La demande qui, en ayant pour but l'anéantissement d'un titre, tend aussi à empêcher une saisie. — 2e, 2 juin 1815, *Cavelier*.

7. — Les demandes en mainlevée d'inscriptions hypothécaires doivent être précédées, à peine de nullité, du préliminaire de la conciliation. — 4e, 13 novembre 1839, *Bidel*. — R. P. 3, 395.

8. — « La disposition de l'art. 49 C. pr. qui dispense du préliminaire de la

CONCILIATION, §. II.

conciliation les actions intentées contre plus de deux parties, est indépendante de leurs qualités ou de leur intérêt commun ou différent, même de la mention faite ou omise, dans l'assignation donnée à chacun, que pareille assignation est donnée à d'autres parties. » — 2e, 24 août 1822, *Cottun*.

9. — Jugé cependant que, pour que les demandes formées contre plus de deux parties, soient dispensées du préliminaire de la conciliation, il faut que ces mêmes parties n'aient pas des intérêts distincts et susceptibles de transactions individuelles. — 4e, 13 novembre 1839, *Bidel*. — R. P. 3, 395.

10. — Le mari et la femme forment deux parties distinctes, sous le rapport de la dispense de l'essai de conciliation. — 2e, 15 janvier 1816, *Quéron*.

§. II. — *Des formes et des effets du préliminaire de la conciliation ou de son omission.*

11. — Le préliminaire de la conciliation est valablement accompli si un tiers se présente, pour le demander, devant le juge de paix, encore bien qu'il ne soit muni d'aucune procuration écrite. — 2e, 24 juillet 1817, *Lefevre*.

12. — La tentative de conciliation préalablement essayée dans une cause qui en est dispensée par la loi, ne vicie pas de nullité la procédure faite devant le juge compétent. — Il y a tout au plus lieu à laisser les frais du procès-verbal de non-conciliation à la charge de la partie qui a requis cette inutile forma-

CONCLUSIONS.

lité. — 4ᵉ, 15 janvier 1825, *Dufour.* — C. R. 11, 148.

13. — L'exception résultant du défaut de tentative de conciliation, se couvre par des défenses au fond. — 1ʳᵉ, 29 décembre 1806, *Bourges ;* — 1ʳᵉ, 4 février 1840, *Leroux.* — R. P. 3, 619.

14. — « Le juge de paix, en conciliation, n'exerce pas une juridiction contentieuse ; il ne fait qu'y recevoir les déclarations et consentement des parties ; » mais il ne donne nullement à ces déclarations et consentements une validité qu'ils n'ont point d'ailleurs, s'ils sont passés par une personne incapable de s'obliger. — *Aud. sol.*, 13 août 1823, *Lecouturier.* — C. R. 2, 66.

V. Exception, péremption, prescription, requête civile.

TABLE SOMMAIRE.

CONCLUSIONS.

1. — C'est sur le dispositif des con-

clusions, et non sur les allégations ou demandes contenues dans les motifs qui précèdent, que doit être rendu le jugement. — 1ʳᵉ, 12 avril 1817, *Dubréscy ;* — 1ʳᵉ, 11 nov. 1824, *Poubelle ;* — 1ʳᵉ, 12 mars 1835, *Chaillou ;* — 1ʳᵉ, 24 déc. 1835, *Sorel.*

2. — Ainsi, un déclinatoire est inutilement proposé dans un écrit, s'il n'est renouvelé par des conclusions déposées, *dit arr.*, 4ᵉ, 11 nov. 1824, *Poubelle.*

3. — Ainsi encore, si après avoir cherché à prouver que le reproche d'un témoin coté par la partie adverse est mal fondé, le concluant ne conclut pas dans le dispositif au rejet de ce reproche, il est censé acquiescer et reconnaître le bien fondé de la demande, *dit arr.*, 1ʳᵉ, 12 mars 1835, *Chaillou.*

4. — Aussi la partie qui après avoir présenté des reproches ne les a pas reproduits dans ses conclusions, est-elle irrévable à les proposer sur appel. — 2ᵉ, 27 juillet 1825, *Buhot-Duclos.*

5. — C'est encore par suite de ce principe qu'il a été décidé que si, tout en alléguant dans ses conclusions que le jugement attaqué lui fait grief, l'intimé a cependant conclu à la confirmation de ce jugement, sans faire de restriction ni réserves au dispositif desdites conclusions, il est non recevable à se porter incidemment appelant. — 1ʳᵉ, 24 déc. 1835, *Sorel.*

6. — La partie qui conclut à tort une opposition, est admissible à la soutenir non recevable. — 4ᵉ, 9 déc. 1818, *Roussel.*

7. — Une partie n'est pas liée par les

CONCLUSIONS.

consentements qu'elle a passés dans ses conclusions, si l'autre partie ne les a pas acceptés, ou si le juge ne les a pas acceptés pour elle en en donnant acte; le contrat judiciaire n'est pas formé. — 2ᵉ, 19 août 1837, *De Ponthaud.* — *R. P.* 1, 533.

8. — Il faut même, pour qu'il y ait contrat judiciaire résultant des conclusions signifiées au procès, que ces conclusions aient été acceptées pour la totalité. — 2ᵒ, 13 déc. 1834, *Perrotte.* — *R. P.* 2, 461.

9. — Encore qu'il ne soit pas fait mention que les conclusions aient été prises par l'avoué, elles n'en sont pas moins censées prises par lui. — 2ᵉ, 29 avril 1809, *Lemarchand.*

10. — Lorsque les plaidoiries ont été déclarées closes et que l'avocat-général a été entendu, les parties ne sont plus recevables à présenter de nouvelles conclusions. — 1ʳᵉ, 12 déc. 1821, *De Rampan ;* — 1ʳᵉ, 23 avril 1833, *Dodeman.*

11. — Il en serait ainsi lors même que l'affaire eût été renvoyée à une prochaine audience pour la prononciation du jugement. — 4ᵉ, 9 janvier 1832, *Crespin.*

12. — Les parties seraient même irrecevables à former aucune demande incidente. — 1ʳᵉ, 6 juin 1813, *Vallaunay.*

13. — De même, il ne peut être pris aucunes conclusions après le rapport. — 2ᵉ, 13 janvier 1819, *Dubois ;* — 1ʳᵉ, 24 mars 1825, *Boucher.*

14. — ...Ni signifié aucun mémoire. — 1ʳᵉ, 20 janvier 1820, *Blanchet.*

15. — *Contrà.* — Quant à ce dernier

CONCLUSIONS.

point. — 2ᵉ, 24 nov. 1819, *Lenormand.* — Toutefois, dans l'espèce, le mémoire n'entra pas en taxe.

16. — Mais lorsqu'aux termes de l'art. 468. C. pr., il a été ordonné qu'une cause serait de nouveau plaidée ou rapportée (à cause de partage), les parties peuvent modifier leurs anciennes conclusions ou même les changer. — 1ʳᵉ, 30 janvier 1835, *De Sainte-Marie.*

17. — Jugé même que des conclusions peuvent encore être prises après que les plaidoiries ont été closes, si l'affaire a été renvoyée à une prochaine audience pour entendre le ministère public. — 1ʳᵉ, *aud. sol.*, 29 janvier 1824, *Labbey.*

18. — La compétence en premier ou dernier ressort se détermine par les conclusions prises devant le tribunal. — V. *degré de juridiction*, ART. 1. §. II.

V. Acquiescement, chose jugée, communication de pièces, compétence, degré de juridiction délibéré.

TABLE SOMMAIRE.

CONDITION, §. 1.

CONCORDAT.
V. Faillite.

CONCOURS D'ACTIONS.
V. Action.

CONCUBINAGE.
V. Dispositions entre vifs et testamentaires, condition, séparation de corps.

CONDITION.

§. I. — *Conditions impossibles, contraires aux lois ou aux mœurs dans les obligations conventionnelles.*

§. II. — *Conditions impossibles, contraires aux lois ou aux mœurs dans les donations et les testaments.*

§. III. — *Conditions potestatives.*

§. IV. — *Conditions suspensives et résolutoires.*

§. I. — *Conditions impossibles, contraires aux lois ou aux mœurs dans les obligations conventionnelles.*

1. — Est licite et valable la convention passée en l'an XIII, entre un prêtre déporté, rentré en France, et les héritiers de ce prêtre, par laquelle ceux-ci ne se refusent point à restituer ses biens au prêtre, mais sous la condition qu'il s'interdit la faculté d'en approprier aucun de ses héritiers de préférence à l'autre, et qu'il ne pourra en disposer que pour ses besoins. — 1re, 23 mars 1825, *Lemière.* C. R. 5, 15.

2. — Est valable la convention par laquelle deux parties contractent, sous cette condition, que si la partie débitrice ne paie point, elle sera tenue d'aban-

CONDITION, §. II.

donner à l'autre des immeubles à dire d'experts. — L'apposition d'une telle condition n'empêche point que l'action ne soit mobilière. — 2e, 24 déc. 1808, *Canivet.*

Contrà. — 1re, 17 mars 1812, *Vauborel.*

3. — Les dédits de mariage sont nuls comme contraires à la liberté du mariage. — 2e, 22 déc. 1814, *Dulongchamps;* — 4e, 11 juin 1823, *Vasnier.*

4. — Il en est ainsi lors même qu'ils auraient été déguisés sous la forme d'une lettre de change. — m. arr. *Vasnier.*

5. — Lorsque deux conditions ont été arrêtées en contemplation l'une de l'autre, elles ne peuvent être séparées, l'une est la condition de l'autre; si donc l'une d'elles ne peut plus être exécutée, l'autre cesse d'être obligatoire et devient non avenue.

Spécialement. — Si par sa faillite, l'une des parties a rendu impossible l'exécution de l'une des obligations, les créanciers ne peuvent réclamer l'exécution de l'obligation qui n'avait été contractée qu'en vue de celle dont l'accomplissement n'est plus possible. — 1re, 8 juillet 1834, *Poisson.*

§. II. — *Conditions impossibles, contraires aux lois ou aux mœurs dans les donations et testaments.*

6. — Est très-licite, et comme telle doit être exécutée, la clause insérée soit dans un acte de partage d'ascendant, soit dans un testament, par laquelle un père dispose de la portion disponible de

CONDITION , §. II.

ses biens par préciput en faveur d'un de ses enfants, pour le cas où le partage des héritages paternel et maternel ne recevrait pas son exécution de la manière qu'il désire qu'il soit opéré.

« On ne peut voir là une clause pénale tendant à assurer le maintien d'un acte réprouvé par la loi, mais un legs dépendant d'une condition ou d'une alternative laissée aux héritiers, condition parfaitement licite puisqu'elle n'est contraire à aucune prohibition légale, ni aux bonnes mœurs, ni à l'ordre public, qu'elle est presque toujours imposée dans un intérêt de convenance et de tranquillité pour les familles. » — 2ᵉ, 13 avril 1832, Bœufs.

7. — Toutefois , si le disposant n'a point fait dépendre l'événement de la condition du seul fait de la contestation qui pourrait être apportée par les héritiers à l'exécution du partage, mais bien de l'annulation consommée de ce même partage , les héritiers sont toujours à temps , jusqu'à l'obtention du jugement, de se désister de leurs poursuites et d'opter pour le maintien de l'acte de partage. — m. arr.

8. — En général, la condition imposée par un testateur à son légataire de ne point épouser une personne désignée, est valable. — 1ʳᵉ, 3 août 1830, Lefilastre. — C. R. 13 , 638.

9. — ... Mais la validité d'une telle convention cesse du moment où le légataire est obligé , par honneur, d'épouser la personne avec laquelle le testateur voulait empêcher le mariage, ainsi et

CONDITION , §. III.

spécialement s'il a vécu en concubinage avec elle. — m. arr.

10. — Un testateur ne peut valablement enjoindre à ses légataires de ne disposer ni de leurs biens, ni de ceux qu'il leur lègue en faveur de qui il lui plaît. — m. arr.

11. — Un testateur ne peut valablement imposer à sa libéralité la condition que l'administration des biens qu'il lègue à un fils mineur, sera enlevée au père pour être confiée à un tuteur ad hoc. — 1ʳᵉ, 11 août 1825, Manchon. — C. R. 5 , 225.

12. — On peut, en léguant certains biens à une femme mariée sous le régime dotal , imposer pour conditions au legs « que le mari ne pourra jouir du » legs, et que les revenus et biens en » provenant, profiteront en entier à la » femme, laquelle pourra en disposer à » son singulier bénéfice, sans être tenue » de revenir à l'autorisation de son » mari; » une telle condition n'a rien de contraire à la puissance maritale et au régime dotal. — 4ᵉ, 6 janvier 1840 , Boisnard. — R. P. 3 , 586.

13. — Est valable et exécutoire la disposition par laquelle un testateur lègue la propriété de ses biens meubles et immeubles, sous la condition que les biens légués seront incessibles et insaisissables. — 1ʳᵉ, 16 août 1834, Touzé-Bocage.

§. III. — Conditions potestatives.

14. — Il n'y a pas condition potestative , dans le sens de l'art. 1174 C. civ.,

CONDITION , §. IV.

lorsque l'évènement de la condition dépend non de la pure volonté de l'obligé, mais de sa probité.

Ainsi, est valable la convention qui a pour seule cause la promesse verbale que fait une partie de donner une somme de....., encore bien que dans l'acte elle soit supposée donner. — 2ᵉ, 5 janvier 1815, *Robinelle*.

15. — Il en est surtout ainsi lorsque l'exécution de la promesse trouve sa garantie dans la délicatesse d'un officier public dépositaire de l'acte. — *m. arr.*

16. — On ne peut considérer comme faite sous une condition potestative, dans le sens de l'art. 1174 C. civ., l'obligation que prend un banquier de fournir des fonds à un commerçant, à mesure que celui-ci les reclamera ; l'hypothèque stipulée pour sûreté et recouvrement des sommes à fournir est donc valable, et existe du moment même où la convention a été formée. — 1ʳᵉ, 11 avril 1812, *Manoury-Lacour.* S. 13, 2, 128 ; et *rej.* S. 14 , 1 , 41. — 4ᵉ, 4 juin 1823, *Chauvel ;* — 4ᵉ, 6 août 1832, *Rosier.*

17.— Est valable , quant aux immeubles , le contrat portant aussi vente des meubles que le vendeur laissera à son décès. (Mais dans l'espèce, l'acquéreur déclara renoncer sans diminution de prix à la partie du contrat relative aux meubles.) — 2ᵉ, 5 juillet 1823, *Cousin.*

§. IV. — *Conditions suspensives et résolutoires.*

18. — *Suspensive.* — Lorsque la consommation d'un contrat a été soumise à

CONDITION , §. IV.

la condition suspensive de la réalisation devant notaire , dans un délai fixé, des conventions qu'il renferme ; si cette condition n'est pas remplie dans le temps convenu , l'acte reste imparfait et non-avenu. — 1ʳᵉ , 20 mai 1834, *Daupley.*

19. — *Résolutoire.* — En principe général, la résolution d'un contrat de vente ne peut avoir lieu de plein droit et pour inexécution des conditions ; elle doit être prononcée en justice. — 2ᵉ, 22 janvier 1831 , *Destin.* — C. R. 13, 469. — 2ᵉ, 27 février 1837, *Lebourgeois.* — R. P. 1 , 275. — 2ᵉ, 11 mai 1837, *Legros.* — R. P. 1 , 347.

20. — Il est une exception à ce principe, pour le cas où il a été convenu entre les parties, que la vente serait résolue à défaut de paiement au temps fixé ; mais encore faut-il , dans ce cas, que l'acquéreur ait été mis en demeure de payer, par une sommation.—1ʳᵉ, 18 mars 1823, *Bailleul.* — *Rej.* S. 25, 1 , 49. — 2ᵉ, 22 janvier 1831 , *Destin.*

21. — Il ne suffirait donc pas que , le délai expiré, le vendeur signifiât à l'acheteur qu'il ait à déguerpir du fonds vendu. — Cette signification ne pourrait équivaloir à la sommation prescrite par la loi, et l'acquéreur pourrait toujours , à défaut de la constitution en demeure , faire des offres de paiement. — *m. arr. Destin.*

22. — Mais après la sommation régulièrement faite, il n'est plus permis à l'acquéreur de purger la demeure.—1ʳᵉ, 18 mars 1823, *Bailleul.* — S. 25 , 1 , 49.

23. — L'acquéreur qui , sommé de

22

CONDITION, §. IV.

payer, dans le cas de l'art. 1656 C. civ., oppose des contestations et offre des valeurs contestées, devra être réputé avoir été mis en demeure par la sommation, s'il est reconnu que sa résistance était mal fondée, et notamment qu'il a sciemment excipé pour sa libération de lettres de change fausses. — m. arr.

24. — Il suffit, pour la régularité de la sommation dont parle l'art. 1656, que l'huissier y énonce qu'il est porteur de pièces suffisantes, il n'a pas besoin de représenter ces pièces. — m. arr.

25. — Dans les partages faits tant avant que depuis le Code civil, le non paiement des rentes établies pour retour de lot donne-t-il lieu à l'action résolutoire jusqu'à due concurrence ? — Voy. sur cette question le mot partage, §. VI.

26. — La licitation d'immeubles, entre cohéritiers, produit les effets d'une vente, en ce qui touche la résolution du contrat à défaut d'exécution des conditions. Ainsi, le défaut de paiement d'une rente créée, pour concession de fonds, depuis la loi du 18 décembre 1790 et celle du 11 brumaire an VII, qui ont déclaré meubles toutes espèces de rentes, ouvre au créancier l'action résolutoire. — 24 décembre 1829, Prevost; arr. cassé le 14 mai 1833. — S. 33, 1, 381.

V. Donation, legs, obligation, pacte commissoire, partage, testament, vente.

TABLE SOMMAIRE.

CONDITION ILLICITE.

V. Condition, legs, obligation, vente.

CONDITION POTESTATIVE.

V. Condition, legs, hypothèque, testament, vente.

CONDITION RÉSOLUTOIRE.

V. Condition, donation, legs, pacte commissoire, testament, vente.

CONDITION SUSPENSIVE.

V. Condition.

CONFINS.

V. Saisie immobilière.

CONFIRMATION.

V. Ratification.

CONFLIT.

1. — « Le conflit négatif existe toutes les fois que les tribunaux et l'autorité administrative, simultanément saisis d'une même demande, se déclarent tour

CONGÉ.

à tour incompétents pour en connaître. »
— 1re, 24 juin 1835, *commune de Gacé.*

2. — « En cas de conflit négatif entre l'autorité judiciaire et l'autorité administrative, les parties litigeantes peuvent, suivant leurs intérêts, attaquer, dans l'ordre hiérarchique, soit le jugement du tribunal civil, soit l'arrêté du conseil de préfecture, ou bien se pourvoir au conseil d'état pour faire prononcer sur le conflit. » — *m. arr.*

3. — Quand le déclinatoire préalable au conflit est proposé par le préfet, les parties ne doivent pas être appelées à conclure; la Cour prononce arrière d'elles et sur le mémoire du préfet. — 1re, 9 juillet 1838, *le préfet de la Manche.* — R. P. 2, 684.

4. — Le préfet, compétent pour élever le conflit devant un tribunal de son département, a également qualité pour élever le conflit devant la Cour royale où est porté l'appel du jugement rendu par ce tribunal. — *Ord. du conseil d'état du 20 août 1840, le marquis d'Anvers.* — R. P. 4, 385.

5. — Lorsque, sur un conflit élevé par l'administration, l'arrêté du conflit a été confirmé, la Cour se trouve dessaisie et ne peut plus statuer, même sur les dépens. — 1re, 17 décembre 1823, *contributions indirectes.*

CONFUSION.

V. Communes, émigrés, prescription, servitude.

CONGÉ.

V. Louage. V. aussi appel, compétence civile et commerciale, degré de juridiction.

CONSTITUTION DE DOT.

CONJOINT.

V. Communauté, donation entre époux, dot, époux normands.

CONNEXITÉ.

V. Exception.

CONQUÊT.

V. Communauté, dot, époux normands, femme normande, hypothèque.

CONSEIL D'ARRONDISSEMENT.

V. Élections.

CONSEIL DE DISCIPLINE.

V. Avocat, avoué, discipline, notaires.

CONSEIL DE FAMILLE.

V. Tutelle. V. aussi femme normande, mariage.

CONSEIL JUDICIAIRE.

V. Interdiction.

CONSEIL DE PRÉFECTURE.

V. Communes, compétence administrative, élections, voirie.

CONSENTEMENT.

V. Obligation.

CONSERVATEUR DES HYPOTHÈQUES.

V. Hypothèques.

CONSIGNATION.

V. Offres réelles.

CONSIGNATION D'ALIMENTS.

V. Contrainte par corps.

CONSTITUTION D'AVOUÉ.

V. Avoué. V. aussi acquiescement, appel, exploit, saisie-exécution, saisie immobilière.

CONSTITUTION DE DOT.

V. Dot.

CONTRAINTE PAR CORPS.

CONSTITUTION DE RENTES.
V. Rente.

CONSTRUCTION.
V. Propriété, voirie. V. aussi acte de commerce, hypothèque, servitudes.

CONTENANCE.
V. Vente.

CONTRAINTE PAR CORPS.

ART. 1. — CONTRAINTE PAR CORPS, EN MATIÈRE CIVILE.

§. I. — *Règles générales.*

1. — « Les condamnations volontaires ne peuvent assurer l'abus frauduleux de la contrainte par corps ; dès que la preuve de la collusion qui y a présidé, se trouve apportée, elles cessent d'être de véritables jugements, et elles ne peuvent échapper à la nullité prononcée par l'art. 2, tit. I, de la loi du 15 germinal an VI. » — 4e, 17 avril 1826, *Lenfant.* — C. R. 6, 222.

2. — Une condamnation ne peut être réputée volontaire, par cela seul qu'elle a été prononcée par défaut, ou que le débiteur y a acquiescé. — *m. arr.*

3. — Mais si la contrainte par corps a été prononcée par jugement par dé-

CONTRAINTE PAR CORPS, ART. 1.

faut, hors des cas déterminés par la loi, elle ne peut être mise à exécution. Un tel jugement est réputé condamnation volontaire. — 2e, 28 pluviôse an XII, *Pierrecotte*; — 2e, 15 janvier 1808, *Guillet*.

4. — C'est par suite du même principe que l'acquiescement donné à un jugement, prononçant la contrainte par corps, ne rend pas non-recevable à porter l'appel de ce jugement.

V. le mot *acquiescement*, §. 2.

5. — La liberté de l'homme étant un bien inaliénable et tenant essentiellement à l'ordre public, il appartient à la loi actuelle seule d'en régler les limites; elle peut les étendre ou les restreindre selon les besoins du moment, sans qu'il puisse jamais y avoir, à cet égard, aucun droit acquis. — En conséquence, la loi nouvelle qui intervient sur la contrainte par corps, s'applique aux contrats passés sous l'ancienne loi, aussi bien qu'à ceux qui n'ont eu lieu que depuis la promulgation de la loi nouvelle.

Spécialement, la loi du 17 avril 1832, sur la contrainte par corps, doit servir de règle, même pour les contrats passés avant sa promulgation. —2e, 21 mars 1835, *Haupois*.

§. II. — *Cas dans lesquels la contrainte par corps est obligatoire.*

6. — Les art. 2059 et 2060 C. civ. déterminent quels sont les cas dans lesquels la contrainte par corps est obligatoire. — Le premier de ces cas est le stellionat.

CONTRAINTE PAR CORPS, ART. 1.

7. — *Stellionat.* — Le stellionnat suppose toujours mauvaise foi dans celui qui le commet; ainsi n'est pas stellionataire, en ce sens qu'il ne doit point être soumis à la contrainte par corps, celui qui a disposé de droits qui ne lui appartenaient pas, mais qui, agissant de bonne foi, a pu se tromper sur ce qui lui appartenait réellement. — 2e, 26 janvier 1829, *Duval Lespres*.

8. — Un vendeur ne peut être réputé stellionataire, à raison des hypothèques qui grèvent les immeubles vendus, lorsqu'en aliénant ces immeubles il ne les a pas déclarés libres de toutes hypothèques. — 1re, 31 août 1831, *Peigney*.

9. — N'est pas réputé stellionataire, le vendeur qui aliène sous la garantie de fait et de droit et en exemption de toutes dettes et charges, encore que les immeubles aliénés soient grevés d'hypothèques inscrites. — 1re, 10 novembre 1807, *Chollet*.

10. — Le défaut de déclaration des hypothèques légales ne constitue pas nécessairement et toujours le débiteur en état de stellionat : on a égard aux circonstances. — 4e, 22 janvier 1828, *Lecoutellier*.

11. — Ainsi, jugé que le mari qui vend, comme libres de toute hypothèque, des immeubles grevés de l'hypothèque légale de sa femme ne peut être considéré comme stellionataire, si l'acquéreur n'a pu ignorer que le mariage de son vendeur a eu lieu à une époque où la loi conférait, de plein droit, à la femme une hypothèque à laquelle celle-ci ne pouvait renoncer (v. g.), si le ma-

CONTRAINTE PAR CORPS, ART. 1.

riage s'est fait sous la loi du 17 nivôse an II. — 2°, 1er février 1834, *Caba.*

12. — Jugé cependant, en thèse générale, que le mari qui, en affectant hypothécairement ses biens à la sûreté d'une obligation qu'il contracte, a dissimulé que déjà ils étaient grevés de l'hypothèque légale de sa femme, doit être déclaré stellionataire. — 1re, 23 novembre 1824, *Dechaufour.* (Cet arrêt est par défaut.)

13. — Il y a stellionat de la part du mari qui, dans un acte constitutif d'hypothèque où sa femme siste et s'oblige avec lui, déclare être marié sous le régime de la communauté, tandis que c'est, au contraire le régime dotal qui régit leurs conventions matrimoniales. — 1re, 7 février 1826, *Perriers.*

14. — Se rend coupable de stellionat, le tuteur qui consent une hypothèque sur ses biens, sans déclarer les hypothèques légales non inscrites dont ces mêmes biens sont grevés. — 1re, 21 avril 1823, *Lecoustellier.*

15. — La contrainte par corps avait lieu avant le Code civil, dans le cas où le vendeur d'une rente en cédait, depuis le transport, la jouissance à un autre. — 2°, 3 floréal an X, *Maurice.*

15. — *Réintégrande.* — Un héritier présomptif, évincé par un héritier plus proche, ne peut être condamné par corps à restituer les biens ou la valeur des biens de la succession dont il s'était mis en possession. — 2e, 26 février 1826, *Gouix.* — C. R. 5, 255.

17. — La contrainte par corps ne peut non plus être prononcée contre le léga-

CONTRAINTE PAR CORPS, ART. 1.

taire condamné à remettre provisoirement son legs mobilier, comme s'en étant emparé avant la demande en délivrance. — 2e, 11 novembre 1815, *Lehugeur.*

§. III. — *Cas dans lesquels la contrainte par corps est facultative.*

18. — L'art. 126 C. pr. est ainsi conçu : « La contrainte par corps ne sera » prononcée que dans les cas prévus par » la loi ; il est néanmoins laissé à la » prudence des juges de la prononcer, » 1° Pour dommages et intérêts en » matière civile, au-dessus de la somme » de trois cents francs ; » 2° Pour reliquats de compte de » tutelle, curatelle, d'administration de » corps et communauté, établissements » publics ou de toute administration » confiée par justice, et pour toutes res- » titutions à faire par suite desdits » comptes. »

19. — 1° *Dommages-intérêts.* — Un fermier qui a enlevé les namps de sa ferme, peut, à titre de dommages-intérêts, être condamné par corps à représenter les objets enlevés, lorsque leur valeur excède la somme de trois cents francs. — 4e, 2 juin 1823, *Boussumier.* — C. R. 5, 256.

20. — Jugé encore que le fermier qui enlève les meubles qui garnissent la ferme à lui louée, peut être condamné par corps en des dommages-intérêts, sauf à les imputer en cas de paiement, sur les fermages. — 4e, 16 juillet 1828, *Lepelletier.*

21. — Un débiteur ne peut être con-

CONTRAINTE PAR CORPS, ART. 1.

damné par corps à payer, à titre de dommages-intérêts, le montant de son obligation.—2e, 12 mai 1820, *Montreuil.* C. R. 5, 253.

22. —Toutefois, si la partie qui a obtenu des dommages-intérêts, consent les imputer sur le capital, la contrainte par corps n'en est pas moins admissible. — 2e, 19 août 1826, *Sorel.*

23. — La Cour peut décider que, pour valoir de nouveaux dommages-intérêts, ceux prononcés par le premier juge seront exécutoires par corps.—1re, 24 juillet 1821, *Fauvel.*

24. — En cas de stellionat, les dépens et dommages-intérêts d'indue vexation peuvent être prononcés par corps. — 1re, 30 floréal an XIII, *Richer.*

25. — *Reliquat de compte.* — La contrainte par corps n'a pu être prononcée pour reliquat de compte d'une tutelle antérieure au Code. — 2e, 20 décembre 1810, *Laignel.*

26. — La contrainte par corps, si elle n'a été réservée, ne peut être exercée par une administration financière, afin d'obtenir paiement du montant d'une transaction. — 4e, 14 mars 1816, *Mesnil.*

§. IV. — *Quelles personnes sont ou non sujettes à la contrainte par corps, en matière civile.*

27. — Les femmes et les filles peuvent, même en matière purement civile, et hors le cas de stellionat, être condamnées par corps en des dommages-intérêts.

CONTRAINTE PAR CORPS, ART. 2.

Spécialement, si « leurs demandes ne sont qu'une pure vexation, fondées sur des pièces souverainement jugées telles, et qu'elles ne tendent qu'à revenir indirectement contre des jugements passés en force de chose jugée. » — 17 juin 1812, *Vittecocq.* — Mais cet arrêt a été cassé par arrêt du 6 octobre 1813. — S. 13, 1, 466, qui décide formellement que, hors le cas de stellionat, la contrainte par corps ne peut jamais être prononcée contre les femmes et les filles, que l'art. 126 C. pr. ne déroge en rien, sous ce rapport, à l'art. 2066 C. civ.

28. — N'est point soumis à la contrainte par corps le militaire en activité de service, même pour dettes antérieures au service. — 1re, 22 juin 1829, *Begoin.* — C. R. 11, 446.

ART. 2. — CONTRAINTE PAR CORPS EN MATIÈRE COMMERCIALE.

§. I. — *Causes de la contrainte par corps, en matière commerciale.*

29. — Le débiteur d'une dette commerciale, qui a obtenu son élargissement faute de consignation d'aliments, ne peut être incarcéré de nouveau pour la même dette. La loi du 15 germinal an VI, tit. III, art. 14, qui le décide ainsi, n'a pas été abrogée par les articles 800 et 804 du Code de procédure civile. — *Aud sol.*, 9 mars 1826, *Moutier.* — C. R. 6, 135.

30. — Le billet à ordre souscrit par un négociant donne lieu à la contrainte par corps, lors même qu'il eût eu pour cause une opération civile, si cette cause

CONTRAINTE PAR CORPS, ART. 2.
n'est pas exprimée. — 2°, 23 juin 1832,
Levaufre.

31. — Il en serait différemment si le
souscripteur n'était pas commerçant. —
4°, 25 janvier 1831, *Thibout.*

32. — De même, lorsque les tribunaux de commerce statuent sur des lettres de change, qui n'ont plus que le
caractère de simple promesse, ils ne
peuvent prononcer la contrainte par
corps contre le non-commerçant, lors
même qu'elle eût été stipulée pour la
créance formant l'objet de la condamnation, et qu'elle eût pu être prononcée
par les tribunaux civils. — 4°, 9 avril
1837, *Lahaie.* — R. P. 1, 694.

33. — La contrainte par corps ne peut
être exercée, à la requête d'un créancier, au moins tant que l'union des
créanciers subsiste. — 4°, 24 décembre
1828, *Picard.*

34. — Le créancier d'une obligation
commerciale emportant contrainte par
corps, qui a accordé des délais à son débiteur pour en être payé à diverses
échéances, n'a point fait par là novation
à sa créance, de manière qu'après la
dernière échéance, il ne puisse exercer
la contrainte par corps pour le paiement
de tout ce qui lui est dû. — 4°, 15 juillet
1835, *Dumesnil.*

35. — Les jugements qui condamnent au
paiement des aliments fournis à un navire, sont exécutables par corps. — 1°,
30 mai 1808, *Cauchois.*

36. — La contrainte par corps peut être
prononcée pour cause postérieure à la
faillite. — 4°, 31 décembre 1823, *Leloup.*

CONTRAINTE PAR CORPS, ART. 2.

§. II. — *Quelles personnes sont ou non
sujettes à la contrainte par corps, en
matière commerciale.*

37. — La loi du 17 avril 1832 porte,
art. 4 : « La contrainte par corps, en
» matière de commerce, ne pourra être
» prononcée contre les débiteurs qui au-
» ront commencé leur soixante-dixième
» année. »

Mais avant la promulgation de cette
loi, c'était un point controversé que
de savoir si l'art. 2066 C. civ., qui prohibe la contrainte par corps contre les
septuagénaires, devait s'étendre aux
matières commerciales.

38. — Ainsi, jugé que les septuagénaires
étaient à l'abri de la contrainte par
corps, même pour dettes commerciales.
— 1°, 26 août 1812, *Moutier;* mais cet
arrêt fut *cassé.*

39. — Jugé, au contraire, que cette exception devait se restreindre aux matières civiles. — *Aud. sol.,* 9 mars 1826,
Moutier. — C. R. 6, 135.

40. — Ce dernier arrêt se fondait sur
ce que les dispositions de la loi du 15
germinal an VI, sur la contrainte par
corps en matière commerciale, n'ayant
été abrogées, quant au fond du droit, ni
par l'art. 2070 C. civ., qui les mainte-
nait, ni par le tit. xv, liv. 5 C. pr., lequel n'était relatif qu'à la forme de procéder pour l'exécution de la contrainte
par corps, ces dispositions étaient encore
en vigueur en tout ce qui n'avait pas été
abrogé depuis par des dispositions expresses ou inconciliables.

41. — Lorsqu'une personne n'était pas

commerçante au moment où elle a souscrit une lettre de change, mais a acquis cette qualité au moment où s'élève une contestation judiciaire, relativement à cette lettre de change, la contrainte par corps ne peut être prononcée contre elle. — 4e, 11 janvier 1823, *Grant-Devaux*.

42. — Les receveurs-municipaux sont contraignables par corps, à raison des billets qu'ils souscrivent au profit des tiers. — 1re, 16 mai 1821, *Lebrun*.

V. Encore le mot *commerçant*.

43. — L'individu non commerçant, qui a cautionné une obligation pour prêt, souscrit par un commerçant au profit d'un autre commerçant, ne peut être condamné par corps au paiement. — 2e, 25 février 1825, *Fouet*. — C. R. 4, 67.

ART. 3. — CONTRAINTE PAR CORPS CONTRE LES ÉTRANGERS.

44. — L'arrestation d'un étranger, qui a eu lieu en vertu de la loi du 7 septembre 1807, n'est pas soumise à toutes les formalités exigées à peine de nullité, pour l'emprisonnement par le Code de procédure civile. — 1re, 12 janvier 1832, *Bloqué*.

45. — « Le pouvoir confié par l'art. 2 de la loi du 10 septembre 1807, au président du tribunal de première instance (d'ordonner l'arrestation provisoire de l'étranger), est la conséquence d'une juridiction propre à ce magistrat, dont la loi l'a directement investi, et qui n'est point, comme celle d'un juge-commissaire, une émanation de l'autorité du

tribunal dont il est membre. » — 2e, 4 mai 1832, *William Priow*.

46. — L'ordonnance d'arrestation ne peut donc être rapportée par le tribunal civil, elle ne peut être qu'attaquée par la voie d'appel, devant la Cour royale. — *m. arr.*

47. — C'est par suite du même principe que l'on décide que « l'art. 809 C. pr., qui exige que l'appel des ordonnances de référé soit interjeté dans la quinzaine, n'est pas applicable aux ordonnances que le juge à le droit de rendre pour autoriser l'arrestation provisoire d'un étranger, suivant la disposition de l'art. 2 de la loi du 17 septembre 1807. » Le délai de trois mois seul est applicable. — 1re, 12 janvier 1832, *Bloqué*.

48. — « Le recours de l'étranger à l'autorité judiciaire, pour obtenir mainlevée de l'incarcération provisoire exercée contre lui, n'est en réalité qu'une défense à la poursuite dont il est l'objet; dès lors on ne peut exiger qu'avant d'être reçu, dans ce cas, à sister en justice, il donne la caution mentionnée dans l'art. 16 C. civ., puisque cette caution n'est due que par l'étranger *demandeur* ». — 2e, 4 mai 1832, *William Priow*.

49. — A plus forte raison en est-il ainsi s'il s'agit de matière commerciale. — *m. arr.*

ART. 4. — CONTRAINTE PAR CORPS, EN MATIÈRE CRIMINELLE, CORRECTIONNELLE ET DE POLICE.

50. — Les dispositions du Code pénal

23

CONTRAINTE PAR CORPS, ART. 5.

de 1810 (art. 52 et 469) qui autorisent de poursuivre, par voie de contrainte par corps, l'exécution des jugements condamnant à des dommages-intérêts, pour réparations civiles, s'appliquent même au cas où il s'agit de jugement de simple police rendu sous l'empire du Code du 3 brumaire an iv. — 4°, 15 avril 1812, *Frelatre.* — S. 12, 2, 334.

51. — Elles s'appliquent également au cas où le jugement émane d'un tribunal civil.

Spécialement, « si une partie a cru devoir diriger ses poursuites, tendant à la représentation de meubles détournés, par action devant le tribunal civil, cette circonstance n'apporte aucun changement dans la nature du fait dont la partie adverse s'est rendue coupable, ce fait constituant un délit punissable, les dispositions de l'art. 52 du Code pénal doivent recevoir leur application devant le tribunal civil, comme elles l'auraient reçu devant le tribunal correctionnel ». — 4°, 30 décembre 1833, *Davy.*

Sur la durée de la contrainte en cette matière, voyez l'article suivant.

ART. 5. — DURÉE DE LA CONTRAINTE PAR CORPS.

52. — Lorsqu'en prononçant la contrainte par corps, les tribunaux ont omis d'en fixer la durée, elle ne peut être exécutée que pour le minimum. (Art. 7 et 40 de la loi du 15 avril 1832.) — 1re, 23 déc. 1838, *Gobard.* — R. P. 2, 656.

53. — Décidé même que le jugement qui prononce la contrainte par corps sans en déterminer la durée, est irrégulier, incomplet et nul, qu'il ne peut

CONTRAINTE PAR CORPS, ART. 6.

servir de base à une arrestation, et que l'emprisonnement dont il a été la cause est illégal et nul. — 4°, 9 avril 1837, *Lahaie.* — R. P. 1, 694.

54. — En matière correctionnelle, la contrainte par corps prononcée pour le recouvrement des frais et dépens, n'est point une peine. — En conséquence, la réformation sur appel ou par la Cour de cassation, de la disposition d'un jugement ou d'un arrêt qui prononçait la contrainte par corps pour les frais et dépens, ne peut être considérée comme une réduction de la peine en faveur du condamné. — Dans ce cas, la durée de l'emprisonnement ne doit courir que du jour de l'arrêt ou du pourvoi en cassation. (Art. 9, 23 et 24 C. pr.) — 4°, 29 mars 1839, M° *Lemeneur.* — R. P. 3, 86.

55. — Le condamné en police correctionnelle, qui a obtenu sur appel une réduction de peine, perd le bénéfice de la seconde disposition de l'art. 24 C. pr., si l'arrêt est confirmé sur son pourvoi en cassation. — L'on ne doit pas compter dans la durée de la peine, le temps qui s'est écoulé entre le jugement et l'arrêt. — *m. arr.*

Voyez encore sur la durée de l'emprisonnement. — *Infrà*, ART. 10.

ART. 6. — MODE D'EXÉCUTION DE LA CONTRAINTE PAR CORPS.

§. I. — *Signification du jugement et commandement.*

56. — Le commandement tendant à la contrainte par corps est seulement un acte préparatoire à exécution et non un

CONTRAINTE PAR CORPS, art. 6.
acte d'exécution proprement dite. — Par suite, il peut valablement être signifié en même temps que le jugement par défaut qui prononce la contrainte par corps. —4e, 16 juin 1840, *Debaupte.* — R. P. 4, 381.

57. — Ce commandement ne peut être fait au domicile élu dans la lettre de change qui a servi de base à la condamnation. — 4e, 2 septembre 1822, *Julienne.*

58. — L'élection pure et simple de domicile dans un commandement tendant à contrainte par corps. conformément à l'art. 780 C. pr., ne donne pas mandat à celui chez lequel le domicile est élu pour recevoir la somme due. — 2e, 29 juin 1838, *Langoisseur.* — R. P. 2, 267.

59. — Un jugement par défaut qui a été choqué d'opposition ne peut servir de titre exécutoire pour emprisonner un débiteur s'il n'est accompagné de la signification du jugement rendu sur cette opposition. (Art. 780 C. pr.)— 4e, 14 déc. 1824, *Lesauvage.*— C. R. 3, 273.

60. — Le commandement préparatoire à l'emprisonnement doit donc contenir la signification et du jugement par défaut et du jugement rendu sur l'opposition.—*m. arr.*

61. — Cette double signification dans le commandement ne pourrait être remplacée par la signification antérieurement faite de ces deux jugements, mais par un huissier non commis pour emprisonner le débiteur. — *m. arr.*

62. — Cependant l'huissier commis par un tribunal de commerce pour signifier un jugement par défaut, a qualité pour signifier le commandement préparatoire à l'emprisonnement. — 4e, 31 déc. 1823, *Leloup.*

63.—Un emprisonnement est valable, bien que l'on n'ait pas fait signifier au débiteur avec le commandement, l'acte de réception de caution en vertu duquel le jugement est exécutoire nonobstant appel. Il suffit que cet acte ait été précédemment signifié. — 1re, 12 juillet 1809, *Quinette.*

64. — Est valable l'emprisonnement, quoique l'on n'ait pas laissé au débiteur, copie de l'ordonnance sur référé, rendue par le président au moment de l'incarcération. — *m. arr.*

§. II. — *Arrestation du débiteur.*

65. — L'arrestation et par suite l'emprisonnement du débiteur peut avoir lieu en vertu d'une procuration spéciale donnée à l'huissier avant le jugement.— 4e, 31 déc. 1823, *Leloup.*

66. — L'emprisonnement n'est pas nul par cela que l'huissier qui y a procédé n'était point muni d'un pouvoir spécial, — Alors surtout que la partie requérante approuve et ratifie l'opération de son huissier. — 2e, 28 déc. 1810, *Verrier.*

67.—L'emprisonnement est nul si, antérieurement au lever du soleil, l'huissier et ses recors ont empêché le débiteur de sortir de sa maison. — 2e, 22 avril et 21 août 1813, *Mâry;* —4e, 21 février 1825, *Eudines.*

68. — ... Et une telle manœuvre peut

CONTRAINTE PAR CORPS, art. 6.

être prouvée par témoins. — *m. arr.*
Mary.

69. — Si le juge de paix refuse de se
transporter dans l'édifice où s'est retiré
le débiteur, l'huissier peut opérer l'arrestation sans l'assistance de ce magistrat. — Il lui suffit, dans ce cas, du consentement de ceux qui ont la garde de
l'édifice.

Spécialement, si le débiteur s'est retiré dans une dépendance du tribunal,
il peut y être arrêté du consentement du
substitut du procureur du roi. — 4e, 1er
juin 1824, *Deriot.*

70. — Est valable une arrestation
faite à domicile, encore que le juge de
paix, présent à la capture, n'ait point
signé l'acte constatant son transport. —
4e, 14 octobre 1822, *Baudel.*

§. III. — *Sauf-conduit accordé au débi-*
teur condamné par corps.

71. — Un débiteur peut obtenir un
sauf-conduit pour venir plaider sur l'appel d'un jugement qui le condamne par
corps. — 2e, 23 juin 1815, *Cuvelier.*

72. — Les jugements qui refusent ou
retirent au failli un sauf-conduit sont
susceptibles d'appel. — 1re, 15 février
1813, *Deschamps.*

73. — Ni les agents, ni les syndics
d'une faillite n'ont qualité pour former
opposition au sauf-conduit accordé au
failli ; mais ils peuvent à cet égard présenter des mémoires aux juges. — *m. arr.*

74. — Le débiteur qui, au moment où
il a été constitué en état de faillite,
était déjà détenu pour dettes, n'est pas

CONTRAINTE PAR CORPS, art. 6.

privé du droit conféré par l'art. 467 C.
com., de demander un sauf-conduit, et
le tribunal de commerce ne peut refuser
ce sauf-conduit, en prenant pour motif
que le débiteur était emprisonné au moment de l'ouverture de la faillite. — Les
art. 466 et 467 C. com. ne font aucune
exception pour ce cas. Ils accordent un
sauf-conduit au failli, quelle que soit la
cause de son emprisonnement, qu'il résulte de l'état de faillite (art. 455 C.
com.), ou d'une cause antérieure, peu
importe. — 4e, 9 août 1831, *Dupuy.*

75. — Le sauf-conduit n'est pas irrévocable, et le tribunal qui l'a accordé
peut le révoquer quand il le juge convenable. — 1re, 13 février 1813, *Des-*
champs.

§. IV. — *Procès-verbal d'emprisonnement*
et d'écrou.

76. — *Procès-verbal d'emprisonnement.*
— L'emprisonnement est nul si le procès-verbal d'emprisonnement, ainsi que
la copie, ne porte pas la signature des
deux recors qui ont assisté l'huissier. —
Il ne suffirait pas que relation de ces signatures à l'original fût faite sur la copie. — Cette copie doit nécessairement
être signée comme l'original. (arg. de
l'art. 585 C. pr.) — 4e, 31 déc. 1833,
Pezerin.

77. — *Procès-verbal d'écrou.* — « Il n'a
pu entrer dans la pensée du législateur
en ordonnant (art. 790 C. pr.) la transcription, sur les registres du geôlier, du
jugement qui autorise l'arrestation, que
cette transcription fût faite par le geôlier lui-même, à peine de nullité, il suf-

CONTRAINTE PAR CORPS, ART. 7.

fit que celui-ci garantisse l'exactitude de cette transcription par sa signature. » — 4e, 19 février 1823, *Nicollet*. — C. R. 1. 288. — 1re, 29 mars 1809, *Roussel*.

78. — Il n'est point nécessaire d'indiquer dans le procès-verbal d'écrou les prénoms du débiteur ; les erreurs commises à cet égard ne peuvent donc avoir aucunes conséquences. — 1re, 12 juillet 1809, *Quinette*.

79. — Le procès-verbal d'écrou doit être rédigé en trois originaux, dont deux portés sur l'original et la copie du procès-verbal d'emprisonnement, et le troisième sur le registre d'écrou. — 4e, 28 septembre 1818, *Liard*.

80. — Il n'est pas nécessaire que le double de l'écrou qui se porte sur le registre contienne la mention que *copie en a été laissée au débiteur*, il suffit qu'on y énonce que *copie en sera laissée au débiteur*. — 1re, 12 juillet 1809, *Quinette* ; — 1re, 30 déc. 1816, *Menard*.

81. — Le défaut de mention dans le procès-verbal d'écrou que signification en a été faite au débiteur n'entraîne pas la nullité de l'emprisonnement, si cette mention se trouve dans l'original du procès-verbal d'emprisonnement. — 4e, 14 oct. 1822, *Baudel*.

82. — L'écrou peut indifféremment être rédigé tant par l'huissier que par le geôlier. — 1re, 12 juillet 1809, *Quinette* ; — 2e, 28 déc. 1810, *Verrier* ; — 4e, 15 nov. 1825, *Letellier*.

ART. 7. — DEMANDE EN LIBERTÉ PROVISOIRE.

83. — Le ministère public peut atta-

CONTRAINTE PAR CORPS, ART. 8.

quer par appel devant la Cour royale les jugements qui ont, contrairement à ses conclusions, accordé à un prévenu sa mise en liberté provisoire, moyennant caution. — *ch. corr.*, 28 mars 1838, *le ministère public*.

84. — Le délai d'appel dans ce cas est celui de dix jours accordé par l'art. 203 du Code d'instruction criminelle, et non pas celui de vingt-quatre heures fixé par l'art. 135 du même Code. — *m. arr.*

85. — Les juges ont la faculté d'accorder ou de refuser la demande en liberté provisoire, lors même que le prévenu serait dans les circonstances où, d'après la loi, elle pourrait être accordée. — *m. arr.*

ART. 8. — DES RECOMMANDATIONS.

86. — L'art. 797. C. pr. portant que le débiteur dont l'emprisonnement est annulé, ne peut être remis en prison qu'après l'expiration d'un délai d'un jour après sa sortie, n'est applicable, ainsi que l'indique formellement son texte, qu'au cas où le nouvel emprisonnement est poursuivi à la requête du même créancier et pour la même dette que l'emprisonnement déclaré irrégulier. » — 4e, 16 juillet 1827, *d'Arthenay*. — C. R. 11, 410.

87. — Le débiteur pourrait donc être recommandé, dès avant sa sortie, pour une autre dette. — *m. arr.*

88. — La recommandation est valablement faite tant que l'arrestation continue légalement, c'est-à-dire tant que le jugement qui l'a annulée n'a pas acquis l'autorité de la chose jugée, ou que le

CONTRAINTE PAR CORPS, **art**. 9.

geôlier n'a pas été mis en demeure, par la signification, d'ouvrir les portes. — *m. arr.*

89. — Des recommandations successives faites par le créancier ne peuvent donner lieu à des dommages-intérêts envers le débiteur. — *m. arr.*

90. — L'ordonnance du président de la cour d'assises qui déclare le failli non coupable de banqueroute simple ou frauduleuse, n'autorise pas le créancier à recommander ou emprisonner le débiteur, tant que le jugement qui ordonne les mesures provisoires, subsiste en ce chef. — 4ᵉ, 27 juin 1820, *Morand.*

art. 9. — CONSIGNATION D'ALIMENTS.

91. — La consignation, par le créancier incarcéreur, d'une somme de 25 fr., à titre d'aliments pour *un mois*, est valable, lors même que le mois, dans le cours duquel l'incarcération a eu lieu, se composait de trente et un jours. — Cette expression *un mois* doit s'entendre, conformément à la loi du 17 avril 1832, d'une période de 30 jours. — 4ᵉ, 16 juin 1840, *De Baupte.* — R. P. 4, 380.

92. — Le jour de l'incarcération doit être compté dans la supputation du temps pour lequel le créancier est tenu de consigner des aliments pour son débiteur (par arg. des art. 2260, 2147 C. civ. et 789 C. pr. crim.). — Si donc ce jour n'avait point été compris dans la computation du mois, pour lequel les aliments doivent être consignés, le débiteur pourrait demander et devrait obtenir son élargissement. (Art. 800 et

CONTRAINTE PAR CORPS, **art**. 10.

803 C. pr.) — 1ʳᵉ, 1ᵉʳ mars 1830, *Allais.* C. R. 13, 367. — *Ità*, 1ʳᵉ, 28 vendemiaire, an **xi**, *Courcelle.*

93. — Le débiteur pour délit étant nourri aux frais de l'état, et cette nourriture équivalant pour lui à une consignation d'aliments, il s'ensuit qu'il peut valablement être recommandé sans consignation d'aliments, et qu'il suffit que cette consignation soit faite avant la cessation des aliments fournis par l'état. — 2ᵉ, 21 mars 1835, *Haupois.*

94. — Lorsque le défaut de consignation d'aliments, qui a donné lieu à la mise en liberté du débiteur, n'a été occasionné que par la confiance d'être payé où le créancier avait été induit par les projets d'arrangement qui existaient entre lui et le débiteur, l'art. 14, tit. **iii**, de la loi du 15 germinal an **vi** (d'après lequel le débiteur élargi faute de consignation d'aliments ne peut plus être incarcéré pour la même dette), ne peut recevoir d'application ; et si les arrangements projetés n'ont pas eu de suite, le débiteur peut de nouveau être incarcéré pour la même dette. — 2ᵉ, 30 juillet 1835, *Marc de Saint-Pierre.*

art. 9. — DES NULLITÉS DE L'EMPRISON-NEMENT.

95. — Un emprisonnement est nul s'il a été fait au mépris de la promesse faite au débiteur de ne point le faire incarcérer durant un certain espace de temps. — 2ᵉ, 19 novembre 1814, *Madelaine.*

96. — Est nul l'emprisonnement fait au mépris d'une réquisition faite par le

CONTRAINTE PAR CORPS, ART. 11.

débiteur, quoiqu'il en fût référé au président. — 4e, 9 octobre 1813, *Sement.*

97. — Tout jugement qui statue sur des nullités d'emprisonnement est susceptible d'appel. — 2e, 15 janvier 1808.

98. — Mais la partie qui a acquiescé à un jugement prononçant la contrainte par corps contre elle et plusieurs autres débiteurs solidaires, ne peut faire prononcer la nullité de son emprisonnement, sous le prétexte que le jugement qui la condamne a été annulé sur l'appel de l'un de ses codébiteurs solidaires, pour incompétence à raison de la personne. — 1re, 8 novembre 1836, *Pottier.* R. P. 1, 29.

ART. 11. — ÉLARGISSEMENT DU DÉBITEUR.

99. — Le débiteur ne peut, en consignant le capital sans les frais et intérêts, se soustraire à la contrainte par corps qui existe en faveur de la créance. — 1re, 5 décembre 1814, *Bellais;* — 1re, 23 février 1829, *Porte.* — C. R. 13, 384.

100. — Il doit même consigner les frais de capture. — 1re, 30 décembre 1816, *Menard.*

101. — Les dispositions de la loi du 15 germinal an VI, qui accordent au débiteur incarcéré depuis cinq ans la faculté de réclamer son élargissement, ont été abrogées par l'art. 800 C. pr. civ. — Cette abrogation s'applique aussi bien aux matières commerciales qu'aux matières civiles. — 4e, 29 novembre 1824, *Desmares..* — C. R. 3, 339.

102. — Toutefois, si le fait qui a don-

CONTRAINTE PAR CORPS, ART. 11.

né lieu à la contrainte par corps s'est passé sous l'empire de la loi du 15 germinal an VI, ce sont les dispositions de cette loi qui doivent être appliquées, bien que l'incarcération n'ait eu lieu que sous le Code de procédure. — 2e, 15 janvier 1823, *régie des domaines.* — C. R. 1, 152.

103. — Lorsqu'une condamnation se compose de plusieurs éléments, emportant chacun la contrainte par corps, c'est le total de ces sommes qu'il faut soumettre à l'échelle établie par l'art. 5 de la loi du 17 avril 1832. Lui seul forme *le montant* de la condamnation, lui seul doit donc déterminer la durée de l'emprisonnement avant l'élargissement du débiteur. — 2e, 21 mars 1835, *Haupois.*

104. — Le débiteur incarcéré avant la loi du 17 avril 1832, pour dette commerciale, ne peut se prévaloir du temps qu'il a passé en prison avant ladite loi, à l'effet d'obtenir son élargissement. — 1re, 3 décembre 1832, *Durand.*

V. Acquiescement, appel, chose jugée, compétence civile, compétence commerciale, délit, effet de commerce, étranger, exception, faillite, saisie immobilière.

TABLE SOMMAIRE.

CONTRAINTE PAR CORPS, ART. 11.

CONTRAT DE CHANGE.

CONTRAT.

V. Obligation. V. aussi commune , compétence administrative , compétence civile , dot , faillite , femme normande , prescription , société.

CONTRAT ADMINISTRATIF.

V. Compétence administrative.

CONTRAT ALÉATOIRE.

V. Assurances maritimes, garantie , jeu, obligation, rente viagère.

CONTRAT DE CHANGE.

V. Acte de commerce, compétence commerciale, effet de commerce.

CONTRAT DE MARIAGE , §. 1.

CONTRAT ENTRE ÉPOUX.

V. Contrat de mariage , donation entre époux , vente.

CONTRAT JUDICIAIRE.

V. Obligation. V. aussi acquiescement , appel , chose jugée , conclusions , désistement , hypothèque , ordre.

CONTRAT DE MARIAGE.

§. I. — *Quelles conventions matrimoniales sont ou non licites. — Dérogations qu'elles peuvent apporter aux différents régimes établis par la loi ; effet qu'elles produisent à l'égard des tiers.*

§. II. — *Interprétation des conventions matrimoniales. — Quelques exemples.*

§. III. — *Défaut de contrat de mariage.*

§. IV. — *Des contre-lettres.*

§. I. — *Quelles conventions matrimoniales sont ou non licites. — Dérogations qu'elles peuvent apporter aux différents régimes établis par la loi ; effet qu'elles produisent à l'égard des tiers.*

1. — Est nulle la clause d'un contrat de mariage qui autorise la femme à aliéner ou hypothéquer, si bon lui semble , et comme elle le jugera à propos, deux immeubles déterminés. — 1re, 20 nov. 1838 , *Yger*. — *R. P. 2*, 594. — *Ità*, 2e, 22 mai 1835 , *Cardronnet*.

2. — Est valable la clause d'un contrat de mariage portant révocation des avantages en cas de convol. — 1re, 30 déc. 1828 , *Leguerrier*.

3. — Etait nulle, lorsqu'existait la loi sur le divorce, la clause d'un contrat de

mariage qui assurait des avantages à l'époux défendeur en divorce sur les biens de l'époux demandeur. — 1re, 30 nivôse an XII , *Aubert*.

4. — Sont nuls et sans effet les dédits de mariage. — 2e, 22 déc. 1814, *Dulongchamps;* — 4e, 11 juin 1823 , *Vasnier*.

5. — Toutefois, celle des parties qui , par suite de la promesse de mariage à elle faite, s'est livrée aux frais et dépenses que nécessitait son changement d'état, peut en obtenir récompense contre la partie dont elle se trouve ainsi délaissée. — *m. arr. Dulongchamps*.

6. — « La femme a pu valablement stipuler dans son contrat de mariage qu'au cas où elle renoncerait à la communauté, elle reprendrait ses apports en exemption de ses dettes, et cette clause est exécutoire contre les créanciers. » — 2e, 16 juillet 1824, *Cornu*.

7. — Tout en se mariant sous le régime de la communauté, la femme a pu valablement stipuler qu'elle pourrait y renoncer et reprendre son apport par préférence à tous créanciers ou héritiers et en exemption de toutes dettes et charges de la communauté, quand même elle s'y serait personnellement obligée. — Cette clause n'est point nulle, 1° comme dérogeant aux lois sur la capacité; elle ne stipule que l'inaliénabilité de l'apport; 2° comme dérogeant à la disposition prohibitive de l'art. 1855 ; la dérogation est autorisée par l'art. 1514; 3° comme contraire à l'art. 548 C. com. ; la femme pour exercer la reprise qui lui appartient, n'est tenue d'acquitter les

24

dettes qui la grèvent, qu'autant que la reprise n'est pas inaliénable. — 2e, 3 juillet 1838, *Debon*. — *R. P.* 2, 244.

8. — De même, si les époux, tout en adoptant le régime de la communauté, ont stipulé que les immeubles de la femme ne pourraient être aliénés que moyennant remploi; cette convention est licite et exécutoire contre les tiers. — Lesdits immeubles sont par-là frappés d'indisponibilité; ils ne peuvent être expropriés même pour le paiement des dettes de la femme. — 4e, 27 janvier 1819, *Ep. Larivière;* — 2e, 26 février 1836, *Potin-Debonchamps.*—*R. P.* 2, 621.

9. — Jugé toutefois, que lorsque deux époux sont mariés sous le régime de la communauté, la clause de leur contrat de mariage qui stipule qu'en cas de vente des propres de l'un ou de l'autre époux, il sera fait remploi du prix en acquisition d'immeubles, n'empêche pas que leurs biens ne soient de libre disposition et que la vente ne soit valable vis-à-vis des tiers, quoiqu'il n'ait pas été fourni de remplacement. — 2e, 19 avril 1834, *Olivier.*—*R. P.* 2, 447.

10. — *Contrà.* — L'effet d'une telle stipulation est de frapper les biens d'indisponibilité, même au respect des acquéreurs, si le remploi n'est effectué. — 2e, 26 février 1836, *Potin de Bonchamps.* — *R. P.* 2, 621, — 2e, 22 mars 1839, *Chedruc.* — *R. P.* 3, 124.

Voy. communauté, §. III.

11. — Rien ne s'oppose à ce que la femme, tout en adoptant le régime dotal, se réserve la faculté d'exiger ou de ne point exiger, à son gré, le remplace-

ment de ses biens dotaux aliénés. Cette disposition doit être exécutée. — 2e, 26 juin 1834, *Héringue.*

12. — Jugé encore que, en adoptant le régime de la communauté légale, la femme peut placer ses apports sous la protection du régime dotal. — 2e, 24 mai 1839, *héritiers Logeard.* — *R. P.* 3, 195.

13. — Lorsqu'il a été stipulé dans un contrat de mariage par lequel le régime dotal est adopté, que pour recevoir les objets mobiliers appartenant ou qui appartiendraient par la suite à la future, le mari serait tenu d'en *faire le remplacement* en acquisitions d'immeubles au nom de son épouse, *ou de fournir bonne et valable caution*; cette clause est opposable aux tiers.

Les tiers ne peuvent se libérer valablement qu'en exigeant l'accomplissement de la stipulation, lors même qu'ils ne seraient pas débiteurs directs de la femme et qu'ils n'auraient contracté qu'avec des auteurs libres de leurs droits. — 2e, 29 nov. 1838, *Lempereur.* — *R. P.* 2, 575.

14. — La clause d'un contrat de mariage par laquelle il est dit que le douaire sera exigible, le cas échéant, sans aucune demande judiciaire, est opposable aux tiers, en ce sens que la femme a dans ce cas, au préjudice des tiers, une hypothèque qui remonte au jour où le douaire s'est ouvert, et non pas seulement à celui où il a été réclamé. — 1re, 6 août 1834, *Lebrun.*

§. II. — *Interprétation des conventions matrimoniales. — Quelques exemples.*

15. — « Les conventions matrimonia-

les doivent s'interpréter dans ce qu'elles ont d'obscur par les dispositions du régime légal qui existe au moment où ces conditions sont arrêtées. » — 1re, 2 juin 1835, *Foucher*.

16. — La clause d'un contrat de mariage par laquelle deux futurs époux stipulent que la totalité des acquêts, des meubles et effets de nature mobilière appartiendra au survivant d'eux en toute propriété, peut, suivant les circonstances de fait et les termes généraux de l'acte, être considérée soit comme un avantage sujet aux règles relatives aux donations, soit comme une simple convention de mariage et entre associés non soumise à la réduction pour atteinte portée à la réserve légale. — 2e, 28 nov. 1835, *Morell d'Aubigny*. — R. P. 1, 313.

17. — Lorsque, par les conventions matrimoniales, il est d'abord stipulé qu'une somme apportée par la future n'entrera pas en communauté, et sera employée en acquisition d'immeubles, cette somme, à défaut d'emploi, n'est point comprise dans la donation mobilière faite ensuite au mari survivant. — 2e, 24 mai 1839, *héritiers Logeard*. — R. P. 3, 195.

18. — Lorsqu'il est dit, dans un contrat de mariage qu'en cas de renonciation à la communauté, la femme aura le droit de faire le remport de tous ses apports, cette clause comprend par sa généralité non-seulement les apports que la femme a faits à l'époque de son mariage, mais encore tout ce qui lui est échu depuis. — 2e, 11 février 1831, *Létot*.

19. — Une clause d'un contrat de ma-

riage passé sous la coutume de Normandie et ainsi conçue : « sans que cette estimation (celle des meubles, linges et hardes), empêche la future d'en faire le remport en essence sur la succession de son mari, *et avant partage de la communauté d'entre eux, futurs*, en cas de survie d'elle avec enfant vivant de leur union,» a été interprétée en ce sens, qu'il y avait stipulation de communauté. — 10 janvier 1831, *Boulot*. — *rej*. S. 32, 1|, 250.

§. III. — *Défaut de contrat de mariage*.

20. — Lorsqu'en passant un contrat de rente avec un tiers, des époux ont déclaré qu'ils n'avaient point fait de contrat de mariage, ils sont présumés être communs en biens et avoir le droit de les affecter hypothécairement à leurs obligations. En conséquence, si ces mêmes époux viennent à vendre l'immeuble hypothéqué à la rente, l'acquéreur ne peut se refuser à payer au créancier de cette rente le montant de sa collocation, sous le prétexte qu'ignorant sous quel régime sont mariés les époux, il a un juste sujet de craindre d'être évincé, il ne peut demander qu'on lui fasse la preuve que les époux sont mariés en communauté ; c'est à lui à prouver qu'ils ont adopté un autre régime. — 2e, 19 juillet 1822, *de Marigny*.

21. — Jugé cependant que la simple déclaration passée par des époux dans un contrat de vente de la femme, qu'ils sont mariés sans contrat de mariage, ne suffit pas à l'égard de celle-ci et des tiers pour établir irrévocablement le défaut de contrat de mariage.

CONTRAT DE MARIAGE , §. IV.

Mais les tiers peuvent dans ce cas provoquer les mesures nécessaires pour rendre certaine l'absence du contrat. Un acte de notoriété reçu sur l'attestation des plus proches parents de la femme et des témoins qui auraient dû figurer à l'acte de mariage, et enfin de tous ceux qui peuvent avoir des connaissances sur ce point, fournit par analogie de l'art. 71 C. civ., la meilleur preuve qui puisse être offerte aux tribunaux.

La justice ne peut toutefois prononcer qu'en présence de la femme. — 1re, 27 déc. 1830, *Gaugain.* — C. R. 13, 676.

22. — Lorsque par suite des documents qu'il a exigés, un tribunal déclare qu'il n'y a pas eu de contrat de mariage, sa décison devient, à l'égard des intéressés, un titre désormais inattaquable. — *m. arr.*

§. IV. — *Des contre-lettres.*

23. — Sont nulles les contre-lettres souscrites par l'un des époux au profit du tiers qui a figuré comme donateur dans les conventions matrimoniales. — 2e, 9 juillet 1835, *de Morell-d'Aubigny.*

24. — Encore bien que les contre-lettres qui réduisent une rente promise par contrat de mariage soient nulles, néanmoins tant que la rente est payée sur le taux réduit, il n'y a pas lieu à redemander l'excédant pour le temps où le service a eu lieu avec réduction. — *m. arr.*

Sur les contrats de mariage sous seing privé, voy. *époux normands*, ART. 1 , §. I et hypothèques légales, §. I.

Voy. aussi communauté, donations entre-époux, dot, douaire, femme normande.

CONTREDIT.

TABLE SOMMAIRE.

CONTRAT DE PRÊT.
V. Prêt.

CONTRAT PIGNORATIF.
V. Nantissement, usure.

CONTRAT SYNALLAGMATIQUE.
V. Obligation, preuve littérale.

CONTRAT D'UNION.
V. Faillite.

CONTREBANDE.
V. Douanes.

CONTREDIT.
V. Distribution, faillite, ordre.

CONTRIBUTIONS INDIRECTES.

CONTRE-ENQUÊTE.

V. Enquête.

CONTRE-LETTRE.

V. Preuve littérale. V. aussi contrat de mariage.

CONTRE-MAITRE.

V. Acte de commerce, commerçant, compétence commerciale.

CONTRIBUTIONS INDIRECTES.

1. — « Le propriétaire qui, sans se livrer à aucun trafic de boissons ou de comestibles, reçoit chez lui et admet à sa table, par esprit de bienveillance, un ou deux individus, ne peut être compris dans la classe des vendeurs de boissons et de commestibles » et comme tel être assujetti à la vérification des employés de la régie des contributions indirectes. — *Ch. corr.* 5 avril 1826, *Hamel.* — C. R. 6, 276.

2. — L'art. 26 du décret du 1er germinal an XIII qui déclare que les procès-verbaux des employés de la régie seront crus jusqu'à inscription de faux, n'est pas applicable à *la dégustation*, à la reconnaissance et à la détermination de l'espèce, de la nature ou de l'état des liquides saisis par eux.

Dans ce cas les employés de la régie doivent se faire accompagner d'experts dégustateurs, ou au moins saisir et conserver une partie du liquide pour le soumettre à la vérification. — *Ch. corr.*, 5 juillet 1838, *l'administration des contributions indirectes.* — *R. P.* 2, 277.

3. — L'inscription de faux contre un procès-verbal de contravention en matière de contributions indirectes, qui n'a

pas été formée à la première audience indiquée par l'assignation, ne peut être admise plus tard, sur le motif que la cause a été renvoyée à une autre audience, et que, dans l'intervalle, une assignation contenant des conclusions additionnelles aurait été donnée au prévenu. — *m. arr.*

4. — L'art. 2. de l'ordonnance d'amnistie du 30 mai 1837 qui fait remise de toutes les condamnations de 100 fr. d'amende et au-dessous, prononcées antérieurement, en matière correctionnelle, est applicable aux contraventions en matière de contributions indirectes. — *Ch. corr.*, 23 oct. 1837, *Hergas.* — *R. P.* 1, 598. — *Ch. corr.*, 3 août 1837, *Herman.* — 1, 519.

5. — En matière de contributions indirectes, les tribunaux n'ont pas le droit de réduire le montant de l'estimation donnée par les employés de l'octroi aux objets par eux saisis ; c'est sous une contrainte égale au montant de cette estimation que le contrevenant doit être tenu de représenter les objets saisis dont il est resté gardien et dont la confiscation est prononcée. — *Ch. corr.*, 20 février 1840, *l'administration des contributions indirectes.* — *R. P.* 4, 14.

6. — En matière de contributions indirectes, le partage prévaut en faveur du prévenu, non-seulement lorsqu'il a lieu sur l'appréciation des faits de la cause, mais aussi quand il s'élève sur un incident qui peut influer sur le résultat du procès. — *Ch. corr.*, 5 juillet 1838, *l'administration des contributions indirectes.* — *R. P.* 1, 277.

CONTUMACE—CONTUMAX.

7. — « Les lois qui fixent la compétence et les formes de procéder dans les affaires qui intéressent la perception des impôts sont des exceptions qui ne s'etendent point aux contestations qui peuvent exister entre les parties pour savoir entre elles qui doit être obligé à acquitter la somme à payer. » A cet égard les règles ordinaires sont seules applicables. — 1re, 9 juillet 1832, *Darondel.*

V. Amende, régie.

CONTUMACE—CONTUMAX.

1. — Lorsqu'il s'agit de nommer un curateur pour administrer les biens d'un condamné par contumace, ce n'est point le conseil de famille, mais le tribunal qui doit procéder à la nomination de ce curateur.

En d'autres termes, ce n'est pas l'art. 11, de la loi des 16-24 août 1790, mais bien la disposition des art. 471 C. i. cr. 112 et 812 C. civ. combinés, qui doit être appliquée. — 1re, 3 mars 1828, *veuve Jarry.* — C. R. 10, 54.

2. — « Il résulte, à la vérité, des dispositions de l'art. 64 du Code du 3 brumaire an IV, que l'accusé n'est dépouillé d'une manière absolue du droit de disposer de ses biens, que par l'ordonnance rendue en vertu de cet article ; mais de là on ne peut tirer la conséquence qu'il puisse, en se concertant avec un tiers, par des dispositions soit à titre gratuit, soit à titre onéreux, se dépouiller de tout ou partie de sa fortune. — Il appartient aux tribunaux d'examiner le mérite des actes par lui souscrits, et de voir s'ils n'ont point été frauduleu-

COPIE.

sement consentis dans le but de soustraire ses biens au séquestre. » — 2e, 2 mai 1827, *le domaine* contre *veuve Ouen et Deshayes.* — C. R. 9, 176.

3. — Les tribunaux sont compétents de prononcer l'envoi en possession accordé aux héritiers du coutumax par l'art. 482 du Code du 3 brumaire an IV, et par suite ordonner mainlevée du séquestre. — *m. arr.*

4. — Les héritiers présomptifs du contumax, envoyés en possession provisoire des biens qui avaient été séquestrés, n'ont pas droit à la restitution des fruits échus pendant la durée du séquestre. (Décret du 20 septembre 1809.) — *m. arr.*

CONVENTION.

V. Obligation. V. aussi acquiescement, avoué, capitaine, communauté, communes, compétence administrative, compétence civile, compétence commerciale, contrainte par corps, contrat de mariage, condition, garantie, hypothèque, louage, ordre, partage, servitude, société, transaction, usufruit, vente.

CONVENTIONS MATRIMONIALES.

V. Contrat de mariage. V. aussi communauté, donations entre époux, dot, époux normands.

CONVOL.

V. Contrat de mariage, donation entre époux.

COPIE.

V. exploit, preuve littérale. V. aussi appel, huissier, procès-verbal, saisie-arrêt, saisie-exécution, saisie immobilière.

COURTIERS.

COUPE DE BOIS.
V. Communauté, commune, compétence administrative, dot, hypothèque.

COUR DE CASSATION.
V. Cassation.

COUR DES COMPTES.
V. Compétence administrative.

COUR ROYALE.
V. Appel, compétence civile, degré de juridiction.

COURS D'EAU.
V. Eau.

COURTAGE.
V. Courtier.

COURTIERS.

1. — Les courtiers ne peuvent se livrer aux ventes à l'encan que dans les cas et sous les conditions déterminées par les lois qui leur sont spéciales. (Décrets des 22 novembre 1811 et 17 avril 1812, et ordonnance du 9 avril 1819.)

2. — Il résulte de ces lois qu'il ne peuvent jamais se trouver interposés qu'entre le marchand et le marchand, et non entre le marchand et le consommateur. — 2e, 31 décembre 1829, *Liais.* —C. R. 12, 18.

3. — Les commissaires-priseurs conservent leur compétence intacte dans tout ce qui n'a point été transféré aux courtiers, et restent, par conséquent, en possession de vendre aux enchères publiques les marchandises de détail, comme ils y étaient avant les innovations faites en faveur des courtiers. — *m. arr.*

COURTIERS.

4. — Lorsqu'il n'y a pas de syndicat de courtiers, et que leur nombre ne paraît pas comporter cette organisation, un courtier peut agir individuellement pour s'opposer aux empiétements des commissaires-priseurs. — *m. arr.*

5. — Les courtiers-interprètes conducteurs de navires à Cherbourg, commissionnés seulement pour la langue anglaise, n'ont pas le droit exclusif d'assister ou de remplacer, dans les déclarations à faire à l'administration des douanes, les capitaines de navires étrangers appartenant à une autre nation. — 4e, 16 juin 1838, *les courtiers maritimes de Cherbourg.* — R. P. 2, 236. — 4e, 26 juin 1838, *Cardine,* — R. P. 2, 243.

6. — Ils n'ont pas non plus ce droit à l'exclusion des négociants propriétaires ou même consignataires uniques du chargement. — *mêmes arrêts.*

7. — Lorsqu'un individu n'a été nommé courtier interprète que d'une ou plusieurs langues étrangères, spécialement désignées, on en doit induire que la qualité de conducteur de navire, qui lui est en même temps donnée, ne doit s'appliquer, quant au droit exclusif pour le courtage, qu'aux navires des seules nations dont il peut interpréter les langues. — 1re, 28 novembre 1814, *Petcal.*

8. — Si un capitaine étranger sait parler français et qu'il puisse, par cette raison, se passer d'un interprète, il peut également, s'il le veut, se passer de courtier. Mais, par cela seul qu'il en emploie un, il ne peut plus le choisir à volonté. Il est tenu d'employer celui qui

DATE.

est constitué pour le servir. Sa confiance n'est plus libre ; il l'a doit à celui que le gouvernement à institué pour son avantage. — *m. arr.*

COUTUME DE NORMANDIE.

V. Don mobil, don mutuel, douaire, époux normands, femme normande, mariage avenant, statut normand, servitude, viduité (droit de). V. aussi absence, communauté, dot, hypothèque.

CRAINTE.

V. Obligation.

CRÉANCIER.

V. Obligation, preuve littérale. V. aussi appel, cession de biens, chose jugée, communauté, commune, contrainte par corps, dot, faillite, hypothèque,

ordre privilége, saisie, succession, tierce opposition.

CRÉDIT OUVERT.

V. Hypothèque.

CULTE.

V. Établissements religieux, fabriques.

CULTIVATEURS.

V. Acte de commerce, commerçants, preuve littérale.

CUMUL.

V. Action, hypothèque.

CURATELLE. — CURATEUR.

V. Tutelle. V. aussi absence, acquiescement, hypothèque, succession vacante.

D.

DANGER D'ÉVICTION.

V. Transport, vente.

DATE.

1. — « Il est indifférent, pour préciser la date contestée d'un acte, qu'il faille se reporter à des faits en dehors de cet acte, parce qu'il n'est pas défendu d'exprimer une date par corrélation expresse ou implicite à un ou plusieurs événements, dont l'époque est authentiquement constante, et que tout ce que demande la loi, c'est que ce soit l'acte qui fournisse les données au moyen desquelles on arrive certainement à déter-

miner le temps de sa confection. » — 2e, 7 juin 1833, *Frilay.*

2. — C'est par suite de ce principe qu'il a été jugé que lorsqu'il se trouve une erreur de date dans un testament olographe, cette erreur ne vicie pas le testament, si elle peut être rectifiée par des énonciations puisées dans l'acte lui-même, c'est-à-dire s'il résulte de ces énonciations une indication claire du jour où l'acte a été fait. — *m. arr.*, et 2e, 2 août 1817, *Bruno de Boyer ;* — 2e, 11 décembre 1830, *Amiable.*

3. — Ainsi, décidé qu'un testament portant la date du 4 décembre *mil seize,*

DATE CERTAINE.

avait date certaine pour le 4 décembre *mil huit cent seize.* — 2ᵉ, 7 juin 1833, *Friley.*

4. — ...Et que celui portant la date du 15 juin *mil cent seize*, avait date certaine pour le 15 juin *mil huit cent seize*. — 2ᵉ, 2 août 1817, *Bruno de Boyer.*

5. — Est daté l'acte qui énonce le mois et l'an, et laisse le jour en blanc. Le délai est réputé courir du dernier jour du mois. — 4ᵉ, 2 janvier 1838, *Liard-Bascourty.* — R. P. 1, 713.

6. — Les quittances non enregistrées, qui se rapportent à un acte ayant date certaine, font foi de leur date. — 2ᵉ, 16 mars 1821, *Lebourgeois;* — Ità, 2ᵉ, 30 mars 1832, *Deschamps.*

7. — Les actes faits sous seing privé, par un mandataire au nom de son mandant, font foi de leur date contre celui-ci : si donc ils portent une date antérieure à la révocation du mandat, ils sont exécutoires contre le mandant, à moins que ce dernier ne prouve, d'une manière évidente, que ces actes n'ont été faits que postérieurement à la révocation, qu'ils sont frauduleux et collusoires. — 4ᵉ, 24 décembre 1823, *Nicolais;* — 2ᵉ, 9 novembre 1833, *Brout;* — 2ᵉ, 26 novembre 1835, *Saffray.*

V. Appel, contrainte par corps, contrat de mariage, dot, exploit, faillite, hypothèque, jugement, mandat, obligation, preuve littérale, procès-verbal, saisie-arrêt, saisie immobilière, testament.

DATE CERTAINE.

V. Preuve littérale. V. aussi contrat de mariage, date, époux normands.

DÉCONFITURE.

DATION EN PAIEMENT.

V. Paiement.

DÉBITEUR.

V. Obligation. V. aussi dot, femme normande, hypothèque, mandat, ordre, saisie immobilière.

DÉCÈS.

V. Actes de l'état civil. V. aussi absent, aliments, condition, donation, exploit, testament.

DÉCHARGEMENT.

V. Assurances maritimes, avarie, capitaine.

DÉCHÉANCE.

V. Délai, exception, prescription.

DÉCISION ADMINISTRATIVE.

V. Chose jugée, compétence administrative, voirie.

DÉCLARATION D'ABSENCE.

V. Absence.

DÉCLARATION D'HYPOTHÈQUE.

V. Hypothèque, prescription.

DÉCLINATOIRE.

V. Exception. V. aussi appel, compétence commerciale, conflit.

DÉCONFITURE.

1. — « L'état de déconfiture du débiteur ne résulte nécessairement, ni de ce que sa succession a été acceptée sous bénéfice d'inventaire, ni de ce que les ventes de biens de cette même succession ont eu lieu pour en opérer la liquidation, lorsqu'il n'est pas prouvé que le passif du défunt excède son actif, et que les héritiers bénéficiaires offrent une solvabilité personnelle, de nature à don-

25

DEGRÉS DE JURIDICTION.

ner de la sécurité, quant aux valeurs qu'ils ont dans les mains. » — 1ʳᵉ, 16 janvier 1828, *héritiers Mallet et Marescot.* — C. R. 12, 660.

2. — Le débiteur en déconfiture doit, aux termes de l'art. 1188 C. civ., être privé du bénéfice du terme. — 1ʳᵉ, 24 novembre 1835, *Maurice.*

3. — Le propriétaire de la maison occupée par un débiteur en déconfiture peut donc saisir-gager les meubles de celui-ci pour loyers dûs et non échus. — *m. arr.*

V. Faillite, hypothèque, rente.

DÉFAUT D'INTÉRÊT.
V. Action.

DÉFENSE AU FOND.
V. Exception.

DÉFRICHEMENT.
V. Communes.

DÉGRADATIONS.
V. Communauté, dot, femme normande, hypothèque, saisie-gagerie.

DEGRÉS DE JURIDICTION.
(LL. des 16—24 août 1790. — 11 juillet 1858. — Art. 639 C. comm., 473 C. pr.)

ART. 1. — DU PREMIER ET DU DERNIER RESSORT DANS LES AFFAIRES D'UNE VALEUR DÉTERMINÉE, SOUMISES AUX TRIBUNAUX DE PREMIÈRE INSTANCE OU DE COMMERCE.

§. I. — *Des demandes déterminées en général.*

§. II. — *De la détermination du taux du dernier ressort par les conclusions.*

§. III. — *Des cas où les fruits, intérêts,*

DEGRÉS DE JURIDICTION.

frais et dépens et dommages - intérêts concourrent à former le dernier ressort.

§. IV. — *Des demandes déterminées avec contrainte par corps.*

§. V. — *Des demandes déterminées dans lesquelles se trouvent joints incidemment des objets ou des exceptions d'une valeur indéterminée.*

§. VI. — *Des demandes formées par ou contre plusieurs personnes. — Appel en garantie. — Jonction des demandes.*

§. VII. — *Des demandes relatives aux baux et aux rentes.*

§. VIII. — *Du premier et du dernier ressort en matière de saisie, d'ordre et de contribution.*

§. IX. — *Du premier et du dernier ressort en matière d'enregistrement.*

ART. 2. — DU PREMIER ET DU DERNIER RESSORT DANS LES DEMANDES RECONVENTIONNELLES PORTÉES AUX TRIBUNAUX DE PREMIÈRE INSTANCE ET DE COMMERCE.

ART. 3. — DES DEGRÉS DE JURIDICTION DANS LES DEMANDES INDÉTERMINÉES.

§. I. — *Demandes indéterminées par leur nature.*

§. II. — *Demandes personnelles ou mobilières non déterminées par les parties.*

§. III. — *Demandes réelles immobilières non déterminées par les parties.*

ART. 4. — DES DEGRÉS DE JURIDICTION EN CAUSE D'APPEL. — DES ÉVOCATIONS.

ART. 1. — DU PREMIER ET DU DERNIER RESSORT DANS LES AFFAIRES D'UNE VALEUR DÉTERMINÉE, SOUMISES AUX TRI-

DEGRÉS DE JURIDICTION, art. 1.

DEGRÉS DE JURIDICTION, art. 1.

BUNAUX DE PREMIÈRE INSTANCE OU DE COMMERCE.

§. I. — *Des demandes déterminées en général.*

1. — L'art. 5., tit. IV, de la loi des 16-24 août 1790 porte : « Les juges de » districts (aujourd'hui tribunaux d'ar- » rondissement) connaîtront en premier » et dernier ressort de toutes affaires » personnelles et mobilières, jusqu'à la » valeur de mille livres de principal, et » des affaires réelles dont l'objet sera de » cinquante livres de revenu, déter- » miné, soit en rente, soit par prix de » bail.

2. — « Les tribunaux de commerce, » porte l'art. 639 C. comm., jugeront » en dernier ressort, 1° toutes les de- » mandes dont le principal n'excédera » pas la valeur de mille francs ; 2° tou- » tes celles où les parties justiciables de » ces tribunaux, et usant de leurs droits, » auront déclaré vouloir être jugés défi- » nitivement et sans appel. »

3. — La loi du 11 avril 1838 a étendu la juridiction des tribunaux civils de première instance. L'art. 1 de cette loi est ainsi conçu : « Les tribunaux civils » de première instance connaîtront, en » dernier ressort, des actions person- » nelles et mobilières jusqu'à la valeur » de quinze cents francs de principal, » et des actions immobilières jusqu'à » soixante francs de revenu, déterminé, » soit en rentes, soit par prix de bail. »

4. — Puis l'art. 12 de la même loi porte : « L'art. 5, tit. IV, de la loi des

16-24 août 1790, sur la compétence des » tribunaux civils de première instance, » est abrogé. »

Nous ferons néanmoins connaître les décisions rendues sous l'empire de cette loi de 1790, d'abord parce que plusieurs dispositions de la nouvelle loi, et entre autres son art. 1er, est inapplicable aux demandes introduites avant sa promul- gation (art. 12 de la même loi) ; en se- cond lieu, parce que, sauf la différence du taux fixant le degré de juridiction, un grand nombre de questions jugées sous la loi des 16-24 août 1790 pourraient en- core se présenter aujourd'hui.

5. — La disposition de la loi des 16- 24 août 1790, qui fixe le dernier ressort à mille livres, a été prorogé à mille francs par l'établissement du système monétaire décimal. — Les tribunaux ci- vils peuvent donc prononcer en dernier ressort sur une demande de mille francs. — 4e, 7 novembre 1827, *Pesquerel.* — C. R. 9, 162.

6. — Est en dernier ressort le juge- ment qui statue sur les difficultés qui s'élèvent sur le paiement de sommes inférieures à mille francs, bien qu'elles soient le reliquat de sommes plus consi- dérables originairement dues. — 2e, 29 février 1832, *Lebaudy.*

7. — Ainsi, si, en résultance d'une comptabilité composée d'éléments supé- rieurs au taux du dernier ressort, il n'est cependant réclamé qu'une somme inférieure à mille francs, le jugement qui intervient est en dernier ressort. — 4e, 11 juin 1821, *Jorel* ; — 4e, 26 juin 1821, *Gouvrion* ; — 1re, 12 mai 1824,

Brisset-Dumesnil;—4ᵉ, 26 janvier 1824, *Vautier.*

8. — Quelque soient les faits admis en preuve par un tribunal, sa juridiction n'en reste pas moins en dernier ressort, si le résultat de cette preuve ne peut amener de décision effective que sur un objet d'une valeur inférieure au taux du dernier ressort. — 2ᵉ, 26 février 1835, *Surbled.* — *R. P.* 1, 627.

9.—Le jugement obtenu par le créancier d'une succession bénéficiaire, pour une somme au-dessous de mille francs, est en dernier ressort, lors même que, pour l'obtenir, il ait fallu se livrer à l'examen et à la discussion d'un compte de bénéfice d'inventaire, par suite duquel l'héritier a été reconnu comptable d'une somme plus forte. — 4ᵉ, 6 mai 1828, *Guerne.* — C. R. 10, 254.

§. II. — *De la détermination du taux du dernier ressort par les conclusions.*

10. — Ce sont les conclusions de la demande et non le montant de la condamnation qui fixent la limite du dernier ressort. Ainsi, un juge ne pourrait soustraire sa décision à l'appel en condamnant au paiement d'une somme moindre de 1,000 fr., lorsque la demande s'élevait au-delà de ce taux. — 1ʳᵉ, 18 juillet 1811, *Giffoult.*

11. — Mais comme le demandeur peut toujours, jusqu'au jugement définitif, diminuer ou augmenter ses conclusions, c'est d'après les conclusions, ainsi réduites ou augmentées, que se détermine la compétence du premier ou du dernier

ressort. — 2ᵉ, 18 brumaire an xi, *Cazaut;* — 4ᵉ, 7 juin 1825, *Colleville;* — 2ᵉ, 10 juin 1825, *Deschamps;* — 2ᵉ, 26 février 1835, *Surbled.* — *R. P.* 1, 627. — 2ᵉ, 22 février 1838, *Foucher.* — *R. P.* 2, 34. — 4ᵉ, 5 février 1838, *Quentin.* — *R. P.* 4, 165.

12. — Ainsi, encore que dans une instance il soit intervenu plusieurs jugements en premier ressort, si, lors du jugement définitif, les prétentions se sont trouvées réduites à une valeur inférieure à 1,000 fr., le jugement est en dernier ressort. — 1ʳᵉ, 24 août 1821, *Racine.*

13. — Il en est ainsi lors même que les conclusions par lesquelles la demande a été réduite, n'ont pas été signifiées et que le jugement a été rendu par défaut. — La signification du jugement, en effet, a fait connaître la réduction de la demande au défendeur : c'était à celui-ci à revenir par opposition contre ce jugement. — 2ᵉ, 22 février 1838, *Foucher.* — *R. P.* 2, 34.

14. — Mais, si la demande qui, dans l'origine était supérieure à 1,000 fr., ne s'est trouvée réduite durant le cours de la procédure que sous des conditions qui ne se sont pas réalisées, elle reste soumise aux deux degrés de juridiction. — 4ᵉ, 9 janvier 1833, *Lebret.*

15. — Si une partie des demandes est acquiescée et que ce qui reste litigieux ne dépasse pas le taux du dernier ressort, le jugement qui intervient est en dernier ressort.—1ʳᵉ, 24 juin 1811, *Mesnil;* — 1ʳᵉ, 8 juillet 1811, *Roger;* — 1ʳᵉ, 23 février 1818, *Scelles;* — 2ᵉ, 12 février

DEGRÉS DE JURIDICTION, ART. 1.

1819, *Desmonts;* — 4ᵉ, 3 avril 1822, *Scelles ;* — 4ᵉ, 22 juillet 1823 , *Gascoin;* — 2ᵉ, 11 mars 1824 , *Brouard.* — C. R. 6, 25. — 4ᵉ, 6 avril 1824, *de Chazot.* — C. R. 6, 24. — 2ᵉ, 5 août 1825, *Lanqueray-Lesrochers.* — C. R. 6 , 26. — 4ᵉ, 24 janvier 1826, *Liais.* — C. R. 6, 21. — 4ᵉ, 26 mars 1833, *Lefranc;* — 2ᵉ, 19 mars 1835, *Hélie ;* — 1ʳᵉ, 25 août 1835, *Lemonnier.*

16. — Ainsi, le jugement est en dernier ressort si, le principal étant acquiescé, la contestation ne roule plus que sur les dépens inférieurs à 1,000 fr. — 2ᵉ, 5 avril 1827, *Dufresne.*

17. — Cependant est en premier ressort le jugement rendu sur une demande en condamnation à une somme excédant 1,000 fr., quoique la créance soit reconnue par le débiteur, et que toute la discussion roule sur le point de savoir s'il a été ou non payé des à-comptes ne montant pas à 1,000 fr. — 2ᵉ, 2 frimaire an XII, *Regnée.*

18. — Doit être considéré comme en premier ressort, le jugement d'un tribunal civil interprétatif d'un autre jugement du même tribunal, statuant comme juge d'appel, si de nouvelles conclusions ont été prises par une des parties lors du jugement interprétatif et adoptées par le tribunal. — 4ᵉ, 29 juillet et 5 août 1828, *Rogère.*

19. — Des réserves non contestées n'influent en rien sur la compétence du premier ou du dernier ressort. — 4ᵉ, 23 août 1831 , *Delaroque.*

20. — La demande formée en vertu d'un titre qui, en le supposant valable, constitue le demandeur créancier d'une somme supérieure à 1,000 fr., se juge cependant en dernier ressort, si la demande est inférieure à ce taux, et que le défendeur ne conteste pas le titre. — 4ᵉ, 6 juillet 1815, *Bigot;* — 4ᵉ, 12 août 1818, *Dénis.*

21. — L'action paulienne ou révocatoire exercée par un créancier, même pour une somme inférieure à 1,000 fr., se juge en premier ressort si elle est dirigée contre un acte dont l'importance excède ce taux. — 4ᵉ, 26 nov. 1823, *Chenetier.*

22. — La question de savoir si une consignation supérieure à 1,000 fr., est nulle comme insuffisante, se juge en premier ressort, bien que la différence entre la consignation faite et celle que l'on prétend qui aurait dû être faite soit de beaucoup inférieure à 1,000 fr. (C'est qu'en effet de la décision à intervenir dépend le sort de la décision entière.) — 4ᵉ, 8 mai 1827, *Claude.* — C. R. 8, 253.

23. — Peu importerait même que celui qui soutient la consignation insuffisante ait demandé l'emport provisoire de la somme consignée, sauf à poursuivre pour la différence. — *m. arr.*

24. — C'est d'après la demande formée en première instance, et non d'après les nouveaux soutiens élevés devant la Cour, que se détermine la compétence du premier ou du dernier ressort. — Une partie ne peut donc, en rétractant des obéissances passées en première instance, et élevant ainsi à plus de 1,000 fr. l'importance du débat, s'ouvrir la voie de

DEGRÉS DE JURIDICTION , **art. 1.**
l'appel qui lui était fermée. — 1re, 25
août 1835, *Lemonnier.*

§. III. — *Des cas où les fruits, intérêts,
frais et dépens, dommages-intérêts, concourrent à former le dernier ressort.*

25. — Les intérêts, arrérages et fruits
échus avant l'action, de même que les
dommages-intérêts soufferts avant la demande, concourrent également à fixer le
principal dont parle la loi, et servent à
déterminer le premier ou dernier ressort. — 2e, 25 août 1808, *De Guernon-
Ranville ;* — 2e, 13 oct. 1810, *Légner ;* —
2e, 27 mars 1811, *Dubost ;* — 2e, 25 juillet 1811, *Tinard ;* — 2e, 8 mai 1816,
Beauguillot ; — 1re, 8 déc. 1826, *Liétot ;*
— 1re, 31 mai 1827, *Lepelletier ;* — 1re,
3 juin 1835, *Leroux ;* — 4e, 5 février
1838, *Quentin.* — R. P. 4, 165.

26. — Si le principal, par suite de la
jonction des intérêts, forme une somme
supérieure à 1,000 fr., le jugement est
en premier ressort, encore que ces intérêts ne soient dus que par suite du protêt d'un effet à ordre. — 2e, 10 janvier
1822, *Langlois.*

27. — « Les intérêts courus depuis la
demande ne sont qu'un accessoire qui ne
doit pas être pris en considération pour
la fixation de la compétence en premier
ou dernier ressort. » — 4e, 28 août 1837,
Hulmer. — R. P. 1, 582. — *Ità.* 4e, 7
juin 1827, *Pesquerel ;* — 4e, 9 avril 1827,
Planchard. — 4e, 26 mars 1833, *Lefranc ;*
— 2e, 26 février 1835, *Surbled.*

28. — Par ces mots *avec intérêts* insérés
dans une demande judiciaire, on doit en-

DEGRÉS DE JURIDICTION , **art. 1.**
tendre les intérêts courus depuis la demande et non pas les intérêts courus depuis l'exigibilité du paiement, si la
créance principale ne devait pas en produire. — 4e, 28 août 1837, *Hulmer.* —
R. P. 1, 582. — *Ità.* 12 janvier 1815,
veuve Youf ; — 2e, 27 mars 1829, *Ozenne.*

29. — Décidé que l'on doit regarder
comme rendu en dernier ressort, le jugement qui statue sur la demande d'un
billet de 1,000 fr., avec les intérêts de
droit et dépens. — 4e, 19 nov. 1833,
Lenfant.

30. — La citation en conciliation lorsqu'elle est suivie d'ajournement dans le
mois, fixe irrévocablement la compétence du tribunal. « Les intérêts auxquels elle sert de point de départ ne
forment qu'un accessoire du principal,
et ne changent rien au droit du juge de
statuer en dernier ressort. » — 4e, 7
nov. 1827, *Pesquerel.* — C. R. 9, 162.

31. — Delà, il résulte qu'encore bien
qu'au moment de la mise en cause d'un
débiteur solidaire, la créance réclamée
avec ses accessoires, excède 1,000 fr.,
le jugement n'en est pas moins en dernier ressort, si dans l'origine de l'action
la demande ne s'élevait pas à 1,000 fr.
— 2e, 12 avril 1821, *Damphernel.*

32. — *Frais.* — Les frais faits avant
l'introduction de l'action doivent, de
même que les intérêts, servir à déterminer la compétence du premier ou dernier ressort.

Ainsi, est en premier ressort un jugement qui statue sur un billet de moins
de 1,000 fr., si cette somme est dépassée
par les frais faits et les intérêts courus

avant la demande. — 1ʳᵉ, 31 mai 1827 , *Lepelletier*. — C. R. 11 , 356.

33. — Il en est surtout et spécialement ainsi si le demandeur n'est pas le cessionnaire du créancier originaire, au profit duquel les intérêts avaient couru et par lequel les frais avaient été faits. — *m. arr.*

34. — Mais il en est différemment des frais faits depuis l'introduction de l'action. (Par *arg.* du même arrêt.)

Ainsi , les frais du procès en première instance ne peuvent être comptés pour fixer le premier ou le dernier ressort. — 4ᵉ, 6 mai 1828 , *Guerne*. — C. R. 10, 254.

35. — Les frais de compte réclamés par l'héritier ne peuvent être pris en considération pour fixer le premier ou dernier ressort. — *m. arr.*

36. — De même, les frais de protêt et autres nécessaires pour la poursuite n'entrent pas dans la computation *du principal* pour fixer le ressort. — 4ᵉ, 13 mars 1816, *Jouenne ;* — 4ᵉ, 17 nov. 1834, *Scelles.*

37. — Jugé encore que les intérêts courus depuis le protêt d'une lettre de change, les frais de protêt et ceux détaillés dans le compte de retour, ne doivent pas être joints au principal pour la fixation du dernier ressort. — 4ᵉ, 5 février 1840 , *Clouet*. — R. P. 4 , 403.

38. — *Dommages-intérêts.* — Pour les dommages-intérêts, la jurisprudence applique la même distinction que lorsqu'il s'agit des intérêts, fruits et arrérages ; c'est-à-dire que « toutes les fois que les dommages-intérêts prennent leur source

dans un fait antérieur à la demande , ils doivent être comptés pour déterminer la compétence. » — 1ʳᵉ, 3 février 1835, *Liégard* , et tous les arrêts cités, *supra* n° 25.

39. — Mais s'ils ont une cause postérieure à la demande , ils ne sont plus regardés que comme un accessoire qui suit le sort de l'action principale. — *m. arr. Liégard ;* — 1ʳᵉ, 6 mars 1837, *Hallard.* — R. P. 1 , 227, et tous les arrêts cités, *supra* n° 27.

40. — Tous les arrêts sont d'accord sur le principe , mais il y a divergence dans l'application.

41. — Ainsi , jugé que « il est de jurisprudence constante que les dommages-intérêts demandés ne changent rien à la compétence , à moins qu'ils n'aient un principe à l'action. »

Mais , « que cette exception ne peut s'appliquer aux dommages-intérêts réclamés à l'occasion d'une saisie, car la véritable demande est celle de la somme en vertu de laquelle la saisie est exercée, et la demande en mainlevée n'est qu'une exception qui ne perd pas ce caractère , par cela seul que le tribunal a été saisi par la partie qui propose cette exception. » — 4ᵉ, 13 mars 1837, *Couespel.* — R. P. 1 , 215 , et dans le même sens. — 4ᵉ, 2 juillet 1820 , *Dupont ;* — 4ᵉ, 11 juillet 1825, *Mallet ;* — 1ʳᵉ, 16 déc. 1828, *Perrier ;* — 1ʳᵉ, 1ᵉʳ avril 1833 , *Bottin ;* — 4ᵉ, 2 déc. 1833 , *Carnet ;* — 4ᵉ, 19 nov. 1835 , *Lenfant.*

42. — Jugé au contraire, et cela en partant du même principe , que si une saisie étant faite en vertu d'un acte nota-

DEGRÉS DE JURIDICTION, art. 1.

rié pour une créance au-dessous de 1,000 fr., le débiteur demande au tribunal mainlevée de la saisie et 3,000 fr. de dommages-intérêts, le jugement qui intervient est en premier ressort, car la demande en dommages-intérêts dérive d'un fait antérieur à l'action, ou plutôt c'est elle qui a donné naissance à l'action. — 1re, 3 février 1835, *Liégard*, et dans ce sens. — 2e, 15 oct. 1808, *De Vaucouleurs*; — 1re, 14 janvier 1811, *Lebellais*; — 1re, 20 avril 1814, *Gallet*.

43. — Jugé encore, dans le premier sens, que l'on doit considérer comme postérieure à l'introduction de l'instance les dommages-intérêts qui ont une cause postérieure à la saisie ou au moins à l'assignation du tiers-saisi. — 1re, 6 mars 1837, *Hallard*. — R. P. 1, 227.

44. — Il en est ainsi lors même que le tiers-saisi aurait obtenu son renvoi devant le tribunal de son domicile, et que dans l'assignation devant le nouveau tribunal, l'on aurait renouvelé la demande en dommages-intérêts formée devant le premier juge. — *m. arr.*

45. — Sont encore considérés comme dérivant d'un fait postérieur à l'action, les dommages intérêts réclamés par une partie, qui, par suite de l'abus d'un blanc-seing, ayant été obligée de payer une traite que réellement elle n'avait point acceptée, demande répétition du paiement (de 842 fr. dans l'espèce), et une indemnité de 2,400 fr. « Ce n'est point, en effet, la transformation frauduleuse du blanc-seing en lettre de change qui a été dommageable à la partie, mais bien l'usage qui en a été fait contre elle. » — 4e, 9

DEGRÉS DE JURIDICTION, art. 1.

avril 1827, *Planchard*. — C. R. 8, 187.

46. — Sont au contraire considérés comme dérivant d'un fait antérieur à l'action et comme devant dès-lors servir à déterminer le premier ou le dernier ressort, les dommages-intérêts réclamés en même temps que la répétition pour cause d'usure. — 2e, 9 mai 1828, *Auger*.

47. — Est une demande principale, et par conséquent susceptible des deux degrés de juridiction, la demande formée sous une contrainte de 1,000 fr., avec dépens et 500 fr. de dommages-intérêts : la raison en est que le défendeur ne pourrait arrêter les poursuites qu'en offrant 1,500 fr. — 4e, 9 déc. 1823, *Davy*.

§. IV. — *Des demandes déterminées, avec contrainte par corps.*

48. — Avant la loi du 17 avril 1832, sur la contrainte par corps, le jugement qui, en statuant sur une demande inférieure à mille francs, prononçait aussi la contrainte par corps, était en dernier ressort, même quant à ce dernier chef : La contrainte par corps, en effet, n'était regardée que comme un mode d'exécution. — 1re, 24 juin 1811, *Mesnil*; — 2e, 21 juin 1817, *Nicole*; — 4e, 23 août 1823, *Robillard*.

49. — La loi du 17 avril 1832, ne permettrait plus de semblables décisions; elle porte (art. 20) : « Dans les affaires où » les tribunaux civils ou de commerce » statuent en dernier ressort, la dispo- » sition de leur jugement relative à la » contrainte par corps, sera sujette à » l'appel. »

50. — La faculté introduite par cette loi de porter l'appel de la disposition d'un jugement en dernier ressort, qui statue sur la contrainte par corps, n'est pas établie uniquement en faveur du condamné ; elle peut être exercée par toute partie en cause, qui a pris des conclusions au chef de la contrainte par corps.

Spécialement, la partie demanderesse d'une somme inférieure à mille francs , qui s'est vue adjuger le bénéfice de ses conclusions au principal, peut appeler du jugement au chef qui lui refuse la voie de la contrainte par corps contre le débiteur. — 4ᵉ, 15 juillet 1835, *Dumesnil.*

51. — Dès avant la loi du 17 avril 1832, on décidait que tout jugement qui statuait sur des nullités d'emprisonnement, était susceptible d'appel, quelque fût le montant de la contestation.— 2ᵉ, 15 janvier 1808.— 4ᵉ, 7 janvier 1819, *Leforestier ;* — 4ᵉ, 15 novembre 1825 , *Letellier.* — A plus forte raison en est-il ainsi depuis cette loi. — 4ᵉ, 16 juin 1840, *De Baupte.*— R. P. 4, 380.

§. V. — *Des demandes déterminées, dans lesquelles se trouvent joints incidemment des objets ou des exceptions d'une valeur indéterminée.*

52. — Lorsqu'à une demande déterminée au-dessous de mille francs, les parties ont joint une demande indéterminée, le tribunal ne peut prononcer qu'en premier ressort. — 2ᵉ, 12 décembre 1835, *Couenne.*

53. — Cependant lorsque des de-

mandes et prétentions incidentes supérieures à mille francs n'ont été formées, devant le premier juge , que comme moyen de repousser une demande principale inférieure à mille francs , et qu'elles ne sont également contestées qu'à l'effet de parvenir à l'obtention de la somme principale qui, tant en demandant qu'en défendant , faisait l'objet unique du procès, le jugement qui intervient est en dernier ressort. — 2ᵉ, 11 juillet 1833, *Lebaron.*

54. — Une demande incidente non spécifiée quant à sa quotité, mais cependant déterminable, telle qu'une demande en paiement de frais, ne rend pas la matière indéterminée et par cela seul susceptible, dans tous les cas, du premier ressort seulement. — 1ʳᵉ, 1ᵉʳ juin 1831, *Germain.*

55. — Une demande incidente en dommages-intérêts ne change pas la nature de la contestation sous le rapport du premier ou du dernier ressort. — 1ʳᵉ, 21 janvier 1811 , *Poret ;* — 1ᵉ, 23 mai 1814, *Dubusc ;* — 1ʳᵉ, 4 janvier 1815, *Vauvert.*

56.—Cependant si, dans une question d'une valeur inférieure à 1,000 fr., il s'élève un incident en vérification d'écriture, accompagné d'une demande en dommages-intérêts au-dessus de mille francs, il ne doit être statué qu'en premier ressort. — 1ʳᵉ, 25 août 1810, *Leroi.*

Contrà. — *Aud. sol.* 18 juin 1812 , *Marc.*

57. — Jugé que les moyens d'instruction, invoqués pour arriver à une vérification d'écritures, ne peuvent changer

la compétence du premier ou du dernier ressort. — 1re, 1er avril 1823, *Bottin*.

58. — Lorsque , sur une demande inférieure à mille francs, il est formé une inscription de faux , le jugement qui prononce sur le principal et sur l'incident est en dernier ressort. — 2e, 14 déc. 1821 , *Lemaître*.

59. — La demande incidente en nullité d'assignation se juge en dernier ressort, si le principal devait également s'y juger. — 4e , 25 juillet 1814 , *Desroches*.

60. — Se juge en dernier ressort la demande en désaveu formée contre un avoué, incidemment à une contestation n'excédant pas mille francs. — 2e , 31 mars 1814, *De Ruppières*.

61. — Est également en dernier ressort le jugement qui statue sur la demande en radiation d'une inscription hypothécaire , montant à plus de mille francs , si la créance qui en fait l'objet est inférieure à ce taux. — 2e , 21 juin 1817 , *Nicolle*.

62. — Lorsque , sur une demande dont l'objet ne s'élève pas à mille francs, la qualité de la partie est discutée incidemment ou opposée *jure exceptionis* , les tribunaux de première instance prononcent en dernier ressort. — 4e , 4 avril 1816 , *Denis* ; — 4e , 10 janvier 1838 , *Yver.* — R. P. 1 , 37. — 1re , 15 février 1838 , *Duclos.* — R. P. 1 , 39. — 1re , 20 mars 1838 , *Bougy.* — R. P. 1, 110. — 4e , 7 avril 1840 , *Grelley.* — R. P. 4 , 125.

63. — Ainsi , est en dernier ressort , le jugement qui , incidemment à une contestation inférieure à mille francs ,

attribue à une partie la qualité de médecin. — 4e, 4 avril 1816 , *Denis*.

64. — De même , est en dernier ressort le jugement qui statue sur l'existence d'une société, lorsque cette contestation ne s'élève qu'incidemment et accessoirement à la demande d'une somme inférieure à mille francs. — 4e , 10 janvier 1838, *Yver; R. P.* 1, 37. — 4e , 7 avril 1840 , *Grelley ; R. P. 4 , 125.*

65. — Ainsi encore , la question sur la qualité d'héritier , élevée incidemment à une question principale inférieure à mille francs , ne change pas la nature de cette demande. — 1re, 15 février 1838 , *Duclos ; R. P. 1 , 39.* — 1re , 20 mars 1838 , *Bougy ; R. P. 1, 110.*

66. — De semblables jugements n'ont pas l'autorité de la chose jugée sur la qualité attribuée à la partie qui a succombé , soit à l'égard des tiers pour le même objet , soit au profit même de ceux qui les ont obtenus , ou contre eux pour d'autres objets. — *Arrêts Yver et Duclos.*

67. — Avant le Code de procédure, tout tribunal, compétent pour juger en dernier ressort sur le fond , pouvait également statuer en dernier ressort sur sa compétence.

68. — Il en est autrement depuis le Code de procédure , sous l'empire duquel tout jugement sur la compétence est susceptible d'appel , quel que soit le montant de la contestation au fond.

V. sur l'un et l'autre point le mot *appel* , ART. 1. , §. II.

69. — Sont en premier ressort les ju-

DEGRÉS DE JURIDICTION , art. 1.

gements statuant sur des demandes en provision au-dessous de mille francs, si le fond de l'affaire excède cette valeur. C'est le fond, en effet, qui constitue le principal dont il est parlé en la loi des 16-24 août 1790. — 1re, 11 avril 1807, *Gallien.*

Contrà. — 28 février 1818, *Scelles.*

70. — Est en dernier ressort le jugement qui statue sur une demande inférieure à mille francs, lors même que, pour la décider, les juges ont été forcés d'examiner une question d'un intérêt bien supérieur. — Les motifs, en effet, du jugement attaqué n'ont la force de chose jugée que pour la somme réellement en débat dans l'instance. — 2e, 30 juillet 1836, *Revel.* —R. P. 3, 548.

§. VI. — *Des demandes formées par ou contre plusieurs personnes. — Appel en garantie. — Jonction des demandes.*

71. — Pour fixer la compétence du premier ou dernier ressort, il faut cumuler les demandes des parties. — 1re, 21 mars 1810, *Leroi;* — 1re, 14 août 1810, *Cardine;* — 2e, 17 septembre 1810, *Burct;* — 2e, 28 novembre 1811, *Labarberie;* — 4e, 19 novembre 1811, *Lemière.*

72. — Il faut procéder ainsi, même à l'égard des demandes formées sur l'opposition à un premier jugement, sur une demande au-dessous de mille francs. — 1re, 17 août 1812, *Duhamel;* — 4e, 4 avril 1812, *Mery;* — 4e, 23 juin 1812, *Bardelo!.*

Contrà. — 2e, 7 janvier 1813, *Dela-*

DEGRÉS DE JURIDICTION , art. 1.

touche ; — 4e, 10 août 1814, *Niard;* — 4e, 28 novembre 1814, *Seingrey.*

73. — Ainsi, lorsque l'action de plusieurs personnes, procédant conjointement et solidairement, a pour objet l'obtention de dommages-intérêts, s'élevant au-dessus de mille francs, chacune d'elles ne peut prétendre ensuite que le jugement, en ce qui la concerne, est en dernier ressort, par la raison que son intérêt individuel dans la contestation ne s'élevait pas à mille francs. — 1re, 8 janvier 1827, *Lebon.* — C. R. 7, 316.

74. — De même, un jugement qui condamne conjointement les débiteurs solidaires d'une obligation, s'élevant au-dessus de mille francs, doit être considéré comme en premier ressort, lors même qu'en divisant la dette entre eux, chacun ne se trouverait obligé que pour une somme inférieure à mille francs. — 4e, 8 août 1826, *Lubin.* — C. R. 7, 31.

75. — Jugé cependant que lorsque plusieurs parties sont intéressées dans une contestation, si pour l'une d'elles la demande est inférieure à mille francs, le jugement qui intervient est en dernier ressort à son égard. — 1re, 16 décembre 1811, *Lecerf.*

76. — Ainsi encore, dans ce dernier sens, est en dernier ressort le jugement qui condamne divers acquéreurs de coupes de bois au paiement d'une somme inférieure à mille francs, bien qu'il prononce contre eux la solidarité, en vertu d'une adjudication dont le prix total est supérieur. — 4e, 17 avril 1837, *Pagny.* R. P. 1, 387.

77. — Lorsque les parties ont un in-

DEGRÉS DE JURIDICTION, ART. 1.

térêt commun, si le jugement est en premier ressort à l'égard de l'une, il l'est aussi à l'égard de l'autre. — 2ᵉ, 4 juin 1824, *Pigache;* — 2ᵉ, 16 février 1833, *Darondel;* — 1ʳᵉ, 7 mars 1836, *Marquis;* — 4ᵉ, 20 décembre 1836, *Jardin;* — 2ᵉ, 9 mars 1839, *Heot.*

78. — Ainsi, lorsque deux parties plaident pour une somme supérieure au taux du dernier ressort, et que, sur cette instance, un tiers créancier intervient pour obtenir le paiement d'une somme inférieure à mille francs, le jugement est susceptible d'appel contre toutes les parties. — 2ᵉ, 2 mai 1839, *Quesnot. — R. P.* 3, 160.

79. — Le recours en garantie est soumis aux mêmes règles que l'action principale, en ce qui touche les deux degrés de juridiction; en conséquence, si le jugement, sur la demande principale, est en premier ressort, le jugement sur la garantie est aussi susceptible d'appel.

Spécialement, lorsque la demande principale est supérieure au taux du dernier ressort, les offres faites par le garant, approché à l'état du procès par le défendeur, ne peuvent avoir pour effet de rendre en dernier ressort le jugement rendu contre le garanti, avec recours contre le garant. Le garant peut porter l'appel de ce jugement, lors même que la différence entre la demande principale et le montant de ces offres serait au-dessous du taux du premier ressort, et qu'il y aurait acquiescement de la part du garanti. — 2ᵉ, 5 décembre 1839, *Rouard.* — *R. P.* 3, 655.

90. — Ainsi encore, lorsque le défen-

DEGRÉS DE JURIDICTION, ART. 1.

deur à une action d'une valeur indéterminée, a appelé son garant en cause, et a conclu contre lui en des dommages-intérêts ne s'élevant pas à mille fr., pour le cas où l'action principale serait accueillie, l'action en garantie n'étant que la conséquence de la demande principale, l'instance est liée entre toutes les parties, le jugement qui intervient est indivisible : susceptible d'appel de la part du demandeur, il doit l'être également, et l'est en effet, de la part du garant. — — 2ᵉ, 14 mai 1831, *Romilly.*

81. — D'un autre côté, si, sur une demande inférieure à mille francs, le défendeur appelle le garant en cause et forme contre lui des demandes supérieures à ce taux, le jugement n'en est pas moins en dernier ressort entre le demandeur et le défendeur principal : celui-ci est donc non recevable à porter l'appel contre le demandeur. — 2ᵉ, 12 février 1819, *Desmonts;* — 4ᵉ, 11 juillet 1814, *Longuet.*

82. — Si plusieurs actions sont intentées sur des chefs connexes, et que plusieurs jugements interviennent, l'appel est admissible, même relativement au jugement qui statue sur un chef d'une valeur inférieure à mille francs. — 4ᵉ, 20 décembre 1817, *Gain.*

83. — S'il a été formé, par un seul acte, opposition à deux jugements statuant sur des questions qui, par leur réunion, présentent un intérêt supérieur au taux du dernier ressort, la décision qui intervient est susceptible d'appel. — 4ᵉ, 31 juillet 1821, *Duboulay.*

84. — Mais lorsque deux jugements

par défaut , rendus l'un en dernier ressort , l'autre en premier ressort seulement , sont choqués d'opposition par un
seul et même acte , le jugement qui intervient sur cette opposition ne peut être
choqué d'appel au chef qui statue sur
l'opposition au jugement rendu en dernier ressort. — 2ᵉ, 19 ventôse an x , *Tu-
lou.* .

§. VII. — *Des demandes relatives aux*
baux et aux rentes.

85. — En fait de congé donné à un
locataire, ce n'est pas le montant annuel
des loyers qui détermine le dernier ressort, relativement aux contestations qui
s'engagent sur ce congé. Il y a toujours,
en pareille matière, valeur indéterminée
résultant du préjudice que le propriétaire ou le locataire peuvent éprouver ,
suivant les circonstances.—Ainsi , tout
jugement rendu à l'occasion d'un congé
attaqué , est essentiellement en premier
ressort. — 2ᵉ, 18 juin 1829, *Bouvet.* —
C. R. 13, 170. — Ità , 2ᵉ, 28 janvier
1815, *Liétot;* — 2ᵉ, 14 août 1817, *Coc-*
quel; — 4ᵉ, 4 décembre 1826, *Leteintu-*
rier; — 2ᵉ, 8 août 1833.

86. — Jugé, dans ce sens, que lorsqu'il y a contestation entre un propriétaire et son locataire, sur le point de
savoir si celui-ci peut ou non continuer
sa jouissance (durant un an , dans l'espèce), ce n'est pas le prix de la location
qui doit déterminer le degré de juridiction, mais bien le préjudice que peut
occasionner aux parties la continuation
ou cessation de jouissance , préjudice

qui est d'une valeur indéterminée. — 4ᵉ,
17 novembre 1835, *Gohier.*

87. — Décidé cependant que si, en
calculant les années de fermages qui
restent à courir jusqu'à la fin du bail ,
la somme totale ne s'élève pas à mille
francs , le propriétaire ne peut porter
l'appel du jugement qui a statué sur la
demande en validité de congé formée
par le preneur. — 2ᵉ, 3 mars 1828, *De-*
lenable; — 1ʳᵉ, 25 mai 1840, *Tragan.* —
R. P. 4, 242.

88. — Mais lorsque le bail est fait
pour trois , six ou neuf années , et que
les fermages des neuf années réunies
s'élèvent à plus de mille francs , l'action
ne peut être jugée qu'en premier ressort , bien qu'elle ait été formée dès l'o-
rigine du bail. —4ᵉ, 12 septembre 1818,
Renaut.

89. — L'action en résolution d'un contrat de fieffe se juge en premier ressort,
quel que soit le prix de vente pour lequel l'objet a été fieffé. — 2ᵉ, 12 déc.
1828, *Desrainées;* — 2ᵉ, 4 novembre
1829, *De Berruyer.*

90. — On juge encore en dernier ressort les contestations qui s'élèvent entre
le propriétaire et le créancier du fermier, pour sommes moindres de mille
francs, relativement à la vente des meubles du fermier. — 4ᵉ, 27 janvier 1819.

91. — Se juge en dernier ressort la
demande principale et en garantie, en
paiement des arrérages d'une rente de
trente francs, encore qu'il y ait contestation sur le principal de la rente. —
1ʳᵉ, 3 avril 1810, *Levitre;* — 2ᵉ, 11 décembre 1818, *Culleron.*

92. — Est en dernier ressort le jugement qui statue sur le paiement d'arrérages d'une rente en denrée, si , d'après les mercuriales , la valeur de l'objet en litige est inférieure à mille francs. — 2ᵉ , 17 mai 1838, *Létot.* — R. P. 2 , 202.

93. — Est , au contraire , en premier ressort seulement le jugement qui statue sur la saisie faite pour arrérages de rentes dont le nombre , en y comprenant ceux prescrits, forme un principal de plus de mille francs. — 4ᵉ, 18 et 24 avril 1815, *Deschamps ;* — 1ʳᵉ, 30 décembre 1833, *Lelegard.*

§. VIII. — *Du premier et du dernier ressort , en matière de saisie, d'ordre et de contribution.*

94. — Lorsque, pour avoir paiement d'une somme inférieure à mille francs, il y a eu saisie d'une rente d'un capital supérieur à cette somme (capital de douze cents francs, dans l'espèce), le jugement qui statue , non sur la validité de la saisie, mais sur la quotité réelle de la créance et sur la validité des offres faites par le débiteur, est en dernier ressort. — 4ᵉ, 12 juin 1827 , *Lamazure.* — *Rej.* S. 30 , 1 , 295.

95. — Si la saisie-arrêt est faite pour somme excédant mille francs , mais que la demande en validité soit inférieure à ce taux, le jugement est en dernier ressort. — 1ʳᵉ, 4 janvier 1815 , *Vauvert.*

96. — Il n'y a lieu qu'à la compétence du premier ressort lorsque les contestations sont relatives à une somme inférieure à mille francs , lors même que le tiers saisi ne serait créancier que d'une

somme inférieure à ce taux. — 4ᵉ, 4 juin 1822 , *Chemetier.*

97. — ... Ou lorsque le créancier d'une somme inférieure à mille francs , fait déclarer que le tiers saisi est débiteur d'une somme supérieure. — 4ᵉ, 8 mai 1816 , *De Magny.*

98. — ... Ou lorsque la demande en déclaration formée par le créancier est inférieure à mille francs , si elle est indéfinie, et cela, encore qu'il ait été ajouté : *faute de quoi le tiers saisi sera déclaré débiteur personnel de la créance.* — 2ᵉ , 28 février 1806 , *Gorges.*

99. — *Saisie-exécution.* — En matière de saisie-exécution comme en matière de saisie-arrêt, ce n'est pas par la valeur des meubles saisis, mais bien par la somme pour laquelle la saisie est faite que se détermine le premier ou dernier ressort.—Ainsi, quelle que soit la valeur des objets saisis, le jugement qui statue sur une demande en validité ou mainlevée de saisie-exécution, est en dernier ressort si les causes de la saisie sont inférieures à 1,000 fr. — 1ʳᵉ, 9 mars 1811 , *Lerouxel ;* — 4ᵉ, 19 oct. 1819; — 4ᵉ, 20 mai 1823 , *Lejeune.*

100. — En serait-il autrement si cette demande était accompagnée d'une demande en dommages-intérêts? Voy. *suprà,* nᵒˢ 40 et 41.

101. — De même , lorsque la saisie est faite pour somme inférieure à 1,000 f. le jugement qui intervient sur la simple opposition à cette saisie est en dernier ressort. — 4ᵉ, 19 juillet , *junctim,* 5 avril 1814, *Dudaguel ;* — 4ᵉ, 10 sept. 1814 , *Adeline.*

DEGRÉS DE JURIDICTION , art. 1.

102. — De même, se juge en dernier ressort la question de savoir si on a pu vendre à terme les objets saisis , au préjudice d'une opposition, pour créance inférieure à 1,000 fr. — 4ᵉ, 27 janvier 1819 , *De Kergorlay.*

102. — Se juge encore en dernier ressort la revendication exercée par un acheteur de meubles par un prix inférieur à 1,000 fr., contre un créancier du vendeur. — 4ᵉ, 12 août 1823, *Gosselin.*

104. — De même, si la créance est inférieure à 1,000 fr., le saisissant est irrecevable à porter l'appel contre le tiers qui a revendiqué les objets saisis. — 4ᵉ, 11 déc. 1821 , *Aupoix.*

105. — Cependant décidé que la demande en mainlevée de saisie formée par un tiers , par rapport à des objets qu'il dit être les siens , ne se juge qu'en premier ressort. — 4ᵉ, 3 avril 1821 , *Barbey ;* — 4ᵉ, 28 août 1821 , *Julienne ;* — 1ʳᵉ, 7 mars 1836, *Lemarquis.* — R. P. 3, 489.

Contrà, 2ᵉ, 20 juin 1820 , *Mouillard.*

106. — Quoiqu'il en soit, lorsqu'il n'y a ni mise en cause de la partie saisie , ni opposition de la part des créanciers sur les deniers à provenir de la vente , les revendications se jugent en dernier ressort , si d'ailleurs la somme pour laquelle la saisie est exercée , est inférieure à 1,000 fr. — 4ᵉ, 14 janvier 1823, *Laisney ;* — 4ᵉ, 23 avril 1823 , *Ruel.*

107. — *Saisie-Brandon.* — En matière de saisie-brandon des récoltes , la revendication de ces récoltes dirigée par un tiers , se juge en premier ressort, encore que la saisie ait lieu pour sommes infé-

DEGRÉS DE JURIDICTION , art. 1.

rieures à 1,000 fr. — 2ᵉ, 24 avril 1818, *Lebourgeois ;* — 4ᵉ, 3 avril 1821 , *Barbey ;* — 4ᵉ, 22 juillet 1822 , *Jajolier ;* — 4ᵉ, 1ᵉʳ août 1822 , *Vincent;* — 4ᵉ, 20 déc. 1836 , *Jardin.* — R. P. 1, 83.

108. — Mais une demande en mainlevée de saisie faite, même sur des récoltes du fonds dotal, pour une créance inférieure à 1,000 fr., est de la compétence du dernier ressort. — 4ᵉ, 19 déc. 1825 , *Scelles.*

109. — *Saisie immobilière.* — Les nullités de saisie immobilière ne se jugent qu'en premier ressort, encore que la saisie ait lieu pour sommes inférieures à 1,000 fr. — 4ᵉ. 27 nov. 1827, *Laisné.*

110. — Ainsi, est en premier ressort le jugement qui autorise, même implicitement, un saisissant, pour une somme inférieure à 1,000 fr. à continuer des poursuites en saisie immobilière, à raison de l'insuffisance des offres faites par le saisi. — 1ʳᵉ, 23 juin 1831, *Gueroult.*

111. — Les demandes en nullité d'adjudication se jugent également en premier ressort. — 2ᵉ, 24 janvier 1828, *Equilbecq.*

112. — Sont également toujours en premier ressort seulement les jugements rendus sur incidents à une saisie immobilière , quelque modique que soit la créance pour laquelle on saisit, et eussent-ils pour objet de faire déclarer que le titre est éteint. — 4ᵉ, 28 nov. 1814, *Lelorier.*

113. — Ainsi, sont soumises aux deux degrés de juridiction toutes demandes en distraction de meubles non estimés , en-

DEGRÉS DE JURIDICTION , art. 1.

core bien que la créance du saisissant soit inférieure à 1,000 fr. — 1re, 6 janvier 1808 , *Othon ;* — 4e, 2 février 1813, *Pavey ;* — 2e, 24 avril 1818 , *Lebourgeois;* — 4e, 22 juillet 1819 , *Jajolet.*

114. — *Secus*, s'il s'agissait d'une demande en distraction de récoltes , faite par un prétendu fermier du débiteur. — 2e, 15 mai 1819 , *Marie.*

115. — Jugé cependant que si une partie se prétend créancière d'une somme inférieure à 1,000 fr., le jugement qui intervient est en dernier ressort, bien que cette partie demande à agir, à défaut de paiement, par voie de folle enchère. — 4e, 7 nov. 1825 , *Roncier.*

116. — *Ordre.* — En matière d'ordre, les contestations se jugent en dernier ressort lorsque les points contestés sont en dernier ressort par rapport au créancier contestant. — 4e, 20 juin 1820 , *Mouillard.*

117. — Ainsi en est-il lorsque les intérêts des contestants et des contestés n'excèdent pas la valeur de 1,000 fr. — 4e, 30 août 1824 , *Patin.*

118. — Mais si la créance contestée était supérieure à 1,000 fr., bien que la créance contestante n'atteignît pas cette somme , le jugement ne serait qu'en premier ressort. — 2e, 17 janvier 1822 , *Trac.*

119. — Chaque chef de collocation est jugé en premier ou en dernier ressort, selon son importance. — 4e, 9 avril 1821, *Picard.*

120. — Ainsi, la demande en collocation supérieure à 1,000 fr. dans la collo-

DEGRÉS DE JURIDICTION , art. 1.

cation d'un prix supérieur à cette somme, se juge en dernier ressort si elle n'est contestée que pour une somme inférieure à 1,000 fr. — 4e, 23 août 1831 , *Alabarbe de Laroque.*

121 — Le jugement est en dernier ressort si les demandes contestantes et contestées ne s'élèvent pas à 1,000 fr., quelle que soit d'ailleurs la somme à distribuer, ainsi que les soutiens des autres parties. — 1re, 4 février 1823 , *Laville;* — 4e, 8 mai 1827 , *Clément-Lesprez.* — C. R. 8, 198.

122. — Jugé, au contraire, qu'en matière de distribution, pour décider s'il y a eu non lieu aux deux degrés de juridiction , on n'a pas à s'enquérir qu'elle est la somme plus ou moins forte que peut obtenir le créancier contestant, mais bien quel est le montant de la somme à distribuer. — 1re, 25 nivôse an x , *Pierre ;* — 4e, 18 nov. 1833 , *Chatel.*

123. — Cependant , encore bien que la somme à distribuer soit inférieure à 1,000 fr., si la créance du demandeur en collocation est supérieure à ce taux , le jugement qui a rejeté cette demande est en premier ressort. — 4e, 24 nov. 1834 , *Mauger.*

§. IX. — *Du premier et du dernier ressort en matière d'enregistrement.*

124. — Les jugements rendus en faveur de notaires relativement à des droits d'enregistrement, sont en dernier ressort quels que soient les moyens de défense employés. (L. du 22 frimaire an VII,

DEGRÉS DE JURIDICTION , art. 2.

art. 65.) — 2ᵉ, 3 mars 1826, *Wooley.*

125. — L'appel d'un jugement rendu en matière de droits d'enregistrement est irrecevable , encore que ce jugement ait été qualifié en premier ressort. — 1ʳᵉ, 22 nov. 1810 , *Douesville.*

ART. 2.—DU PREMIER ET DU DERNIER RESSORT DANS LES DEMANDES RECONVENTIONNELLES PORTÉES AUX TRIBUNAUX DE PREMIÈRE INSTANCE ET DE COMMERCE.

126. — Lorsque dans une instance au sujet de la validité d'une constitution de rente dont le capital ou les arrérages échus ne s'élèvent pas à 1,000 fr., le créancier de la rente vient à demander reconventionnellement le délaissement de l'immeuble pour prix duquel la rente a été constituée , le litige , portant alors sur la valeur indéterminée de cet immeuble , sort des limites du dernier ressort et ne peut plus dès lors être jugé par le tribunal de première instance qu'à charge d'appel. — 4ᵉ, 14 nov. 1829, *Jouanne.* — *Rej.* S. 32 , 1 , 383.

127. — De même, lorsque le défendeur en paiement de quelques arrérages d'une rente oppose pour moyen une exception qui porte sur le principal de la rente même, le jugement qui intervient n'est qu'en premier ressort si la valeur du principal de la rente, joint aux arrérages réclamés, excède la valeur de 1,000 fr. — 1ʳᵉ, 18 sept. 1809, *Doublet.*

128. — La demande reconventionnelle en dommages – intérêts d'indue

DEGRÉS DE JURIDICTION , art. 3.

vexation ne fait point obstacle à ce que le jugement soit en dernier ressort si les autres demandes n'excèdent pas la valeur de 1,000 fr. — 4ᵉ, 5 juin 1826, *Tugot.*

129. — *Et plus généralement,* les dommages-intérêts conclus reconventionnellement à raison de l'action ne doivent pas entrer dans la computation du premier ou du dernier ressort. — 2ᵉ, 26 février 1835, *Surbled.* — *R. P.* 1 , 627.

130.—Si le titre du créancier, quelles que soient les obligations dont il fasse foi, n'est pas contesté et que le débiteur ne lui oppose qu'une compensation ne s'élevant pas à 1,000 fr., le jugement qui intervient est en dernier ressort. — 1ʳᵉ, 10 juillet 1820, *Fleurel.*

ART. 3. — DES DEGRÉS DE JURIDICTION DANS LES DEMANDES INDÉTERMINÉES.

§. I. — *Demandes indéterminées par leur nature,*

131. — Toute demande dont l'objet n'est pas indéterminé, quelqu'en soit d'ailleurs la valeur réelle, est assujettie aux deux degrés de juridiction. — 2ᵉ, 30 germinal an XII , *Lebourgeois;* — 2ᵉ, 7 janvier 1813, *Quesnot;* — 4ᵉ, 1ᵉʳ juillet 1813, *Delongue;* — 4ᵉ, 5 juillet 1825, *Poullain;* — 4ᵉ, 17 janvier 1831, *Yvray.*

132. — Peu importe qu'il paraisse constant, ou qu'il puisse le devenir par une expertise, que cet objet est d'une valeur inférieure au taux du dernier ressort. — 4ᵉ, 29 avril 1840, *Quentin.* — *R. P.* 4, 165.

133. — « Le jugement qui déclare

27

mal fondée la demande en interrogatoire sur faits et articles ne peut être rendu qu'en premier ressort. » — 1ʳᵉ, 24 juillet 1820, *Cottun*.

134. — Est en premier ressort le jugement rendu sur une contestation relative à une remise de pièces, encore que le détenteur offre faire cette remise moyennant une somme inférieure à 1,000 fr. — 4ᵉ, 11 mai 1830, *Delanoe*.

135. — Le contraire résulte cependant d'un des motifs de l'arrêt, — 4ᵉ, 12 juin 1826, *Peyronny*, d'après lequel le jugement serait en dernier ressort si le débiteur consent remettre la chose indéterminée de lui reclamée, sous la condition qu'il lui sera payé une somme inférieure à 1,000 fr.

136. — La demande formée pour obtenir le *quitus* général d'une gestion ou d'un mandat, quoique indéterminée de sa nature, se juge en dernier ressort si l'autre partie ne réclame pour consentir la libération conclue par le demandeur qu'une somme inférieure à 1,000 fr. — 4ᵉ, 28 août 1837, *Hulmer*. — R. P. 1, 582. — Ità, 1ʳᵉ, 27 mars 1824, *Brisset*. — 2ᵉ, 5 août 1825, *Tanqueray-Lesrochers*.

137. — Cependant la demande en dommages-intérêts inférieurs à 1,000 fr., *si mieux n'aime le défendeur provoquer une expertise*, se juge en premier ressort. — 2ᵉ, 27 février 1836 , *Fretel-Montmartin*. — R. P. 2, 631.

138. — Encore bien que la valeur du litige indéterminée en première instance ait été en appel fixée par les parties à un taux inférieur à 1,000 fr., le jugement n'en reste pas moins en premier ressort.

4ᵉ, 11 mai 1831, *Leprêtre;* — 1ʳᵉ, 23 août 1835, *Lemonnier;* — 1ʳᵉ, 27 mars 1838, *Godet;* — 4ᵉ, 10 février 1840, *Spariat*. — R. P. 4, 261.

139. — «C'est (en effet) par la demande telle qu'elle est formée soit dans l'exploit introductif d'instance, soit dans les conclusions prises devant le tribunal, que se détermine la compétence en premier ou dernier ressort. » *dit arr.* — 4ᵉ, 10 février 1840, *Spariat*.

140. — Sont sujettes aux deux degrés de juridiction toutes demandes formées devant un tribunal inférieur, en exécution d'un arrêt, quelle que soit leur valeur. — 1ʳᵉ, 1ᵉʳ juin 1807, *Firmin*.

§. 2. — *Demandes personnelles ou mobilières non déterminées par les parties.*

141. — Quelque minime que paraisse l'obligation prise par un débiteur , si sa valeur n'a pas été déterminée par le contrat, elle ne peut être soumise qu'au premier ressort.

Ainsi et *spécialement*, la faisance d'une poule maigre, si sa valeur n'a pas été fixée par le contrat constitutif de la rente, est considérée comme étant d'une valeur indéterminée et donne lieu aux deux degrés de juridiction. — 4ᵉ, 17 janvier 1831 , *Yvray*.

142. — Un trésor (composé dans l'espèce de soixante-huit pièces d'or), constitue une valeur indéterminée sur la propriété duquel le tribunal ne peut prononcer qu'en premier ressort. — 1ʳᵉ, 23 mars 1835, *Paumier*.

143. — La demande formée par un

DEGRÉS DE JURIDICTION, ART. 3.

débiteur contre son créancier, en libération de toutes obligations par lui souscrites, cesse d'être indéterminée et se juge en dernier ressort si le créancier déclare n'être saisi que d'obligations inférieures à 1,000 fr. — 2°, 19 mars 1835, *Hélie.*

144. — Lorsque l'obligation principale porte sur une matière d'une valeur indéterminée (*v. c.* la remise d'une pièce), la contrainte conclue par le demandeur pour faire exécuter l'obligation ne peut conférer à l'action le caractère d'une valeur déterminée. — 4°, 19 mars 1822, *Nicolle.*

145. — Jugé cependant qu'un jugement est en dernier ressort s'il statue sur une demande ayant pour but de faire condamner quelqu'un à faire ou à donner quelque chose, sous une contrainte au-dessous de 1,000 fr. — 2°, 29 brumaire an XI, *Victot;* — 2°, 2 août 1815, *Sevrey;* — 1re, 14 août 1822, *Maurice.*

146. — Ne peut surtout être regardée comme portant sur une valeur indéterminée la demande qui a pour objet la remise d'un corps certain, sous une contrainte de ...., lorsque la remise de ce corps certain est impossible au moment de la demande : la contrainte réclamée doit alors être considérée comme le véritable prix de l'objet et fixer ainsi le degré de juridiction.—4°, 24 janvier 1826, *Liais.*—C. R. 6, 21.

147. — Décidé encore que le jugement est en dernier ressort qui statue sur la demande en remise d'un objet mobilier, formée sous une contrainte de mille

DEGRÉS DE JURIDICTION, ART. 3.

francs, si d'après les faits de la cause cette contrainte paraît définitive. — 4°, 13 juin 1838, *Prevost.* — R. P. 2, 214.

148. — « Les limites de la compétence du tribunal de première instance sont fixées par la loi, eu égard à l'importance des condamnations qui doivent intervenir, conformément aux demandes respectivement formées par les parties, et non en raison des poursuites qui peuvent être dirigées pour leur exécution et du préjudice plus ou moins considérable que ces poursuites peuvent occasioner à la partie qui succombe dans l'instance. — 4°, 29 février 1832, *Lebaudy.*

149. — Ainsi, peu importe que le résultat de l'action doive être, au cas de condamnation, la reprise de poursuites en expropriation, le jugement n'en est pas moins en dernier ressort, si la somme objet du litige ne s'élève pas à mille francs. — dit arr. *Lebaudy.*

150. — Ainsi encore, jugé que bien qu'un jugement soit exécutoire sur les biens dotaux, il n'en est pas moins en dernier ressort, si la contestation sur laquelle il a statué était inférieure à mille francs. — 2°, 14 février 1829, *Constant.*

151.—De même, la menace de l'emploi de telle ou telle voie d'exécution d'une obligation, si elle n'est pas réalisée, ne peut changer la compétence du premier juge. — 4°, 21 mai 1832, *Bouillon.*

152. — Ainsi et *spécialement*, la menace faite à un adjudicataire, d'user contre lui de la voie de la folle enchère, s'il ne paie pas une somme de quatre cent

DÉGRÉS DE JURIDICTION , art. 3.

trente-un francs, avec intérêts, qu'il doit en vertu de son adjudication, ne rend pas cet adjudicataire recevable à porter appel du jugement qui l'a condamné à payer la somme réclamée. — m. arr. Bouillon ; — ità , 4ᵉ, 7 novembre 1825 , Roncier.

153. — Mais le jugement qui condamne une partie à payer, avec intérêts et intérêts des intérêts, une somme bien inférieure à mille francs, doit être considéré comme en premier ressort, lorsqu'en même temps, il ordonne un envoi en possession de fonds, à défaut de paiement dans un délai déterminé. — 1ʳᵉ, 3 juillet 1826, Jouvin. — C. R. 6 , 71.

Ità, 4ᵉ, 10 juin 1819, Lebaudy ; — 1ʳᵉ, 29 mars 1825 , Lecomte ; — 1ʳᵉ, 27 janvier 1829, Marie.

154. — Jugé cependant que le jugement qui intervient sur une demande au-dessous de mille francs est en dernier ressort, encore qu'il soit conclu à l'envoi en possession d'un fonds, à dire d'experts, pour le paiement du principal, intérêts et frais. — 1ʳᵉ, 27 mars 1809, Colette.

155. — Se juge en dernier ressort, la contestation relative à l'exécution d'un achat d'arbres articulé fait pour une somme inférieure à mille fr. — 1ʳᵉ, 16 mars 1824, Aveline.

§. III. — Demandes réelles immobilières non déterminées par les parties.

156. — Ne peuvent être jugées qu'en premier ressort les contestations relatives aux ventes d'immeubles, lorsque

DÉGRÉS DE JURIDICTION , art. 4.

la vente a eu lieu pour un capital exigible , et qu'il n'y a pas eu de bail. — 1ʳᵉ, 28 juin 1808 , Lesvaux.

157. — La demande en revendication d'un immeuble, antérieurement affecté au service d'une rente au-dessous de cinquante francs , par un bail à fief résolu, ne peut donner lieu qu'à un jugement en premier ressort. — 2ᵉ, 13 mai 1820 , Jean.

158. — Est , au contraire, en premier et dernier ressort, l'action du fieffataire, tendant à la délivrance des objets fieffés, s'ils ne produisent pas un revenu de cinquante francs. — 1ʳᵉ, 17 février 1812, Baffard.

159. — Mais l'action relative à la rescision du contrat de fief, ne peut être jugée qu'en premier ressort. — 2ᵉ, 9 juillet 1817 , Guillain.

160. — Tout jugement rendu contre un tiers détenteur, au profit du créancier hypothécaire, est en premier ressort, quelque modique que soit la créance. — 2ᵉ, 24 juillet 1830 , Hubert.

161. — Cependant l'opposition, faite par le tiers détenteur, à la simple sommation de payer ou de délaisser, pour une somme inférieure à mille francs, se juge en dernier ressort. — 1ʳᵉ, 16 juin 1822 , Potrin.

ART. 4. — DES DEGRÉS DE JURIDICTION EN CAUSE D'APPEL. — DES ÉVOCATIONS.

162. — Le droit d'évocation, conféré aux tribunaux d'appel par l'art. 473 C. pr., lorsque la cause est en état, ne reçoit aucune restriction ; il s'applique aussi

DEGRÉS DE JURIDICTION , art. 4.

bien aux causes qui doivent être jugées en dernier ressort, qu'à celles qui ne peuvent l'être qu'en premier.

Ainsi, le tribunal d'appel qui infirme un jugement pour cause d'incompétence du premier juge, peut évoquer le principal et statuer au fonds, bien que la cause ne fût pas susceptible des deux degrés de juridiction. — 4ᵉ, 6 août 1829, *Guérin*; — 4ᵉ, 24 novembre 1830, *Lepelletier*; — 4ᵉ, 5 janvier 1835, *Moges*. — R. P. 2, 420.

163. — Il en est absolument de même lorsque le premier juge s'est mal à propos déclaré incompétent. — 2ᵉ, 10 août 1832, *Denis*.

164. — Lorsque la cause est en état d'être jugée, la Cour peut évoquer le principal sans s'occuper de la question de savoir si le tribunal dont est appel était ou non compétent. — 4ᵉ, 18 mars 1833, *Rogère-Préban*.

165. — La Cour, tout en déclarant un appel non recevable comme portant sur un jugement rendu en dernier ressort, peut cependant, examinant l'affaire au fond, le déclarer subsidiairement mal fondé. — 4ᵉ, 27 janvier 1823, *Bailleur*; — 4ᵉ, 20 mai 1823, *Lejeune*.

166. — Le droit d'évocation du fond appartient aux Cours royales, lorsqu'elles annulent une délibération du conseil de discipline, pour violation ou omission de formes prescrites. (Par anal. art. 215 C. i. cr.) — *Aud. sol.*, 8 janvier 1830, *Seminel*. — C. R. 12, 41.

167. — L'intimé qui, sur l'appel d'un jugement interlocutoire lui imposant l'obligation de faire une preuve, a demandé

DEGRÉS DE JURIDICTION , art. 4.

la confirmation du jugement, sans se plaindre de l'obligation qui lui était imposée, n'est point ensuite recevable à demander que, la preuve étant reconnue inutile, la Cour évoque et statue sur le fond. — 2ᵉ, 18 nov. 1830, *Longuet*.

168. — Il est permis d'évoquer lorsque les parties ont plaidé au fond devant le premier juge, encore bien que l'intimé refuse de conclure au fond devant la Cour. — 1ʳᵉ, 29 juin 1829, *De Laferté-Fresnel*.

169. — Si le jugement a été bien rendu, vu l'état où l'instruction se trouvait en première instance, mais que l'instruction ordonnée par le jugement soit faite sur appel, il n'y a pas lieu à évocation. — 1ʳᵉ, 27 août 1829, *Dragon De Gomicourt*.

170. — Toutefois, la Cour peut évoquer l'instruction ordonnée par le premier juge sur un chef où il n'y a pas appel, si cela lui paraît utile pour la solution des questions dont elle est saisie. — 2ᵉ, 4 juillet 1835, *Morel-d'Aubigny*.

171. — Un tribunal d'appel n'est pas compétent de connaître incidemment au procès dont il est saisi d'une demande en suppression de mémoire non signifié au procès. — 2ᵉ, 20 déc. 1811, *Labarberie*.

172. — Toutefois, si des écrits injurieux pour des tiers qui ne sont pas parties au procès ont été signifiés devant des juges d'appel, ceux-ci sont compétents pour connaître des plaintes formées par les tiers à cet égard; ils peuvent et doivent admettre, sous ce rapport seulement, leur intervention — 1ʳᵉ, 10 fructidor

DEGRÉS DE JURIDICTION , art. 4.
an xii, *Lepailleur ;* — 2ᵉ, 25 mai 1809 ,
Cailles.

173. — La Cour ne peut par voie d'é-
vocation statuer à l'égard d'une partie
qui ne figurerait point devant le premier
juge ; mais si elle regarde comme utile
qu'un jugement soit rendu en première
instance contre cette partie , elle doit
surseoir à prononcer jusqu'à cette époque. — 1ʳᵉ, 17 mars 1831 , *Adeline.*

174. — « S'il est vrai de dire qu'en
cas d'infirmation les Cours connaissent
de l'exécution de leurs arrêts , c'est relativement aux contestations qui s'élèvent sur le sens de ces mêmes arrêts, et
non relativement à celles qui ont pour
objet l'emploi de moyens coercitifs par
lesquels les décisions intervenues obtien-
nent leur effet. »

175. — Ainsi et *spécialement* , les difficultés qui s'élèvent relativement à une
consignation ordonnée par un arrêt, ne
sont pas de nature à être soustraites à la
nécessité des deux degrés de juridiction,
pas plus que ne le seraient celles sur tout
autre acte d'exécution ; elles doivent
donc être portées devant le tribunal et
non devant la Cour.—2ᵉ, 3 janvier 1833,
Dénis.

176. — Lorsqu'un jugement définitif
est infirmé , la Cour peut connaître elle-
même d'une manière absolue de l'exécution de son arrêt, encore bien que l'affaire ne soit pas en état , et qu'il faille
se livrer à une instruction ultérieure. —
1ʳᵉ, 1ᵉʳ février 1827, *Lemarquant.* — C.
R. 8, 211.

177. — Le juge d'appel, en infirmant
un jugement qui a refusé à un créancier

DEGRÉS DE JURIDICTION , art. 4.
l'autorisation de prendre des mesures
conservatoires, pour sûreté de ses droits,
doit renvoyer devant le tribunal de première instance pour statuer sur le fond
de la contestation qui reste à juger.— 2ᵉ,
18 juillet 1823 , *Lapouyarde.*

V. Appel, commune, compétence,
contrainte par corps, exception, jugement.

TABLE SOMMAIRE.

DÉGUERPISSEMENT.

V. Louage, rente.

DÉGUISEMENT.

V. Donation déguisée.

DÉLAI, §. 1.

DÉLAI.

§. 1. — *Délai en général.* — *Computation.*

§. II. — *Augmentation de délai.*

§. III. — *Délai fixé par la convention ou accordé par jugement.*

§. I. — *Délai en général.* — *Computation.*

1. — Les délais se fixent par jour et non par partie de jour. — 2ᵉ, 24 mars 1821, *Texier.*

2. — Lorsque les délais sont fixés par mois, « il n'est pas permis d'examiner de combien de jours le mois se compose pour calculer l'imputation du délai fixé par la loi. »

Ainsi, en matière d'appel où le délai se compte par mois, le jugement signifié le 29 novembre n'est plus susceptible d'être frappé d'appel le 2 mars suivant, bien que le mois de février n'ait eu que vingt-huit jours. — 4ᵉ, 30 mai 1821, *Bossière.*

3. — En fait de plantations, les délais se comptent par pousses et non par années. — Ainsi, on a jugé qu'une pépinière plantée en mars 1802 avait six ans à la Saint-Michel 1807, et que, par conséquent à cette époque, le fermier y avait droit, aux termes de l'art. 517 de la coutume de Normandie. — 1ᵉ, 25 février 1812, *de Férole.*

4. — « Il est de maxime que le *dies a quo* n'est pas compris dans la computation des délais. » — 4ᵉ, 14 février 1832, *Pepierre.*

5. — Et *plus généralement,* « toutes

DÉLAI, §. 1.

les fois que la législation a fixé des délais dans le Code de procédure en se servant des mots *à compter* ou *à partir* de tel jour, ce jour terme n'a jamais été compris dans le délai. Il existe une foule d'arrêts qui l'ont ainsi décidé, et la jurisprudence est maintenant fixée sur ce point. » — 2ᵉ, 19 janvier 1825, *Poignant.* — C. R. 4, 96. — 2ᵉ, 6 mai 1825, *Berthauld.* — C. R. 5, 33.

6. — Ainsi, jugé qu'en matière d'inscription hypothécaire, le jour où l'inscription est prise n'entre pas dans le délai de dix ans fixé pour le renouvellement. — 2ᵉ, 18 déc. 1823, *Férel.* — Rej. D. p. 25. 1, 255.

7. — De même, en matière de jugement par défaut, la signification du jugement à avoué n'est pas comprise dans le délai de huitaine accordé par l'art. 157 C. pr. pour former opposition ; mais le dernier jour de la huitaine est fatal, l'opposition ne serait plus recevable le lendemain. — Ainsi, un jugement par défaut est signifié à avoué le 12 du mois, l'opposition est encore recevable le 20 ; elle ne le serait plus le 21. — 2ᵉ, 25 mars 1808, *Delaunay* ; — 4ᵉ, 2 sept. 1811, *Lebaudy* ; — 1ʳᵉ, 3 mai 1813, *Langlois* ; — 1ʳᵉ, 13 nov. 1813, *Deslandes.*

8. — De même, en fait de saisie immobilière, le *dies a quo*, c'est-à-dire le jour de la signification d'avoué à avoué, n'est pas compris dans le délai de quinzaine établi par l'art. 734 C. pr. pour l'appel des jugements sur nullités antérieures à l'adjudication préparatoire. — Mais le *dies adquem*, c'est-à-dire le der-

DÉLAI, §. I.

nier jour de la quinzaine y est compris, fût-il férié. — 2ᵉ, 27 octobre 1810, *Lecomte;* — 4ᵉ, 24 juin 1819, *Louvel.*

Contra. — 2ᵉ, 12 mars 1812, *commune de Ciercy.* Mais cet arrêt a été cassé.

9. — De même encore, le délai de huitaine imparti par l'art. 736 C. pr., pour interjeter appel du jugement sur nullités postérieures à l'adjudication pré paratoire, ne comprend pas le *dies a quo*, mais bien les *dies ad quem.* — 4ᵉ, 3 avril 1816, *Tirel.*

10. — Jugé encore que « en matière de délais de procédure, le jour *a quo*, qui est celui dont la loi dit qu'il faut *partir*, *dater* ou *compter*, n'entre jamais dans le délai, et que le jour *ad quem*, ou jour d'échéance qui ne compte point dans le délai pour les ajournements et autres actes faits à personne ou domicile, compte toujours quand la loi ordonne ou défend de faire une chose *dans* ou *pendant* le délai qu'elle impartit, tel que celui de huitaine, car autrement la chose serait faite *après* le délai et non *dans* ou *pendant* le délai.

« Ainsi, quand la loi déclare que l'opposition ne sera recevable que pendant huitaine, à compter de la signification du jugement à avoué, le jour de la signification ou *dies a quo* ne compte pas, mais le jour de l'opposition ou *dies ad quem* compte; pareillement quand l'art. 449 C. pr. déclare non recevable l'appel interjeté *dans* la huitaine à dater du jugement, le jour du jugement ne compte pas, mais le jour de l'appel compte. » — 2ᵉ, 6 mai 1825, *Bertaud.*

, DÉLAI, §. II.

11. — Le délai de trois jours accordé par le décret du 16 février 1807 (art. 6), pour former opposition à la taxe n'est point franc des deux jours termes. Il ne comporte que trois jours pleins dont le premier s'accomplit le lendemain de la signification. — Si donc la signification du jugement a été faite le 10, l'opposition n'est plus recevable le 14. — 4ᵉ, 24 oct. 1831, *Letellier.*

12. — Le jour où parvient la connaissance d'une loi qui fixe un délai pour agir, n'est point compris dans le délai. — 2ᵉ, 24 mars 1821, *Texier.*

§. II. — *Augmentation de délai.*

13. — « Les dispositions de l'art. 1033 C. pr. (accordant une augmentation de délai à raison des distances) ne s'appliquent qu'aux actes qui constituent une procédure, et non à la durée de l'action. » — Ainsi et *spécialement*, les délais d'appel ne sont pas susceptibles d'augmentation à raison des distances. — 2ᵉ, 1ᵉʳ octobre 1808, *Allard.*

14. — Le délai de 10 jours accordé par l'art. 669 C. pr. pour interjeter appel d'un jugement qui prononce sur une distribution, ne peut non plus être augmenté d'un jour par trois myriamètres de distance. L'art. 763, qui accorde cette augmentation pour les jugements rendus sur état d'ordre, consacre une exception que l'on ne peut étendre. — 1ʳᵉ, 27 janvier 1823, *Viot;* — 4ᵉ, 4 mars 1828, *Viriot.* — C. R. 9, 249.

15. — La partie assignée au domicile de son avoué pour être présente à une enquête, conformément à l'art. 261, C.

28

DÉLAI, §. III.

pr., doit avoir, outre le délai de trois jours exigé par cet article, un jour par trois myriamètres de distance, entre son domicile réel et le lieu où l'enquête doit être faite. — L'assignation qui n'accorderait pas ce délai serait nulle. — 1re, 16 janvier 1827, *Mochon.* — C. R. 7, 240. — Contrà, 1re, 7 août 1810, *Lhoste.*

16. — Mais lorsque la partie assignée est domiciliée à moins de trois myriamètres de distance du lieu où elle doit comparaître, elle ne peut réclamer aucune augmentation de délai, à raison de la distance qu'elle a à parcourir. (Art. 5, 260, 1033 C. p. et 165 C. comm.) — 2e, 12 mai 1832, *Duchesne.*

17. — Une fraction de l'unité de distance, à raison de laquelle le délai est augmenté, ne compte pas pour une unité. — 4e, 22 février 1813, *Lamy.*

§. III. — *Délai fixé par la convention ou accordé par jugement.*

18. — En thèse générale, les délais même conventionels ne courent pas, 1° en cas de force majeure; 2° quand les retards proviennent de la partie qui soutient que le délai est expiré. — 1re, 6 nivôse an XII, *Legrip.*

19. — Les délais accordés par jugement contradictoire courent du jour où ce jugement est rendu et avant qu'il ait été levé et signifié. (Il faut toutefois remarquer que, dans l'espèce, il s'agissait d'une réfusion de dépens.) — 1re, 3 fructidor an XIII, *Martin.*

20. — Les délais impartis par un jugement par défaut ne courent que du

DÉLAI, §. III.

jour de la signification de ce jugement à avoué. — 1re, 7 juin 1822, *Leprovost.*

21. — Les délais contre les Anglais, suspendus par le décret du 29 novembre 1806, ont repris leur cours après la conclusion de la paix en 1815. — 1re, 6 janvier 1824, *Polwnoll phipps.*

V. Acquiescement, action judiciaire, appel, arbitrage, autorisation de femme, cautionnement, commissionnaire, communauté, commune, compétence civile, compétence commerciale, condition, date, distribution par contribution, dot, effets de commerce, élections, enquête, exploit, faillite, hypothèque, intérêts, jugement, jugement par défaut, ordre, péremption, prescription, rente, saisie-arrêt, saisie-exécution, saisie immobilière, séparation de biens, séparation de patrimoines, tierce-opposition, vente.

TABLE SOMMAIRE.

DÉLIBÉRÉS ET INSTRUCTIONS PAR
ÉCRIT, §. 1.

DÉLAISSEMENT.

V. Assurances maritimes, hypothèque.

DÉLÉGATION.

V. Élections, novation.

DÉLÉGATION DE CONTRI-
BUTIONS.

V. Élections.

DÉLIBÉRÉS ET INSTRUCTIONS PAR
ÉCRIT.

(C. pr., 1re part., liv. ii, tit. 6).

§. I. — *Des délibérés.*

§. II. — *Des instructions par écrit.*

§. 1.— *Des délibérés.*

1. — « Un jugement rendu sur délibéré est réputé rendu par suite de l'audience où le délibéré a été ordonné ; les
parties ne peuvent, dans l'intervalle qui
sépare les deux jugements, changer ou
modifier leurs conclusions. Ce sont cel-
les-là seules qui, au moment du jugement, sont soumises au tribunal pour
y statuer, qui constituent l'état de la
cause. » — 2e, 23 janvier 1824, *Leneveu.* — C. R. 3, 378. — 1re, 24 mars
1825, *Bronchard de Saint-Félix.* — C.
R. 4, 218. — 2e, 24 décembre 1828,
Houël. — C. R. 12, 155.

2.—De là, la conséquence qu'un jugement rendu sur délibéré, sans que les
parties aient conclu au principal ou aient
été mises en refus d'y conclure, lors du
jugement qui a ordonné le délibéré, est

DÉLIBÉRÉS ET INSTRUCTIONS PAR
ÉCRIT, §. 1.

nul comme ayant statué sans avoir entendu les parties, encore bien que celles-
ci aient, dans l'intervalle des deux jugements, signifié des écritures dans lesquelles elles ont conclu au principal. —
m. arr. Leneveu.

3. — C'est qu'en effet, après la mise
en délibéré d'une affaire, il n'est plus
permis aux parties de signifier de nouvelles conclusions ; celles qu'elles signi-
fieraient seraient non avenues.—1re, 24
mars 1825, *Bronchard de Saint-Félix* ;
—1re, 20 mars 1834, *Desportes ;* — 1re,
3 juillet 1834, *Bridet.*

4. — A plus forte raison ne peut-on
former une nouvelle demande. — 2e, 20
août 1817, *Levanoi.*

5. — En supposant que ce principe
reçoive une exception d'équité dans le
cas où une partie aurait à produire, soit
une pièce, soit des renseignements im-
portants, qu'elle n'aurait pu présenter
plutôt, cette exception ne s'étendrait jamais à des significations d'écritures nouvelles. — 2e, 24 décembre 1828, *Houel.*
— C. R. 12, 155. — 2e, 13 juillet 1811,
Moutier.

6. — Surtout lorsqu'il ne resterait pas
temps suffisant pour y répondre. — 2e,
6 janvier 1829, *Beurier.* — C. R. 12,
228.

7. — Il y aurait toutefois exception à
ce principe, si l'écrit signifié par une
partie (le défendeur) était un acquiescement à l'un des chefs de la demande ;
une partie étant toujours en droit d'acquiescer tant que l'arrêt n'est pas pro-

DÉLIBÉRÉS ET INSTRUCTIONS PAR ÉCRIT, §. I.

noncé. — 1re, 12 juin 1834, *De Faudoas.*

8. — Il y aurait encore exception au principe ci-dessus posé, si, lors du rapport, la chambre n'était pas composée de tous les mêmes juges qui ont entendu les conclusions des parties, lors de la mise en délibéré. Comme dans ce cas, les conclusions doivent être reprises de nouveau, elles peuvent être changées ou modifiées. — 1re, 19 juin 1834, *Leboucher.*

9. — Jugé même qu'il est laissé à l'arbitrage des tribunaux de rouvrir la discussion après les conclusions des parties et la mise en délibéré, lorsqu'ils ont de graves motifs pour en user ainsi. — 4e, 9 janvier 1832, *Crespin.*

10. — Ainsi, décidé que « après la mise d'une cause au rapport et la nomination d'un juge rapporteur, les tribunaux peuvent ordonner des productions nouvelles, s'ils aperçoivent qu'elles soient offertes ou demandées de bonne foi, sans intention de retarder la décision qu'ils ont à rendre, et d'ailleurs et tout à la fois de nature à les éclairer sur les points en discussion. » — 4e, 18 juin 1834, *Bordereau.*

11. — Dans tous les cas, la partie qui a répondu à un mémoire signifié depuis la mise en délibéré est non recevable à faire rejeter ce mémoire. — 2e, 31 juillet 1822, *Dumont.*

12. — Les significations faites depuis que l'affaire a été mise en délibéré étant nulles et irrégulières, n'entrent pas en taxe; on peut cependant ordonner qu'el-

DÉLIBÉRÉS ET INSTRUCTIONS PAR ÉCRIT, §. II.

les resteront au procès. — 2e, 19 mars 1808, *Foucault.*

13. — Un jugement rendu avant le Code, et sous l'empire de l'ordonnance de 1667, n'est point nul pour avoir été rendu plus de trois jours après celui qui ordonnait le délibéré. — 1re, 3 fructidor an XII, *Cuvelier.*

§. II. — *Des instructions par écrit.*

14. — Les effets d'un jugement qui ordonne un délibéré sont tout à fait distincts d'une instruction par écrit. — 2e, 24 décembre 1828, *Houel.* — C. R. 12, 155.

15. — Dans une instruction par écrit, les parties peuvent signifier des moyens additionnels à leurs conclusions de griefs, tant que le jugement n'est point intervenu, quoique sur la requisition d'une des parties, le rapporteur ait été saisi des pièces. — 2e, 1er février, *Lechevalier.* — C. R. 1, 331.

16. — On peut assimiler à un procès instruit par écrit l'affaire où il a été ordonné qu'il en serait délibéré au rapport d'un juge, sur des conclusions signifiées de part et d'autre. — On peut dès lors faire nommer un nouveau rapporteur sur simple ordonnance, en la forme prescrite par l'art. 110 C. pr. — 4e, 8 avril 1818, *Coupé.*

V. Conclusions, exception, jugement.

TABLE SOMMAIRE.

DÉLIT.

DÉLIMITATION.

V. Commune , hypothèque , saisie , vente.

DÉLIT.

1. — Celui qui enlève sans fraude un objet qui ne lui appartient pas, ne se rend pas coupable du délit de vol. — 2ᵉ, 13 novembre 1813, *De Pontavice.*

2. — Le divertissement du gage par le créancier, constitue le délit de détournement de dépôt, et rentre sous l'application de l'art. 408 du Code pénal. — *Ch. corr.*, 31 janvier 1839, *le ministère public.* — R. P. 3, 23.

3. — Le seul fait de pousser sans motif quelqu'un hors de chez soi ne constitue pas un délit. — *Ch. corr.*, 25 mai 1824, *le procureur général.*

4. — « Une usurpation de pouvoirs n'est pas justifiée par la faiblesse de celui qui s'y soumet, et peut être punie de dommages-intérêts. » — 2ᵉ, 15 novembre 1823, *Féron.*

5. — De ce qu'une partie, au lieu de poursuivre la répression d'un délit devant le tribunal correctionnel, s'est pourvue devant le tribunal civil, la contrainte

DÉLIT.

par corps n'en doit pas moins être prononcée, aux termes de l'art. 52 du Code pénal. — 4ᵉ, 30 décembre 1833, *Davy.*

6. — Jugé que l'on ne peut poursuivre au civil un délit caractérisé. — 2ᵉ, 28 juillet 1812, *Leballais.*

7. — L'article 638 C. i. cr. , qui fixe à trois ans la prescription de l'action publique et de l'action civile , à l'égard des délits du ressort de la police correctionnelle , à partir du dernier acte de poursuite, ne peut s'appliquer à l'action civile , dans le cas où il est intervenu condamnation par suite de l'action publique. — 1ʳᵉ, 8 janvier 1827, *Lebon.* — C. R. 7, 316.

8. — La prescription résultant de l'art. 640 C. i. cr. , n'est pas applicable à l'action en dommages-intérêts intentée devant le tribunal civil, lors même que le préjudice causé résulterait d'un délit ou d'une contravention, si le demandeur s'est plaint, par la voie civile, d'une atteinte à son droit de propriété, indépendamment de tout délit caractérisé. — 2ᵉ, 8 juillet 1837, *Trolley-Guillouet.* — R. P. 1, 473.

9. — Même en matière de délits prévus par les lois des 17 et 26 mai 1819, l'action civile ne peut être portée devant les tribunaux criminels, quand l'action publique est prescrite. — *Ch. corr.*, 26 décembre 1838, *Guillot.* — R. P. 3, 33.

10. — Les juges peuvent se refuser à prononcer la solidarité contre des héritiers auteurs ou complices d'un même divertissement. — 2ᵉ, 19 janvier 1820, *Crespin.*

DÉLIT FORESTIER.

V. amnistie, contrainte par corps, dommages-intérêts, faillite, outrages, prescription, presse.

DÉLIT FORESTIER.

1. — Lorsqu'un délit forestier a donné lieu à deux procès-verbaux successifs, tous deux suivis d'assignation, si l'assignation provoquée par le dernier procès-verbal est postérieure de plus de trois mois à la date du premier, la prescription établie par l'art. 8, tit. IX, de la loi des 15 et 29 septembre 1791 peut être invoquée. — 4ᵉ, 24 juin 1824, *l'administration forestière.* — C. R. 1, 320.

2. — En matière de délits forestiers, le procès-verbal du garde, qui s'est fait accompagner dans la maison du coupable supposé par le maire de la commune, n'est pas nul par le motif que ce maire serait le parent de celui qui aurait intérêt à faire constater le délit. — *Ch. corr.*, 22 avril 1830.

3. — Dans tous les cas, cette exception ne serait pas proposable par le délinquant qui ne se serait pas opposé à l'entrée du maire dans son domicile. — *m. arr.*

V. Procès-verbal.

DÉLIT DE LA PRESSE.

V. Presse.

DEMANDE.

V. Action judiciaire, acquiescement, avoué, hypothèque, intérêts, ordre, péremption, rente, saisie immobilière, usufruit.

DEMANDE ALTERNATIVE.

V. Action, degré de juridiction, option.

DEMANDE INCIDENTE.
DEMANDE DISTINCTE.

V. Acquiescement, chose jugée, degré de juridiction.

DEMANDE INCIDENTE.

1. — Une demande ne peut être formée incidemment par le demandeur, qu'autant qu'elle est connexe à l'action principale. — 1ʳᵉ, 28 janvier 1829, *Follain.* — C. R. 12, 266.

2. — Cette connexité ne résulterait pas de ce qu'il aurait été question de l'objet de cette demande en conciliation, et de ce que l'exploit d'ajournement contiendrait des réserves à raison de cet objet. — *m. arr.*

3. — La partie qui, après avoir réclamé un fonds, reconnaît, sur le vu des actes qui lui sont exhibés, que sa demande est mal fondée, peut former une demande incidente en réclamation du prix. — 2ᵉ, 15 mars 1834, *Gosset.*

4. — La partie qui a demandé l'homologation pure et simple d'un acte de liquidation, peut cependant le critiquer sur tous les points, s'il est attaqué par ses adversaires sur un seul. — Dans cette matière, toutes les parties peuvent, pour la première fois, former sur appel des demandes incidentes. — 2ᵉ, 16 juin 1836, *Barbereau.* — R. P. 3, 446.

V. Acquiescement, appel, chose jugée, compétence administrative, civile et commerciale.

DEMANDE INDÉTERMINÉE.

V. Degré de juridiction.

DEMANDE JUDICIAIRE.

V. Intérêts.

DÉMISSION DE BIENS.

**DEMANDE EN LIBERTÉ PROVI-
SOIRE.**

V. Contrainte par corps.

DEMANDE NOUVELLE.

V. Appel.

**DEMANDE RECONVENTIONNEL-
LE.**

V. Degrés de juridiction. V. aussi compétence, exception, frais.

DÉMENCE.

V. Interdiction. V. aussi dispositions
entre vifs et testamentaires, obligation,
testament.

DEMEURE.

V. Domicile, exploit.

DEMEURE (mise en).

V. Intérêts, obligation.

DÉMISSION DE BIENS.

1. — La démission de biens doit être
considérée comme donation entre vifs
irrévocable. En conséquence, elle n'a
pu, avant comme depuis le Code civil,
être faite que par acte authenthique.
(Ord. de 1731.) — 2e, 18 avril 1827,
Challemel. — C. R. 13, 483.

Contrà. — 1re, 25 mars 1816, *Lemarquant ;* — 2e, 24 février 1816, *Barballe ;*
mais cet arrêt a été *cassé* le 21 avril
1818.

2. — Le père qui a consenti, par acte
sous seing privé, une démission de biens
à un ou plusieurs de ses enfants, est réputé n'avoir jamais été dessaisi de ses
propriétés ; les enfants qui ne possèdent
qu'en vertu d'un pareil titre, ne peuvent, durant la vie de leur père, se

DÉMISSION DE BIENS.

prévaloir d'aucune ratification ni prescription.

Spécialement, la fille qui, par suite
d'une démission de biens consentie par
acte sous-seing privé par son père avant
les lois sur l'égalité des partages, s'é-
tait contentée, vis-à-vis de ses frères
donataires, d'une rente légitimaire, a
pu, lors du décès de son père arrivé
depuis ces lois, réclamer le partage égal
des biens héréditaires. — *dit arr.* — 2e,
18 avril 1827, *Challemel.* — C. R. 13,
483.

3. — L'acte de constitution de rente
légitimaire, arrêté entre les frères et la
sœur, avant le décès du père, ne peut
être considéré comme une ratification,
puisque les frères n'avaient point acquis
sur les biens un droit de propriété dont
le père n'avait point été dessaisi. — *m.
arr.*

4. — La prescription n'a pu courir,
au profit des frères détenteurs, que du
jour du décès du père. — *m. arr.*

5. — L'acte de démission de biens
non authentique est nul à l'égard des
tiers, encore que la date en ait été assurée par le décès de quelques-uns des signataires, au moment où le débiteur
leur a consenti hypothèque sur les biens
compris dans l'acte de démission. — Il
en est surtout ainsi lorsque le démettant
a continué de jouir des biens. — 2e, 18
ventôse an XII, *Boissel.*

6. — L'acte de démission de biens
n'était point nul pour n'avoir point été
insinué ou transcrit. — 24 prairial an XII.
— 1re, 13 juillet 1807, *Poullain ;* — 1re,

DÉMISSION DE BIENS.

10 décembre 1807, *Labbé* ; — 2°, 10 mars 1820, *Edel.*

7. — Mais il ne peut être opposé aux tiers. — 2°, 10 mars 1820, *Edel.*

8. — Pour être opposé aux tiers, dans cette circonstance, il faut au moins qu'il ait date certaine. — 1re, 10 avril 1812, *De Feuguerolles.*

9. — La démission de biens ne peut être opposée aux filles qu'autant que la date a été assurée avant la loi du 8 avril 1791, à moins qu'elles ne l'aient ratifiée. — 2°, 8 août 1811, *Meslier.*

10. — Si la date est certaine, elle profite aux seuls démissionnaires, pourvu qu'ils ne fassent pas acte d'héritier. — 1re, 24 février 1812, *Bacon.*

11. — L'acte de démission, qui ne contient pas l'état estimatif des meubles, est nul quant à ces meubles. — 2°, 10 mars 1820, *Edel.*

12. — Le démissionnaire peut renoncer à la succession du démettant, et se soustraire par là au paiement des dettes créées depuis la démission. — *m. arr.*

V. Donation, partage d'ascendant, succession.

TABLE SOMMAIRE.

DÉPOT, §. I.

DENRÉES.

V. Acte de commerce, aliments, compétence commerciale, vente.

DÉPARTEMENT.

V. Circonscription territoriale, élections, hypothèques, saisie immobilière.

DÉPENS.

V. Frais.

DÉPORTATION.

V. Prêtres déportés.

DÉPOSITION.

V. Enquête, témoins.

DÉPOT.

§. I. — *Dépôt volontaire.*

§. II. — *Dépôt nécessaire.*

§. I. — *Dépôt volontaire.*

1. — L'acte portant : « Je soussigné reconnais avoir reçu de..... la somme de quatre mille francs », ne doit pas être considéré comme la reconnaissance d'un dépôt fait dans les mains du signataire, mais bien plutôt comme le reçu d'une somme antérieurement prêtée. — 1re, 4 mai 1840, *Maugeant.* — R. P. 4, 147.

2. — Le dépositaire entre les mains de qui l'objet déposé a disparu, sans qu'il puisse indiquer comment, est responsable de cette disparition. — 2°, 14 février 1835, *Herbinière.*

3. — Cependant, si le dépositaire ignorait la valeur de l'objet, et que cette valeur fût considérable, les dommages-intérêts ne devraient pas être l'équivalent de l'objet perdu. — *m. arr.*

4. — Les tiers eux-mêmes, qui soutiennent qu'un dépôt a été fait dans leur intérêt, ont une action directe contre le dépositaire, et au cas de contestation ils peuvent valablement assigner le dépositaire et le déposant devant le tribunal du domicile de ce dernier. — 4ᵉ, 7 janvier 1840, *Amel.* — *R. P.* 3, 612.

5. — Le dépositaire ne peut se refuser à la remise des deniers déposés, sous prétexte de compensation. — 2ᵉ, 18 thermidor an XI, *Girard.*

Les dépositaires d'un objet peuvent, suivant les circonstances, être tenus solidairement. — 1ʳᵉ, 12 mars 1827, *Adelée.* — *C. R.* 8, 122.

6. — Le divertissement du gage par le créancier est un détournement de dépôt et rentre sous l'application de l'art. 408 du Code pénal. — *ch. corr.*, 31 janvier 1839, *le ministère public.* — *R. P.* 3, 23.

7. — Le dépôt volontaire peut être prouvé par témoins lorsqu'il existe un commencement de preuve par écrit. — *m. arr.*

§. II. — *Dépôt nécessaire.*

8. — L'aubergiste est responsable des accidents qui arrivent aux chevaux déposés dans son auberge. — 4ᵉ, 5 juillet 1825, *Poulain.*

9. — La disposition de l'art. 1952, qui rend les aubergistes responsables des ob-

jets apportés par les voyageurs qui logent chez eux, est applicable encore bien que le voyageur qui a fait le dépôt des objets n'ait ni mangé, ni couché dans l'auberge. — 4ᵉ, 4 juin 1832, *veuve Roussel.*

11. — « Si, en principe général, les aubergistes sont responsables des effets des voyageurs qui logent chez eux, cela ne doit s'entendre que quand on les a mis, eux ou leurs gens de confiance et serviteurs habituels, dans la possibilité d'exercer leur surveillance et de prendre des précautions de sûreté. »

Spécialement, jugé qu'un aubergiste n'est pas responsable de la perte d'un sac d'argent, si le dépôt de ce sac a été fait par le voyageur sans en avoir prévenu ni l'aubergiste, ni ses serviteurs, à un individu *momentanément* préposé dans l'auberge à un ouvrage *spécial* (v. c. à la garde des bottes.) — 4ᵉ, 20 février 1833, *Bisson.*

10. — *Spécialement* encore, celui qui a déposé sa valise dans une auberge à la personne préposée par l'aubergiste dans les bâtiments dépendants de l'auberge pour recevoir les effets des voyageurs, se met dans la classe de ceux qui logent dans une auberge et auxquels se trouvent applicables les dispositions de l'art. 1952 C. civ. — *m. arr.*

DÉPOT NÉCESSAIRE.

V. Dépôt.

DÉPUTÉ.

V. Elections. V. aussi commune, compétence administrative.

DERNIER RESSORT.

V. Degré de juridiction.

DÉSAVEU.

DÉROGATION.

V. Loi.

DÉSAVEU.

1. — « L'avoué représente la partie pour tout ce qui est relatif aux errements de la procédure, il est toujours censé s'être conformé au mandat qu'il a reçu d'elle; celle-ci ne peut s'élever contre ce qu'il a fait qu'en formant un désaveu contre lui. » — 1re, 11 mai 1835, Saulatre.

2. — Encore bien qu'un avoué ne puisse passer de consentement sans un pouvoir spécial de son client, à peine de désaveu, néanmoins les tribunaux peuvent, dans certains cas, induire des circonstances un mandat tacite qui rende non recevable toute demande postérieure en désaveu. — 1re, 6 juillet 1828, De Courseulles. — C. R. 13, 643. — Ità, 2e, 29 nov. 1822, Chenevière de Pointel ; — 2e, 22 août 1823, Huet ; — 4e, 3 déc. 1834, Ruault.

3. — Ainsi, le mandat pour conclure et plaider résulte suffisamment de la présence à l'audience de celui au nom duquel les conclusions sont prises, dits arrêts, 2e, 23 août 1823, Huet, et 4e, 3 déc. 1834, Ruault.

4. — Or, lorsque des énonciations du jugement il résulte que les conclusions ont été prises au nom de la partie et en sa présence, le désaveu du concluant ne peut être admis qu'autant qu'il serait complètement prouvé par les présomptions les plus fortes, les plus précises et les plus concordantes que la partie n'était

DÉSISTEMENT, §. I.

point présente à l'audience lorsque l'on concluait pour elle. — m. arr. Ruault.

5. — Il n'est pas nécessaire de recourir au désaveu lorsqu'un avoué a employé le nom d'une partie, quoiqu'il ne soit point intervenu pour cette partie et que celle-ci n'ait point été assignée. — 2e, 16 février 1815, Pellet ; — 2e, 1er février 1815, Collignon.

6. — Le désaveu ne peut être admis contre un avoué qui, en reconnaissant une pièce que son client méconnaît, n'a fait qu'un acte de bonne foi, et lorsque d'ailleurs cette reconnaissance ne porte aucun préjudice au client. — 2e, 5 nov. 1830, Frémont.

V. Avoué.

DÉSAVEU D'ENFANT OU DE PATERNITÉ.

V. Filiation.

DÉSIGNATION.

V. Exploit, hypothèque, saisie-exécution, saisie immobilière, servitude, vente.

DÉSISTEMENT.

§. I. — Quelles personnes peuvent se désister, et dans quels cas le désistement peut-il avoir lieu?

§. II. — Formes du désistement.

§. III. — Acceptation et rétractation du désistement.

§. IV. — Effets du désistement.

§. I. — Quelles personnes peuvent se désister, et dans quels cas le désistement peut-il avoir lieu?

1. — Le débiteur ne peut se désister

DÉSISTEMENT, §. I.

fraduleusement d'un procès au préjudice de ses créanciers. — 4e, 26 août
1839, *Duchemin.* — R. P. 3, 393.

2. — Une partie peut valablement se
désister d'une procédure en divorce pour
en intenter une nouvelle. — 8 mars
1808. — *rej.* S. 9, 1, 264.

3. — Mais l'époux contre lequel une
séparation de corps a été prononcée et
qui a appelé du jugement intervenu contre lui, ne peut valablement se désister
ensuite de son appel. — Le désistement
en pareil cas doit être assimilé à un véritable acquiescement défendu dans les
matières d'ordre public. — 2e, 15 déc.
1826, *Benard.* — C. R. 7, 252.

4. — Lorsque dans un contrat d'assurance il a été convenu que toutes les difficultés qui pourraient naître pour son
exécution seraient jugées par des arbitres, les assureurs qui ont saisi le tribunal de commerce pour obtenir le paiement de la prime d'assurance ne peuvent, en se désistant de cette action,
demander leur renvoi devant le tribunal
arbitral pour faire statuer sur le délaissement ou sur l'action en avarie formée
reconventionnellement pendant l'instance par les représentants de l'assuré. —
4e, 4 juin 1838, *Tessel.* — R. P. 2,
230.

5. — Si un jugement a refusé, même
formâ negandi, l'admission d'une preuve,
le simple consentement de la partie ne
peut suffire pour que l'on procède à
cette preuve, il est nécessaire qu'il y ait
réformation par la Cour. — 1re, 15 mars
1824, *Leberruryer.*

DÉSISTEMENT, §. II.

§. II. — *Formes du désistement.*

6. — La partie qui se désiste du jugement dont est appel est tenue de réitérer ce désistement par acte authentique :
faute par elle de faire ou réitérer ainsi
son désistement, l'appelant peut poursuivre l'audience pour obtenir un jugement infirmatif, aux frais de l'intimé. —
1re, 19 février 1823, *David.*—C. R. 1,
323. —2e, 15 juillet 1831, *De Lacotte.* —
2e, 3 avril 1835, *de Chagny.*

7.—La déclaration passée par les parties adverses qu'elles ne veulent point
que le jugement arbitral rendu entre
elles fasse la règle de leurs droits, emporte l'annulation de ce jugement, et
cette annulation n'a pas besoin, pour
être admise en justice, qu'il ait été formé
opposition à l'ordonnance *d'exéquatur.*—
1re, 17 janvier 1831, *Oriol.*

8. — Le désistement est valable et doit
être accepté, encore qu'il ne contienne
pas l'offre de payer les frais et qu'il s'y
trouve des réserves étrangères à l'action.
2e, 19 juin 1817, *Desrivières.*

9. — Le défaut de signification d'a-
voué à avoué du désistement, n'en entraîne pas la nullité. — 4e, 12 février 1812,
Daguenet.

10. —Si une partie se porte appelante
d'un jugement à l'égard de deux cointi-
més et que les appels ne soient point
joints, l'appelant peut valablement se
désister à l'égard de l'un des intimés
sans signifier ce désistement à l'autre,
et si le désistement est accepté, l'instance se trouve éteinte, encore que des
significations aient été faites à l'intimé,

DÉSISTEMENT, §. III.

soit par son cointimé, soit par des intervenants, d'avoué à avoué. — 2ᵉ, 7 nov. 1835, *Lhermite*.

§. III. — *Acceptation et rétractation du désistement.*

11. — *Acceptation.* — Tout désistement, pour être valable et former un contrat judiciaire, doit être accepté d'une manière expresse. (Art. 402 et 403. C. pr.) — 4ᵉ, 9 mai 1837, *Vallée*. — R. P. 1, 341.

12. — N'est pas réputé accepté le désistement passé devant notaire, par cela seul que la partie au profit de laquelle il était fait en a pris une expédition, et l'a faite signifier à des créanciers intervenants dans l'instance, sans toutefois leur déclarer qu'elle entendait l'accepter. — *m. arr.*

13. — « L'acquiescement signifié par l'appelant n'empêche pas que l'instance liée sur appel ne continue de subsister jusqu'à l'acceptation pure et simple donnée par l'intimé, au moins relativement aux droits que par le fait de son existence, elle a conféré à ce dernier. » — 4ᵉ, 27 juin 1826, *Lecœur-Lachesnaye*.

14. — Ainsi, nonobstant le désistement de l'appelant, l'intimé peut, selon les circonstances, obtenir des dommages-intérêts d'induc vexation. — *m. arr.* — 1ʳᵉ, 4 août 1828, *Lefèvre*. — C. R. 10, 82. — 2ᵉ, 15 juillet 1831, *de Lacotte*.

15. — Il peut même former un appel incident. — 2ᵉ, 24 avril 1819, *Volard*.

16. — Tant que le désistement n'est

DÉSISTEMENT, §. IV.

point accepté, l'intervention est admissible de la part de celui qui avait qualité pour intervenir. — 4ᵉ, 24 avril 1833, *Baux*.

17. — Un désistement fait par lettres, peut valablement être accepté en reportant la lettre par acte d'avoué à avoué avec acceptation. — 1ʳᵉ, 28 juillet 1823, *Chancerel*.

18. — L'acceptation du désistement d'appel signifiée par l'appelant, doit être notifiée à tous les intimés et elle entre en taxe pour toutes les copies. — 2ᵉ, 27 mars 1830, *Cordier*.

19. — *Rétractation.* — Le désistement du bénéfice d'un arrêt ne peut être rétracté sous prétexte qu'il a été le résultat d'une erreur de droit ; il en serait différemment d'une erreur de fait. — 1ʳᵉ, 10 mars 1824, *Febvrier-Maisonneuve*.

§. IV. — *Effets du désistement.*

20. — Même en matière de divorce, si le désistement de l'appel du jugement qui prononce le divorce est accepté, il n'y a plus lieu à demander un arrêt confirmatif. — *Aud. sol.* 9 juillet 1812. 2ᵉ, 12 décembre 1812, *Duquesne*.

21. — Si, au lieu d'accepter le désistement d'un appel par acte d'avoué à avoué, une partie se présente à l'audience pour faire confirmer le jugement, elle doit supporter les frais de l'arrêt. — 2ᵉ, 10 mai 1810, *Richard*.

22. — Lorsqu'il y a désistement du jugement dont est appel, la Cour doit

DETTES.

renvoyer devant un tribunal autre que celui qui a rendu le jugement. — 1re, 20 février 1815, *Lecourtois*.

V. Acquiescement, appel.

TABLE SOMMAIRE.

DESSAISISSEMENT.

V. Faillite, ordre, saisie immobilière.

DESTINATION DU PÈRE DE FAMILLE.

V. Servitude.

DESTRUCTION.—DÉGRADATION.

V. Dot, hypothèque, usufruit.

DÉTOURNEMENT.

V. Délit, succession.

DETTES.

V. Obligation, paiement.

DISCIPLINE.

DEUIL.

On ne peut assujettir une veuve à des justifications et à la surveillance des héritiers du mari, pour l'emploi de la somme qui lui est allouée pour son deuil. — 2e, 7 décembre 1838, *De la Rouvraye de Sanpaudé.* — R. P. 3, 182.

V. Communauté, dot, femme normande, privilége, usufruit.

DIFFAMATION.

V. Outrages.

DISCIPLINE.

1. — L'autorité disciplinaire ne peut, en aucune manière, ni modifier, ni préjuger en rien le libre cours de la justice répressive, ni le droit de défense.

Par suite, les prétendus coopérateurs d'une infraction reprochée à un avocat, s'ils ne sont pas avocats, ne pourraient être appelés, à la requête du ministère public, même pour donner des explications, ni devant le conseil de discipline, ni devant les chambres de la Cour.

Mais l'avocat pourrait être autorisé à approcher devant le conseil des personnes par lui désignées, s'il justifiait les causes de leur comparution. — *Aud. sol.*, 20 janvier 1830, *Séminel.* — C. R. 12, 41.

2. — « Les notaires étant essentiellement, par la nature de leurs fonctions, sous la surveillance des Cours et tribunaux, ces autorités judiciaires ont le droit de réprimer leurs fautes (publiques) suivant leur gravité, pourvu que les peines qu'elles prononcent ne soient pas plus fortes que celles portées par la

DISPOSITIONS ENTRE ÉPOUX.

loi. » — 1re, 21 février 1826 , *Me Balleroy.*

3.—Les tribunaux ont le droit de contraindre une chambre des notaires à communiquer ses registres à un tiers avec qui elle est en procès. — 1re, 11 déc. 1826 , *Lepelletier.*

4. — Les décisions en matière de discipline ne sont point , du moins en général, susceptibles d'être attaquées par la voie de l'appel. — *Aud. sol.*, 4 février 1824 , *le procureur du roi de Mortagne.*

5. — Jugé cependant que les Cours royales sont compétentes de connaître , par voie d'appel , des décisions des conseils de discipline qui refusent à un avocat son admission au stage et au tableau. — *Ch. réunies*, 11 janvier 1837 , *Jardin.* R. P. 1, 122.

6. — Le syndic de la chambre des notaires est sans qualité pour interjeter appel d'un jugement qui annule une délibération du conseil de discipline.—1re, 11 décembre 1826 , *Lepelletier.*

V. Avocat, notaire.

DISCUSSION.

V. Caution, hypothèque , saisie immobilière.

DISPENSE DE RAPPORT.

V. Portion disponible , rapport.

DISPONIBILITÉ.

V. Portion disponible.

DISPOSITION.

V. Dispositions entre vifs et testamentaires, donation, legs, obligation.

DISPOSITIONS ENTRE ÉPOUX.

V. Contrat de mariage , donation entre époux, époux normands.

DISPOSITIONS ENTRE VIFS ET TESTAMENTAIRES, §. I.

DISPOSITIONS ENTRE VIFS ET TESTAMENTAIRES.

(C. civ. liv. iii , tit. 2 , ch. 2.)

§. I. — *De l'intégrité des facultés intellectuelles et de la liberté d'esprit nécessaires pour disposer.*

§. II. — *Capacité qu'ont les mineurs et les femmes mariées , de disposer par testament.*

§. III. — *Dispositions en faveur de tuteurs , d'enfants naturels et de médecins.*

§. IV. — *Dispositions en faveur d'établissements publics ou religieux et de personnes incertaines. — Legs pieux.*

§. V. — *Donations déguisées ou faites à personnes interposées.*

§. I. — *De l'intégrité des facultés intellectuelles et de la liberté d'esprit nécessaires pour disposer.*

1. — *Démence.* — Les donations, mêmes déguisées sous la forme d'un contrat de vente, peuvent être attaquées , pour cause d'insanité d'esprit, après le décès du donateur, bien que son interdiction n'ait pas été provoquée de son vivant. — 1re, 25 janvier 1819, *Poulain ;* — 2e, 24 août 1819, *Lebourg ;* — 2e, 25 mars 1835, *Leboucher de Veaux.*—R. P. 1, 648.

2. — De même, on peut prouver que le testateur n'était point sain d'esprit au moment où il a testé, quoique son interdiction n'ait point été provoquée. — 2e, 17 novembre 1809, *Bon Lecacheux ;* — 1re, 25 janvier 1819, *Foulon.*

3. — *Contrà.* — Les dispositions testamentaires d'un individu ne peuvent être annulées, pour cause d'insanité d'esprit, qu'autant que son interdiction aurait été provoquée de son vivant, ou que la preuve de la démence resulterait de l'acte attaqué.

En d'autres termes, l'art. 504 C. civ. s'applique aux actes à titre gratuit comme aux actes à titre onéreux. — 1re, 19 juillet 1809, *Leroux.*

4. — Toutefois, le défaut de provocation d'interdiction établit une présomption en faveur de la capacité du testateur. — 2e, 24 août 1819, *Lebourg.*

5. — Le testament fait par un insensé dans un intervalle lucide est valable, alors surtout que les termes dans lesquels il est conçu ne révèlent en rien la démence, et qu'il ne dispose que d'une somme modique. — 1re, 23 juillet 1812, *Viger.*

6. — Lorsque l'état habituel de démence d'un testateur est prouvé, les héritiers qui attaquent le testament ne sont point tenus d'établir que le testateur, au moment de la confection du testament, était particulièrement privé de ses facultés intellectuelles. C'est au légataire à prouver que le testament a été fait durant un intervalle lucide. — 1re, 20 novembre 1826, *Paysan.* — C. R. 7, 226.

7. — La tentative de suicide qui a précédé de quelques instants la confection d'un testament olographe, n'est pas par elle seule, chez le testateur qui a voulu s'ôter la vie, la preuve d'une aliénation mentale capable de faire an

nuler le testament. — 3 février 1826, *De M.....* — C. R. 7, 52.

8. — Le légataire qui veut faire annuler un testament révocatoire de celui fait à son profit, et ce pour cause d'insanité d'esprit du testateur, est tenu de justifier que cette insanité n'existait pas au moment de la confection du premier testament, et qu'elle n'est survenue que dans l'intervalle du premier au second. — 2e, 16 février 1833, *Dumesnil.*

9. — Le legs fait par un insensé non interdit peut être maintenu s'il n'est que l'acquittement d'une dette naturelle et légitime. On ne doit y voir qu'une sorte de dation en paiement. — 1re, 9 février 1825, *Patry.*

10. — Bien qu'en général l'on ne puisse valablement s'interdire la faculté de disposer de ses biens par testament, cette interdiction cependant est licite, si elle est le résultat d'une transaction passée entre le testateur et ses héritiers, par laquelle ceux-ci consentent à remettre à leur auteur des biens sur lesquels il n'a qu'une propriété douteuse, mais en lui interdisant la faculté d'en disposer par testament, à leur préjudice.

Ainsi et *spécialement*, une telle convention a pu intervenir en l'an xiii, entre un prêtre déporté, rentré sur le sol français, et ses héritiers, parce qu'à cette époque, il était au moins très-douteux que les prêtres déportés et rentrés sur le territoire de la France, fussent fondés à exiger de leurs héritiers la remise de leurs biens, qui avaient été dévolus à ceux-ci par les lois révolution

DISPOSITIONS ENTRE VIFS ET
TESTAMENTAIRES, §. I.

naires. — En conséquence, le testament
qui a été fait après une telle convention,
est nul et de nul effet. — 1re, 23 mars
1825, *Lesmère.* — C. R. 5, 15.

11. — *Ivresse.* — L'ivresse, si elle est
portée à un degré capable d'altérer les
facultés intellectuelles, met obstacle à
la validité du testament. — 2e, 9 janvier
1823, *héritiers Ruel.* — C. R. 1, 157.

12. — *Captation.* — Pour que la captation et la suggestion soient une cause
de nullité, il faut qu'il demeure constant
que le testateur n'a point agi d'après sa
volonté, mais qu'il n'a cédé qu'à l'ob-
session. — Ce principe est surtout vrai
et doit être plus rigoureusement appliqué lorsqu'il s'agit d'un testament olographe qui, étant l'œuvre entière et
réfléchie du testateur, doit inspirer le
plus de confiance. — 1re, 19 août 1820,
Bouët.

13. — Cependant, avant le Code civil
il était de jurisprudence constante et générale de ne point admettre la preuve
de faits de captation et de suggestion
contre un testament olographe. — 1re,
3 fructidor an XII, *Cavelier.*

14. — On présume facilement qu'un
testament révocatoire, fait *in extremis*,
est dû à la captation, alors surtout que
l'on ne peut alléguer aucun motif de
cette révocation. — 2e, 30 janvier 1833,
Fouquet.

15. — *Concubinage.* — En Normandie,
les donations faites par le concubinaire à
sa concubine étaient frappées de nullité.
— 1re, 29 août 1809, *Moussey*; — 2e, 7
mai 1825, *Cottun.* — C. R. 5, 333. —

DISPOSITIONS ENTRE VIFS ET
TESTAMENTAIRES, §. I.

1re, 1er février 1827, *Lemarquant.* — C.
R. 8, 211.

16. — Les contrats simulés, faits au
profit de l'époux de la concubine, étaient
frappés de la même nullité. — 1re, 1er
février 1827, *Lemarquant.* — C. R. 8,
211.

17. — Toutefois, lorsque la donation
nulle, comme faite entre concubains,
avait été déguisée sous la forme d'un
contrat à titre onéreux, la nullité n'a-
vait d'effet qu'à l'égard du donataire et
de ses héritiers; les tiers qui, sous la foi
du titre apparent, avaient acquis les
biens ainsi donnés, ne pouvaient être
inquiétés. — 4e, 24 novembre 1823, *De
la Faucherie.*

18. — Les tiers détenteurs d'immeubles hypothéqués à la donation, pouvaient, dans leur intérêt et du vivant
même du donateur, faire annuler une
telle donation. — 2e, 7 mai 1825, *Cottun.*
— C. R. 5, 333.

19. — La preuve du concubinage pouvait être faite par présomptions, par
notoriété publique et par témoins. — m.
arr.

20. — « Le Code civil contient une législation complète sur la matière des
testaments : c'est par ses dispositions et
non par celles des anciennes lois qu'il
faut juger des incapacités de donner ou
de recevoir par testament. » De là il résulte qu'aujourd'hui le concubinage n'est
plus une cause d'incapacité de recevoir
par testament. — 2e, 22 juillet 1822,
Marion ; — 2e, 4 décembre 1838, *Philippe.*

DISPOSITIONS ENTRE VIFS ET
TESTAMENTAIRES , §. II.

§. II. — *Capacité qu'ont les mineurs et
les femmes pour disposer par testament.*

21. — La capacité de tester constitue
un statut personnel qui se règle par la
loi du domicile du testateur. — 2ᵉ, 20
août 1813, *Basdemer.*

22. — *Mineur.* — Le mineur âgé de plus
de 16 ans, qui a des héritiers à réserve,
ne peut disposer que de la moitié de
tous les biens non sujets à réserve. — 2ᵉ,
24 avril 1813, *Guillin;* — 1ʳᵉ, 21 juin
1825, *Lefevre.*

23. — *Spécialement,* si le mineur laisse
sa mère pour héritière, il n'a pu léguer
valablement à son conjoint que la moitié
de la pleine propriété de tous les biens
non sujets à réserve, et l'usufruit de la
moitié de la réserve. (Art. 1094.) — *m.
arr. Guillin.*

24. — C'est par suite de ce principe
que l'on a décidé que si le mineur a
légué à sa mère la moitié de sa fortune, et que postérieurement il lègue
également la moitié de sa fortune à un
tiers, ce second testament révoque le
premier. — 1ʳᵉ, 21 juin 1825, *Lefevre.*

25. — L'art. 904 du Code civil est applicable aux dispositions testamentaires
faites par l'un des époux mineurs, au
profit de son conjoint. — 2ᵉ, 18 août
1838, *Guillouet.* — *R. P.* 2, 373.

26. — Dans ce cas, l'époux testateur
n'a pu disposer, au profit de l'autre
époux, que de la moitié de la quotité
disponible fixée par l'art. 1094 du Code
civil. L'on ne peut appliquer les règles

DISPOSITIONS ENTRE VIFS ET
TESTAMENTAIRES , §. III.

posées par les articles 913 et 915 du
Code civil. — *m. arr.*

27. — Si le legs fait par le mineur
consiste en une rente viagère ou un usufruit, on peut, par analogie, appliquer
les dispositions de l'art. 917 C. civ., et
contraindre les héritiers à servir la rente
viagère ou souffrir l'usufruit, si mieux ils
n'aiment faire l'abandon au légataire de
la quotité dont, aux termes de l'art.
904, le mineur pouvait disposer. — 2ᵉ,
24 avril 1813, *Guillin.*

28. — *Femmes.* — Depuis la loi du
17 nivôse an II, la femme a pu disposer
valablement, par testament, en faveur
de son mari, sans avoir reçu l'autorisation de celui-ci. — 1ʳᵉ, 11 août 1812,
Pierre.

§. III. — *Dispositions en faveur de tuteurs, d'enfants naturels et de médecins.*

29. — *Tuteurs.* — L'incapacité de recevoir aucunes donations testamentaires
de la part de son ancien pupile, avant
d'avoir apuré le compte de tutelle, ne
s'applique pas au tuteur qui a rendu son
compte d'une manière irrégulière, si
par l'acte de nomination, il avait été dispensé, pour cet objet, des formes prescrites par la loi. — 1ʳᵉ, 28 janvier 1807,
Gaubert.

30. — Le mineur parvenu à l'âge de
16 ans peut disposer par testament au
profit de son ancien tuteur, pourvu que
le compte de celui-ci ait été valablement
rendu à son successeur et apuré, aux
termes de droit. (Art. 907 C. civ.)

DISPOSITIONS ENTRE VIFS ET TESTAMENTAIRES , §. III.

Il n'est pas nécessaire que le reliquat en soit soldé, l'incapacité cesse du moment où toute discussion possible sur le compte a disparu.—1re, 26 janvier 1830, *Travert*. — C. R. 13, 206.

31. — *Enfants adultérins*. — Un testament ne peut être annulé, comme fait par un père en faveur de son enfant adultérin, puisque, d'une part, la reconnaissance des enfants adultérins n'est pas permise (art. 335 C. civ.), et que, de l'autre, la recherche de la paternité est interdite (art. 340 *cod.*). Le legs ne pourrait donc qu'être réduit, en tant seulement qu'il excéderait la quotité disponible. — 2e, 4 décembre 1830, *Philippe* ; — 2e, 21 juillet 1838, *Behot*. —R. P. 2, 261.

32. — Ainsi, la reconnaissance volontaire d'un enfant adultérin, ne rend nullement cet enfant incapable de recevoir des libéralités de celui qui l'a reconnu. — 2e, 2 juillet 1838, *Behot*. — R. P. 21, 261.

33. — Jugé encore que l'on ne peut, pour faire annuler un legs, être autorisé à établir par aucuns moyens de preuve, soit par reconnaissance volontaire, soit par possession d'état, que les légataires sont les enfants incestueux et adultérins du testateur. Il n'y a incapacité, pour les enfants adultérins ou incestueux, de recevoir des dons ou legs de leur père et de leur mère, que lorsque leur filiation illicite se trouve forcément constatée par jugement, dans certains cas déterminés par la loi. — 1re, 16 mars 1839, *Pannier*.— R. P. 3, 168.

DISPOSITIONS ENTRE VIFS ET TESTAMENTAIRES , § IV.

34. — Il en serait ainsi, lors même que l'enfant aurait figuré dans l'acte de reconnaissance, et aurait accepté le titre et la qualité d'enfant adultérin. — 2e, 21 juillet 1838, *Behot*. — R. P. 2, 261.

35. — Toutefois, le legs qui n'aurait été déterminé que par la considération de la paternité adultérine , serait nul comme ayant une cause illicite ; mais encore faudrait-il, pour qu'il en fût ainsi, que la reconnaissance eût été écrite dans l'acte même de libéralité. — *m. arr.*

36. — *Médecin*. — La prohibition portée dans l'art. 909 C. civ., ne peut atteindre le médecin qui a traité le donateur dans une maladie dont celui-ci a guéri. — 1re, 28 mars 1833 , *Mezaize*.

§. IV. — *Dispositions en faveur d'établissements publics ou religieux et de personnes incertaines. — Legs pieux.*

37. — Le défaut d'autorisation, par lettres patentes du roi, des donations immobilières faites à des établissements de main-morte, constituait une nullité absolue, proposable par tous, même par le donateur ou ses héritiers. (Édit d'août 1749, art. 14 , 19 et 22.) — 2e, 16 juin 1827, *ville de Falaise*.—C. R. 9, 193.

38. — L'autorisation devait nécessairement précéder la donation ; elle n'eût pu intervenir, les choses n'étant plus entières. — *m. arr.*

39. — La disposition de l'édit de 1749 qui prohibait toutes donations en

faveur d'établissements religieux non
encore créés, n'a pu revivre par l'effet
du concordat de 1801. — 1re, 6 juillet
1829, *Lepelletier*. — C. R. 11, 631.

40. — Tout Français, libre de ses
droits, a dès lors eu, depuis le concordat, comme avant, la faculté de faire
telles dispositions qu'il jugerait à propos
pour favoriser la création de nouveaux
établissements religieux, en se soumettant aux conditions prescrites. — *m. arr.*

41. — Cette faculté n'a point été enlevée par le Code civil. L'art. 910, en
effet, qui autorise les dispositions entre
vifs ou par testament, au profit d'établissements d'utilité publique, n'a fait
aucune distinction entre les établissements existants et ceux encore à former.
m. arr.

42. — On peut *spécialement* faire valablement une donation, dans le but de
fonder une chapelle vicariale dans une
commune. — *m. arr.*

43. — Tant que la donation faite à
un établissement, n'a pas été autorisée
par le gouvernement, les intérêts de la
chose donnée ne courent pas. — 2e, 29
juin 1816, *fabrique de Laigle*.

44. — L'obligation imposée par le
testateur d'entretenir la lampe de telle
église durant un certain nombre d'années, constitue un legs en faveur de la
fabrique, legs qui, par conséquent, ne
peut recevoir son exécution qu'autant
qu'il est autorisé conformément à la loi.
— 1re, 20 mars 1833, *Ruaux*.

45. — *Personnes incertaines.* — « La
loi ne prohibe pas les dispositions testa-

mentaires par lesquelles le testateur
consacre une portion quelconque de sa
fortune, non point à gratifier un légataire, mais à une destination qui intéresse le salut de son âme ou la conservation de sa mémoire, comme lorsqu'il
veut que *des prières ou des bonnes œuvres
soient faites à son intention après sa mort*,
ou lorsqu'il règle la pompe de ses funé-
railles et demande qu'on lui érige un
tombeau. » — 2e, 10 déc. 1831, *Durand*.
— *Rej.* S. 34, 1re, 700. — 1re, 20 mars
1833, *Ruaux*.

46. — De telles dispositions, pour être
exécutées, n'ont pas besoin de l'autorisation du gouvernement. — *mêmes arrêts.*

47. — Toutefois, « si de pareilles dispositions portaient avec elles des preuves d'ineptie, ou que, sans offenser la
raison, mais dépassant néanmoins les
bornes adoptées par l'usage, eu égard à
la position sociale du disposant, elles ne
pouvaient être exécutées, pour ce qui
excéderait la satisfaction des convenances
ordinaires, sans entamer la réserve légale, elles seraient susceptibles d'être
annulées ou réduites, ainsi que cela s'est
pratiqué de tout temps, et suivant que le
décident les lois 113 §. *ultimo ff. de
leg.* et 2 *ff. ad legem falcidiam.* » — *m.
arr. Durand.*

48. — Lorsqu'un testateur a déclaré
que sa volonté est qu'une partie de
ses biens soit vendue, et que le prix en
soit employé en prières pour le repos de
son âme et de celle de son épouse, celle-
ci a qualité pour réclamer l'exécution
d'une telle disposition. — Il y a là inté-

rêt moral suffisant pour donner une action. — 1ʳᵉ, 13 janvier 1823, *Josse*. —
C. R. 2, 92.

49. — Est nul, comme fait à personnes
incertaines, le legs d'une certaine somme
fait aux pauvres, sans désigner les pauvres de quelle commune. — 1ʳᵉ, 20 mars
1833, *Ruaux*.

50. — Est nul le legs fait à une personne non désignée dans le testament.

Spécialement, est nulle la disposition
par laquelle un testateur déclare qu'il
veut que ses exécuteurs testamentaires
soient, après son décès, saisis de son mobilier pour en disposer conformément
aux intentions qu'il leur a précédemment manifestées, sans qu'ils soient tenus d'en rendre aucun compte à qui que
ce soit. — 2ᵉ, 6 nov. 1812, *Gardin*.

51. — La disposition d'objets au profit
d'une personne désignée par le testateur, pour en faire *l'emploi convenu entre
nous*, est également nulle comme se ré-
férant à une libéralité faite par une convention antérieure, non revêtue des formes prescrites pour les actes de dernière
volonté. — 2ᵉ, 10 déc. 1831, *Durand*.

§. V. — *Donations déguisées ou faites à
personnes interposées.*

52. — « La simulation d'une disposition à titre gratuit, soit qu'elle réside
dans la forme de l'acte, soit qu'elle ait
été opérée par interposition de personnes, n'est point une cause de nullité
quand elle n'a pas pour but de gratifier
un incapable. » — 1ʳᵉ, 26 janvier 1830,

Travert. — C. R. 13, 206. — 2ᵉ, 4 déc.
1830, *Philippe*.

Voy. sur les donations déguisées faites à des personnes capables, le mot *donation*.

53. — La donation déguisée sous l'apparence d'un contrat à titre onéreux,
produit tous les effets de ce dernier contrat à l'égard des créanciers hypothécaires et de l'acquéreur. — 4ᵉ, 5 janvier
1825, *Bellard*. — Ità, 4ᵉ, 24 nov. 1823,
De Lafaucherie.

54. — En général, pour savoir quelles personnes sont interposées, on peut
appliquer, même aux actes antérieurs au
Code civil, la disposition de l'art. 911 de
ce Code. — C'est ainsi que l'on a déclaré nulles, comme faites à personne
interposée, les donations faites au profit
de l'époux d'une concubine du donateur.
— 1ʳᵉ, 1ᵉʳ février 1827, *Lemarquant*. —
C. R. 8, 211.

55. — La simple lésion résultant d'un
contrat fait par un beau-père à son gendre, prouve qu'il y a eu en faveur de la
fille, avantage prohibé par la coutume
de Normandie. — 2ᵉ, 24 brumaire an x,
James.

56. — Est nul le testament fait au profit du fils d'un médecin qui a soigné le
testateur durant sa dernière maladie,
encore bien que plusieurs autres médecins eussent donné leurs soins au ma-
lade. — 1ʳᵉ, 19 février 1811, *Hardin*.

V. Donation, donation entre époux,
femme normande, portion disponible,
testament.

DISPOSITIONS ENTRE VIFS ET TESTAMENTAIRES, §. V.

TABLE SOMMAIRE.

DISTRIBUTION PAR CONTRIBUTION.

DISTRIBUTION PAR CONTRIBUTION.

(C. pr. 1re part., lib. 5, tit. 11.)

1. — Si le juge commis par le tribunal pour procéder à un ordre vient à reconnaître que cet ordre est impossible (*v. c.* parce qu'il n'existe pas d'inscription valable sur les biens), il ne peut opérer une distribution par contribution, n'ayant pas reçu mandat à cet effet. — 4e, 26 mars 1834, *Desseaux.*

2. — L'opération à laquelle il se serait livré à cet égard ne pourrait entraîner aucune forclusion contre les créanciers non produisant. — Alors surtout qu'il s'agit d'une succession bénéficiaire. (Art. 808 et 809 C. civ.) — *m. arr.*

3. — Le créancier qui, à un état de distribution par contribution, ne produit pas dans le mois accordé par l'art. 660 C. pr., est forclos de plein droit après ce délai, lors même que l'état de collocation n'est pas encore arrêté. — 4e, 15 janvier 1822, *Rochefort.* — C. R. 7, 178.

4. — Lorsque la distribution par contribution est terminée par l'ordonnance qui enjoint de distribuer les mandements aux créanciers, les créanciers postérieurs à l'ordonnance ne sont point recevables à demander part aux de-

DISTRIBUTION PAR CONTRI-BUTION.

niers à distribuer, quoique les mande-ments n'aient pas encore été payés. — 1re, 12 janvier 1810, *Lepelletier.*

5. — Les créanciers hypothécaires, dans une faillite, ne doivent être collo-qués sur les deniers mobiliers que pour ce qui leur reste dû après qu'ils ont épuisé les sommes pour lesquelles ils viennent en ordre comme créanciers hy-pothécaires. — 1re, 13 mai 1811, *Des-hayes.*

6. — Lorsqu'un concordat a eu lieu entre les créanciers chirographaires d'un failli, le créancier hypothécaire qui n'y a pas figuré peut être recevable à de-mander contre les syndics le versement entre ses mains du prix des immeubles sur lequel frappe son hypothèque, et qui ont été vendus par ces derniers, en vertu du concordat, à charge d'en faire la distribution. — 2e, 15 février 1838, *Coupel.* — R. P. 2, 58.

7. — Il en est surtout ainsi lorsque la prétention du créancier hypothécaire est élevée par suite des offres réelles à lui faites, requête des syndics, d'un divi-dende calculé comme s'il n'était que créancier chirographaire. — *m. arr.*

8. — Le créancier hypothécaire ne peut être tenu, en pareil cas, d'agir con-tre l'acquéreur ou le débiteur de l'im-meuble. — *m. arr.*

9. — Les intérêts du prix d'un immeu-ble échus avant la sommation faite au tiers détenteur de payer ou de délais-ser ne doivent point entrer en distribu-tion immobilière, ils sont acquis aux

DISTRIBUTION PAR CONTRIBU-TION.

créanciers chirographaires et non aux créanciers hypothécaires. — 1re, 23 avril 1826, *Colas Belcourt.* — C. R. 6, 56.

10. — Les juges ne peuvent, sous au-cun rapport, introduire un autre mode de distribution que celui établi par la loi. — 4e, 22 déc. 1819, *veuve Malherbe.*

11. — Le délai de dix jours accordé par l'art. 669 C. pr. pour interjeter ap-pel d'un jugement qui prononce sur une distribution par contribution, n'est pas susceptible, ainsi que celui accordé par l'art. 763 pour les jugements rendus en matière d'état d'ordre, d'être augmenté d'un jour par trois myriamètres de dis-tance du domicile de chaque partie. — 4e, 4 mars 1828, *Viriol.* — C. R. 9, 249. — 1re, 27 janvier 1823, *Viot.*

12. — Lorsque, dans le cas prévu par l'art. 775 C. pr., un jugement n'a pro-noncé que sur la distribution entre deux créanciers des deniers appartenant à leur débiteur commun, il n'est pas nécessaire d'interjeter appel de ce jugement dans les dix jours de la signification. — 1re, 23 nov. 1824, *Fourmy.* — C. R. 3, 256.

13. — Quand, sur une procédure en distribution de deniers, un créancier se prétend propriétaire de la somme à dis-tribuer et en vient à l'audience avant l'accomplissement des formalités pres-crites par les art. 663 et 669 C. pr., le jugement qui déclare sa demande pré-cipitée et renvoie les parties devant le juge-commissaire pour être procédé con-formément auxdits articles, est simple-ment préparatoire. — Il ne cesse pas de l'être par cela seul que le créancier a été

DIVORCE.

condamné aux dépens de l'incident. —
En conséquence, l'appel n'en peut être
porté qu'après le jugement définitif et
conjointement avec l'appel de ce jugement. — 4ᵉ, 19 avril 1837, *Levéel-Belle-
fontaine.* — *R. P.* 1, 280.

V. Hypothèque, ordre, saisie-arrêt,
saisie immobilière.

TABLE SOMMAIRE.

DIVERTISSEMENT.

V. Communauté, délit, succession.
DIVISION. (bénéfice de)

V. Hypothèque, saisie immobilière.

DIVORCE.

1. — « Pour faire prononcer le divorce
pour cause d'émigration, la loi n'assu-
jettissait l'époux demandeur en divorce
à d'autres formalités qu'à la représentation d'un acte légal et authentique constatant que son conjoint était émigré. »

DIVORCE.

L'époux demandeur n'était pas même
obligé de se présenter en personne devant l'officier public; il pouvait valablement s'y faire représenter par un
porteur de pouvoir. — 1ʳᵉ, 6 juin 1827,
De Pointel. — C. R. 9, 88.

2. — L'émigré de retour ne peut attaquer son divorce pour cause d'incompétence de l'officier public qui l'a prononcé,
lorsque son épouse s'est conformée sur
ce point aux dispositions du jugement du
tribunal de famille qui l'a autorisée à di-
vorcer. — (Avis du 18 prairial an XII.)
— *m. arr.*

3.—L'art. 386 C. civ. s'applique par sa
généralité aussi bien au divorce prononcé
pour cause d'émigration qu'à celui prononcé pour toute autre cause; en consé-
séquence, l'émigré contre lequel le divorce a été prononcé, n'a pu, après sa
rentrée et depuis la promulgation du
Code civil, prétendre à l'usufruit légal
des biens de ses enfants. — *m. arr.*

4. — Le divorce anéantissait, en Normandie, les avantages statutaires conférés par la coutume comme les avantages
conventionnels. —1ʳᵉ, 15 janvier 1833,
Lacauve.

5. — L'orsqu'un jugement qui a prononcé le divorce, est passé en force de
chose jugée, il peut encore être attaqué
de nullité pour cause de fraude et d'incompétence soit par les époux eux-mêmes, soit par des tiers intéressés. —
Aud. sol. 4 janvier 1837, *Bayeux.* — R.
P. 1, 95; cassé le 7 nov. 1838. S. 38. 1,
865.

6. — Peut-on attaquer par voie de

tierce-opposition un jugement qui a prononcé le divorce ? — *R. P.* 1, 95.

V. Donation entre époux, demeure,
séparation de corps.

DOL.

V. Abus de blanc-seing, dommages-
intérêts, fraude, simulation, requête civile.

DOMAINE DE LA COURONNE.

En Normandie, comme dans le reste
de la France, le domaine du roi était in-
prescriptible. — 1re, 18 juillet 1831,
comte Dumoncel.

DOMAINES ENGAGÉS.

Il n'est pas nécessaire que la signification exigée par l'art. 7 de la loi du 12
mars 1820, pour la conservation des
droits de l'état, envers les détenteurs de
domaines engagés, contiennent copie
des titres de l'état. — 1re, 30 juin 1840,
l'état. — R. P. 4, 325.

DOMAINES NATIONAUX ET DE
L'ÉTAT.

§. I. — *Irrévocabilité des ventes nationales. — Paiement. — Libération. —
Exceptions.*

§. II. — *Actions relatives aux domaines
nationaux. — Compétence.*

§· I. — *Irrévocabilité des ventes nationales. — Paiement. — Libération. — Exceptions.*

1. — Les aliénations des biens natio-

naux sont tellement parfaites et définitives que les tribunaux n'ont pu, même
depuis 1814, autoriser des mesures conservatoires de la part de l'ancien propriétaire contre l'acquéreur de ces biens.
— 1re, 23 avril 1822, *Cordel.*

2. — Toutefois, malgré cette irrévocabilité des aliénations, les biens nationaux n'avaient pas, légalement parlant,
la même valeur que les autres biens. —
1re, 17 juin 1828, *Bosquet.*

3. — Dans le système général des lois
sur la matière, l'inviolabilité des ventes
des biens nationaux n'a été consacrée
qu'en faveur des acquéreurs de ces
biens; mais elle n'a pu nuire aux droits
que pouvaient avoir les émigrés sur
l'état qui les avait dépossédés. — 1re, 13
mai 1829, *Godard De Coudeville.* — C.
R. 12, 408.

4. — La vente que l'administration
aurait faite d'un domaine national, sans
charger l'acquéreur de souffrir l'exercice
d'une sente communale qui traverse ce
domaine, ne pourrait porter aucun préjudice aux droits des habitants de la commune. — 2e, 22 juillet 1835, *Setionne.*

5. — L'art. 3 de la loi du 14 ventôse
an vii, qui déclare définitivement révoquées toutes les aliénations du domaine
de l'état, contenant clause de retour ou
réserve de rachat, s'applique aux aliénations consenties depuis l'édit de février 1566, comme aux aliénations antérieures à cet édit.

L'art. 4 de la même loi doit être interprété en ce sens qu'il régit seulement
les aliénations postérieures à l'édit de

1566 qui ne contiennent aucune clause de retour ni de rachat.

Par suite, les exceptions à la révocation des domaines engagés, contenues dans l'art. 5 de la loi du 14 ventôse an VII ne sont pas applicables aux aliénations consenties depuis l'édit de 1566, avec clause de retour ou réserve de rachat. — 1re, 30 juin 1840, *l'état.* — *R. P. 4*, 325.

6. — Si un domaine national était payable par plusieurs individus, et que, faute de paiement de la part de l'un des débiteurs au terme fixé, le gouvernement se soit fait adjuger un supplément de prix, ce supplément doit rester à la charge de celui qui, par son retard de paiement, y a donné lieu. — 2e, 9 avril 1813, *Leclerc;* — 2e, 31 mars 1815, *Jardin.*

7. — L'adjudicataire d'une coupe de bois dépendant du domaine de l'état ne peut, lorsqu'il est tombé en faillite, opposer son concordat au gouvernement, et se soustraire ainsi à la contrainte par corps stipulée dans le cahier des charges de l'adjudication. — 1re, 10 déc. 1810, *Dehail.* — C. R. 3, 220.

8. — La compensation ne peut être valablement opposée au domaine. — 1re, 13 mars 1817, *Marie.*

§. II. — *Actions relatives aux domaines nationaux. — Compétence.*

9. — *Exercice des actions.* — L'administration forestière est sans qualité pour défendre aux contestations relatives aux droits d'usage dans les forêts domaniales. — 1re, 29 mars 1831, *administration forestière.*

10. — L'administration des domaines a qualité pour poursuivre le recouvrement des fermages, rentes et redevances dus à l'état; elle peut également demander la mainlevée des saisies-arrêts conduites sur ces fermages, redevances ou rentes. — L'intervention du préfet ou sa mise en cause ne devient nécessaire que lorsqu'il s'élève une question de propriété d'une apparence sérieuse. — 2e, 9 avril 1840, *Chesnay.* — *R. P. 4*, 450.

11. — L'autorisation des conseils de préfecture n'est point nécessaire aux préfets, pour intenter ou soutenir une action relative aux biens nationaux. — 1re, 3 mai 1815, *commune de Cléville.*

12. — « La régie de l'enregistrement est chargée du recouvrement des arrérages de rente, fermages et autres revenus des propriétés nationales; pour ces recouvrements, elle peut faire toute poursuite par voie de contrainte, intenter toutes actions et y défendre. »

« Mais lorsqu'il s'agit du fonds même de la propriété nationale, lorsque la propriété est contestée; par exemple, lorsque, sur une demande en paiement de fermages ou d'arrérages de rente, le débiteur soutient que le fonds lui appartient ou que la rente est éteinte par prescription ou amortie, comme il ne s'agit plus seulement de fermages ou d'arrérages, mais de la propriété même de l'objet qui produit les fermages ou les arrérages,

DOMAINES NATIONAUX ET DE L'ÉTAT, §. II.

la régie n'a plus le droit de consentir la perte et l'anéantissement de la propriété nationale. Dans ce cas, elle doit mettre le préfet en cause. » — 1re, 9 avril 1818, *hospices de Rouen.* — *T.* 8, *p.* 298.

13. — *Compétence.* — Les tribunaux civils connaissent des contestations relatives aux ventes de domaines nationaux, lorsqu'elles ne se rapportent pas à l'interprétation de l'acte d'adjudication. — 1re, 27 août 1829, *Lesucur.*

14. — Mais toutes les fois que les contrats de ventes nationales présentent quelque ambiguité, quelque doute, les tribunaux doivent renvoyer devant l'autorité administrative pour en obtenir l'interprétation. — 2e, 14 mars 1838, *la fabrique de l'église Saint-Jean de Caen.* *R. P.* 2, 162.

15. — C'est, en effet, aux tribunaux civils à appliquer les ventes de domaines nationaux. — C'est aux conseils de préfecture à les interpréter. — Mais s'il y a lieu à interprétation, les tribunaux ne doivent se dessaisir qu'autant que les actes de vente présentent des doutes sérieux, et qu'un examen approfondi ne peut dissiper. — 1re, 13 février 1838, *Adeline.* — *R. P.* 2, 52.

16. — Les tribunaux civils sont incompétents de décider la question de savoir si un terrain est ou non compris dans une adjudication domaniale : « pour décider cette question il faut, non appliquer, mais interpréter l'acte administratif, afin d'en déterminer l'étendue et les effets. »

DOMAINES NATIONAUX ET DE L'ÉTAT, §. II.

— 1re, 13 avril 1835, *Leblond;* — *ità,* 2e, 23 thermidor an XII.

17. — Ils le sont également sur la question de savoir si, d'après une clause d'un procès-verbal de visite d'un bien national, un fonds voisin est ou non grevé de servitude. — 1re, 30 décembre 1822, *Busnel.*

18. — .... Ou sur celle de savoir si un bien national est ou non grevé d'hypothèque. — 2e, 10 thermidor an XI, *Pinel;* — 2e, 23 décembre 1812, *De Bosnières.*

19. — Toutes ces questions doivent être portées devant l'autorité administrative. — *dits arrêts Leblond, Busnel, Pinel et De Bosnières.*

20. — C'est encore à l'autorité administrative à décider s'il résulte de l'acte d'adjudication que l'adjudicataire d'un domaine national doive souffrir l'exercice d'un chemin. — 1re, 14 février 1812, *Tallemant.*

21. — Jugé toutefois que c'est à l'autorité judiciaire qu'il appartient de décider la question de savoir si un acquéreur de bien national a droit sur un autre domaine national également aliéné. — 2e, 18 mars 1813, *Varin;* — 1re, 21 mars 1814, *Julien.*

22. — Les tribunaux civils sont compétents de connaître de l'action en revendication, formée par un tiers; ils doivent également surseoir à statuer, et renvoyer devant l'autorité administrative pour faire interpréter l'acte d'adjudication, s'il présente des doutes sérieux.

DOMICILE.

— 2°, 23 janvier 1836, *Brisset.* — *R. P.*
2, 592.

V. Compétence commerciale , émigrés.

TABLE SOMMAIRE.

DOMICILE.

1. — Le changement de domicile ne
s'opère pas par la simple déclaration de
volonté à cet égard, quoique passée tout
à la fois à la municipalité du lieu que
l'on veut quitter et à celle du lieu où on
veut fixer son nouveau domicile.

Il est nécessaire que le fait d'une habitation réelle concourre avec les déclarations. — 4°, 18 février 1829, *Collin.* —
C. R. 11 , 347. — 2°, 9 mars 1838, *Pil-
levesse.* — *R. P.* 3, 388.

Ità, 1re, 9 germinal an xi, *Desjardins;*
— 2°, 6 nivôse an xiii , *Galhen;* — 1re,
19 janvier 1814, *de Cordey;* — 2°, 17
janvier 1817, *François;* — 2°, 26 nov.
1824, *Cairon de Barbières;* — 4°, 10
mars 1828, *Coulomb;* — 1re, 11 décembre 1828, *de Canteloup.*

2. — On doit être présumé avoir conservé son ancien domicile, tant que l'intention d'en changer et le fait du changement ne sont pas clairement établis.
— Les doutes doivent s'interpréter en
faveur du domicile d'origine. — 4°, 22
juin 1840, *Bordeaux-Desbarres.* — *R. P.*
4, 378.

Ità, 1re, 5 mars 1806, *Busnel;* — 4°,
25 mai 1813 , *Collereau.*

3. — On présume facilement qu'une
personne absente a conservé son domicile au lieu où , depuis son absence, sa
femme et ses enfants ont continué d'habiter. — 1re, 20 décembre 1809, *Diena-
vant.*

4. — Par réciprocité, on présume facilement qu'une personne a acquis un
nouveau domicile, au lieu où sa femme et ses enfants se sont établis. — 2°,
29 décembre 1815, *Rivière;* — 4°, 13
août 1818, *Guilery.*

5. — Une partie plaidante est facilement présumée avoir son domicile au
lieu indiqué dans les qualités du juge-

DOMICILE ÉLU.

ment. — 2e, 6 août 1814, *Ledan-nois* ; — 4e, 13 février 1815, *Lebres-sois* ; — 2e, 18 février 1817, *Margue-rie.*

6. — Le fonctionnaire révocable est facilement présumé, même en matière électorale, avoir transféré son domicile au lieu où il exerce ses nouvelles fonctions. — 1re, 20 juin 1831, *Lebastard-Delisle.*

7. — Un procureur du roi est facilement présumé n'avoir point conservé son domicile d'origine. — 4e, 10 novembre 1823, *Cahier-d'Ingleville..*

V. Appel, compétence civile, compétence commerciale, contrainte par corps, élections, exploit, hypothèque, saisie immobilière, testament.

DOMICILE ÉLU.

1. — « L'élection de domicile est une espèce de procuration donnée à la personne chez laquelle cette élection est faite, au moyen de laquelle on peut lui adresser valablement toutes les diligences que l'élection de domicile est présumée avoir eu pour but. » — 1re, 12 thermidor an XIII, *Coypel.*

2. — « En thèse générale, la simple élection de domicile dans un exploit, par l'huissier instrumentaire, n'autorise point à faire à ce domicile les différentes diligences qui peuvent être adressées au requérant, sauf quelques exceptions établies en faveur du commerce relativement à l'exécution forcée des jugements, ou enfin sauf le cas d'une manifestation

DOMMAGES-INTÉRÊTS.

formelle de volonté à cet égard. » — 1re, 26 juillet 1813, *Ramette.*

3. — Ainsi, l'élection pure et simple de domicile, faite dans un commandement tendant à contrainte par corps, conformément à l'art. 780 C. pr., ne donne pas mandat à celui chez lequel le domicile est élu pour recevoir la somme due. — Dans ce cas, le débiteur qui ne trouve, au domicile réel, aucune personne ayant mandat spécial pour recevoir, ne peut se libérer que par des offres réelles suivies de consignation. — 2e, 29 juin 1838, *Langoisseur.* — R. P. 2, 267.

4. — Les offres réelles sont valablement faites au domicile élu. — 2e, 19 novembre 1818, *Mariette.*

5. — Une réquisition de mise aux enchères est valablement faite au domicile élu par le notifiant. — 1re, 5 mai 1819, *De Laroque.*

V. Appel, exploit. V. aussi élections, hypothèque, saisie-exécution, saisie immobilière.

DOMICILE POLITIQUE.
V. Élections.

DOMICILE RÉEL.
V. Domicile.

DOMMAGES-INTÉRÊTS.

§. I. — *Causes pour lesquelles les dommages-intérêts sont dus.*

§. II. — *Quand les dommages-intérêts sont dus.*

§. III. — *En quoi consistent les dommages-intérêts. — Jusqu'où ils s'étendent.*

§. 1. — *Causes pour lesquelles les domma-ges-intérêts sont dus.*

1. — « Quiconque demande la réparation d'un dommage, doit prouver que celui contre lequel il poursuit cette réparation lui a causé ce dommage, soit par son fait volontaire, soit par ignorance, soit par négligence. » — 2ᵉ, 27 août 1819, *Nicolet.* — C. R. 12, 435.

2. — Ainsi et *spécialement*, le propriétaire d'une maison dans laquelle un incendie a pris naissance, ne peut être tenu de dommages-intérêts envers ses voisins brûlés, si l'on ne prouve contre lui que l'incendie est le résultat de son fait ou de sa négligence. L'art. 1733 C. civ. qui met à la charge du locataire d'une maison brulée la preuve du cas fortuit ou de l'évènement de force majeure qui a causé l'incendie, n'est pas applicable au propriétaire ; celui-ci ayant le plus grand intérêt à la conservation de sa chose, ne peut facilement être présumé l'avoir volontairement détruite. — *m. arr.* — 2ᵉ, 27 mars 1839, *Martin.* — R. P. 3, 101.

Contrà, 1ʳᵉ, 4 thermidor an XII, *Le-brun.*

3. — « Si le seul fait d'avoir reconnu et établi que l'incendie a commencé par la maison de celui qu'on veut rendre responsable du dommage que la communication du feu a occasioné, ne suffit pas pour prouver que l'incendie doit être attribué à son imprudence, il établit au moins, à cet égard, une présomption qui, lorsqu'elle est appuyée d'autres circonstances, peut donner lieu à la responsabilité. » — 2ᵉ, 7 juin 1827, *Guilmin.*

4. — « Cette présomption acquiert de la force, lorsque la maison d'où le feu s'est communiqué était assurée. » — *m. arr.*

5. — Celui qui use du mode de chauffer usité dans un pays, ne répond pas de l'incendie qui peut survenir. — 2ᵉ, 24 juillet 1821, *Hervieu.*

6. — De même, le propriétaire d'un four à chaux, d'où le feu s'est communiqué, ne peut être responsable de l'incendie, si la distance qui existe entre son four et les habitations voisines, était la même que celle observée dans le pays pour les autres fours à chaux (dans l'espèce 50 mètres). — 2ᵉ, 6 juillet 1826, *Duhom-met.*

7. — Celui qui a occasionné une inondation par le résultat de travaux faits en temps opportun, et que la survenance d'un orage subit a seule rendus nuisibles, ne peut être tenu du dommage produit par l'inondation. — 2ᵉ, 17 février 1816, *Leconte.*

8. — Des dommages-intérêts sont dus à celui-là qui a éprouvé de longs retards dans le paiement de ses créances, par suite des contestations qui lui ont été suscitées. — 4ᵉ, 17 novembre 1829, *Lic-tot.* — C. R. 13, 45.

9. — De même, des dommages-intérêts sont dus comme indemnité de faux frais occasionnés par une demande judiciaire, formée de mauvaise foi. — 2ᵉ, 1ᵉʳ juillet 1831, *Biot.*

10. — Il en est également dû par celui qui a appuyé la demande de mauvaise foi, alors surtout qu'il est probable

DOMMAGES-INTÉRÊTS, §. I.

que cette demande eût été abandonnée s'il ne l'eût point soutenue, et qu'il eût fait connaître la vérité. — *m. arr.*

11. — L'appel étant un moyen légal de se faire rendre justice, ne peut, lorsqu'il est interjeté de bonne foi, donner lieu à aucuns dommages-intérêts. Il en est différemment s'il a été porté de mauvaise foi et dans le but évident de tromper la justice ou de causer une vexation. — 2ᵉ, 11 pluviôse an XIII, *De Pienne ;* — 1ʳᵉ, 4 juin 1806, *Denis ;* — 2ᵉ, 4 juillet 1806, *Voisin ;* — 1ʳᵉ, 11 août 1809, *Joret ;* — 1ʳᵉ, 27 mai 1819, *Tullou ;* — 1ʳᵉ, 29 janvier 1822, *Soufflant ;* — 2ᵉ, 2 août 1823, *Bunel ;* — 2ᵉ, 12 août 1823, *Letellier.*

12. — Les dommages-intérêts adjugés à une partie, pour l'indemniser de faux frais qui lui ont été occasionnés par une mauvaise contestation, tiennent nature de dépens et subissent le même mode d'exécution. — 1ʳᵉ, 23 février 1829, *Porte.* — C. R. 13, 584.

13. — Les injures commises par la voie de la presse, occasionnent un dommage susceptible d'évaluation, et peuvent donner lieu à des dommages-intérêts. — 2ᵉ, 27 août 1835, *Deschesnes.*

14. — L'individu qui accuse un autre publiquement de vol, et fait procéder contre lui à une information irrégulière et illégale, peut être condamné en des dommages-intérêts envers la personne ainsi accusée. — 2ᵉ, 15 novembre 1823, *Féron.*

15. — Le témoin qui révèle au juge d'instruction un concours de circonstances qui sont de nature à éveiller les

DOMMAGES INTÉRÊTS, §. I.

soupçons sur une personne et à la faire déclarer coupable de vol, ne peut être condamné en des dommages-intérêts envers cet individu, à raison des révélations qu'il a faites, lors même qu'elles seraient entièrement fausses, si d'ailleurs il n'est pas prouvé que ces révélations n'ont été faites que dans un esprit de haine et de méchanceté. — *m. arr.* — 1ʳᵉ, 21 mai 1822, *Goussiaume.*

16. — Encore bien qu'une partie ait succombé dans sa revendication de meubles, elle ne peut être condamnée en des dommages-intérêts, à raison de la perte ou du vol qui ont été faits de ses meubles durant l'instance en revendication. — 4ᵉ, 2 février 1824, *Vautier.*

17. — Le pardon qu'un mourant accorde à son meurtrier, sans en déterminer les effets, ne comprend pas la remise des dommages-intérêts dus à sa succession, pour réparation civile du meurtre. Ce pardon n'est que l'oubli du ressentiment moral. — 13 décembre 1816, *héritiers Lechoisnier.* — C. R. 11, 652.

18. — La partie qui réclame des dommages-intérêts pour un préjudice réellement causé, peut être repoussée dans sa demande, si, par sa faute et sa négligence, elle a compromis les sûretés attachées à sa créance, et s'est mise dans l'impossibilité de subroger sa partie adverse dans ses droits et actions. — 1ʳᵉ, 16 janvier 1837, *Carité.* — R. P. 1, 177.

19. — La prescription résultant de l'art. 640 C. i. cr., n'est pas applicable à l'action en dommages-intérêts inten-

DOMMAGES-INTÉRÊTS, §. II.

tée devant le tribunal civil, lors même que le préjudice résulterait d'un délit ou d'une contravention, si le demandeur s'est plaint, par la voie civile, d'une atteinte portée à son droit de propriété, indépendamment de tout délit caractérisé.—2ᵉ, 8 juillet 1837, *Trolley-Guillouet*. R. P. 1, 473.

§. II. — *Quand les dommages-intérêts sont dus.*

20. — Les dommages-intérêts prenant leur principe dans le fait dommageable qui y donne lieu, sont dus du moment où ce fait s'est accompli, et non du jour où ils sont prononcés par justice. En conséquence, lorsque, pendant l'instance du pourvoi en cassation, le condamné a fait cession de ses biens, cette cession est nulle, comme faite en fraude des dommages-intérêts dus pour la réparation du crime, bien que ces dommages-intérêts ne fussent pas prononcés par l'arrêt de condamnation. — 13 décembre 1816, *héritiers Lechoisnier*. — C. R. 11, 652.

21. — « La disposition de l'art. 1153, qui porte que les dommages-intérêts ne courent que du jour de la demande, ne s'applique qu'aux matières purement civiles, dans lesquelles on peut présumer que le créancier laisse volontairement les sommes qui lui sont dues aux mains de son débiteur ; elle ne s'applique pas à l'héritier qui soustrait des sommes appartenant à ses cohéritiers, surtout lorsqu'il a employé la fraude pour leur laisser ignorer qu'il s'était emparé de ces sommes : c'est l'art. 1378 qui seul est ici

DOMMAGES-INTÉRÊTS, §. III.

applicable. » — 2ᵉ, 2 juillet 1822, *Duclos*.

22. — S'il est vrai que la mise en demeure fasse courir les intérêts des fermages, ce n'est que dans le cas où la somme due est liquide. Si donc les fermages ont été stipulés payables, quant à la quotité, suivant le cours du temps, il y a lieu, dans ce cas, à une fixation par experts, avant laquelle le fermier ne peut devoir d'intérêts, si toutefois aucun retard ne lui est imputé personnellement. — 4ᵉ, 12 juin 1827, *Delaunay*. — C. R. 13, 580.

23. — Les intérêts des dépens ne courent jamais que du jour de la demande en justice. — 2ᵉ, 21 nov. 1832, *De Nélable*.

24. — L'usufruitier qui a commis des dégradations qui ne suffisent pas pour faire prononcer la résolution de l'usufruit, doit payer *hic et nunc* les dommages-intérêts auxquels il est condamné ; il ne peut attendre la fin de l'usufruit.— 2ᵉ, 31 janvier 1839, *Pottier*. — R. P. 3, 352.

25. — La partie qui a éprouvé le dommage, peut, au lieu de conclure au rétablissement de sa chose, obtenir la valeur du dommage causé, encore bien que l'adversaire demande à rétablir lui-même la chose dans son ancien état. — 2ᵉ, 28 avril 1831, *Schéan*.

§. III. — *En quoi consistent les dommages-intérêts. — Jusqu'où ils s'étendent.*

26. — Le notaire, rédacteur d'un testament annulé pour vice de forme, ne

DOMMAGES-INTÉRÊTS, §. III.

doit point nécessairement être condamné à indemniser indéfiniment le légataire de toute la perte que lui fait éprouver l'annulation du testament. Les juges peuvent, suivant les circonstances, se borner à prononcer des dommages-intérêts qui, sans être l'équivalent de la perte éprouvée, peuvent cependant être regardés comme une peine suffisante de la faute commise. — 1er, 27 août 1827, *Labbé.* — C. R. 9, 7. — 1re, 2 mars 1831, *Porée-Lacouture.*

27. — Le recours contre le notaire peut se borner aux simples frais auxquels le légataire a été condamné ainsi qu'à ses dépens personnels, alors surtout que le légataire n'est point étranger à l'inobservation des formalités du testament. — 2e, 15 janvier 1823, *Lévêque.* — C. R. 1, 204.

28. — Le notaire qui n'a agi que comme simple rédacteur de l'acte, et non comme mandataire, ne peut être condamné à des dommages-intérêts, à raison du préjudice occasionné par l'acte qu'il a reçu. — 1re, 8 juin 1829, *Goimel.*

29. — En cas de dommages-intérêts dus pour réparation du préjudice occasionné par un incendie, les tribunaux ont un pouvoir discrétionnaire pour arbitrer l'indemnité. — 1re, 25 janvier 1813, *Londes.*

30. — On doit imputer à la décharge du tiers responsable de l'incendie, ce que le demandeur a touché à titre d'indemnité. — 1re, 4 thermidor an XII.

31. — Dans l'espèce de l'arrêt, 2e, 27 mai 1839, *Martin,* — c'est le montant

DOMMAGES-INTÉRÊTS, §. III.

de l'indemnité touchée par le défendeur, qui lui-même avait été victime de l'incendie, que l'on a alloué comme indemnité au demandeur.

32. — Les tribunaux ne peuvent réduire les dommages-intérêts fixés par les parties elles-mêmes pour le cas d'inexécution de la convention, quelque disproportionnés que paraissent les dommages-intérêts avec la perte de celui qui les réclame. — 1re, 8 déc. 1823, *De Hanio.* — C. R. 3, 143.

33. — « La peine imposée par un créancier à son débiteur de payer trois et demi pour cent d'intérêts par chaque mois de retard de paiement après l'époque d'exigibilité de l'obligation, est une véritable stipulation de dommages-intérêts, prévue par l'art. 1553, et qui ne peut jamais excéder l'intérêt légal. » En conséquence, cette stipulation a été déclarée nulle, bien que faite dans un acte antérieur à la loi du 3 septembre 1807. — 4e, 13 juillet 1814, *Blanche.*

V. Appel, degrés de juridiction, dépôt, eau, outrages, saisie.

TABLE SOMMAIRE.

DON MOBIL, §. I.

DON MANUEL.

V. Donation entre vifs.

DON MOBIL.

§. I. — *De la constitution du don mobil, des formalités auxquelles elle est soumise.*

§. II. — *Ouverture et liquidation du don mobil, et de son abrogation.*

§. I. — *Constitution du don mobil.* — *Formalités auxquelles elle est soumise.*

1. — « Sous le statut normand, le don mobil n'avait pas lieu de plein droit en faveur du mari, il fallait une stipulation expresse de la femme, et d'après l'arrêt du 27 mars 1681, on le restreignait plutôt que de l'étendre. » — 1re, 28 juillet 1820, *Pestel de Beauval;*— 1re, messidor an XIII, *de Grein.*

2. — « Si la femme ne l'établissait que sur biens mobiliers, il n'avait pas lieu sur ses immeubles (arrêt de réglement

DON MOBIL, §. I.

de 1738); par la même raison aussi, si elle n'avait manifesté l'intention d'établir le don mobil que sur les successions de ses père et mère, les autres successions auxquelles elle n'avait pas pensé, ou à l'égard desquelles elle n'avait fait aucune stipulation, doivent en être déchargées. » — *m. arr. Pestel de Beauval.*

3. — Jugé encore que la stipulation de don mobil s'entendait facilement en ce sens qu'il avait lieu sur les successions directes, mais qu'il fallait une clause expresse pour qu'il portât sur les successions collatérales. — 1re, 27 juillet 1807, *Deschamps;* — 2e, 24 janvier 1807, *Lefèvre.*

4. — Le don mobil a lieu de droit sur les deniers donnés à la femme normande par ses père et mère. — 2e, 14 août 1828, *veuve Ruel.*

5. — L'apport mobilier, non excessif, fait par la femme, même mineure, entre de plein droit dans le don mobil. — 2e, 19 mars 1830, *Largemains.*

6. — Pour la validité du don mobil constitué par une fille mineure au profit de son futur époux, il n'était pas nécessaire que tous les parents qui délibéraient sur l'accomplissement du mariage, approuvassent unanimement l'avantage que la future épouse faisait à son espéré conjoint; il suffisait de la simple majorité (art. 74 des pl.) — 2e, 25 février 1826, *Lebourgeois-Prébois.* — C. R. 6, 168.

7. — Il n'était même pas nécessaire, dans ce cas, pour la validité du don mobil que la délibération fût soumise à l'homologation de la justice. — *m. arr.*

32

DON MOBIL, §. II.

8. — La nullité d'un don mobil accordé par une femme mineure à son futur conjoint, sans avis de parents, ne pouvait plus être proposée par l'héritier de cette femme, lorsque cet héritier devenu majeur, n'avait point formé sa demande en rescision dans les dix ans, depuis sa majorité (art. 74 des pl. et 435 C. n.) — 1ʳᵉ, 3 juillet 1826, *Jouvin*. — C. R. 7, 71.

§. II. — *Ouverture et liquidation du don mobil, et de son abrogation*

9. — La séparation de biens ne donne pas ouverture au don mobil. — 1ʳᵉ, 20 août 1817, *Renaudeau*.

10. — Le mari ne peut réclamer le don mobil qu'après s'être libéré de toutes les valeurs dont il est redevable envers son épouse. — 2ᵉ, 26 mai 1819, *Longuet*.

11. — Le don mobil doit être réglé et liquidé selon l'usage et la jurisprudence du temps où il a été promis. — 2ᵉ, 14 déc. 1820, *Voisin*.

12. — « Le mari qui a été gratifié d'une quotité des biens de sa femme en don mobil, n'est pas réputé vendre les biens de sa femme, mais son propre bien, tant que les aliénations qu'il fait n'excèdent pas la quotité qui lui a été donnée; ces aliénations sont considérées comme un véritable prélèvement sur ce qu'il a droit de prétendre. » — En conséquence le mari, ou ses représentants, n'est pas recevable à rapporter, en deniers, le prix de l'immeuble ainsi vendu, pour venir demander le don mobil en nature sur les biens non vendus. — *m. arr. Voisin*.

DON MOBIL, §. II.

13. — Les biens vendus seront donc mis dans un lot, pour ce lot être adjugé au mari. — *m. arr.*

14. — Le don mobil fait par la femme au mari doit s'imputer sur la quotité disponible, quand il résulte de la stipulation du contrat de mariage qu'il consiste en rentes et autres droits immobiliers, et que c'est la femme et non son père qui a donné. — 2ᵉ, 22 juin 1838, *Lemercier*. — R. P. 2, 255.

15. — Le don mobil dont la femme s'était réservée l'usufruit en cas de survie, produit, à partir de son décès, intérêt de plein droit et avant toute demande au profit des héritiers du mari donataire. — *m. arr.*

16. — L'art. 61 de la loi du 17 nivôse an II, a fait cesser l'usage normand qui attribuait au mari, à titre de don mobil, les apports mobiliers de la femme, même constatés par contrat de mariage, mais dont elle ne s'était pas réservé la reprise. — 2ᵉ, 16 mai 1835, *Descarreaux*. — R. P. 2, 318.

17. — Mais, même depuis la loi du 17 nivôse an II, la femme est réputée avoir fait donation à son mari des meubles corporels qu'elle a apportés en mariage sans les faire constater. — Il en est autrement des meubles incorporels qui ne peuvent être donnés de la main à la main. — *m. arr.*

V. Epoux normands, femme normande.

TABLE SOMMAIRE.

DON MUTUEL.

DON MUTUEL.

1. — La faculté de disposer par don mutuel n'ayant été introduite en Normandie que par la loi du 17 nivôse au II, et cette loi n'en ayant déterminé ni la forme ni les effets, c'est aux lois et à la jurisprudence du pays qui l'admettaient qu'il faut se reporter pour les connaître. — 2e, 10 mars 1831, Laroche.

2. — Le don mutuel, sous l'empire de la loi du 17 nivôse an II, a pu être fait par acte sous seing-privé, comme il pouvait l'être sous la coutume de Normandie. — 2e, 14 mars 1817, Graffet.

3. — Le don mutuel, fait sous l'empire de la coutume, mais qui n'a acquis date certaine que depuis la promulgation du Code civil, ne peut avoir aucun effet. — 1re, 9 août 1820, Ep. Harivel.

4. — Toutefois, la partie qui elle-même a apposé à un tel acte une date antérieure au Code civil, ne peut venir critiquer cette date et prétendre que l'acte n'a été fait qu'à une époque où ces sortes d'actes n'étaient plus permis. — L'acte tel qu'il est, fait pleine foi contre elle. — 2e, 14 mars 1817, Graffet.

5. — Depuis la loi du 17 nivôse an II, le mari n'étant plus tenu de remplacer en immeubles, pour tenir le nom, côté et ligne de la femme, les valeurs mobilières à lui échues pendant le mariage; ces valeurs ont perdu le caractère immobilier qui leur avait été fictivement attribué par l'art. 390 de la coutume; elles sont restées mobilières dans la succession de la femme et sont comprises dans le don mutuel des meubles que se sont fait les époux par leur contrat de mariage. — 2e, 3 déc. 1836, Simon. — R. P. 1 , 52.

6. — La femme normande devenue, par suite d'un don mutuel fait entre elle et son mari depuis la loi du 17 nivôse an II, donataire en cas de survie de tout le mobilier qui appartiendrait à son époux au moment de son décès, ne peut réclamer comme faisant partie de ce mobilier, les rentes acquises depuis le Code civil. A son égard, ces rentes sont considérées comme immeubles. — 2e, 29 mars 1822, Hébert; — 1re, 22 février 1823 , Guillouet; — 2e, 16 juin 1834, Aubert.

7. — Il en serait ainsi lors même que le décès du mari ne serait arrivé que depuis le Code civil, et qu'il s'agirait de rentes acquises depuis la promulgation de ce Code. — dit arr., 2e, 29 mars 1822, Hébert.

8. — Le motif en est que « le mari, en donnant la propriété des meubles , ne

peut être réputé y avoir compris des
rentes qui étaient alors immeubles, et
que l'acte devait être entendu suivant les
lois qui existaient alors relativement à la
nature des biens; les lois postérieures
n'ont pu avoir pour effet d'ajouter à la
volonté du donateur au moment où il l'a
exprimée, lorsque depuis il n'a rien fait
pour annoncer qu'il voulait changer ou
modifier sa disposition. » — *dit arr.*, 1re,
16 juin 1834, *Aubert*.

9. — La loi du 17 nivôse an ii, en
donnant aux époux la faculté qui leur
était auparavant interdite (art. 410 C. n.)
de se faire des avantages durant le mariage, a laissé subsister l'inaliénabilité
des biens dotaux. — La femme normande n'a donc pu, même depuis la
loi du 17 nivôse an ii, disposer par don
mutuel de ses biens dotaux en faveur
de son mari.

Le don mutuel, en effet, bien qu'il
laisse subsister quelques-uns des droits
attachés à la propriété, tels que celui de
disposer à titre onéreux, ne doit pas
moins être considéré comme constituant
de sa nature une aliénation irrévocable,
et par conséquent, doit être de nul effet
en ce qui concerne les biens dotaux. —
2e, 6 mars 1824, *De Thémanville*.   C.
R. 2, 246. — 1re, 19 août 1816, *De Lalonde*. S. 19, 1, 65.

10. — Jugé contrairement à ce principe que le don mutuel des biens à venir, fait entre époux sous l'empire de la
loi du 17 nivôse an ii, a pu être révoqué,
même quoiqu'il eût été qualifié de donation entre vifs, mutuelle, égale et irrévocable. — Et la révocation n'a pas dû

être notifiée à l'autre époux. — 1re, 16
juillet 1839, *de Montfleury*. — C. R. 3,
296.

11. — Au reste, quelle que soit la jurisprudence que l'on adopte, le don mutuel, en tant qu'il comprend des biens
dotaux, doit rester sans effet lorsqu'il a
été révoqué. D'après le droit romain, en
effet, il était toujours révocable; d'après
la coutume de Paris, il était irrévocable,
mais alors il était considéré comme donation entre vifs, et ne pouvait comprendre les biens dotaux : d'après l'une ou
l'autre législation, il doit donc rester sans
effet. — 2e, 10 mars 1831, *Laroche*.

12. — Un don mutuel, fait entre
époux, depuis la loi du 17 nivôse an ii,
de tous les biens que le prémourant
laisserait à son décès, en le supposant
irrévocable, n'empêcherait pas les époux
de disposer, au profit d'un tiers, d'une
portion de leurs propriétés par donation
entre vifs, pourvu que cette donation ne
fût pas faite en fraude du don mutuel et
dans la vue d'en éluder l'effet. — 2e, 16
mars 1837, *Hue*. — R. P. 1, 230.

13. — Il en est ainsi surtout si ce sont
des legs rénumératoires qui ont été mis
à la charge du donataire. — 1re, 16 nov.
1812, *Duhamel*, S. 13, 2, 63.

14. — *Dettes*. — « La loi du 17 nivôse
an ii, en donnant aux époux pour la
disposition de leurs biens une capacité
qui leur était refusée par la coutume, n'a
abrogé ni expressement, ni tacitement
les principes de la coutume de Normandie qui mettaient les dettes mobilières à
la charge de celui qui recueillait, à titre de donataire ou légataire, les meu-

DONATIONS ENTRE VIFS.

bles de la succession. » —La femme à laquelle tout le mobilier du mari avait été attribué par don mutuel, devait donc acquitter la totalité des dettes mobilières. — 1re, 22 février 1823, *Guillouet.* — C. R. 1, 184.

V. Donation entre époux, époux normands, portion disponible.

TABLE SOMMAIRE.

DONATIONS ENTRE VIFS.

(C. civ., liv. III, tit. 2, ch. 4.)

ART. 1. — CARACTÈRES ESSENTIELS DES DONATIONS. — GRATUITÉ. — DESSAISISSEMENT ACTUEL ET IRRÉVOCABLE. — CONDITIONS QUI PEUVENT ÊTRE APPOSÉES.

ART. 2. — ACCEPTATION DES DONATIONS.

ART. 3. — FORMES DES DONATIONS ENTRE VIFS.

§. I.—*Règles générales.*

§. II.—*Don manuel.*

§. III.—*Donations déguisées.*

ART. 4. — ÉTAT ESTIMATIF DES MEUBLES.

ART. 5. — TRANSCRIPTION DES DONATIONS.

ART. 6. — EFFETS DE LA DONATION.

ART. 7. — RÉVOCATION DES DONATIONS.

ART. 1.—CARACTÈRES ESSENTIELS DES DONATIONS. — GRATUITÉ. — DESSAISISSEMENT ACTUEL ET IRRÉVOCABLE. — CONDITIONS QUI PEUVENT ÊTRE APPOSÉES.

1.—*Gratuité.*—Personne n'étant présumé donner, il ne s'en suit pas, de ce qu'un père a constitué une rente sur sa tête et sur celle de sa fille, qu'il ait entendu en faire une donation à celle-ci, lorsque rien dans l'acte ne manifeste cette intention. — 2e, 5 mars 1831, *Greselle.*—C. R. 13, 701.

2. — La reconnaissance que fait un père de devoir à l'un de ses enfants, pour rétablir l'égalité entre lui et sa sœur précédemment dotée, doit être considérée comme donation et non comme l'acquit d'une dette naturelle. Conséquemment elle est nulle si elle ne réunit pas les conditions voulues pour la validité des donations entre vifs. — 2e, 9 nov. 1827, *Hays.* C. R. 10, 24.

3. — *Dessaisissement actuel et irrévocable.* — « Pour apprécier le caractère d'une donation, il faut moins s'arrêter à la qualification qui lui a été donnée dans le corps de l'acte qu'à sa substance et aux effets qu'elle doit produire. » Peu importe donc que le donateur ait dit : *Je donne*, si du sens de sa disposition il résulte qu'il n'a point voulu se dessaisir actuellement, mais seulement disposer pour le temps où il n'existera plus. Sa libéralité doit dans ce cas être considérée comme un legs et non comme une donation entre vifs. — 2e, 28 février 1822, *Lefains.*

DONATIONS ENTRE VIFS, art. 1.

4. — « Pour être réductible, une donation n'en est pas moins valable en elle-même ; elle lie le donateur irrévocablement de manière à ne lui laisser aucuns moyens de l'attaquer. » Peu importe que dans le moment où elle a été faite, elle portât atteinte à la réserve légale de ses enfants. — 2e, 3 juillet 1834, *Bazire.*

5. — La mère qui avait fait promesse de garder succession, n'a pu, devenue libre de ses droits, ratifier, au préjudice de ses enfants, la vente de son fonds dotal faite avant la promesse de garder succession , l'action rescisoire qu'elle avait contre l'acquéreur faisant partie de la promesse et était devenue la propriété de ses enfants. — 1re, 20 février 1822, *Brard-Duclos.* — C. R. 8, 28.

6. — *Conditions qui peuvent être apposées aux donations.* — Une donation quoique faite sous une condition suspensive, par exemple, le prédécès du donateur, n'en est pas moins actuelle et irrévocable. — 1re, 26 juillet 1830, *Moitié.* — C. R. 13, 256.

7. — Est valable la clause d'un acte de donation, portant que celui des donataires qui se mariera aura la propriété de l'objet donné, tandis que les autres n'en auront que l'usufruit. — 2e, 20 avril 1814, *Gohier.*

8. — En cas de donations immobilières faites à un établissement religieux, le donateur pouvait valablement soumettre sa donation à une condition résolutoire à son profit ou à celui de ses héritiers, pour le cas où l'établissement cesserait d'exister. — Une telle clause

DONATIONS ENTRE VIFS, art. 2.

n'a point été anéantie par les lois de la révolution (du moins en ce qui concerne les établissements des sœurs de charité); le fisc, ou ses représentants , ne pourrait prétendre aux biens donnés, en faisant abstraction de la clause résolutoire. — 2e, 16 juin 1827, *Fouquet.* — C. R. 9, 193.

9. — Est considéré comme donation , et assujetti aux formes des donations , l'acte par lequel celui qui n'a pas encore fait acte d'héritier, cède sa part à un tiers, à condition de payer seulement les dettes dont cette part est grevée. — 1re, 15 juillet 1814, *Chedeville.*

10. — La retenue ou maximum , que les art. 34 et suivant de la loi du 17 nivôse an II autorisaient les donataires à conserver sur les donations annulées par la loi, formait un droit indivis qui , suivant le principe admis en matière de douaire, de tiers coutumier et de réduction pour cause de réserve légale, devait se prélever d'abord sur les biens non aliénés , d'après l'ordre des aliénations, en commençant par les dernières. — 2e, 8 août 1834, *Lechevalier.*

ART. 2. — ACCEPTATION DES DONATIONS ENTRE VIFS.

11. — L'acceptation , lorsqu'elle est postérieure à la donation, doit non-seulement être constatée par un acte authentique , mais il faut encore qu'elle soit notifiée au donateur. — Serait sans effet *un tenu pour notifié*, apposé par écriture sous seing privé au pied de la grosse de l'acte d'acceptation. - 1re. 8

juillet 1828, *Bidard de la Thierrière.* —
C. R. 11, 621.

12. — Le défaut de notification rendant incomplète la transcription qui est
faite de la donation, le donateur reste
seul propriétaire au respect des tiers. —
Des reconnaissances postérieures, même
dans des actes authentiques, ne peuvent
suppléer la notification, du moins vis-à-
vis les tiers. — *m. arr.*

13. — Est nulle la donation non acceptée faite par un père tuteur à son enfant mineur. — Toutefois le père est tenu d'indemniser son enfant du préjudice résultant de la nullité. — 2e, 29
novembre 1828, *Adam.*

14. — Lorsqu'une donation a été acceptée par une femme non autorisée,
sauf la ratification de son mari, l'acceptation peut être validée par l'autorisation de celui-ci, à quelque époque
qu'elle soit donnée, pourvu que la volonté du donateur et de la donataire
n'aient point alors changé.— 2e, 5 mars
1831, *Greselle.* — C. R. 13, 701.

15. — L'autorisation du mari résulte
suffisamment, dans ce cas, de la signification que font conjointement les époux
de l'acceptation et de la ratification.—
m. arr.

16. — Si une donation alternative a
été faite de l'usufruit ou de la propriété
d'une chose, on ne peut, après le décès
du donataire, qui de fait a joui des biens
légués, faire option pour la propriété.—
1re, 12 pluviôse, 2 et 3 ventôse an XI,
Lerouge.

ART. 3. — FORMES DES DONATIONS ENTRE
VIFS.

§. I. — *Règles générales.*

17. — « Avant l'ordonnance de 1731
les donations entre vifs n'étaient assujetties à aucunes formalités autres que l'insinuation et l'acceptation. — Elles n'é-
taient pas moins valables sous signature
privée que par acte public. — 1re, 26
juillet 1830, *Moitié.* — C. R. 13, 256.

18. — .... Mais, depuis l'ordonance
de 1731, toutes donations entre vifs
durent être faites par acte devant notaire, à peine de nullité. Il n'y avait pas
même d'exception pour les donations
faites par un tiers dans un contrat de
mariage sous seing privé en faveur des
époux. — 1re, 26 novembre 1821, *Lero-
gueron.* — 1re, 24 mai 1837, *Pellerin.*—
R. P. 1, 402.

19.—Toutefois, l'ordonnance de 1731,
en exigeant la forme authentique pour
les donations, en excepte les dons mu-
tuels et autres donations faites entre
mari et femme pendant le mariage. —
La loi du 17 nivôse an II, tout en fixant
pour les époux, d'après des bases nouvelles, la faculté réciproque de se faire
des libéralités, n'a rien changé aux formes de ces mêmes libéralités. —De là il
résulte que, jusqu'à la promulgation du
Code, tout avantage fait entre époux,
pendant le mariage, a pu avoir lieu par
acte sous seing privé. — 1re, 26 juillet
1830, *Moitié.* — C. R. 13, 256. — Ità,
2e, 14 mars 1817, *Graffet.*

20. — En Normandie, la promesse de

garder succession devait être rangée dans la classe des donations à cause de mort, et pouvait, par conséquent, être faite dans un contrat de mariage sous signature privée. — 1re, 10 avril 1812, *Laroche ;* — 1re, 27 avril 1825, *Laroche ;* — 1re, 20 février 1822, *Brard-Duclos ;* — 4e, 2 janvier 1827, *Housset de Catteville.* — C. R. 8, 9.

21. — L'acte de démission de biens pouvait-il ou non être fait sous seing privé ? Voyez le mot *démission de biens.*

22. — Un acte d'avancement de succession est nul, s'il est fait sous seing privé. — 1re, 8 décembre 1823, *Deluinot.*

23. — Il en était ainsi dès avant le Code civil. — 2e, 18 août 1827, *Challemel.*

24. — Aujourd'hui « une donation, lorsqu'elle n'a pas lieu de la main à la main, n'a de force obligatoire qu'autant qu'elle est faite par acte authentique et dans les formalités voulues par le Code civil ». En l'absence de cet acte ou de ces formalités, on ne pourrait déférer serment au donateur sur le point de savoir s'il a entendu faire une donation. — 2e, 9 janvier 1834, *Provost.*

25. — S'il est vrai qu'un héritier puisse transmettre gratuitement à son cohéritier sa part héréditaire, par la simple voie de la renonciation devant un greffier et, par conséquent, sans l'emploi des formalités exigées par la loi au titre des donations entre vifs, toujours est-il qu'une transmission de ce genre ne peut avoir lieu au profit du cessionnaire d'un cohéritier, ce cessionnaire n'étant qu'un

étranger et n'ayant pu acquérir la qualité d'héritier. — 1re, 15 juillet 1814, *Chedeville.*

26. — Lorsqu'une donation est faite au profit d'un tiers, comme condition d'une stipulation que l'on fait pour soi-même, il n'est pas nécessaire que l'acte qui la contient soit fait dans la forme des donations, il suffit qu'il soit régulier, eu égard à la nature de l'obligation principale qu'il constate. — 2e, 12 déc. 1835, *Couenne.*

§. II. — *Don manuel.*

27. — Le don manuel n'est assujetti à aucune formalité. — 2e, 12 janvier 1822, *Edeline.* — C. R. 9, 16, et 10, 188.

28. — Il peut être fait par l'intermédiaire d'un mandataire chargé de le remettre à celui qui doit en profiter.

Il devient irrévocable dès que le donataire a manifesté l'intention de l'accepter.

Le donataire a action contre le mandataire, pour se le faire remettre. — m. arr.

29. — Toutefois, le don manuel ainsi fait par l'intermédiaire d'un tiers, n'est valable qu'autant qu'il y a eu tradition réelle et acceptation du donataire avant le décès du donateur. — Ainsi, le don manuel est nul si la personne chargée de le remettre au donataire n'en a fait la remise qu'après le décès du donateur. — 1re, 4 mai 1840, *Mangeant.* — R. P. 4, 147.

30. — Sous l'empire de la loi du 17 nivôse an II, la femme appropriait son

DONATIONS ENTRE VIFS, ART. 3.

mari, par donation manuelle des meubles corporels dont elle était saisie et dont elle ne faisait pas constater l'existence par son contrat de mariage. — 2ᵉ, 13 décembre 1838, *Chauvin.* — R. P. 2, 658.

31. — La propriété de rentes nominatives sur l'état ne se transmet que par des transports écrits. — La remise du titre ne peut en transférer la propriété à titre de don manuel. — 2ᵉ, 10 janvier 1840, *Beauchef de Servigny.* — R. P. 3, 606.

Un don manuel peut être réputé fait par préciput. — 2ᵉ, 19 janvier 1831, *Varignon.*

§. III. — *Donations déguisées.*

32. — « La simulation d'une disposition à titre gratuit, soit qu'elle réside dans la forme de l'acte, soit qu'elle ait été opérée par interposition de personnes, n'est point une cause de nullité quand elle n'a pas pour but de gratifier un incapable. » — 1ʳᵉ, 26 janvier 1830, *Travert.* — C. R. 13, 206.

33. — En conséquence, de telles dispositions sont valables, bien qu'elles ne soient point faites dans les formes et avec les conditions voulues pour les donations entre vifs. — *Aud. sol.*, 15 juillet 1812, *Barbe* ; — 2ᵉ, 29 novembre 1824, *Hébert;* — 1ʳᵉ, 11 janvier 1825, *Dufresne.* — C. R. 11, 689.

34. — Ainsi est valable la donation faite sous la forme d'un prêt. — 4ᵉ, 23 novembre 1835, *Butel.*

35. — Ainsi encore, sont valables les

DONATIONS ENTRE VIFS, ART. 3.

donations faites depuis la loi du 17 nivôse an ii, par un mari normand à sa femme, par la simulation d'apports que la femme aurait déclarés dans un contrat de mariage sous seing privé. — 4ᵉ, 14 mars 1820, *de Moloré;* — 2ᵉ, 11 avril 1821, *Renouf;* — 4ᵉ, 15 décembre 1835, *junctim*, 15 mars 1836, *Ledanois.* — R. P. 2, 541.

36. — *Contrà.* — Les donations déguisées sous la forme de ventes sont nulles, soit comme donations, soit comme ventes. — 1ʳᵉ, 11 mars 1814, *Sorin;* — 2ᵉ, 8 août 1820, *Lemagnan.*

37. — .... Et les biens ainsi donnés font partie de la succession du donateur et peuvent être mis en partage par ses héritiers. — 2ᵉ, 8 août 1820, *Lemagnen.*

38. — .... Si, dans ce cas, le donataire avait été chargé d'une rente viagère, au profit d'une tierce personne, cette rente passe à la charge des héritiers qui ont repris les biens. — *m. arr.*

39. — *Dans le premier sens*, non-seulement les donations déguisées sous la forme d'un contrat à titre onéreux ou faites à personnes interposées sont valables, mais elles sont réputées faites par préciput et dispensées de rapport. — 2ᵉ, 23 novembre 1820, *Hébert;* — 2ᵉ, 11 avril 1821, *Renou;* — 1ʳᵉ, 19 juillet 1822, *Henry;* — 1ʳᵉ, 29 avril 1823, *Caillemer;* — 1ʳᵉ, 26 mars 1833, *Jean;* — 1ʳᵉ, 13 janvier 1834, *Dudouy;* — 1ʳᵉ, 4 mai 1836, *Barbot.* — R. P. 1, 418. — 1ʳᵉ, 28 mai 1836, *Foulon.* — R. P. 1, 419. — 1ʳᵉ, 12 décembre 1837, *Marion.* — R. P. 2, 145. — 1ʳᵉ, 14 mars 1838, *Puisney.* — R. P. 2, 118.

33

DONATIONS ENTRE VIFS, art. 5.

40. — Les fruits qui ont été, dans ce cas, perçus par l'héritier donataire, ne sont pas davantage sujets à rapport. — 2°, 21 juillet 1831, *Mezeray.*

41. — La donation déguisée doit être annulée si elle a été faite en vue d'un évènement qui ne s'est point réalisé. — Ainsi, lorsqu'il est reconnu, soit d'après un commencement de preuve par écrit, soit par un grand nombre de présomptions, qu'un acte de vente ne renferme, dans la réalité, qu'une donation faite en vue de mariage, cette vente doit être déclarée nulle si le mariage projeté n'a pas eu lieu. — 30 août 1817 *Desmares.* — *Rej.* S. 20, 1, 290.

ART. 4. — ÉTAT ESTIMATIF DES MEUBLES.

42. — L'art. 948 C. civ., qui impose l'obligation d'annexer à la minute de la donation un état estimatif *des effets mobiliers donnés,* ne peut s'appliquer qu'aux donations de meubles certains et déterminés, il est inapplicable aux donations de meubles indéterminés. — 1re, 11 déc. 1833, *Guillon.*

43. — Il est également inapplicable à la donation d'une part d'effets mobiliers dans une société, en ce sens qu'il est inutile de donner le détail circonstancié des effets composant le fonds de la société, il suffit, pour la validité de la donation, d'y apporter une estimation. — 1re, 3 décembre 1816, *Lesieur.*

ART. 5. — TRANSCRIPTION DES DONATIONS.

44. — « Sous la coutume de Normandie, la donation faite par contrat de mariage était dispensée de l'insinuation, aux termes de l'ordonnance de 1731. » — 1re, 23 août 1830, *Cocherie.* — C. R. 13, 87. — *Ità.* 2e, 31 juillet 1807, *Durand ;* — 1re, 27 mars 1810, *Farcy ;* — 2e, 14 mars 1817, *Graffet ;* — 4e, 14 mars 1820, *De Maloré ;* — 1re, 26 juillet 1830, *Moitié.* — C. R. 13, 256.

45. — Les donations doivent être transcrites pour être opposées aux créanciers hypothécaires même postérieurs à la donation. — 4e, 23 août 1825, *Duprey.*

46. — Aux termes de l'art. 941 C. civ., le défaut de transcription d'une donation d'immeubles peut être opposé par toute personne ayant intérêt, lors même qu'il serait évident que cette personne n'a pu ignorer l'existence de la donation. — 1re, 20 déc. 1835, *Barassin.*

47. — En conséquence, un exploit a pu valablement, avant la transcription, être signifiée au donateur à l'effet d'interrompre une prescription sur le point de s'accomplir au profit de l'immeuble donné. — *m. arr.*

48. — Toutefois, il ne suffit pas d'avoir droit d'opposer le défaut de transcription, il faut encore avoir intérêt à l'opposer. 4e, 23 août 1825, *Dupray.* — C. R. 12, 527.

49. — Ainsi, les créanciers de la mère donatrice de ses droits d'hypothèque légale seraient non recevables à demander la nullité à leur égard de la donation, par défaut de transcription si, la donation n'existant plus, la donatrice seule devait en profiter. — *m. arr.*

50. — Le défaut de notoriété d'une

DONATIONS ENTRE VIFS, ART. 5.

donation faite par contrat de mariage sous seing privé et sous l'empire des anciennes lois, ne peut être opposé par les tiers, qu'autant que cette circonstance aurait été le résultat d'une fraude concertée à l'avance pour les tromper.

Ainsi, celui qui aurait acquis du donateur l'objet donné par celui-ci, antérieurement à la vente, à son fils lors de son mariage, ne pourrait repousser la revendication du donataire, sur le motif que le contrat de mariage n'aurait pas été insinué suivant les formes établies par l'ordonnance de 1731, ni sur cet autre motif que le père, dissimulant l'existence de la donation, aurait repris la possession apparente du bien donné, par exemple pour le soustraire aux lois d'émigration dont la rigueur aurait été encourue par son fils donataire.

Sauf toutefois le cas de fraude, à l'égard des tiers, de la part du donataire ou du donateur. — 1re, 23 août 1830, *Ep. Cocherie.* — C. R. 13, 87.

51. — Le défaut de transcription de la part du mari d'une donation entre vifs faite à sa femme, confère à celle-ci droit à une indemnité contre son mari, droit qui lui est garanti par son hypothèque légale. — 1re, 26 mars 1834, *Maillard.*

52. — Le mari de la donataire ne peut profiter du défaut de transcription de la donation faite à sa femme; celle-ci, ou ses ayant cause, peut seule opposer cette exception. — 4e, 23 août 1825, *Dupray.* — C. R. 12, 527.

53. — Le défaut de transcription ne peut être opposé par les héritiers du do-

DONATIONS ENTRE VIFS, ART. 6.

nateur, ni même par ses légataires à titre particulier. — Les créanciers et tiers-acquéreurs peuvent seuls s'en prévaloir. — 2o, 27 janvier 1813, *Ep. Chevalier.* S. 13, 2, 102.

54. — Même avant le Code civil, la nullité résultant du défaut d'insinuation était couverte par l'exécution donnée à la donation par les héritiers du donateur. 1re, 15 mai 1810, *de Gouet.*

ART. 6. — EFFETS DE LA DONATION. — PAIEMENT DES DETTES.

55. — Le donataire est tenu du paiement des rentes viagères, quand même la donation serait à cause de mort et de dot consignée. — 1re, 9 prairial an XIII, *Louvet;* — 1re, 27 nov. 1810, *Decouflet.*

56. — Le donataire du prix provenant de la vente d'un immeuble est tenu, jusqu'à concurrence de ce même prix, de garantir l'acquéreur des troubles par lui éprouvés, lorsque ces troubles sont postérieurs à l'acceptation dûment notifiée de la donation, bien qu'ils proviennent d'une cause antérieure. — 2e, 20 nov. 1824, *Caille.* — C. R. 3, 316.

57. — L'enfant auquel il a été fait un avancement de succession est tenu personnellement des dettes même chirographaires, contractées antérieurement à l'avancement. — 2e, 26 janvier 1810, *Lagrue.*

58. — Il en est ainsi lors même qu'il n'en a pas été chargé expressément. — 1re, 23 mars 1812, *De la Londe de Sainte-Croix.*

59. — L'enfant qui se trouve posses-

DONATIONS ENTRE VIFS , art. 7.

seur d'une partie des biens de son père, non à titre de succession anticipée, mais en vertu d'un acte de donation revêtu de toutes les formalités voulues par la loi, ne peut être tenu que des dettes dont son père l'aurait chargé ou des dettes hypothécaires grévant les biens donnés.— 1ʳᵒ, 17 février 1820, *Joubin.*

60. — L'époux donataire de la totalité des meubles n'est point, à ce titre, tenu de l'universalité des dettes de la société conjugale. — 1ʳᵒ, 12 février 1827, *Mérille.*

61. — Jugé cependant que la femme normande, donataire avant le Code civil, de tout le mobilier, est passible de toutes les dettes mobilières de son époux. — 1ʳᵒ, 22 février 1823, *Guillouet.* — C. R. 1 , 184.

ART. 7. — RÉVOCATION DES DONATIONS.

62. — *Inexécution des conditions.* — On ne peut demander, contre les tiers, la révocation d'une donation mobilière pour inexécution des conditions. — 1ʳᵉ, 12 juillet 1837, *Planne.* — R. P. 1, 520.

63. — Il en serait ainsi dans le cas même où les meubles donnés seraient des meubles incorporels. L'art. 2279 s'applique aux meubles incorporels comme aux meubles corporels. — *m. arr.*

64. — *Ingratitude.* — Lorsqu'il s'agit de révocation pour cause d'ingratitude, on doit, comme en matière de séparation de corps, prendre en considération la position sociale des parties pour apprécier la gravité des faits. — 1ʳᵉ, 14 mars 1833, *Gassein.*

65. — ‹ L'enlèvement par le légataire

DONATIONS ENTRE VIFS , art. 7.

des billets et argent de chez le testateur, n'est pas une injure grave capable de faire révoquer le testament pour cause d'ingratitude aux termes de l'art. 95; C. civ. » — 1ʳᵉ, 19 août 1820, *Bouet.*

66. — La séparation de corps prononcée contre un époux n'emporte pas de plein droit, comme le divorce, révocation des dons et avantages à lui faits par son conjoint. — 1ʳᵉ, 5 mars 1834, *Leturc.* — R. P. 3 , 95. — 2ᵒ, 9 déc. 1836, *Vincent.* — R. P. 1 , 85. — 1ʳᵒ, 22 avril 1839, *Lefoulon.* — R. P. 3 , 95. — 2 , 7 mars 1840, *Ygnouf.* — R. P. 4 , 43.

Contrà.—La séparation de corps, comme le divorce, révoque de plein droit les avantages faits à l'époux coupable. — 1ʳᵒ, 22 avril 1812, *Roger-Desvallée;* — 2ᵉ, 15 juin 1821, *Truffault.*

68. — Les donations entre époux , faites par contrat de mariage, sont révocables pour cause d'ingratitude, aux termes des art. 953 et 955 C. civ. L'art. 959 n'est applicable qu'aux donations faites par des *tiers* aux époux, en faveur de leur mariage. — 1ʳᵉ, 5 mars 1834 , *Leturc.* — R. P. 3 , 95. — 2ᵒ, 9 déc. 1836, *Vincent.* — R. P. 1 , 85. — 1ʳᵉ, 22 avril 1839, *Lefoulon.* — R. P.3 , 95. — 2, 7 mars 1840, *Ygnouf.* — R. P. 4 , 93.

69. — Le délai d'un an prescrit par l'art. 957, C. civ., pour intenter les actions en révocation pour cause d'ingratitude est une véritable prescription , et aux termes de l'art. 225 du même Code, il ne court point entre époux, même après la séparation de corps; les héritiers de l'é-

DONATIONS ENTRE VIFS, ᴀʀᴛ. 7.

poux donateur peuvent intenter l'action en révocation pourvu qu'ils agissent dans l'année du décès. — Il n'est pas nécessaire que l'action ait été formée par leur auteur. — *mêmes arrêts Letruc et Lefoulon.*

70. — La demande en séparation de corps, formée par la femme et rejetée par les tribunaux, ne présente pas toujours une cause d'ingratitude telle qu'elle puisse motiver la révocation des donations faites, par contrat de mariage, à la femme par le mari. — 4°, 5 août, *Lau.*

V. Communauté, contrat de mariage, donation par contrat de mariage, donation entre époux, dot, époux normands, femme normande, portion disponible, succession.

TABLE SOMMAIRE.

DONATIONS ENTRE VIFS, ᴀʀᴛ. 7.

DONATIONS ENTRE ÉPOUX.

§. I. — *Des dispositions entre époux par contrat de mariage.*

§. II. — *Des dispositions entre époux pendant le mariage.*

§. I. — *Des dispositions entre époux par contrat de mariage.*

Sur les donations contractuelles faites par des époux normands , voyez le mot *époux normands.*

1. — « La donation par contrat de mariage est un acte d'une espèce particulière qui , s'il participe sous certains rapports du caractère des testaments , tient aussi de la nature des donations entre vifs. De là la conséquence que les principes sur la délivrance des legs , qui ne sont consignés qu'au titre des dispositions testamentaires , ne peuvent lui être appliqués, et que le donataire a droit aux fruits du jour même où il est devenu propriétaire, conformément aux art. 546 et 548 C. civ. » — 2ᵉ, 5 déc. 1833, *Lemazurier.*

2. — Il ne faut pas confondre la disposition par laquelle les futurs stipulent que la communauté appartiendra au survivant d'entre eux, avec la disposition par laquelle ils font donation au survi-

vant de ce qui pourra lui revenir dans cette communauté. L'une de ces dispositions est à titre onéreux, et par conséquent absolue et irrévocable; l'autre est soumise à toutes les éventualités qui peuvent atteindre les donations entre époux.—2ᵉ, 27 nov. 1835, *de Morell.*

3. — Un don de survie , est acquis à celui qui meurt le premier, si cette mort est le fait criminel de l'autre. —15 décembre 1816, *héritiers Lechoisnier.* — C. R. 11 , 652.

4. — Une donation faite en vue de mariage est caduque, quoique faite sous forme de vente, si le mariage n'a pas eu lieu, surtout lorsque c'est le donataire qui s'est refusé au mariage : — c'est une obligation pour fausse cause. — 30 août 1817, *Desmares.* — *Rej.* S. 20 , 1 , 290.

5. — La séparation de corps révoque-t-elle de plein droit, ou du moins rend-elle révocables les donations faites entre époux, par contrat de mariage ? — Voy. sur cette question le mot *donations entre vifs* , ART. 7.

§. II. — *Des dispositions entre époux, pendant le mariage.*

6. — Jusqu'à la promulgation du Code civil, tout avantage fait entre époux, pendant le mariage, a pu avoir lieu par acte sous-seing privé. — 1ʳᵉ, 26 juillet 1830, *Moitié.* — C. R. 13, 256.

V. Époux normands.

7. — On attribue volontiers le caractère de donation à un acte de vente fait entre époux, à l'effet de valider cet acte. — 1ʳᵉ, 16 juin 1806, *Lepelletier.*

8. — On doit, dans les donations entre époux de biens à venir, régler les effets de ces donations, sous le point de vue de savoir quels biens sont meubles où immeubles, ou si, pour un usufruit donné, il est ou non dû caution, par la loi existant au moment où le donateur meurt et non par celle qui existait au moment où la donation a été faite. — 2ᵉ, 6 janvier 1815, *Delangles*.

9. — Ainsi, la donation que fait un époux à son conjoint de tous ses meubles présents et à venir, ne comprend pas, il est vrai, les immeubles que l'époux possédait au moment du contrat, et qui se sont trouvés amobiliés par la loi postérieure, mais elle comprend les biens qui, d'une nature immobilière au moment où ce contrat s'est passé, étaient amobiliés lorsque le mari les a acquis. Il en est *spécialement* ainsi des rentes acquises par le mari normand depuis le Code civil. (Dans l'espèce, le mari ne possédait aucunes rentes au moment où il avait fait la donation.) — 2ᵉ, 8 mars 1817, *Marc*.

10. — Jugé, au contraire, que si sous l'empire de la loi du 17 nivôse an II, mais avant que les rentes aient été mobilisées, il a été stipulé par des époux que le conjoint survivant aurait la propriété de tout le mobilier que le prémourant laisserait à son décès, l'époux survivant n'a aucun droit à la propriété des rentes, bien que le décès du conjoint soit arrivé depuis leur mobilisation. — Le motif en est que « le disposant en donnant la propriété des meubles ne peut être réputé y avoir compris des

rentes qui étaient alors immeubles, et que l'acte devait être entendu suivant les lois qui existaient alors, relativement à la nature des biens ; les lois postérieures n'ont pu avoir pour effet d'ajouter à la volonté du donateur au moment où il l'a exprimée, lorsque depuis il n'a rien fait pour annoncer qu'il voulait changer ou modifier sa disposition. » — 1ʳᵉ, 16 juin 1834, *Aubert*; — 1ʳᵉ, 22 février 1823, *Guillouet*. — C. R. 1, 184. — 1ʳᵉ, 18 décembre 1818, *René*; — *Aud. sol.*, 22 juillet 1816, *Mallet*; — 1ʳᵉ, 10 janvier 1816, *Moulard*.

11. — Les donations entre vifs, faites entre époux, sous l'empire de la loi du 17 nivôse an II, étaient irrévocables. — 2ᵉ, 16 août 1826, *Foliot*; — 1ʳᵉ, 20 juin 1833, *Deshommais*. — R. P. 2, 429.

12. — Elles entraînaient hypothèque. — 2ᵉ, 16 août 1826, *Foliot*.

13. — Sous le Code, « la conséquence de la révocabilité des donations entre époux, est que la propriété des objets donnés n'est véritablement transmise qu'autant que le donateur a pu persister jusqu'à sa mort dans la volonté de donner ». — D'où suit que le prédécès du donataire rend la donation caduque. — 2ᵉ, 10 mars 1832, *Jaquette Dumilly*.

14. — « S'il est vrai que, sous l'empire du statut normand, la séparation de biens donnât ouverture aux donations entre époux, il n'a pu en être de même depuis la loi du 17 nivôse an II, pour les donations entre époux, qui étaient simplement éventuelles. » — 2ᵉ, 18 février 1820, *Legoubin*.

15. — Lorsque, par les conventions matrimoniales, il est d'abord stipulé

DONATION PAR AVANCEMENT D'HOIRIE.

qu'une somme apportée par la future n'entrera point en communauté, et sera employée en acquisition d'immeubles, cette somme, à défaut d'emploi, n'est point comprise dans la donation mobilière faite ensuite au mari survivant. — 2ᵉ, 24 mai 1839, Logeard. — R. P. 3, 195.

V. Époux normands. V. aussi communauté, donation, dot, femme normande portion disponible.

TABLE SOMMAIRE.

DONATION PAR AVANCEMENT D'HOIRIE.

« Si les donations entre vifs, par père et mère à leurs enfants, sont qualifiées d'avancement d'hoirie, ce n'est que sous le rapport de la prescription légale qui, a défaut de stipulation certaine, oblige, à l'ouverture de la succession, l'enfant avantagé à tenir compte, sur sa part héréditaire, de ce dont il a été gratifié ;

DONATIONS PAR CONTRAT DE MARIAGE, §. I.

mais, du vivant des donateurs, ces donations ne participent pas plus du caractère de titre successif que celles faites par toutes autres personnes. » — 19 janvier 1829, Chedeville. — C. R. 11,

V. Donation entre vifs, élections, portion disponible, rapport.

DONATIONS PAR CONTRAT DE MARIAGE.

§. I. — *Dispositions communes.*

§. II. — *Institution contractuelle.*

§. I. — *Dispositions communes.*

1. — « Les avantages faits par un père à ses enfants, dans leur contrat de mariage, sont considérés moins comme des donations ordinaires que comme l'acquit d'une dette naturelle. » — 1ʳᵉ, 10 avril 1812, Lemarchand de Feuguerolles. — Rej. S. 16, 1, 378.

2. — De tels avantages pouvaient être faits par contrat de mariage sous seing privé. — m. arr.

3. — Néanmoins, les avantages faits par un père à ses enfants dans un contrat de mariage sous seing privé, n'étaient opposables aux créanciers qu'autant que le contrat de mariage avait acquis date certaine antérieurement au titre de la créance contestée. — m. arr.

4. — De telles donations étaient dispensées de la formalité de l'insinuation. — m. arr.

5. — « La donation par contrat de mariage est un acte d'une espèce parti-

DONATIONS PAR CONTRAT DE MA-RIAGE, §. II.

culière, qui, s'il participe, sous certains rapports, du caractère des testaments, tient aussi de la nature des donations entre vifs. »

« De là, la conséquence que les principes sur la délivrance des legs, qui ne sont consignés qu'au titre des dispositions testamentaires, ne peuvent lui être appliquées, et que le donataire a droit aux fruits, du jour même où il est devenu propriétaire, conformément aux art. 546 et 548 du Code civil ». — 2e, 5 déc. 1833, *Lemazurier.*

§. II. — *Institution contractuelle.*

6. — La disposition d'une institution contractuelle, par laquelle l'instituant donne aux futurs époux tous les meubles existant dont il n'aurait pas disposé, est une clause restrictive et sans limitation. Elle comprend toutes les manières possibles de disposer de ces meubles, soit à titre gratuit, soit à titre onéreux. — A ce cas ne s'applique pas l'art. 1083 C. civ., qui dispose que le donateur ne pourra disposer, à titre gratuit, des biens donnés en usufruit, si ce n'est pour sommes modiques. En conséquence, le legs qui aurait été fait à un étranger de tout ou partie de ces meubles, doit recevoir sa pleine et entière exécution. — 2e, 14 février 1822, *Debaudre.*

7. — La disposition portée dans un contrat de mariage, par laquelle un père réserve un de ses enfants au partage de sa succession par têtes égales avec ses frères et sœurs, est une disposition qui a le caractère et la force d'une institution contractuelle, au préjudice de laquelle le père ne peut faire ultérieu-

DONATION DÉGUISÉE.

rement de disposition par préciput, soit entre vifs, soit testamentaire, en faveur d'un ou de plusieurs de ses autres enfants. — 2e, 16 août 1834, *Corbel.* — R. P. 1, 636.

8. — Mais une telle promesse d'égalité ne peut profiter qu'à l'enfant, dans le contrat de mariage duquel elle a été faite. — Les autres enfants ne peuvent s'en prévaloir. — m. arr.

9. — L'institution contractuelle, faite par un époux à son conjoint, ne met pas obstacle à ce que l'époux donateur ne grève les biens donnés de toutes les charges qu'il jugera convenable, et le donataire ne peut réclamer ces biens qu'à la condition d'acquitter toutes les charges. — 2e, 4 février 1831, *Létot.*

10. — La renonciation à une institution contractuelle, pour s'en tenir à un testament moins avantageux, peut s'induire des circonstances; et cette renonciation ne pourrait être rétractée qu'autant que l'institué prouverait qu'il a agi par erreur. — 1re, 1er avril 1835, *veuve Levavasseur.*

11. — Était valable, même sous la loi du 17 nivôse an II, la disposition par laquelle l'un des futurs était institué usufruitier, à titre universel, d'une quote-part d'une succession future. — 1re, 9 juillet 1818, *Lecamelius.*

12. — De l'arr. 2e, 10 mars 1831, on peut induire que l'institution contractuelle ne peut porter sur des biens dotaux inaliénables.

DONATION DE DROITS SUCCESSIFS.

V. Succession.

34

DOT. — RÉGIME DOTAL.
DONATION DÉGUISÉE.

V. Donation entre vifs, portion disponible.

DOT. — RÉGIME DOTAL.

(C. civ., liv. 3, tit. v, ch. 3.)

Tout ce qui concerne la dot du statut normand est renvoyé aux mots *femme normande* et *époux normands*.

§. I. — *Soumission au régime dotal et constitution des biens en dot.*

§. II. — *Contribution des parents au paiement de la dot.*

§. III. — *Administration des biens dotaux. — Jouissance desdits biens, et charges imposées à cette jouissance. — Acquêts.*

§. IV. — *Inaliénabilité des biens dotaux et de leurs revenus.*

§. V. — *Effet de l'inaliénabilité des biens dotaux, quant à la capacité de la femme.*

§. VI. — *Effet de la séparation de biens, quant à l'inaliénabilité des biens dotaux et de leurs revenus.*

§. VII. — *Exceptions établies par la loi à l'inaliénabilité des biens dotaux. — Faculté d'aliéner. — Établissement des enfants. — Prison. — Aliments. — Dettes de la femme. — Partage et licitation. — Échange. — Dispositions communes à toutes ces exceptions.*

§. VIII. — *Exceptions non prévues par la loi, mais controversées en jurisprudence. — Adition d'hérédité. — Frais de procès. — Délits.*

§. IX. — *Remploi des biens dotaux, lorsque l'aliénation en est permise à cette condition.*

§. X. — *Nullité ou révocation des aliénations des biens dotaux.*

DOT. — RÉGIME DOTAL, §. I.

§. XI. — *Restitution de la dot. — Fruits et intérêts. — An de deuil de la femme. — Son droit d'habitation durant l'année de veuvage.*

§. I. — *Soumission au régime dotal et constitution des biens en dot.*

1. — *Soumission au régime dotal.* — « S'il est vrai que du rapprochement des art. 1392 et 1541, il résulte que la femme n'est placée sous la protection du régime dotal, qu'autant que le contrat de mariage contient soumission expresse des époux à ce régime et constitution des biens de la femme en dot; il n'est pas moins constant que la loi n'a prescrit, pour la manifestation des futurs à cet égard, l'emploi d'aucuns termes sacramentels, que, dès lors, il suffit que cette volonté ressorte d'une manière claire et non équivoque des dispositions du contrat de mariage. » — 2ᵉ, 6 janv. 1832, *Féron.*

2. — *Spécialement*, la soumission au régime dotal peut résulter de la disposition du contrat de mariage, par laquelle il est dit que les biens de la future, déclarés dotaux, *seront administrés et conservés comme tels.* — m. arr.

3. — Toutefois, si les expressions dont se sont servi les futurs sont équivoques, et que le doute puisse s'élever sur l'adoption du régime qu'ils ont adopté, ce doute doit se résoudre contre la dotalité. —4ᵉ, 9 mai 1826, *De Saint-Pol.*—C. R. 6, 253.

4. — *Spécialement*, il n'y a ni soumission au régime dotal, ni constitution de dot dans la clause d'un contrat de ma-

DOT. — RÉGIME DOTAL , §. I.

riage ainsi conçue : « La future épouse se réserve expressément le droit de disposer, pendant le mariage, par vente, échange ou autrement de ses biens dotaux, si elle le juge convenable pour son avantage. » — *m. arr.*

5. — L'apport en dot, la stipulation de reprises et autres clauses semblables n'emportent pas soumission au régime dotal. — 2e, 13 janvier 1826, *Dudouit*.

6. — « Ainsi, la déclaration passée dans un contrat de mariage, que le père de la future constitue en dot à sa fille tels et tels apports, ne peut nullement être regardée comme une indication de la volonté des époux de placer les biens de la femme ou une partie quelconque de ses biens sous la protection du régime dotal. » (*Par arg. des art.* 1392 et 1540).—2e, 19 avril 1834, *Olivier.— R. P.* 2, 448.

7. — La soumission au régime dotal ne résulte pas davantage de cette circonstance que les futurs auraient fait dépendre la validité des aliénations des immeubles appartenant à la femme, de la condition de remploi. On ne pourrait voir là qu'une modification apportée au régime de la communauté légale. — *m. arr.*

8. — *Constitution en dot.* — Lorsque les époux ont expressément déclaré adopter le régime dotal, la constitution des biens dotaux n'a pas besoin d'être stipulée en termes formels, elle peut s'induire des dispositions du contrat. — 1re, 20 avril 1823, *Maheust;*—4e, 15 déc. 1829, *ép. Clément.* — C. R. 12, 145.

9. — *Spécialement*, elle peut, dans le-

dit cas d'adoption du régime dotal, résulter de la faculté que s'est réservée la future de pouvoir aliéner une partie déterminée de ses immeubles ; les autres immeubles doivent, dans ce cas, être considérés comme dotaux et inaliénables.—1re, 20 avril 1823, *Maheust.*

10. — Elle résulte encore de cette circonstance, que la future déclare apporter telle somme à son mari, avec stipulation qu'elle la reprendra à la dissolution du mariage, exempte de dettes et charges. — 4e, 15 décembre 1829, *époux Clément.* — C. R. 12, 145.

11. — Mais si la loi n'exige pas de termes sacramentels pour la constitution de dot, il faut néanmoins que les époux aient clairement exprimé, d'une manière quelconque, leur volonté à cet égard.

Spécialement, la déclaration que les époux adoptent le régime dotal, avec société d'acquêts, et la stipulation que, dans le cas où le mari toucherait quelques capitaux des biens de son épouse, recueillerait quelque succession de son chef, ou aliénerait tout ou partie de ses biens, il serait tenu d'en faire le remploi en biens immeubles, pour tenir son nom, côté et ligne, » n'équivaut pas à une constitution de dot de tous les biens présents et à venir de la femme ; ses biens restent paraphernaux, et par conséquent de libre disposition.

Cette clause de remploi en immeubles a seulement pour résultat d'empêcher que le gain de survie mobilier ne frappe sur les valeurs dont il devait être fait emploi. — 2e, 14 nov. 1840, *Cardel.— R. P.* 4, 445.

12. — La constitution en dot peut résulter de la disposition du contrat de mariage, par laquelle les époux, après s'être soumis au régime de la communauté, déclarent 1° que la communauté est réduite aux effets mobiliers ; 2° que les biens fonds présents et à venir de la future seront dotaux. — 2ᵉ, 6 janvier 1832, Féron.

13. — La dotalité et l'indisponibilité résultent clairement de la clause d'un contrat de mariage, par laquelle la femme stipule « qu'une somme qu'elle apporte est exclue de la communauté, constituée en dot, et devra être employée en acquisition d'immeubles qui auront le caractère d'immeubles dotaux et pourront néanmoins être aliénés, à la charge d'un bon et valable remplacement. » — 2ᵉ, 24 mai 1839, héritiers Logeard. — R. P. 3, 195.

14. — Lorsque deux époux, qui ont déclaré adopter le régime dotal, mais sans constitution de dot, stipulent que les biens de la future ne pourront être vendus que moyennant un remplacement en fonds de la même valeur, « si mieux la future ne consent autrement, auquel elle s'en réserve le droit. » Cette clause ne frappe pas les biens de la femme d'inaliénabilité, les immeubles restent dans ses mains de libre disposition. — 4ᵉ, 25 novembre 1839, Lemasson. — R. P. 3, 423.

15. — Biens à venir. — « La disposition de l'art. 1542, qui permet la constitution des biens présents et à venir de la femme, est évidemment limitée, quant aux biens à venir, par l'art. 1540, c'est-

à-dire qu'elle ne s'applique à cette sorte de biens qu'autant qu'ils sont échus à la femme durant le mariage. » — 2ᵉ, 25 juin 1835, Rogue. — S. 35, 2, 564.

16. — Contrà. — La constitution en dot de tous les biens présents et à venir, comprend même les biens qui ne sont échus à la femme qu'après la dissolution du mariage. — De sorte que les obligations contractées par la femme, durant le mariage, ne peuvent être exécutées sur les biens qui lui sont échus après sa dissolution. — 2ᵉ, 9 juillet 1840, Jourdan. — R. P. 4, 292.

17. — La stipulation d'une société d'acquêts n'emporte pas nécessairement constitution en dot de tous les biens présents et à venir de la femme. — 4ᵉ, 15 décembre 1829, époux Clément. — C. R. 12, 145. — 1ʳᵉ, 15 juin 1840, Lebray. — R. P. 4, 357.

18. — Lorsque les époux ont adopté le régime dotal, la stipulation que « la future est promise et accordée, par ses père et mère, au futur, avec tous les droits qu'elle pourra exercer dans leur succession après leur décès, » n'équivaut pas à une constitution en dot de biens présents et à venir. — Par conséquent les biens de ces successions, échues à la femme pendant le mariage, ne sont pas dotaux. — 2ᵉ, 13 avril 1837, Aubert. — R. P. 1, 333.

§. II. — Contribution des parents au paiement de la dot.

19. — Lorsque le survivant des époux normands constituait une dot à ses enfants, pour biens paternels et mater-

nels, la dot se prélevait d'abord sur les droits des enfants dans les biens du conjoint prédécédé, et le surplus seulement sur les biens du constituant. — 2ᵉ, 13 février 1836, *Denize.* — *R. P.* 2, 402.

20. — Lorsque le survivant des père et mère constitue purement et simplement une dot à l'un de ses enfants, cette dot doit-elle d'abord se prendre sur les droits du futur époux, dans les biens du conjoint prédécédé, si le constituant en est débiteur ? *Rés. nég.* Dans ce cas, la dot sera prise en entier sur les biens du constituant.—2ᵉ, 28 avril 1837, *De Morell-D'Aubigny.* — *R. P.* 1, 313.

21. — La dot que des parents ont promise à leur fille, par contrat de mariage, bien qu'elle ait été qualifiée par eux de pension alimentaire, n'en doit pas moins être considérée, au respect du mari, non comme une libéralité, mais comme une créance, puisque c'est en cette considération qu'il s'est engagé à supporter les charges du mariage. — En conséquence, si le père ou la mère qui a promis la dot vient à faire faillite, le mari doit être considéré comme créancier de la faillite, pour la somme qui lui a été promise, ainsi que pour les arrérages non payés. — 2ᵉ, 17 novembre 1821, *Micquet.*

§. III. —*Administration des biens dotaux, jouissance desdits biens, et charges imposées à cette jouissance. — Acquêts.*

22. — Sous le régime dotal du Code civil, le mari peut exiger tout ou partie des sommes dotales de son épouse, se trouvant entre les mains de tiers, sans être assujetti à donner caution ou remplacement desdites sommes. — 1ʳᵉ, 27 juin 1825, *Catois.* — C. R. 5, 292. — *Par arg. aud. soll.* 4 juillet 1821, *De Guernon Saint-Ursin.* — C. R. 4, 132, et 1ʳᵉ, 26 février 1822, *Simorre.*

23. — L'acquéreur qui doit payer son prix aux mains d'une femme mariée, pour lui servir de dot, peut et doit, avant de verser son prix, exiger du mari les garanties par lui promises dans le contrat de mariage pour la sûreté de la dot. — Peu importe qu'il n'ait pas assisté au contrat de mariage et que l'acte de vente à lui faite ne lui impose pas cette obligation. — 1ʳᵉ, 18 février 1828, *Pigeon de Saint-Pair.* — C. R. 11, 662. — Voyez aussi *infra,* §. 9.

24. — Toutes les actions de la femme résident dans la personne du mari, même pour le recouvrement de la dot. Toute mise en cause de la femme serait inutile, et sa présence ne pourrait, en aucune manière, dispenser le mari des obligations par lui prises dans le contrat de mariage relativement à la dot. — *m. arr.*

25. — Lorsque les biens d'une femme mariée sous le régime dotal sont stipulés paraphernaux, mais seulement jusqu'à concurrence d'une certaine somme sans désignation de ceux qui doivent être considérés comme tels, ils sont tous exclusivement soumis à l'administration du mari. — 2ᵉ, 13 juillet 1827, *Cordier.* — C. R. 9, 253.

26. — Le mari peut, sans le concours de sa femme, surenchérir les immeubles affectés aux créances dotales de celle-ci.

DOT. —RÉGIME DOTAL, §. III.

— 4e, 20 juin 1827, *Becquemie.* — C. R. 8, 364.

27. — La femme, tant que sa séparation n'a pas été régulièrement prononcée, ne peut recevoir légalement aucune partie de sa dot. — 1re, 14 nov. 1825, *Lebourgeois.* — C. R. 10, 364.

28. — La femme peut revendiquer les arbres abattus par son mari sur ses immeubles dotaux et frappés par une saisie mobilière dirigée par les créanciers sur ces mêmes arbres. — 4e, 5 déc. 1826, *Duvergier.* — C. R. 7, 97.

29. — S'ils avaient été vendus, elle pourrait en réclamer le prix entre les mains de l'acquéreur. — 11 avril 1825, *Lesueur.* — C. R. 13, 607.

30. — Cependant les créanciers du mari peuvent opposer en compensation la valeur des améliorations que le mari aurait pu faire sur la propriété de son épouse. — 4e, 5 déc. 1826, *Duvergier.*

Par là se trouve résolue affirmativement la question de savoir si le mari a droit à une indemnité pour raison des améliorations qu'il a faites sur les biens de sa femme dont il a l'usufruit légal.

31. — Le mari qui a amorti des rentes grevant le bien dotal de son épouse, a le droit d'en répéter le capital, lors même que les époux auraient établi entre eux une société d'acquêts résultant de leur industrie et collaboration commune, s'il est démontré que l'amortissement n'a eu lieu qu'à l'aide d'emprunts. — 1er, 22 mars 1838, *Huc.* — R. P. 3, 390.

32. — Jugé encore que les tribunaux peuvent, d'après les circonstances, dé-

DOT. — RÉGIME DOTAL, §. III.

cider qu'un mari qui a remboursé les rentes grevant l'immeuble dotal de sa femme, a fait acte d'une sage administration; que, par conséquent, il doit lui être tenu compte par la femme ou par ses héritiers du capital des rentes remboursées, et qu'on ne peut l'obliger à se contenter du service annuel desdites rentes. — 2e, 28 nov. 1840, *Boursin.* — R. P. 4, 472.

33. — *Jouissance des biens, propriété des revenus.* — « Tous les revenus échus avant la célébration du mariage quoiqu'ils ne soient devenus exigibles que postérieurement, font partie de la dot mobilière comme tous les capitaux qui ne sont exigibles qu'à des époques déterminées. » Le mari n'en a donc que la jouissance et non la propriété; mais, par réciprocité, « le mari qui doit avoir les revenus pendant un temps égal à la durée de l'association conjugale, a dès lors à son profit, tous ceux qui représentent les jouissances jusqu'au jour de la demande en séparation, encore bien qu'ils ne soient exigibles que quelque temps après. »

Il ne peut être fait imputation au mari de ce qu'il a reçu au commencement du mariage sur ce qu'il avait droit de recevoir au moment où a cessé son administration. — 1re, 27 février 1832, *De Grimouville.*

34. — Le mari qui, par suite d'une collocation a reçu une somme quelconque sur le produit d'une vente d'un immeuble hypothéqué à la garantie d'une rente dotale, appartenant à son épouse, doit imputer les diverses sommes re-

çues proportionnellement sur le capital de la rente et sur les trois années d'arrérages conservés par la loi, au même rang que le capital. L'on ne peut dans ce cas appliquer les règles ordinaires de l'imputation de l'art. 1254 C. civ., l'on doit suivre au contraire les dispositions des art. 2147 et 2151 C. civ. — 1re, 9 déc. 1839, *De Berruyer.* — *R. P.* 3, 464.

35. — On peut, en léguant certains biens à une femme mariée sous le régime dotal, imposer pour condition au legs, « que le mari ne pourra jouir des legs, et que les revenus et biens en provenant profiteront en entier à la femme, laquelle pourra en disposer pour ses besoins, à son singulier bénéfice, sans être tenue de revenir à l'autorisation de son mari. » Une telle condition n'a rien de contraire à la puissance maritale et au régime dotal. — 4e, 6 janvier 1840, *Boisnard.* — *R. P.* 3, 586.

36. — *Charges.* — « Le mari n'étant tenu à l'égard des biens dotaux que des obligations de l'usufruitier, n'est chargé de faire que les réparations d'entretien. » — Toutes autres réparations sont à la charge personnelle de la femme, celle-ci doit en supporter la dépense à l'instant même où elles deviennent nécessaires. — Il n'y a pas lieu, dans ce cas, d'agiter la question de savoir si le propriétaire peut ou non être contraint par l'usufruitier à faire les grosses réparations. — Des règles particulières ont été posées pour le cas de mariage; le mari est tenu, sous sa responsabilité personnelle, de pourvoir à toutes les réparations

quelles qu'elles soient (art. 1562.) S'il y subvient de ses propres deniers, il en a récompense à la dissolution du mariage (art. 1447); s'il est dans l'impuissance d'avancer ces frais, il est autorisé par l'art. 1550 à aliéner partie du fonds dotal pour en consacrer le prix à cet emploi. *Spécialement,* le placement de roues neuves à un moulin a toujours été considéré comme une grosse réparation qui, par conséquent, est à la charge de la femme à qui appartient le moulin. — 2e, 15 mars 1834, *Decoufley.*

37. — *Acquêts.* — « Sous le régime dotal, les acquêts faits constant le mariage, appartiennent au mari s'ils ne sont faits pour opérer un remplacement dû à la femme. » — En vain serait-il dit dans le contrat d'acquisition qu'ils sont faits en commun; on ne verrait dans cette clause qu'une donation déguisée, nulle si elle n'est faite dans les formes prescrites par la loi. — 2e, 8 mars 1817, *Marc.*

§. IV. — *De l'inaliénabilité des biens dotaux et de leurs revenus.*

38. — *Quand y a-t-il aliénation ?* — « Il y a aliénation lorsque par l'effet d'un acte quelconque, un droit utile est déplacé et passe de celui qui l'a à celui qui ne l'avait pas. » — 2e, 6 mai 1824, *De Themauville.* — C. R. 2, 246.

39. — « En matière de régime dotal, on ne doit considérer comme véritable aliénation que celle qui aurait pour effet d'enlever à la femme la jouissance ou la propriété de sa dot; il n'en est pas de même des actes qui ne la dépouillent de

rien et ne peuvent porter préjudice qu'à ses héritiers. » — 1re, 2 juillet 1823, *Poirier.*

40. — D'où la conséquence que la femme peut valablement disposer de ses biens dotaux par testament. — 1re, 11 août 1812, *Pierre.* — *Aud. sol.* 26 août 1819, *Chrétien;* — 2e, 15 déc. 1821, *Mollet.*

41. — La donation entre époux, faite durant le mariage, étant essentiellement révocable, doit être considérée comme tenant de la nature du testament, et peut en conséquence comprendre des biens dotaux inaliénables. — 1re, 2 juillet 1823, *Poirier.*

Voy. encore *femme normande*, §. VI.

42. — On ne peut considérer comme aliénation proprement dite l'abandon que fait un héritier, aux termes de l'art. 869 C. civ., des immeubles de la succession pour se dispenser de rapporter le numéraire qu'il a reçu en avancement d'hoirie. — En conséquence, on doit appliquer à la femme mariée sous le régime dotal, comme à tous autres héritiers, les art. 858 et 869 C. civ., qui disposent, l'un, que le rapport se fait en nature ou en moins prenant, l'autre, que le donataire peut se dispenser de rapporter le mobilier qu'il a reçu, en abandonnant jusqu'à due concurrence des immeubles de la succession. — 1re, 18 déc. 1821, *Dascher.*

43. — Est nulle la vente que fait de son immeuble dotal, la femme d'un individu absent, encore qu'elle ait pris la qualité de veuve; c'est à l'acquéreur et non à la femme qu'il incombe de prou-

ver le décès de l'absent. — 2e, 22 février 1826, *Alexandre.* — C. R. 7, 189.

44. — Dans une donation faite à une femme mariée sous le régime dotal, il n'y a réellement de dotal que ce qui reste de la donation, déduction faite des charges dont elle était grevée.

Le surplus a pu être aliéné par le mari sans remplacement. — 2e, 18 juillet 1829, *Vastine.* — C. R. 12, 573.

45. — *Dot mobilière.* — Sous l'empire du Code civil la dot mobilière est aliénable. — 4e, 14 août 1817, *Jean.* — *Aud. soll.*, 4 juillet 1821, *De Guernon Saint-Ursin.* — C. R. 4, 132. — 1re, 26 février 1822, *Simorre;* — 2e, 24 août 1822, *Grant-Devaux.*

46. — D'où la conséquence que la femme mariée sous le régime dotal, peut valablement renoncer à son hypothèque légale. — Elle est réputée faire cette renonciation, lorsqu'elle vend solidairement avec son mari un immeuble appartenant à celui-ci. — 4e, 14 août 1817, *Jean.*

47. — *Contrà.* — La dot mobilière est inaliénable pendant le mariage aussi bien que la dot immobilière. » — 2e, 18 avril 1833, *Gallard;* — 1re, 5 déc. 1836, *De Molore.* — R. P. 1, 60.

48. — *Ità.* — Et *spécialement*, elle ne peut, après la séparation de biens, être affectée aux obligations contractées par la femme avant sa séparation. — 4e, 21 mai 1832, *De Marigny.*

49. — Jugé dans le même sens que la femme ne peut renoncer à son hypothèque légale. Voy. *hyp. légale*, §. VI.

50. — *Fruits de la dot.* — L'inaliénabilité de la dot prononcée par l'art. 1554
C. civ., s'applique aux fruits du fonds
dotal comme au fonds dotal lui-même.
— 1re, 16 février 1830, *Bisson*. — C. R.
12, 641. — 4e, 22 janvier 1834, *Jourdan*. — 2e, 25 juin 1835, *Rogue*. S. 35,
2, 564.

51. — Même décision, relativement
aux fruits et revenus de la dot normande.
— 2e, 9 avril 1825, *Héron*. — C. R. 4,
254. — 1re, 8 déc. 1828, *Chenu*. — C.
R. 11, 677. *Rej*. D. 32, 1, 129.

52. — Ainsi, jugé que les obligations
contractées par la femme *non séparée* ne
peuvent être mises à exécution sur les
rev enus de ses biens dotaux. — 2e, 25
juin 1835, *Rogue*. — S. 35, 2, 504.

53. — Cette exécution ne peut avoir
lieu sur lesdits revenus pas plus que sur
le fonds dotal lui-même, même après le
décès de la femme. — 4e, 22 janvier
1834, *Jourdan*, et 1re, 8 déc. 1828,
Chenu. — C. R. 11, 677. *Rej*. D. 32, 1,
129.

§. V. — *Effet de l'inaliénabilité des biens dotaux, quant à la capacité de la femme.*

54. — La femme mariée sous le régime dotal n'est frappée d'aucune incapacité personnelle de s'obliger ; ses biens
dotaux sont seulement déclarés inaliénables durant le mariage (art. 1554 C. civ.),
d'où il suit pour conséquences 1° que
« l'inefficacité de l'obligation vient de
la force d'inertie de l'objet dotal et non
de l'incapacité personnelle de la femme. » — 2e, 25 juin 1835, *Rogue*. S. 35,
2, 564.

55. — ...2° Que les obligations prises
par une femme mariée sous le régime
dotal, avec constitution en dot de tous ses
biens présents et avenir, sont valables,
sauf le mode d'exécution. — 1re, 7 février 1826, *Perrier*.

56. — ...3° Que lesdites obligations peuvent être mises à exécution sur les biens
qui adviennent à la femme après la dissolution du mariage. — 2e, 25 juillet
1835, *Rogue*. — S. 35, 2, 564.

Contra, 2e, 9 juillet 1840, *Jourdan*.
R. P. 4, 292.

57. — ...4° Que la femme dotale, qui
s'oblige solidairement avec son mari,
est tenue personnellement de son obli-
tion, mais que ses biens dotaux n'en
peuvent recevoir nulle atteinte. — 2e,
20 juin 1834, *Agasse*.

58. — La femme mariée sous le régime dotal peut, si elle y est autorisée
par justice, transiger relativement à ses
biens dotaux. — 2e, 8 avril 1826, *Tison
de Beaumont*; — 1re, 18 août 1830, *Pel-
letier*; — 2e, 20 déc. 1833, *Sellier*.

59. — Les transactions passées par
des femmes mariées sous le régime dotal relativement à leurs biens dotaux, ne
peuvent avoir d'efficacité qu'autant qu'elles ont été soumises au ministère public et
ont reçu l'approbation de la justice. —
2e, 18 juillet 1835, *Lesieur*.

60. — Si cependant la femme, bien
que mariée sous le régime dotal, s'est réservée la faculté de disposer de ses
biens de la manière la plus absolue, elle
a capacité pour transiger avec la seule
autorisation de son mari.

« Toutefois, il n'y a pas d'inconvénient à ce que la justice, pour plus grande

35

sécurité des parties, homologue surabondamment la transaction. — 2°, 26 juin 1834, *Héringue.*

61. — La femme ne peut attaquer la reconnaissance qu'elle a passée relativement à ses biens dotaux du régime dotal, lorsqu'en cela elle a fait une chose qui lui était avantageuse (*v. c.*), parce qu'elle évitait par là les frais et les dépenses d'une contestation dans laquelle elle aurait nécessairement succombé.

Spécialement, la femme qui, mariée sous l'empire de la loi du 11 brumaire an VII, n'avait pas pris inscription sur les biens de son mari, a pu valablement reconnaître la préférence de l'hypothèque d'un tiers, qui, bien que prise depuis le mariage, avait été inscrite avant la sienne. — 2°, 28 avril 1831, *Collin-Dubusq.*

62. — L'acquisition que fait une femme mariée, avec le consentement de son mari, d'un immeuble affecté au service d'une de ses rentes dotales qui s'éteint par compensation, comme faisant partie du prix de vente, ne rend point cet immeuble inaliénable. — La revente qu'elle fait ensuite de cet immeuble, conjointement avec son mari, sous l'obligation imposée à l'acquéreur de lui servir sa rente dotale, est inattaquable, surtout si le service de la rente est bien assuré. — 1re, 20 février 1828, *Labbey.* — C. R. 10, 48.

63. — La femme, tant que sa séparation n'a pas été régulièrement prononcée, ne peut recevoir légalement aucune portion de sa dot. — 1re, 14 nov. 1825, *Lebourgeois.* — C. R. 10, 364.

64. — La femme mariée sous le régime dotal a capacité pour procéder à l'amiable, avec l'autorisation de son mari, au partage d'une succession qui lui est échue, et en régler les conditions. — Ce partage produit les mêmes effets que s'il avait eu lieu entre cohéritiers maîtres de leurs droits, pourvu qu'il soit exempt de fraude et ne s'écarte pas des règles ordinaires prescrites par la loi. — 2°, 9 mars 1839, *Roger,* — R. P. 3, 145.— *Ità.*, 2°, 20 janvier 1829, *Biron;* — 2°, 25 août 1836, *Laillier.* — R. P. 1, 69.

65. — Pour que la femme prouvât que le partage auquel elle a sisté contient une fraude contre la dotalité, il faudrait des faits bien précis et rendus vraisemblables par un commencement de preuve. — *dit arr. Laillier.*

66. — Mais la femme mariée sous le régime dotal ne pourrait, même par une convention incidente au partage, compromettre sa réserve légale et renoncer à demander le rapport des donations directes ou déguisées. — 2°, 27 nov. 1840, *Lebas.* — R. P. 4, 501.

§. VI. — *Effet de la séparation de biens quant à l'inaliénabilité des biens dotaux et des revenus de ces biens.*

67. — La séparation de corps et de biens laisse subsister l'inaliénabilité des biens dotaux. — 2°, 18 avril 1833, *Gallard.*

68. — Son seul effet est de déplacer l'administration des biens; elle fait passer, sans nulle modification, cette administration des mains du mari dans cel-

les de la femme. — Le mari avait le droit de recevoir les capitaux, sans caution ni remplacement; la femme séparée jouira du même droit, elle pourra donc exiger, soit de son mari, soit des tiers, le paiement de sa dot mobilière, sans être tenue de fournir caution ou remplacement. — *m. arr.*, et *aud. sol.*, 4 juillet 1821, *De Guernon;* — 1re, 26 août 1822, *Primore;* — 2e, 24 août 1822. — C. R. 4, 132. — 2e, 28 juin 1828, *Lemonnier;* — 2e, 21 mars 1834, *Decoufley.* — 2e, 9 décembre 1836, *Vincent.* — R. P. 1, 85. — 2e, 11 juin 1840, *femme Picot.* — R. P. 5, 25.

69. — On doit surtout le décider ainsi lorsque le capital de la dot mobilière représente des meubles et effets mobiliers à l'usage de la femme. — *dit arr.* — 2e, 9 décembre 1836, *Vincent.*

70. — Cependant on ne peut refuser au mari, surveillant né de la dot, lorsqu'elle entre dans les mains de la femme, le droit d'exiger qu'il en soit fait, autant que possible, emploi propre à prévenir la dissipation. — Il est dans le domaine des tribunaux d'apprécier la distinction à faire entre les choses mobilières, susceptibles d'emploi, et celles qui en doivent être affranchies. — Généralement les meubles nécessaires aux usages de la femme, n'en sont point susceptibles. — *Secùs* des capitaux. — 2e, 18 avril 1833, *Gaillard*, et *arr. Vincent.* — *Ità*, encore 4e, 9 avril 1831, *Gassion.*

71. — Jugé, en sens contraire des décisions ci-dessus, que la femme dotale, séparée de biens, ne peut recevoir le montant de sa dot mobilière sans donner

caution ou remplacement. — 4e, 23 mai 1820, *Jeanne;* — 4e, 10 avril 1821, *Larivière.*

72. — Toutefois, même dans le sens de ces arrêts, le remploi ne peut s'étendre aux frais faits pour parvenir à la séparation, ni à la valeur des meubles délivrés à la femme par le mari. — *dit arr. Jeanne.*

73. — La femme, après sa séparation de biens, peut revendiquer, au préjudice des créanciers de son mari, le prix des arbres de haute futaie excrus sur les biens dotaux et vendus par son mari avant la séparation. — Elle le peut surtout si la vente paraît présenter les caractères d'une spoliation. — 11 avril 1825, *Lesueur.* — C. R. 13, 607.

74. — La femme mariée sous le régime dotal, qui fait prononcer sa séparation de biens, a non-seulement capacité de faire un acte de liquidation avec son mari, mais elle peut faire à celui-ci des remises, des abandons, des avantages indirects, jusqu'à concurrence de la quotité disponible, pourvu que sa volonté soit formellement exprimée, et qu'elle n'ait pas été induite en erreur. — 2e, 26 juillet 1832, *Lesieur.*

75. — Dans la liquidation des droits d'une femme dotale, séparée de biens, il faut distinguer quant à l'inaliénabilité entre ses reprises matrimoniales et les intérêts de ces mêmes reprises. — Les reprises matrimoniales sont inaliénables et insaisissables par les créanciers; les revenus, au contraire, peuvent être affectés au paiement des dettes. — 4e, 10 avril 1821. *Larivière.*

76. — En effet, « la femme mariée sous le régime dotal, rentre en possession, par la séparation de biens, lorsqu'elle est prononcée, du pouvoir qu'avait le mari sur ses biens dotaux. — Elle a le droit d'obliger les revenus de la même manière par les actes qu'elle fait, pourvu qu'ils appartiennent à la classe des actes d'administration. — Telle est la conséquence des art. 1563 et 1449. » — 2e, 17 août 1832, *Haron.*

77. — Mais ce n'est que pour des actes d'administration seulement que la femme séparée de biens peut, même avec l'autorisation de son mari, s'obliger sur ses revenus et son mobilier. — 4e, 23 août 1831, *Landier ;* — 1re, 2 juillet 1833, *Lenfant.*

78.—Il faut encore faire observer que la séparation de biens ne donne pas à la femme plus de droits sur ses revenus dotaux que n'en avait auparavant le mari lui-même. — Ainsi, elle ne peut engager les revenus dotaux que proportionnellement au temps écoulé depuis sa séparation, de même que le mari ne peut les engager que pour le temps qu'il en a l'administration, quelque favorable d'ailleurs que soit la créance. — Par suite, les héritiers de la femme peuvent se refuser à payer les obligations sur les revenus échus depuis son décès. — 1re, 16 février 1830, *Bisson.* — C. R. 12, 659.

79. — Peu importe même, dans ce cas, que l'obligation contractée par la femme ait eu pour cause des actes d'administration. — *m. arr.*

80. — Jugé cependant que « les obli-

gations contractées par la femme séparée peuvent être, constant le mariage, exécutés sur les revenus amobiliés de ses biens, et qu'il n'y a pas à distinguer entre le mobilier existant lorsque l'obligation a été contractée et celui qui survient ultérieurement à la femme, pour prétendre qu'elles doivent s'exécuter sur l'un et non sur l'autre ; les obligations, en effet, n'ont point d'affectation spéciale sur telle ou telle partie du mobilier, qui est de même nature dans sa totalité, elles s'exécutent sur la masse. » — 1re, 30 avril 1823, *Maheust.*

81. — En conséquence, les revenus des biens dotaux peuvent être saisis-arrêtés par les créanciers de la femme, même par anticipation et avant leur mobilisation. — *m. arr.*

82. — Toutefois, cette saisie-arrêt ne peut porter que sur les revenus qui sont reconnus n'être pas strictement nécessaires à la subsistance de la femme et de sa famille. — *m. arr.*

83. — Jugé encore que « la femme séparée de biens ne peut pas aliéner sa dot mobilière ni les fruits qu'elle produit, en tant qu'ils sont nécessaires pour ses besoins et ceux de son mari et de ses enfants. » — 1re, 15 juillet 1833, *femme Fromage.* — Ità, 1re, 2 juillet 1833, *Lenfant.*

84. — Sont également insaisissables, dans la même proportion, les fruits des immeubles achetés par la femme avec sa dot mobilière, depuis sa séparation de biens. — *m. arr.*

85. — C'est aux tribunaux à détermi-

ner quelle est la portion des revenus qui doit être affectée à l'acquittement des obligations. — 4e, 23 août 1831, Landier.

86. — Les frais de séparation qui ont été remboursés à la femme sont également saisissables par les créanciers. — 2e, 29 juin 1822, Nicolle.

87. — La femme ne recouvrant l'administration de ses biens et le pouvoir d'aliéner son mobilier que du jour de la séparation civile, les obligations qu'elle a contractées entre le jour de la demande en séparation et le jugement qui prononce la séparation, ne peuvent donner lieu à saisie de tout ou partie des revenus des fonds dotaux. — 4e, 28 janvier 1822, Étienne.

§. VII. — Exceptions établies par la loi à l'inaliénabilité des biens dotaux.—Faculté d'aliéner. — Établissement des enfants. — Prison. — Aliments. — Dettes de la femme. — Partage et licitation. — Échange. — Dispositions communes à toutes ces exceptions.

88. — Faculté d'aliéner.—Le mot aliéner, dont se sert l'art. 1557 du Code civil, est un terme générique qui embrasse toutes les manières possibles dont une personne puisse se dépouiller de ses biens, et comprend l'hypothèque, comme la vente, l'échange. — En conséquence, lorsque la femme, mariée sous le régime dotal, s'est réservée la faculté d'aliéner ses immeubles dotaux, sans remplacement, elle s'est, par cela même, conféré le droit d'affecter hypothécairement ces mêmes biens aux

obligations qu'elle pourrait contracter.— 2e, 7 février 1834, Roussel.

89. — Jugé encore que si la femme s'est réservée, par contrat de mariage, la faculté d'aliéner ses immeubles dotaux, jusqu'à concurrence d'une somme déterminée, elle peut, au lieu de les aliéner directement, consentir une hypothèque d'une valeur égale.—7 avril 1825, Erard de Bellisle. — C. R. 4, 344.

90. — Contrà. — La permission réservée à une femme, mariée sous le régime dotal, de vendre et aliéner ses biens dotaux ne s'étend pas à la faculté d'en disposer par voie hypothécaire ou par gage. — Aud. sol., 21 déc. 1837, Dufau. — R. P. 1, 672.

91. — Lorsque la femme s'est ainsi réservée le droit d'aliéner sa dot, jusqu'à concurrence d'une certaine somme, les actes faits sans fraude font la règle. — 1re, 28 janvier 1828, Grantdevaux.

92. — La faculté d'hypothéquer ses biens dotaux que s'est réservée la femme mariée sous le régime dotal, emporte celle de donner mainlevée des hypothèques qui grèvent les biens affectés à ses reprises. — 4e, 13 janvier 1834, Duchastel.

93. — La femme qui adopte le régime dotal peut se réserver le droit d'exiger ou de ne pas exiger, à son gré, le remplacement de ses biens dotaux aliénés. — 2e, 26 juin 1834, Heringue.

94. — Lorsque la femme, mariée sous le régime dotal, s'est réservée la faculté de disposer de ses biens dotaux de la manière la plus absolue, elle a capacité suffisante pour transiger, avec la seule

autorisation du mari. — « Toutefois, il n'y a pas d'inconvénient à ce que la justice, pour plus grande sécurité des parties, homologue surabondamment la transaction. » — m. arr.

95. — Quand, par leur contrat de mariage, les époux se sont réservés le droit de vendre les biens dotaux de la femme, mais à la charge d'un remplacement en immeubles, un tiers peut valablement cautionner la vente qui en a été faite par les époux. — 1re, 26 août 1839, Fortin. — R. P. 3, 382.

96. — Lorsque l'aliénation du fonds dotal n'était permise que moyennant remploi, il ne suffit pas à l'acquéreur, s'il veut conserver son acquisition, d'en offrir le prix, il doit fournir le remplacement exigé. — 2e, 31 janvier 1834, Auger.

97. — La faculté que s'est réservée une femme, mariée sous le régime dotal, d'aliéner ses biens dotaux sans remploi, n'affranchit pas les biens du mari de l'hypothèque légale, pour l'aliénation de la dot. — 2e, 24 janvier 1825, Deschamps. — C. R. 12, 672.

Sur les autres questions de remploi, voy. §. IX.

98. — Établissement des enfants. — « L'art. 1556 C. civ n'établit aucunes limites à la faculté de disposer de la dot qu'il accorde à la mère, dans le cas d'établissement d'enfants issus de son mariage. » Une mère peut donc, pour cette cause, valablement aliéner toute sa fortune. — 2e, 26 novembre 1835, Hamelin.

99. — L'aliénation en faveur des enfants n'est valable qu'autant qu'elle est faite en vue d'un établissement particulier que l'un des enfants se propose de contracter. — 1re, 20 mai 1834, Daupley.

100. — Les tribunaux ne doivent pas accorder à une femme dotale, procédant avec l'autorisation de son mari, la permission de vendre ou d'hypothéquer son bien dotal, pour l'établissement de leurs enfants communs. — Il n'y a pas lieu, dans ce cas, à intervention de la justice. — 2e, 2 juin 1838, époux Serrey. — R. P. 2, 191.

Que doit-on entendre par établissement? Voy. le mot femme normande, §. v.

101. — Lorsqu'une mère, mariée sous le régime dotal, a fait don à sa fille, en la mariant, d'une créance dotale, cette créance cesse d'être indisponible, et c'est au contrat de mariage de la donataire qu'il faut se référer pour savoir à quelles conditions le débiteur peut se libérer. — 2e, 26 novembre 1835, Hamelin.

102. — Prison. — L'art. 1558, qui permet l'aliénation du fonds dotal pour tirer de prison le mari ou la femme, ne s'étend pas au cas où l'un des époux est simplement menacé de la contrainte par corps : il doit être restreint au cas où l'emprisonnement est effectué. — En conséquence, sont nuls les engagements contractés par la femme sur ses biens dotaux, pour soustraire son mari à l'emprisonnement dont il était menacé. Peu importe, dans ce cas, l'autorisation donnée par la justice. — 4e, 4 juillet 1826, Poline. — C. R. 7, 89.

103. — Contrà. — Cependant par arg. de l'art. 1er, 6 juillet 1824, Onfroy. — C. R. 2, 335.

104. — *Aliments.* — L'aliénation de la dot peut être autorisée pour fournir des aliments *aux époux.*—1re, 12 août 1822, *Fauconnier ;* — 2e, 25 août 1825, *Moitié ;* — 1re, 30 avril 1831, *Godefroy ;* — 1re, 21 août 1833, *Tifferne.*

105. — Les tribunaux peuvent autoriser l'aliénation du bien dotal pour l'acquit de dettes d'aliments contractés antérieurement par la femme dotale ; il n'est pas nécessaire, à peine de nullité, que l'autorisation d'aliéner demandée, soit obtenue avant le commencement des fournitures à crédit. — Les juges doivent prendre en considération les circonstances, la nature de la dette, et ils ont plein pouvoir pour régler la quotité des sommes qui, d'après la position de fortune de la famille, doivent être prélevées sur la dot. — 1re, 20 février 1840, *Eve.* — R. P. 4, 154.

Des décisions tout à fait identiques ont été rendues relativement à la dot de la femme normande. Voy. *femme normande,* §. v.

106. — Le capital d'une dot mobilière peut être converti en une rente viagère sur la tête des deux époux, pour fournir des aliments à la famille. Dans ce cas, les tribunaux peuvent ordonner la radiation de l'inscription prise au nom de la femme, jusqu'à concurrence de cette dot, sans recourir aux formalités prescrites par les art. 2140 et 2144 C. civ., pour la réduction des hypothèques légales.—Ils peuvent même donner mainlevée définitive de l'hypothèque, dans le cas où la femme n'a pas de créance actuelle contre son mari, et ne possède

aucun immeuble. — 4e, 29 avril 1837, *Lyron.* — R. P. 1, 284.

107. — Jugé encore que la réception de valeurs dotales peut être autorisée, sans remploi, pour subvenir aux besoins de la famille. — 1re, 16 mars 1831, *Marc.*

108. — Quand l'aliénation du fonds dotal a été autorisée pour subvenir aux besoins de la femme ou de la famille, le prix provenant de cette aliénation, ou la rente (viagère dans l'espèce) qui a été constituée, est insaisissable de la part des créanciers. — 1re, 30 août 1831, *ép. Godefroy.*

109. — Lorsqu'un jugement autorise une femme mariée à recevoir une certaine somme de l'acquéreur de l'un de ses biens dotaux, pour subvenir aux besoins de sa famille, cette décision équivaut pour l'acquéreur à un remplacement. Il peut et doit payer cette somme à la femme, sans exiger le remploi qui avait été stipulé dans le contrat.—4e, 26 février 1823, *ép. Cauvet.*

110. — Jugé encore que « lorsque l'aliénation du fonds dotal a été autorisée pour fournir des aliments à la famille, il serait contraire à la raison d'exiger la même surveillance de l'emploi, que quand il s'agit, par exemple, de faire de grosses réparations à l'immeuble dotal ou de tirer le mari de prison, circonstances dans lesquelles il est toujours facile au bailleur de fonds de verser ses deniers dans les mains des entrepreneurs ou créanciers et de retirer leurs quittances pour les représenter au besoin. » — Dans le cas actuel, on doit se contenter de présomptions, et notamment de celles résultant de ce qu'il a été pourvu à la subsistance de la famille. — 2ᵉ, 16 janvier 1834, *Huet.*

111. — Les tribunaux, au lieu d'autoriser l'aliénation des immeubles dotaux ou l'emprunt, pour fournir directement des aliments à la famille, peuvent autoriser l'achat d'outils et de matériaux pour la continuation d'une profession qui doit procurer à la famille des ressources suffisantes pour son existence.— 1ʳᵉ, 14 décembre 1840, *Daguenet.* — *R. P.*, 4, 465.

112. — Dans ce cas, les tribunaux ne doivent pas autoriser la femme à toucher directement les deniers de la vente ou de l'emprunt. L'on ne doit dispenser l'acquéreur ou le prêteur de surveiller l'emploi des deniers que lorsque cette surveillance est impossible, comme dans le cas où il s'agit d'aliments à fournir en nature. — *m. arr.*

113. — *Dettes de la femme.* — L'immeuble dotal peut être exproprié pour arrérages d'une créance contractée avant le mariage, bien que ces arrérages ne soient échus que depuis le mariage. — 4ᵉ, 28 janvier 1823, *Viel;* — 1ʳᵉ, 23 juin 1828, *Boucher.*

114.—...Et pour frais même postérieurs au mariage, s'il y avait procès commencé avant le mariage. — 1ʳᵉ, 28 janvier 1828, *Grant-Devaux.*

115.—Jugé cependant que cette question est très-douteuse, et que, dans tous les cas, l'aliénation du fonds dotal, pour le paiement des arrérages échus durant le mariage et même depuis la séparation

civile, ne peut être autorisée qu'autant qu'il est bien prouvé que la femme est dans l'impossibilité absolue de payer lesdits arrérages autrement qu'en vendant ses biens dotaux. — 1ʳᵉ, 20 nov. 1832, *veuve Bellamy.*

116. — La femme peut être admise à prouver, même sans avoir de commencement de preuve par écrit, que son obligation, quoique portant une date antérieure à son mariage, n'a été souscrite par elle que depuis, et faire ainsi annuler cette obligation.—1ʳᵉ, 30 juillet 1811, *junctim*, 25 mars 1813, *Blanche.*

117. — *Partage et licitation.* — La femme, mariée sous le régime dotal, peut demander le partage d'un immeuble compris dans une succession à elle échue, bien qu'elle ait reconnu dans l'acte de partage de la succession que cet immeuble avait été légué à l'un de ses cohéritiers, si ce cohéritier ne prouve pas le legs. — L'action peut être exercée aussi bien contre l'acquéreur de l'immeuble que contre le cohéritier lui-même. — 2ᵉ, 4 février 1837, *Duval.* — *R. P.* 1, 138.

118. — Lorsque le lot d'immeubles échus à une femme mariée sous le régime dotal est inférieur aux autres lots, les valeurs mobilières dépendant de la succession et accordées à la femme pour compléter sa part, peuvent être reçues par le mari sans remplacement. (Art. 883-1558 et 1549 C. c. comb.) — 2ᵉ, 9 mars 1839, *Roger.* — *R. P.* 3, 145.

119.—Si, toutefois, des immeubles de la succession ont été vendus à des étrangers, le prix qui en provient représente des valeurs immobilières sujettes à un remplacement, au profit de la femme dotale; ces valeurs doivent être de préférence mises dans son lot, jusqu'à concurrence de son dividende dans les immeubles, aux termes de l'art. 832 C. civ. — *m. arr.*

120. — Les frais résultant de la licitation d'un immeuble impartable, dans lequel la femme dotale avait un droit indivis, restent à la charge de la femme : l'acquéreur n'est donc tenu de lui fournir un remplacement que déduction faite de ces frais. — Il y a ici exception au principe qui veut que les frais de remploi soient à la charge de l'acquéreur. — 1re, 31 août 1831, *Lemengnonnet;* — 2e, 11 janvier 1838, *Pedieu.* — *R. P.* 1, 720.

121. — *Échange.* — Le contrat d'échange peut avoir lieu entre époux mariés sous le régime dotal, comme il aurait lieu entre la femme et un tiers, pourvu que ce soit sous les mêmes conditions et avec les mêmes formalités. — L'art. 1559 C. civ., en effet, est général : on ne peut distinguer là où il ne distingue pas. — 1re, 18 déc. 1821, *Jacquelin.*

122. — L'échange des biens dotaux, autorisé par l'art. 1559 C. civ., doit s'entendre d'une substitution directe et momentanée d'un immeuble à l'immeuble dotal. — Cette substitution ne peut être considérée comme un échange lorsqu'elle est faite après coup, et que, surtout, elle est soumise à une certaine complication d'opérations et d'éventualités. — 2e, 26 août 1830, *ép. Deschamps.* — C. R. 13, 416.

123. — Lorsqu'un immeuble dotal a été échangé moyennant une soulte, contre un immeuble plus considérable, celui-ci devient dotal pour le tout, et non pas seulement jusqu'à concurrence de l'immeuble échangé, sauf à la femme à tenir compte au mari de la soulte qu'il a payée. — 2e, 14 août 1833, *Osmont.*

124. — Encore que depuis la séparation de biens opérée, la femme ait ratifié l'échange de son fonds dotal, elle n'en est pas moins recevable à réclamer de l'acquéreur la plus-value de l'immeuble dotal aliéné. — 1re, 16 mars 1831, *Marc.*

125. — *Dispositions communes aux différents cas d'exception.* — L'art. 1558 du Code civil, en permettant l'aliénation du fonds dotal dans certains cas déterminés, avec l'autorisation de justice, a entendu donner au mot *aliéner* sa signification la plus large, et lui faire embrasser aussi bien l'hypothèque que la vente. — S'il en est autrement lorsque c'est du contrat de mariage que dérive la faculté d'aliéner, c'est parce que l'on a à craindre un danger qui n'existe pas lorsque la justice intervient pour autoriser un emprunt hypothécaire, dans l'un des cas spécifiés par l'art. 1558; car alors la femme ne se trouve pas livrée à sa propre faiblesse et à son inexpérience. — 1re, 14 décembre 1840, *Daquenet.* — *R. P.* 4, 465. — Ità, 4e, 27 avril 1849, *Vautier.*

126. — Les jugements d'autorisation sont des actes de juridiction gracieuse et non pas de juridiction contentieuse. — En conséquence, ils peuvent, sur l'opposition de la femme, être rétractés par le tribunal qui les a rendus. — Par

36

exemple, n'a pas l'autorité de la chose jugée, le jugement qui déclare un remploi valable jusqu'à concurrence du prix principal, des frais et des loyaux coûts. La femme est recevable à soutenir que les frais d'emploi ne devaient pas être déduits du prix de l'immeuble qu'elle était autorisée à vendre, moyennant remplacement.—1re, 18 décembre 1837, *Boulay.* — *R. P.* 1, 678.

Ità, 1re, 22 novembre 1819, *Freuley*; — 2e, 3 avril 1819, *Cavelier*; — 4e, 2 mars 1833, *Duval-Destin.*

127. — L'autorisation donnée par justice à une femme de toucher, sans remploi, le prix de vente de son immeuble dotal n'est pas obligatoire contre l'acquéreur, n'ayant pas été accordée contradictoirement avec lui. — Jusqu'à ce qu'il y ait été contraint par jugement, l'acquéreur a donc le droit de ne point verser son prix, tant qu'un remplacement ne lui est pas fourni. — 1re, 16 décembre 1833, *Mesnage.*

128. — L'acquéreur d'un fonds dotal a donc intérêt et qualité pour former opposition au jugement qui autorise la femme à toucher son prix, sans caution ni remplacement. — 1re, 9 décembre 1807, *Pillon*; 2e, 3 mars 1821, *De Laporte.*

... Et il n'est pas non recevable dans son opposition pour ne l'avoir point formée lors de la collocation de la femme à l'état d'ordre. — *dit arr.* — 2e, 3 mars 1821, *De Laporte.*

129. — « Si les jugements portant autorisation d'aliéner les biens dotaux ne sont pas susceptibles d'acquérir l'auto-

rité de la chose jugée, à raison de ce qu'ils n'ont pas le caractère de décisions rendues en matière contentieuse, il n'est pas moins vrai que lorsqu'ils constatent que la femme se trouve dans un des cas d'exception à l'inaliénabilité du fonds dotal, prévus par l'art. 1558 C. civ., ils donnent aux tiers qui traitent sur la vue de leur énoncé, la garantie de la vérité de la cause qui a motivé l'autorisation accordée. » — Sous ce rapport, ils offrent une pleine sécurité à l'acheteur ou au prêteur qui traite avec la femme. « Et il ne s'agit plus pour lui que de suivre ses deniers, afin de se mettre, autant que possible, en mesure de justifier qu'il en a été fait un emploi conforme à la destination exprimée dans le jugement d'autorisation. »

Mais si l'autorisation d'aliéner avait été donnée pour une cause non reconnue par la loi, le jugement alors n'aurait aucune autorité et pourrait être soumis à un nouvel examen, sans que les tiers puissent se plaindre, puisqu'ils étaient à même de vérifier que le motif d'aliénation exprimé par le jugement ne rentrait pas dans la classe des exceptions à l'inaliénabilité de la dot.

En d'autres termes, lorsque l'autorisation d'aliéner a été donnée en vertu d'une cause d'exception, prévue par la loi, les tiers n'ont pas à examiner si cette cause existait bien réellement, si les preuves apportées ont été solides et convaincantes; c'était là la mission exclusive du juge : ce qui a été statué à cet égard a autorité de chose jugée — Si, au contraire, l'autorisation a été donnée pour une cause qui ne rentre pas dans les cas d'exception spécifiés par la loi, le jugement ne peut offrir aucune sécurité aux tiers qui, sur sa foi, contracteraient avec la femme. — 2e, 16 janvier 1834, *Huet.*

130. — Si la vente du fonds dotal a été autorisée sur un faux exposé, le mari doit indemniser sa femme. — 2e, 11 février 1831, *Letot.*

§. VIII.— *Exceptions non prévues par la loi, mais controversées en jurisprudence. — Adition d'hérédité. — Frais de procès. — Délits.*

131. — La femme mariée sous le régime dotal ne peut grever ses biens dotaux par l'acceptation d'une succession onéreuse. — Elle est, dans ce cas, assimilée à un héritier insolvable qui appréhenderait une succession et la dissiperait. — 2e, 12 juin 1835, *Lecrosnier.*

132. — Jugé encore que les biens dotaux du régime dotal ne sont point affectés aux obligations que la femme contracte comme héritière pure et simple; mais jusqu'à la séparation de biens, les revenus des biens dotaux restent affectés aux dettes de la succession acceptée par le consentement de son mari. — 4e, 7 nov. 1829, *Lemarchand.*

133. — Le paiement des frais de procès en matière civile ne se trouvant pas au nombre des exceptions portées dans l'art. 1558 C. c., ce paiement ne peut être exécuté sur la dot. — 4e, 15 déc. 1829, *Ep. Clément.* — C. R. 12, 145. — *Ità*, 1re, 18 janvier 1808, *Léveillé;* — 4e, 31 déc. 1823, *Jacquelin;* — 2e, 11 juin

1825, *Jardin;* — 1re, 4 janvier 1832, *Gardin.*

134. — Cependant, si par les conventions matrimoniales, la femme a été autorisée à hypothéquer ses biens dotaux jusqu'à concurrence d'une somme de..., on peut en outre exproprier au-delà de ladite somme pour les frais. — 1re, 28 janvier 1828, *Grant-Devaux.*

135. — La femme qui revendique le prix de son fonds dotal peut être autorisée par le jugement qui statue sur sa demande, à toucher sans remploi une portion du prix pour subvenir aux frais du procès par elle intenté. — 2e, 18 juillet 1829, *Vasлинe.* — C. R. 12, 573.

136. — L'inaliénabilité de la dot souffre exception au cas de condamnation de la femme, pour délit et quasi-délit. — Dans ce cas, les frais et les dommages-intérêts prononcés contre elle, peuvent être exécutés sur ses biens dotaux. — *Aud. sol.*, 1er février 1830, *Moulinet.* — C. R. 12, 585. — 1re, 14 mai 1839, *Jourdan.* — R. P. 3, 171. — 2e, 17 août 1839, *Dieu-Avant de Nerval.* — R. P. 3, 375.

137. — Toutefois, la condescendance d'une femme mariée sous le régime dotal à la violation d'un dépôt réclamée par l'autorité maritale, ne peut obliger cette femme sur ses biens dotaux, alors surtout que le dépositaire s'est volontairement exposé à cette chance, en confiant le dépôt à une personne non libre de condition. — 2e, 25 juin 1835, *Rogue.* — S., 35, 2, 564.

138. — On peut exécuter sur les biens

dotaux une condamnation de dépens prononcée dans un procès soutenu depuis la dissolution du mariage, relativement à des obligations contractées depuis le mariage. — 2ᵉ, 9 juillet 1840, *Jourdan*. — R. P. 4, 292.

§. IX. — *Remploi des biens dotaux, lorsque l'aliénation en a été permise à cette condition.*

139. — La convention portant que le prix d'un bien dotal d'une femme ne pourra être exigé qu'en donnant remplacement, doit être exécutée dans tous les cas —1ʳᵉ, 24 août 1812, *De Germont;* — 2ᵉ, 7 août 1812, *Dormeil.*

140. — Quand un contrat de mariage dispose que les deniers dotaux de la femme seront employés en acquisition d'immeubles à son profit, du choix mutuel des futurs, *à leur volonté et sans qu'il soit besoin du concours d'aucune personne,* le débiteur des deniers dotaux n'est valablement libéré qu'autant que le mari en a fait emploi en immeubles. — 1ʳᵉ, 10 janvier 1838, *De Latrouplinière.* — R. P. 1, 689.

141. — Il en serait ainsi lors même que le débiteur n'aurait point contracté avec la femme directement, mais avec ses auteurs libres de leurs droits et dont ladite femme a recueilli la succession.— 2ᵉ, 29 nov. 1838, *Lempereur.* — R. P. 2, 575.

142. — Lors donc que l'aliénation du fonds dotal n'a été autorisée par le contrat de mariage que moyennant remplacement en biens de même nature, l'ac-

quéreur du fonds peut se refuser à payer le prix de son acquêt, tant qu'un remploi en immeubles ne lui est pas offert. — 4ᵉ, 13 juin 1821, *Durel;* — 1ʳᵉ, 23 nov. 1835, *Mayron.*

143. — Il en est ainsi lors même que l'aliénation aurait été autorisée par jugement, alors d'ailleurs qu'il n'est pas justifié que cette autorisation ait été donnée dans l'un des cas où le Code civil permet l'aliénation. — 2ᵉ, 12 mars 1831, *Follain-Lachaussée.* D. 33, 2, 209.

144. — Toutefois, lorsqu'un jugement a autorisé une femme mariée à toucher ses deniers dotaux moyennant remplacement, le débiteur n'a pas le droit d'exiger que ce remplacement soit fait en immeubles; il suffit que la femme le lui fournisse de quelque manière que ce soit. — 1ʳᵉ, 12 août 1822, *Fauconnier.*

145. — Le remploi est dû à la femme de son immeuble dotal aliéné, lors même qu'elle en aurait touché le prix et l'aurait dissipé. C'est au mari à supporter les suites de son imprudence; il devait effectuer lui-même le remploi en immeubles. — 2ᵉ, 12 juin 1835, *Lecrosnier.*

146. — Lorsque la femme a vendu son bien dotal, « en garantissant solidairement avec son mari ladite vente et en s'obligeant faire jouir l'acquéreur aussi paisiblement que s'il s'agissait d'un bien libre et non dotal, » l'acquéreur évincé, à défaut de remplacement, ne peut obtenir contre la femme une condamnation en dommages-intérêts ou même en restitution de prix, sauf à n'en poursuivre l'exécution que sur les biens

de libre disposition.—2ᵉ, 22 mars 1839, *Chedrue.* — *R. P.* 3, 124.

147. — Cessant le dol ou la fraude, la femme mariée sous le régime dotal, avec faculté d'aliénation sauf remplacement, a seulement le droit de réclamer le prix stipulé aux actes d'aliénation, sans pouvoir l'augmenter d'aucune plus-value, sauf les frais que pourra occasionner le remplacement. » — 2ᵉ, 13 janvier 1832, *Besnier;* — 2ᵉ, 26 juillet 1832, *Lesieur;* — 2ᵉ, 31 janvier 1834, *Auger;* — 2ᵉ, 22 mars 1839, *Chedrue.*— *R. P.* 3, 124.

148. — *Secus* cependant, s'il est établi que le prix de vente véritable est supérieur à celui porté au contrat. — 1ʳᵉ, 16 mai 1835, *Leblanc.*

149. — Ce n'est pas suivant la valeur courante des immeubles au temps de la vente du fonds dotal que l'acquéreur est tenu de fournir le remploi, il lui suffit de le fournir en immeubles, suivant la valeur de ces sortes de biens au moment où se fait le remploi. — « C'est là une chance dont la femme est réputée avoir trouvé la compensation dans la commodité que lui procure un délai indéfini de pouvoir choisir un remplacement plus à sa convenance, et dans la certitude, tant que son prix sera entre les mains de l'acquéreur, de demeurer à l'abri de toutes pertes procédant du dépérissement du remploi qu'elle aurait pu accepter. » — 2ᵉ, 31 janvier 1834, *Auger.*

150. — Lorsque l'aliénation des biens dotaux a été autorisée par le contrat de mariage, moyennant remplacement en immeubles, on ne peut considérer com-

me devant servir de remploi les biens acquis par le mari, antérieurement à la vente du fonds dotal, si cette affectation n'en a été expressément faite; de telle sorte que si ces biens viennent plus tard à être vendus, les acquéreurs ne peuvent être inquiétés par la femme. — 2ᵉ, 14 mai 1831, *Briard.*

151.— Dans la même circonstance, la femme, ou ses héritiers, peut se faire adjuger des biens non aliénés de son mari jusqu'à concurrence du fonds dotal aliéné sans remplacement.—*m. arr.* et 2ᵉ, 13 janvier 1832, *Besnier.*

152. — Le remploi d'un bien dotal dont l'aliénation a été autorisée moyennant remplacement, peut être fait par partie. — 4ᵉ, 3 février 1823, *Cauvel-Duhamel;* — 2ᵉ, 26 juillet 1832, *Lesieur.*

153. — Le remploi d'un fonds de terre dotal peut être fait en maisons. — *m. arr. Lesieur.*

154. — « Le remploi en rentes sur l'état ne peut être assimilé à un remploi en immeubles. Si la législation actuelle reconnaît que l'immobilisation des rentes sur l'état, peut avoir lieu dans certains cas, ces cas doivent être regardés comme exceptionnels ».—1ʳᵉ, 23 nov. 1835, *Magron;* — 1ʳᵉ, 8 mai 1838, *Thorel De Latrouplinière. R. P.* 2, 146.

155. — Lors donc que les époux se sont obligés, par contrat de mariage, à remplacer en immeubles la dot mobilière, le remploi ne peut être fourni en rentes sur l'état. —*m. arr.,*—1ʳᵉ, 8 mai 1838, *Thorel De Latrouplinière.* — *R. P.* 2, 146.

156. — Mais il pourrait être fourni un

remplacement en actions, sur la banque de France, immobilisées. — m. arr. Thorel.

157. — Il ne pourrait, dans la même circonstance, être offert à l'acquéreur un remploi fondé sur la permission de justice, consistant dans l'acquit de dettes.— 2ᵉ, 12 mars 1831, Fontaine.

158. — Le remplacement à fournir par l'acquéreur doit être absolument de l'immeuble aliéné, sans pouvoir en déduire les frais d'acte et d'enregistrement auxquels donnent lieu le remploi. — 1ʳᵉ, 30 nov. 1830, Guérard.— C. R. 13, 160.— 2ᵉ, 31 janvier 1834, Auger; — 2ᵉ, 11 janvier 1834, Chibourg ; — 1ʳᵉ, 31 mai 1835, Lemengonnet;— 1ʳᵉ, 18 déc. 1837, Boulay. — R. P. 1, 678.

159. — L'acquéreur obligé de payer ces frais, en a récompense sur les biens du mari. — m. arr. Guérard.

160. — Cependant, lorsqu'il s'agit d'un emploi qui n'est point la suite d'une aliénation volontaire, les frais auxquels il donne lieu ne peuvent être qu'à la charge de la femme et sont prélevés, s'il s'agit d'une dot mobilière, sur le capital à remplacer. — 1ʳᵉ, 8 mai 1838, Thorel De l'atrouplinière.— R. P. 2, 146.

161. — Ainsi, lorsque les immeubles soumis au remploi étaient indivis, les frais et loyaux-coûts du remplacement doivent rester à la charge de la femme comme frais de licitation. — 1ʳᵉ, 31 août 1831, Lemengonnet; — 2ᵉ, 11 janvier 1838, Dedieu. — R. P. 1, 720.

162. — Intérêts. — La femme qui a aliéné sans remplacement peut réclamer

de l'acquéreur les intérêts du prix, nonobstant toutes conventions contraires, et même avant la demande. — Dans ce cas l'acquéreur doit l'intérêt légal et non la représentation du revenu net de l'immeuble aliéné. — 1ʳᵉ, 18 déc. 1837, Boulay. — R. P. 1, 678. — 1ʳᵉ, 18 déc. 1830, Guérard.

163. — Il faut toutefois observer que lorsque la femme mariée sous le régime dotal n'est point séparée de biens, l'acquéreur d'un fonds dotal, moyennant remploi, peut être valablement dispensé de payer les intérêts de son prix jusqu'au moment du remploi; les intérêts, en effet, appartenant dans ce cas au mari, ont pu être abandonnés par lui. — 2ᵉ, 12 mars 1831, Follain-Lachaussée.

164. — Lorsque le contrat n'a fixé aucun délai fatal dans lequel le remplacement doive avoir lieu, ce remplacement peut être fait même après la dissolution du mariage, il suffit qu'il le soit avant que le mari ou les acquéreurs aient été mis en demeure et aient laissé passer les délais qui leur auraient été impartis pour le présenter. — 1ʳᵉ, 30 nov. 1830, Guérard;—1ʳᵉ, 30 mai 1831, Delahaye et Turgot ; — 2ᵉ, 13 janvier 1832, Besnier; —2ᵉ, 26 juillet 1832, Lesieur ; — 2ᵉ, 31 janvier 1834, Auger; — 2ᵉ, 26 février 1836, Potin de Bonchamps. — R. P. 2, 621.

165. — Jugé encore que les ventes du fonds dotal ne sont pas nulles de plein droit, si le remplacement n'a pas été effectué soit avant la séparation de biens, soit avant la dissolution du mariage. Les juges peuvent impartir un délai pendant

DOT. — RÉGIME DOTAL, §. IX.

lequel ce remplacement devra être fourni et suspendre jusqu'à cette époque le renvoi en possession. — 1re, 2 août 1839, *Fortin.* — *R. P.* 3, 382.

Voy. encore le mot *communauté*, §. III.

166. C'est également aux tribunaux à fixer le mode et les conditions du remplacement. — 1re, 30 nov. 1830, *Guérard.*

167. — Il en serait cependant autrement s'il résultait des termes du contrat de mariage, que les époux ont entendu que les biens seraient remplacés avant la dissolution du mariage. — Dans ce cas, le mariage dissous, le remploi ne pourrait plus avoir lieu, et l'aliénation du fonds dotal deviendrait nulle. — 1re, 16 août 1836, *De Bonnet.* — *R. P.* 1, 11.

168. — Si, dans un contrat de mariage, il a été stipulé que les immeubles dotaux pourraient être aliénés en fournissant *alors* bon et valable remplacement, de cette expression *alors*, on ne peut induire que le remploi doive être fait, à peine de nullité, immédiatement après la vente. *Alors* s'entend pour *dans ce cas*, et l'acquéreur est toujours à temps de présenter son prix. — 1re, 31 août 1331, *Lemengonnet.*

169. — Encore que l'aliénation du fonds dotal n'ait été autorisée par le contrat de mariage qu'autant que le remploi aurait lieu *de suite*, ce remploi peut cependant être fourni dans le délai déterminé par contrat de vente (cinq ans dans l'espèce) ; il peut même être fourni par partie. — 4e, 3 février 1823, *Cauvel-Duhamel.*

170. — Si l'immeuble donné en rem-

DOT. — RÉGIME DOTAL, §. X.

placement est exproprié pour le paiement de dettes anciennes dont cet immeuble était grevé, la femme reprend ses droits d'hypothèque légale sur les biens de son mari pour le recouvrement du prix. — .., 8 déc. 1821, *Despas.*

§. X. — *Nullité ou révocation des aliénations des biens dotaux.*

171. — L'aliénation des biens dotaux sans formalités et hors des cas ou condition déterminés par la loi ou la convention, est radicalement nulle. — 1re, 20 mai 1834, *Daupley.*

172. — Cette nullité est telle que l'aliénation doit être considérée comme non avenue et ne peut produire aucun effet. — En conséquence, le mari ne pourrait valablement céder à sa femme d'autres immeubles en remplacement de l'immeuble aliéné. Une telle cession serait sans effet à l'égard des tiers. — 11 janvier 1831, *Ep. Raisin.* — C. R. 13, 408.

173. — D'un autre côté, la femme n'a pas d'hypothèque légale sur les biens de son mari à raison de l'aliénation de ses biens dotaux, elle n'a que l'action révocatoire contre les tiers.

Voy. sur cette question le mot *hypothèque*, art. 4, §. II.

174. — La femme, pour demander le renvoi en possession de son immeuble dotal, n'est pas tenue d'attendre le résultat de l'état d'ordre ouvert sur les biens de son mari, lors même qu'au moment de la vente, il lui aurait été consenti sur ces biens une hypothèque de

garantie. — 1re, 26 août 1839, *Fortin.*
— R. P. 3 , 382.

175. — L'action de la femme qui revendique son fonds dotal aliéné, ne peut
être rejetée pour n'avoir point été formée avant l'adjudication préparatoire
de cet immeuble. — L'art. 733 C. pr.,
est ici sans application. — 4e, 31 déc.
1823, *Jacquelin.*

176. — Jugé cependant que la femme
normande n'avait plus le droit, après
l'adjudication préparatoire des biens de
son mari, d'en exiger l'envoi en possession si les créanciers lui donnaient caution de la faire utilement colloquer à
l'état d'ordre, pour le montant de ses
reprises. — 4e, 25 août 1825, *femme
Doisnel.*

177. — La femme ne peut, pour la
première fois sur appel, réclamer la révocation de ses biens dotaux ; c'est là
une demande nouvelle proscrite par
l'art. 464 C. pr. — 1re, 5 déc. 1836, *De
Moloré.* — R. P. 1, 60.

178. — « La nullité résultant de l'irrégularité du remploi est une nullité relative, établie uniquement dans l'intérêt
de la femme et qu'elle seule peut invoquer ». — 1re, 19 mai 1835, *Leblanc.*

179. — La nullité d'un compromis
fait par une femme mariée sous le régime dotal, relativement à ses biens dotaux, ne peut être opposée par la personne capable de s'engager qui a souscrit
le compromis ; mais si la femme que la
partie capable de s'engager a été condamnée à payer, est une somme dotale,
la femme peut être contrainte de four-

nir remplacement. — 1re, 3 janvier 1825,
Lepaysant. — C. R. 11, 139.

180. — La femme qui a fait prono-
cer la nullité de l'aliénation de son fonds
dotal, doit se trouver dans la même position que si l'aliénation n'avait point eu
lieu. — C'est donc à l'acquéreur dépos-
sédé à supporter tous les frais, même
ceux d'enregistrement, dus à raison de la
nullité de la vente de l'immeuble dotal.
— 1re, 10 juillet 1832, *Durandel.*

181. — La nullité de l'aliénation du
fonds dotal ne fait pas obstacle à ce que
les baux consentis sans fraude par l'acquéreur de bonne foi, ne doivent être
maintenus après la dépossession dudit
acquéreur. — 1re, 7 janvier 1834, *Lecarpentier.*

182. — L'acquéreur d'un bien dotal
qui a coopéré à la fraude pratiquée par
le mari pour éluder les dispositions de
son contrat de mariage, doit restituer
non seulement les fruits produits depuis
la demande en révocation de son acquisition, mais encore tous les fruits perçus
ou empêchés percevoir à compter du
jour du décès de la femme. — Quant
aux fruits perçus pendant le mariage, les
héritiers de la femme ne peuvent les répéter, ils appartenaient au mari. — 1re,
17 avril 1837, *Bénard.* — R. P. 1, 367.

183. — Les arbres abattus dans les
sapées qui ne sont pas mis en aménage-
ments réguliers, ne peuvent être considérés comme des fruits ; ils forment une
partie intégrante de la propriété ; les acquéreurs en doivent restituer toute la
valeur. — m. arr.

184. — Le mari qui concourt à la

vente des biens paraphernaux de son épouse est garant du remplacement, il en est surtout ainsi lorsqu'il existe une société d'acquêts. — 1re, 15 juin 1840, *Lebray.* — *R. P. 4*, 357.

185. — La prescription décennale contre le débiteur de la rente dotale, qui l'a rachetée entre les mains d'un tiers-acquéreur, ne court contre la veuve en faveur du débiteur que du jour où ladite veuve a connu le rachat.—1re, 20 avril 1831, *Dufour.*

Quant à la prescription de l'action révocatoire, voy. le mot *femme normande*, §. II.

§. XI. — *Restitution de la dot. — Fruits et intérêts. — An de deuil de la femme. —Droit d'habitation.*

186. — Tant qu'il n'y a pas séparation de biens, la femme ne peut réclamer la restitution de sa dot. — 1re, 3 mai 1808, *Renaut.*

187.—La restitution qui lui en aurait été faite avant cette époque est nulle, et n'empêche pas qu'elle ne puisse être réclamée de nouveau, une fois la séparation prononcée. — 1re, 14 nov. 1825, *Lebourgeois.* — C. R. 10, 364.

188. — Lorsque le mariage a duré plus de dix ans, mais que celui qui a constitué la dot est mort avant l'expiration des dix années d'exigibilité, la femme qui demande la restitution de la dot est obligée de prouver que son mari l'a reçue avant la mort du constituant, surtout si elle est du nombre des héritiers de celui-ci, de sorte que la dot non payée a dû se confondre avec ses droits héréditaires. —2e, 24 nov. 1836, *Letremble. — R. P. 1*, 31.

189. — Lorsqu'un immeuble acquis en majeure partie des deniers dotaux et comme remploi, est impartageable, on peut, au lieu de recourir à une licitation, l'attribuer en entier à la femme, sauf restitution des deniers fournis par le mari. — 1re, 19 mai 1835, *Leblanc.*

190. — Lorsque les époux se sont fait autoriser à vendre une rente dotale pour acquitter de prétendues dettes qui n'existaient pas, la femme peut, lors de la liquidation de ses droits, réclamer de son mari ou des héritiers de celui-ci, la la rente frauduleusement vendue; et cette valeur doit être restituée, non d'après le prix de vente, mais d'après celui du capital auquel elle était constituée. — 2e, 11 février 1831, *Létot.*

191. — « La consignation des deniers dotaux étant leur remplacement sur les biens du mari, elle ne peut avoir lieu et produire quelque effet qu'autant que le mari possède des biens qui puissent rester engagés à la restitution de la dot et au paiement de ses arrérages. » Si donc le mari n'a point d'immeubles, la femme peut réclamer, sur le mobilier de son mari, les deniers dotaux devenus exigibles depuis la séparation de corps. — 1re, 17 mai 1821, *Lair.*

192. — « La femme ne peut réclamer qu'en nature et tels qu'ils existent les immeubles par elle apportés et dont elle avait conservé la propriété. » — 2e, 11 janvier 1834, *Chibourg.*

193. — La perte de ces meubles ne doit donc retomber que sur elle seule.— 1re, 10 mai 1835, *Leblanc.*

194. — « Toutefois, s'il manque quelques-uns de ces meubles, ce n'est point

37

DOT. — RÉGIME DOTAL, §. XI.

à la femme à prouver que son mari en a fait un usage abusif ; c'est, au contraire, au mari, ou à ses représentants, à justifier ou rendre vraisemblable que les meubles de la femme, qui ne se retrouvent plus, ont péri ou ont disparu pour une cause qui ne peut lui être imputée. » — 2°, 11 janvier 1834, *Chibourg.*

195. — Lorsque les meubles apportés en dot ont été estimés, avec déclaration que l'estimation n'en vaut pas vente, si ces meubles viennent à disparaître par le fait du mari, celui-ci en doit payer l'estimation, sans que l'on ait égard à la détérioration que l'usage leur eût fait subir s'ils étaient représentés. (Art. 1551 et 1564.) — 1re, 5 janvier 1820, *Auvray.*

196. — Les frais et intérêts de la dot sont dus du jour de la demande en séparation. — 1re, 3 juillet 1833, *femme Aubert ;* — 1re, 22 août 1833, *Milcent.*

197. — Toutefois ces fruits et intérêts sont prescriptibles par cinq ans. — *m. arr.*, *Milcent.*

198. — Lorsque sur les immeubles acquis en remplacement de biens dotaux aliénés, il existe une pépinière destinée à être vendue en entier, au bout d'un temps déterminé ; le produit de la vente de cette pépinière doit se partager entre le mari et la femme, en proportion du temps qui s'est écoulé depuis le moment de la plantation de la pépinière, jusqu'au jour du remploi, et depuis cette dernière époque jusqu'au jour de la vente. — 2°, 28 novembre 1840, *Boursin* —R. P. 4, 472.

199. — Les arbres qui, au moment du mariage n'étaient point assujettis à

DOT. — RÉGIME DOTAL, -§. XI.

un aménagement régulier, ne peuvent être considérés comme fruits. En conséquence, le mari est comptable de la valeur de ceux qu'il a abattus sur les biens dotaux de son épouse. — 1re, 10 mai 1837, *Lepelletier.* — R. P. 1, 376.

Ità, 1re, 17 avril 1837, *Benard.* — R. P. 1, 367.

200. — Ces arbres, quoique mobilisés par l'exploitation, ne sont pas compris dans la donation de meubles faite pas la femme à son mari. — *m. arr. Lepelletier.*

201. — *An de deuil de la femme.* — « L'abandon des intérêts de la dot exigé de la femme par la deuxième partie de l'art. 1570, pour qu'elle puisse prétendre à une pension alimentaire, aux dépens de la succession de son mari, pendant l'an de deuil, ne doit s'entendre que des intérêts de la dot mobilière et non des fruits de la dot immobilière. » — 1re, 30 avril 1828, *Antoine.* — C. R. 10, 71.

202. — On ne peut assujettir une veuve à des justifications et à la surveillance des héritiers du mari, pour l'emploi de la somme qui lui est allouée pour son deuil. — 2e, 7 décembre 1838, *De Larouvraye De Sappandré.* — R. P. 3, 182.

203. — Le droit d'obtenir des aliments pendant l'année de deuil, moyennant l'abandon des intérêts de la dot mobilière, appartient indistinctement à toutes les femmes, même à celles qui, n'ayant point de dot mobilière, n'ont aucunes reprises à exercer sur la succession du mari. — L'art. 1570 a moins pour but d'établir une compensation entre les intérêts de la dot que gardent les héritiers du mari et

DOT. — RÉGIME DOTAL , §. XI.

les aliments qu'ils fournissent à la veuve, que de subvenir aux besoins de celle-ci, en lui accordant une créance d'aliments sur la succession du mari. — *m. arr.*

204. — Le droit d'habitation, également accordé à la femme, durant l'année de deuil, est tellement une charge de la succession du mari, que si, à la dissolution du mariage, la femme réside dans une maison à elle appartenant, elle a droit d'exiger une indemnité des héritiers du mari, comme ayant acquitté leur dette personnelle. — *m. arr.*

V. Autorisation de femme, communauté, contrat de mariage, douaire, époux normands, femme normande, hypothèque, saisie immobilière, séparation de biens.

TABLE SOMMAIRE.

DOUAIRE.

DOUAIRE.

(C. N. , art. 367 et suiv.)

Le douaire est ou coutumier ou préfix : coutumier, lorsqu'il résulte des seules dispositions de la coutume ; préfix ,
lorsqu'il a été stipulé par contrat de mariage. Ces deux sortes de douaires con-
cordent en beaucoup de points , ils diffè-
rent aussi en quelques-uns.

SECTION PREMIÈRE.

DU DOUAIRE COUTUMIER.

§. I. — *Nature du douaire coutumier.* —
1° *Quel genre de droit confère-t-il ?* —
2° *Est-il saisissable ?* — 3° *Constitue-t-il
une libéralité ou une dette ?*

§. II. — *Quelles femmes peuvent réclamer
douaire , et sous quelles. conditions?*

§. III. — *Ouverture du douaire.*

§. IV. — *Sur quels biens et contre quelles personnes le douaire s'exerce-t-il ? —
Du recours contre les tiers acquéreurs.*

§. V. — *De l'étendue du douaire et de sa
fixation. — De la composition des lots à
douaire.*

§. VI. — *Des fruits auxquels le douaire
donne droit , et des charges auxquelles
il soumet.*

§. VII. — *Abolition du douaire.*

SECTION DEUXIÈME.

DU DOUAIRE PRÉFIX OU CONVENTIONEL.

§. I. — *Nature du douaire préfix. — De*

DOUAIRE, SECT. 1re , §. I.

*son ouverture. — Sur quels biens il
s'exerce.*

§. II. — *En vertu de quels actes et sous
quelles conditions peut-il être exercé ?*

§. III. — *Caution ou plège de ce douaire.*

SECTION PREMIÈRE.

DU DOUAIRE COUTUMIER.

§. I. — *Nature du douaire. — 1° Quel
genre de droit confère-t-il ? — 2° Est-il
saisissable ? — 3° Constitue-t-il une libéralité ou une dette ?*

1. — *Nature du douaire.* — « Le douaire
doit être considéré comme un droit *réel* et
foncier qui , d'après l'art. 367 de la Coutume de Normandie, était acquis irrévocablement à la femme par le coucher. »
— 1re , 26 mars 1822 , *De Perdiguer;* —
2e , 27 novembre 1820 , *Cacheloup;* — 2e ,
24 mai 1822 , *Grandville de Fontaine ;* —
4e , 26 novembre 1834 , *De Lahaye.*

2. — Sans doute ce droit est subordonné à la condition de survie ou autres
événements qui pouvaient donner ouverture au douaire, mais la condition une
fois accomplie , la femme est réputée
avoir été, depuis le jour du mariage,
propriétaire absolue de son douaire. —
Aud. sol., 13 août 1823, *Renoult.* — C.
R. 2, 66. — 2e , 25 mars 1825 , *Flaust.*
— C. R. 5, 102.

3. — Jugé encore et dans le même
sens que « ce droit, accordé à la femme
par la coutume , n'est point un droit hypothécaire , mais une *véritable propriété*

d'usufruit. » — 1ʳᵉ, 21 ventôse, an x , *Alix ;* — 2ᵉ, 17 mai 1827, *Pothier.* — C. R. 9, 184.

4. — Nᵒ 1. *Quel genre de droit le douaire confère-t-il ?* — De ce double principe que le douaire est un droit *réel* et *foncier*, qu'il constitue pour la femme une *véritable propriété*, prenant naissance au moment du mariage, il résulte, entre autres conséquences :

.... 1ᵒ, Que « le douaire constituait en Normandie un bien dotal, par conséquent inaliénable. » — 2ᵉ, 26 juillet 1839, *Dethan.* — R. P. 3 , 357; — 2ᵉ, 15 juin 1839, *Lebouteillier.* — R. P. 3 , 339.

5. — ..., 2ᵒ, Que la femme normande ne peut en disposer en faveur de ses enfants que pour cause d'établissement. — *m. arr. Dethan.*

6. — .... 3ᵒ, Que l'art. 126 des placités, qui permet à la femme séparée de biens la libre disposition des immeubles par elle acquis depuis sa séparation, n'est point applicable au douaire, lequel ne peut être aliéné qu'avec permission de justice et avis de parents, conformément aux dispositions de l'art. 127 des placités. — 1ʳᵉ, 15 juillet 1817, *Jacquet ;* — 4ᵉ, 8 décembre 1819, *Raoul de Lustre;* — 2ᵉ, 29 novembre 1820 , *Cacheloup.* — *Aud. sol.* , 13 août 1823, *Renoult.* —C. R. 2, C6 — 2ᵉ, 25 mars 1825, *Flaust.* — C. R. , 5 , 102.

7. — .... 4ᵒ , Qu'il ne peut y être porté atteinte, ni par des dispositions à titre onéreux ; — 2ᵉ, 20 février 1824, *Delange.* — C. R. 3 , 177. — ni par des

dispositions testamentaires. — 2ᵉ, 26 janvier 1822, *Leloup.*

Il s'exerçait par préférence aux créanciers et légataires. — *mêmes arrêts.*

8. — .... 5ᵒ, Que ce droit ne pouvait être converti en sommes mobilières. — 2ᵒ, 17 mai 1827, *Pothier.* —C. R. 9, 184.

9. — .... 6ᵒ, Qu'il était susceptible d'être grevé d'hypothèques. — 1ʳᵉ, 21 ventôse, an x , *Alix ;* — 1ʳᵉ, 14 juin 1839 , *Claude.* — R. P. 3 , 417.

10. — .... 7ᵒ, Que pour être conservé il n'avait nullement besoin ni de l'inscription , ni de la transcription , soit avant, soit depuis son ouverture. — *m. arr. Alix ;* — 23 nivôse an x , *Hébert ;* — 5 messidor an x , *Labbey ;* — 10 nivôse an xii, *Picard ;* — 1ʳᵉ, 27 avril 1813, *Foulon ;* — 1ʳᵉ, 26 mars 1822 , *De Perdiguer ;* 2ᵉ, 4 mars 1824, *Simon ;* — 1ʳᵉ, 1ᵉʳ février 1825, *veuve Marie ;* — *Aud. sol.* , 27 janvier 1836, *Moreau.* — R. P. 3 , 491.

11. — ...8ᵒ, Qu'il ne se purge pas par les formalités établies pour la purge des hypothèques. — 2ᵉ, 4 mars 1824, *Simon ;* — 2ᵉ, 19 juin 1806, *Heurtevent ;* — 1ʳᵉ, 31 août 1813, *Faucon.*

12. — ...9ᵒ, Que la femme qui vend l'usufruit des immeubles affectés à son douaire, conserve sur ces immeubles le privilège dont jouit tout vendeur sur le fonds vendu. — 2ᵉ, 24 mai 1822, *Grouelle-Defontaine.*

13. — La fixation du douaire par contrat de mariage à une somme de... ne fait qu'en fixer la valeur sans en changer la nature. — 4ᵉ, 26 nov. 1834, *Deshaye.*

DOUAIRE, Sect. 1re, §. I.

14. — S'il est vrai de dire que même depuis le Code civil, les droits de la femme, relativement au douaire, n'aient point changé de nature et soient restés immobiliers, ce résultat lui est particulier et ne peut être invoqué par les enfants dont les droits ne se sont ouverts que depuis le Code civil.

Spécialement, si le mari, après avoir aliéné les biens sujets au douaire, est mort depuis le Code civil, sans en avoir touché le prix, la créance trouvée dans sa succession est immobilière au respect de la femme, mobilière au respect des enfants. — 1re, 9 février 1835, *Lebaudy*.

15. — N° 2. — *Le douaire est-il saisissable?* — « Le douaire est spécialement destiné aux besoins de la femme et des enfants, de manière à lui tenir lieu de tout selon les circonstances. » — *Aud. sol.* 19 janvier 1826, *Fabul.* — C. R. 6, 96.

16. — Cependant, « il ne peut être mis d'une manière absolue au nombre des prestations incessibles et insaisissables. » — 1re, 2 janvier 1833, *veuve Scelles de Lamotte*.

17. — Toutefois, les créanciers de la femme ne peuvent saisir les revenus du douaire que pour ce qui excède les besoins de la femme, ils n'ont aucun droit sur ceux qui sont nécessaires à sa subsistance. — *m. arr.*

18. — Jugé d'une manière absolue que les biens qui forment le douaire de la femme ne sont point susceptibles d'être l'objet d'une saisie réelle de la part des créanciers. — *Aud. sol.* 13 août 1823, *Renoult.* — C. R. 2, 66.

19. — N° 3. — *Constitue-t-il une dette*

DOUAIRE, Sect. 1re, §. II.

ou une libéralité? — « Sous l'ancienne législation, le douaire n'a jamais été regardé comme une libéralité, mais bien comme une charge dérivant pour le mari de l'obligation de pourvoir sur ses biens, après sa mort, à la subsistance de sa femme en cas qu'elle lui survécût, ce qui faisait qu'on ne le soumettait pas au retranchement pour la légitime des enfants. » — 1re, 29 juin 1831, *de Lafournerie.* — *Aud. sol.* 17 août 1823, *femme Baudel.*

20. — En conséquence, il n'était pas imputable sur la quotité disponible. — *mêmes arrêts.*

§. II. — *Quelles femmes peuvent réclamer douaire, et sous quelles conditions?*

21. — *Quelles femmes peuvent réclamer douaire.* — Le statut normand qui accordait douaire à la femme étant un statut réel, la femme y avait droit sur les biens normands, quelque fût d'ailleurs le lieu où elle eût contracté mariage. — 4e, 1er juillet 1813, *De Lapallu.*

22. — Le douaire a été refusé à une femme qui avait abandonné son mari après avoir inutilement intenté contre lui une demande en divorce (art. 376 C. N.) — 2e, 10 juillet 1821, *Lafontaine.*

23. — La femme qui a reçu de son mari un droit d'usufruit peut, suivant les circonstances, être déclarée déchue du droit de réclamer son douaire. — 1re, 18 mars 1813, *Lebret.*

Contrà cependant, en thèse générale. Arg., de l'arrêt, 1re, 19 juin 1832, *Bonhomme.*

24. — La femme n'est point privée de son douaire par la renonciation qu'elle en aurait faite, cette renonciation étant nulle. — 2e, 15 juin 1814, *Dossin.*

25. — ... Alors surtout que la renonciation a été faite avant la séparation de biens. — 1re, 15 juillet 1817, *Jacquel.*

26. — *Conditions.* — Le douaire étant un droit de copropriété, n'avait point besoin de l'inscription pour se conserver. — Voy. *suprà*, n° 10.

27. — Cependant, jugé que la femme qui depuis la loi du 11 brumaire an VII, n'a pas accompli les formalités de transcription pour purger son douaire, reste grevée des hypothèques établies sur le douaire antérieurement à son mariage, lors même que les créanciers hypothécaires n'auraient pas fait inscrire leurs hypothèques dans les trois mois qui ont suivi la publication de la loi du 11 brumaire. — 1re, 14 juin 1839, *Claude.* — R. P. 3, 417.

§. III. — *Ouverture du douaire.*

28. — En Normandie, l'absence donnait lieu à l'exercice provisoire du douaire. — *Aud. sol.*, 19 janvier 1826, *Fahul.* — C. R. 6, 96.

29. — « La séparation de biens par contrat de mariage ne donnait pas ouverture au douaire de la femme ; elle n'était qu'une précaution pour que les mariés ne fussent pas tenus des dettes l'un de l'autre, et que chacun pût jouir de ses biens. » — 1re, 25 juillet 1823, *Busnel.* — C. R. 9, 112.

30. — Il en était différemment de la séparation de biens judiciaire. Celle-ci, d'après un usage constant en Normandie, donnait ouverture au douaire soit coutumier, soit conventionnel. — 2e, 18 mai 1809, *Corbeau;* — 2e, 1er juin 1809, *Lerebours;* — 2e, 30 oct. 1810, *Bougon; rej.* S. 15, 1, 426. — 2e, 19 juin 1812, *Toutain;* — 12 juin 1813, *Desuhard;* — 1re, 28 mai 1823, *Basnage;* — 18 août 1824, *Vaumousse;* — 2e, 29 nov. 1827. — R. P. 9, 382. — 1re, 3 juillet 1833, *femme Aubert;* — 4e, 26 mai 1835, *De Larouvraye.*

31. — Ces arrêts n'établissent, à cet égard, aucune distinction entre le cas où la séparation n'a été prononcée que depuis le Code civil et celui où elle l'a été avant cette époque.

32. — Ce n'était pas seulement son douaire que la femme normande pouvait réclamer lors de sa séparation civile, mais encore tous les gains de survie, tels que *chambre garnie et autres*, auxquels la mort du mari eût donné ouverture. — 2e, 12 juin 1813, *Deshuard ;* — 2e, 24 déc. 1813, *Lehantier.*

33. — Avant le Code civil, la déconfiture du mari, sans séparation de biens, donnait ouverture au douaire. — 2e, 15 juin 1824, *Dossin.*

34. — Le divorce prononcé (depuis le Code civil dans l'espèce), contre le mari normand, ne donne point ouverture au douaire de la femme. — 1re, 12 février 1806, *Auvray.* — *Rej. Merlin,* Rép., v° *Douaire*, sect. 2, §. 1, n° 2. — 1re, 2 janvier 1815, *Blancherappe.*

35. — Jugé même que le douaire ouvert par la séparation de biens s'éteint

du moment où la femme fait prononcer son divorce. (Loi du 20 sept. 1792, art. 6 et 10.) — 1ʳᵉ, 20 avril 1822, *Debohm*.

36. — Il en est toutefois différemment si le divorce est prononcé pour raison de séparation de corps; dans ce cas, l'époux non coupable conserve les droits de survie précédemment liquidés. (Art. 10 de ladite loi.) — 2ᵉ, 16 mai 1810, *Abot*.

37. — Avant le Code civil, la déconfiture du mari, sans séparation de biens, donnait ouverture au douaire. — 2ᵉ, 15 juin 1814, *Dossin*.

§. IV. — *Sur quels biens et contre quelles personnes le douaire peut-il être exercé? — Du recours contre les tiers acquéreurs.*

38. — Pour que la bru ait douaire sur les biens de son beau-père, il fallait que celui-ci ait approuvé le mariage au moment même où il se faisait, et non après. — Le beau-père est réputé avoir approuvé le mariage au moment même, si la bru est venue habiter chez lui le jour du mariage. (Art. 362 C. N.) — 2ᵉ, 8 juillet 1818, *Beuvo*.

39. — Lorsque le mariage est ainsi approuvé, « la bru a douaire sur les biens que possédait son beau-père à l'époque du mariage de son fils, soit que le fils prédécédât son père, soit qu'il lui survécût, soit encore que le fils acceptât ou répudiât la succession de son père. » — *Aud. sol.* 19 janvier 1826, *Fabul.* — C. R. 6, 96.

40. — Si le mari normand prédécède

son père, l'exercice du douaire demeure, il est vrai, suspendu jusqu'au décès de celui-ci, mais la femme n'en est pas moins investie dès le moment même d'un droit désormais incommutable, et qui s'exercera à la mort du père, comme si celui-ci eût prédécédé son fils. — 2ᵉ, 5 fructidor an XIII, *Palelle.* — C. R. 1,49. — 1ʳᵉ, 18 juillet 1807, *Goupil*; — 1ʳᵉ, 17 février 1807, *Guillochin*; — 2ᵉ, 7 déc. 1810, *Belios*.

41. — La veuve, d'après la disposition de l'art. 367 C. N., a droit de douaire sur les biens échus en ligne directe à son mari constant le mariage, mais elle ne peut exercer ce droit sur les mêmes biens par lui acquis à titre onéreux. — 1ʳᵉ, 16 janvier 1834, *Laillier*.

42. — Elle ne peut davantage prétendre douaire sur les biens que son mari a acquis de ses cohéritiers, sur licitation, lors même qu'il s'agirait de biens indivis provenant d'une succession en ligne directe. — *m. arr.*

43. — « En supposant constante une jurisprudence contraire, il serait au moins certain que la femme ne pourrait prendre douaire sur de tels biens, au préjudice des vendeurs à qui le prix serait encore dû, ni même au préjudice des créanciers du mari, dans le cas où les biens auraient été par lui revendus et où il serait en déconfiture. » — *m. arr.*

44. — *Recours subsidiaire.* — « La douairière n'avait pas le droit de poursuivre à son choix les tiers-détenteurs ou la succession; elle n'avait action principale que contre la succession, et

il ne lui appartenait qu'une action subsidiaire contre les tiers-acquéreurs, *sous cette condition*, dit Godefroy, *pourvu que ce qui reste es mains de l'héritier ne suffise pas pour porter son douaire.* — La veuve ne peut donc poursuivre les tiers-détenteurs qu'après avoir discuté ce qui restait de biens non aliénés dans la succession de son mari, ou du moins en prouvant que cette discussion aurait été infructueuse si elle l'eût entreprise. » — 2e, 18 février 1824, *De Beaupte de Moon.* — C. R. 3, 8.

45 — Jugé encore que « le douaire ne peut s'exercer sur les biens aliénés sans fraude par le mari, qu'en cas d'insuffisance des biens non aliénés et, en suivant l'ordre des aliénations en commençant par les dernières. » — 1re, 6 août 1834, *Lebrun.*

46. — Dans aucun cas, la femme n'a action, pour raison de son douaire, sur l'acquéreur de ses biens dotaux. — 2e, 9 mai 1821, *Auvray.*

47. — Lorsqu'un mari normand aliéne de ses propres, sujets au douaire de sa femme, les acquisitions qu'il fait ensuite n'ont point nature d'acquêts, mais sont subrogés aux propres aliénés jusqu'à parfait remplacement de ceux-ci. (Art. 408 C. N.)

48. — Ce sont donc ces acquisitions et non les propres aliénés qui sont sujets au douaire. — 2e, 17 mai 1827, *Pothier.* — C. R. 9, 184. — *Aud. sol.* 27 janvier 1836, *Moreau.* — R. P. 3, 491.

49. — La vente que le mari en ferait ensuite ne leur ferait point perdre leur nature de propres, à l'effet de les sous-

traire au douaire de la femme et de rendre passibles de ce douaire les premiers acquéreurs. — *m. arr. Pothier et Moreau.*

50. — De même, en cas d'échange, le douaire doit s'exercer non sur les fonds que le mari a donnés en échange, mais bien sur ceux qu'il a reçus en contre-échange. — 1re, 28 mai 1823, *veuve Leroi.*

51. — Jugé encore que « le tiers détenteur des immeubles sujets au douaire peut contraindre la femme à le prendre sur les acquêts existant dans les mains du mari, sauf à la rendre indemne des frais d'expertise et contre-expertise. » — 1re, 14 déc. 1824, *Maupas.* — C. R. 4, 178. — *Ità.,* 1re, 13 messidor an xii, *Esperon.* — 2e, 11 prairial an xiii, *Boisrenouf ;* — 17 juillet 1817, *Deterville.*

52. — Lorsqu'il y a lieu au recours subsidiaire, la femme n'est point tenue de diriger son action contre les derniers acquéreurs des biens soumis au douaire, elle a action contre tous les acquéreurs de ces biens indistinctement, sauf le recours des premiers acquéreurs contre les derniers. — 2e, 24 août 1831, *veuve Fabut.* — *Ità.* 2e, 24 janvier 1839, *Cariot.* — R. P 3, 283.

53. — Quant aux acquéreurs entre eux, c'est celui qui a acquis le dernier les biens possédés par le mari lors du mariage, qui, en définitive, doit supporter la charge du douaire. — *m. arr. et aud. sol.,* 27 janvier 1836, *Moreau.* — R. P. 3, 491.

54. — « Les acquéreurs des biens soumis au douaire ne peuvent invoquer con-

tre la femme la faculté qui leur est accordée par l'art. 403 C. N., envers l'enfant qui réclame son tiers-coutumier. — Ils ne peuvent la désintéresser en argent comme ils désintéresseraient celui-ci, ils doivent le douaire en essence. » — 1re, 26 mars 1822, *de Perdiguer*.

55. — Il y a toutefois exception à ce principe, lorsque la femme séparée de biens a elle-même concouru à l'aliénation, et *spécialement* à la dation en fief des biens soumis au douaire. — Par sa présence à l'acte, en effet, elle a autorisé les acquéreurs à penser que, le cas échéant de l'exercice du douaire, elle se contenterait de le réclamer sur les rentes fieffales constituées au profit du mari. — 1re, 28 novembre 1823, *veuve Leroi*.

56. — De même, jugé que lorsque la femme normande a, conjointement avec son mari, et postérieurement à sa séparation, aliéné une rente faisant partie du prix des biens de son mari, et qui pouvait lui tenir lieu de douaire, elle n'est pas recevable à inquiéter les tiers acquéreurs, sans avoir préalablement établi que la valeur de son douaire excédait celle de la rente aliénée. — 1re, 30 août 1813, *Faucon*. — Rej. S. 17, 1, 354.

57. — La femme normande qui réclame sa dot sur une portion des biens de son mari, est recevable à réclamer son douaire sur le surplus des biens qui n'ont pas servi à l'acquit de ses créances dotales. — 2e, 24 janvier 1839, *veuve Cariot*. — R. P. 3, 283.

58. — Les acquéreurs de biens du mari doivent supporter la charge du

douaire avant les créanciers hypothécaires inscrits, antérieurement à leurs acquisitions, sur des immeubles vendus postérieurement. — m. arr.

59. — Mais si les biens grevés d'hypothèques, même spéciales, sont restés dans les mains du mari, ils sont affectés au douaire, de préférence aux immeubles vendus postérieurement à la constitution desdites hypothèques. — Les créanciers hypothécaires, sur les biens non aliénés, ne peuvent exercer aucun recours contre les acquéreurs postérieurs à la date de leurs inscriptions, pour le préjudice qui leur est causé par leurs acquisitions. — 1re, 6 août 1834, *Lebrun*. — R. P. 2, 406.

60. — La femme peut réclamer, à son choix, sa dot ou son douaire sur les derniers acquéreurs des biens de son mari, lors même que cette option aurait pour résultat de faire retomber la charge du douaire sur des immeubles vendus antérieurement et affranchis, par la purge, de ses créances dotales. — 2e, 24 janvier 1839, *veuve Cariot*. — R. P. 3, 283.

61. — « Les détenteurs, en effet, de biens soumis au douaire doivent y faire face, encore bien qu'ils aient payé des créanciers inscrits sur ces fonds, qui, comme les acquéreurs des biens eux-mêmes, n'ont que des droits postérieurs au contrat de mariage, sauf toutefois leur recours contre les créanciers payés. » — 1re, 26 mars 1822, *De Perdiguer*.

62. — Une liquidation exagérée d'un mariage avenant, due par le mari, ne peut être opposée à la femme qui réclame son douaire, lors même que les immeu-

bles cédés à la fille seraient passés dans les mains d'un acquéreur de bonne foi. — 2°, 9 avril 1824, *veuve Bertaud*.

63. — Tant que le douaire n'a pas été liquidé, le mari en est tenu solidairement avec les tiers détenteurs. — 2°, 1er février 1823, *Colin*.

64. — Lorsque le douaire a été liquidé entre la femme et le mari ou ses héritiers majeurs, et fixé sur certains immeubles déterminés, sans que les créanciers se soient opposés à cette fixation, les immeubles ainsi désignés, deviennent spécialement affectés à l'usufruit de la femme ; elle peut exercer ses droits sur ces immeubles préférablement à tous créanciers précédemment inscrits sur eux. — 2°, 24 mai 1822, *Gravelle de Fontaine*.

§. V. — *De l'étendue du douaire, de sa fixation et de la composition des lots à douaire.*

65. — *Étendue et fixation du douaire.* — D'après la disposition de la Coutume, le douaire de la femme ne pouvait s'étendre au-delà du tiers des immeubles qui y étaient soumis (art. 371 C. N.) ; mais le mari avait le droit de donner à sa femme la totalité de ses meubles, s'il n'avait pas d'enfants. Il suit de là qu'il pouvait également, soit sous la dénomination de douaire, soit sous toute autre, assurer à sa femme une pension, à prendre sur ces mêmes meubles, en cas d'insuffisance ou absence totale d'immeubles. — 2°, 21 déc. 1821, *Corbin de la Villeneuve*.

66. — « Si le mari, constant le mariage, pour décharger les héritages à lui appar-

tenant lors des épousailles de rentes hypothécaires et foncières, a vendu de son propre pour faire ledit racquit, la femme prenant douaire sur les héritages déchargés ne peut prétendre douaire sur les fonds vendus, que déduction faite du montant des rentes rachetées. » — (Art. 376 et 397 C. N.) — 1re, 25 juillet 1823, *Busnel.* — C. R. 9, 112. — 2°, 24 janv. 1839, *Cariot.* — C. R. 3, 283.

67. — Pour calculer le montant du douaire qui frappait sur des rentes amorties en papier-monnaie, il faut suivre l'échelle de dépréciation de ces espèces monétaires. — 1re, 6 août 1834, *Lebrun.* — R. P. 2, 406.

68. — Quant à l'étendue que doit avoir le douaire sur les biens du beau-père, elle se trouve invariablement et irrévocablement fixée au moment du décès du mari, quelques événements qui puissent ensuite survenir. Ainsi et *spécialement*, si le mari est mort sous une législation qui accordait toute la succession au mâle, sa veuve aura droit de calculer son douaire sur toute la succession du beau-père, lorsqu'elle s'ouvrira, encore bien qu'à cette dernière époque la législation appelle les filles à un partage égal avec leurs frères. — 2°, 5 fructidor an XIII, *Palelle.* — C. R. 1, 49. — 1re, 18 juillet 1807, *Goupil ;* — 1re, 17 février 1808, *Guillochin ;* — 2°, 7 déc. 1810, *Balies.*

69. — Le douaire peut être converti en une pleine propriété transmissible aux enfants. — *Aud. sol.*, 13 août 1823, *Renoult.* — C. R. 2, 66.

70. — Cette faculté n'a point été en

levée par le Code civil. — 1re, 25 août 1825, *Moisson.*

71. — « Si le douaire d'une femme séparée de biens est le seul moyen d'existence qu'elle possède elle et son mari, il peut être converti en une rente viagère incessible et insaisissable sur sa tête et celle de son mari. — 2e, 27 août 1825, *Champin.* — C. R. 6, 16.

72. — *Composition des lots à douaire.* — « C'est à la femme qui demande son douaire à prouver quels sont les biens sur lesquels elle peut l'exercer, faute de faire cette justification, on ne peut comprendre dans les lots à douaire les biens que le mari ou ses créanciers prétendent ne pas y être assujettis, » — 1re, 7 mai 1832, *Lecharpentier;* — 4e, 23 juillet 1833, *femme Lemasson.*

73. — Les acquéreurs des biens du mari ne devant contribuer au douaire qu'en remontant des dernières aliénations aux premières, il convient, lors du partage de la succession débitrice du douaire, de composer un lot des dernières aliénations, pour l'attribuer à la douairière. — 2e, 3 juillet 1821, *femme Lepaulmier.* — *Ità,* 1re, 6 août 1834, *Lebrun.*

74. — Cependant nulle disposition formelle ne prescrivait les formes dans lesquelles les lots devaient être faits. — 2e, 31 juillet 1821, *Leblond;* — 1re, 26 mars 1822, *De Perdiguer.*

75. — « D'après la jurisprudence constante en Normandie, la femme devait composer les lots à douaire à ses frais. » — 1re, 15 avril 1835, *Lecharpentier.*

§. VI. — *Des fruits auxquels le douaire donne droit et des charges auxquelles il soumet.*

76. — *Des fruits.* — Encore qu'il ait été expressément convenu, dans le contrat de mariage, que le douaire commencerait à courir du jour où il pourrait avoir lieu, sans qu'il soit besoin d'en former la demande en justice, si la femme, après avoir fait prononcer sa séparation de biens, a continué de vivre avec son mari comme auparavant, sans faire de lots à douaire ni troubler les acquéreurs, elle ne peut réclamer contre ceux-ci les fruits de son douaire qu'à compter du jour de la demande qu'elle en a formée contre eux.—30 août 1813, *Faucon.* — *Rej.* S. 17, 1, 354.

77. — Jugé, au contraire, dans une espèce où il avait été également stipulé que les arrérages du douaire courreraient du jour de son ouverture sans demande judiciaire, que « les arrérages du douaire étant, comme le douaire lui-même, un droit foncier affecté sur les biens du mari, la femme doit les obtenir sur les tiers-détenteurs, de la même manière que le douaire lui-même, dont ils sont l'accessoire. » — 2e, 24 janvier 1839, *veuve Cariot.* — R. P. 3, 283.

78. — Il faut cependant faire observer que, dans l'espèce, l'arrêt ne condamne à fournir les arrérages que *du jour du décès* du mari et non du jour de la séparation de biens, qui avait eu lieu vingt-cinq ans auparavant.

79. — Lorsqu'il y a lieu de restituer à la femme les fruits du douaire, échus

depuis la séparation de biens, on doit prendre pour base de l'estimation le prix des baux, si les biens sont loués, sans avoir recours à une expertise. — 1ʳᵉ, 15 juillet 1817, *Jacquet*.

80. — En l'absence de toute stipulation contraire à cet égard, dans le contrat de mariage, les tiers-acquéreurs ne sont tenus par *la voie personnelle* des fruits du douaire, que jusqu'à concurrence de ce qu'il ont perçus depuis la demande. — 1ʳᵉ, 28 mai 1823, *Leroi* ; — 2ᵉ, 1ᵉʳ juin 1827, *veuve Fabul*.

81. — Ne peut donc être inquiété par la voie personnelle, l'acquéreur des biens affectés au douaire qui les délaisse et offre les frais du jour de la demande. —2ᵉ, 28 juin 1828, *veuve Fabul*.

82. — Quant aux fruits antérieurs à l'action, et qui ont pu courir depuis l'ouverture du douaire, la femme peut en poursuivre la répétition, soit contre son mari ou ses héritiers, soit par *la voie hypothécaire* sur les acquéreurs des biens soumis au douaire. — 1ʳᵉ, 28 mai 1823, *Leroi* ; — 1ʳᵉ, 6 août 1834, *Lebrun*.

83. — La femme normande, en effet, avait hypothèque pour les revenus de son douaire, échus antérieurement à la prise de possession de son lot à douaire. — 2ᵉ, 13 juillet 1822, *De Manneville, femme Rabel*.

84. — Elle n'avait même que la voie hypothécaire pour se faire payer de ces revenus et arrérages du douaire. (Par arg. des art. 69 et 70 des Placités.) —Nulle disposition de la Coutume ne l'autorisait à en poursuivre le recouvrement par l'envoi en possession des biens du mari.

— 1ʳᵉ, 25 août 1825, *Moisson* ; — 4ᵉ, 3 juin 1822, *Janot*.

85. — *Contrà.* — Jugé que, même depuis le Code civil, la femme peut se faire envoyer en possession de la nue propriété de son lot à douaire, si le débiteur de ce douaire n'en paie pas les arrérages. — 2ᵉ, 17 février 1807, *Pinçon* ; mais cet arrêt à été *cassé* le 8 février 1813. — S. 13 , 1 , 317.

86. — L'hypothèque que possédait la femme pour les arrérages de son douaire, était soumise à l'inscription, par la loi du 11 brumaire an vii, mais elle en a été dispensée par la promulgation du Code civil, parce qu'à partir de cette époque, la loi a tenu lieu d'inscription. — 2ᵉ, 31 mai 1832, *De Manneville* ; — 1ʳᵉ, 26 mai 1834, *Maillard*.

87. — Le défaut d'inscription pour les arrérages ne pourrait, dans tous les cas, être opposé à la femme que par les créanciers du mari, et non par ceux de l'héritier à l'égard desquels la femme pouvait user du bénéfice de la séparation des patrimoines. — 4ᵉ, 1ᵉʳ juillet 1813, *De Lapallu*.

88. — *Des charges.* — La douairière n'est passible que des charges immobilières antérieures au mariage, et non des charges mobilières. — 2ᵉ, 28 floréal an xiii, *Varin*.

89. — Cependant elle ne peut prendre douaire sur le don mobil fait à son mari, qu'à charge de contribuer aux dettes de celui-ci, contractées depuis le mariage. (Art. 71 des Placités). — 1ʳᵉ, 14 déc. 1824, *Maupas*. — C. R. 4, 178.

90. — Lorsque la femme a fait résoudre la vente des biens soumis à son douaire, qu'elle même avait consentie après sa séparation de biens, elle est tenue de l'exécution du contrat sur ses meubles et le revenu de ses immeubles. (Art. 127 des Placités). — 2e, 18 nov. 1815, *Lemercier.*

91. — Et si des baux ont été faits sans fraude et de bonne foi par l'acquéreur, ils doivent être maintenus après la dépossession de celui-ci. — 1re, 7 janvier 1834, *Lecarpentier.*

92. — La femme qui, dans ce cas, aurait intenté une action en résiliation de bail, contre le fermier, serait soumise envers lui à des dommages–intérêts. — *m. arr.*

§. VII. — *Abolition du douaire.*

93. — « La loi du 17 nivôse an II a aboli le douaire coutumier et toutes autres transmissions statutaires. Ce point, consacré par la jurisprudence, ne peut maintenant être mis en problème. » — 2e, 18 février 1820, *Legoubin;*—2e, 20 février 1824, *Delange;* — 1re, 26 mars 1834, *Maillard, etc.*

94. — La femme mariée depuis la loi du 17 nivôse an II n'a donc pu réclamer douaire en vertu du statut réel. — 2e, 27 février 1808, *Vallery.*

95. — Mais depuis cette époque le douaire a pu être conventionnel.

Voyez la *section suivante.*

SECTION DEUXIÈME.

DU DOUAIRE PRÉFIX OU CONVENTIONNEL.

§. I.—*Nature du douaire préfix.— De son ouverture.—Sur quels biens il s'exerce.*

96. — Lorsque, depuis la loi du 17 nivôse an II, un douaire a été gagé à l'épouse, dans les mariages contractés en Normandie, les parties sont censées s'en être référées à la coutume, et le statut doit en régir tous les effets. — 1re, 20 août 1817, *Renaudeau;* — 2e, 13 mai 1819, *Bouillon;* — 1re, 25 juillet 1823, *Busnel;* — 20 février 1824, *Delange.* — C. R. 3, 177.

97. — En conséquence, la stipulation de douaire constituait, en faveur de la femme, non une donation à cause de mort, mais une libéralité entre vifs à laquelle il ne pouvait plus être porté atteinte, même par des dispositions à titre onéreux, et qui s'exerçait au préjudice des créanciers du mari. — *m. arr. Delange.* — 1re, 28 nov. 1821, *Etienne;* — 2e, 29 nov. 1827, *Lebéruyer.* — C. R. 9, 382.

98. — Les parties, en stipulant un douaire pour la femme dans un contrat de mariage passé sous la loi du 17 nivôse an II, étaient réputées s'en être rapportées à la coutume, non-seulement pour la quotité de ce douaire, mais encore pour son ouverture. — 1re, 10 mai 1824, *Mette.* — C. R. 11, 163.

99. — Aussi, a-t-il été décidé par de nombreux arrêts que la séparation de biens donnait ouverture aussi bien au

douaire conventionnel qu'au douaire légal. — *Voy. suprà* , n° 30 *et suiv.*

Contrà , cependant. — 2ᵉ, 18 février 1820, *Legoubin.*

100. — Elle y donnait ouverture, encore bien que la stipulation portât que le douaire serait ouvert à la dissolution du mariage ; même dans ce cas, en effet, les parties étaient présumées avoir stipulé une dissolution de douaire coutumier. — *m. arr. Mette.*

101. — *En sens contraire des solutions ci-dessus.* — Le douaire conventionel , stipulé par contrat de mariage depuis la loi du 17 nivôse an II, n'a pu être régi par les dispositions de la coutume, et comme tel regardé comme inaliénable. — 1ʳᵉ, 20 déc. 1813 , *Lemarie.*

102. — *Ità.* — On ne peut plus le considérer que comme une *donation à cause de mort.* — 1ʳᵉ, 26 juin 1822, *Pillon.*

103. — En conséquence , à la différence du douaire coutumier qui était inaliénable et s'exerçait sur tous les biens ayant appartenu au mari, le douaire conventionnel ne s'exerçait que sur les biens trouvés dans la succession du mari, déduction faite des dettes. — *m. arr.*

§. II. — *En vertu de quels actes et sous quelles conditions le douaire préfix peut-il être exercé ?*

104. — « La stipulation de douaire, quoique faite dans un contrat de mariage sous seing privé , n'en est pas moins valable. » — 1ʳᵉ, 26 mars 1834 , *Maillard;* — 2ᵉ, 27 nov. 1827, *Lebéruyer.* — C. R. 9 , 382.

105. — « Mais pour être opposé aux tiers , il fallait que l'acte qui le contenait eût au moins acquis date certaine à leur égard , avant la naissance de leurs droits. » — *m. arr. Maillard.*

106. — *Si le contrat de mariage sous seing privé,* portant constitution d'un douaire conventionnel, n'a été passé que depuis la loi du 17 nivôse an II, ou ce qui revient au même, s'il n'a point acquis date certaine avant cette époque, il se trouve soumis, tant par cette dernière loi (art. 26 et 44), que par le Code civil (art. 939), à la formalité de la transcription, faute de quoi il ne peut être valablement opposé aux tiers. — *m. arr. Maillard.* — *Aud. sol.* 19 mars 1829 , *Vauvert;* — 4ᵉ, 26 mai 1835 , *De Larouvraye.*

107. — Toutefois , le défaut de transcription peut donner lieu contre le mari à une indemnité dont le recouvrement est garanti à la femme par son hypothèque légale. (C. civ. art. 940 et 2135 combinés.) — *m. arr. Maillard.*

108. — Il doit aussi être inscrit, sinon il ne peut être exercé au préjudice des créanciers hypothécaires. — 4ᵉ, 24 juin 1819, *Lepeinteur;* — 2ᵉ, 18 février 1820, *femme Carabœuf.*

Contrà. — 2ᵉ, 29 nov. 1827, *Lebéruyer.* — C. R. 9 , 382.

108. — L'obligation prise par un collatéral dans un contrat de mariage de fournir douaire sur ses biens à la future épouse, ne peut être considérée ni comme donation entre vifs , ni comme donation à cause de mort, mais bien comme

DOUAIRE, Sect. 2ᵉ, §. III.

une paction matrimoniale; en conséquence, elle était valable, encore bien
que le contrat fût sous seing privé et
n'eût point été insinué. — 2ᵉ, 13 thermidor an XIII, *Cailly;* — 1ʳᵉ, 12 avril 1812,
Bourgeois. — C. R. 3, 124.

§. III. — *Cautions ou plège du douaire.*

109. — « Il était de jurisprudence, en
Normandie, que le père, caution du
douaire, n'était tenu même pendant sa
vie, de satisfaire au paiement dudit
douaire qu'autant que ses revenus pouvaient y suffire. » — 1ʳᵉ, 16 mars 1830,
administration des domaines. — C. R. 13,
618.

110 — « Bien que les pères ou autres
ascendants qui se sont rendus caution
d'un douaire excédant celui qu'il est permis au mari de gager, puissent être tenus
d'en payer les arrérages pendant leur
vie, la même action ne peut plus être
intentée après leur mort, contre leurs
héritiers, pour les arrérages qui se trouvent alors dus. » — *m. arr.*

111. — Lors même que la quotité du
douaire préfix ne serait pas supérieure
au tiers coutumier, elle serait cependant réputée l'excéder, par cela seul
que le père devrait le payer directement
si le douaire s'ouvrait avant son décès.
— *m. arr.*

V. Communauté, contrat de mariage,
dot, époux normands, femme normande, hypothèque, prescription, rente,
usufruit.

TABLE SOMMAIRE.

DOUAIRE.

DOUANES.

DOUANES.

1.— « Il résulte de la combinaison des art. 8 et 11, tit. IV, de la loi du 9 floréal an VII, qu'en matière de contrebande, les employés des douanes doivent, à peine de nullité, faire mention, dans leurs procès-verbaux, de l'apposition des scellés sur les caisses ou ballots, toutes les fois que la continuation de la description est renvoyée à une autre séance. » — 4e, 12 avril 1827, De Savignac. — C. R. 8 , 225.

2. — L'officier public devant lequel le procès-verbal est affirmé doit, à peine de nullité, signer l'acte d'affirmation (Art. 10 et 11 L. du 29 floréal an VII, et L. du 22 août 1792, comb.). — m. arr.

3. — Les magistrats peuvent recourir à des preuves étrangères au procès-verbal annulé, pour motiver une condamnation personnelle contre les individus accusés de contrebande. —L. du 8 mars 1811, art. 1.) —m. arr.

4. — Le principe consacré par l'art. 365 C. i. cr., et d'après lequel, lorsqu'il s'agit de plusieurs crimes ou délits, la plus forte peine seule doit être prononcée, ne s'applique pas aux amendes établies par une législation d'exception, telle que par ex., celle des douanes.—m. arr.

5. — Jugé dans le même sens que, en matière de simple contravention aux lois de douane, l'amende encourue par les contrevenants n'est point une peine, mais la réparation civile du préjudice causé à l'état. — Par suite, dans le cas de plusieurs contraventions à des lois différentes, et prononçant des amendes

DROITS CIVILS.

spéciales, les tribunaux doivent appliquer simultanément et cumulativement les deux amendes encourues. — L'art. 365 du Code d'instruction criminelle n'est pas applicable. — *Ch. corr.*, 28 mai 1840, *l'administration des douanes.* *R. P.* 4, 192.

6. — En matière de douane, le jugement correctionnel qui n'a pas été choqué d'appel en temps de droit, soit par la partie condamnée, soit par le ministère public, a acquis l'autorité de la chose jugée, et l'appel interjeté par l'administration des douanes pour obtenir une amende, ne permet pas au condamné de remettre en question sa culpabilité. — *m. arr.*

V. Commissionnaire, courtiers.

DOUBLE ÉCRIT.
V. Preuve littérale.

DOUBLE ORIGINAL.
V. Contrat de mariage, preuve littérale.

DROIT D'ACCROISSEMENT.
V. Legs.

DROITS ACQUIS.
V. Compensation, élections, faillite, hypothèque, loi.

DROITS CIVILS.

1. — L'enfant conçu avant la mort civile de son père, encore qu'il soit né depuis, jouit des droits civils. — *Aud. sol.*, 3 février 1813, *Montalembert.* — S. 13, 2, 171.

2. — Quelque long séjour qu'une famille d'origine française, ait fait en pays

DROIT DE MUTATION.

étranger, même pendant plusieurs générations, si elle *n'y a formé que des établissements de commerce*, elle n'a pas cessé d'être française.

Ainsi et *spécialement*, les enfants d'un religionnaire sorti de France en 1751, établi à Londres comme négociant, et y étant décédé en 1796, ont pu, quoique nés et établis dans le commerce à Londres, hériter en France en 1808, encore que ni le père ni les enfants ne fussent point rentrés en France, et n'eussent pas même fait la soumission d'y rentrer, aux termes soit des lois de 1790 sur les religionnaires fugitifs, soit de l'art. 10 C. civ. sur les enfants de Français proscrits. — 1re, 30 mai 1810, *Gaugain.* — *Rej.* S. 11, 1, 290.

3. — La faillite fait cesser de plein droit l'exercice des droits civils, et si elle a eu lieu avant le Code, il n'est point nécessaire, pour opérer ce résultat, qu'elle ait été déclarée. — 1re, 22 juin 1813, *Asselin.*

V. Mort civile. V. aussi émigrés, prêtres déportés.

DROIT DE DIXIÈME.
V. Voyage maritime.

DROITS ÉVENTUELS.
V. Absence, condition, succession.

DROIT FÉODAL.
V. Féodalité. V. aussi commune, émigré.

DROITS LITIGIEUX.
V. Transport.

DROITS DE MUTATION.
V Surenchère.

DROIT DE VIDUITÉ.

DROIT DE PATURAGE.

V. Commune, garantie.

DROITS POLITIQUES.

V. Élections.

DROIT SEIGNEURIAL.

V. Féodalité.

DROITS SUCCESSIFS.

V. Partage, retrait successoral, succession, vente.

DROIT DE SUITE.

V. Hypothèque.

DROIT DE SURVIE.

V. Communauté, donation entre époux, dot, douaire, époux normands, femme normande, séparation de corps.

DROIT DE VIDUITÉ.

V. Viduité. V. aussi douaire, portion disponible.

DUEL.

DUEL.

L'homicide commis et les blessures faites en duel constituent un crime ou un délit punissable, aux termes des art. 295, 296 et 309 du C. pénal. — *Ch. des mises en accusation*, 3 mars 1838, *le ministère public.* — *R. P. 2, 112.*

Le fait seul d'avoir blessé son adversaire constitue une tentative de meurtre, et doit être poursuivi comme tel. — *m. arr.*

Le fait seul d'avoir tiré en duel sur son adversaire, sans l'attendre, constitue la tentative de meurtre. — *Ch. des mises en accusation.* — 3 mars 1838, *le ministère public.* — *R. P. 2, 116.*

Les témoins du duel doivent être poursuivis comme complices de l'auteur principal. — *Ch. des mises en accusation*, 5 mai 1837, *le ministère public.*

E.

EAU.

ART. 1. — DROITS QUE L'ON PEUT AVOIR SUR LES EAUX NAVIGABLES ET FLOTTABLES.

1. — En général les droits de bac sur les rivières navigables étaient accordés par le roi pour l'utilité commune ; ils étaient alors domaniaux.

Conséquemment, « c'est à celui qui prétend qu'un droit de bac est seigneurial, et comme tel aboli par les lois de 90 et

EAU, ART. 1.

de 92, à prouver que ce droit était non le résultat de la concession du souverain, mais celui de l'abus de la puissance féodale. » — 1re, 11 février 1835, *Leharivel.*

2. — La loi du 25 août 1792, art. 9, en abrogeant la disposition exceptionnelle contenue dans l'art. 15 de la loi du 15 mars 1790, a aboli non-seulement les droits de bacs seigneuriaux, maintenus jusqu'à ce jour, mais encore ceux possédés par des particuliers. — *m. arr.*

3. — Cette loi ne renouvelant pas la disposition de l'art. 38 de la loi du 15 mars 1790, entièrement dérogatoire au droit commun, il en résulte que le législateur de 1792 a voulu que cet article demeurât sans application aux droits de bac qu'il abolissait.

En conséquence, les preneurs à rente de ces sortes de droits n'ont pas été dispensés par leur abolition du service de ces rentes ; c'est là une suppression par suite de force majeure dont eux seuls doivent supporter les conséquences, sans aucun recours contre leur vendeur. — *m. arr.*

4. — « Bien qu'il soit vrai que les rivages de la mer font partie du domaine public et que nul ne peut s'en attribuer la jouissance exclusive d'une partie, qu'en vertu d'une concession expresse ou au moins de tolérance du gouvernement, on ne peut cependant contester que les établissements tels que pêcheries, salines, etc., qui y ont été formés, n'attribuent un droit particulier à celui qui les a formés. » — 2e, 3 avril 1824, *Langin.* — C. R. 3, 82.

EAU, ART. 2.

5. — Ces sortes d'établissements, bien que ne conférant point une propriété incommutable, puisqu'ils peuvent être supprimés par la volonté du gouvernement, n'en sont pas moins susceptibles d'entrer dans le commerce. — *m. arr.*

6. — Ils constituent pour celui qui les possède un droit immobilier. — *m. arr.*

ART. 2. — DROITS QUE L'ON PEUT AVOIR SUR LES EAUX NON NAVIGABLES NI FLOTTABLES.

7. — Pour avoir droit aux eaux d'une rivière navigable, il faut en être bordier. — 1re, 30 juillet 1833, *Lalouel.*

8. — « Si le propriétaire d'une usine est présumé propriétaire du biez conduisant les eaux destinées à la mettre en activité, c'est parce qu'on présume que le biez, n'existant que dans l'intérêt de l'usine, a été creusé sur un terrain qui en était une dépendance; mais il n'en est pas ainsi lorsqu'il s'agit d'un canal dont la confection pouvait avoir pour but non-seulement l'utilité de l'usine, mais encore l'avantage des propriétaires riverains, soit pour l'irrigation de prairies, soit pour des établissements. » — Dans ce dernier cas, le propriétaire de l'usine n'a qu'un droit de servitude sur le canal, et les riverains peuvent en user comme lui. — 2e, 3 juillet 1833, *Trolley.*

9. — Sous l'empire de la coutume de Normandie, l'on pouvait acquérir, par la prescription de quarante ans, le droit de conserver un barrage dans un cours d'eau, et de l'appuyer sur la propriété du riverain. — Il en est de même, sous

EAU, ART. 2.

l'empire du Code, pour la prescription de trente ans. — 2ᵉ, 23 mai 1835, *Brière-Dazy.* — *R. P.* 2, 417.

10. — Sous l'empire du Code civil, la prescription de l'usage exclusif d'un cours d'eau ne peut s'établir par l'existence d'un barrage volant, construit en terre et gazons. — Un semblable droit ne peut se prescrire qu'à l'aide d'un barrage permanent et d'une destination perpétuelle. — 2ᵉ, 31 janvier 1840, *Leboucher Desfontaines.*

11. — Lorsqu'un seigneur a vendu des terrains en nature de prés et s'est obligé à souffrir qu'on lâche l'eau de son douet pour arroser lesdits prés, cette clause ne confère pas à l'acquéreur un droit exclusif aux eaux du douet, il reste soumis aux obligations imposées par l'art. 644 du Code civil, et il appartient aux tribunaux de régler l'usage des eaux entre les propriétaires riverains du cours d'eau. — *m. arr.*

12. — Le droit d'user des eaux accordé par l'art. 644 C. civ. au propriétaire des deux rives, ne va pas jusqu'à autoriser l'établissement de *retenues*, surtout au préjudice du droit acquis à un usinier — 2ᵉ, 19 août 1837, *veuve de Ponthaud.* — *R. P.* 1, 533.

13. — L'usage des cours d'eau, de la part des riverains, doit être réglé par l'autorité administrative, suivant les besoins de la localité. — Le simple riverain ne peut, en cette qualité, s'opposer à l'exécution des réglements administratifs qui lui causeraient préjudice, s'il n'a acquis de droits contraires par titre ou

EAU, ART. 3.

par prescription. — 2ᵉ, 8 juillet 1837, *Trolley-Guillouet.* — *R. P.* 1, 473.

ART. 3. — DES MOULINS ET USINES A EAU.

§. I. — *De l'autorisation.*

14. — « Les eaux courantes n'étant la propriété de personne, la police en appartient, de sa nature, à l'autorité administrative. — Une des conséquences du droit de police auquel elles sont soumises, est que l'on ne peut les affecter au service d'une usine, sans en avoir obtenu l'autorisation de l'administration ; à cet égard, il n'y a aucune distinction à faire entre les rivières non navigables ou flottables et celles qui sont déclarées faire partie du domaine public. » — 2ᵉ, 10 juillet 1835, *Puel ;* — 2ᵉ, 19 août 1837, *veuve de Ponthaud.* — *R. P.* 1, 533.

15. — Une usine qui existe de temps immémorial est réputée légalement autorisée. — 2ᵉ, 19 août 1837, *veuve de Ponthaud.* — *R. P.* 1, 533. — 2ᵉ, 19 janvier 1838, *Dauge.* — *R. P.* 2, 41.

16. — Une usine autorisée ne peut, sans une nouvelle autorisation, pratiquer des retenues ou écluses sur un cours d'eau, au préjudice d'un droit acquis à une usine en aval, également autorisée. — Il importe peu que les deux usines aient été établies dans l'enclave de seigneuries différentes, si le nouvel œuvre n'a eu lieu que depuis l'abolition du régime féodal. — *m. arr. Dauge.*

17. — Quelques légers changements dans la disposition d'une usine incommode, dangereuse ou insalubre, établie

sans autorisation, mais avant le décret du 15 octobre 1810, ne rendent pas cette autorisation nécessaire. — 2ᵉ, 8 juillet 1837, *Trolley-Guillouet.* — *R. P.* 1, 473.

18. — Il en est de même pour les augmentations et les accroissements de cette usine, ils ne sont pas dans les prévisions du décret de 1810. — *m. arr.*

§. II. — *Etendue des droits que confère la possession d'une usine.*

19. Une fois l'autorisation accordée, le concessionnaire a sur la pente un droit de propriété, au moins vis-à-vis des tiers. — Les usiniers en amont et en aval, ne peuvent y porter atteinte. — 2ᵉ 19 août 1837, *vᵉ de Ponthaud.* — *R. P.* 1, 533.

20. Le droit de faire des augmentations à une usine acquise avec une servitude de prise d'eau, emporte nécessairement le droit d'augmenter le volume d'eau qui doit faire mouvoir cette usine. — 4ᵉ, 5 décembre 1827, *Foubert de Laize.* — *C. R.* 11, 273.

21. Ce droit d'augmenter le volume d'eau, ne peut être considéré comme prescrit, par cela seul que le canal n'aurait point été élargi, ou que la vanne aurait toujours été maintenue au même degré d'élévation, parce que ces choses restant dans le même état, une infinité d'autres causes auraient pu modifier la quantité d'eau reçue par la roue de l'usine. — *m. arr.*

22. — Encore bien que les servitudes ne soient établies que pour l'usage d'un fonds, néanmoins le propriétaire d'une

usine prolongée sur deux fonds distincts, peut faire servir la prise d'eau à la portion d'usine construite sur un fonds autre que celui au profit duquel cette servitude avait été concédée, si toutefois la servitude n'en est pas aggravée, en ce sens que le terrain spécial aurait pu comporter la totalité de l'usine. — *m. arr.*

23. — Le propriétaire d'une usine, même construite sans autorisation du gouvernement, sur un cours d'eau qui n'est ni navigable ni flottable, peut réclamer des dommages-intérêts, lorsque quelque trouble est apporté à sa jouissance. — Il peut *spécialement* en réclamer contre le propriétaire inférieur qui, en établissant de son côté une usine sans autorisation, a fait des travaux qui paralysent l'existence de la sienne. — 1ʳᵉ, 28 septembre 1824, *Huard.* — *C. R.* 3, 279.

24. — Le propriétaire d'une usine ne peut se plaindre de changements faits à un barrage, par le propriétaire d'une usine voisine, s'il est constant qu'il n'éprouve aucun préjudice appréciable; il est sans intérêt et par conséquent sans action. — 1ʳᵉ, 10 mars 1840, *Brisset.* — *R. P.* 4, 64. — *Ità*, 3 décembre 1835, *Leroy.*

25. — Mais les propriétaires dont les fonds se trouvent inondés, par suite de nouveaux travaux pratiqués à une usine, sont en droit de contraindre le propriétaire de cette usine à prendre toutes les mesures nécessaires pour empêcher l'inondation. — Ils peuvent même le faire condamner à des dommages-intérêts. — 2ᵉ, 31 décembre 1830, *Leclerc.*

26. — Lorsqu'une usine ne peut plus être exploitée sans perte, parce que, depuis le bail, des procédés nouveaux ont placé son mécanisme dans un état d'infériorité relative, le locataire ne peut pour cela demander la résolution du bail. — 2ᶜ, 19 mai 1838, *Delarue.* — *R. P. 2*, 167.

ART. 4. — DE LA COMPÉTENCE EN MATIÈRE D'EAUX.

27. — Les tribunaux civils peuvent statuer sur le point de savoir si une ri-rivière était ou n'était pas navigable avant l'ordonnance du 10 juillet 1835 qui la classe au nombre des rivières navigables, quand cette question se présente préjudiciellement à une question de propriété dont ils sont saisis. — 2ᶜ, 16 mai 1840, *marquis d'Anvers.* — *R. P. 4*, 262. — *Ità*, ordonn. du conseil d'état du 20 août 1840, *R. P. 4*, 386. — 1ʳᵉ, 17 février 1841, *Lemenuet.* — *R. P. 5*, 41.

28. — Quand une rivière a été rendue navigable, c'est aux conseils de préfecture à régler l'indemnité due aux riverains pour l'établissement du chemin de hallage. (L. du 28 pluviôse an VIII, art. 4. — Décret du 22 janvier, art. 3.) — 2ᶜ, 16 mai 1840, *marquis d'Anvers.* — *R. P. 4*, 262.

29. — « L'administration seule est compétente pour statuer sur les difficultés qui peuvent s'élever entre les propriétaires d'usines, relativement à la hauteur des déversoirs ou barrages qu'ils ont établis pour le service de leurs usi-

nes. » — 1ʳᵉ, 2 mars 1829, *Leforestier.* — C. R. 13, 339.

30. — « Il n'y a aucune distinction à faire à cet égard, entre le cas ou un règlement de l'administration est réclamé par l'intérêt général et celui où ce règlement ne peut intéresser qu'un ou deux particuliers. » — *m. arr.*

31. — « Ainsi, c'est toujours à l'administration, du moins en l'absence de titres et conventions particulières, que doivent s'adresser ceux qui ont intérêt à ce que les eaux soient ou ne soient pas élevées à une certaine hauteur, par l'effet d'un déversoir ou barrage établi pour le service d'un moulin. » — L'autorité judiciaire serait tout à fait incompétente à cet égard. — *m. arr.*; et 2ᶜ, 30 novembre 1827, *Fontenilliat.* — C. R. 9, 373.

32. — Jugé encore que « le droit de fixer la hauteur des eaux, ayant été dévolu à l'administration par les lois, les tribunaux ne sont compétents, pour connaître d'une action relative à cet objet, qu'autant que les prétentions de l'une ou de l'autre des parties seraient fondées sur un titre ou sur une convention particulière. » — 2ᶜ, 29 août 1832, *Lefèvre.* — *Rej.* S. 35, 1, 669.

33. — Mais lorsque l'action repose sur des titres ou des conventions intervenues entre les parties, l'autorité judiciaire est compétente pour fixer cette hauteur, en tant qu'il s'agit de l'exécution des titres, et sans préjudice des droits de l'autorité administrative, dans le cas où elle croirait devoir faire un règlement pour ces eaux. — *m. arr.*

EAU, ART. 4.

34. — De même, lorsque la hauteur des eaux a été fixée par un règlement de l'autorité administrative, les tribunaux sont compétents pour statuer sur la demande en dommages-intérêts formée par l'un des riverains contre celui qui lui a causé préjudice, en contrevenant au règlement. — 1re, 31 décembre 1810, *Laumont*. — C. R. 13, 342.

35. — Jugé encore que les tribunaux civils sont compétents pour statuer sur les dommages-intérêts réclamés pour le préjudice causé aux riverains par des travaux pratiqués, sans autorisation, dans une rivière non navigable ni flottable. — 1re, 15 mars 1838, *Leneveu*. — R. P. 2, 119. — Ità, 2e, 19 août 1837, *veuve de Ponthaud*. — R. P. 1, 533.

36. — Ils peuvent aussi ordonner, dans un intérêt privé, la destruction de ces travaux et notamment le dérasement d'un déversoir exhaussé sans autorisation, sauf à l'administration à faire tel règlement quelle jugera convenable. — *mêmes arrêts*.

37. — Dans le même sens encore, « à la vérité, c'est à l'administration seule qu'il appartient, d'après l'art. 16, tit. II, de la loi des 28 sept. — 6 octobre 1791, de statuer sur toutes les questions relatives à l'existence et à la hauteur des déversoirs des usines, établies sur les rivières même non-navigables ni flottables; mais du moment où l'autorité administrative a prononcé en autorisant des travaux ou en ordonnant la destruction de ceux qui auraient été mal à propos entrepris, les tribunaux deviennent compétents de connaî-

EAU, ART. 4.

tre des demandes en dommages-intérêts et en suppression d'ouvrages indûment exécutés. » — 2e, 13 juillet 1833, *Vasseur*.

38. — Ils connaissent également, dans ce cas, des réclamations tendant à ce que les choses soient mises dans l'état prescrit par l'administration. — 2e, 14 déc. 1833, *Villers*.

39. — L'autorité judiciaire est incompétente de connaître des règlements d'eau entre usines, qui ne sont point liées entre elles par des règlements particuliers; s'agit-il de retenues d'eau empêchant la dépense pendant un certain temps et y ajoutant pendant le reste du temps. — Mais elle connaît des actions en indemnité, et si les changements opérés, quoique non autorisés par l'administration, n'ont occasionné aucun dommage, elle doit rejeter l'action. — 2e, 3 décembre 1835, *Leroy*.

40. — Les tribunaux ordinaires sont seuls compétents de réprimer les entreprises non autorisées sur un cours d'eau, lorsqu'elles portent atteinte au droit acquis à une usine autorisée. — 2e, 19 janvier 1838, *Dauge*. — R. P. 2, 41.

41. — Ainsi, le meunier qui, sans autorisation de l'administration, ajoute à la hauteur ancienne du déversoir, commet une voie de fait dont les tribunaux civils sont compétents de connaître. — 1re, 31 déc. 1810, *De Baumont*.

42. — Lorsqu'un propriétaire d'usine se plaint d'une nouvelle œuvre lui occasionnant du dommage, entreprise sur le cours de l'eau, les tribunaux ne sont pas obligés de surseoir à statuer sur sa

réclamation, jusqu'à ce que l'autorité administrative ait répondu à la demande en règlement d'eaux que la partie demanderesse prétend avoir formée. — 2°, 24 août, *junctim*, 30 novembre 1827, *Fontenilliat.* — C. R. 9, 373.

43. — En l'absence de règlements administratifs, les tribunaux sont compétents pour ordonner le curage d'une rivière non navigable ni flottable, lorsque la vase entrave le libre cours des eaux et les fait refluer sur les fonds voisins. — 1re, 26 avril 1837, *Sanson.* — R. P. 1, 378.

44. — Chaque propriétaire riverain doit, dans ce cas, contribuer au curage dans toute l'étendue de la rive qui lui appartient, sauf à l'administration à régler définitivement la part contributive de chaque riverain, en proportion de l'avantage qu'il en retire. — *m. arr.*

45. — A l'autorité administrative seule appartient de statuer sur la question de savoir si des arrêtés du préfet, autorisant l'établissement d'une usine, sont ou non susceptibles d'exécution sans confirmation du pouvoir royal, ou s'ils sont devenus caducs par la destruction temporaire de l'usine. — 2e, 10 juillet 1835, *Puel.*

V. Communes, compétence administrative, propriété, servitude.

TABLE SOMMAIRE.

ÉCHANGE.

EAU COURANTE.
V. Eau , servitude.

EAU NAVIGABLE.
V. Eau, propriété, servitude.

ÉCHANGE.

1. — Le contrat d'échange peut avoir lieu entre époux comme entre étrangers. C'est en vain qu'on oppose les art. 1707 et 1595 : le premier qui dispose que les règles prescrites par le contrat de vente s'appliquent à l'échange ; le second qui interdit la vente entre époux. L'art. 1707, en effet, ne s'applique qu'aux règles constitutives du contrat de vente. Or, la disposition de l'art. 1595, loin d'être une règle constitutive du contrat de vente, n'est qu'une exception au droit général, exception introduite par des raisons toutes particulières à la vente, et qui, par conséquent, ne peut recevoir d'extension. — 1re, 18 décembre 1821 , *Jacquelin.*

2. — Lorsqu'un échange d'immeubles a eu lieu moyennant une soulte de la part de l'une des parties, le défaut de paiement de la soulte donne lieu à l'action en résolution. Peu importe, dans ce cas, que le créancier de la soulte ait vendu l'immeuble qu'il avait reçu en échange ; il n'est tenu de restituer que le prix qu'il avait reçu de la vente. Son coper-

ÉCOLES

mutant ne peut invoquer l'art. 1183 qui veut qu'en cas de résolution, les choses soient remises au même état que si le contrat n'eût pas eu lieu, puisque c'est à lui-seul qu'il doit imputer cette résolution. — 2e, 11 juin 1835, *Delachesnaye.* — R. P. 1, 601.

3. — Le copermutant évincé peut reprendre les objets mobiliers, tels que rentes , qu'il a donnés en échange, et qui sont encore en la possession de son coéchangiste. — 4e, 22 novembre 1814 , *Plaimpel.*

V. Commune , dot , douaire , époux normands.

ÉCHÉANCE.
V. Délai, effet de commerce , faillite , hypothèque , paiement , vente.

ÉCHOUEMENT.
V. Assurances maritimes, avarie, capitaine.

ÉCOLES.

La maison donnée pour servir d'établissement aux frères des écoles chrétiennes, est devenue la propriété de la nation, par suite des lois de 1790, 1791 et 1793, et propriété de la commune par la loi du 9 avril 1811.

En conséquence , le conseil municipal a le droit de changer la destination de cette maison et d'en expulser les frères. — 1re, 23 janvier 1833, *Constantin*, dit *frère Ancelot.*

ÉCRITURE.
V. Preuve littérale.

ÉDIFICE PUBLIC.
V. Établissements religieux, établissements publics.

EFFETS DE COMMERCE.
EFFET RÉTROACTIF.
V. Loi.

EFFETS DE COMMERCE.
(C. comm., liv. 1, tit. viii.)

ART. 1. — DE LA LETTRE DE CHANGE.

§. I. — *Nécessité de la remise d'un lieu sur un autre.*

1. — N'est point valable, comme n'opérant point remise d'un lieu sur un autre, la lettre de change tirée d'un village sur une ville de l'arrondissement; la ville et le village étant réputés être dans le même lieu.—2e, 16 juin 1808, *Duboscher.*

2. — La remise de place en place ne résulte nullement de ce que l'effet est payable dans un lieu autre que celui où le confectionnaire est domicilié, celui-ci pouvant se trouver momentanément, lors de la confection de l'effet, dans le lieu où il l'a stipulé payable. —4e, 9 mai 1831, *Thibout.*

3. — Toutefois la lettre de change à *l'ordre de soi-même*, est réputée tirée dans le lieu où elle a été souscrite et non dans le lieu où elle est passée au donneur de valeurs. — Ainsi, elle est réputée tirée d'un lieu sur un autre, encore qu'elle soit payable dans le même lieu où elle est passée au donneur de valeurs. — 17 décembre 1808, *Guilbert.* — Rej. S. 10, 1, 289. — Ità, 4ᵉ, 14 août 1827, *Thouret.*

4. — Mais est réputée simple promesse la lettre de change dont la valeur a été fournie par le porteur, non au tireur, mais à l'accepteur lui-même. — 1ʳᵉ, 14 mai 1806, *D'Anfreville ;* — 2ᵉ, 17 mai 1806, *Legrand.* — Arg. de l'arr. — 1ʳᵉ, 23 juin 1813, *Dossin ;* — 4ᵉ, 4 août 1829, *Duval.*

Contrà. — 2ᵉ, 22 avril 1809, *Letourneur.*

5. — La lettre de change doit être adressée à un tiers, et indiquer le domicile où ce tiers doit payer. Mais l'adresse est considérée comme n'existant pas, si elle indique un autre domicile que le domicile réel de l'accepteur, et la lettre est nulle comme n'étant pas tirée d'un lieu sur un autre, à moins que l'indication de domicile ne se trouve dans l'acceptation. — 1ʳᵉ, 22 janv. 1812, *Delonglades.*

§. II. — *Date de la lettre de change.*

6. — Les lettres de change sont dans le commerce des actes de bonne foi, à l'égard desquels on n'a pas recours à l'enregistrement pour en assurer la validité et l'effet. Elles font foi, par elles-mêmes de la sincérité de leur date. — 4ᵉ, 23 déc. 1823, *Nicolas.*

§. III. — *Énonciations que doit contenir la lettre de change.*

7. — Ces énonciations, d'après l'art. 110 C. comm., sont :
   › La somme à payer,
   › Le nom de celui qui doit payer,
   › L'époque et le lieu où le paiement » doit s'effectuer,
   › La valeur fournie en espèces, en » marchandises, en compte ou de toute › autre manière. ›

Ces deux dernières énonciations ont seules donné lieu à des difficultés sérieuses devant la Cour. Toutes les décisions que nous allons rapporter leur sont relatives.

8. — 1° *Indication du lieu où le paiement doit s'effectuer.* — « Lorsque l'indication du lieu de paiement et du domicile n'a point été mise dans la lettre de change, mais seulement en marge, sans signatures et sans dispositions qui en constatent la réalité et qui lui donne une valeur, elle doit être considérée comme absolument insignifiante. » — 4ᵉ, 22 juillet 1828, *Mesaize.*

9. — Peut-être en serait-il autrement si l'indication du lieu de paiement et de domicile, bien que n'étant pas mise dans le corps de la lettre, se trouvait cependant dans une adresse mise sous la lettre de change, « de sorte que l'accepteur, en mettant et souscrivant son acceptation, souscrivit effectivement de cette manière l'obligation de payer à l'endroit qui lui est indiqué par l'adresse après

EFFETS DE COMMERCE, ART. 1.

laquelle il met son acceptation. » — m. arr. *Mesaize.*

10. — 2° *Indication de la valeur four-nie.* — « Bien que l'art. 110 C. comm. ne dise pas expressément que ce sera la valeur fournie par le preneur au tireur qui doit être énoncée, il résulte de l'es-prit de la loi, tel qu'on doit le recon-naître dans les art. 137 et 138 du même Code, que nul ne peut être considéré comme propriétaire légal d'une lettre de change ou autre effet négociable, s'il n'est constant, par son titre même, qu'il en a fourni la valeur, et de quelle ma-nière il l'a fournie. » — 4°, 17 août 1825, *Legorgeu.* — C. R. 5, 185.

11. — Il ne suffit donc pas, pour qu'il y ait contrat de change, que la let-tre exprime la valeur fournie au tiré, il faut de plus qu'elle énonce la valeur fournie au tireur par le bénéficiaire.— 2°, 14 nov. 1818, *demoiselle Anfrie;* — 4°, 1re mai 1827, *Paris.* — C. R. 8, 204.

12. — Sans cette énonciation, l'acte ainsi revêtu de l'apparence d'une lettre de change, ne peut être considéré non-seulement comme une lettre de change, mais même comme simple promesse, puis-que l'art. 112 ne fait dégénérer en sim-ples promesses que les lettres de change qui contiennent supposition soit de nom, soit de qualité, soit de domicile, soit de lieu, et qu'ici il n'y a aucune supposition. — 4°, 27 mai 1823, *Lemercier;* — 4°, 31 janvier 1826, *Foubert-Delaize.* — C. R. 5, 183.

13 — Le défaut de mention de la va-

EFFETS DE COMMERCE, ART. 1.

leur reçue par le tireur, fait donc dégé-nérer la lettre de change en un simple mandat, qui, s'il n'est souscrit par des commerçants, est absolument en dehors de la juridiction commerciale. — *mêmes arrêts,* et 4°, 25 août 1825, *Legorgeu.* — C. R. 5, 185. — 4°, 1er mai 1827, *Paris.* — C. R. 9, 204.

14. — Est également réputée simple mandat, la lettre de change causée *va-leur que vous passerez en compte;* une telle énonciation n'établissant nullement que celui à l'ordre de qui l'effet est tiré en ait fourni la valeur. C'est donc à lui, à défaut de paiement par le tiré, a éta-blir qu'il a fourni cette valeur. — 4°, 14 août 1821, *Got.*

15. — Lorsque, par suite du défaut d'énonciation de la valeur fournie au ti-reur, l'effet n'est considéré que comme simple mandat, il devient véritable let-tre de change, s'il est passé à l'ordre d'un tiers par un endossement régulier, c'est-à-dire si cet endossement cons-tate que le versement des valeurs de la négociation a eu lieu dans une place au-tre que celle, où d'après l'acceptation, l'effet doit être remboursé.—4°, 14 mai 1827, *Grant-Devaux.* — C. R. 9, 207.

16. — « Ces mots *valeur reçue comp-tant* dans leur acception commune, si-gnifient *valeur en espèce ou en deniers.*» Ils expriment donc suffisamment la va-leur fournie. — 4°, 11 janvier 1812, *Bertauld.*

17. — Il en est de même de ces mots *valeur que je vous ai fournie comptant;* cette formule indique une valeur fournie

EFFETS DE COMMERCE , ART. 1.

en espèce ou en argent, et remplit ainsi la condition de la loi. — 4e, 26 mai 1829, *Lebailly.*

18. — La valeur fournie d'un effet de commerce est encore suffisamment exprimée par ces mots *valeur en échange.* — 4e, 13 février 1822 , *Cochon.*

19. — Est valable une lettre de change, encore bien qu'elle exprime une valeur autre que celle qui a été reçue , ainsi *valeur reçue comptant*, bien qu'elle ait été payée en billets. — 4e, 11 janvier 1811, *Bertauld.*

20. — Le Code de commerce n'ayant exigé que l'expression de la valeur fournie au tireur , il s'ensuit que le défaut de mention de la valeur fournie à l'accepteur ne peut faire dégénérer la lettre de change en simple promesse. — 4e, 17 avril 1826, *Lenfant.* — C. R. 6 , 222.

Voy. encore les décisions rendues sur l'objet de ce paragraphe, à l'occasion de billets à ordre, décisions qui seraient également applicables aux lettres de change.

§. IV. — *De l'ordre que doit contenir la lettre de change.*

21. — Est réputée simple promesse la lettre de change, tant qu'elle reste à l'ordre du tireur ou qu'elle est endossée au profit d'un tiers qui n'en fournit pas la valeur. — 1re, 22 janvier 1812, *Delonglades.*

22. — A plus forte raison en est-il ainsi si le tireur et l'accepteur habitent la même ville. — 4e, 22 janvier 1823 , *Lemonnier.*

23. — Ne peut être considéré comme lettre de change , l'acte qui n'énonce au-

EFFETS DE COMMERCE , ART. 1.

cun ordre. « Le porteur argumente en vain de ce que cet acte porte un endossement passé à son profit le jour même de sa confection, parce que si un endossement mis par le tireur à une lettre de change tirée dans l'origine à son ordre , a pour effet de rendre la lettre de change parfaite, on est forcé de reconnaître qu'une traite qui n'énonce aucun ordre à passer ultérieurement, ne peut être perfectionnée et obtenir un caractère qui lui manquait dans l'origine. » — 4e, 7 déc. 1830 , *Lalande.*

24. — Un tel acte, bien que qualifié de lettre de change, « ne constitue qu'un mandat ordinaire de la part du tireur (non négociant) et une simple promesse de la part de l'accepteur (commerçant.) » — *m. arr.*

25. — Quel caractère doit être attribué à la lettre de change qui n'est passée à l'ordre d'un tiers qu'après son échéance ? — Voyez *infra*, ART. 5 , §. I.

§. V. — *Supposition de nom, de qualité, de domicile, de lieu.*

26. — D'après l'art. 112 C. com., « sont réputées simples promesses tou- » tes lettres de change contenant sup- » position soit de nom, soit de qualité, » soit de domicile, soit des lieux d'où » elles sont tirées ou dans lesquels elles » sont payables. »

Cet article ne parle que de supposition et non d'omission de quelqu'une des formalités exigées par l'art. 110, c'est que l'omission complète de l'une de ces formalités ferait dégénérer la prétendue lettre de change, non en simple promesse, mais en une convention purement civile. Voy. *suprà*, n° 14.

27. — Une lettre de change ne dégénère pas en simple promesse si, au lieu d'avoir été tirée de la place indiquée, elle l'a néanmoins été d'une place autre que celle où elle est payable. — 4°, 29 nov. 1834, *Deschamps.*

28. — Quant à la preuve de la sincérité ou de la simulation, « on ne peut exiger du porteur d'un acte régulier, qu'il produise d'autres documents à l'appui de cet acte; c'est à ceux qui prétendent l'attaquer à fournir leurs moyens et à les appuyer de pièces justificatives.» — 4°, 10 juillet 1827, *Bourge.*

29. — Mais comment se fera cette preuve? — Jugé que la preuve qu'une lettre de change a été confectionnée dans le lieu même sur lequel elle est tirée, n'est point admissible sans commencement de preuve par écrit. — 1re, 23 nov. 1808, *Desfeux;* — 1re, 2 oct. 1809, *Aveine;* même jour, *Seignan de Serres.*

30. — *Contrà.* — Le juge peut admettre contre la sincérité des énonciations contenues dans un acte revêtu de la forme d'une lettre de change, toutes les présomptions qui résultent des circonstances, pour déclarer irrégulière cette prétendue lettre de change et la distraire de la juridiction commerciale 4°, 4 juin 1819, *Morice;* — 4°, 21 août 1819, *Tirel;* — 4°, 22 janvier 1823, *Lemonnier;* — 4°, 1er juin 1823, *Vasnier.*

31. — La simple circonstance qu'il n'existe aucunes relations entre le tireur et le tiré, peut porter à ne faire

considérer la lettre de change que comme simple promesse. — 4°, 10 juillet 1821, *Lemignon;* — 4°, 23 juillet 1822, *Chesnel.*

32. — A plus forte raison, peut-on admettre la preuve testimoniale à l'effet d'établir que la lettre de change contient des suppositions qui la font dégénérer en simple promesse. —4°, 21 juin 1821, *Amory.*

33. — Les lettres de change irrégulières ne doivent être réputées simples promesses qu'entre les personnes qui ont participé à la fraude de supposition dont parle l'art. 112. — Relativement à tous autres, elles produisent les effets qui doivent résulter de leur caractère apparent. — 4°, 18 avril 1820, *Mouville.*

34. — Ainsi et spécialement, les suppositions qui font dégénérer la lettre de change en simple promesse, ne sont pas opposables aux tiers-porteurs de bonne foi. — 4°, 14 avril 1815, *Cardine;* — 1re, 11 août 1828, *d'Harembure.* — C. R. 11, 294. — 4°, 6 août 1832, *Lecamus;* — 4°, 25 juillet 1837, *Jeanne.* — R. P. 1, 498.

35. — Il en est ainsi alors surtout que les effets de commerce, contenant simulation, sont souscrits par des commerçants et causés *valeur en marchandise.*— *dit arr.*, 1re, 11 août 1828, *D'Harembure.*

36. — Est encore considéré comme tiers-porteur de bonne foi, le tiers auquel une lettre de change a été transmise en paiement de marchandises antérieurement livrées. — *dit arr.*, 4°, 25 juillet 1837, *Jeanne.*

EFFETS DE COMMERCE, ART. 1.

37. — Le souscripteur de telles lettres doit donc en payer le montant, sauf son recours contre l'auteur de la simulation. — 4e, 6 août 1832, *Lecamus.*

38. — Mais à l'égard des tiers-porteurs, complices de la simulation, elles ne sont réputées que simples promesses. — 4e, 27 août 1822, *Hervieu.*

§. VI. — *Des personnes qui ne peuvent faire ou signer des lettres de change.*

39. — La loi répute simples promesses les lettres de change qui ne sont signées que par des filles ou des femmes non marchandes publiques. (Art. 113 C. com.)

Cependant, si une femme non marchande publique en a pris la qualité dans une lettre de change, elle ne peut ensuite réclamer contre cette qualité pour repousser la juridiction commerciale, « elle a à s'imputer d'avoir induit les tiers en erreur. » — 4e, 4 janvier 1813, *Lenormand.*

40. — Lorsqu'une personne n'était pas commerçante au moment où elle a souscrit une lettre de change, mais a acquis cette qualité au moment où s'élève une contestation judiciaire, relativement à cette lettre de change, la contrainte par corps ne peut être prononcée contre elle. — 4e, 11 février 1823, *Grant Devaux.*

41. — L'interdiction du confectionnaire d'un effet de commerce, prononcée postérieurement à la confection de cet effet, ne peut en rien préjudicier aux droits du tiers-porteur. — 4e, 13 mai 1828, *Goupil.* — C. R. 11, 408.

42. — Les personnes qui ne se trou-

EFFETS DE COMMERCE, ART. 2.

vent pas dans les cas d'exception prévus par l'art. 1326 C. civ., ne peuvent-elles faire de lettres de change sans y apposer *le bon ou approuvé*, conformément aux dispositions de cet article ? Voy. sur cette question le mot *preuve littérale.*

ART. 2. — DU BILLET A ORDRE, DE SES FORMES ET DES EXCEPTIONS AUXQUELLES IL PEUT ÊTRE SOUMIS.

43. — Le billet à ordre constitue-t-il un acte de commerce ? Voy. v° *actes de commerce*, §. III.

44. — Quand est-il ou non soumis à la juridiction commerciale ? Voy. v° *compétence commerciale*, §. VI.

45. — Quant aux énonciations qu'il doit contenir et que l'art. 188 C. com. lui rend communes avec les lettres de change, voyez ce qui a été dit *suprà*, ART. 1er, §. III.

Voici toutefois quelques décisions qui ont été rendues spécialement à l'occasion de billet à ordre.

46. — La valeur fournie d'un billet à ordre, est suffisamment exprimée par ces mots *valeur en échange.* — 4e, 13 février 1822, *Cochon.*

47. — Le billet souscrit *valeur en compte*, ne suppose pas que le signataire soit nécessairement débiteur. « Celui au profit duquel ce billet a été fait ne peut être réputé définitivement créancier que par le résultat d'un compte. » — 4e, 26 avril 1813, *Lesur.*

48. — La propriété d'un billet à ordre, même pour prix d'immeubles, est

41

transmissible par la voie de l'endossement. — 2e, 4 février 1809, *Louvel;* — 4e, 18 août 1814, *Lehéricy.* — C. R. 7, 235. — 4e, 10 mars 1823 *Prieur.*

49. — Il en est ainsi, même au préjudice des créanciers du vendeur, sans qu'il soit besoin de notification de l'endossement. — 2e, 4 février 1809, *Louvel.*

50. — Le souscripteur d'un billet à ordre causé *valeur en contractant*, peut opposer aux tiers-porteurs toutes les exceptions qui naissent du contrat qui a donné lieu à la création du billet. Par ces expressions, *valeur en contractant*, les tiers-porteurs ont été suffisamment avertis que le billet était le prix convenu dans un contrat fait entre le souscripteur et le bénéficiaire.—4e, 15 janvier 1813, *Douesnel C. Coueslin;*—4e, 21 janvier 1813, *Douesnel. C. Leroy* ; — 4e, 18 août 1814, *Lehéricy* ; — 1re, 28 janvier 1817, *Adeline.* — Tous ces arrêts sont rapportés C. R. 7, 231 et suiv. L'*arrêt Douesnel* se trouve rapporté de nouveau, C. R. 10, 242.

51. — Deux arrêts plus récents. — 2e, 23 juin 1832, *Levaufré*, et 4e, 10 nov. 1834, *Chevrel*, ont jugé la question dans un sens différent, et décident que le souscripteur d'un billet à ordre causé *valeur en contractant*, ne peut opposer au tiers-porteur, les exceptions dont il eût pu se prévaloir contre le confectionnaire du billet.

52. — Cependant, tout en rejetant en principe la doctrine adoptée jusque-là par la jurisprudence de la Cour, ces arrêts l'admettraient dans certains cas et selon les indications fournies par le bil-

let. Voici le texte du premier de ces arrêts.

« Considérant que le billet à ordre a été admis par la législation pour procurer l'équivalent d'une sorte de monnaie et favoriser la libre et rapide circulation des valeurs ; que c'est dans ce but qu'il est assimilé à la lettre de change par l'art. 187 du Code de commerce, en ce qui concerne l'échéance, l'endossement, la solidarité... les droits et devoirs du porteur, etc... D'où il suit qu'il est dans sa nature de conférer au tiers qui s'en trouve saisi, l'avantage de n'avoir point à craindre, de la part du souscripteur, les exceptions que celui-ci pourrait être fondé à faire valoir contre la créance vis à-vis du créancier originaire.

» Considérant qu'il n'est cependant pas impossible de créer une obligation négociable par la voie de l'ordre, dont l'exécution dépendrait de l'accomplissement de certaines conditions, et ne pourrait être exigée par le tiers-porteur lui-même qu'en justifiant de cet accomplissement, mais qu'il faudrait alors que l'acte s'expliquât, à cet égard, d'une manière d'autant plus formelle qu'il s'éloignerait par-là de son caractère naturel.

« Considérant que l'art. 188 du Code précité, veut que le billet à ordre exprime la valeur fournie en marchandises, en espèces, en compte *ou de tout autre manière* ; que ceux qui donnent lieu au procès sont stipulés *valeur en contractant* ; qu'ils satisfont par cette énonciation au prescrit de la loi, puisqu'ils font connaître que le souscripteur a reçu sur un contrat intervenu entre lui et son créancier immédiat l'équivalent de la dette qu'il a consentie ; que si les billets se référaient à un contrat dont ils indiqueraient la date et la substance, comme par exemple, un contrat de vente d'immeubles passé devant notaires, on pourrait soutenir qu'ils s'identifieraient avec ce contrat et qu'ils ne seraient payables que conformément aux clauses qui y seraient insérées ; qu'à cet égard les tiers-porteurs n'auraient pas à se plaindre, parce que s'il leur arrivait d'être surpris, ce ne serait que pour avoir négligé de s'éclairer des renseignements dont la source leur était indiquée ; mais que dans l'espèce, il n'y a rien de semblable ; que par cela que l'auteur du billet a reconnu en avoir reçu *la valeur en contractant*, sans faire de réserves, sans donner aux tiers aucun moyen de vérification des exceptions qu'il voudrait conserver ; par cela qu'il l'a jeté dans la circulation sous une forme négociable, il doit être réputé l'y avoir livré avec tous les effets d'un titre pur et simple ; qu'un système différent ouvrirait la porte aux inconvénients les plus graves, et exposerait les tiers-porteurs aux chicanes sans nombre que ne manquerait pas de leur susciter la mauvaise foi, en prétendant rattacher, à la faveur du vague de leur contexte, les billets tels que ceux dont il s'agit, ou à des contrats auxquels ils seraient totalement étrangers, ou même souvent à des actes frauduleux et simulés. » — 2ᵉ, 23 juin 1832, *Levaufré.*

53. — Jugé également en termes formels, par l'arrêt 4ᵉ, 10 nov. 1834, *Chevrel*, que « l'énonciation *valeur en con-*

tractant, sans autre indication, ne suffit pas pour avertir les tiers que le confectionnaire pouvait avoir des exceptions à opposer. »

« Qu'en effet, un billet, *causé valeur en contractant*, indique d'une manière générale une convention par laquelle une partie s'oblige envers l'autre à payer la somme qui y est portée, à celui à l'ordre duquel il est passé, sans condition et de la même manière que si le billet était causé *valeur en compte*, ce qui est obligatoire envers les tiers, encore bien que celui qui aurait souscrit le billet ne fût pas réellement débiteur après le règlement de compte. » — *dit arr. Chevrel.*

54. — Toutefois, « s'il est vrai, en principe général, que tout tiers-porteur de bonne foi d'un effet de commerce à lui transmis par un endossement régulier, doit en obtenir le paiement sans entendre aux exceptions présentées par le débiteur, ce principe créé en faveur du commerce, cesse de recevoir d'application lorsque le tiers-porteur n'est pas de bonne foi, ou bien lorsque les énonciations du billet et les faits de la cause sont tels qu'il a dû prévoir les explications qui pourraient être proposées. » —

Ainsi et *spécialement*, s'il est formellement énoncé dans l'acte que l'obligation du souscripteur est le prix donné par celui-ci pour le remplacement de son fils, « la cause du billet étant ainsi indiquée, le tiers-porteur a été à même de connaître la nature de la dette, a dû prévoir toutes les conséquences qui pourraient en résulter, spécialement

qu'elle ne serait acquittée que quand le débiteur le pourrait faire avec sécurité, et lorsque toutes les conditions prescrites pour
la validité du remplacement seraient accomplies ; en un mot , la négociation ne
s'est opérée que sous les conditions ex-
primées dans le billet. » On peut donc ,
dans ce cas, opposer au tiers-porteur l'i-
naccomplissement de ces conditions. —
4ᵉ, 15 mai 1839, *Metra.*

55.—A plus forte raison , en est-il ainsi
si le tiers-porteur connaissait par lui-
même les circonstances dans lesquelles le billet avait été souscrit. — *m. arr.*

56. Ainsi encore le défaut d'énonciation
de la valeur fournie , constitue un vice
apparent à la seule inspection, et qui dès
lors peut être opposé au tiers-porteur.—
4ᵉ, 20 nov. 1839, *Lecoînie. — R. P. 3,*
412.

ART. 3. — DE LA PROVISION.

57. — L'acceptation ne suppose la
provision qu'à l'égard des tiers-porteurs,
elle ne la suppose pas à l'égard du tireur.
— 1ʳᵉ, 6 frimaire an XIII, *Léger ;* — 1ʳᵉ,
12 germinal an XIII, *Lecarpentier.*

58. — Le défaut de protêt n'empêche
pas le recours du porteur contre le tireur lorsqu'il est constant d'ailleurs qu'il
n'y a pas eu de provision effectuée. —
1ʳᵉ, 24 juillet 1811 , *Pinot. Rej.* sur ce
point. S. 15 , 1 , 131.

ART. 4. — DE L'ACCEPTATION. — DES OBLI-
GATIONS QU'ELLE IMPOSE ET DE SES FOR-
MALITÉS.

59.— *Obligations qu'impose l'acceptation
au tiré.* — « Quelles que soient les pro-

messes d'un négociant , en fait d'acceptation , il est toujours en droit de les rétracter jusqu'au moment où les lettres
de change , tirées sur lui , sont présentées pour y donner cette même acceptation , sauf au tireur à se pourvoir par les
voies légales contre celui sur lequel il a
formé traite , s'il prétend que celui-ci
avait provision. » — 4ᵉ, 8 janvier 1822,
Debrais.

60. — Seulement, le tiré pourra être
appelé en garantie s'il avait promis d'accepter la lettre. — 4ᵉ, 15 déc. 1812,
Frigard.

...Tandis qu'il n'y est point exposé
s'il n'a point accepté. Voy. sur ce
point les nombreux arrêts rapportés *suprà.* Vᵒ Compétence commerciale. §. v.

61. — *Formalités de l'acceptation.* —
« Lorsqu'un commerçant accepte une
lettre de change portant indication du
lieu où le paiement doit s'effectuer, la
présomption légale est que ce commerçant se soumet à l'obligation de payer
au lieu indiqué. — La répétition de cette
indication serait donc inutile, la lettre de
change est parfaite sans elle et ne peut
être attaquée à ce sujet. » — 4ᵉ, 15 janvier 1822, *Eudine.*

62. — L'accepteur peut valablement
élire domicile chez le porteur de la lettre de change. —1ʳᵉ, 20 déc. 1808,
Quillet.

63. — Une lettre de change peut être
acceptée postérieurement à une époque
où elle a été tirée. — 1ʳᵉ, 14 déc. 1820 ,
Lebigot-Debeauregard.

64. — Il en est de même à l'égard
des lettres de change réputées simples

promesses à cause de leur irrégularité.
— m. arr.

65. — L'acceptation qui a lieu avant la confection de la lettre de change, n'est qu'une obligation pure et simple,et ne peut alors avoir, vis-à-vis de l'accep-teur, l'effet d'une lettre de change. —4e, 22 juillet 1828, *Mézaise*.

66. — Une telle acceptation n'est nullement valable lorsqu'elle ne porte ni date, ni énonciation d'une valeur reçue, et que d'ailleurs le corps de la lettre n'a pas été rempli. — Ainsi, par exemple, si l'acceptation est ainsi conçue *accepté payer ladite somme de 1,519 fr. au domicile et échance ci-dessus.* — 1re, 13 mars 1827, *Saussey.* — C. R. 8, 154.

67. — De même, la simple acceptation en blanc en ces termes *accepté payer la somme de 8,000 fr., 1er oct. 1818*, avec la signature de l'accepteur, ne peut, alors qu'elle n'a pas été remplie par le preneur dans la succession duquel elle se trouve, avoir les effets d'une lettre de change ou d'un billet à ordre.

« Elle peut seulement servir de présomption ou de commencement de preuve par écrit. » Mais, par elle seule, elle ne vaut même pas de titre civil qui puisse être opposé en compensation d'autres créances. — 12 août 1830, *Sarot.* Rej. S. 33, 1, 57.

68. —Mais la régularité d'une lettre de change est inattaquable lorsque l'acceptation, même en blanc, contient la date de ladite acceptation, la somme à payer et le lieu du paiement. — 4e, 30 juillet 1822, *Levernieux.*

ART. 5. — DE L'ENDOSSEMENT.

§. I. — *De l'endossement régulier.*

69. — Si un effet ne réunit pas toutes les conditions prescrites par la loi pour lui donner le caractère particulier de lettre de change, il n'en est pas moins négociable s'il a été stipulé *payable à ordre.* — 2e, 10 mars 1823, *Prieur.*

70. — L'erreur dans la date de l'endossement d'un effet « n'empêche pas qu'il ne soit valablement négocié, puisqu'il n'existe aucune loi prohibitive en pareil cas. » — 4e, 16 août 1821, *Duboulay.*

71.—La lettre de change ou les billets à ordre qui ne contiennent aucune mention de la *valeur fournie*, non-seulement sont négociables à des tiers, mais même ils deviennent parfaits dès qu'il y est apposé un endossement régulier qui contient cette mention. — 4e, 14 mai 1827, *Grant-Devaux.* — C. R. 9, 207.

72. — Tout effet de commerce peut être transmis par la voie de l'endossement après son échéance. — Ce point ne fait aucun doute en jurisprudence.— 2e, 16 juin 1808, *Duboscher* ; — 4e, 17 nov. 1812, *Dupont*; — 4e, 3 juin 1819, *Leclerc-Milly* ; — 4e, 8 juin 1822, *Beuzelin*; — 4e, 13 mai 1828, *Goupil.* — C. R. 11, 403.

73. — Mais quel sera l'effet de la négociation? — Les quatre premiers arrêts ci-dessus rapportés, décident qu'après l'échéance d'un effet de commerce, toutes les créances résultant de cet effet, ren-

trent dans la catégorie des créances civiles; qu'en conséquence, le débiteur peut opposer au tiers-porteur toutes les compensations et exceptions qu'il eût été en droit d'opposer au créancier primitif. Voy. surtout les deux arrêts Leclerc-Milly et Beuzelin.

74. — ...Et le tribunal de commerce est compétent de connaître de ces exceptions (de compensation dans l'espèce), si les parties ne sont point commerçantes. — arr. Dupont.

75. — Jugé, au contraire par l'arr. 4e, 13 mai 1828, Goupil, « qu'encore bien que la lettre de change n'ait été négociée que depuis son échéance, elle n'en conserve pas moins son caractère.» qu'en conséquence elle doit être réputée acte de commerce entre toutes personnes (art. 632 C. com.), et comme telle soumise à la juridiction commerciale. (Art. 639 eod.)

§. II. — De l'endossement irrégulier.

76. — Avant le Code de commerce, l'endossement irrégulier était valable.— 4e, 26 nov. 1814, Balton. — Arg. 2e, 13 février 1810, De Glatigny.

77. — Sous le Code de commerce, il n'opère pas transport, il n'est qu'une procuration. Art. 138 C. com.

78. — « Il est de principe qu'un ordre conçu valeur reçue, ne transmet pas la propriété de l'effet, mais vaut seulement de mandat. » — 4e, 26 avril 1813, Lesur ; — 2e, 22 mars 1810, Bellamy ; — 4e, 6 mars 1819, Duelle ; — 1re, 29 déc. 1813, Lemeneur.

79. — Par suite, le porteur est tenu des mêmes exceptions que l'endosseur. mêmes arrêts.

80. — Mais cette irrégularité ne peut profiter à l'endosseur. — arr. Bellamy.

81. — Si l'endos d'une lettre de change ne vaut que comme procuration lorsqu'il n'énonce pas la valeur fournie, cette irrégularité peut être réparée par la reconnaissance de l'endosseur qu'il a transmis la lettre à titre de propriété. — 4e, 24 juillet 1826, Lesueur. — C. R. 13, 427.

82. — Et dans ce cas le tribunal de commerce est compétent à l'égard de tous les obligés. — 4e, 17 mars 1819, Roulland.

83. — Le porteur d'un effet, en vertu d'un endos irrégulier, peut être admis à prouver par livres ou autrement que l'endosseur lui doit la valeur du billet.— 4e, 6 mars 1819, Duelle.

84. — Les tribunaux peuvent également décider, d'après les circonstances, que l'endosseur est tenu de garantir le paiement de l'effet. — 4e, 26 déc. 1811, Renier.

85. — Contrà.— Le porteur, en vertu d'un endossement irrégulier, n'a point d'action en paiement de l'effet. — 4e, 4 janvier 1813, Lenormand; — 4e, 3 déc. 1817, Herval.

86. — ... Il ne peut demander à prouver par ses livres qu'il a réellement fourni la valeur de la lettre de change. — 4e, 26 février 1827, Durand. —C. R. 8, 69.

EFFETS DE COMMERCE, ART. 5.

§. III. — *De l'endossement en blanc.*

87. — D'après les termes de l'ordonnance de 1673, comme d'après le Code de commerce, l'endossement en blanc ne valait que de simple procuration.

« Mais avant la publication du Code de commerce, cette ordonnance, sur ce point, était tombée en désuétude. C'était un usage généralement reçu dans le commerce et consacré par la jurisprudence des tribunaux, que la simple signature du propriétaire au dos d'un billet en transférait la propriété au porteur. » — 4e, 28 juillet 1814, *Cheron;* — 4e, 4 janvier 1813, *Lenormand.*

88. — Cette jurisprudence doit encore aujourd'hui être adoptée pour les billets faits sous l'empire de l'ordonnance. En conséquence, lorsqu'il s'agit de ces billets, le porteur d'un ordre en blanc peut exiger du débiteur personnel le montant du billet, en justifiant qu'il en a fourni la valeur. — *mêmes arrêts;* et 2e, 20 juillet 1808, *Martine.*

89. — Toutefois, si l'endossement en blanc était sur un billet souscrit, il est vrai avant le Code de commerce, mais signifié seulement depuis ce Code, il ne serait point translatif de propriété.—2e, 13 février 1819, *Ledoux de Glatigny.*

90. — Depuis le Code de commerce, les endossements en blanc n'opèrent point transport et ne sont que de procuration. — Art. 138 C. comm.

91. — Si donc le porteur d'un effet à ordre, en vertu d'un endossement en blanc, en rembourse le montant au tiers

EFFETS DE COMMERCE, ART. 5.

auquel il l'a négocié, il ne devient pas par là créancier du montant de l'effet. La propriété de cet effet demeure à l'endosseur en blanc. — *m. arr.*

92. — Jugé, d'après le même principe, que de ce que le porteur d'une lettre de change, en vertu d'un endossement régulier, a été remboursé par l'un des signataires de cette traite, à qui elle avait été passée en vertu d'un endossement en blanc, il ne s'ensuit pas que ce dernier, de simple mandataire, devienne propriétaire de la lettre de change; et partant, s'il recourt contre le tireur ou l'accepteur, il est passible des exceptions que ceux-ci pourraient faire valoir contre le signataire qui a transmis la traite au porteur. — 4e, 26 février 1827, *Durand.* — C. R. 8, 69.

93. — Le tiers porteur ne pourrait, dans ce cas, demander à prouver, par ses livres, qu'il a réellement fourni la valeur de la lettre de change. « Cette preuve, en effet, ne serait pas opposable au tireur et à l'accepteur, contre lesquels il n'y a que d'un endossement conforme à l'art. 137 Code comm. qu'elle puisse résulter. » — *m. arr. Durand.*

94. — *Contrà.* — Les dispositions des art. 137 et 138 C. comm., ne sont point d'ordre public; on peut y déroger par des conventions, conventions qui, si elles sont passées entre commerçants, peuvent s'établir par toutes espèces de preuves. — Des présomptions graves, précises et concordantes, suffisent donc pour faire déclarer un endossement en blanc obligation contre le souscripteur, et entraîner la garantie du paiement de

EFFETS DE COMMERCE, ART. 6.

l'obligation. — 4e, 7 juillet 1836, *Comté Guillot.* — *R. P. 3*, 511.

95. — Le porteur d'un effet, en vertu d'un endossement en blanc, peut-il négocier cet effet ?

Pour l'affir., arg. de l'arr. 4e, 21 août 1816, *Morell ;* — 4e, 3 déc. 1817, *Herval.*

Pour la nég. — 2e, 5 juin 1813, *Marais.*

96. — Le porteur d'une lettre de change, endossée en blanc, peut valablement remplir l'endossement et transférer la propriété à un tiers, sauf à compter avec l'endosseur des sommes qu'il aurait touchées par cette transmission. — 4e, 30 août 1837, *Mahieu.* — *R. P. 1*, 594. — *Ita*, 4e, 27 mai 1819, *Simon.*

97. — Il peut être tenu de déclarer, par serment, 1° qu'il a agi en vertu de la procuration du précédent propriétaire ; 2° qu'il a payé la valeur de l'effet. — *m. arr. Simon.*

ART. 6. — DE LA SOLIDARITÉ.

98. — Tous les souscripteurs d'un effet de commerce en étant tenus solidairement (art. 140 et 187 C. comm.), ce qui est jugé contre l'un est jugé contre tous. L'endosseur contre lequel nulles poursuites n'ont été faites durant plus de cinq années, ne peut donc se prévaloir de l'art. 429 C. comm., pour opposer la prescription, si, durant cet espace, des poursuites ont été exercées contre l'un de ses codébiteurs. (Art. 1206 C. civ.) En un mot, tous les effets de la solidarité, tels qu'ils sont énumérés par le Code civil, s'appliquent à la solidarité

EFFETS DE COMMERCE, ART. 7.

établie par l'art. 140 C. comm. — 4e, 11 août 1823, *Beauchef.*

99. — La solidarité pèse sur tous les souscripteurs d'un effet de commerce, encore qu'ils ne soient pas commerçants. — 4e, 8 août 1826, *Lubin.* C. R. 7, 31.

100. — Cette solidarité subsiste, encore que les souscripteurs aient été condamnés conjointement, sans qu'il eût été ajouté *solidairement.* — *m. arr.*

101. — Quand un billet n'est pas négociable, le *passé à l'ordre* au dos du billet est un simple transfert, en vertu duquel le signataire de l'endossement ne peut être condamné solidairement avec le souscripteur du billet. — 2e, 27 juin 1807, *Havas.*

ART. 7. — DU PAIEMENT.

102. — Sur les droits qu'a le porteur de se faire payer, et sur les exceptions qui peuvent lui être opposées, voy. *infrà*, ART. 9.

103. — Lorsque le lendemain de l'échéance d'un effet de commerce, et après le protêt dressé sur le souscripteur, le porteur se présente chez une personne indiquée au besoin, laquelle déclare qu'elle est prête d'acquitter l'effet, à la condition que le protêt lui sera remis enregistré, le porteur doit faire enregistrer le protêt et se présenter ensuite pour recevoir son paiement ; ce n'est point à la personne indiquée au besoin à aller solder l'effet chez le porteur. — 4e, 1er février 1825, *Guilbert.* — C. R. 4, 119.

104. — En matière commerciale et *spécialement* lorsqu'il s'agit d'un billet à

ordre, de simples présomptions suffisent pour établir la libération du débiteur, encore bien que l'obligation excède 150 fr. et qu'aucun acte libératoire ne soit représenté. — 4°, 3 juillet 1816, *Fergant* ; — 4°, 14 janvier 1824, *Lebouteiller*. — C. R. 2, 322.

art. 8. — des droits et devoirs du porteur.

§. 1. — *Devoirs du porteur relativement aux conditions qu'il doit remplir pour se faire payer, et surtout de l'obligation où il est de protester.*

105. — Lorsque dans un billet il a été stipulé que le paiement ne pourrait être exigé du souscripteur qu'en faisant telle ou telle justification, si ce billet vient à être négocié, le porteur n'en peut réclamer l'acquittement qu'en faisant la justification stipulée. — 4°, 3 janvier 1831, *Pothier*.

106. — *Obligation de protester.* — La fausseté de la signature du tireur ne dispense pas le porteur de l'obligation de protester. — 4°, 18 février 1819, *l'agent judiciaire*.

107. — Encore qu'une lettre de change soit antérieure au Code de commerce, si elle n'est échue que depuis la promulgation de ce Code, elle doit être protestée le lendemain de son échéance. — 1re, 3 juillet 1811, *Adeline*.

108. — Le protêt à faire au domicile de la personne indiquée pour payer au besoin, doit également, en règle générale, être fait nécessairement le lende-

main de l'échéance. — 4°, 1er février 1825, *Guilbert*. — C. R. 4, 119.

109. — La personne indiquée pour payer au besoin, étant en droit d'exiger que le protêt dressé sur le débiteur principal soit revêtu de l'enregistrement, il s'ensuit que le porteur peut être obligé de faire deux protêts successifs, l'un sur le débiteur principal ; l'autre, et après l'enregistrement du premier, sur la personne indiquée au besoin. — m. arr.

110. — Toutefois, l'obligation où est le porteur de faire enregistrer le protêt dressé sur le souscripteur, avant de se présenter chez la personne indiquée au besoin, peut être considérée comme une force majeure qui suspend le délai du protêt à faire au domicile de cette personne jusqu'après l'enregistrement. — m. arr.

111. — C'est aux tribunaux à apprécier le temps pendant lequel a duré la force majeure, et, par exemple, ils peuvent décider que le protêt fait le 16 sur la personne indiquée au besoin est tardif, si l'enregistrement du protêt sur le débiteur principal avait eu lieu le 2. — m. arr.

§. II. — *De l'action du porteur, en cas de faillite de l'un des garants ou des obligés.*

112. — Même avant le Code de commerce, le porteur d'un billet était tenu, en cas de faillite du débiteur, d'agir en garantie dans les mêmes délais que s'il n'y eût point eu de faillite. — 1re, 12 juillet 1808, *Derme*.

113. — Lorsqu'il y a provision, le

EFFETS DE COMMERCE, art. 8.

porteur de la traite en est approprié au préjudice de la faillite du tireur. — 4ᵉ, 9 nov. 1831, *Deichtal.*

114. — Mais « aucune loi n'accorde au porteur de la lettre de change un privilége pour être payé par préférence aux autres créanciers, sur les marchandises qui sont dans les mains de celui sur lequel elle est tirée, quand ces marchandises ne sont pas déclarées par le tireur constituer provision pour l'acquit de la lettre de change. » — 4ᵉ, 27 mars 1832, *Paisant.*

§. III. — *De l'action du porteur contre le souscripteur, le confectionnaire ou les endosseurs, et de l'effet de celle de l'endosseur qui rembourse contre son cédant.*

115. — La saisine d'un billet à ordre ne peut donner au porteur le droit d'en exiger le montant, si ce billet n'est accompagné d'un endos ou transfert fait et signé par le véritable propriétaire ou par un fondé de pouvoir *ad hoc.* — 1ʳᵉ, 4 prairial an II, *Thoraud.*

116. — L'endosseur d'un billet à ordre qui se trouve saisi de cet effet, après l'avoir lui-même passé à l'ordre d'un tiers, est réputé de plein droit subrogé aux droits de ce tiers. — 4ᵉ, 5 novembre 1811.

117. — Il peut donc, en vertu de jugement obtenu par le tiers, faire exécuter la contrainte par corps prononcée contre le souscripteur. — 4ᵉ, 11 janvier 1814, *Bougon.*

118. — ...Et poursuivre la saisie immo-

EFFETS DE COMMERCE, art. 8,

bilière. — 4ᵉ, 16 nov. 1816, *Luard ;* — 4ᵉ, 28 sept. 1818.

119. — Le souscripteur d'une lettre de change ne peut opposer au porteur de cet effet la compensation ou autres exceptions qu'il pourrait opposer à son créancier personnel. — Il a bien son recours contre celui-ci, mais il doit payer le montant de la lettre de change au porteur. — 4ᵉ, 18 février 1822, *De Bourgade.*

120. — La lettre de change fût-elle causée *valeur pour solde de compte*, le souscripteur ne pourrait se soustraire au paiement, sous le prétexte qu'il y a lieu à révision du compte. — 4ᵉ, 6 février 1827, *Hébert.* — C. R. 8, 84.

Voy. encore sur cette question, *suprà* art. 2.

121. — Le tiers porteur de bonne foi n'est point tenu du dol du confectionnaire de l'effet. — Si cet effet est nul au respect de ce dernier, comme ayant été surpris à la faiblesse du souscripteur par des manœuvres dolosives, il n'est cependant pas radicalement nul, et doit produire tous ses effets à l'égard des tiers étrangers à la fraude. — Il en est *spécialement ainsi* si le billet a été souscrit par un homme en état d'ivresse. — 2ᵉ, 12 *junctim* 25 juillet 1823, *Hébert.* — Arr. *cassé*, mais pour défaut de formes seulement.

122. — Le tiers porteur ne peut être privé de l'exécution de son titre, par l'interdiction du confectionnaire, prononcée postérieurement à la confection de la lettre de change. — 4ᵉ, 13 mars 1828, *Goupil.* — C. R. 11, 408.

EFFETS DE COMMERCE, art. 9.

123. — *Recours des endosseurs.* — Lorsqu'une lettre de change a passé successivement à l'ordre de différents individus, si elle vient à être remboursée amiablement par l'un des endosseurs, le délai de quinzaine, accordé à celui-ci pour exercer son recours contre les autres obligés, doit être augmenté de tout le délai correspondant aux distances cumulées, 1° du domicile du dernier endosseur à celui de l'avant-dernier ; 2° du domicile de celui-ci au domicile de l'endosseur précédent, et ainsi de suite. En d'autres termes : « Les délais des distances des lieux où l'effet a été présenté doivent être ajoutés au délai primitif de quinzaine, à dater du protêt. » — 2°, 15 février 1810, *Bellamy.*

124. — Lorsque, sans que nul protêt ait été fait, un tiers, étranger à l'effet de commerce, a payé pour le compte d'un des endosseurs de cet effet, il ne peut être écouté dans son action contre cet endosseur ; il n'a d'action que contre le débiteur principal, conformément à l'art. 1236 C. civ. — 4°, 6 avril 1836, *De Lamare.*

ART. 9. — DU PROTÊT. — DE SES FORMALITÉS ET DES EFFETS QU'IL PRODUIT.

Quant à l'obligation de protester et au délai dans lequel le protêt doit être fait, voyez l'art. précédent, §. I.

125. — Sont valables les exploits faits au domicile élu pour le paiement d'une lettre de change. Les jugements sont également valablement signifiés à ce domicile. — 1°, 20 déc. 1808, *Quillet.*

126. — Si plusieurs lettres de change

EFFETS DE COMMERCE, art. 10.

sont semblables, il suffit, lors du protêt, d'en copier une seule, en déclarant que les autres sont semblables. — 2°, 28 fév. 1811, *Roger.*

127. — Le premier endosseur qui, par les énonciations inexactes qu'il a faites sur la lettre de change, a été cause de l'irrégularité du protêt, ne peut se plaindre de cette irrégularité. La responsabilité n'en doit retomber que sur lui. — 4°, 26 février 1823, *Masse Dubois.*

128. — Il peut, dans ce cas, être tenu de garantir le paiement de la traite. — 4°, 26 déc. 1811, *Renier.*

129. — L'existence du protêt peut-elle être admise par les juges, d'après de simples présomptions et sans preuves écrites ? — L'arrêt 2°, 24 juillet 1811, *Pinot*, l'avait ainsi décidé ; mais cet arrêt a été *cassé* le 25 août 1813. — S. 15, 1, 131.

130. — *Intérêts.* — Avant le Code de commerce, les intérêts des billets à ordre, souscrits par un non-commerçant, ne couraient point du jour du protêt, mais seulement du jour de l'assignation. — 1°, 28 janvier 1819, *Robillard.*

131. — Sous le Code, les intérêts moratoires sont dus du jour du protêt, *faute d'acceptation.* — 2°, 24 juillet 1811, *Pinot.* — *Cassé* par l'arrêt du 25 août 1813 (S. 15, 1, 131), qui décide que les intérêts sont dus du jour du protêt, *faute de paiement.*

ART. 10. — DE LA PRESCRIPTION.

132. L'art. 189 Code comm. est

EFFETS DE COMMERCE, art. 10.

ainsi conçu : « Toutes actions relatives
» aux lettres de change, et à ceux des
» billets à ordre, souscrits par des né-
» gociants, marchands ou banquiers,
» ou pour faits de commerce, se.pres-
» crivent par cinq ans, à compter du
» jour du protêt ou de la dernière pour-
» suite juridique, s'il y a eu condamna-
» tion ou si la dette n'a été reconnue
» par acte séparé. — Néanmoins les
» prétendus débiteurs seront tenus, s'ils
» en sont requis, d'affirmer, sous ser-
» ment, qu'ils ne sont plus redevables,
» et leurs veuves, héritiers ou ayant
» cause, qu'ils estiment de bonne foi
» qu'il n'est plus rien dû.

133. — « Par ce mot *juridique* dont se
sert l'art 189, le législateur a entendu
toute diligence ayant pour objet de
poursuivre, contre un débiteur, le paiement de sa dette. » — 4ᵉ, 20 janvier
1834, *Adeline.*

134. — Ainsi et *spécialement*, un commandement constitue une poursuite juridique, poursuite qui est capable d'empêcher la péremption de six mois prononcée par l'art. 149 Code procédure.—
m. arr.

135. — La prescription de cinq ans
est admise contre le porteur d'une lettre
de change, qui en a volontairement
payé le montant après l'échéance. — 2ᵉ,
31 nov. 1823, *Eléazard.*

136. — Cette prescription ne prend
naissance que du jour du protêt, même
tardif, ou de la dernière poursuite juridique, et non pas du jour de l'échéance
de l'effet. — 4ᵉ, 13 février 1822, *Cochon.*

EFFETS DE COMMERCE, art. 11.

137. — « Il n'en est pas de la prescription portée par l'art. 189 C. comm.
comme des prescriptions absolues qui
dénient toute action en justice, telle que,
par exemple, celle relative aux arrérages de rentes qui, après un délai de
cinq ans, ne peuvent plus être demandés. — La prescription dont parle l'art.
189 n'est fondée que sur la présomption
légale de paiement, mais cette présom-
tion peut être anéantie par la preuve
contraire. » — 4ᵉ, 13 mars 1820, *Leclerc-Milly;* — 1ʳᵉ, 24 juillet 1811, *Pinol.* — *Rej.* sur ce point. — S. 15, 1,
131.

138. — Ainsi et *spécialement*, les juges
peuvent trouver la preuve du non-paie-
ment de l'effet de commerce dans les livres des parties. — *Arr. Leclerc-Milly.*

139. — ...Ou dans « les pièces ou faits
du procès, la reconnaissance des héritiers présomptifs, et les circonstances
particulières de l'affaire. » — *Arr. Pinol.* — Et en conséquence, rejeter l'exception de prescription opposée par le
débiteur. — *Dits arrêts Pinol et Leclerc-
Milly.*

140. — Jugé cependant que lorsqu'il
s'est écoulé cinq années depuis la confection des billets, la preuve testimoniale
est inadmissible à l'effet d'établir l'existence de l'obligation, si d'ailleurs on ne
peut justifier d'une condamnation ou
d'un acte séparé, portant reconnaissance
de la dette. — 4ᵉ, 19 mars 1832,
Bayeux.

ART. 11. — DES BILLETS A DOMICILE OU
AU PORTEUR.

141. — *Billet à domicile.* — Le billet

à domicile, payable au porteur, n'indiquant pas celui qui a fourni les fonds, ne peut être considéré comme ayant les caractères d'une lettre de change. — 2ᵉ, 29 mai 1823, *Lapouyarde.*

142. — *Secùs,* cependant si de leur contexte il résulte que l'argent a été reçu dans une place pour être remis dans une autre. — 4ᵉ, 23 mai 1832, *Nicolas.*

143. — *Billet au porteur.* — Les simples billets au porteur sont valables. — 1ʳᵉ, 4 prairial an x, *Besnon;* — 1ʳᵉ, 9 germinal an x, *Durel;* — 1ʳᵉ, 15 mai 1813, *Bonnel.*

144. — ...Mais ils ne sont pas de la compétence commerciale. — 2ᵉ, 29 mai 1823, *Lapouyarde.*

V. Actes de commerce, autorisation de femme, commerçant, compétence commerciale, contrainte par corps, faillite.

TABLE SOMMAIRE.

EFFETS DE COMMERCE.

EFFET RÉTROACTIF.

V. Loi.

EFFET SUSPENSIF.

V. Acquiescement, appel, saisie-exé-cution.

ÉGLISE.

V. Communes, dispositions entre vifs

et testamentaires, fabriques, servitudes.

ÉGOUT.

V. Servitude, voirie.

ÉLECTEUR.

V. Élections.

ÉLECTIONS DÉPARTEMENTALES.

Le licencié en droit, âgé de plus de trente ans, qui n'est point porté sur la liste du jury parce qu'il y a incompatibi-lité avec les fonctions de juré et celles qu'il remplit (celles de juge de paix), doit être porté sur la liste des électeurs appelés à choisir les membres des con-seils de département et d'arrondisse-ment. — 1re, 12 nov. 1833, *Hébert*.

ÉLECTIONS LÉGISLATIVES.

§. I. — *Du cens électoral et des contribu-tions admises pour le composer*.

§. II. — *De la délégation des contributions*.

§. III. — *De la possession annale anté-rieure aux opérations électorales*.

§. IV. — *Du domicile politique*.

§. V. — *De la formation des listes électo-rales et de leur rectification*.

§. VI. — *Recours contre les décisions du préfet, compétence, conflit*.

§. I. — *Du cens électoral et des contribu-tions admises pour le composer*.

1. — Les journées de travail pour la réparation des chemins vicinaux, ne peuvent compter pour la composition du cens électoral. — 1re, 29 juin 1830. *Si-mon de Vauderille*.

ÉLECTIONS LÉGISLATIVES, §. II.

2. — Un héritier, pour cinquième, ne peut compter, pour la formation du cens électoral, que le cinquième des contributions des biens héréditaires non vendus, encore qu'il ne fût point partie dans les actes suivis de tradition. — 1re, 20 janvier 1829, *Samson*.

3. — « Les principes relatifs aux partages, principes d'après lesquels l'héritier est censé avoir succédé seul et immédiatement aux objets compris dans son lot, sont applicables aux matières électorales. »

Le cohéritier est donc censé, dès le moment du décès de son auteur, avoir été propriétaire et en conséquence avoir payé l'impôt des biens qui lui échoient, plus tard, par le partage. — 1re, 10 janvier 1831, *Guillourd*.

4. — L'héritier légal, dont la part est incertaine par la chance du succès d'un testament en faveur d'un tiers, a droit de se prévaloir des impositions de la portion de biens légués, si toutefois il a attaqué le testament. — 1re, 19 juin 1831, *Lambert-Lamotte*.

5. — Par suite, le légataire qui veut se prévaloir des impositions de biens testamentaires, doit justifier qu'il a actuellement la jouissance paisible de ces biens. — *m. arr.*

6. — La contribution des portes et fenêtres d'un usage commun, ne profite pas au locataire dans la computation du cens électoral. — 1re, 29 déc. 1828, *Buhot*.

§. II. — *Délégation des contributions.*

7. — La contribution des portes et fe-

ÉLECTIONS LÉGISLATIVES, §. III.

nêtres, bien qu'elle soit une contribution directe, n'a pas le caractère de contribution foncière; dès-lors elle ne peut, aux termes de l'art. 5 de la loi du 29 juin 1812, être déléguée par une veuve à son gendre, à l'effet de former le cens électoral. — 1re, 11 déc. 1828, *Carel.* — C. R. 11, 7.

8. — Le délégataire n'est point considéré comme un mandataire, c'est un droit personnel qu'il acquiert et non pas le droit du délégant qu'il exerce : celui-ci n'a transmis que ses impôts, il n'est donc assujetti à aucune des obligations imposées aux électeurs. — 1re, 19 janvier 1830, *Abaston.* — C. R. 12, 551.

9. — La belle-mère qui veut déléguer ses impositions à son gendre pour lui faire obtenir le cens électoral, n'est soumise à aucun délai particulier pour faire sa délégation. — *m. arr.*

10. — Le gendre délégataire des impôts de sa belle-mère n'a pas besoin de justifier par d'autres titres que l'acte de délégation, que la déléguante n'a ni fils, ni petit-fils; la déclaration de la veuve fait preuve suffisante. — 1re, 17 juin 1830, *Vauvray*.

§. III. — *De la possession annale antérieure aux opérations électorales.*

11. — N'est point considérée comme un titre successif, dans le sens de l'art. 4 de la loi du 29 juin 1820, la donation entre vifs en avancement d'hoirie, faite par un père à l'un de ses enfants. — En conséquence, le donataire, s'il possède depuis moins d'un an, n'est pas fondé à se prévaloir des contributions imposées

sur les biens donnés pour la composition de son cens électoral. — 1re, 19 janvier 1829, *Chedeville.* — C. R. 11, 26. *Contrà.* — 1re, 16 juin 1830.

12. — On ne répute pas le droit acquis, quand il dérive de titre successif, du jour de l'ouverture de la succession, il ne l'est que du jour de l'adition d'hérédité. — 1re, 15 juin 1830, *Dusaucey.* — *Ità.* — *m. jour*, *Gosselin.* — *Ità.* — *m. jour Bochin.* *Ità.* — *m. jour*, *Bisson.* — *m. jour*, *Chardon.* — *m. jour*, *Lecoq.* — 1re, 16 juin 1830, *Gohier ;* — 1re, 18 juin 1830, *Loyer ;* — 1re, 22 juin 1830, *Moisson.* — *m. jour*, *Banny de Recy.*

13. — Est considérée comme titre successif la licitation faite au profit d'un des héritiers, et en conséquence, elle peut être invoquée quoique non suivie de possession annale. — 1re, 22 juin 1830, *Brancy de Recy.*

14. — Il en est de même du partage. — 1re, 19 juin 1830, *Bonvoisin.*

15. — A quelqu'époque que la délégation ait lieu, le gendre délégataire peut demander que le cens à lui délégué soit compté pour ses droits électoraux.— 1re, 19 janvier 1830, *Abaston.*— *m. jour*, *Fortin ;*— 2o, 19 juin 1830, *Decour.*

16. — Il suffit que la possession annale soit acquise au jour de la formation du collége. — 1re, 16 juin 1830, *Letouzé.*

17. — C'est à celui qui attaque à justifier que la possession de la personne inscrite sur la liste électorale pour le cens attaché à cette possession, est simulée. — 1re, 23 déc. 1829, *Moisson.*

§. IV. — *Du domicile politique.*

18. — Il faut qu'il y ait eu acte de

translation de domicile politique pour qu'un individu puisse être inscrit sur une liste électorale, autre que son domicile civil. — 2o, 13 nov. 1830, *De Kergorlay.*

19. — De même que les électeurs ont le droit, d'après l'art. 11 de la loi du 19 avril 1831, de transférer leur domicile politique dans une circonscription électorale différente de celle où se trouve leur domicile réel, ils ont également le droit, depuis la loi du 22 juin 1833, de transférer leur domicile politique dans les différents cantons de la circonscription électorale où ils ont leur domicile réel, pourvu qu'ils paient, dans ces divers cantons, une contribution directe. — 1re, 13 nov. 1839, *Frémin.* — R. P. 3, 401.

20. — Il suffit, dans ce cas, pour transférer le domicile, d'une seule déclaration au greffe du tribunal civil de l'arrondissement dans le ressort duquel sont situés les divers cantons. - - *m. arr.*

21. — Bien qu'aux termes de l'art. 106 C. civ., le fonctionnaire révocable ne soit point censé transporter son domicile réel dans le lieu où ses nouvelles fonctions lui sont conférées ; ce n'est cependant là qu'une présomption que les circonstances peuvent détruire. En conséquence, le fonctionnaire révocable peut être admis à exercer ses droits politiques au lieu où il exerce ses fonctions, quoiqu'il n'ait fait aucune déclaration de changement de domicile. — 2e, 20 juin 1831, *Lebastard de Lisle.*

22. — Il suffit, pour l'acquisition du domicile politique, que le temps

prescrit par la loi soit accompli avant la convocation du collége. — 1re, 18 juin 1830, *Huttinguer.*

§. V.—*De la formation des listes électorales et de leur rectification.*

23. — La liste électorale arrêtée le 16 octobre est permanente, d'où suit que celui qui a négligé de s'y faire inscrire le 30 septembre, lorsqu'il avait alors le droit d'être inscrit, est admissible à faire valoir ses droits pendant tout le temps de la durée de la liste. — 1re, 16 juin 1830.

24. — Le mari acquiert, du jour du mariage, le cens électoral par les impôts assis sur les immeubles appartenant à son épouse ; si donc il est marié avant le 30 septembre, il doit, à peine de déchéance, se faire inscrire à cette époque. — 1re, 16 juin 1830, *Gohier.*

25. — Le citoyen même qui a réclamé avant le 30 septembre, mais sans avoir obtenu son inscription, ne peut pas, lors de la convocation du collège électoral, demander cette même inscription sur la liste de rectification. — 17 et 18 juin, 1830.

26. — Lorsqu'un électeur a été porté sur les listes closes le 30 septembre, les tiers sont non recevables à critiquer cette inscription, lorsqu'il n'est pas survenu de changement dans la cote des contributions de cet électeur. — 1re, 16 juin 1830.

27. — L'action d'un tiers qui veut faire rayer un électeur de la liste, doit être rejetée si elle n'est appuyée de piè-

ces justificatives, et cela lors même que l'attaqué ne donnerait aucunes explications sur les faits allégués. — 1re, 23 juin 1830, *Gardier.*

28. — Il ne peut être réclamé d'inscription sur la liste électorale à raison des droits survenus depuis l'époque où le tableau de rectification est terminé, quoiqu'ils soient acquis antérieurement au jour fixé pour l'élection. — 1re, 21 juin 1830, *Hubert ;* — 2e, 18 juin 1830, *Gandon.*

29. — Aux demandes adressées au préfet, en matière électorale, on doit joindre le mandat du réclamant, s'il agit par l'intermédiaire de quelqu'un se disant son mandataire.—1re, 19 juin 1830, *Carité.*

30. — Le citoyen, porté d'une manière utile, peut, en cas d'attaque, exciper de nouvelles pièces, même après les délais impartis pour produire, sans cependant qu'il ait droit de profiter de cette attaque pour être porté sur la liste électorale du département, en vertu des pièces nouvellement produites. — 1re, 29 déc. 1828, *Buhot.*

31. — Mais d'après la loi électorale du 19 avril 1831, il est permis de faire des justifications nouvelles, même devant la Cour. — 1re, 8 juin 1831, *Ferré.*

32. —...Fût-ce pour rectifier des erreurs commises par l'électeur. — 1re, 20 juin 1831, *Quillet ;* — 1re, 7 février 1832, *Fleuriot.*

3°. —Ainsi, l'individu dont l'inscription sur la liste électorale, a été rejetée, faute par lui d'avoir justifié de l'époque de sa

ÉLECTIONS LÉGISLATIVES, §. V.

naissance peut faire cette justification devant la Cour, et par suite faire réformer la décision du préfet. — 1ʳᵉ, 8 juin 1831, *De Seuleville.*

34. — La production de nouvelles pièces ne peut être admise devant la Cour, en faveur de l'acceptant, en admission sur la liste. — 1ʳᵉ, 19 juin 1830, *Ferard.*

35. — L'individu rayé de la liste annuelle comme payant un cens insuffisant, doit être porté sur le tableau de rectification pour survenance d'un nouveau cens. — 1ʳᵉ, 18 juin 1830, *Hutfer;* — 2ᵉ, 18 juin 1830, *Morin.*

36. — Jugé cependant que lorsqu'il y a lieu au tableau de rectification, les droits acquis lors de la liste annuelle, ne peuvent être invoqués. — 1ʳᵉ, 14 juin 1830, *Hue;* — 1ʳᵉ, 29 juin 1830, *Lefrançois;* — 2ᵉ, 18 juin 1830, *Buisson;* — 1ʳᵉ, 16 juin 1830, *Duhamel;* — 1ʳᵉ, 17 juin 1830, *Miréleau.*

37. — Si un individu a été porté sur la liste annuelle pour un cens trop fort, le préfet ne peut d'office rectifier cette erreur lors du tableau de rectification. 1ʳᵉ, 30 juin 1830, *Vengeon.*

38. — Le Français, demeurant en pays étranger et qui veut réclamer, quant à ses droits électoraux, ne peut se prévaloir de plus longs délais que ceux accordés aux Français qui habitent la France. — 1ʳᵉ, 18 juin 1830.

39. — La décision du préfet portant réduction du cens, sans néanmoins le faire descendre au-dessous du cens électoral, n'est pas sujette à notification. — 1ʳᵉ, 17 nov. 1829, *Branet.*

ÉLECTIONS LÉGISLATIVES, §. VI.

§. VI. — *Recours contre la décision du préfet. — Compétence. — Conflit.*

40. — Est non recevable devant la Cour, celui qui ne présente point l'arrêté du préfet contre lequel il a formé son pourvoi. — 1ʳᵉ, 19 juin 1830, *Marie;* — 1ʳᵉ, 21 juin 1830, *Fouquet.* — *m. jour, Couppel.* — *Id. Chatelier.* — *Id. Belhan.* — *Id. Huet.*

41. — La Cour ne peut statuer sur une demande en inscription formée directement devant elle. — 1ʳᵉ, 21 juin 1830.

42. — Mais celui qui a été retranché d'office de la liste publiée, peut, au cas de rectification du tableau, se pourvoir directement devant la Cour, pour s'y faire rétablir. — 2ᵉ, 26 juin 1830, *Lecavelier.*

43. — Le secrétaire général de la préfecture ne peut statuer sur la régularité des réclamations électorales; il ne peut se dispenser de les faire inscrire, sous prétexte qu'elles seraient inadmissibles en la forme. — 1ʳᵉ, 19 juin 1830.

44. — En matière d'élections, le conflit est suspensif. — 2ᵉ, 15 nov. 1827, *Carel.*

TABLE SOMMAIRE.

ÉMANCIPATION.

ÉMANCIPATION.

1. — *Droit ancien.* — *Age.* — En Normandie, l'émancipation d'une fille âgée de moins de quatorze ans, était nulle, à moins qu'elle n'eût été faite en vertu d'une dispense obtenue du prince.—1re, 23 juin 1807, *veuve Gaulier.*

2. — *Pouvoir du père.* — Le père ne peut, en émancipant son fils, lui nommer un curateur. Au conseil de famille seul appartient ce pouvoir. — 2e, 27 juin 1812, *Demontalembert.* — D. A. 12, 782, n° 1.

ÉMIGRÉS.

3.—Le père tuteur qui a émancipé sa fille ne peut plus la représenter en justice. — 4e, 3 juillet 1818, *Lemaslc.*

4. — *Emprunt.* — Avant, comme depuis le Code, le mineur émancipé ne pouvait faire d'emprunts, sans y être autorisé par avis de parents. — 2e, 23 janvier 1813, *Fauvel.*

5. — *Partage.* — Le mineur émancipé a capacité pour intenter une action en partage, sans l'assistance de son curateur, et sans avoir obtenu un avis de parents. — 2e, 15 juin 1826, *Delaunay.*

6. — *Commerçant.* — Le mineur émancipé, qui fait le commerce sans y avoir été autorisé, peut cependant être condamné, en vertu des dispositions de l'art. 484 C. c. — 4e, 3 mai 1814, *Tostain.*

7. — *Compte de tutelle.* — Le mineur émancipé peut, avec l'assistance de son curateur, apurer le compte de sa tutelle, sans en avoir reçu l'autorisation de justice ; mais, en général, le tuteur doit, à peine de nullité de l'apurement et des actes qui en sont la suite, représenter l'original de ce compte. — 2e, 27 août 1823, *Chenevière de Pointel.*

ÉMIGRÉS.

ART. 1. — DE LA MORT CIVILE ENCOURUE PAR LES ÉMIGRÉS.

ART. 2. — DE L'EFFET DE LA CONFISCATION DES BIENS DES ÉMIGRÉS AU PROFIT DE L'ÉTAT.

ART. 3. — DE L'AMNISTIE PRONONCÉE PAR LE SÉNATUS-CONSULTE DU 6 FLORÉAL AN X, ET DE SES EFFETS.

ART. 4. — DE LA RESTITUTION ORDONNÉE
PAR LA LOI DU 5 DÉCEMBRE 1814.

ART. 5. — DE LA LOI D'INDEMNITÉ.

§. I. — *De la nature et de l'allocation de
l'indemnité.*

§. II. — *De l'admission à l'indemnité.*

§. III. — *Des droits des créanciers, relativement à l'indemnité.*

ART. 1. — DE LA MORT CIVILE ENCOURUE
PAR LES ÉMIGRÉS.

1. — Celui qui n'a point été inscrit
sur la liste des émigrés, et contre lequel
il n'existe ni arrêté de séquestre, ni jugement criminel, ne peut être réputé
émigré, encore bien que, de fait, il eût
quitté le territoire de la France, que ses
immeubles aient été saisis et qu'il ait
cru devoir obtenir un certificat d'amnistie. — *Aud. sol.*, 3 février 1813, *Montalembert.* — S. 13, 2, 117.

2. — La question de savoir si la femme d'un homme porté sur la liste des
émigrés était ou non libre de condition,
dépendait de la décision en dernier ressort rendue par le gouvernement, pour
maintenir ou non l'émigré sur la liste,
encore que l'autorité locale l'en eût rayé;
la décision du gouvernement avait un
effet rétroactif. — 1re, 16 déc. 1818,
Dhonesville.

3. — L'émigration du mari, une fois
certaine, dissolvait la puissance maritale; ainsi, la femme d'un émigré pouvait contracter, sans autorisation, du
moment où son mari était inscrit sur la
liste des émigrés. — 18 nivôse an XII,
Jaubert. — S. *Rej.* 5. 155.

4. — La femme de l'émigré a été libre
d'exercer ses droits, du jour où il y a eu
séquestre des biens de son mari, et,
pour conserver l'hypothèque de ses reprises, elle a dû former opposition au
sceau des lettres de ratification des biens
vendus par son mari. — 1re, 30 août
1825, *Auzanne.*

5. — L'émigré frappé de mort civile
ne pouvait contracter un mariage produisant des effets civils. — Dès lors, il
ne pouvait conférer hypothèque légale à
celle qu'il prenait pour épouse; des
droits hypothécaires ne pouvaient être
assurés à celle-ci que du moment où,
profitant des lois rendues en faveur de
l'émigration, l'émigré faisant cesser,
pour l'avenir, les effets de la mort civile et renouvelait son mariage. — 1re,
24 mai 1830, *Delacour.* — C. R. 13,
273.

6. — Un émigré a pu valablement,
pendant sa mort civile, acheter, soit
par lui-même, soit par le ministère d'un
prête-nom, des biens situés en France.
— 2e, 10 août 1825, *Richer.* — C. R. 6,
242.

7. — L'émigration n'a pas donné lieu
à l'ouverture du tiers coutumier en faveur des enfants; la mort naturelle seule
pouvait produire cet effet. — 1re, 12 décembre 1817, *Bernières.* — *Rej.* S. 19, 1,
254. — 1re, 20 avril 1822, *Bohul de Sé-
monville.*

8. — En conséquence, les enfants nés
d'un second mariage, contracté par le
père après son amnistie, peuvent demander le partage de ce tiers, que l'enfant du premier lit a recueilli par l'effet

ÉMIGRÉS, art. 2.

de l'émigration et de la mort civile de leur père, encore bien qu'ils fussent nés depuis la loi du 17 nivôse an II, abolitive du tiers coutumier, et que l'émigré amnistié fût décédé sous l'empire du Code civil. — 1re, 12 déc. 1817, Bernières. — Rej. S. 19, 1, 254.

ART. 2. — DE L'EFFET DE LA CONFISCATION DES BIENS DES ÉMIGRÉS AU PROFIT DE L'ÉTAT.

9. — La réunion dans les mains de l'état des biens du créancier et de ceux du débiteur, par suite des lois revolutionnaires contre les émigrés, a éteint la dette, par confusion. Les héritiers du créancier, rétabli dans la plénitude de ses droits, ne peuvent plus en réclamer le paiement. — 2e, 1er avril 1840, De Polinière. — R. P. 4, 128.

10. — Jugé encore que la réunion dans les mains de l'état, par suite des lois sur l'émigration, des biens des émigrés et de ceux des fabriques, a opéré l'extinction, par confusion, des rentes dont les biens des uns étaient grevés au profit des autres. — 1re, 27 février 1827, De Vassy. — C. R. 8, 116.

11. — Si cependant l'émigré se reconnaît débiteur de la rente, « il a le droit au moins de déléguer à la fabrique le capital de la rente par elle réclamé, à prendre sur celui qui lui sera délivré à lui-même à titre d'indemnité, de telle sorte que, comme lui, cette fabrique reçoive le capital de la rente en inscriptions de la dette publique à 3 p. "0. » — m. arr.

12. — « Le délai de la prescription n'a pu légalement courir contre le créancier d'un émigré, qui, après avoir fait valoir ses droits auprès du gouvernement, et en avoir obtenu le paiement d'une partie, avait été dans l'impossibilité d'agir pour le surplus. » — 4e, 10 août 1831, Thabriac.

13. — Lorsque le mari a émigré, la femme ne peut être reçue à exercer l'action en recours contre les acquéreurs de ses propres, parce que le mari, dans ce cas, est représenté par le fisc, lequel est réputé solvable. — 2e, 26 pluviôse an XII, Boucherelle ; — 2e, 15 messidor an XIII, Laferrière ; — 2e, 17 brumaire an XIV, Picard.

14. — La confiscation a continué de subsister sur les biens d'une certaine étendue, même à l'égard des émigrés éliminés ; et tout ce qui a été décidé, même administrativement, en faveur des tiers, relativement à ces biens, jusqu'à la loi du 5 décembre 1814, fait loi contre l'émigré. — 1re, 2 avril 1832, duchesse de Montmorency.

ART. 3. — DE L'AMNISTIE PRONONCÉE PAR LE SENATUS-CONSULTE DU 6 FLORÉAL AN X, ET DE SES EFFETS.

15. — « L'amnistie proclamée par le Senatus-Consulte, du 6 floréal an X (26 avril 1802), a fait cesser la mort civile des émigrés pour l'avenir, mais ne les a nullement relevés des effets qu'elle avait produit, soit en faveur de la république, soit en faveur des tiers, pendant leur exil ; elle ne leur a remis que ceux de leurs biens qu'ils possédaient lorsqu'ils ont subi la mort civile, qui se trouvaient

encore aux mains de la nation, mais non les successions acquises, à leur représentation, par l'état, en vertu des dispositions de la loi du 28 mars 1793, dont ils étaient réputés n'avoir jamais été propriétaires. » — 4e, 13 décembre 1826, *Godard de Douville.* — C. R. 7, 275.

16. — Le gouvernement étant ainsi resté, jusqu'à la loi du 5 décembre 1814, propriétaire des successions échues aux émigrés durant leur exil, ceux-ci n'ont pu valablement renoncer à des successions qui n'étaient pas encore ouvertes pour eux. — *m. ar.*

17. — En conséquence, on ne peut opposer à l'émigré, qui réclame sa part dans l'indemnité, sa renonciation à la succession de celui dont les biens ont été confisqués, lorsque cette renonciation est antérieure à la loi du 5 décembre 1814. — *m. arr.*

18. — L'émigré, après son amnistie et à compter de ce jour seulement, est rentré dans les droits qui lui appartenaient sur les biens de sa femme, conformément au statut sous lequel il avait contracté mariage et à ses conventions matrimoniales ; mais la femme a conservé, comme propres, les acquêts qu'elle avait faits avant l'amnistie. — 1re, 17 pluviôse an XIII, *De Glatigny* ; — 2e, 9 novembre 1811, *Lucas de Conville.*

19. — La restitution des biens d'un émigré, qui n'a été amnistié qu'après son décès, profite aux héritiers les plus proches au jour de la restitution, et non à ceux qui étaient les plus proches au moment du décès de l'amnistié ou à leurs

ayant-cause. — 31 mai 1806, *Deloncelles* ; mais cet arrêt a été *cassé* le 21 décembre 1807, — S. 8, 1, 113, par un arrêt qui décide, au contraire, que la restitution profite au parent qui était le plus proche au moment du décès de l'amnistié.

20. — Les biens restitués aux émigrés ou à leurs héritiers, par le sénatus-consulte du 6 floréal an X, ne sont rentrés dans leurs mains que sous la charge d'acquitter indistinctement toutes les dettes qui les grevaient au moment de l'émigration, quelle que soit la valeur des biens restitués. — 1re, 8 août 1809, *Trefen* ; — 2e, 7 août 1817, *De Sainte-Suzanne* ; — 2e, 18 février 1824, *De Baupte de Moon.* — C. R. 3, 8. — 4e, 31 mars 1824, *Godard de Douville* ; — 2e, 15 décembre 1832, *Lecorsu.*

21. — Ainsi, jugé d'après ce principe, que l'émigration d'un débiteur n'a pu nuire aux droits de son créancier, et que le débiteur ne pourrait être dispensé d'acquitter les charges des biens rentrés dans sa main, qu'autant qu'il serait justifié qu'ils lui auraient été cédés exempts de charge. — *dit arr.*, 1re, 8 août 1809, *Trefen.*

22. — .... Que les biens confisqués sur les émigrés et à eux remis, le sont avec toutes les hypothèques dont ils étaient grevés, encore que l'émigré ne fût tenu que comme tiers-détenteur. — *dit arr.*, 2e, 7 août 1817, *De Sainte-Suzanne.*

23. — .... Que l'émigré amnistié est ressaisi de ses biens, au même titre que celui auquel le gouvernement s'en était

emparé, c'est-à-dire à titre d'universalité ; qu'en conséquence, il est tenu de ses dettes anciennes, même sur les biens restitués en vertu de la loi du 5 décembre 1814. Il ne peut invoquer le décret du 24 février 1808, qui n'a établi de déchéance qu'en faveur du fisc. — *dit arr.*, 2ᵉ, 18 février 1824, *De Baupte de Moon.* — C. R. 3, 8 ; — et 4ᵉ, 31 mars 1824, *Godard de Douville.*

24. — .... Que l'émigré, non-seulement a dû acquitter les rentes dont ses biens étaient grevés, mais que si, par suite de la confiscation, ses biens sont passés dans les mains d'un tiers-acquéreur, libres de toute affectation quelconque, conformément à l'art. 16, sect. IV, de la loi du 25 juillet 1793, les dispositions des art. 1188 et 1912 C. civ. lui sont applicables, et qu'il peut être contraint au remboursement.— *dit arr.*, 2ᵉ, 15 déc. 1832, *Lecorsu.*

25. — Toutefois, l'héritier bénéficiaire qui a émigré n'est pas tenu, après son amnistie, d'acquitter les charges de la succession, s'il n'a été réintégré dans aucun des biens dépendant de cette succession. — 1ʳᵉ, 15 janvier 1806, *Barbey.* — Rej. S. 7, 76.

26. — Si le créancier et le débiteur ont émigré l'un et l'autre, et que le créancier seul soit amnistié, il n'a point d'action contre la caution. — 2ᵉ, 27 déc. 1807, *Colleville.*

27. — Il en serait ainsi lors même que le créancier et le débiteur auraient été l'un et l'autre amnistiés. — 1ʳᵉ, 10 nov. 1818, *De Poilvilain.*

28. — La loi du 16 ventôse an IX, re-

lative aux délais pour l'inscription contre les émigrés amnistiés, ne porte aucun préjudice aux tiers-détenteurs qui avaient fait transcrire leurs contrats avant l'amnistie de l'émigré. — 2ᵉ, 10 déc. 1807, *Lepaisant.*

29. — Les émigrés sont tenus de respecter tous les réglements administratifs faits entre l'état et des tiers, avant leur amnistie. — 1ʳᵉ, 4 février 1811, *Jardin.*

ART. 4. — DE LA RESTITUTION ORDONNÉE PAR LA LOI DU 5 DÉCEMBRE 1814.

30. — « C'est au moment de la promulgation de la loi du 5 décembre 1814 qu'il faut se reporter pour savoir à qui le droit a été acquis, et non à l'époque des arrêtés qui ont pu être pris en conséquence : le droit à la remise résulte de la loi seule ; l'arrêté en fait uniquement l'application. » — Si donc un ayant droit à la restitution des biens non vendus, en vertu de la loi du 5 décembre 1814, décède, après la promulgation de cette loi, mais avant l'arrêté administratif ordonnant l'envoi en possession, les biens vendus sont censés s'être trouvés dans la succession du défunt, encore que l'arrêté administratif d'envoi en possession n'ait pas été rendu en son nom, mais au nom de son héritier. — 2ᵉ, 26 février 1825, *De Labonnevalière.* — C. R. 4, 185.

31. — La restitution ordonnée par la loi du 5 décembre 1814, a eu l'effet de faire considérer la confiscation comme non-avenue ; dès lors les biens sont censés n'être jamais sortis de la main de

l'émigré, ils sont, par conséquent, dans sa succession, et doivent être remis aux parents les plus proches au moment du décès. — 2e, 11 juin 1818, *Moulin* ; mais cet arrêt a été *cassé* le 9 mai 1821. — S. 21, 1, 357.

32. — La femme d'un émigré qui, lorsqu'elle pouvait obtenir son douaire sur les biens non vendus de son mari, n'a fait aucune démarche pour y parvenir, ne peut ensuite, lorsque les biens restitués aux héritiers de son mari ne peuvent plus faire face à son douaire, s'adresser subsidiairement aux détenteurs d'immeubles aliénés par son époux avant l'émigration. — 2e, 18 février 1824, *De Baupte de Moon*.—C. R. 3, 8.

33. — Au reste, les émigrés restent obligés aux dettes qu'ils avaient contractées avant leur émigration, quand même ils n'auraient recouvré aucuns de leurs biens confisqués. — *m. arr.*

34. — Mais ils ne peuvent être poursuivis à raison des successions échues depuis la loi du 28 mars 1793, encore qu'ils en possèdent les biens et se disent héritiers, si l'état ne les leur a remises. —1re, 7 déc. 1808, *Descorches.*

ART. 5. — DE LA LOI D'INDEMNITÉ.

§. 1. — *Nature et allocation de l'indemnité.*

35. — Avant la loi du 27 avril 1825, le droit que l'émigré pouvait avoir, à raison de ses biens confisqués, était un droit immobilier. Il n'est devenu mobilier qu'à partir de l'époque où il a été con-

verti en une créance mobilière. — 1re, 13 mai 1829, *Godard de Condeville*.—C. R. 12, 408.

36. — En conséquence, l'indemnité représentative de ce droit a été acquise, dans le cas de disposition testamentaire faite avant cette époque, au légataire aux immeubles, à l'exclusion du légataire aux meubles. — *m. arr.*

37. — Ici s'appliquent les principes généraux, d'après lesquels le droit de revendication, tant qu'il n'a pas été converti en dommages-intérêts, conserve son caractère immobilier, encore bien que l'immeuble sorti des mains de l'usurpateur, ne puisse être revendiqué contre un tiers. — *m. arr.*

38. — Toutefois, si cette indemnité a été considérée comme immeuble, c'est seulement en ce sens qu'elle a pour objet de remplacer un immeuble, mais nullement comme emportant l'idée que l'émigré devait être fictivement considéré comme maintenu dans une propriété dont il avait été irrévocablement dépouillé. — 1re, 24 mai 1830 *Lacour*. — C. R. 13, 273.

39. — De là la conséquence que cette indemnité ne pouvait être, même avant son obtention, qu'un droit non susceptible d'hypothèque. — *m. arr.*

40. — ... Et que la femme normande n'en pouvait demander l'envoi en possession en solution de ses reprises. — *m. arr.*

§. II. — *Admission à l'indemnité.*

41. — L'héritier qui a renoncé, avant

la loi du 27 avril 1825 sur l'indemnité, et même avant 1814, à la succession d'un ayant droit à l'indemnité, ne peut faire rescinder sa renonciation, en ce qui touche cette indemnité, sous prétexte qu'elle était hors de ses prévisions lors de la renonciation, et qu'il ne peut être supposé avoir voulu répudier le bienfait de la loi. — 1re, 5 janvier 1829, *Bouchard*. — S. 29, 2, 189.

42. — L'art. 7 de la loi du 27 avril 1825, portant que les renonciations des représentants des émigrés ne pourront (en ce qui touche l'indemnité accordée par cette loi) leur être opposées que par les héritiers qui, *à leur défaut*, auraient accepté la succession, ne doit pas être entendu en ce sens que ce soit les seuls héritiers d'un degré subséquent qui puissent opposer les renonciations. — Ce droit appartient à tous héritiers, même d'un degré égal, qui ont accepté. — *m. arr.*

43. — L'héritier qui a accepté sous bénéfice d'inventaire la succession d'un émigré peut, comme l'héritier pur et simple, opposer à ses cohéritiers leur renonciation, afin de les exclure de tout droit à l'indemnité. — *m. arr.*

44. — L'héritier d'un émigré, qui a autrefois renoncé à la succession de son auteur, peut être écarté de l'indemnité due à cette succession par le cohéritier qui l'a acceptée, quoique la renonciation n'ait pas été faite gratuitement et dans les formes ordinaires, mais qu'elle ait été stipulée dans une transaction. — 1re, 21 mai 1828, *Rej.* — D. P. 29, 1, 216.

45. — Ainsi, l'héritier institué d'un

émigré qui, dans une transaction passée en l'an VIII avec son cohéritier et relative à la propriété des biens restitués à la succession en vertu du senatus-consulte de l'an X, a déclaré renoncer, moyennant une rente, à sa qualité d'héritier, peut être écarté, par l'effet de sa renonciation, du partage de l'indemnité due à son auteur, en vertu de la loi de 1825. — *m. arr.*

46. — L'enfant auquel ses père et mère ont donné par préciput une terre avec toutes ses dépendances, laquelle terre se composait en partie d'une propriété acquise du domaine, après que les donateurs en avaient eux-mêmes été dépossédés par suite des lois sur l'émigration, ne peut réclamer, comme une dépendance de la donation, l'indemnité accordée pour la propriété confisquée et rachetée depuis. — 2e, 19 avril 1827, *Hue de Coligny*. — C. R. 10, 341.

§. III. — *Droits des créanciers, relativement à l'indemnité.*

47. — Les créanciers des émigrés n'ont pas eu besoin, pour exercer leurs droits sur l'indemnité accordée à leur débiteur, d'avoir pris inscription sur les biens confisqués de celui-ci; ils peuvent exercer leurs droits suivant le rang de leurs hypothèques, indépendamment de toute inscription. — 4e, 10 août 1831, *Thabriac.*

48. — L'art. 18 de la loi du 27 avril 1825, qui accorde aux créanciers d'un émigré le droit de former opposition sur l'indemnité, mais seulement pour le ca-

44

pital de leurs créances, sans y comprendre les intérêts, a entendu exclure aussi bien les intérêts échus avant la confiscation que ceux échus depuis. — 1re, 28 mai 1828, *Loriult.* — C. R. 11, 104.

49. — Le créancier d'une rente viagère sur un émigré, ne peut former opposition sur l'indemnité accordée à cet émigré que pour les arrérages qui lui étaient dus au moment de l'émigration. — 1re, 14 avril 1828, *Signard.* — C. R. 11, 91.

50. — Il en est différemment des arrérages d'un douaire, pour lequel condamnation aurait été obtenue contre l'émigré avant son émigration. — Ces arrérages, en effet, adjugés par justice, forment un capital pour lequel il peut y avoir lieu à indemnité. — *m. arr.*

51. — En général, les fruits et revenus, de quelque nature qu'ils soient, indûment perçus avant l'émigration, doivent être regardés comme constituant, à l'égard de l'émigré, une dette capitale. *m. arr.*

52. — « L'art. 18 de la loi du 27 avril 1825, ayant déclaré l'indemnité libérée des causes de l'opposition, par la transmission des rentes, et ces causes étant, aux termes de cette loi, les titres antérieurs et tout ce qui était dû en vertu de ces titres, il s'ensuit que, par la transmission de l'indemnité, la totalité de la créance, objet de l'opposition, se trouve éteinte et le débiteur complètement libéré. » — 1re, 12 mai 1835, *Duchatel.*

53. — Cette libération s'opère de plein droit par la seule force de la loi; elle est absolue; quelques réserves qu'ait

faites le créancier ; elle profite à la caution comme au débiteur principal ou à ses héritiers. — *m. arr.*

54. — « Sans doute, avant de former opposition sur l'indemnité, le créancier avait incontestablement le droit de poursuivre l'émigré ou ses représentants, et de les contraindre au paiement intégral de la créance ; mais une fois qu'il a pris le parti de faire opposition sur l'indemnité accordée au débiteur principal, et qu'il a été approprié du capital de sa créance, conformément à l'art. 18, tout a été consommé entre les parties ; son option pour le mode 3 pour %, valeur nominale, quelque préjudice qu'elle lui cause, le rend désormais non recevable à demander, soit au principal obligé, soit aux cautions, la différence avec le mode de remboursement que lui attribuait son titre. » — *m. arr.*

55. — La prescription a couru pendant l'émigration contre les créanciers de l'émigré. — 1re, 9 déc. 1829, *De Canisy.* — C. R. 12, 164.

56. — La loi du 27 avril en autorisant par son art. 18 les créanciers de l'émigré à former opposition sur l'indemnité accordée à leur débiteur, ne les a pas, pour cela, relevés de la prescription qu'ils avaient encourue. — *m. arr.*

57. — On ne peut regarder comme interruptive de la prescription, vis-à-vis de l'émigré, la réclamation faite à l'administration qui le représentait, de la totalité d'une rente, lorsque le mandataire qui l'a faite n'avait mandat que pour demander la moitié de cette même rente. — *m. arr.*

ÉMIGRÉS, art. 5.

58.—Cependant, la prescription a été suspendue, relativement à l'émigré, pour toutes les créances non admissibles à liquidation.—4e, 17 juin 1829, *Bonnecheu.*

V. Compétence administrative, divorce, mort civile.

TABLE SOMMAIRE.

EMPLOI.

V. Communauté, dot, femme normande.

EMPRISONNEMENT.

V. Contrainte par corps.

EMPRUNT.

V. Prêt.

ENCHÈRE. — ENCHÉRISSEUR.

V. Saisie immobilière, surenchère.

ENCLAVE.

V. Servitude.

ENDOS. — ENDOSSEMENT.

V. Effet de commerce.

ENQUÊTE , §. I.

ENFANT ADULTÉRIN OU INCES-
TUEUX.

V. Filiation adultérine , aliments, succession.

ENFANT NATUREL.

V. Filiation naturelle.

ENQUÊTE.

(C. pr., 1re part., liv. 2 , tit. xii.)

§. 1. — *Du mode de proposer la preuve, et
du jugement qui l'ordonne.*

§. II. — *Du délai dans lequel l'enquête
doit être commencée. — Contre - enquête.*

§. III. — *De l'assignation à la partie , et
de la signification du nom des témoins.*

§. IV. — *De la citation et de l'audition
des témoins.*

§. V. — *Des reproches.*

§. VI. — *Formalités de l'enquête. — Procès-verbal.*

§. VII. — *Délai dans lequel l'enquête
doit être parachevée. — Prorogation. —
Nouvelle enquête. — Nullités. — Recours.*

§. VIII. — *Des enquêtes en matière sommaire et commerciale.*

§. I. — *Du mode de proposer la preuve ,
et du jugement qui l'ordonne.*

1. — L'admission d'un fait en preuve
ne peut résulter du consentement des
parties ; il faut qu'elle soit ordonnée par
le juge. — 2e, 25 mars 1831, *Lecacheux.*

ENQUÊTE , §. II.

2. — La partie qui n'a pas usé du
droit que lui confère l'art. 252 C. pr.
d'exiger que les faits articulés par son
adversaire lui fussent signifiés à l'a-
vance, et qui, au lieu de demander le
renvoi de la cause lorsqu'ils ont été im-
provisés sur la barre , s'est contentée de
les dénier purement et simplement ,
n'est pas recevable, sur appel, à se
plaindre du défaut de notification préalable. — 2e, 5 juillet 1833 , *Regnault.*

3. — Une enquête ne peut être écartée sur appel, sous le prétexte qu'elle
aurait eu lieu hors des cas où la loi autorise la preuve testimoniale, si le jugement qui l'a ordonnée est passé en force
de chose jugée. — 2e, 29 mai 1833 , *Nicole.*

4. — « Lorsqu'il a été ordonné qu'une
enquête sera faite par un juge de paix , il
doit y être procédé suivant la forme établie pour la procédure qui a lieu devant
la justice de paix. » Les parties peuvent
donc valablement faire par elles-mêmes
toutes les diligences, au lieu de les faire
faire par leurs avoués.—2e, 10 nov. 1827,
Delaurière. — C. R. 10 , 126.

§. II. — *Du délai dans lequel l'enquête
doit être commencée. — Contre - enquête.*

5. — Si les parties qui ont fait ordonner une enquête et contre enquête, lais-
sent expirer le délai fixé par la loi sans
procéder à la confection de ces enquêtes ,
elles sont définitivement forcloses de ce
droit, et ne peuvent plus faire ordonner
de nouveau une enquête. — 1re, 9 juin
1831 , *Matel.*

6. — L'enquête ordonnée par un jugement rendu contre une partie n'ayant pas d'avoué, ne peut, à peine de nullité, être commencée qu'après huitaine, à partir de la signification du jugement à personne ou domicile ; le §. 1 de l'art. 257 C. pr. ne déroge pas à l'art. 155. Toutes les fois que le jugement est susceptible d'opposition, c'est le §. II de l'art. 257 qu'il faut appliquer, qu'il y ait ou non constitution d'avoué. — 1re, 24 avril 1839, *Lecoq ;* — 1re, 2 juillet 1839, *Janvry.* — R. P. 3, 133 et 336.

7. — Lorsque l'enquête est nulle par suite d'une fausse interprétation donnée à un article de loi obscur ou ambigu ; par exemple, lorsque, dans le cas d'un jugement par défaut faute de constitution d'avoué, l'enquête a été commencée dans la huitaine de la signification du jugement, il n'y a pas *faute* du juge, et l'enquête ne doit pas être recommencée à ses frais. — *mêmes arrêts.*

8. — Dans tous les cas, « la prohibition de recommencer une enquête nulle par la faute d'un officier ministériel, ne peut empêcher le juge d'employer les moyens de s'assurer de la vérité de certains faits, et d'user de la faculté accordée par l'art. 254 C. pr., en ordonnant d'office une enquête dans des cas graves. » — *mêmes arrêts.*

9. — Les tribunaux ont aussi bien le droit de proroger le délai pour commencer l'enquête, qu'ils ont celui de le proroger pour l'effectuer. — *Spécialement,* si le juge estime que c'est par le fait de l'une des parties que l'autre a été mise dans l'impossibilité de commencer l'en-

quête, il peut décider que nuls délais ne courent contre la partie qui a été admise en preuve. — 2e, 7 août 1819, *Renouf.*

10. — La partie qui, après avoir pris une ordonnance du juge-commissaire, à l'effet de faire une contre-enquête, a laissé écouler les délais sans en profiter, ne peut plus être admise à faire cette contre-enquête. — 1re, 9 janvier 1832, *Fremont.*

11. — La Cour ne pourrait d'office ordonner une contre-enquête, le premier juge seul pourrait le faire après avoir pris connaissance de l'enquête. — *m. arr.*

§. III. — *De l'assignation à la partie, et de la signification du nom des témoins.*

12. — « La loi, en désignant dans l'art. 261 le domicile de l'avoué pour le lieu où la partie devait être assignée, et en lui donnant ainsi le caractère de domicile élu, n'a point porté atteinte ni fait exception aux dispositions de l'art. 68 C. pr., d'où il résulte que l'assignation est valablement donnée lorsqu'elle est remise à la personne elle-même, au lieu de l'être à son domicile. » — *En d'autres termes,* l'intimation pour être présent à une enquête peut être faite à personne. — 1re, 29 mars 1822, *Duval Laprairie ;* — 2e, 17 mars 1821, *Carité.*

13. — « L'assignation pour être présent à une enquête, donnée à plusieurs parties au domicile de leur avoué, est nulle et frappée de la nullité prononcée par

l'art. 161 C. pr., s'il n'est laissé autant de copies qu'il y a de parties intéressées. » — 1re, 26 mai 1828, *Debert.* — C. R. 11, 199.

14. — Mais la nullité est couverte si l'avoué ou l'une des parties se sont présentés et ont fait des soutiens dans l'intérêt de tous, surtout s'il appert, par la suite, que toutes les parties ont continuellement procédé en commun et sans diviser leurs intérêts. — *m. arr.*

15. — Jugé même que la location en commun d'une carrière, pour en revendre le produit, constituant, pour les divers locataires, une opération commerciale, si une enquête est entreprise contre les locataires, il suffit de signifier pour tous, au domicile de leur avoué, une seule copie de l intimation pour être présents à cette enquête. — 4e, 26 janvier 1836, *Roulleaux.* — R. P. 3, 513.

16. — La partie assignée au domicile de son avoué, pour être présente à une enquête, conformément à l'art. 261 C. pr., doit avoir, outre le délai de trois jours exigé par cet article, un jour par trois myriamètres de distance entre son domicile réel et le lieu où l'enquête doit être faite. — 1re, 8 juin 1813, *Moisson :* — 1re, 16 janvier 1827, *Mochon.* — C. R. 7, 240. — 1re, 13 février 1832, *Bloqué.*

17. — L'assignation qui n'accorderait pas ce délai serait nulle. — 1re, 16 janvier 1827, *Mochon...* — Du moins quant aux témoins entendus avant l'expiration du double délai. — 1re, 8 juin 1813, *Moisson.*

18. — Toutefois, cette nullité serait couverte si l'avoué s'était présenté à l'enquête sans la proposer. — 1re, 16 janvier 1827, *Mochon.*

19. — Ce délai doit de plus être double à raison de ce qu'il y a lieu à l'aller et le retour pour l'envoi des informations. — 1re, 13 février 1832, *Bloqué.*

20. — Est nulle l'intimation faite à partie, si elle ne porte point de date. — 1re, 27 juillet 1821, *Creully.*

21. — L'indication de la demeure d'un témoin prêtre est suffisamment faite par la désignation de la commune dont ce prêtre est desservant. — 1re, 28 nov. 1831, *Leterrier.*

22. — L'indication de la demeure de deux témoins est suffisamment faite en mettant au pluriel cette indication après leurs noms. — *m. arr.*

23. — Le défaut d'indication de l'un ou de plusieurs des prénoms d'un témoin, dans la dénonciation qui en est faite au défendeur, n'est pas suffisant pour faire rejeter son témoignage, si d'ailleurs ce témoin est désigné d'une manière suffisante, et qu'il n'y ait eu aucune erreur possible. — 1re, 15 juillet 1840, *Bisson-Delaureau.* — R. P. 4, 513.

24. — Un témoin est suffisamment désigné par ces mots, femme une telle. — 1re, 2 février 1815, *Letellier.*

25. — La partie qui siste à une enquête n'est plus recevable, après cette enquête, à se plaindre que les témoins ne lui aient pas été suffisamment désignés dans l'intimation. — 2e, 4 août 1827, *Vimard.*

ENQUÊTE, §. IV.

26. — *Et plus généralement*, la partie qui a discuté une enquête sans en proposer les nullités, n'est plus recevable à-les proposer ensuite. — 1ʳᵉ, 4 mai 1808, *Delaunay*.

§. IV. — *De la citation et de l'audition des témoins.*

27. — Lorsque le témoin assigné demeure à moins de trois myriamètres de distance du lieu de la confection de l'enquête, aucune augmentation de dèlai ne peut être exigée par lui, pour la distance qu'il a à parcourir. — 2ᵉ, 12 mai 1832, *Duchesne*.

28. — Est nulle la déposition d'un témoin si la citation à lui faite ne contient pas le dispositif du jugement d'appointé en preuve. — 2ᵉ, 24 mai 1821, *Chalmel*.

29. — Mais l'intimation à témoin est valable si elle contient l'ordonnance du juge-commissaire et le dispositif du jugement, en ce qui concerne les faits admis en preuve, encore que ce soit en forme d'énonciation et non de copie. — 2ᵉ, 16 juillet 1824, *Quesnel*.

30. — L'enquête est nulle si les témoins ont été assignés sans mandat du juge. — 2ᵉ, 22 juillet 1807, *Lefoulon*.

31. — Si l'éloignement des témoins ne permet pas de les entendre tous au même lieu où se fait l'enquête, le juge doit alors fixer le délai dans lequel cette enquête sera consommée, faute de quoi le jugement peut être frappé d'appel à cet égard. — 1ʳʳ, 19 juillet 1808, *D'héricy*.

ENQUÊTE, §. V.

32. — Il suffit que le témoin signe sa déposition sans signer sa réponse aux interpellations. — 1ʳᵉ, 16 déc. 1824, *Blangueron*.

33. — La partie qui a assisté à l'audition des témoins et leur a adressé des interpellations, est non recevable à demander ensuite la nullité de l'enquête, pour cause de nullités dans la signification du jugement qui ordonnait cette enquête. — 1ʳᵉ, 9 janvier 1832, *Fremont*.

§. V. — *Des reproches.*

34. — Lorsqu'un reproche, proposé contre un témoin par l'une des parties, est basé sur une des causes énumérées dans l'art. 283 C. pr., il y a obligation pour les juges, si le reproche est justifié, d'écarter la déposition du témoin. — Il ne leur est pas facultatif d'admettre ou de rejeter le reproche, suivant qu'ils ont plus ou moins de confiance dans la bonne foi du témoin. — 1ʳᵉ, 10 janvier 1835, *comtesse de Noirville* ; — 4ᵉ, 18 août 1836, *Morin*. — R. P. 3, 459. — 1ʳᵉ, 22 août 1839, *Dajon*. — R. P. 3, 373.

35. — Les causes de reproches énumérés dans l'art. 283 C. pr., ne sont soumises à aucune exception. Ainsi et *spécialement*, inutilement la partie qui aurait donné à boire ou à manger à un témoin depuis le jugement d'appointé établirait-elle qu'elle s'est trouvée dans une position telle qu'elle ne pouvait faire autrement ; le reproche, s'il est proposé, doit être admis. — *m. arr. de Noirville.*

36. — Cependant, décidé qu'un té-

moin n'est pas reprochable s'il n'a bu et mangé chez la partie, à la requête de laquelle il est assigné, qu'en qualité d'ouvrier, ou si, en cette qualité, il a reçu le salaire de son travail. — Toutefois, la justice ne doit avoir à sa déposition que tel égard que de raison. — 2ᵉ, 26 nov. 1830, *Lejugeur.*

37. — D'un autre côté, on ne peut admettre d'autres reproches que ceux qui sont prévus par l'art. 283 C. pr. — 1ʳᵉ, 10 février 1819, *Saillenfest;* — 2ᵉ, 15 janvier 1823, *Lévesque;* — 2ᵉ, 19 juillet 1834, *Lebourgeois;* — 1ʳᵉ, 26 mai 1835, *Ramanger.*

38. — Ainsi, est inadmissible le reproche fondé sur l'existence d'un procès entre la partie reprochante et le témoin reproché. — 1ʳᵉ, 26 mai 1835, *Ramanger.*

39. — Jugé cependant que l'on peut reprocher le témoin avec qui on a un procès en police correctionnelle. — 1ʳᵉ, 6 août 1818, *Renouf.*

40. — *Capacité.* — *Exclusion.* — L'individu qui a été condamné à une peine correctionnelle pour simple vol, est à jamais reprochable comme témoin en matière civile. — L'art. 283 C. pr., en effet, n'a point été modifié par les art. 633 du Code d'instruction criminelle, 42 et 401 du Code pénal, en ce sens que le condamné pour simple vol, qui n'a point été interdit par le jugement de tout ou partie des droits mentionnés en l'art. 42 du Code pénal, doive cesser d'être reprochable dans l'esprit de la loi, alors même qu'il a subi sa peine. — 1ʳᵉ, 23 juillet 1840, *Chappe.* — R. P. 4, 433.

41. — Est reprochable, en matière de fraude, celui qui en serait le complice, si elle existait. — 1ʳᵉ, 31 juillet 1810, *Lebaudy.*

42. — Le gardien de meubles saisis peut être reproché s'il s'agit de l'enlèvement des meubles qu'il était chargé de conserver. — 1ʳᵉ, 13 août 1808, *Picard.*

43. — Les témoins d'un testament sont également reprochables lorsqu'il s'agit d'une inscription de faux contre le testament. — 1ʳᵉ, 3 avril 1810, *Chastel.*

44. — Cependant, en matière de faux incident, les témoins instrumentaires peuvent être entendus. — Il n'y a ici d'autres reproches à exercer que ceux admis en matière criminelle. — 1ʳᵉ, 24 mai 1822, *Poirier.*

45. — Le notaire qui a reçu l'acte peut être entendu comme témoin sur la capacité du testateur, encore bien qu'il ait énoncé dans l'acte que ce testateur était sain d'esprit. — 1ʳᵉ, 24 juin 1824, *Guesdon.*

Voy. *testament.*

46. — La qualité d'avocat de l'une des parties intéressées au procès, ne peut être considérée comme une cause de reproche. — 1ʳᵉ, 22 février 1821, *Harel.*

Contrà. — 1ʳᵉ, 23 juillet 1812, *Legrip.*

47. — Peut être reproché comme témoin, sur le point de savoir si un individu est ou non commerçant, le juge qui a ainsi décidé la question. — 4ᵉ, 30 avril 1812, *Jardin.*

48. — Est reprochable le clerc d'un notaire dans une enquête relative à un

acte reçu par son patron. — 1re, 4 mai 1808, *Delaunay*.

49. — *Intérêt personnel ou d'affection.* -- Est reprochable le témoin qui a un intérêt personnel à la contestation.— 2e, 2 janvier 1811, *Toutain*; — 1re, 21 mars 1812, *Blanchard*; — 4e, 16 avril 1812, *Bahu*.

50. — La déposition d'un tel témoin ne doit point être lue. — 1re, 15 déc. 1835, *Dragon-Gomicourt*.

51. — Le créancier d'une partie ne peut être reproché en cette qualité. — 2e, 27 mai 1818, *Ledanois*.

52. — Cependant les créanciers d'une faillite ne peuvent, dans les affaires qui intéressent la faillite, être entendus qu'à titre de renseignements. —4e, 16 août 1821, *Niobey*.

53. — *Habitant de commune.* — Les habitants d'une commune lorsque, considérés individuellement, ils ne sont point partie au procès et sont sans qualité pour poursuivre personnellement l'action intentée, ne peuvent être reprochés en leur seule qualité d'habitants, sauf aux tribunaux à avoir à leur déposition tel égard que de raison. — 1re, 5 juin 1807, *la ville de Caen*; — 1re, 13 mai 1824, *Saint-Sauveur*; — 2e, 25 janvier 1825. — 2e, 27 juillet 1825, *Buhot-Duclos*; — 1re, 26 août 1825, *Magné-Delalonde*.—*Rej.* S. 27, 1, 492.—1re, 15 juin 1831, *le maire de la commune des Pieux*. — 2e, 5 déc. 1832, *commune de Sanerville*; — 1re, 2 août 1836, *commune d'Occaignes.* — *R. P.* 3, 555. — 1re, 15 juillet 1840, *Bisson-Delaureau.* — *R. P.* 4, 513.

54. — Mais les juges ont un pouvoir discrétionnaire pour admettre ou rejeter leurs dépositions, suivant qu'ils apprécient que ces témoins ont un intérêt plus ou moins direct, plus ou moins grave dans le litige. — 1re, 2 août 1836, *commune d'Occaignes*.

55. — De même, la qualité de membre du conseil municipal de la commune n'est point une cause de reproche. — 1re, 15 juillet 1840, *Bisson-Delaureau*.

56. — Par le même motif, les parents de l'adjoint et des membres du conseil municipal, ne peuvent être reprochés à raison de cette parenté. — 1re, 15 juin 1831, *le maire de la commune des Pieux*.

57. — Le conseiller municipal, lors même qu'il a pris part aux délibérations par suite desquelles une commune a entrepris un procès et a obtenu les fonds nécessaires pour faire face à ses dépenses, ne peut être pour cela considéré comme ayant donné un certificat sur des faits relatifs au procès, et par suite reproché. — *m. arr.*

58. — Mais on doit admettre le reproche coté contre un maire qui, dans un certificat, ne s'est pas borné à constater les faits parvenus à sa connaissance comme maire, mais qui a tiré lui-même les conséquences de ces faits et a exprimé son opinion personnelle. — 2e, 19 juillet 1834, *Lebourgeois*.

59. — Ne peut être reproché dans un procès relatif à une commune, l'ancien maire, ou l'ancien adjoint de cette commune, si au moment de l'enquête, il n'est plus que simple habitant; peu importe même qu'au moment où le procès

ENQUÊTE , §. V.

s'est engagé , il remplit encore ses fonctions de maire ou d'adjoint.—2ᵉ, 5 déc. 1832, *commune de Sanerville.*

60.—Lorsque les habitants d'une section de commune, agissent *ut singuli*, à titre particulier , ni leurs dépositions, ni celles de leurs parents au degré fixé par l'art. 283 C. pr., ne peuvent être entendues. — 1ʳᵉ, 15 juin 1831 , *le maire de la commune des Pieux.*

61. — Les possesseurs de terrains semblables à ceux revendiqués par une commune, ne sont pas reprochables comme ayant intérêt à la contestation ; ils doivent être entendus , sauf au juge à avoir égard à cette circonstance dans l'appréciation de leurs témoignages. — 1ʳᵉ, 15 juillet 1840 , *Bisson-Delaureau.—R. P. 4 , 513.*

62.—Le mandat n'est point une cause de reproche, le mandataire ne peut donc être reproché dans les affaires qui intéressent le mandant. — 1ʳᵉ, 15 juin 1831, *le maire de la commune des Pieux.*

Contrà. —2ᵉ, 18 février 1808, *Amey.*

63. — Lorsqu'un mari peut être reproché comme témoin, sa femme peut l'être également. —2ᵉ, 19 juillet 1809 , *Lavidière.*

64. — *Domestiques.* — Un témoin ne peut être reproché comme ayant été domestique chez l'une des parties peu de jours avant l'enquête, si au moment de l'enquête, il ne l'était plus; il en est ainsi lors même que sa sortie n'aurait eu lieu que dans l'intérêt du maître, sauf toutefois aux juges à avoir à cette dépo-

ENQUÊTE , §. VI.

sition tel égard que de raison. — 4ᵉ, 28 août 1833 , *Decaux.*

65. — Le garde particulier d'un propriétaire n'est pas considéré comme serviteur et domestique; il n'est pas reprochable aux termes de l'art. 283 du Code de procédure civile. — 1ʳᵉ, 2 août 1836, *commune d'Occaignes.—R. P. 3, 555.*

66. — Il en est surtout ainsi lorsque le témoin est en même temps garde champêtre de la commune contre laquelle il est appelé à déposer. — *m. arr.*

67. — N'est pas reprochable le témoin qui a bu et mangé aux frais du beaupère de la partie qui le produit, encore que le repas ait été donné depuis le jugement d'appointé en preuve. — 2ᵉ, 4 février 1829 , *Gauthier de Carville.*

68. — Est réputé certificat, et donne lieu par conséquent à un reproche fondé ,une lettre écrite par le témoin à la partie. — 4ᵉ, 22 février 1830, *Lemonnier.*

69. — Lorsque le reproche coté contre un témoin a été admis, la lecture de la déposition de ce témoin ne peut être faite, à peine de nullité. — 4ᵉ, 15 nov. 1831, *Fleury* dit *Lavallée.*

70. — La partie qui, après avoir présenté des reproches ne les a pas reproduits dans ses conclusions, est irrecevable à les proposer sur appel. — 2ᵉ, 27 juillet 1825 , *Buhot-Duclos.*

§. VI.—*Formalités de l'enquête.—Procès-verbal.*

71. — « La loi n'exige pas pour la va-

lidité d'une enquête, que la partie adverse y ait été présente ; l'enquête peut également se faire en sa présence et hors de sa présence, pourvu qu'elle ait été dûment appelée. » — 1re, 27 août 1827, *Leroi*. — C. R. 8, 349.

72. — Par le même motif, l'enquête faite dans le même cas, hors de la présence de l'avoué, est valable. — *m. arr.*

73. — Une enquête est valable, encore bien que lecture n'ait point été faite aux témoins du jugement d'appointé en preuve. — 2e, 22 juillet 1807, *Lefoulon*.

74. — Le juge-commissaire n'est pas tenu, à peine de nullité, d'ouvrir le procès-verbal d'enquête au moment même où il rend l'ordonnance à l'effet d'assigner les témoins. « Il lui suffit de l'ouvrir du jour même de la comparution des témoins, sous l'obligation rigoureuse à lui imposée par l'art. 259 C. pr., de faire mention de la réquisition et de la délivrance de son ordonnance. » — 2e, 10 nov. 1827, *Delaurière*. — C. R. 10, 126.

75. — Une enquête n'est pas nulle parce que le procès-verbal ne fait pas mention que les témoins n'ont lu aucun projet écrit. — 2e, 4 août 1827, *Vemard*, — C. R. 9, 320. — 2e, 21 juillet 1814, *Hue de Glatigny*.

76. — Pour être valable un procès-verbal d'enquête ne doit pas nécessairement être terminé par la mention expresse que toutes les formalités prescrites par les articles cités dans l'art. 375 C. pr., ont été exactement observées, si d'ailleurs elles ont été remplies et que mention spéciale ait été faite de l'accom-

plissement de chacune d'elles. — 1re, 27 août 1827, *Leroy*. — C. R. 8, 349.

77. — Est nul par le fait du juge le procès-verbal d'enquête où la comparution ou le défaut des parties ne sont pas indiqués. — 2e, 9 août 1828, *Leboiteux*.

§. VII. — *Délai dans lequel l'enquête doit être parachevée.* — *Prorogation d'enquête.* — *Nouvelle enquête.* — *Nullités.* — *Recours.*

78. — Tant que la huitaine, après l'audition du premier témoin n'est pas expirée, le droit de produire de nouveaux témoins subsiste, aucune déchéance à cet égard ne peut être encourue. Ainsi et *spécialement*, peu importe que le juge-commissaire, après la première audition de témoins, ait déclaré *l'enquête close* : de cette formalité on doit induire seulement que tous les témoins *alors cités* ont été entendus, mais nullement que le juge ait voulu outrepasser ses pouvoirs et interdire la production de nouveaux témoins, moyennant nouveaux avertissements, pourvu que le tout ait lieu dans la huitaine. — 2e, 12 mai 1832, *Duchesne*.

79. — Une demande en prorogation d'enquête, conformément à l'art. 279, n'est pas nécessaire lorsque la seconde audition de témoins peut se faire dans ladite huitaine. — *m. arr.*

80. — Avant comme depuis le Code de procédure, la prorogation d'enquête n'a pu être accordée que par le tribunal, elle n'a pu l'être par le juge-commissaire. — 2e, 14 août 1813, *Deprimare*.

81. — Lorsque l'enquête a été prorogée pour un temps de... il ne suffit pas d'obtenir dans ce délai une ordonnance du juge-commissaire pour assigner les témoins à comparaître à un jour déterminé, il faut que ce jour soit en dedans du délai. — 2e, 22 avril 1814, *Meslic.*

82. — Une partie ne peut, en consentant renoncer aux dépositions des témoins précédemment entendus, proroger les délais de l'enquête. — 1re, 27 août 1898, *Blaizot.*

83. — On ne peut considérer comme prorogation de délai l'ordonnance par laquelle un juge renvoie l'audition des témoins à un jour autre que celui qu'il avait d'abord fixé. — En conséquence, si ce jour est trop rapproché, les parties peuvent demander et obtenir une prorogation de délai, sans faire échec en rien à la disposition de l'art. 280 C. pr. qui défend d'accorder plus d'une prorogation. — 2e, 16 août 1823, *Guérin.*

84. — Lorsque le dernier jour de la huitaine accordée par l'art. 257 C. pr., pour commencer l'enquête, tombe un jour férié, le délai doit être prorogé au lendemain. — 12 mars 1812, *Cuzen*, mais cet arrêt a été *cassé* le 17 mars 1814. S. 14, 1, 121.

85. — « Lorsqu'une enquête est annulée par suite d'une erreur du juge, les tribunaux peuvent ordonner que l'enquête sera recommencée et que les mêmes témoins seront entendus. — 4e, 1er février 1837, *Neuville.* — R. P. 1, 213.

86. — L'art. 393 C. pr. qui déclare que l'enquête déclarée nulle par la faute de l'avoué ou de l'huissier, ne sera pas

recommencée, ne concerne que le cas où il s'agit d'une nullité dérivant de l'inobservation des formalités de l'enquête, affectant particulièrement l'enquête autant qu'elle est enquête ; mais il demeure étranger au cas où l'enquête régulière en elle-même, ne disparaît que comme faisant partie d'une procédure frappée d'un vice général qui la rend inefficace. » — 1re, 31 janvier 1835, *de Sainte-Marie*; mais cet arrêt a été cassé le 24 déc. 1839, et il a été décidé que lorsqu'une enquête a été déclarée nulle, et qu'elle a été ensuite recommencée, les dépositions des témoins de la première enquête ne peuvent plus être produites au procès, même à titre de simples renseignements, pour être discutées concurremment avec les témoignages de la nouvelle enquête. — R. P. 4, 34.

87. — Lorsqu'il a été ordonné que l'enquête serait recommencée, les mêmes témoins seuls peuvent être entendus ; de nouveaux reproches ne peuvent être présentés ; une contre-enquête ne peut être faite. — 2e, 30 germinal an XIII, *Deschamps.*

88. — Jugé cependant que lorsque des témoins ont été entendus, quelle que soit la validité ou l'invalidité de leurs dépositions, le juge-commissaire peut permettre d'en assigner de nouveaux, pourvu qu'ils soient entendus dans la huitaine, et la nullité de la première enquête n'influe en rien sur la validité de la seconde. — 8 juin 1813, *Moisson.* — C. R. 10, 296.

89. — *Nullités.* — Les nullités d'une enquête sont ouvertes par des conclu-

ENQUÊTE, §. VIII.

sions prises au fond. — 1re, 12 mai 1820,
Babé.

90. — Mais la présence de la partie à
l'enquête ne couvre pas les nullités des
dépositions, ce n'est pas au juge-commissaire qu'elles doivent être proposées.
— 2e, 8 juillet 1820, Picard.

91. — Recours. — Lorsque le juge-
commissaire, au lieu de renvoyer les
parties devant le tribunal, a lui-même
personnellement et directement prononcé sur leurs soutiens et conclusions
par une ordonnance motivée, ce n'est
pas devant le tribunal, mais bien devant
la Cour et par voie d'appel, que cette
ordonnance doit être attaquée. — 4e, 27
mai 1834, Roblot.

92. — Dans ce même cas, l'ordonnance du juge-commissaire suspend le
cours du délai pour faire enquête et fait
courir celui pour se pourvoir par la voie
d'appel. — m. arr.

§. VIII. — Des enquêtes en matières sommaire et commerciale.

93. — En matière sommaire, l'intimation à partie pour être présente à l'audition des témoins, peut être faite moins
de trois jours avant l'audition. — 2e, 28
janvier 1809, Jean ; — 4e, 24 oct. 1814,
Trébutien.

94. — Est nulle, même en matière
sommaire, le procès-verbal d'enquête
rédigé par un juge de paix commis, si
mention n'a pas été faite de l'intimation
à partie. — 4e, 17 avril 1818, Thomas.

95. — On doit, même en matière
sommaire, donner à la partie, copie des
noms des témoins, à peine de nullité.
4e, 25 juin 1818, Condé.

ENQUÊTE, §. VIII.

96. — Matière commerciale. — En matière commerciale ou sommaire, une enquête ordonnée par jugement contradictoire est valable, encore bien que le jugement d'appointé n'ait pas été signifié à
partie. Il suffit de signifier copie du nom
des témoins. (Art. 642 C. com., 432 et
413 C. pr.) — 4e, 29 mars 1824, Re-
nault.

97. — Les règles du Code de procédure, aux titres des reprises d'instance,
sont applicables aux tribunaux de commerce. — Ainsi et spécialement, le juge
ne peut procéder à une enquête après la
déclaration passée formellement à l'audience, par l'agréé de l'une des parties,
de la mort de son client ; les enquêtes
qui sont intervenues après cette déclaration sont frappées de nullité. — 4e, 1er
février 1837, Neuville. — R. P. 1, 213.

V. Acquiescement, appel, chose jugée, compétence civile, exception, exploit, séparation de corps.

TABLE SOMMAIRE.

ENQUÊTE.

ENREGISTREMENT.

ENREGISTREMENT.

La cession d'objets mobiliers n'est sujette aux droits d'enregistrement que
lorsqu'on fait usage de l'acte qui la contient en justice. — 2e, 1er février 1827,
Blancagnel. — C. R. 7, 291.

Ce n'est pas au cessionnaire, mais à celui qui attaque mal à propos la vente, à
payer les droits d'enregistrement, et ce
par application de l'art. 1382 C. civ. —
m. arr.

V. Arbitrage, compétence administrative, exploit, régie, saisie immobilière.

ENTREPRENEUR, ENTREPRISE.

V. Acte de commerce, commerce,
compétence commerciale, société.

ENVOI EN POSSESSION.

V. Absence, époux normands, femme normande, mariage avenant, succession, testament, vente.

ÉPOUX.

V. Absence, autorisation de femme,
communauté, dot, époux normands,

ÉPOUX NORMANDS.

femme normande, hypothèque, séparation de corps, succession, usufruit,
vente.

ÉPOUX NORMANDS.

L'homme originaire d'un pays de communauté dans lequel il possédait tous
ses biens, qui venait demeurer en Normandie, s'y mariait et retournait peu
après son mariage dans son pays natal,
ne pouvait être considéré comme Normand, relativement à ses conventions
matrimoniales. — 2ᵉ, 14 sept. 1824, *De
Pinsaye.* — C. R. 3, 360.

ART. 1. — DES CONVENTIONS MATRIMONIA-
LES EN NORMANDIE, TANT AVANT QUE
DEPUIS LA LOI DU 17 NIVÔSE AN II, ET
DE LA MANIÈRE DE LES CONSTATER.

§. I. — *Des conventions matrimoniales,
quant à la forme de l'acte qui les contient.*

§. II. — *Des conventions matrimoniales,
quant aux clauses et conditions dont elles
sont l'objet.*

§. III. — *Preuve des conventions matrimoniales. — Record de mariage.*

ART. 2. — QUELS AVANTAGES OU DONATIONS
LES ÉPOUX NORMANDS PEUVENT-ILS SE
FAIRE DURANT LE MARIAGE, ET SOUS
QUELLES CONDITIONS PEUVENT-ILS EN PRO-
FITER.

ART. 3. — DES DROITS DU MARI, DURANT
LE MARIAGE, SUR LES ACQUÊTS ET SUR
LES SUCCESSIONS MOBILIÈRES ÉCHUES A
LA FEMME.

ART. 4. — QUELLES DISPOSITIONS DE LA

ÉPOUX NORMANDS, ART. 1.

COUTUME, RELATIVES AUX ÉPOUX NOR-
MANDS, ONT ÉTÉ ABOLIES PAR LA LOI
DU 17 NIVÔSE AN II, COMME CONTENANT
DES AVANTAGES STATUTAIRES.

ART. 5. — DE LA COMMUNAUTÉ AUX MEU-
BLES ET ACQUÊTS OU ASSOCIATION NOR-
MANDE.

§. I. — *Nature de la communauté aux
meubles et acquêts. — Des droits qu'elle
confère aux époux.*

§. II. — *Acceptation ou répudiation de
cette communauté.*

§. III. — *Conséquences de l'acceptation de
la communauté. — Quelles choses sont à
partager. — Dettes et charges de la communauté.*

ART. 6. — DROITS ET OBLIGATIONS DU MARI
NORMAND.

ART. 1. — DES CONVENTIONS MATRIMONIA-
LES EN NORMANDIE, TANT AVANT QUE
DEPUIS LA LOI DU 17 NIVÔSE AN II, ET
DE LA MANIÈRE DE LES CONSTATER.

§. I. — *Des conventions matrimoniales,
quant à la forme de l'acte qui les contient.*

1. — 1° *Contrats de mariage avant la
loi du 17 nivôse an II.* — « Il était de jurisprudence certaine en Normandie,
avant la promulgation du Code civil,
que les conventions matrimoniales pouvaient être constatées par actes sous signature privée, auxquels les parents des
futurs concouraient, et que ces actes
étaient considérés comme ayant date
certaine, et faisaient foi pour les stipu-

lations y contenues, sauf les cas de dol ou de fraude contre lesquels les tiers étaient toujours recevables à réclamer. » — 1re, 14 janvier 1823, *Maupas* ; — 2e, 29 novembre 1827, *Leberuryer.* —C. R. 9, 382. — *Ità, aud. sol.*, 28 juillet 1824, *Aubry.*

2. — Peu importerait même, dans ce cas, que l'une des signatures (celle du père de la future, dans l'espèce) fût méconnue, si le contrat est signé des autres parents, il n'en doit pas moins être regardé comme faisant preuve, à sa date, des stipulations qu'il renferme. — *m. arr. Maupas.*

3. — Ont même été déclarées valables les donations à cause de mort et autres conventions portées en un contrat de mariage sous seing privé, fait en Normandie, bien que ledit contrat ne fût signé que par les futurs seulement. —1re, 29 juin 1827, *Aubin.*

4. —Toutefois, les créanciers peuvent attaquer le contrat de mariage comme frauduleux, et fait après la célébration du mariage. « Dès lors la preuve testimoniale et, par suite, les présomptions, si elles ont le caractère déterminé par la loi, peuvent être admises pour établir que cet acte n'est pas sincère. » — 4e, 10 déc. 1838, *Duval-Vautier.*—R. P. 2, 613.

5. — .... Et s'il est reconnu que le contrat de mariage sous seing privé ne porte une date antérieure au mariage, que parce qu'il a été antidaté, les donations réciproques ou déguisées, faites par un époux à l'autre, sont nulles et

ne peuvent être opposées aux créanciers. —*m. arr.*

Cependant, quant à la certitude de la date, relativement à l'hypothèque légale, voyez le mot *hypothèque*, sect. 4, ART. 1, §. 1.

6. — Sous l'empire de la coutume de Normandie, les contrats de mariage faits sous seing privé, ne devaient point, à peine de nullité, comme étant dans la classe des actes synallagmatiques, être rédigés en double original, — « Pour ces sortes d'actes, en effet, les conventions matrimoniales peuvent être constatées par voie de record, par le témoignage des parents et amis qui ont été présents au mariage, pourvu qu'ils parlent de certain, aux termes des art. 386 et 387 C. N. et 78 des pl. » — 1re, 15 déc. 1823, *Gelée.* — C. R. 3, 167. — 2e, 30 août 1836, *Mauger.* — R. P. 1, 34.

7. — Il faut néanmoins faire attention que, dans les contrats de mariage sous seing privé, il n'y avait de valable que les conventions matrimoniales et avantages que se faisaient les époux entre eux, parce que de telles conventions et de tels avantages portaient plutôt le caractère de stipulations à titre onéreux que d'une véritable libéralité ; mais les donations qui avaient été faites par un tiers aux époux, dans un tel contrat, eussent été frappées de nullité. — De telles donations ne pouvaient avoir lieu que par acte passé devant notaire. —1re, 26 novembre 1821, *Lerogneron* ; — 1re, 24 mai 1837, *Pellerin.* — R. P. 1, 402.

8. — « Toutefois, les avantages faits

par un père à ses enfants, dans de semblables actes, étaient moins regardées comme des donations ordinaires que comme l'acquit d'une dette naturelle. — Ces sortes d'actes y étaient envisagés comme des pactes de famille contenant des stipulations matrimoniales, ou stipulations tenant nature de partage de successions anticipées, lesquelles stipulations pouvaient se faire aussi valablement dans des actes sous seing privé que dans des actes notariés. (Art. 527 C. N.) » — 10 avril 1812, *De Feuguerolles.*

9. — Cependant l'arrêt 1re, 24 mai 1837, *Pellerin*, déclare que la donation ne peut être valablement faite par contrat de mariage sous seing privé, dans une espèce où la donation avait été faite par un père à sa fille.

10. — Toutefois, il a toujours été jugé sous la coutume de Normandie, que les donations entre époux en ligne directe, par contrat de mariage, même sous-seing privé, étaient dispensées des formalités de l'insinuation. — 3 nivôse an II, *Allain;* — 19 germinal an XII, *Lacour;* — 2e, 31 juillet 1807, *Durand;* — 1re, 27 mars 1810, *Farcy;* — 2e, 14 mars 1817, *Graffet;* — 4e, 14 mars 1820, *Demoloré;* — 1re, 26 juillet 1830, *veuve Moitié.* — C. R. 13, 256. — 1re, 23 août 1831, *époux Cocherie.* — C. R. 13, 87.

11. — Jugé même que, lorsque dans un contrat de mariage sous-seing privé et non insinué, un parent collatéral disposait que la future aurait douaire sur sa succession, cette disposition était valable. — 13 thermidor an XIII, *Simon Des Noiresterres;* — 1re, 14 avril 1812, *Bourgeoise.* — C. R. 3, 124.

12. — 2° *Contrats de mariage, depuis la loi du 17 nivôse an II.* — Sous l'empire de la loi du 17 nivôse an II, comme sous l'empire de la coutume de Normandie, les contrats de mariage sous seing privé étaient bons et valables. — 4e, 14 mars 1828, *Demoloré.*

13. — Même sous la loi de nivôse an II, les conventions matrimoniales devaient être rédigées avant la célébration du mariage. — 1re, 30 déc. 1822, *Bocage.*

§. II. — *Des conventions matrimoniales, quant aux clauses et conditions dont elles sont l'objet.*

14. — 1° *Conventions matrimoniales stipulées avant la loi du 17 nivôse, an II.* — Des époux normands pouvaient valablement stipuler, en se mariant, que leur association serait soumise au régime de la communauté, dans le cas où ils iraient se fixer dans une province admettant ce régime. « Cette stipulation doit recevoir son exécution sur les conquêts faits en pays de communauté, et sur les meubles, si le mari était domicilié en pays de communauté à l'époque de la dissolution du mariage. » — 2e, 14 sept. 1824, *De Puisaye.* — C. R. 3, 360.

15. — Même en l'absence de toute stipulation, la femme normande a moitié aux acquêts faits hors la Normandie dans les pays de communauté, tels que le Maine. — 2e, 16 juin 1836, *Barbereau*, R. P. 3, 446.

16.—L'épouse normande pouvait, par contrat de mariage, donner tout son mobilier à son mari, lors même qu'elle laisserait des enfants à son décès. (Art.

46

74 des pl.) — A ces sortes de donations ne peuvent s'appliquer les art. 418 et 429 de la Coutume , qui n'ont trait qu'aux donations testamentaires de gens déjà mariés, et non aux donations faites par contrat de mariage. — 1re , 15 juillet 1822, *Quesnel.* — C. R. 9, 218.

17. — 2° *Conventions matrimoniales* , *depuis la loi du* 17 *nivôse an* II. — « Il est de jurisprudence que les époux mariés sous l'empire de la loi de nivôse an II, ont pu déroger , par des stipulations particulières , aux dispositions coutumières. » — 1re, 28 août 1821 , *Ferre ;* — 2e, 30 juin 1821 , *époux Daguin.* — C. R. 4, 267. — 2e, 28 février 1828 , *Dugncy.*

18. — .... Ainsi et *spécialement* , « les époux qui ont contracté mariage sous l'empire de la loi du 17 nivôse an II, ont pu soumettre leurs pactions matrimoniales, soit au régime de la communauté pure et simple, soit au régime dotal. — En l'absence de toute stipulation , c'était la coutume de Normandie qui avait force de loi. » — 1re, 22 août 1833, *Milcent ;* — 1re , 15 avril 1834 , *Goupil ;* — 10 janvier 1831 , *Boulot.* — *Rej.* — S. 32 , 1 , 250; et les arrêts *Ferre* et *Daguin* , ainsi que ceux ci-après.

19. — Donc , même après la loi du 17 nivôse an II, la coutume de Normandie a continué de régir les conventions matrimoniales sur tous les points où il n'y avait pas été expressément dérogé. — *m. arr. Milcent.*

20. — Ainsi, quand les époux se sont mariés en Normandie, depuis la loi du 17 nivôse an II, ils sont réputés s'être soumis au régime dotal normand , à

moins qu'on ne trouve dans le contrat de mariage une dérogation expresse qui les soumette au régime de la communauté. — 2e , 18 février 1837, *Collet.* — R. P. 1 , 181.

21. — Ainsi, jugé que la stipulation de communauté, insérée dans un contrat de mariage, passé avant le Code, sous la loi du 17 nivôse , n'est point exclusive de la dotalité. — 1re, 6 juillet 1830 , *Bernard.* — *Aud. sol.* , 27 juin 1832 , *Gambu.*

22. — Jugé encore, d'après ce principe , que la clause d'un contrat par lequel deux époux mariés sous l'empire de la loi du 17 nivôse an II, ont stipulé « qu'ils seraient communs en biens meubles et immeubles qu'ils acquerraient pendant leur mariage » , ne fait point entrer dans la communauté le mobilier actuel et futur de la femme. — Les sommes mobilières qui lui sont échues par succession, pendant la durée du mariage, restent soumises aux principes du régime dotal normand. — 1re, 2 juin 1835, *Foucher.* — R. P. 2, 392.

23. — Ainsi encore, lorsqu'il n'a été établi qu'une communauté mobilière, la femme peut prétendre sur les immeubles, acquis durant le mariage, la part que lui attribue la coutume sur les conquêts. — 2e, 26 déc. 1828 , *veuve Fournier.*

24. — De même , si les époux normands, tout en déclarant qu'ils se mariaient en communauté, ont cependant stipulé, dans leur contrat de mariage, qu'ils mettaient en communauté une portion de leurs biens, jusqu'à concur-

rence de telle ou telle somme, ils restent soumis, pour tous leurs autres biens aux dispositions de la coutume. — 1re, 26 juin 1822, *Pillon.*

25. — Mais si, dans un contrat de mariage passé sous la loi du 17 nivôse an II, les époux normands ont déclaré « qu'ils seraient communs en biens meubles et conquêts immeubles, suivant et au désir de la loi, c'est le droit des pays de communauté, et non la coutume de Normandie, qui doit régir leurs conventions matrimoniales. — 2e, 20 fév. 1834, *Lemire.*

26. — Dans la même espèce, il a été jugé que tous les apports mobiliers de la femme tombaient dans la communauté.

27. — Ainsi encore, lorsqu'il est reconnu que les époux ont stipulé la communauté, par contrat de mariage passé depuis la loi du 17 nivôse, la dot de la femme est aliénable sans espoir de recours subsidiaire. — 4e, 16 janvier 1826, *Toutain.*

28. — Dès avant la loi du 17 nivôse an II, la femme normande avait le droit de se réserver, par contrat de mariage, la faculté de disposer du tiers de ses immeubles. (Arrêt du 15 juillet 1666.) — 2e, 30 juin 1821, *époux Daguin*; — 1re, 7 mars 1823, *Dautrennes-Desclosets.* — C. R. 4, 267 et 244.

29. — La loi du 17 nivôse an II ayant abrogé les dispositions statutaires relatives aux avantages entre époux, et qui seules mettaient obstacle à ce que la femme pût se réserver la libre et entière disposition de ses immeubles, il en ré-

sulte que, dans les contrats passés depuis cette époque, la femme a pu utilement stipuler la faculté de pouvoir aliéner ses immeubles en totalité. — *mêmes arrêts*, et 1re, *sol.*, 19 août 1816, *Delalonde.*

30. — La loi du 17 nivôse an II ayant aboli tous avantages statutaires, et ne laissant que la faculté de stipuler de conventionnels, on doit considérer comme destituée de tout effet la clause d'un contrat de mariage passé sous cette loi, portant que le futur donne à sa future tous les avantages que lui accorde la loi. — 2e, 26 juin 1813, *Epagny.*

31. — De cette abrogation de la prohibition de s'avantager, il résulte encore qu'on ne peut faire annuler la disposition d'un contrat de mariage passé depuis la loi du 17 nivôse an II, qui constate de prétendus apports de la femme, sous prétexte que ces apports n'ont point eu lieu, et qu'ils ne constituent qu'une donation déguisée en faveur de la femme. — 1re, 14 mars 1828, *Demoloré*; — 2e, 11 avril 1821, *Renouf.* — 4e, 15 déc. 1835, *junctim*, 15 mars 1836, *Ledanois.* — R. P. 2, 541.

32. — Les avantages matrimoniaux, stipulés dans des contrats de mariage passés sous l'empire des lois sur le papier-monnaie, ne sont pas sujettes à réduction. — 1re, 24 déc. 1834, *Lenfant.*

33. — 3° *Preuve des conventions matrimoniales.—Record de mariage.—*En Normandie, les conventions matrimoniales pouvaient s'établir, même à l'égard des tiers, par la preuve testimoniale. — 2e, 8 frimaire an X, *Von*; — 2e, 10 avril 1810, *Lavidières.*

34. — *Record de mariage.* — Aux termes des art. 386 et 387 C. N., les époux ne pouvaient recorder, depuis le mariage, que les conventions arrêtées avant le mariage. — 2ᵉ, 16 mai 1835, *Descarreaux.* — R. P. 2, 318.

35. — Le record de mariage est admissible en cas de faillite du mari normand, mais il est susceptible d'être refusé à la femme comme toute autre preuve testimoniale. — 2ᵉ, 22 nov. 1828, *veuve Robin.* — C. R. 11, 438.

ART. 2. — QUELS AVANTAGES OU DONATIONS LES ÉPOUX NORMANDS ONT-ILS PU SE FAIRE PENDANT LE MARIAGE, ET SOUS QUELLES CONDITIONS PEUVENT-ILS EN PROFITER.

36. — 1° *Avantages stipulés avant la loi du 17 nivôse an II.* — Étaient nulles, en Normandie, les donations entre époux, faites pendant le mariage. — 1ʳᵉ, 23 nov. 1823, *Letourneur.*

37. — … Elles étaient nulles, bien que les époux fussent séparés de biens, et que les donations eussent été déguisées sous la forme d'un contrat à titre onéreux, ou faites à personnes interposées. — 1ʳᵉ, 24 nov. 1813, *De Medavy.*

38. — La simulation peut s'établir par présomptions. — *m. arr.*

39. — Est nulle, comme contraire à la disposition des art. 329 et 330 de la coutume, et comme modifiant les conventions matrimoniales, la clause par laquelle un mari normand, en acquérant un immeuble de ses propres deniers, stipule que son épouse survivante pourra retenir cet immeuble en en remboursant le prix aux héritiers du mari. —

Une telle clause pourrait encore être annulée, comme contenant un avantage indirect prohibé par l'art. 410 de la coutume. — 1ʳᵉ, 22 février 1823, *époux Guillouët.* — C. R. 1, 184.

40. — Le mari donateur peut lui-même opposer la nullité de la donation. — 1ʳᵉ, 15 juin 1816, *Gardel.*

41. — Sous l'empire de la coutume de Normandie, le mari qui amortissait les rentes de son épouse, était présumé lui faire un avantage non sujet à répétition ; mais cette présomption cessait lorsque, dans l'acte d'amortissement, il avait fait des réserves d'exercer son recours contre sa femme et avait manifesté l'intention de devenir acquéreur personnel des rentes dues par son épouse. — 2ᵉ, 7 juin 1838, *Lucas.* — R. P. 2, 216.

42. — Ne peuvent être considérées comme constituant une donation, les dérogations apportées à la société aux meubles et acquêts établie entre époux par la coutume. Telle est la stipulation par laquelle il est dit que la femme pourra reprendre tous les meubles à elle échus durant le mariage, nonobstant l'art. 390 de la coutume. — 1ʳᵉ, 18 floréal an XIII, *Surbled.*

43. — *Avantages stipulés depuis la loi du 17 nivôse an II.* — La loi du 17 nivôse an II, et ensuite le Code civil, ayant abrogé les dispositions de la coutume de Normandie, qui prohibaient les avantages entre époux au-delà d'une certaine limite, les époux mariés sous l'empire du statut normand, ont pu, depuis la nouvelle législation, se faire tels avantages qu'ils ont jugé convena-

ble. — 1ʳᵉ, 23 janvier 1827, *époux De-
fert.* — C. R. 7, 271.

44. — Ainsi et *spécialement*, un mari
normand a pu, en faisant des acquisitions de rentes, rendre son épouse propriétaire de la moitié desdits acquêts, en
déclarant dans les contrats qu'il ache-
tait tant en son nom qu'au nom de sa
femme, et que les deniers étaient le
produit de la commune collaboration. —
m. arr.

45. — Ainsi encore, sous l'empire de
la même loi de nivôse, un mari a pu
faire une donation indirecte à son épouse,
dans un contrat de mariage sous seing
privé, par exemple, en donnant quittance d'apports qu'il n'avait pas reçus. —
4ᵉ, 15 déc. 1835, *junctim* 15 mars
1836, *Ledanois.* — R. P. 2, 541.

46. — Depuis la loi du 17 nivôse an
ii, la femme a pu valablement disposer
par testament en faveur de son mari,
sans avoir reçu l'autorisation de celui-ci.
— 1ʳᵉ, 11 août 1812, *Pierre.*

47. — Les donations entre époux,
quoique faites à une époque où elles
étaient prohibées, sont devenues valables si les époux sont décédés depuis la
loi du 17 nivôse an ii. — 1ʳᵉ, 2 pluviôse
an xii, *veuve Pinel.*
Contrà. — 1ʳᵇ, 14 février 1814, *Cardine.*

48. — *Sous quelles conditions les époux
peuvent-ils profiter de ces avantages ou donations.* — La femme qui a été instituée
légataire à titre universel des biens de
son mari, n'est pas tenue, pour jouir de
son legs, de renoncer aux droits qui lui
sont acquis, tant par la société conju-

gale normande que par son contrat de
mariage. Ces droits lui appartiennent en
propre et n'ont rien de commun avec
ceux qui lui ont été légués par son mari.
— 2ᵉ, 2 mars 1833, *Jouenne.*

49. — Jugé de même « que les avantages résultant même de legs de meubles fait à la femme par son mari, ne
la privent pas du droit de poursuivre le
remploi de ses rentes. » — 2ᵉ, 14 juin
1810, *Fleury ;* — 1ʳᵉ, 9 mars 1811, *Pigis.*

50. — Jugé cependant que la femme
donataire des meubles de son mari, par
acte passé depuis la loi du 17 nivôse an
ii et avant la loi du 11 brumaire an vii,
est tenue du remploi de ses propres aliénés et de ses rentes amorties. — 1ʳᵉ, 18
mars 1813, *Lebert.*

51. — L'époux normand donataire de
tous les meubles, était tenu de toutes
les dettes mobilières. — 1ʳᵉ, 23 mai
1827, *Lemarois.*

ᴀʀᴛ. 3. — ᴅᴇꜱ ᴅʀᴏɪᴛꜱ ᴅᴜ ᴍᴀʀɪ ꜱᴜʀ ʟᴇꜱ
ᴀᴄQᴜÊᴛꜱ, ᴛᴀɴᴛ Qᴜᴇ ᴅᴜʀᴇ ʟᴇ ᴍᴀʀɪᴀɢᴇ, ᴇᴛ
ꜱᴜʀ ʟᴇꜱ ꜱᴜᴄᴄᴇꜱꜱɪᴏɴꜱ ᴍᴏʙɪʟɪÈʀᴇꜱ Éᴄʜᴜᴇꜱ
ᴀ ʟᴀ ꜰᴇᴍᴍᴇ.

52. — 1° *Droits aux acquêts durant le
mariage.* — « Sous le régime du statut,
les acquêts faits constant le mariage, appartiennent au mari s'ils ne sont faits
pour opérer un remplacement à la femme. » — En vain donc il eût été dit
dans l'acte d'acquisition qu'ils prove-
naient des deniers communs; on n'eût
vu là qu'une donation déguisée, qui,
bien que faite depuis le Code civil, eût
été déclarée nulle si elle n'avait eu lieu
suivant les formalités voulues par la loi.

— 2e, 8 mars 1817, *Marc.* — Ità, 2e, 10 mars 1832, *Dumilly.*

53. — Toutefois, les acquisitions faites au nom de la femme, du consentement de son mari, doivent être considérées comme un remplacement fait à son profit.— 1re, 31 août 1829, *Lambert-Desnoyers.*

54. — Si elles sont faites par la femme depuis sa séparation civile, elles forment de droit le remploi de ses biens dotaux aliénés. — 1re, 17 déc. 1817, *Gérard Desrivières.*

55. — 2° *Droits sur les meubles échus à la femme durant le mariage.* — « Le remploi auquel le mari est assujetti en vertu de l'art. 390 C. N., produit au profit de la femme ou de ses héritiers un droit de nature immobilière; il s'exerce sur les conquêts en fonds ou rentes, sans que pour cela la femme soit privée de ses autres biens sur la succession mobilière de son mari. » — 1re, 18 déc. 1817, *René.*

De là il suit que ce droit fait partie de la dot, et est soumis à la même inaliénabilité. — 2e, 31 juillet 1820, *Roussin.*

56. — Lorsqu'une fois la femme a fait prononcer sa séparation de biens, elle a un droit direct et exclusif aux biens qui lui échoient; l'art. 360 n'a plus d'application. — 1re, 10 mars 1824, *ép. Ferrant.*

57. — Quant un mariage a été contracté en Normandie avant la mobilisation des rentes, les rentes sur l'état, échues à la femme depuis le Code, ne sont pas comprises dans la donation que l'art. 390 de la coutume faisait au mari de la moitié des meubles échus à son épouse. — 1re, 16 juillet 1839, *de Montfleury.* — R. P. 3, 296.

ART. 4. — QUELLES DISPOSITIONS DE LA COUTUME RELATIVES AUX ÉPOUX NORMANDS ONT ÉTÉ ABOLIES PAR LA LOI DU 17 NIVOSE AN II, COMME CONTENANT DES AVANTAGES STATUTAIRES.

58. — « La loi du 17 nivôse an II n'avait dérogé à la coutume qu'en ce qui concernait la transmission des biens par succession ou donation. — Les dispositions de la coutume sur les autres points étaient restées en vigueur. » — 1re, 30 déc. 1822, *femme Bocage.*

59. — Ainsi, tout ce qui a trait aux apports de la femme a continué d'être régi par les lois normandes. — 2e, 1er août 1810, *Lebourgeois.*

60. — Jugé cependant que la jurisprudence normande qui attribuait au mari la propriété de tous les apports mobiliers de son épouse, dont celle-ci ne s'était pas réservée la reprise dans son contrat de mariage, n'a point survécu à la promulgation de la loi du 17 nivôse an II, relativement aux mariages contractés depuis cette loi. — Cette jurisprudence établissait un avantage statutaire aboli par l'art. 61 de la précitée. — 1re, 26 août 1823, *Ménard;* — 4e, 15 mai 1827, *Dupont.* — C. R. 8, 241. — 2e, 16 mai 1835, *Descarreaux.* — R. P. 2, 318.

61. — Si cependant depuis la loi de nivôse, la femme, en se mariant, n'a pris aucune précaution pour constater l'existence de ses apports, on doit en conclure que c'est qu'elle a voulu en faire don mobil à son mari. — m. arr. *Dupont.* — 2e, 13 déc. 1838, *Chauvin.* — R. P. 2, 658.

ÉPOUX NORMANDS, ART. 4.

62. — Cette décision toutefois ne s'applique qu'aux meubles corporels. — Il en serait différemment des meubles incorporels qui ne peuvent être donnés de la main à la main. — *dit arr.*, 2ᵉ, 16 mai 1835, *Descarreaux*.

63. — « Le droit attribué au mari par l'art. 390, de ne faire emploi au bénéfice de son épouse que de la moitié de la valeur des successions mobilières qu'il recueillait au nom de celle-ci, lorsque cette valeur excédait la moitié du don mobil, était un avantage statutaire qui transmettait au mari une partie des biens de sa femme, et qui, par conséquent, a été compris dans l'abolition prononcée par l'art. 61 de la loi du 17 nivôse an II. » —1ʳᵉ, 10 mai 1824, *Mette*. — C. R. 3, 173. — 4ᵉ, 27 nov. 1828, *Durand;* — 2ᵉ, 26 déc. 1828, *veuve Fournier.* — C. R. 11, 396. — 1ʳᵉ, 15 janvier 1833, *Lacauve.* — *Ità* encore 1ʳᵉ, 17 déc. 1816, *femme Rabel;* —1ʳᵉ, sol., 18 juillet 1821, *Lenoud;* —1ʳᵉ, 26 juin 1822, *veuve Pillon.*

64. — De cette abrogation de l'art. 390 il résulte que dans le cas de communauté mobilière, le mari n'est tenu de remplacer aucune portion de meubles de sa femme. — Ces meubles deviennent sa propriété si la communauté lui a été donnée. — 2ᵉ, 26 déc. 1828, *veuve Fournier*, loc. cit.

65. — Et dans le cas de non communauté, la femme peut répéter tous les meubles à elle échus durant le mariage. — 4ᵉ, 27 oct. 1828, *Durand*, loc. cit.

66. — *Contrà.* — L'art. 390 C. N. n'a pas été abrogé par la loi du 17 ni-

ÉPOUX NORMANDS, ART. 4.

vôse an II. — 2ᵉ, 9 août 1820, *Harivel.*

67. — *Association normande.* — « Les droits attribués à la femme par l'art. 329, ne sont pas des droits à titre successif, ni à titre gratuit, mais une récompense de sa participation à la colloboration commune. » — 1ʳᵉ, 6 août 1832, *ép. Maillard;* — 2ᵉ, 27 février 1808, *Valery. Rej.* 10, 162.

68. — Ces droits n'ont donc pas été abolis par la loi du 17 nivôse an II, et la femme mariée en Normandie depuis cette loi, a le même droit aux immeubles et acquêts qu'elle aurait eu si elle se fût mariée antérieurement. — *m. arr. Ità*, 1ʳᵉ, 30 déc. 1822, *Bocage;* — 2ᵉ, 13 déc. 1838, *Chauvin.* — R. P. 2, 658. — 1ʳᵉ, 23 juillet 1840, *Goupil.* — R. P. 4, 338.

69. — La distinction des biens en biens situés en bourgage et hors bourgage, consacrés par l'art. 329 C. N., a survécu aux lois de la révolution, relativement aux droits qu'elle confère aux époux normands sur lès conquêts faits durant le mariage. — 1ʳᵉ, 16 juillet 1835, *Loisel.*

70. —... Elle a lieu, pour les mariages contractés sous la coutume, encore bien que les conquêts n'aient été faits que depuis le Code civil. — 2ᵉ, 20 juin 1821, *Dupont.*

71. — A cet égard, la preuve testimoniale et par suite la preuve par prescription, est admissible pour établir l'origine des biens. — 1ʳᵉ, 16 juillet 1835, *Loisel.*

72. — Le même arrêt indique de quelles présomptions on peut induire

que le lieu où les biens sont situés a ou
non le caractère de bourg.

ART. 5. — DE LA COMMUNAUTÉ AUX MEU-
BLES ET ACQUÊTS OU ASSOCIATION NOR-
MANDE.

§. I. — *Nature de la communauté aux
meubles et acquêts. — Des droits qu'elle
conférait aux époux, biens qu'elle comprend.*

73. — Le droit d'association consacré
par l'art. 389 C.N., était à la fois personnel et réel. — Personnel en ce qu'il donnait à la femme normande, capacité
pour l'exercer; réel en ce que son étendue était déterminée par la loi du lieu
où étaient situés les biens acquis; ou,
en d'autres termes, « l'art. 389 C. N., en
reconnaissant le droit d'association à la
femme, lui avait donné la capacité de
le réclamer, capacité personnelle dont
l'exercice, quant à la part qui lui revenait,
était déterminée par la réalité de la situation des conquêts. » — 1re, 6 août 1832,
Maillard.

74. — Ce droit ne pouvant être considéré comme avantage à titre gratuit,
mais bien comme un fruit de la collaboration commune (*suprà* n° 67), il en
résulte, entre autres conséquences, qu'il
n'est point sujet à la réduction autorisée par les art. 13 et 14 de la loi du 17
nivôse an II. — 2e, 24 thermidor an X,
Morain.

75. — Le mari n'avait pas le droit de
disposer par testament des meubles re-
venant à sa femme dans la société normande. — 2e, 26 janvier 1822, *Duhamel.*

76. — Si néanmoins le mari avait fait

un legs d'un ou plusieurs objets mobiliers, le partage de la communauté se
faisait comme si le legs n'avait point eu
lieu; et si l'objet légué tombait au lot de
la femme, le légataire n'avait de recours
que contre les héritiers. — *m. arr.*

77. — « Il était de maxime constante
en Normandie que la femme qui décédait
avant son mari, ne transmettait aucuns
droits à ses héritiers dans la communauté mobilière et dans les acquêts faits
hors bourgage. » — 1re, 2 juin 1835,
Foucher. — R. P. 2, 393.

78. — *Biens que comprend la communauté.* — L'échange fait par le mari normand de l'usufruit de ses propres contre une propriété sise en bourgage, est
un propre et non un acquêt, et les héritiers de la femme ne peuvent y prétendre aucun droit. — 2e, 16 avril 1836,
veuve Lebouteiller. — R. P. 2, 666.

97. — La veuve normande a moitié
aux acquêts faits hors la Normandie
dans les pays de communauté, tels que
le Maine. — 2e, 16 juin 1836, *Barbereau.* — R. P. 3, 446.

80. — Jugé qu'une cession faite par
un père à sa fille, est une donation qui
n'entre pas dans la communauté normande. — 2e, 15 mai 1830, *Darnouville.*

81. — La veuve normande n'avait
point droit au tiers des valeurs mobilières données par le mari en avancement d'hoirie aux enfants issus du
mariage. — 1re, 23 juillet 1840, *Goupil.*
— R. P. 4, 338.

82. — La veuve normande ne pourrait réclamer en usufruit une part des
conquêts dont le mari aurait disposé en-

tre vifs au profit de l'un de ses enfants, en s'en réservant l'usufruit.

En d'autres termes, elle n'a pas le droit de demander le rapport à la masse des meubles et conquêts dont son mari aurait disposé entre vifs, pour calculer sur cette masse ainsi composée, les droits de propriété et d'usufruit qui lui appartiennent d'après les art. 329 et 392 de la coutume. — Elle n'est pas héritière de son mari. — *m. arr.*

§. II. — *De l'acceptation ou de la répudiation de cette communauté.*

83. — Le mode et les délais de l'acceptation ou de la renonciation des femmes normandes, quant à la communauté normande, se règlent par les dispositions de la loi en vigueur au moment où la société conjugale vient à se dissoudre. — 1re, 11 août 1830, *Lainé.* — C. R. 13, 670. — 2e, 25 juillet 1835, *Dallet.*

84. — Ainsi, lorsque le mariage s'est dissous avant le Code civil, si la femme n'a pas renoncé à la communauté dans les délais fixés par la coutume de Normandie ; elle ne peut plus, quelles que soient les circonstances, y renoncer ensuite. — 1er thermidor an XIII, *veuve Brière.*

85. — Lorsqu'au contraire la succession du mari s'est ouverte sous le Code civil, la femme conserve le droit de renoncer, tant qu'elle ne s'est pas immiscée dans les affaires de la succession, — l'art. 82 des pl. ayant été abrogé par l'art. 1459 du Code civil. — 2e, 9 nov. 1822, *Concorde* ; — 2e, 21 février 1835, *Auvray.* — R. P. 2, 443.

86. — A cet égard, la femme donataire de la propriété des meubles et de l'usufruit des immeubles de son mari n'est pas réputée s'immiscer dans la communauté si elle dispose des meubles. — *m. arr. Auvray.*

87. — Jugé encore que la veuve normande dont le mari est décédé depuis le Code civil, n'est pas nécessairement réputée acceptante de la communauté aux meubles et acquêts par le défaut de renonciation dans les trois mois, elle jouit du bénéfice de l'art. 889 C. civ., pourvu qu'elle ait eu soin de faire dresser un inventaire. — 4e, 23 avril 1827, *veuve Piquot* ; — Ità., 2e, 28 août 1816, *Benoit.*

88. — La femme normande, séparée de biens, n'était pas présumée héritière de son mari ou commune en biens à défaut de renonciation expresse ; mais en supposant même qu'une renonciation fût nécessaire, elle pouvait toujours être faite tant que la femme ne s'était pas immiscée. (Art. 81 des pl.) — 2e, 15 juin 1839, *Lebouteiller.* — R. P. 3, 339.

89. — La femme d'un émigré, même divorcée d'avec lui pour cause d'émigration, n'est pas censée avoir accepté la société normande, encore qu'elle n'ait pas fait faire inventaire et qu'elle n'ait pas renoncé. — 2e, 5 nivôse an XIV, *de Vaubadon.*

90. — La femme qui, sans être induite en erreur par les héritiers, a renoncé à la communauté normande, est irrévocablement liée par sa renonciation ; elle ne peut plus se rétracter de quelque manière que ce soit. — On ne

peut donc ensuite la considérer comme acceptante, à raison d'actes de gestion qui rendraient l'héritier bénéficiaire héritier pure et simple.— 1re, 2 mai 1825, *Marion.* — C. R. 4, 241.

91. — Ainsi encore, les soustractions faites par la femme depuis sa renonciation à la communauté normande, n'entraînent pas acceptation de cette communauté. — 1re, 4 juillet 1810, *d'Honesville.*

§. III. — *Conséquences de l'acceptation de la communauté normande. — Quelles choses sont à partager. — Dettes et charges de la communauté.*

92.—*De la communauté.*—Si la femme normande n'avait pas stipulé la réserve à son profit de ses meubles et créances mobilières, ils tombaient dans la société des meubles et acquêts. (Art. 66 des pl.) — 2e, 3 janvier 1810, *Ellorel;* — 2e, 17 juillet 1811, *Lemasle;* — 2e, 31 janv. 1812, *Rivière de Lanoë.*

93. — La femme peut prouver qu'un acte qualifié vente est, dans la réalité, une donation a elle faite, dont le profit doit lui demeurer en entier, au lieu de tomber dans la société des meubles et conquêts. — 2e, 16 juillet 1823, *Routier de Taintot.*

94. — La femme normande qui a diverti quelques objets de la société normande, doit être traitée comme l'héritier qui soustrait des meubles de la succession, et perdre tout droit aux objets divertis. — 1re, 3 juin 1813, *Lecoutellier.*

95. — Il en est surtout ainsi si la femme est tutrice de ses enfants, au préjudice desquels les soustractions ont été faites. — *m. arr.*

96. — La femme normande qui n'a pas renoncé est tenue au-delà de ce qu'elle a recueilli dans la communauté, vis-à-vis des héritiers qui ont payé le surplus des dettes de la succession, bien que les forces de cette succession soient constatées par un inventaire et par des états reconnus sincères et exacts par toutes les parties. — 2e, 13 mai 1837, *Leconte.* — R. P. 1, 354.

97. — La veuve normande qui, par suite de l'acceptation de la communauté aux meubles et acquêts, est devenue héritière de son mari, ne peut être privée, par voie de confusion, d'aucune portion du remploi de ses propres vis-à-vis des autres héritiers. — Ce remploi n'est point, à proprement parler, une dette de la société conjugale, il est une dette personnelle du mari envers sa femme, qui, par conséquent, doit être exclusivement supportée par les héritiers du mari. Peu importe, à cet égard, que la femme n'ait point fait d'inventaire. — Ce défaut d'inventaire est une faute que partagent lesdits héritiers, et dont ceux-ci ne peuvent se prévaloir contre la veuve. — 1re, 5 mai 1830, *Delafournerie.*

98. — Jugé encore que, de ce qu'une femme est devenue héritière pure et simple de son mari, par défaut d'inventaire et de renonciation dans les délais, il ne s'ensuit pas qu'elle doive être réputée, vis à vis de ses cohéritiers, avoir été remplie de ses reprises, si d'ailleurs

les circonstances établissent le contraire. — 2ᵉ, 12 juin 1835, *Lecrosnier*.

99. — *Ità*, mais dans ce cas les héritiers ne sont pas tenus de s'en rapporter aux déclarations de la femme, et peuvent être admis à établir la valeur du mobilier par commune.renommée. — 2ᵉ, 13 août 1812, *Gaupuceau*.

100. — « En Normandie, le mari obligeait la communauté existant entre les époux à la garantie, non-seulement des ventes qu'il faisait de ses propres biens, mais encore des biens personnels de sa femme, lors même que cette dernière n'y avait pas concouru ; d'où la conséquence que la femme acceptante n'était recevable à inquiéter les acquéreurs de son mari, ni pour ses reprises dotales, ni pour son douaire, ni même pour la revendication de ses propres induement aliénés. » — 1ʳᵉ, 11 août 1830, *Lainé.*—C. R. 13, 670.—*Ità*, 2ᵉ, 23 janvier 1811, *Lainé ;* —1ʳᵉ, 26 juillet 1827, *Thélerne*.

101. — Les rentes viagères étaient considérées comme dettes mobilières, qui, par conséquent, étaient à la charge de la société mobilière et devaient être acquittées par elle. — 1ʳᵉ, 30 décembre 1822, *femme Bocage*.

102. — Les dettes mobilières, lors même qu'elles eussent été hypothécaires, n'en étaient pas moins à la charge du mobilier de la communauté normande ; mais le mari survivant, encore bien qu'il n'eût pas fait faire d'inventaire, n'était tenu des dettes qu'à concurrence de son émolument mobilier, l'excédant des dettes sur cet émolument se prenait

sur les acquêts. — 1ʳᵉ, 31 déc. 1829, *Desloges*.

ART. 6. — DROITS ET OBLIGATIONS DU MARI NORMAND.

103. — Le mari normand a eu qualité pour recevoir, depuis la loi des 18-19 décembre 1790, l'amortissement d'une rente foncière appartenant à sa femme, encore que celle-ci n'eût pas sisté à l'acte d'amortissement. — 1ʳᵉ, 27 mai 1806, *Poullard*.

104.—Cependant, à défaut de remploi des deniers provenant du rachat, le débiteur en demeure responsable conjointement avec le mari. — m. arr.

105. — Quand le mari normand est devenu, sous l'empire du Code civil, acquéreur, en son nom et pour son compte d'un immeuble appartenant par indivis à son épouse, celle-ci ne peut à la dissolution du mariage, le retirer, en lui remboursant le prix de l'acquisition. — Il en est ainsi, surtout si le mari avait aliéné et n'avait pas remplacé ses propres depuis l'acquisition (art. 494 C. N.) et s'il n'avait aucuns deniers à placer pour son épouse. — 1ʳᵉ, 16 juillet 1839, *De Montfleury*. — R. P. 3, 296.

106. — Le mari normand qui, du consentement de sa femme, a vendu un des propres de celle-ci, ne peut arrière d'elle résoudre la vente. — 2ᵉ, 3 janvier 1810, *Ellorel*.

107. — Lorsqu'il n'y a pas eu d'état des biens de dressé, le mari est tenu, lors de la dissolution de la société normande, de toutes les réparations grosses et usufruitières à faire aux immeubles

ÉPOUX NORMANDS.

de la femme. Tant que ces réparations n'ont pas été faites, ni le mari, ni ses créanciers n'ont droit aux fermages desdits biens, fussent-ils échus avant la dissolution de la société. — 1ʳᵉ, 7 août 1811, *Crevel.*

108. — Le mari normand n'est pas tenu des dettes contractées par sa femme. — 2ᵉ, 2 déc. 1813, *Delangle.*

109. — *Secùs* cependant, si la femme était marchande publique : dans ce cas, il serait tenu des obligations de ladite femme, solidairement et par corps. — 1ʳᵉ, 8 déc. 1807, *Jourdan.*

110. — Le mari normand est tenu personnellement et sans recours de toutes les dettes mobilières de la femme, telles qu'arrérages de rentes échus avant le mariage, toutes les fois que le mobilier de la femme n'a pas été estimé. — 1ʳᵉ, 5 déc. 1825, *Houssin ;* — 1ʳᵉ, 12 fév. 1827, *Chevrel.*

V. Femme normande, hypothèque, mariage avenant.

TABLE SOMMAIRE.

ERREUR COMMUNE.

ÉQUIPAGE.

V. Avaries, capitaine.

ERREUR.

V. Obligation.

ERREUR COMMUNE.

1. — Les actes faits d'après un droit fondé sur une erreur commune, doivent être maintenus. — Tels sont les exploits des huissiers attachés à la Cour, qui, pendant un temps, avaient cru avoir le droit d'instrumenter dans le ressort du tribunal près duquel ils avaient fixé leur domicile. — 2ᵉ, 9 mars 1811, *Rupalley.*

2. — Ainsi, on ne peut imputer aucune faute à un herbager de n'avoir point tenu de livres, lorsque tous les herbagers de la même contrée sont dans l'habitude de n'en point tenir, par suite de l'erreur où ils sont qu'ils ne sont point commerçants. — 4ᵉ, 15 avril 1823, *Saucisse.* — C. R. 2 , 353.

3. — Il en est de même du défaut de publication du contrat de mariage, résultat de la même erreur. — *m. arr.*

4. — Toutefois, l'erreur commune ne peut valider les actes émanés d'un prétendu fonctionnaire, qu'autant qu'elle dérive ou du fait du prince, ou d'une incapacité cachée dans la personne du prétendu fonctionnaire, ou d'un vice

ERREUR DE DROIT.

en vertu duquel il s'exerce. Elle ne peut être invoquée lorsqu'il y a absence totale de titre, défaut de qualité et de capacité. — 4ᵉ, 5 mai 1829, *Toutain.*

5. — Ainsi et *spécialement*, est nul le *visa* apposé sur un procès-verbal de saisie immobilière par un commis-greffier de la justice de paix, qui n'a pas prêté serment en cette qualité, quoique généralement il fût considéré comme greffier assermenté. — *m. arr.*

V. Garantie.

ERREUR DE DROIT.

1. — « L'erreur (de droit), comme l'ignorance de fait, est un motif de restitution contre les actes qui en ont été le résultat. — L'exécution de ces actes ne peut les rendre valables, à moins qu'il ne fût établi qu'à l'époque de l'exécution, les parties n'eussent, nonobstant la connaissance de leurs droits et de l'erreur, exécuté ces actes ou manifesté l'intention de renoncer aux moyens de restitution. » — 1ʳᵉ, 25 août 1810, *Lecomte.*

2. — Néanmoins « l'erreur de droit est impuissante à faire annuler une transaction. » — Ainsi et *spécialement*, le prêtre déporté qui, se croyant frappé de mort civile par les lois de 1792 et 1793, a transigé à son retour en France avec ses héritiers, qui s'étaient emparés de ses biens, comme leur étant dévolus, ne peut ensuite attaquer cette transaction comme fruit de l'erreur où il était sur l'effet des lois qui l'avaient déporté. — 2ᵉ, 19 déc. 1835, *Lemagnan.*

3. — Un désistement ne peut non

ESTIMATION.

plus être rétracté comme n'ayant été donné que par erreur de droit. — 1re, 10 mars 1824, *Fabvrier-Maisonneuve.*

4. — Ce qui n'a été payé que par suite d'une erreur de droit n'est point sujet à répétition. — 4e, 1er avril 1822, *Lebaudy;* — 1re, 22 nov. 1836, *Lefebvre.*— *R. P.* 1, 42.

5. — Néanmoins, si celui qui a ainsi mal à propos payé ce qu'il ne devait pas légalement, se trouve débiteur de celui pour lequel il a payé, il peut lui opposer la compensation jusqu'à due concurrence. — 4e, 1er avril 1822, *Lebaudy.*

6. — L'erreur, en fait de jurisprudence, n'est jamais constituée d'un droit, si ce n'est pour les faits consommés pendant qu'elle a duré.— Peu importe donc qu'un prétendu droit eût été accueilli et consacré par les tribunaux; s'il eût été réclamé au moment où il s'est ouvert, si la jurisprudence change, ce droit peut être rejeté. — 2e, 19 déc. 1835, *Lemagnan.*

7. — Celui qui ne renonce à un droit que dans l'ignorance où il est de l'existence de ce droit, peut se faire relever de sa renonciation. — 2e, 9 février 1818, *Goupil.*

ERREUR DE FAIT.

V. Acquiescement, erreur de droit, obligation.

ESCALIER.

V. Servitude.

ESPRIT DE RETOUR.

V. Domicile, droits civils.

ESTIMATION.

V. Communauté, dot, expertise, partage, saisie-immobilière, vente.

ÉTABLISSEMENTS RELIGIEUX.

ÉTABLISSEMENT DE COMMERCE.

V. Commerce, droits civils.

ÉTABLISSEMENT D'ENFANTS.

V. Dot, femme normande.

ÉTABLISSEMENTS INCOMMODES OU INSALUBRES.

V. Forges.

ÉTABLISSEMENTS PUBLICS.

Quand un établissement public a plaidé en première instance, sans être autorisé, les tiers qui n'ont pas excipé du défaut d'autorisation, ne peuvent demander la nullité du jugement et des poursuites, il suffit qu'en appel ils se fassent autoriser, si on l'exige. — Équivaut à autorisation la substitution d'une partie capable et maîtresse de ses droits à l'établissement public; par exemple, l'intervention d'un cessionnaire qui déclare prendre la suite de l'instance en son nom. — 1re, 3 janvier 1837. *Lecauf de Banneville.* — *R. P.* 1, 129.

V. Établissements religieux.

ÉTABLISSEMENTS RELIGIEUX.

1. — La disposition de l'édit du mois d'août 1749, qui prohibait toutes donations en faveur d'établissements religieux non encore créés, n'a pu revivre par l'effet du concordat de 1801. — 1re, 6 juillet 1829, *Lepeltier.* — *R. P.* 12, 631.

2. — Tout Français, libre de ses droits, a dès lors eu, sous le concordat comme avant, la faculté de faire telles dispositions qu'il jugerait à propos pour favoriser la création de nouveaux établissements religieux, en se soumettant toute-

ÉTABLISSEMENTS RELIGIEUX.

fois aux conditions prescrites par la loi. — *m. arr.*

3. — Le Code civil n'a pas empêché cette faculté naturelle et légale.—*m. arr.*

4. — L'art. 910 de ce Code qui autorise les dispositions entre vifs ou par testament , au profit d'établissements d'utilité publique, n'a fait aucune distinction entre les établissements existants déjà et ceux encore à former. — *m. arr.*

5. — Il suffit , pour la validité , que le gouvernement autorise la création de l'établissement en même temps que la donation. — *m. arr.*

6. — Une disposition faite dans la vue de favoriser la création d'une chapelle vicariale dans une commune , est plutôt censée faite dans l'intérêt de la commune elle-même , que dans l'intérêt de l'église qu'elle a pour but de fonder.—*m. arr.*

7. — La loi du 24 mai 1825 a validé les actes par lesquels des communautés, non autorisées , ont acquis des biens sous le nom de personnes interposées , si postérieurement elles ont été reconnues et ont obtenu l'autorisation d'accepter les donations et legs de ces biens. 2ᵉ , 7 juin 1837, *De Fourville*. — R. P. 1, 372.

8. — Les lois de la révolution , qui ont déclaré propriétés nationales tous les édifices consacrés au culte , ont eu pour effet d'anéantir tous les droits particuliers (*v. c.* d'assistance au service divin), qui existaient sur ces édifices , même au profit des fondateurs.—4°, 23 août 1831, *Langlois.*

9. — La remise de ces édifices à la disposition des évêques, n'a pas fait revivre ces droits. — *m. arr.*

EXCEPTIONS.

10. — Le fondateur d'une chapelle , qui s'est réservé des droits honorifiques sur cette chapelle , ne peut transmettre ces droits au tiers acquéreur. — *m. arr.*

V. Commune , donation , fabrique.

ÉTAGE.

V. Servitude.

ÉTAT CIVIL.

V. Actes de l'état civil , filiation.

ÉTAT ESTIMATIF DES MEUBLES ET EFFETS MOBILIERS.

V. Donation. V. aussi communauté , démission de biens, dot , époux normands , rapport.

ÉTAT D'ORDRE.

V. Ordre.

ÉTRANGER.

V. Compétence commerciale , contrainte par corps , exceptions.

ÊTRE MORAL.

V. Communauté , exploit , société.

ÉVÊQUE.

V. Livres d'église.

ÉVÉNEMENT.

V. Conditions.

ÉVICTION.

V. Garantie. V. aussi caution , commune , communauté , dot , époux normands , hypothèque , partage , rente , vente.

ÉVOCATION.

V. Degrés de juridiction.

EXCEPTIONS.

(C. pr , 1ʳᵉ part. , liv. ɪɪ , tit. 9.)

ART. 1. — DE LA CAUTION *JUDICATUM SOLVI.*

ART. 2. — DES RENVOIS.

§. I. — *Du renvoi pour incompétence.*

§. II. — *Du renvoi pour cause de connexité ou de litispendance.*

ART. 3. — DE L'EXCEPTION DES NULLITÉS D'EXPLOITS ET D'ACTES DE PROCÉDURE.

ART. 4. — DES EXCEPTIONS DILATOIRES.

ART. 5. — DE LA COMMUNICATION DE PIÈCES.

ART. 6. — DES EXCEPTIONS DU FOND OU FINS DE NON-RECEVOIR.

ART. 1er. — DE LA CAUTION *JUDICATUM SOLVI.*

1. — L'obligation imposée à l'étranger demandeur de fournir la caution *judicatum solvi* est tout à fait personnelle. — Si donc l'étranger fait cession de tous ses droits à un Français, qui déclare prendre la suite de l'instance et la diriger pour son propre compte, l'obligation de fournir caution cesse, elle ne peut être imposée au cessionnaire. — 1re, 4 juillet 1832, *De Montalban.*

2. — « Le recours de l'étranger à l'autorité judiciaire, pour obtenir mainlevée de l'incarcération provisoire exercée contre lui, n'est en réalité qu'une défense à la poursuite dont il est l'objet; dès lors, on ne peut exiger qu'avant d'être reçu, dans ce cas, à sister en justice, il donne la caution mentionnée dans l'art. 16 du Code civil, puisque cette caution n'est que pour l'étranger demandeur. » — A plus forte raison en est-il ainsi s'il s'agit de matières commerciales. — 2e, 4 mai 1832, *William Prior.*

ART. 2. — DES RENVOIS.

§. I. — *Du renvoi pour incompétence.*

3. — Il y a deux sortes d'incompétences : l'incompétence à raison de la personne, ou incompétence personnelle, et l'incompétence à raison de la matière, ou incompétence matérielle.

4. — 1° *Incompétence personnelle.*—Elle doit être proposée *à limine litis.* Ainsi l'exception d'incompétence personnelle est couverte par la mise en cause d'un garant. — 1re, 30 mars 1808, *Beauvas.*

5. — Ainsi encore, en matière commerciale, lorsque les tribunaux de commerce ne sont incompétents qu'à raison de la personne, leur incompétence doit être proposée *à limine litis.*

6. — A plus forte raison ne pourrait-elle l'être seulement sur appel. Voy. sur ces deux points le mot *compétence commerciale*, ART. 1, §. v; un grand nombre d'arrêts pour et contre y est rapporté.

7. — 2° *Incompétence matérielle.*—Sous ce rapport, si la compétence des tribunaux est de droit public, en conséquence, l'incompétence des tribunaux de commerce peut donc être prononcée en tout état de cause et même d'office par le juge, lorsqu'il reconnaît que l'affaire n'est pas de sa compétence. » — 4e, 20 janvier 1820, *Loret ;* — 4e, 4 mars 1818, *Henri ;* — 4e, 4 janvier 1819, *Leforestier ;* — 4e, 17 mars 1825, *Legorgeu ;* — 4e, 31 janvier 1826, *Foubert de Laize.*— C. R. 5, 185. — 4e, 7 janvier 1827, *Maheust.*

8. —Ainsi une partie assignée devant

le tribunal de commerce, comme marchande, et qui a comparu sur cette assignation sans proposer le déclinatoire ou méconnaître sa qualité, ne s'est pas rendue, par cela même, non recevable à proposer, devant la Cour, l'incompétence du tribunal de commerce, résultant de ce qu'elle n'exerçait pas la profession de commerçante. — C'est là une incompétence à raison de la matière qui peut être opposée en tout état de cause, et que même les juges doivent prononcer d'office. — 4e, 4 mars 1840, *Lepetit* dit *Bouton.* — R. P. 4, 56.

9. — Jugé cependant que la partie qui a procédé volontairement devant un tribunal de commerce et y a pris des conclusions au fond, est ensuite non recevable à décliner la compétence de ce tribunal, par la raison qu'elle n'est pas commerçante.—4e, 22 août 1832, *Duros.*

10. — Dans tous les cas, lorsque le tribunal de commerce n'est pas absolument incompétent pour connaître d'une affaire, la partie défenderesse qui s'est laissée condamner par défaut, ne peut, sur l'appel, proposer l'incompétence du premier juge, encore bien qu'elle l'ait proposée dans les écritures du procès ; elle devait revenir par opposition contre le jugement et le faire révoquer comme incompétemment rendu. — 4e, 2 janvier 1815 , *Blouet.*

11. — S'il est vrai, qu'aux termes des art. 424 et 170 du Code de procédure, lorsqu'un tribunal est incompétent à raison de la matière , il doive d'office renvoyer l'affaire devant le juge auquel la loi en attribue la connaissance , cette

obligation cependant ne lui est imposée qu'autant que l'incompétence est apparente et résulte de la nature même de l'affaire. — 4e, 19 mars 1821 , *Planquais.*

12. — L'incompétence des juges d'appel résultant de ce que le jugement a été rendu en dernier ressort, n'est point susceptible de se couvrir et peut être proposée en tout état de cause. — 4e, 7 janvier 1819 , *Leforestier.*

13. — Lors même qu'un arrêt par défaut confirmatif du jugement de première instance serait intervenu, l'intimé peut encore, en cas d'opposition de la part de l'appelant, faire juger que l'appel était irrecevable comme porté contre un jugement rendu en dernier ressort.— 4e, 19 nov. 1821 , *Landet.*

§. II.—*Renvoi pour cause de connexité ou de litispendance.*

14. — « Il n'y a connexité que quand deux demandes, sans être précisément formées pour le même objet, dérivant du même fait ou du même acte, doivent se décider par les mêmes motifs et en quelque sorte l'une par l'autre. » — 2e, 16 déc. 1833 , *Lepointe.*

15. — Le renvoi d'un tribunal à un autre pour cause de connexité, peut avoir lieu même au préjudice de la juridiction à laquelle la compétence avait été attribuée par convention. — 4e, 6 février 1826, *Colas-Dupart.*.—C. R. 6, 119.

16. — Lorsque, dans une convention, les contractants désignent le tribunal qui doit connaître des difficultés qui

pourraient naître à l'occasion de cette convention, un tribunal peut cependant en connaître lorsqu'il y a connexité entre elle et une autre instance pendante devant le tribunal. — *m. arr.*

17. — « Le tribunal de commerce et le tribunal civil ont une autorité égale et parallèle, ils peuvent concurremment porter des décisions que la loi leur fournit. »

Ainsi, d'une part, la demande en cession formée devant le tribunal civil ne peut arrêter les opérations du tribunal de commerce relativement à la dénonciation en faillite dont il est saisi; d'un autre côté, le tribunal civil ne doit point surseoir à statuer sur les demandes en cession jusqu'à la décision du tribunal de commerce. — 1re, 12 mai 1813, *Gassion.*

18. — Ainsi encore, l'ordonnance de la chambre du conseil, portant qu'il n'y a pas lieu à poursuites ultérieures contre un débiteur failli, ne peut, en aucune manière, arrêter l'exécution du jugement du tribunal de commerce portant que le débiteur sera mis en dépôt dans une maison d'arrêt. — 1re, 15 février 1813, *Deschamps.*

ART. 3. — DE L'EXCEPTION DES NULLITÉS D'EXPLOITS ET D'ACTES DE PROCÉDURE.

19. — « Toute nullité d'exploit ou » d'acte de procédure est couverte, si » elle n'est proposée avant toute défense » ou exception autre que les exceptions » d'incompétence. » (Art. 173 C. pr.)

20. — « L'art. 173 C. pr. n'est applicable qu'aux exploits ou actes de la pro-

cédure dans laquelle les parties se trouvent engagées et non aux actes d'une autre procédure qui y sont incidemment produits. » — 1re, 15 juillet 1828, *Brunot.* — C. R. 11, 211.

21. — L'exécution d'un jugement ne peut être considérée comme un acte de procédure auquel puisse s'appliquer l'art. 173. — *Spécialement,* l'exécution d'un jugement prononçant séparation de biens peut être attaquée par un créancier du mari comme illégalement accomplie, bien que ce créancier n'ait pas dès l'abord proposé ce moyen de nullité. — *m. arr.*

22. — La nullité d'exploit résultant de ce que le tribnnal devant lequel le défendeur a assigné n'a pas été suffisamment désigné, peut être proposée avant l'exception d'incompétence. — 1re, 28 janvier 1829, *Follin.* — C. R. 12, 266.

23. — La nullité d'un exploit n'est plus proposable de la part de celui qui a conclu au fond. — 1re, 18 janvier 1809, *de Lahaye;* — 4e, 9 février 1813, *Baszergue.*

24. — Les nullités du *parlant à* ne sont plus opposables de la part du défendeur qui, sur l'assignation à lui commise, a constitué avoué sans faire de réserves. — 1re, 8 juillet 1806, *Venoi d'Anfréville.*

25. — De même, le défendeur qui représente l'exploit qui lui a été signifié se rend par-là non recevable à prouver que cet exploit ne lui a pas été remis à personne ou domicile. — *m. arr.*

Contrà. — 15 janvier 1808, *Blanche;* — 2e, 15 oct. 1808, *Fontenilia.*

26. — Dans tous les cas, de ce qu'une

partie a comparu sur assignation commise à un domicile qui n'était point le sien, sans critiquer l'exploit, on ne peut la déclarer non recevable à soutenir que le jugement lui a été indûment signifié à ce domicile. — 2ᵉ,ˋ 10 février 1817, *Marguerie.*

27. — La nullité résultant de ce qu'un jugement n'aurait point été signifié à avoué, se trouve couverte par la présence de la partie à l'état d'ordre et par les conclusions qui y ont été prises par son avoué. — 4ᵉ, 16 janvier 1833, *Mariette.*

28. — Une simple demande en communication de pièces ne suffit pas pour couvrir la nullité d'un exploit. — 4ᵉ, 20 janvier 1829, *l'administration des domaines.* — C. R. 13, 546.

29. — *Contrà.* — « *La demande en communication de pièces* faisant partie des *exceptions* déterminées par le titre 9 C. pr., il s'ensuit, qu'aux termes de l'art. 173, elle couvre la nullité de l'exploit. » — 2ᵉ, 3 mars 1831, *Sebire-Lavasserie.* (Arrêt par défaut.) — 1ʳᵉ, 4 juin 1806, *Gibert.*

30. — Jugé encore que l'avoué de l'intimé qui reçoit une communication ne peut plus proposer la nullité de l'exploit d'appel. — 1ʳᵉ, 26 juillet 1808, *veuve Joye.* — *Contrà,* 4ᵉ, 8 déc. 1834, *Closet.*

31. — La nullité prononcée par l'art. 66 C. pr., contre les actes faits par un huissier pour ses parents et alliés, est une simple nullité d'exploit qui, comme toute autre, est couverte si elle n'a pas été proposée avant toute défense ou ex-

ception. — 2ᵉ, 3 mars 1831, *Sebire-Lavasserie.*

32. — Cette nullité dût-elle être considérée comme *substantielle et d'ordre public,* elle n'en serait pas moins couverte par la présentation de défenses ou exceptions (spécialement par une demande en communication de pièces ;) « car les dispositions de l'art. 173 s'appliquent à toutes les nullités , de quelque nature qu'elles soient. » — *m. arr.*

33. — L'art. 173 C. pr. s'applique à toutes les instances, même à celles sur saisie-immobilière. — Ainsi, la nullité des actes d'une saisie-immobilière, antérieurs à l'adjudication préparatoire, telle , par exemple , que celle résultant de ce qu'il n'a pas été dressé d'original du commandement, est couverte, encore qu'elle ait été proposée avant cette adjudication, conformément à l'art. 733 C. pr., si elle ne l'a été qu'après des défenses ou exceptions au fonds. — 24 nov. 1825, *Beauquesne.* — *Rej.* S. 27, 1, 403.

34. — De même l'exception de nullité d'une saisie-arrêt doit être proposée avant de défendre au principal sur la demande en validité de cette saisie. — 2ᵉ, 2 avril 1813, *Hottot.*

35. — La nullité résultant de ce que le jugement n'a point été précédé d'avenir, est couverte si l'opposant au jugement ne la propose que dans son opposition et conclut au fond. — 2ᵉ, 15 juin 1821, *David.*

36. — La partie qui a comparu devant le tribunal et s'est défendue sans qu'il y ait eu préalablement sommation d'audience , ne peut, devant la Cour

exciper du défaut de sommation. — 4e,
17 nov. 1829, *Lielot.* — C. R. 13, 40.

37. — L'irrégularité de l'intimation
donnée à une partie pour se trouver présente à une enquête, est couverte si
cette partie se présente à l'enquête et
élève des soutiens relatifs à cette enquête, sans coter l'irrégularité de l'intimation qui lui a été faite. — 2e, 12 mai
1832, *Duchesne.*

38. — De même, jugé que la partie
qui siste à une enquête n'est plus recevable, après cette enquête, à se plaindre
que les témoins ne lui avaient pas été
suffisamment désignés dans l'intimation.
— 2e, 4 août 1827, *Veniard.* — C. R. 9,
320.

39. — De même, enfin, la partie qui
a discuté une enquête sans en proposer
les nullités, n'est plus recevable à les
proposer plus tard. — 1re, 4 mai 1808,
Delauney.

40. — ... A plus forte raison en est-il
ainsi si elle a conclu au fond sans proposer les nullités de cette enquête. — 1re,
12 mai 1820, *Babé.*

41. — La partie qui oppose un moyen
de nullité contre un acte, peut se réserver à le méconnaître, et n'est point tenue
de s'expliquer préalablement à cet
égard. — 2e, 18 mai 1821, *Lebarbier.*

42. — Lorsque des écritures du procès il appert qu'une partie a proposé
des nullités de forme, les conclusions
par lesquelles elle conclut à tort l'action,
ne couvrent pas ces nullités. — 2e, 16
déc. 1818, *Douesville.*

ART. 4. — DES EXCEPTIONS DILATOIRES.

43. — Une partie qui représente l'ex-

ploit ne peut obtenir de sursis à faire
droit, sous prétexte qu'elle a porté plainte
en faux, afin de faire décider que l'exploit ne lui a pas été remis à domicile
comme il l'énonce. — 1re, 4 juin 1806,
Gibert.

44. — Lorsque tout en proposant une
exception à la demande, les parties ont
conclu au principal, « le tribunal, en
rejetant l'exception, ne doit pas renvoyer la cause indéfiniment à jour qui sera ultérieurement fixé ou convenu entre
les parties, mais, au contraire, il doit
ordonner que lesdites parties seront entendues de suite sur le fond de la contestation ou au moins à jour certain. » — S'il ne
l'a pas fait, la Cour peut, sur appel,
évoquer la cause et entendre les parties au principal. — 1re, 28 février 1827,
Chedeville. — C. R. 8, 103.

45. — *Exception de garantie.* — L'exception de garantie résultant de ce que
le demandeur en éviction est héritier du
vendeur, peut être proposée, pour la
première fois, sur appel. — 2e, 22 juin
1808, *Leneveu.*

46. — Lorsque le principal obligé a
couvert les nullités de forme, le tiers
appelé en garantie, ne peut plus se prévaloir de ces nullités. — 1re, 23 avril
1808, *Jajolet.*

ART. 5. — DE LA COMMUNICATION DE PIÈCES.

47. — On ne peut faire usage d'une
pièce si elle n'a été préalablement communiquée. — 1re, 24 mars 1825, *Brouchard de Saint-Félix.* — C. R. 4, 218.

48. — Le demandeur en pétition

EXCEPTIONS, art. 5.

d'hérédité qui appuie son action sur un droit apparent, peut, tous moyens tenant, faire condamner le possesseur de l'hérédité à lui faire communication des pièces inventoriées après le décès, afin de vérifier si les titres sur lesquels il s'appuie, sont bien ou mal fondés.

Si le défendeur déclare n'avoir pas les pièces réclamées, il n'y a pas lieu à prononcer de contrainte contre lui, sauf au demandeur à en exciper comme d'un refus. — 1re, 10 mars 1806, *Auvray*.

49. — Lorsque le rapport est commencé, les parties ne peuvent plus être admises à prendre des conclusions tendant à autres fins que les précédentes, ni faire des offres de communication de pièces. — *m. arr. Brouchard.*

50. — Du moment où une pièce a été produite, on peut forcer la partie qui l'a communiquée à en donner des copies. — 1re, 20 thermidor an XII, *Toudouze*, et à la produire sous contrainte, 2e, 2 mai 1818, *De Faudoas.*

51. — Lorsqu'une partie refuse de produire une pièce dont elle a fait emploi, l'autre peut être autorisée d'en inférer ce que vraisemblablement elle contient en sa faveur. — 2e, 12 février 1811, *Cambray ;* — 4e, 9 mars 1812, *Gillette.* — Ità, 1re, 9 avril 1821, *de Caligny;* — 4e, 19 mai 1835, *Morin.*

52. — On peut même sur appel, demander la communication des pièces produites en première instance. — 2e, 11 février 1817, *Dolon.*

53. — Les juges peuvent décider que les communications se feront sur réci-

EXCEPTIONS, art. 6.

pisées d'avoués et non par la voie du greffe. — 1re, 18 mars 1819, *Crepin.*

54. — Une partie peut obtenir le renvoi de la cause à un jour ultérieur, pour défaut de reddition des pièces qu'elle a communiquées, encore bien que pour se faire rendre ces pièces, elle n'ait point eu recours aux moyens rigoureux prescrits par l'art. 191, C. pr. civ. — 4e, 25 mars 1835, *Chirée.*

55. — Dans les partages judiciaires, les pièces ne se communiquent point d'avoué à avoué; les parties doivent en prendre communication chez le notaire liquidateur. — 1re, 19 février 1812, *Lebourlier.*

ART. 6. — DES EXCEPTIONS DU FOND OU FINS DE NON-RECEVOIR.

56. — La fin de non-recevoir résultant de l'acquiescement au jugement dont est appel, n'entre pas dans la classe de celles qui, conformément à l'art. 173 C. pr., doivent être proposées avant toute défense au fond ; elle peut l'être en tout état de cause, à moins qu'il n'y eût eu renonciation expresse. — 2e, 26 février 1834, *Lefranc-Bazonnière.*

57. — L'intimé sur appel, qui s'est livré à une instruction sur le fond et a conclu à la confirmation du jugement s'est rendu par-là non recevable à exciper de ce que l'appel n'aurait point été porté dans les délais. — 2e, 17 mars 1832, *Revert.*

58. — Toutefois, la demande en communication des pièces relatives à la procédure, faite sous toutes réserves, de-

EXCEPTIONS, art. 6.

puis l'appel interjeté, ne rend pas non recevable à demander la nullité dudit appel comme tardivement porté. — 4e, 8 déc. 1834, *Closet.*

59. — L'exception tirée de ce qu'un second jugement par défaut, après un premier jugement de défaut profit joint, serait insusceptible d'opposition, se couvre par la défense au fond proposée sur cette opposition par la partie qui a obtenu ce jugement; tellement que sur l'appel, elle n'est pas recevable à opposer que le jugement était définitif. — 27 nov. 1832, *Anfrye.* — Rej. S. 34, 1, 521.

60. — L'exception tirée du défaut de qualité peut être proposée en tout état de cause. — Ici encore est inapplicable l'art. 173 C. pr. — 11 déc. 1826, *not. de Caen.* — Rej. S. 32, 1, 225.

61. — Il en est de même de l'exception de quittance; elle peut être proposée même après le jugement. — 2e, 30 oct., *Thorel;* — 1re, 4 janvier 1815, *Boulay;* — 2e, 8 février 1819, *Dutroltey;* — 4e, 13 mars 1821, *Leclerc.* — C. R. 12, 247. — 4e, 27 janvier 1823, *Bailleul;* — 4e, 25 juin 1832, *Berne;* — 1re, 26 août 1835, *Mariette.*

V. Acquiescement, appel, chose jugée, commerçant, compétence commerciale, enquête, expertise, exploit, péremption, saisie-immobilière.

TABLE SOMMAIRE.

EXÉCUTEUR TESTAMENTAIRE.

EXÉCUTEUR TESTAMENTAIRE.

(C. civ. , liv. 3 , tit. ii , chap. 5 , sect. vii.)

1.—Le refus que fait un exécuteur testamentaire d'accepter les fonctions dont il a été chargé, ne donne point lieu à la nomination d'un curateur pour remplir ces mêmes fonctions. — En un tel cas, les héritiers se trouvent *de plano* saisis des droits et obligations de l'exécuteur testamentaire. — 1re, 13 janvier 1823, *Josse.* — C. R. 2, 92.

2. — Un exécuteur testamentaire a le droit, en cette seule qualité, de prendre une hypothèque sur les biens du légataire universel, pour assurer l'exécution du testament. — Il a également le droit de renouveler l'inscription tant que les legs particuliers ne sont pas complètement acquittés. — *Spécialement*, il peut requérir une inscription pour assurer la représentation, en nature, du mobilier remis aux mains du légataire universel, et ce sous une contrainte égale au montant de son estimation. — 4e, 7 mars 1840, *Miocque.* — R. P. 4, 88.

3. — Ainsi jugé que si, quoique ayant succombé dans une contestation relative au testament, l'exécuteur testamentaire a cependant agi de bonne foi et dans l'intérêt de l'exécution du testament confié à ses soins, il y a lieu à l'autoriser à retenir, sur les sommes à lui confiées, le montant des dépens auquel il est condamné. — 2e, 10 déc. 1831, *Durand.*

EXÉCUTION FORCÉE DES JUGEMENTS ET ACTES, §. I.

4. — Les frais des procès soutenus par les exécuteurs testamentaires, à raison de l'obscurité des clauses du testament, ne sont point à leur charge ; ils doivent être prélevés sur la succession, conformément à l'art. 1034 C. civ. — 2e, 6 nov. 1812, *Gardin.*

V. Hypothèque, séparation de patrimoines.

EXÉCUTION FORCÉE DES JUGEMENTS ET ACTES.

(C. pr. , 1re part. , liv. v , tit. 6.)

§. I. — *Par qui et contre qui l'exécution peut-elle être poursuivie.*

§. II. — *Pour quelles créances et en vertu de quels titres peut-elle l'être.*

§. III. — *Des obstacles qui peuvent arrêter l'exécution.*

§. IV. — *Formalités préalables à l'exécution, soit qu'elle ait lieu contre le débiteur ou contre un tiers.*

§. V. — *Avec quelles formalités, par qui et comment il peut être procédé à l'exécution.*

§. VI. — *Compétence.*

§. . — *Par qui et contre qui l'exécution peut-elle être poursuivie.*

1. — *Par qui.* — Le mandataire peut, en vertu de pouvoirs sous seing privé, mettre à exécution les titres de créance de son mandant. — 4e, 23 août 1817, *Desoliers.*

2. — Il n'est même pas tenu de signifier copie de sa procuration au débiteur, sauf à celui-ci à en requérir la représen-

EXÉCUTION FORCÉE DES JUGE-MENTS ET ACTES, §. I.

tation.—1re, 15 et 16 germinal an XI, *veuve Bourdon.*

3. — Le cessionnaire peut également, en vertu d'un transport sous seing privé, mettre son titre de créance à exécution. — 4e, 6 juin 1818, *Leveillé.*

4. — Est frappée d'une nullité absolue l'exécution donnée à un acte ou jugement, par une personne sans qualité, encore que la partie déclare ratifier cette exécution, après qu'elle a été consommée. — 21 brumaire an X, *Leroy.*

5. — *Contre qui.* — Peut être déclarée vexatoire la mise à exécution d'un titre contre un débiteur, entre les mains de qui il existe des défenses valables. — Alors surtout que le créancier n'a ni offert caution, ni requis consignation. — 4e, 25 novembre 1811, *Vallée de Villy.*

6. — *Secùs* cependant si le débiteur a été mis en demeure de consigner. — 1re, 5 fructidor an XI, *Darbelly.*

Ità. — 2e, 25 juillet 1806, *Gaugain;* — 1re, 14 déc. 1709, *Hellouin;* — 4e, 16 déc. 1819, *Richard.*

7. — L'orsqu'il s'agit d'exécution soit mobilière, soit immobilière, il ne suffit pas de la diriger contre un des débiteurs (même solidaires), tant pour lui que pour les autres; une action de cette nature doit être nécessairement et directement poursuivie contre la personne dont les meubles ou immeubles doivent être saisis. › — 4e, 28 mai, *Lesaulnier.*

8. — Si le tiers-détenteur se défend par des moyens à lui particuliers, l'exécution provisoire ne peut être ordonnée, contre lui en vertu de titres exécutoires,

EXÉCUTION FORCÉE DES JUGE-MENTS ET ACTES, §. II.

contre le débiteur personnel.—2e, 8 mai, 1813, *Blivet.*

9. — On ne peut mettre à exécution forcée contre une personne, un jugement dans lequel elle n'était pas partie, lors même qu'elle l'aurait tenu pour valablement rendu et signifié, mais par acte sous seing privé. — 4e, 18 janvier 1836, *Fauvel.* — R. P. 2, 533.

§. II. — *Pour quelles créances et en vertu de quels actes l'exécution peut-elle être poursuivie.*

10. — *Pour quelles créances.* — Il suffit que la dette soit liquide à l'égard du débiteur, encore bien que le créancier n'ait point exprimé le montant de cette dette.

Ainsi et *spécialement*, le débiteur d'une rente peut être poursuivi pour payer les arrérages dûs, *en deniers ou quittance.* — 4e, 15 juillet 1813, *Beausire.*

11. — Une procuration accordant une somme fixe pour gratification, ne peut servir de base à exécution forcée de la part du mandataire, tant que le compte n'a pas été rendu et apuré. — 4e, 9 août 1817, *Langlois.*

12. — Si, par suite d'une exécution provisoire accordée moyennant caution, une partie a joui des biens objet du litige, et qu'ensuite elle soit condamnée à tenir compte des fruits, la caution ne peut être poursuivie jusqu'à ce que les fruits aient été liquidés, bien que le cautionnement détermine la somme jusqu'à concurrence de laquelle il est donné. — 2e, 4 déc. 1817, *Déterville.*

13. — L'exécution d'une créance de

EXÉCUTION FORCÉE DES JUGE-
MENTS ET ACTES, §. II.

denrée peut avoir lieu en notifiant les
mercuriales. — 4e, 31 janvier 1814.

Voy. au surplus sur les autres cas où
la dette est liquide et certaine, le mot
expropriation forcée, §. IV.

14. — *En vertu de quels actes.* — Aucun acte ou jugement ne peut être mis
à exécution s'il n'a été délivré dans la
forme exécutoire. — 2e, 29 août 1806,
Busnot.

15. — Un acte de cautionnement, pas
plus que tout autre acte, n'est exécutoire
s'il n'est revêtu de la formule prescrite
par l'art. 545 C. pr. — 2e, 4 déc. 1817,
Delleville.

16. — Est exécutoire un acte de vente
sous seing privé que le débiteur du prix
de vente a déposé chez un notaire, avec
reconnaissance de sa signature et autorisation d'en délivrer des copies ou ex-
traits à qui il appartiendra, alors surtout que ce même titre se trouve tacitement reconnu par les parties dans d'autres actes passés devant le même notaire, postérieurement au dépôt. — 4e,
16 déc. 1819, *Richard.* — C. R. 10, 272.
— *Rej.* S. 21, 1, 327.

17. — La reconnaissance d'un titre
sous seing privé, prononcée par jugement, équivaut à une reconnaissance
passée devant notaire et autorise l'exécution. — 1re, 14 avril 1812, *Bodard.*

18. — Si, après avoir chargé un tiers
du service d'une rente, le débiteur personnel de cette rente l'a lui-même acquittée, sans poursuites préalables, il
ne peut, en vertu d'une grosse du contrat jointe aux quittances, agir par voie

d'exécution contre le tiers. — Un jugement est nécessaire. — 1re, 21 mars
1814, *Duval.*

19. — Si un titre est contesté, il ne
peut être mis à exécution qu'en vertu
d'une permission du juge. — 1re, 18 nov.
1807, *Lemonnier.*

20. — Si l'acquéreur porte l'appel d'un
jugement qui déclare résilié, faute de
paiement, un contrat de vente exécutoire, le vendeur peut mettre ce contrat
à exécution, pour obtenir son paiement
— 2e, 16 thermidor, an XII, *Lebreton.*

21. — *Jugement.* — Est nulle l'exécution faite en vertu d'un jugement qui
n'est pas revêtu de la formule exécutoire prescrite par l'ordonnance du 30
août 1815. — 4e, 2 février 1829, *Poret
et consorts.*

22. — Lorsque deux arrêts ou jugements relatifs au même objet ont été délivrés à la suite l'un de l'autre, dans un
même cahier, ils sont exécutoires, bien
qu'il n'y ait pour eux deux qu'un seul
intitulé à la tête du cahier, et un seul
mandement à la fin de ce cahier. — 2e,
12 déc. 1823, *Prevost.*

23. — Un jugement, quoiqu'irrégulier, doit être exécuté tant qu'il n'est
attaqué par aucune voie légale. — 2e, 14
déc. 1814, *Leroyer.*

24. — .... Ou lorsqu'il est passé en
force de chose jugée. — 4e, 29 août 1816,
Tirel.

25. — Dans ce dernier cas, la tierce
opposition formée contre ce jugement
ne pourrait en arrêter l'exécution. (Art.
478). — m. arr. *Tirel.*

49

26.—La grosse d'un jugement, même contradictoire, peut être mise à exécution, encore que les qualités n'aient pas été signifiées. — 2ᵉ, 28 mars 1806, *veuve Letcrrier*.

27. — Lorsque l'expédition d'un jugement suppose une irrégularité qui ne se trouve pas dans la feuille d'audience, ainsi, par exemple, que le jugement n'a été rendu que par deux juges, tandis que, d'après la minute, il a été rendu par trois, les exécutions faites en vertu d'un tel jugement sont nulles. — 4ᵉ, 2 sept. 1816, *De Bellel*.

28. — Les jugements qui rejettent des fins de non-recevoir et ordonnent une expertise, sont exécutoires quoiqu'ils n'aient pas été signifiés à partie. (Art. 147 C. pr.) — 2ᵉ, 18 juillet 1835, *Guillot*. — R. P. 2, 484.

§. III. — *Des obstacles qui peuvent arrêter l'exécution*.

29. — Lorsqu'une contestation s'engage relativement à un acte, nulle exécution ne peut avoir lieu durant l'instance. — 1ʳᵉ, 20 juin 1809, *Dumarcy*.

30. — Les juges ont bien le droit d'accorder des délais, mais ils ne peuvent surseoir indéfiniment à l'exécution d'un titre. — 2ᵉ, 31 mars 1808, *Labbé*.

31. — L'ordonnance de la chambre du conseil, portant qu'il n'y a pas lieu à poursuites ultérieures contre un débiteur failli, ne peut, en aucune manière, arrêter l'exécution du jugement du tribunal de commerce, portant que le débi-

teur sera mis en dépôt dans une maison d'arrêt. — 1ʳᵉ, 15 février 1813, *Deschamps*.

32.—*Opposition.*—Le titre paré, même emportant contrainte par corps, peut être mis à exécution, nonobstant l'opposition du débiteur.—4ᵉ, 7 janvier 1819, *Leforestier*.

33. — L'opposition à un jugement ne peut davantage en arrêter l'exécution. —4ᵉ, 3 février 1819, *Demont-Beterme*.

34. — .... — Surtout lorsqu'elle est tardive. — 4ᵉ, 30 août 1826, *Mariette*.

35. — Jugé cependant que, lorsque sur l'opposition à la mise à exécution d'un jugement, le tribunal a ordonné un interrogatoire sur faits et articles (tendant à établir la libération du débiteur), les poursuites commencées doivent être provisoirement suspendues.—2ᵉ, 14 mai 1813, *Michel jeune*.

36.—*Appel.*—La partie qui s'est portée appelante d'un jugement, peut néanmoins l'exécuter aux chefs qui lui sont favorables. — 1ʳᵉ, 22 août 1809, *De Feroles*.

Sur les obstacles à exécution naissant de l'appel, voyez *appel*, ᴀʀᴛ. 5.

37.—*Référé.*—Si l'une des parties veut, soit par elle, soit par son cessionnaire, exécuter un jugement dont est appel, la partie adverse peut se pourvoir par voie de référé devant la Cour. — 1ʳᵉ, 24 ventôse an xi, *Bellanger*.

38. — L'action en référé n'est pas suspensive, par elle-même, de l'exécution à laquelle elle a pour objet de s'opposer. — En conséquence, l'huissier peut passer outre à l'exécution, sous sa

responsabilité personnelle, et il n'est
passible d'aucuns dommages-intérêts s'il
est justifié que le référé était mal fondé.
— 4e, 10 avril 1827, *Langlois.* — C. R.
8, 149.

§. IV. — *Formalités préalables à l'exécution, soit qu'elle ait lieu contre le débiteur ou contre des tiers.*

39. — *Exécution contre le débiteur.* —
Toute exécution doit être précédée d'un
commandement et d'une notification au
débiteur du titre en vertu duquel cette
exécution est faite. (C. pr., art. 583,
634, 636, 673, 780.)

40. — Jugé que l'appel du débiteur en
conciliation équipolle à commandement.
—1re, 14 ventôse an XIII, *Daufresne.*

41. — Quant à ce qui regarde le commandement, voyez *saisie-exécution*, §. I,
et *saisie immobilière*, ART. 1, §. I.

42. — Un jugement peut être mis à
exécution sans qu'il soit besoin de notifier les actes qui servent de base aux
condamnations qu'il prononce. — 1re, 1er
mars 1812, *Lenormand* ; — 4e, 14 août
1832, *veuve De Pierre* ; — 4e, 29 juin
1835, *Lemenager.*

43. — Le débiteur n'est pas en droit
de demander que ces actes lui soient représentés, alors qu'ils sont reconnus par
le jugement, et que ce jugement est passé en force de chose jugée. — m. arr.
Lemenager.

44. — Mais si un titre n'est exécutoire
sur certains biens (v. c. des biens dotaux normands) qu'en vertu d'un acte

qui autorise cette exécution (v. c. la
ratification du titre par la femme normande devenue veuve), l'exécution ne
peut avoir lieu sur lesdits biens qu'après
la signification préalable de l'acte qui
l'autorise. — 2e, 4 février 1814, *Dur-
nel.*

Voy. au surplus *saisie-exécution*, §. 1,
et *saisie immobilière*, ART. 1, §. I.

45. — *Exécution contre les tiers.* — Si
la partie condamnée acquiesce au jugement, il suffit, pour mettre ce jugement
à exécution contre les tiers, de leur notifier l'acquiescement du condamné. La
signification des certificats, dont parle
l'art. 548 C. pr., serait inutile et sans
objet. — 2e, 20 novembre 1813, *Le-
gent.*

46. — Lorsqu'un jugement susceptible d'appel est rendu contre des mineurs, il ne peut être mis à exécution
contre un tiers détenteur, qu'autant que
le certificat exigé par l'art. 548 C. pr.
constate que la signification en a été faite
au tuteur et au subrogé tuteur.

§. V. — *Dans quelles formes, par qui et
comment doit-il être procédé à l'exécution.*

47. — Le principe d'après lequel tous
les procès intentés avant la promulgation du Code de procédure, doivent être
instruits, même depuis ce Code, d'après
l'ordonnance de 1667, ne s'applique pas
aux procédures qui, le jugement une
fois rendu, ont pour but l'exécution de
ce jugement. — 1re, 6 janvier 1824,
Pounoll-Phipps. — C. R. 3, 30.

EXÉCUTION FORCÉE DES JUGE-
MENTS ET ACTES, §. VI.

48. — Le jugement sur le fond de la
demande laisse entière la question de
savoir sur quels biens et de quelle manière l'exécution aura lieu. — 1re, 14
août 1809, Boisard.

49. — Lorsqu'une partie a été condamnée à faire une chose (v. c. à rac-
commoder un chemin), la partie adverse
peut demander que le condamné soit
astreint, jusqu'à concurrence d'une somme de ...., à exécuter le jugement.—1re,
16 janvier 1811, Bordeaux.

50. — Les tribunaux ont le droit de
commettre, pour l'exécution de leurs
jugements, des officiers ministériels ins-
trumentant hors de leur ressort. — 4e,
31 mars 1819, Tranchant; junctim, 30
avril 1819, Lefèvre.

51. — Encore qu'une partie, au lieu
de se pourvoir devant la justice répressive pour demander la réparation d'un
délit, ait pris la voie civile, l'exécution
du jugement n'en doit pas moins avoir
lieu suivant les dispositions du Code
pénal. — 4e, 30 déc. 1833, Davy.

§. VI. — Compétence.

52. — C'est devant le juge qui a rendu
un jugement que doivent être portées
les contestations relatives à l'exécution
de ce jugement. — 2e, 29 ventôse an XI,
Lanchon; — 2e, 9 frimaire an XIII, Mos-
queron; — 2e, 13 juillet 1819, Chancerel.

53. — Le juge des référés ne pourrait
déclarer valable un acte d'exécution. —
2e, 16 déc. 1809, Duval; — 4e, 11 nov.
1812, Langlois.

EXÉCUTION FORCÉE DES JUGE-
MENTS ET ACTES, §. VI.

54. — Il ne peut davantage déclarer
qu'un titre est nul et annuler, en conséquence, les actes d'exécution faits en
vertu de ce titre. — 4e, 7 janvier 1812,
Lusurier.

55. — Mais s'il y a appel du jugement
en vertu duquel l'exécution se poursuit,
le juge des référés est compétent de surseoir à l'exécution. — 1re, 25 mai 1808,
Lavalley.

56. — Il peut de même statuer sur le
point de savoir si l'exécution d'un titre
sera ou non provisoirement arrêtée. —
2e, 2 juin 1815, Cavellier.

57. — Ainsi, il peut même, en se
fondant sur ce que les formalités sont
régulières, rejeter le sursis demandé,
sauf au débiteur le droit de diriger ses
poursuites en nullité de l'exécution,
pour irrégularité, devant le tribunal civil. — 4e, 21 mai 1821, Lamy.

58. — La Cour saisie par voie d'appel est seule compétente pour statuer
sur l'exécution du jugement de première
instance, et notamment sur la nullité de
l'emprisonnement qui en a été la suite.
— 4e, 10 janvier 1838, Fauche. — R. P.
2, 13.

59. — Lorsqu'un jugement est confirmé sur appel, son exécution appartient
de plein droit au tribunal qui l'a rendu.
— 2e, 19 février 1819, Guillot.

60. — La Cour est incompétente de
statuer sur les difficultés relatives à cette
exécution. — 2e, 9 janvier 1807, Leneveu.

61. — Elle ne pourrait même connaître de l'exécution des arrêts interve-

EXÉCUTION FORCÉE DES JUGE-
MENTS ET ACTES, §. VI.

nus dans l'instance, pour ordonner des
provisions. — 2ᵉ, 24 messidor an xiii,
De Bossont.

62. — Si la Cour infirme un jugement
de débouté d'opposition, et ordonne en
même temps l'exécution du jugement
par défaut, c'est à elle et non au premier juge à connaître de l'exécution de
son arrêt. — 1ʳᵉ, 4 janvier 1809. *Taillevast.*

63. — Décidé même que lorsqu'un jugement définitif est infirmé, la Cour
peut connaître elle-même, d'une manière absolue, de l'exécution de son arrêt, encore bien que l'affaire ne soit pas
en état, et qu'une instruction ultérieure
soit nécessaire. — 1ʳᵉ, 1ᵉʳ février 1827,
Lemarquant. — C. R. 8, 211.

64. — Dans les cas où les Cours connaissent de l'exécution de leurs arrêts,
elles statuent aussi entre les mêmes parties sur les questions incidentes à cette
exécution. — 1ʳᵉ, 14 mai 1810, *Louis.*

V. Compétence civile.

65. — Avant le Code de pr. civile, les
tribunaux de commerce connaissaient de
l'exécution forcée de leurs jugements. —
1ʳᵉ, 9 février 1808, *Detey.*

66. — Aujourd'hui, cette connaissance est attribuée aux tribunaux civils
d'arrondissement. (Art. 442 et 553
C. pr.)

67. — Les tribunaux civils chargés
par les art. 442 et 553 C. pr., de connaître de l'exécution des jugements des
tribunaux de commerce, ont le droit
d'annuler les condamnations par corps
indûment prononcées par ces tribunaux.

EXÉCUTION FORCÉE DES JUGE-
MENTS ET ACTES, §. VI.

Toutefois, « ce droit ne peut consis-
ter qu'à s'assurer que le fait reconnu ou
supposé constant par le tribunal qui a
condamné le débiteur, était bien de nature à entraîner réellement un mode de
poursuite attentatoire à la liberté de celui-ci. Là s'arrête le pouvoir du tribunal d'exécution auquel il ne peut être
permis de rentrer dans la discussion des
faits déjà jugés. » — 4ᵉ, 17 avril 1826,
Lenfant. — C. R. 6, 222.

68. — Lors donc que le tribunal de
commerce ayant apprécié les actes produits devant lui, a reconnu et déclaré
qu'ils étaient au nombre de ceux pour
l'exécution desquels la loi a permis de
prononcer la contrainte par corps, l'exécution de son jugement doit être ordonnée, sauf à la partie à en porter l'appel
devant la Cour. — 4ᵉ, 26 mai 1840, *Kadot de Sebville.* — R. P. 4, 235.

V. Acquiescement, appel, compétence administrative, civile et commerciale,
contrainte par corps, jugement par défaut, saisie exécution, saisie immobilière.

TABLE SOMMAIRE.

EXÉCUTION FORCÉE DES JUGE-
MENTS ET ACTES.

EXÉCUTION PROVISOIRE.

EXÉCUTION PROVISOIRE.

1. — *Titre authentique.* — L'exécution
provisoire ne peut être ordonnée s'il y
a titre de part et d'autre. — 2ᵉ, 31 août
1821, *Beausire.*

2. — ...Ou si le titre est contesté dans
son escence. — *Arg.* 1ʳᵉ, 14 avril 1812,
Bodard; — 1ʳᵉ, 10 août 1813, *Frelatre;*
— 1ʳᵉ, 24 sept. 1814, *Lecroisey;* — 2ᵉ, 19
mars 1821, *Chateau de Lafayette.*

3. — Les titres authentiques contre le
débiteur personnel, ne peuvent donner
lieu à exécution provisoire contre les tiers
détenteurs ou autres qui n'ont point été
partie à ces actes. — 4ᵉ, 19 sept. 1835,
Rouxeville.

4. — ... Alors surtout qu'ils ont des
moyens personnels à faire valoir. — 2ᵉ,
8 mai 1813, *Blivet.*

5. — *Reconnaissance.* — La reconnaissance d'un titre sous seing privé prononcée par jugement, équivaut à reconnaissance devant notaire, et peut donner
lieu à exécution provisoire. — 1ʳᵉ, 14
avril 1812, *Bodard.*

6. — *Bail.* — Lorsque le bail verbal
et le prix pour lequel il a été fait, sont
constants, l'exécution provisoire peut
en être ordonnée. — 4ᵉ, 1ᵉʳ sept. 1821,
Lebouteiller.

7. — La jouissance provisoire est due
au bail qui a date certaine, encore bien
que sa validité soit contestée. — 2ᵉ, 4
août 1810, *Osmont.*

8. — L'exécution provisoire ne peut

EXÉCUTION PROVISOIRE.

être ordonnée lorsqu'il s'agit d'annulation de baux. — 2e, 15 therm. an XIII, *Chartier;* — 1re, 30 vendemiaire an XIV, *Ladrerie.*

9. — ...Ou même de tout autre acte. 1re, 19 vend. an XIV, *Boumartel;* —4e, 25 sept. 1813, *Levillain.*

En fait de prestation alimentaire, on admet facilement l'exécution provisoire sans conclure. — 1re, 30 avril 1806, *Drouet.*

10. — « En admettant que les jugements des tribunaux de commerce soient exécutoires de droit par provision, ce ne peut être que dans les termes généraux du droit, c'est à dire à charge de donner préalablement caution et de justifier de solvabilité suffisante, conformément à l'art. 439 C. pr. » — 1re, 9 mai 1809, *Villain.*

11. — Jugé positivement qu'en justifiant de ces conditions, les jugements des tribunaux de commerce sont de plein droit exécutoires par provision, quand même l'exécution provisoire n'aurait point été ordonnée. — 1re, 3 août 1807, *Rosier;* — 1re, 19 juin 1809, *Langlois.*

12. —...Quand même ils seraient attaqués d'incompétence. — 1re, 8 vendemiaire an X, *Eudes.*

13. — Ainsi, en matière de faillite, tout jugement est exécutoire par provision. — 1re, 25 juin 1811, *Deschamps.*

14. — L'appel d'un jugement de compétence met obstacle à ce que l'exécution provisoire du jugement sur le fond soit ordonnée sans caution, encore bien que le principal de la contestation n'excède pas le taux du premier ressort. — 1re, 9 mai 1809, *Villain.*

15. — Jugé également que l'appel d'un jugement qui prononce la contrainte par corps sans que l'exécution provisoire en ait été ordonnée nonobstant appel et sans caution, empêche le jugement d'être mis à exécution par cette voie. — 4e, 10 janvier 1838, *Fauche.* — R. P. 2, 13.

16. — Avant le Code de procédure le jugement qui ordonnait une enquête était exécutoire nonobstant appel. — 2e, 18 août 1818, *Montargis.*

17. — Le jugement sur l'opposition à un jugement par défaut, peut ordonner l'exécution provisoire, quoiqu'elle n'ait pas été prononcée par le premier jugement. — 4e, 28 avril 1838, *Lacroix.* — R. P. 2, 175.

18. — *Appel.* — « Par la disposition de l'art. 459 C. pr., la demande en défense d'exécution ne peut être admise qu'autant que l'exécution aurait été ordonnée contre les dispositions de la loi. » Lorsque l'exécution a été ordonnée dans un cas prévu par la loi, la Cour ne peut, sous aucun prétexte, accorder d'arrêt de défenses. — 2e, 1er octobre 1808, *Morin.*

19. — Mais si l'exécution provisoire a été ordonnée hors des cas prévus par la loi, l'appelant peut faire ordonner par la Cour la suspension de l'exécution. — 1re, 12 floréal an XII, *Deshaies.*

20. — Même en cas d'appel, le premier juge peut être saisi de la question

EXÉCUTION PROVISOIRE.

de savoir s'il a ou non prononcé l'exécution provisoire de tel chef de son jugement. — 1re, 26 déc. 1810, *Lessard.*

21. — Dans les cas même où la loi
autorise l'exécution provisoire, la Cour
peut y surseoir si l'intimé sommé de
produire ses titres est en retard de le
faire. — 2r, 9 avril 1813 , *Martin.*

22. — La Cour peut ordonner provisoirement l'exécution du jugement d'appointé en preuve dont est appel, pourvu
qu'il y ait péril en la demeure. — 2e, 4
mai 1809 , *Coquin ;* — 2e, 17 juin 1809,
Morin ; — 2e, 15 sept. 1810, *Rossignol ;*
— 2r, 29 août 1811 , *Lejeune ;* — 1re, 21
mai 1812, *veuve Hamel.*

23. — Elle peut aussi la refuser. —
2e, 27 août 1814, *Le P.*

24. — L'exécution accordée à un arrêt en matière civile, nonobstant le pourvoi en cassation, n'est pas un devoir,
mais un droit que n'exercent ceux auxquels il appartient qu'à leurs risques et
périls. — 4e, 5 déc. 1836, *héritiers
Chancerel* — R. P. 1, 114.

25. — La disposition de l'art. 137 C.
pr., qui prohibe l'exécution provisoire
pour les dépens était observée même
avant le Code de procédure. — 1re, 1er
oct. 1806 , *De Merand.*

V. Appel, compétence commerciale,
exécution des actes et jugements.

TABLE SOMMAIRE.

EXPERTISE, §. I.

EXÉCUTOIRE.

V. Frais et dépens.

EXHÉRÉDATION.

V. Legs , portion disponible , succession.

EXPÉDITION.

V. Preuve littérale.

EXPERTISE.

(C. pr , 1re part. , liv. II , tit. 14.)

§. Is — *Dans quels cas y a-t-il lieu à ex-*
pertise.

§. II. —*Récusation des experts.*

§. III. — *De l'opération des experts. —*
*De leur rapport, foi due à ce rapport et
de sa force. — Honoraires des experts.
— Tiers-expert.*

§. I. — *Dans quels cas y a-t-il lieu à ex-*
pertise.

1. — Lorsque le juge a par lui-même
les connaissances nécessaires pour ap-

EXPERTISE, §. II.

précier les indemnités réclamées, il peut les liquider sans ordonner au préalable un rapport d'experts. — 2ᵉ, 5 messidor an XII, *Goholin ;* — 4ᵉ, 18 février 1812, *Leutrin.*

2. — Ainsi, les tribunaux peuvent, sans avoir égard à une vérification demandée, rejeter un acte comme faux, en se fondant sur des présomptions. — 2ᵉ, 23 juin 1825, *Barbot.* — C. R. 5 , 40.

3. — Ainsi encore, en cas de méconnaissance d'écriture, les juges d'appel, *statuant même consulairement,* peuvent procéder d'eux-mêmes à la vérification ; ils ne sont pas obligés d'ordonner une vérification d'experts ; ils peuvent d'ores et déjà tenir la signature pour reconnue, s'ils sont convaincus de sa sincérité. — 4ᵉ, 25 avril 1837, *Longuet.* — R. P. 1, 388.

4. — D'un autre côté, le juge peut d'office et pour éclairer sa religion, ordonner un procès-verbal d'estimation de biens. — 2ᵉ, 17 août 1809, *Bachelet.*

5. — L'expertise faite dans l'ignorance de l'appel du jugement qui l'a ordonnée, est valable. — 2ᵉ, 18 juillet 1835, *Gallot.* — R. P. 2, 485.

§. II. — *Récusation des experts.*

6. — La récusation d'un expert, motivée sur des faits antérieurs à sa nomination, n'est plus recevable après l'expiration des trois jours accordés par l'art. 309 C. pr., pour présenter ses reproches ; inutilement on s'appuierait pour faire revivre ces faits anciens, sur des faits nouveaux qui se seraient passés depuis le jugement de nomination. L'art.

EXPERTISE, §. III.

273 qui donne cette faculté en matière de divorce, est un article spécial qui n'est point ici applicable. — 1ʳᵉ, 20 janvier 1831, *Jullien.*

7. — Les causes de récusation postérieures au jugement de nomination des experts sont proposables jusqu'au jour de la prestation de serment de l'expert. — m. arr.

8. — On ne serait pas admis à prétendre que ces causes nouvelles de récusation doivent être proposées dans le délai de trois jours, à partir du jour où la connaissance de ces faits a été acquise. — m. arr.

9. — « La simple manifestation d'une opinion sur l'objet du litige ne fournit pas un moyen suffisant de récusation contre l'individu qui l'a émise, lorsque cette opinion ne prend pas le caractère de participation active qu'offriraient des conseils écrits ou plaidoiries tendant à assurer la réussite de la prétention de l'une des parties. » — m. arr.

§. III. — *De l'opération des experts.— De leur rapport. — Foi due à ce rapport et de sa force. — Honoraires des experts.*

10. — Si les parties sont convenues d'experts par un acte extra-judiciaire, il n'y a pas lieu à leur faire préalablement prêter serment. — 2ᵉ, 19 ventôse an X, *Verbœuf.*

11. — Ce sont les mêmes experts qui doivent procéder à l'évaluation des terres et des bâtiments situés sur ces terres. S'ils n'avaient pas les connaissances

EXPERTISE, §. III.

nécessaires pour estimer les bâtiments, il n'y aurait pas lieu à leur adjoindre d'autres experts, mais ils devraient être révoqués et remplacés par d'autres capables de faire la double estimation. — La raison en est que les évaluations se font en contemplation les unes des autres. — 2e, 8 janvier 1806, *Ravult.*

12. — Toutefois, les experts peuvent recourir à des gens de l'art, tels que des arpenteurs, pour s'aider dans leurs opérations. — 2e, 8 août 1820, *Falaise.*

13. — Même avant le Code de procédure, un rapport d'experts était valable, bien qu'il n'eût pas été rédigé sur les lieux contentieux. — 1re, 26 août 1806, *Leroi.*

14. — La présence des parties à la rédaction du rapport d'experts n'est pas nécessaire. — 1re, 10 janvier 1822, *Rogues.*

15. — Il n'y a donc aucune nullité à coter de ce qu'elles n'ont pas été intimées de s'y trouver. — m. arr., et 1re, 17 mai 1822, *Leplanquais.*

16. — *Contrà.* — Sont nuls les rapports d'experts, lorsque toutes les parties n'ont pas été intimées d'y être présentes. — Cette nullité ne peut être proposée que par les parties non intimées; mais une fois proposée, elle profite à tous. — 2e, 1er floréal an XI, *De Carrouge.*

17. — La signature de tous les experts n'est pas absolument nécessaire pour la validité du rapport, il suffit qu'il soit signé par la majorité, s'il est d'ailleurs constant que l'expert qui a refusé de signer a réellement concouru à l'exper-

EXPERTISE, §. III.

tise. — 2e, 25 juin 1840, *Carabœuf.* — R. P. 4, 368.

18. — Si un rapport d'experts irrégulier présente des renseignements suffisants, les juges ne doivent pas en ordonner un nouveau. — 2e, 27 mars 1811, *Nicole;* — 2e, 29 janvier 1812, *Lebaudy;* — 1re, 17 juillet 1816, *Levaillant.*

19. — « Le procès-verbal d'expertise fait foi, au moins jusqu'à preuve contraire, de tout ce que les experts attestent s'être passé devant eux, dans le cours de leurs opérations, ainsi que des dires et soutiens qu'ils certifient avoir été faits par les parties, lorsque ces énonciations rentrent dans l'objet de la mission des experts. » — 1re, 11 mai 1835, *Saulatre.*

20. — De là la conséquence que la signature des parties n'est pas nécessaire pour établir qu'elles ont assisté à l'opération, si d'ailleurs leur présence est attestée par les experts. — m. arr., et 1re, 23 mai 1819, *Duvelleroy;* — 1re, 2 déc. 1834, *Lecot.*

21. — Avant comme depuis le Code de procédure, les juges n'ont point été astreints à suivre l'avis des experts, si leur conviction s'y oppose. — 1re, 30 juillet 1807, *Leboisne;* — 2e, 30 déc. 1812, *De Mauny;* — 4e, 8 janvier 1821, *Picard;* — 1re, 17 mai 1822, *Leplanquais.*

22. — Ainsi et notamment en matière de vérification d'écritures, les tribunaux ne sont point liés par l'opinion des experts, et, malgré leur avis unanime, ils peuvent, suivant les circonstances, or-

EXPERTISE , §. III.

donner une nouvelle expertise ou former leur conviction d'après les titres et pièces qui leur sont soumis. — 2ᵉ, 15 janv. 1840, *Malherbe.* — R. P. 4, 27.

23. — Les experts peuvent se refuser à déposer leur rapport, si on ne leur donne pas une garantie qu'ils seront payés. — La garantie consiste à déposer somme suffisante. — 1ʳᵉ, 14 nov. 1808, *Salles.*

24. — « Si un expert a le droit de réclamer ses honoraires, lors même qu'il a commis involontairement dans ses opérations des erreurs graves, cela n'est pas applicable au cas où ces erreurs sont au moins le résultat de l'ignorance complète des connaissances indispensables pour exercer les fonctions qui lui ont été attribuées, d'après la qualité qu'il se donne. »

Non-seulement il ne peut, dans ce cas, se faire attribuer aucuns honoraires, mais s'il s'en est fait délivrer, il doit les restituer et être condamné à tous les dépens que ses soutiens ont occasionnés. — 2ᵉ 25 mars 1831, *Hamelet.*

25. — *Tiers-expert.*—D'après la même jurisprudence suivie en Normandie, le tiers-expert devait, en général se conformer à l'avis de l'un ou l'autre expert. — 2ᵉ, 20 pluviôse an XIII, *Montaigu-d'O.*

V. Acquiescement, vérification d'écritures.

TABLE SOMMAIRE.

EXPLOIT.

EXPLOIT.

ART. 1. — DISPOSITIONS GÉNÉRALES.

ART. 2. — FORMALITÉS COMMUNES A TOUS LES EXPLOITS.

§. I. — *De la date.*

§. II. — *Des noms, profession et domicile du demandeur.*

§. III. — *Des noms et demeure du défendeur.*

§. IV. — *Mention de la remise de la copie et de la personne à qui cette copie est laissée.*

§. V. — *Indication de l'objet de la demande ou libellé.*

§. VI. — *Heures et jours où les exploits peuvent être faits.*

§. VII. — *Enregistrement et visa.*

EXPLOIT, art. 1.

§. VIII. — *Nullités des exploits et comment se couvrent ces nullités.*

ART. 3. — FORMALITÉS SPÉCIALES AUX AJOURNEMENTS ET ACTES D'APPEL.

§. I. — *Constitution d'avoué. — Élection de domicile. — Remise de l'ajournement.*

§. II. — *De l'assignation et du délai pour comparaître.*

§ III. — *Indication de l'objet de la demande ou libellé.*

ART. 1. — DISPOSITIONS GÉNÉRALES.

1. — La copie de l'exploit sert d'original à la partie qui la reçoit. — Les irrégularités de la copie peuvent donc être opposées par la partie assignée, encore bien que l'original soit régulier. — 4e, 25 avril 1826, *Barbel.* — C. R. 6, 270. — 4e, 28 novembre 1827, *Laîné.*

2. — ... Ainsi et *spécialement*, si d'après la date donnée à la copie d'un exploit, cet exploit n'a pas été enregistré dans le délai de quatre jours, fixé par la loi du 22 frimaire an VII, lors même qu'en consultant la date donnée à l'original, on puisse se convaincre que l'enregistrement a eu lieu dans le délai de rigueur, cette nullité est acquise à l'assigné, il peut la proposer lors même qu'un nouvel exploit régulier lui serait signifié. — 4e, 25 avril 1826, *Barbel.* — C. R. 6, 270.

3. — De même, en fait d'actes d'exécution, la copie tient lieu d'original pour la partie exécutée : en vain donc l'original serait-il parfaitement régulier si la copie est défectueuse.

EXPLOIT, art. 2.

Spécialement, un emprisonnement est nul si la copie du procès-verbal ne porte la signature des recors qui ont accompagné l'huissier ; peu importe que cette signature se trouve sur l'original et que relation en soit faite sur la copie. — 4e, 31 déc. 1833, *Pezerel.*

ART. 2. — FORMALITÉS COMMUNES A TOUS LES EXPLOITS.

§. I. — *De la date.*

4. — N'est point nul l'exploit, autre qu'un ajournement, qui, dans la copie, ne contient pas le jour de sa date, si cette indication se trouve dans l'original. — 1re, 10 mai 1809, *Chenevière.*

5. — Ainsi est valable un exploit daté du 5 juin sur l'original et enregistré en temps utile depuis cette date, encore bien que la copie fût datée du 5 mai. — 2e, 8 avril 1813, *Laroche.*

6. — Jugé même que l'erreur, dans la copie d'un exploit d'appel, ne peut entraîner la nullité lorsque la date véritable ressort clairement des énonciations mêmes de l'exploit. — 9 mars 1836, *De Sainte-Marie. — Rej. sur ce point. — R. P. 4, 34.*

7. — Est nulle, en matière d'enquête, l'intimation faite à partie si elle n'est datée. — 1re, 27 juillet 1821, *Creully.*

8. — La fausse date attribuée à un délit poursuivi correctionnellement, ne peut faire annuler la citation, si elle provient évidemment d'une erreur de chiffres, et se trouve d'ailleurs rectifiée par les autres énonciations de l'exploit. — 1re, 14 mars 1837, *Parvat. — R. P. 1, 207.*

§. II. — *Des noms, profession et domicile du demandeur.*

9. — L'erreur sur le prénom du demandeur, lorsque d'ailleurs la profession de celui-ci est indiquée, n'entraîne pas la nullité de l'exploit d'ajournement. — 1re, 19 août 1807, *Lapoterie.*

10. — N'est point nul l'exploit qui, par erreur, présente un autre nom que celui du demandeur, lorsqu'en tête de cet exploit se trouve la copie d'une requête dans laquelle le demandeur est clairement désigné. — *Ch. des vac.*, 3 sept. 1827, *Durel de Vidouville.* — C. R. 9, 293.

11. — Est nul l'ajournement qui ne contient pas l'indication du domicile du demandeur. — 1re, 28 juillet 1807, *Lebeunier.*

12. — Jugé cependant que, encore bien que la loi exige l'indication du domicile, *à peine de nullité*, quelques erreurs d'indication, faciles à reconnaître, ne rendraient pas l'exploit nul. — 4e, 23 déc. 1819, *Lehoguais.*

13. — Le domicile d'une partie n'est pas suffisamment désigné dans une signification de jugement, par le nom de la commune où elle habite, et du département où cette commune est située, si l'on n'a pas indiqué dans quel arrondissement. — 4e, 8 février 1825, *Scelles.*

14. — On peut voir une indication suffisante de domicile dans un exploit portant *qu'il est fait requête d'une veuve Criquet, rentière, demeurant à Paris.* — 4e, 22 août 1808, *Duchemin.* — R. P. 2, 523.

15. — On peut le décider ainsi, surtout si l'exploit élit domicile chez un avoué. — *m. arr.*

16. — L'individu qui n'a point de profession n'est pas tenu d'indiquer, dans les exploits qu'il signifie, qu'il est sans profession. — 1re, 6 mars 1815, *Monier.*

17. — Est valable l'exploit d'ajournement signifié à la requête d'un négociant, même pour fait de son commerce, encore qu'il ne soit pas fait mention de la patente de ce négociant. — 2e, 14 fructidor an XII, *Pétion.*

18. — « Si, en matière de société civile, l'exploit dans lequel un associé déclare agir tant pour lui que pour ses co-associés, est nul à l'égard de ceux-ci, lorsqu'il n'y sont pas suffisamment désignés, cet exploit doit être déclaré valable par rapport à l'associé qui a rempli toutes les formalités prescrites par l'art. 61 C. pr., s'il consent restreindre sa demande à sa part, pour que, dans ce cas, le défendeur soit sans intérêt pour exciper de la nullité. » — 1re, 24 août 1835, *compagnie du Cotentin.*

19. — .... Mais l'exploit n'est valable que pour cette part, peu importe qu'elle doive ou non entrer dans la société, et être partagée en commun par les associés, ces considérations étant étrangères au débiteur. — *m. arr.*

§. III. — *Des noms et demeure du défendeur.*

20. — Est nul l'exploit d'ajournement, même à comparaître sur appel, qui n'indique pas le domicile du défendeur ou

intimé. — 2e, 19 août 1813, *Bance ;* — 4e, 8 juin 1815, *Beaupré ;* — 2e, 22 mars 1816 , *Lebarbanchon ;* — 2e , 2 janvier 1818 , *Herblin.*

21. — Peut-être cependant en serait-il autrement si l'exploit était fait en parlant à la personne. — *Arg.*, 1re, 21 avril 1818 , *Claude.*

22. — ... En tous cas , ce défaut d'indication du domicile n'entraînerait pas nullité si la demeure de l'assigné n'était pas certaine. — *m. arr.* , *Claude.*

23. — Si l'erreur provient du fait de l'assigné, celui-ci ne peut s'en plaindre. — *m. arr.*

24. — Lorsqu'une partie est en prison, on peut valablement indiquer pour son domicile celui qu'elle occupait avant son incarcération. — 2e, 3 juin 1818, *Leguesdois.* — Ità , 1re, 4 mai 1813, *Mariette.* — D. p. 15 , 2 , 41.

25. — Jugé même que l'exploit est nul s'il n'indique d'autre domicile que la maison d'arrêt. — 4e, 30 avril 1822 , *Lemonnier.*

26. — « Une maison d'arrêt, en effet, où un citoyen est momentanément et forcément détenu, ne peut être regardée comme sa demeure ou son domicile légaux. » — *m. arr.*

27. — Lorsqu'une assignation est donnée à domicile, il n'est point nécessaire, à peine de nullité, qu'elle fasse mention du domicile réel de l'assigné. — 4e, 7 déc. 1812, *Lethuat.* — Voy. aussi *R. P.* 2, 250.

28. — L'indication de la demeure d'un témoin prêtre est suffisamment énoncée

en disant de quelle commune ce prêtre est desservant. — 1re, 28 nov. 1831 , *Leterrier.*

29. — L'indication de la demeure de deux témoins est suffisamment faite en mettant au pluriel cette indication après leurs noms. — *m. arr.*

§. IV. — *Mention de la remise de la copie et de la personne à qui cette copie est laissée.*

30. — Si, en matière réelle, l'assignation peut valablement être commise au détenteur de fait d'un immeuble , ce n'est qu'autant que le véritable propriétaire est ignoré. — Il en est différemment s'il est notoire que l'immeuble a cessé d'être la propriété du possesseur. — 1re, 28 déc. 1835 , *veuve Barassin.*

31. — Il y aurait toutefois exception à ce principe si c'était par suite d'une donation non transcrite que l'immeuble eût changé de propriétaire. — *m. arr.*

32. — Si , par son fait , une partie à induit en erreur sa partie adverse sur la situation de son domicile, l'exploit signifié au domicile supposé n'est point nul. — Toutefois, si ce domicile supposé est situé dans un autre arrondissement que celui du domicile véritable, la partie peut demander à être jugée par le tribunal de ce dernier domicile. — 1re, 17 août 1818, *De Noirville.*

33. — Le créancier qui a entre les mains des pièces qui lui indiquent le véritable domicile de son débiteur, doit, à peine de nullité, adresser ses significations à ce domicile. — 1re, 26 mars 1834, *Chanoine.*

34. — Une partie peut valablement être assignée à domicile, encore bien qu'elle soit en prison. — 2ᵉ, 3 juin 1818, *Leguédois.* — Ità. — 4ᵉ, 4 mai 1813, *Mariette.* — D. p. 15, 2, 4. — 4ᵉ, 30 avril 1822, *L emonnier.*

35. — Peut être déclarée nulle la signification d'un jugement faite à l'ancien domicile, encore bien que le changement de domicile n'eût point été dénoncé. — 2ᵉ, 27 déc. 1821, *Guilbert de Govins.*

36. — L'individu qui, après avoir quitté son domicile, s'est retiré dans une grande ville (*v. c.* à Paris), sans y établir de résidence fixe et connue, peut valablement être assigné suivant le mode indiqué par l'art. 69, nᵒ 8, C. pr. — 2ᵉ, 28 août 1835, *Tirel.*

57. — Jugé toutefois que ce n'est un devoir pour l'huissier de procéder conformément à l'art. 69, nᵒ 8, C. pr., que lorsque la partie à laquelle il a une signification à faire n'a point de domicile connu en France. Ce numéro est inaplicable au cas où la partie est seulement disparue momentanément de son domicile. — 1ʳᵉ, 27 juin 1831, *époux Poiret.*

38. — Lorsque l'on veut porter l'appel contre une personne dont le domicile est inconnu, l'exploit doit être notifié, à peine de nullité, au parquet du procureur-général et non au parquet du procureur du roi. — 20 janvier 1829, *Bellingant.* — C. R. 13, 145. — 4ᵉ, 9 juillet 1839, *Regnault.* — R. P. 3, 410.

39. — Un exploit ne peut être annulé par cela seul que l'huissier a déclaré l'avoir remis à la fille de l'assigné, tan-

dis que c'était à sa nièce, alors surtout que les deux frères ainsi que leur famille, habitent le même domicile. — 4ᵉ, 13 janvier 1827, *Lecœur.* — C. R. 7, 354.

La personne à laquelle l'exploit a été remis est suffisamment désignée par la mention que *c'est un domestique trouvé au domicile* de la partie assignée, sans indiquer que ce domestique est celui de l'assigné. — 1ʳᵉ, 3 novembre 1807, *De Gaalon ;* — 2ᵉ, 18 avril 1812, *Doralais.*

40. — Mais l'exploit fait à domicile, *en parlant à une fille*, sans autre désignation, est nul. — 2ᵉ, 2 juillet 1808, *Fannot.*

41. — Est valable l'exploit remis au domestique du gendre de la partie assignée, si la belle-mère et le gendre habitent la même maison. — 1ʳᵉ, 5 juillet 1825, *Paysan.*

42. — L'exploit est valablement remis au maître de l'hôtel garni où l'assigné est domicilié. — 4ᵉ, 4 février, *junctim*, 4 mai 1813, *Mariette.* — D. p. 15, 2, 44.

43. — Il est valablement remis à la femme du fermier qui habite le même domicile que le maître assigné. — 4ᵉ, 13 février 1815, *Lebrisois.*

44. — Dans tous les cas, les nullités du *parlant à* ne sont plus opposables de la part du défendeur qui, sur l'assignation à lui commise, a constitué avoué sans faire de réserves. — 1ʳᵉ, 8 juillet 1806, *veuve d'Anfréville.*

45. — De même, le défendeur qui représente l'exploit qui lui a été signifié, se rend par là non-recevable à prouver

que cet exploit ne lui a pas été remis à personne ou domicile. — *m. arr.*

Contrà, 2ᵉ, 15 octobre 1808, *Fontenil-lia* ; — 2ᵉ, 15 janvier 1808, *Blanche.*

46. — *Communes.* — Les exploits qui intéressent les communes doivent être adressés au maire. — 2ᵉ, 16 nov. 1831, *Tomine.*

47. — Cependant, lorsque le maire est intéressé dans un procès intenté contre la commune, les significations sont valablement faites à l'adjoint. — 2ᵉ, 6 déc. 1839, *commune de Mauvaines.* — *R. P.* 3, 549.

48. — Si l'administration a nommé un mandataire spécial pour représenter la commune, c'est à ce mandataire que les exploits doivent être signifiés ; ils seraient nuls s'ils étaient adressés au maire ou à l'adjoint. — 1ʳᵉ, 23 avril 1818, *commune d'Isigny.*

49. — Est nulle, par rapport à un interdit, l'assignation donnée à son tuteur, si ce tuteur est assigné en son nom personnel et non comme tuteur. 2ᵉ, 25 fév. 1832, *De Prébois.*

50. — Est valable contre un mineur, l'assignation commise à sa mère tutrice, *tant pour elle que ses enfants,* encore bien que l'on n'ait pas ajouté : en sa qualité de tutrice. — *m. arr.*

51. — *Femme.* — Dans les affaires qui intéressent les femmes, l'assignation est nulle si elle n'est donnée à personne ou à domicile et si l'exploit ne fait mention de cette formalité. — 2ᵉ, 16 février 1815, *veuve Pillet.*

52. — *Voisin.* — Est valable l'exploit remis à un voisin, bien que celui-ci ne fût pas le plus proche. — 2ᵉ, 21 juin 1830, *Huard.*

53. — Est nul l'exploit remis directement au maire, sans essai préalable de remise au voisin. — 1ʳᵉ, 21 juillet 1823, *Moulinet.*

54. — Il en est de même si cette remise a été faite sans qu'il ait été constaté qu'il n'y avait point de voisins pour recevoir l'exploit. — 2ᵉ, 3 octobre 1808, *de Montreuil ;* — 2ᵉ, 25 nov. 1809, *Grainbosq ;* — 1ᵉʳ, 16 juillet 1818, *Cornière.*

55. — Est nul l'exploit dans lequel l'huissier s'est contenté d'énoncer sur la copie que remise en serait faite au maire, sans mentionner que cette remise a eu lieu. — 1ʳᵉ, 14 février 1820, *Renaudeau.*

56. — Si un serviteur refuse de se charger de l'exploit, la remise peut valablement en être faite au maire. — 2ᵉ, 6 août 1826, *Ledanois.*

57. — « L'huissier n'est pas tenu de mentionner le nom du voisin qui refuse de se charger de la copie de l'exploit et de signer l'original ; dans le cas prévu par l'art. 68 C. pr., il suffit à l'huissier de remettre la copie au maire ou à l'adjoint de la commune. » — 4ᵉ, 16 février 1813, *Renouf.*

58. — *Assignation à bord.* — Un matelot est valablement assigné à bord, en parlant à un des hommes de l'équipage. — 4ᵉ, 22 janvier 1827, *Corbin.* — C. R. 7, 360.

59. — L'art. 419 Code procédure est

applicable aux individus faisant partie de l'équipage, lors même qu'ils auraient leur domicile dans l'arrondissement du tribunal dans le ressort duquel se trouve actuellement le navire. » — *m. arr.*

60. — *Domicile élu.* — Lorsque domicile a été élu chez un individu, l'exploit est valablement notifié, non-seulement à cet individu, mais encore à ses parents et serviteurs. — 1ᵣᵉ, 19 juillet 1813, *Portevin.*

61. — Toutefois, dans ce cas, l'exploit d'ajournement ne pourrait être valablement signifié au maître du domicile, trouvé hors de chez lui. — 1ᵣᵉ, 12 mai 1818, *Branot.*

62. — Est valable l'exploit signifié au domicile élu par un commandement même fait à une commune. — 1ᵣᵉ, 1ᵉʳ juillet 1825, *commune de Saint Hippolyte.*

63. — Mais pour qu'un exploit fait à domicile élu soit valable, il faut observer toutes les formalités nécessaires pour la validité d'un exploit fait à domicile réel. — *m. arr.*

64. — La signification d'un exploit fait à domicile élu, n'est pas nulle pour ne point contenir la désignation du domicile réel de l'assigné. — 4ᵉ, 7 déc. 1812, *Lethuat;* — 2ᵉ, 9 déc. 1825, *Cauchard* — C. R. 6, 155.

65. — Il en est spécialement ainsi alors qu'il s'agit d'un appel fait en résultance de la signification du jugement qui a été faite par la partie adverse et dans laquelle le domicile réel est indiqué. Il y a, dans ce cas, relation de la dernière signification à la première. — 2ᵉ, 9 déc. 1825, *Cauchard.* — C. R. 6, 155.

66. — Sur la question de savoir si l'appel est valablement signifié au domicile élu, voyez le mot *appel.* —ART. 3, §. II.

67. — Lorsqu'une partie a constitué avoué dans une enquête, il n'est pas nécessaire que la notification des noms, professions et demeures des témoins soit faite au domicile de cet avoué ; elle peut valablement être faite au domicile de la partie elle-même. — 19 mars 1822, *Véniard.* CASSÉ le 19 avril 1826.—S. 26, 1, 392.

68. — *Copie séparée.* — Est nul l'exploit qui n'est pas signifié en autant de copies qu'il y a de parties, eût-il été signifié au domicile élu par elles. — 1ʳᵉ, 4 août 1824, *Guilbert ;* — 4ᵉ, 12 janvier 1824, *Longuet.*

69. — Un exploit signifié à domicile élu en moins de copies qu'il y a d'élisants domicile est nul, excepté à l'égard de celui qui l'a reçu. — 1ʳᵉ, 24 juillet 1810, *Guérin.*

70. — Jugé encore, dans le même sens, qu'il est nécessaire, à peine de nullité, de donner autant de copies de l'exploit d'appel qu'il y a de parties, lors même que tous les intimés ont déclaré procéder conjointement et ont élu un domicile commun. — 2ᵉ, 28 juin 1838, *veuve Laisné.* — R. P. 2, 250.

71. — Lorsqu'il y a société entre les parties, les exploits et autres actes de procédure peuvent être signifiés en une seule copie au domicile des associés. — 4ᵉ, 29 mars 1824, *Renauld.*

72. — Est valable un exploit signifié à deux frères associés, par un seul acte en

51

parlant à l'un d'eux sans désigner lequel. — *m. arr.*

73. — De même, jugé qu'il suffit que par l'exploit introductif de l'action, plusieurs parties, telle, par exemple, qu'une mère et ses enfants, aient déclaré agir conjointement et solidairement, pour que l'appel du jugement rendu à leur profit, leur ait été valablement signifié par une seule copie à la mère, tant pour elle que pour ses enfants ses cointéressés. — 1re, 8 janvier 1827, *Lebon.* — C. R. 27, 316.

74. — Dans les procès qui concernent les intérêts d'une femme non séparée, l'exploit d'appel peut être signifié au mari seul, à charge de le faire savoir à son épouse : la jurisprudence n'oblige à délivrer une copie particulière au mari et à la femme que lorsque les époux sont civilement séparés — 1re, 11 janvier 1825, *Barbey.* — C. R. 4, 18. — 2e, 13 juillet 1827, *Cordier.* — C. R. 9, 253.

§. V. — *Indication de l'objet de la demande ou libellé.*

75. — Un exploit peut être annulé comme non libellé. — 4e, 8 mars 1825, *Lecœur.*

76. — Cependant, l'assignation non libellée n'est point nulle si elle se réfère à la citation devant le bureau de paix, lorsque cette citation est libellée. — 2e, 23 août 1833, *Davoust.*

77. — Le défaut de désignation, en tête de l'exploit, des titres sur lesquels la demande est fondée, n'est point une cause de nullité de l'ajournement. — 2e,

28 avril 1824, *James.* — 1re, 30 juin 1823, *Vausmelle.*

78. — Il ne donne pas le droit à l'ajourné de demander copie de ces titres aux frais de l'ajournant. — 1re, 30 juin 1823, *Vaumelle.*

79. — En matière réelle ou mixte, l'exploit est nul s'il n'indique point l'héritage litigieux. — 1re, 17 juillet 1815, *Bechevel.*

80. — Mais cette indication est suffisamment faite par les contrats de vente. 1re, 20 juillet 1819, *Leroi Saint-Sauveur.*

§. VI. — *Heures et jours où les exploits peuvent être faits.*

81. — Un exploit n'est point nul pour avoir été fait hors des heures déterminées par la loi. — 1re, 26 juillet 1811, *Lecauve;* — 4e, 27 mars 1816, *Cordier;* 4e, 26 nov. 1821, *Fleuriel.*

82. — Un exploit n'est point nul pour avoir été signifié un jour férié. — 1re, 15 mars 1823, *Landais.* — Rej. S. 25, 1, 233.

83. — Ainsi et *spécialement*, n'est point frappée de nullité la signification d'un acte de surenchère faite un jour de fête légale. — *m. arr.*

§. VII. — *Enregistrement et visa.*

84. — *Enregistrement.* — La nullité d'un acte d'appel, faute d'enregistrement dans le délai de quatre jours prescrit par la loi du 22 frimaire an VII (qui se calcule de la date de la copie et non de celle de l'original), ne peut point être réparée par une signification posté-

rieure qui mentionne que la copie de l'acte d'appel, enregistré le 13 déc., a été signifié le 10 et non le 8, dont elle porte la date, et qui, au lieu de contenir l'assignation prescrite par l'art. 456 pour être valable comme acte d'appel nouveau, se réfère purement et simplement au premier acte frappé de nullité. — 4e, 25 avril 1826, *Barbel.* — C. R. 6, 270.

85. — *Visa.* — L'exploit d'appel signifié au maire d'une commune, est nul s'il n'est visé. — 2e, 19 juillet 1810, *Guillot ;* — 2e, 17 nov. 1815, *commune de Surtainville.*

86. — Est nul l'exploit signifié au bureau de bienfaisance, s'il n'a été visé par le receveur. — 1re, 30 mai 1820, *bureau de bienfaisance de Mery.*

87. — Le simple visa ou *tenu pour signifié*, apposé au bas d'un acte, n'a pour but que de suppléer la notification de cet acte qui aurait eu lieu par le ministère d'un huissier, si l'on eût employé les formes rigoureuses ; il ne peut faire produire à cet acte un effet différent que n'eût fait sa notification. — 1re, 18 février 1828, *Pigeon de Saint-Pair.* — C. R. 11, 662.

§. VIII. — *Nullités des exploits, et comment se couvrent ces nullités.*

88. — Est nul l'exploit qui, n'ayant pas été requis par une partie, est désavoué par elle. — 1re, 29 déc. 1819, *Rivet.*

89. — Est nul l'exploit signifié au nom d'une partie par un huissier qui était lui-même partie au procès en pre-

mière instance, encore que lors du jugement il n'eût point été pris de conclusions contre lui. — 3 déc. 1818, *Marie.*

90. — Est nulle la signification faite par un huissier à la requête d'une femme, lorsque l'huissier est parent du mari de cette femme, encore bien que le mari soit décédé et que la femme ait convolé en secondes noces, si toutefois il y a enfant vivant du premier mariage ; peu importe dans ce cas, que la signification ne soit pas faite dans l'intérêt du fils du premier lit, et qu'elle ne concerne qu'un fils du second lit totalement étranger à l'huissier, si d'ailleurs, sous quelques rapports, la femme a un intérêt personnel dans la signification. — 4e, 11 janvier 1825, *veuve Morin.* — C. R. 11, 192.

91. — « La défense faite aux huissiers d'instrumenter pour leurs parents, n'intéresse point l'ordre public. » — Comme toute autre, cette nullité est donc couverte si elle n'est présentée avant toute défense au fond. — 2e, 3 mars, 1831, *Sebire-Levavasserie.*

92. — Une demande en communication de pièces suffit pour couvrir la nullité d'un exploit. — *m. arr.*

Contrà. — 4e, 20 janvier 1829, *l'administration des domaines.*

92. — De même, la réception d'une communication de la part de l'avoué de l'intimé, couvre les nullités de l'exploit d'appel. — 1re, 26 juillet 1808, *veuve Joie.*

94. — La nullité d'un exploit n'est plus proposable de la part de celui qui a conclu au fond. — 1re, 18 janvier 1809,

Delahaye ; — 4ᵉ, 9 février 1813, *Ba-sergue.*

95. — De même, les nullités du parlant à sont couvertes par la constitution d'avoué que fait, sans réserves, le défendeur sur l'assignation à lui commise. — 1ʳᵉ, 8 juillet 1806, *Venoi d'Anfréville*

96. — Le défendeur qui représente l'exploit à lui signifié, se rend par là non recevable à prouver que cet exploit ne lui a pas été remis à personne ou domicile. — *m. arr.*

Contrà. — 2ᵉ, 15 janvier 1808, *Blanche ;* — 2ᵉ, 15 octobre 1808, *Fontenillia.*

87. — Jugé encore, dans le premier sens, que la partie qui représente l'exploit ne peut obtenir de sursis à faire droit, sous prétexte qu'elle a porté plainte en faux afin de faire décider que l'exploit ne lui a pas été remis à domicile, comme il l'énonce. — 1ʳᵉ, 4 juin 1806, *Gibert.*

ᴀʀᴛ. 3. — FORMALITÉS SPÉCIALES AUX AJOURNEMENTS ET ACTES D'APPEL.

§. I. — *Constitution d'avoué. — Élection de domicile. — Remise de l'ajournement.*

98. — Est nul l'ajournement qui ne contient pas de constitution d'avoué. — 2ᵉ, 4 juillet 1811, *Frault.*

99. — Cette omission entraine non-seulement la nullité de la peine, mais encore celle de tout ce qui a eu lieu par suite de cet appel. — 4ᵉ, 17 avril 1833.

100. — Est nul comme ne contenant pas de constitution d'avoué, l'exploit

d'appel portant la mention suivante : « Lequel constitue pour son avoué près la Cour royale de Caen , rue Guillaume-le-Conquérant », lors même qu'il n'existerait dans cette rue qu'un seul avoué près la Cour royale. — 4ᵉ, 5 avril 1840, *Boutrais.* — *R. P.* 4, 123.

101. — Pour ce qui concerne l'élection de domicile, voyez le mot *appel*, ᴀʀᴛ. 3, §. ɪɪ.

102. — Est nul l'exploit d'appel qui n'est signifié à la partie adverse qu'après son décès. — 2ᵉ, 10 août 1811, *Husselin.*

103. — Lorsque l'on veut porter l'appel contre une partie décédée depuis le jugement de première instance, l'exploit doit être signifié à ses représentants ou au moins au domicile mortuaire. — 4ᵉ, 9 juillet 1839, *veuve Regnault.* — *R. P.* 3, 410.

104. — A été cependant déclarée valable une assignation donnée par un huissier, requête d'une personne décédée trois jours auparavant, l'huissier n'ayant point eu connaissance de ce décès. — 1ʳᵉ, 10 mars 1819.

§. II. — *De l'assignation et du délai pour comparaître.*

105. — On peut, en vertu d'ordonnance sur requête, signifiée seulement d'avoué à avoué et non à partie, en venir devant la chambre des vacations. — 4ᵉ, 25 octobre 1817, *Houel.*

106. — Si, au jour indiqué par l'assignation devant un tribunal où le ministère des avoués n'est pas admis, il n'y

EXPLOIT, art. 3.

a pas eu d'audience, l'assignation est
réputée donnée pour l'audience suivante.
— 4ᵉ, 23 juin 1815, *Harale.*

107. — Encore bien qu'un syndic ait
été présent à la délibération des créanciers qui le destitue, il n'en doit pas
moins être régulièrement assigné si on
veut le faire condamner personnellement à des dépens pour sa mauvaise
administration. — 4ᵉ, 8 déc. 1812, *Delaunay.*

108. — Sur la question de savoir à
quelles personnes l'exploit d'appel doit
être signifié, voyez le mot *appel*, art.
3, §. iii.

109. — *Délai.* — Est valable l'assignation donnée à comparaître dans *les
délais de la loi*, sans autre indication de
délai. — 1ʳᵉ, 5 juin 1809, *Clinchamps.*

110. — Lorsque l'assignation est commise en vertu de permission du juge,
elle ne peut être arguée de nullité pour
avoir été donnée à trop bref délai.—1ʳᵉ,
28 août 1809, *D'Hérici.*

111. — Une assignation est valable,
bien qu'elle ne porte aucun délai pour
les distances, 1ʳᵉ, 26 janvier 1818, *De
Hossard.*

112. — Il est loisible au défendeur de
se présenter, avant l'expiration des délais d'ajournement, en vertu de requête signifiée à avoué et non à partie.—
1ʳᵉ, 11 juillet 1820, *Groult.*

113. — L'inobservation des délais exigés par la loi, entre le jour de la citation en police correctionnelle et le jour
fixé pour la comparution, entraîne bien
la nullité de toutes les condamnations

EXPLOIT.

par défaut prononcées contre le prévenu ; mais elle n'annule pas la citation
elle-même, qui conserve toute sa force.
—*Ch. corr.*, 4 janvier 1838, *Basir.*—
R. P. 2, 157.

§. III. — *Indication de l'objet de la demande ou libellé.*

114. — Est nul l'exploit d'appel qui
ne contient pas l'exposé sommaire des
moyens. — 1ʳᵉ, 14 octobre 1809, *Ré-
gnée.*

Contrà, — 2ᵉ, 17 déc. 1812, *Étienne.*

115. — L'exploit d'ajournement peut
valablement s'en référer à la citation en
conciliation, alors surtout qu'il y a eu
contestation devant le juge de paix. —
1ʳᵉ, 21 mars 1808, *Picop.*

116. — Jugé encore que nulle loi
n'assujettit les exploits d'appel à contenir
la mention des griefs. — 2ᵉ, 6 mars
1822, *Lemoigne.*

V. Appel, exécution des actes et jugements, exception, huissier, saisie-
exécution, saisie immobilière.

TABLE SOMMAIRE.

EXPLOIT.

EXPROPRIATION FORCÉE.

(C. civ., tit. xix, ch. 1.)

§. I. — Quels biens peuvent être expropriés ?

§. II. — Qui peut exproprier ?

§. III. — Contre qui l'expropriation peut-elle être poursuivie ?

§. IV. — Pour quelles causes, et en vertu de quels titres on peut exproprier ?

§. I. — Quels biens peuvent être expropriés ?

1. — Code civil, art. 2204. — Sont meubles, et par conséquent ne peuvent être l'objet d'une saisie immobilière, ...1° les bois abattus avant la dénonciation du procès-verbal de saisie. — L'acheteur, qui en a payé le prix, ne peut être inquiété par les créanciers inscrits sur les immeubles où ces bois sont ex-crus. — 2°, 7 juillet 1808, Roger.

EXPROPRIATION FORCÉE, §. I.

2. — ...2° Les tonnes que le débiteur avait placées sur l'immeuble exproprié, mais qu'il a vendues avant le commandement. — L'adjudicataire ne peut rien réclamer sur lesdites tonnes. — 1re, 11 mars 1807, *Vautier.*

3.—...3° Les orangers d'une orangerie. —1re, 8 avril 1818, *Deslongrais.*

4. — Les parties intéressées peuvent, à toutes les hauteurs de la saisie immobilière, avant comme après l'adjudication préparatoire, opposer que des meubles ont été compris dans l'expropriation. — 1re, 8 avril 1818, *Deslongrais.*

5. — Sont encore saisissables les biens dotaux des femmes mariées sous le régime dotal, et la nullité résultant de la dotalité des biens saisis, peut être proposée par la femme, même après l'adjudication préparatoire. — 4e, 31 décembre 1823, *Jacquelin.* — Ità, 2e, 14 décembre 1832, *Heudiard.*

6.—*Art.* 2205. *Biens indivis.*— « L'art. 2205 n'est applicable qu'au cas où des tiers non débiteurs personnels se trouvent avoir des droits indivis dans les immeubles dont l'expropriation est poursuivie contre le débiteur. » — Il est tout à fait sans sans application aux individus qui sont eux-mêmes débiteurs du poursuivant. — A leur égard, nul partage préalable n'est nécessaire. — 4e, 2 et 30 avril 1832, *Bunel.*

7. — Un immeuble indivis entre plusieurs propriétaires peut être l'objet d'une saisie de la part d'un créancier de l'un d'eux; mais, avant la vente, un partage devra être opéré. — 4e, 26 avril

EXPROPRIATION FORCÉE, §. I.

1814, *Cahagne.* — Ità, 4e, 4 mars 1822, *Leboisne.*

8. — L'art. 2205 s'applique aussi bien au cas d'une communauté qu'à celui d'une succession. — 4e, 16 juillet 1833, *De Warvin.*

9. — *Art.* 2206. *Immeubles de mineurs ou interdits.* — La disposition de l'art. 2206, qui défend l'expropriation des immeubles d'un mineur ou *interdit* avant la discussion du mobilier, ne s'applique qu'aux interdits pour cause d'imbécillité, démence ou fureur; elle est inapplicable aux condamnés pour crime. (C. pr., art 29.) — 2e, 27 février 1806, *veuve Delaunay.* — L'arrêt 4e, 29 juillet 1818, *Duprey*, pose aussi la question, mais évite de la résoudre.

10. — Le créancier qui veut exproprier un mineur ou interdit, n'est pas tenu de faire la discussion préalable du mobilier litigieux de ceux-ci. (L. 15, ff. *de re judicatâ.*) — 4e, 6 juin 1818, *Léreillé.*

11. — Il n'est pas tenu d'avantage de poursuivre préalablement le recouvrement des sommes qui peuvent être dues au mineur ou interdit par son tuteur, alors que ce tuteur ne possède aucun mobilier. — 4e, 3 juillet 1820, *Gouge.*

12. — La discussion du mobilier des mineurs ou interdits, débiteurs originaires, n'est pas nécessaire lorsque la saisie s'exerce sur un tiers détenteur. — 2e, 12 juillet 1811, *Levillain.*

13. — La discussion doit se faire au moyen d'un compte sommaire demandé au tuteur, et qui constate que le mobi-

lier du mineur ou interdit est suffisant pour acquitter la dette. (Art. 457 C. civ.)

Une sommation faite au tuteur de *fournir biens meubles exploitables* serait insuffisante. — 1re, 9 avril 1811, *Vicq.*

14. — Il n'est pas nécessaire que ce compte soit demandé en justice. — 4e, 6 juin 1818, *Léveillé.*

15. — Sur la réquisition qui lui est faite d'indiquer un mobilier suffisant pour faire face à la demande, le tuteur doit donner cette indication, faute de quoi les poursuites peuvent être continuées. — 4e, 29 juillet 1818, *Duprey.*

16. — Le tuteur peut toujours arrêter les poursuites en désintéressant le poursuivant. — *m. arr. Duprey.*

17. — La discussion préalable du mobilier des mineurs et interdits peut être requise par le ministère public ou ordonnée d'office par le tribunal. — 1re, 9 avril 1811, *Vicq.*

18. — La nullité qui résulte du défaut de discussion préalable peut être proposée même après l'adjudication préparatoire. — *m. arr.*

19. — Toutefois, cette nullité ne frappe que sur le jugement d'adjudication préparatoire ainsi que sur tout ce qui en a été la suite; mais elle n'atteint point les poursuites en expropriation faites antérieurement à ce jugement. — *m. arr.*

20. — *Contrà.* — Faute de discussion préalable, la saisie immobilière est nulle pour le tout. — 4e, 11 mai 1813, *Hardy.*

§. II. — *Qui peut exproprier ?*

21. — Le droit de saisie immobilière appartient a tout créancier, quel que soit le rang de son inscription, et alors même qu'il paraîtrait assez évident que la collocation ne pourra arriver jusqu'à lui. — « Il suffit que le poursuivant ait un intérêt apparent, résultant de son titre, pour pouvoir user du droit que la loi y attache. » — 4e, 30 juin 1819, *veuve Gaudin.*

22. — On ne peut, sous prétexte qu'un créancier pourra se faire payer à un état d'ordre qui doit incessamment s'ouvrir sur le débiteur personnel, déclarer précipitées les poursuites dirigées par ce créancier contre un tiers détenteur, alors surtout que le créancier n'a aucune hypothèque sur son débiteur. — 4e, 20 août 1817, *Letrésor.*

23. — Le poursuivant qui a été désintéressé ou auquel des offres suffisantes ont été faites, ne peut plus continuer ses poursuites. — 2e, 13 janvier 1809, *Fauvel.*

24. — La partie qui s'est désistée de ses poursuites en expropriation peut en recommencer de nouvelles, quoique son désistement n'ait pas été accepté. — 4e, 12 février 1822, *Daguenet.*

25. — Si une première saisie est nulle, le poursuivant peut procéder à une seconde sans faire rayer la première. — 4e, 16 avril 1818, *Lentrin.*

§. III. — *Contre qui l'expropriation doit-elle être poursuivie ?*

26. — La saisie doit être poursuivie

EXPROPRIATION FORCÉE, §. III.

contre tous les propriétaires de l'immeuble exproprié. — Si donc cet immeuble appartient par indivis à plusieurs cohéritiers, la saisie n'est valable qu'au respect de ceux contre qui les poursuites ont été dirigées, elles sont nulles à l'égard des autres. — Les parts de ceux-ci doivent donc être faites et distraites de la saisie avant de passer outre à l'adjudication définitive. — 4e, 4 mars 1822, *Leboisne.*

27. — La saisie immobilière est valablement dirigée contre deux époux co-obligés solidaires de la même dette, encore bien que l'un d'eux (la femme) n'ait aucun droit de copropriété, reprises ou remploi à exercer sur les biens expropriés. — 4e, 19 mai 1819, *époux Fouet.*

28. — Avant le Code civil et même depuis la loi du 11 brumaire an VII, les poursuites en saisie immobilière étaient valablement dirigées contre l'objet, sans qu'il fût besoin d'en faire aucunes contre le tiers-détenteur.

29. — Encore bien que le tiers-détenteur n'ait rempli aucunes des formalités prescrites pour la purge, ni fait aucuns actes qui puissent révéler aux tiers la mutation de propriété qui s'est opérée en sa faveur, la saisie est nulle si elle n'a été dirigée contre lui et sans sommation préalable à lui faite. — Mais il peut être condamné à tenir compte des frais frustratoires que son silence a occasionnés. — 4e, 22 mai 1820, *Guillemin.*

30. — Le créancier peut, s'il lui plaît, saisir à la fois sur plusieurs tiers-détenteurs. — 4e, 10 août 1824, *Dubic.*

EXPROPRIATION FORCÉE, §. IV.

§. IV. — *Pour quelles causes et en vertu de quels titres on peut exproprier ?*

31. — *Art. 2213 C. civ. et 551 C. pr.* — Du moment où le débiteur demande au créancier le compte des sommes que celui-ci a touchées de tierces personnes, le titre cesse de constituer une créance certaine, jusqu'à ce que le compte demandé ait été discuté et le reliquat fixé. — Jusque-là, on doit surseoir aux poursuites en expropriation. — 1re, 22 juillet 1830, *Richer.*

32. — Le titre exécutoire dont parle l'art. 551 C. pr., et en vertu duquel la saisie-immobilière peut être poursuivie, doit s'entendre du titre qui constitue la créance et non d'un acte de transport. — 4e, 6 juin 1818, *Léveillé.*

33. — « Un titre quoique attaqué peut servir de base à une expropriation forcée, sauf à être sursis à l'adjudication définitive jusqu'à ce qu'il ait été statué sur l'action en nullité du titre. » — 1re, 31 mai 1819, *Cottun.*

34. — Une dette reconnue par jugement passé en force de chose jugée, ne cesse d'être liquide et certaine et, comme telle, de pouvoir motiver des poursuites en expropriation forcée, parce qu'ultérieurement elle est taxée d'être usuraire. — 4e, 3 juin 1835, *Collin.*

35. — La compensation prononcée au profit de la partie saisie, ne peut avoir pour effet d'annuler rétroactivement les poursuites en expropriation valablement dirigées contre elle, en éteignant les créances qui, liquides et certaines au moment de l'expropriation, avaient servi de base aux poursuites. — m. arr.

52

EXPROPRIATION FORCÉE.

36. — L'expropriation forcée poursuivie en vertu d'un jugement par défaut, est suspendue par l'opposition, même tardive, formée contre ce jugement. — 10 vendemiaire an XII, *Lebarrier ; cassé* le 12 nov. 1806.—D. A., v°, *saisie imm.*, t. XI, p. 689, n° 3.

37. — Le tiers détenteur ne pourrait demander la nullité de la saisie, par cela seul que la créance du poursuivant ne serait pas liquide ou qu'il y aurait lieu à une discussion préalable des biens du débiteur.—Il ne pourrait réclamer qu'un sursis. — *Aud. sol.*, 18 juin 1829, *Baudouin.* — C. R. 12, 555.

38. — Cette demande en sursis n'est assujettie à aucunes formalités, à aucuns délais. — *m. arr.*

39. — Il n'est pas nécessaire que l'expédition des jugements qui servent de base à une expropriation forcée soit signée par le président; la signature du greffier suffit —4°, 17 nov. 1829, *Liétot.* —C. R. 13, 45.

40. — Lorsque la saisie a pour cause une créance en denrées, les poursuites sont nulles si elles sont faites sans appréciation préalable. — 4°, 17 janv. 1812, *Ygnouf.*

Voy. exécution des actes et jugements, saisie immobilière.

TABLE SOMMAIRE.

EXPROPRIATION FORCÉE.

FIN DU PREMIER VOLUME.

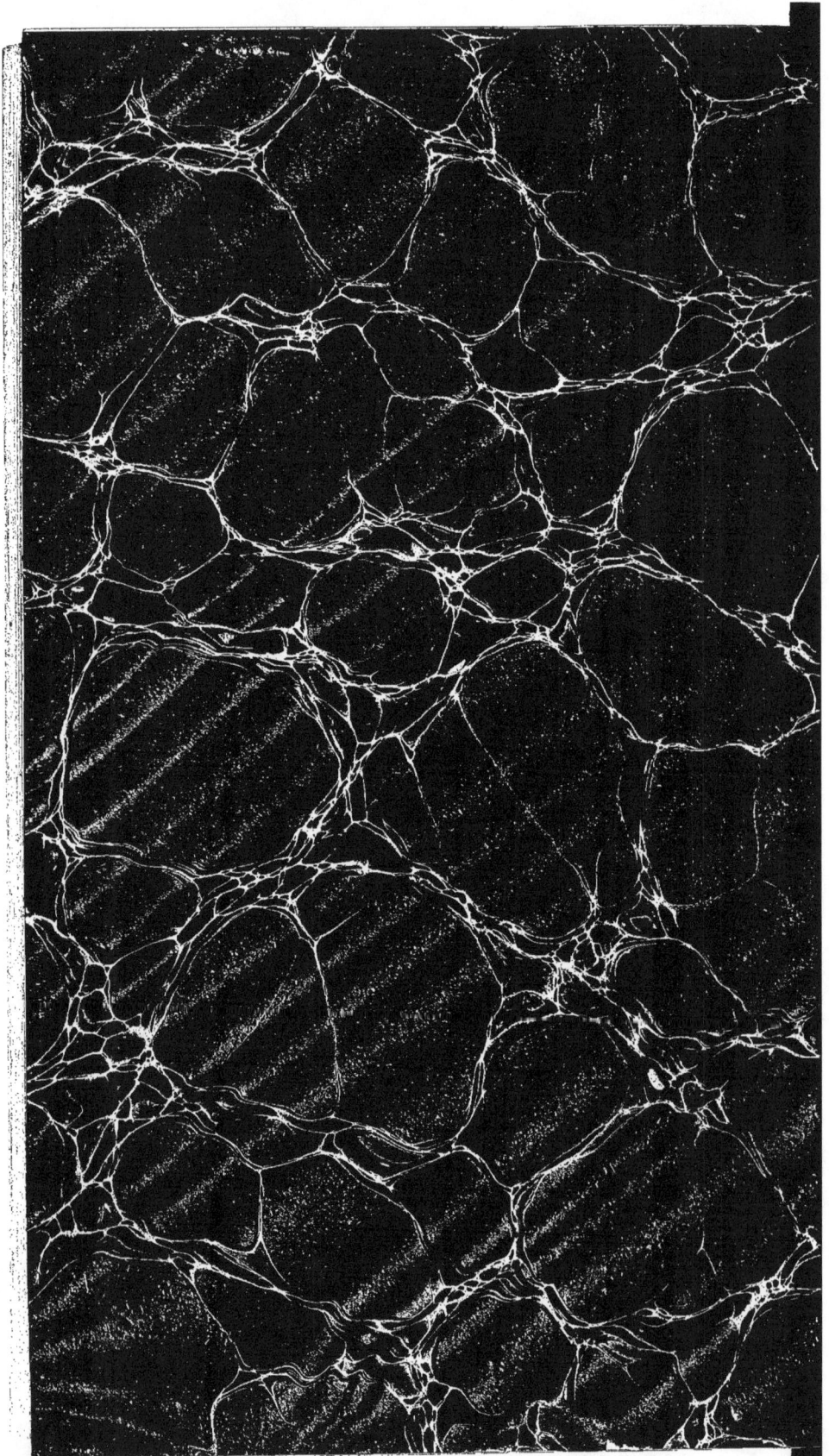

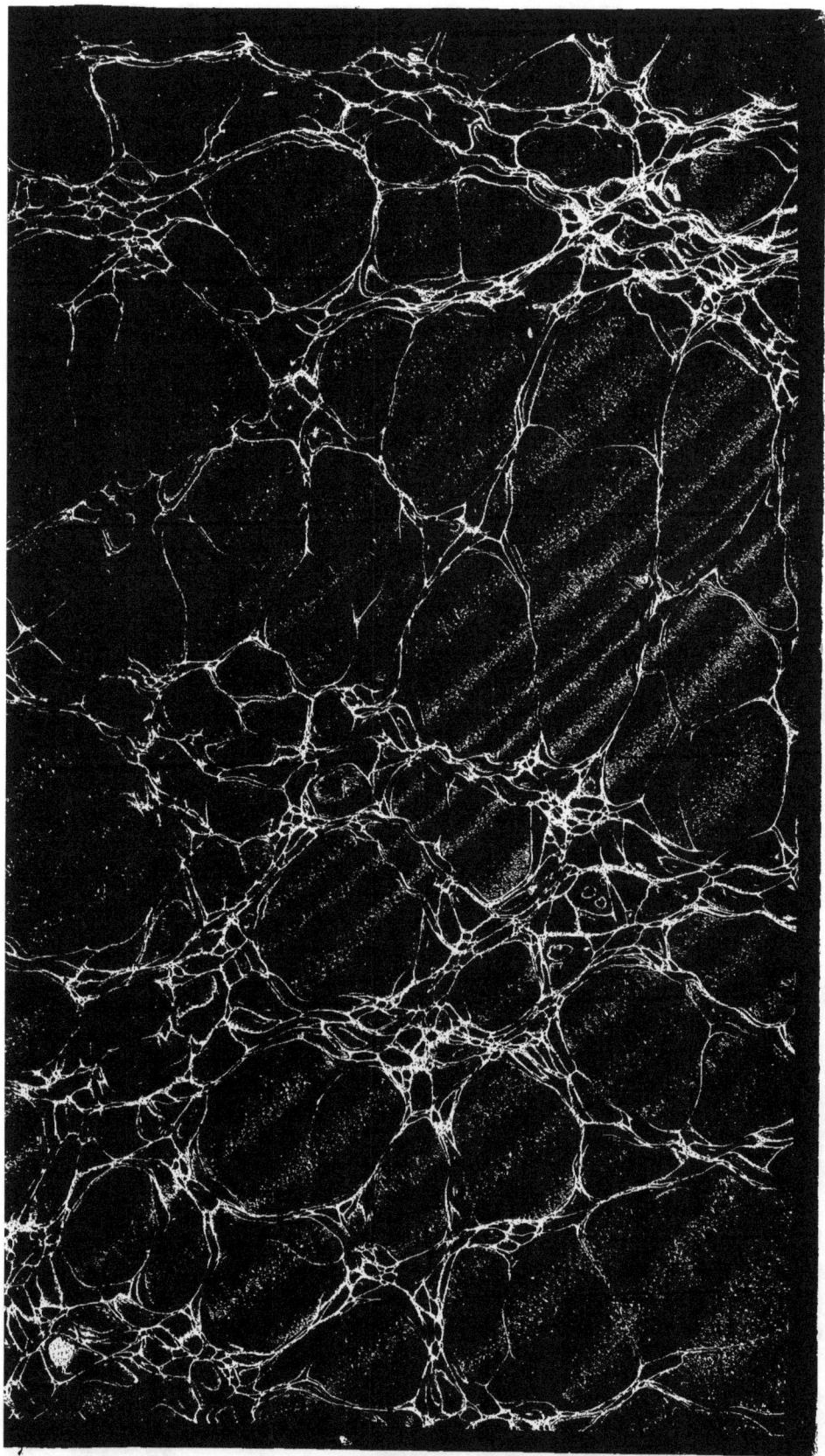

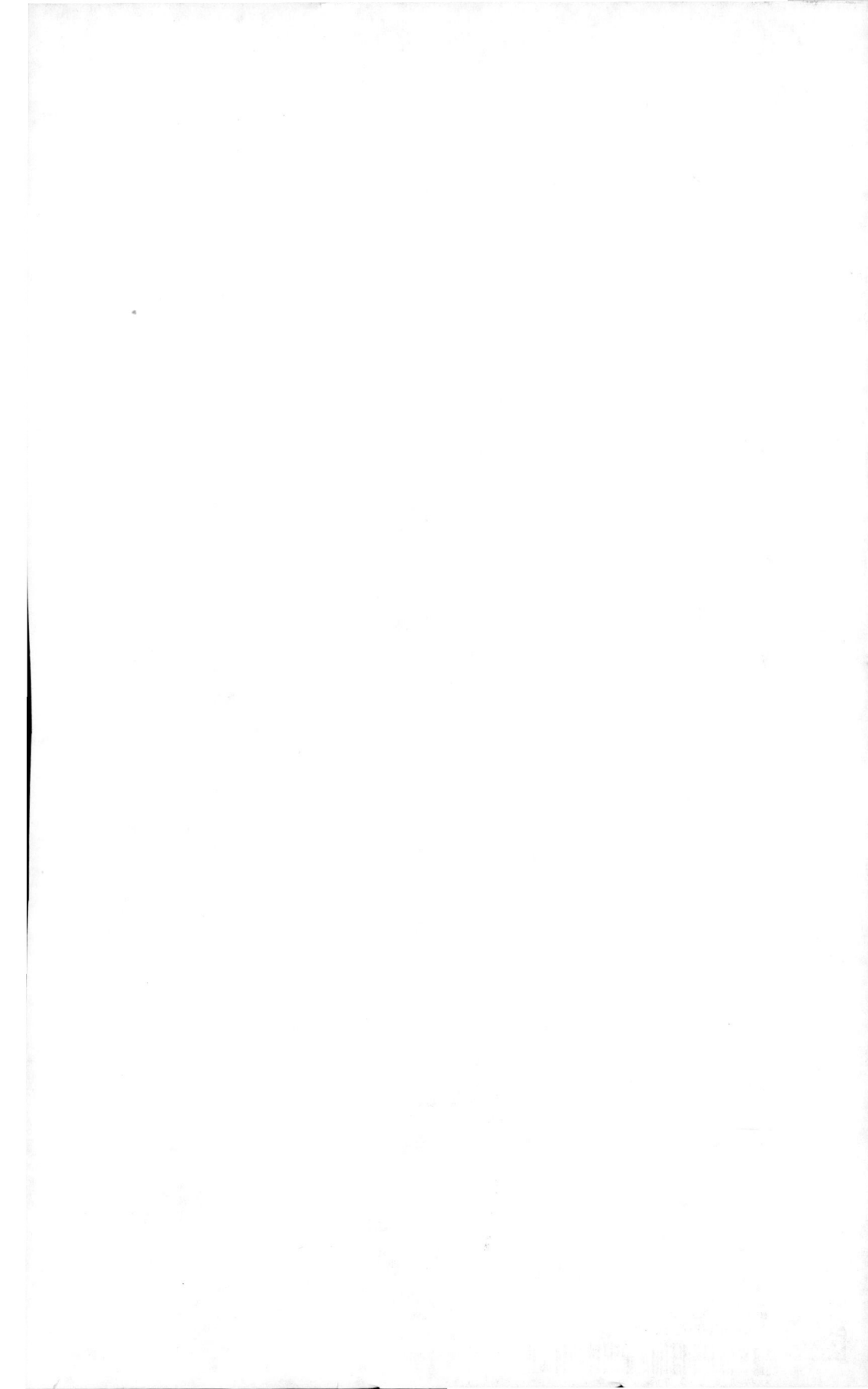